Der Einsatz der Informations- und Kommunikationstechnik im Rahmen der Verbrechensbekämpfung in Deutschland am Beispiel des Bundeskriminalamtes

Europäische Hochschulschriften
Publications Universitaires Européennes
European University Studies

Reihe V
Volks- und Betriebswirtschaft

Série V Series V
Sciences économiques, gestion d'entreprise
Economics and Management

Bd./Vol. 3093

PETER LANG
Frankfurt am Main · Berlin · Bern · Bruxelles · New York · Oxford · Wien

Aurangzeb Khan

Der Einsatz der Informations- und Kommunikationstechnik im Rahmen der Verbrechensbekämpfung in Deutschland am Beispiel des Bundeskriminalamtes

PETER LANG
Europäischer Verlag der Wissenschaften

Bibliografische Information Der Deutschen Bibliothek
Die Deutsche Bibliothek verzeichnet diese Publikation in der Deutschen Nationalbibliografie; detaillierte bibliografische Daten sind im Internet über <http://dnb.ddb.de> abrufbar.

Zugl.: Speyer, Hochsch. für Verwaltungswiss., Diss., 2004

ISSN 0531-7339
ISBN 3-631-52163-4

www.peterlang.de

Vorwort des Verfassers

Die vorliegende Untersuchung *Der Einsatz der Informations- und Kommunikationstechnik im Rahmen der Verbrechensbekämpfung in Deutschland am Beispiel des Bundeskriminalamtes* ist das Ergebnis eines im Juli 2000 initiierten Promotionsstudiums im Studienfach Verwaltungswissenschaften an der Deutschen Hochschule für Verwaltungswissenschaften Speyer. Mein Interesse an diesem Thema entstand im Jahre 1997, nachdem ich mich auf die Suche nach einer neuen Forschungsmaterie begab, die mein damaliges Arbeitsfeld (zwischenstaatliche Wirtschaftszusammenarbeit als Mittel zur Milderung politischer Krisen- und Konfliktlagen in Südasien) ablösen sollte. Als Wirtschaftswissenschaftler mit einer Neigung zu sicherheitsrelevanten Fragen, interessierten mich dabei insbesondere Themen, die sich nicht nur durch hohe Aktualität und Praxisrelevanz auszeichneten, sondern bisher selten Gegenstand einer umfassenden wissenschaftlichen Untersuchung waren und somit eine Herausforderung boten. Diesbezüglich ergaben sich einige Ansatzpunkte, darunter die Verbrechensbekämpfung unter Einsatz der Informations- und kommunikationstechnik, die seit Jahren weltweit an Bedeutung offenbar gewinnt. Diesem interessanten Ansatz bin ich nachgegangen.

Seit meiner Studienaufnahme an der Deutschen Hochschule für Verwaltungswissenschaften Speyer im Wintersemester 1998, zunächst zum einsemestrigen Ergänzungsstudium (1998-99) und anschließend zum zweisemestrigen verwaltungswissenschaftlichen Aufbaustudium (1999-2000), bekam ich im Vorfeld der Promotion mehrmals die Gelegenheit, mich intensiv mit der Thematik der Inneren Sicherheit in Deutschland zu befassen. Als durchweg nützlich erwies sich die Teilnahme an zwei Seminaren und an einem zweimonatigen Praktikum mit dem Schwerpunkt „Polizeiliches Informationsmanagement" beim Landeskriminalamt Rheinland-Pfalz in Mainz, wo mir erstmals gute Einblicke in die vielfältigen Einsatzmöglichkeiten der polizeilichen Informations- und Kommunikationstechnik vermittelt wurden. Außerdem wurde mir im Rahmen des Praktikums gestattet, Einblicke in den Einsatz der Informations- und Kommunikationstechnik beim Bundeskriminalamt vor Ort zu sammeln. Durch diese diversen theoretischen und praktischen Einblicke wurde das Fundament für diese Untersuchung gelegt.

Viele Personen verdienen einen besonderen Dank für Ihre Unterstützung, Hilfsbereitschaft und Ermutigung im Rahmen dieser Untersuchung. Insbesondere bin ich meinem Doktorvater Herrn Professor Dr. Rainer Pitschas verpflichtet, den ich erstmals anlässlich einer Reise nach Deutschland in Dezember 1997 traf und für das Promotionsvorhaben „gewinnen" konnte. Die Zusammenarbeit mit Herrn Professor Pitschas verlief stets gut – auch im Rahmen des Ergänzungs- sowie Aufbaustudiums – und ich danke ihm für sein Engagement, seine Fürsprache sowie seine zahlreichen praktischen Ratschläge zum Studium. Zu großem Dank bin ich auch Herrn Professor Dr. Waldemar Schreckenberger verpflichtet, der sich bereit erklärt hat, die Promotion mit zu begutachten.

Was die konkreten Recherchen zum Promotionsthema unmittelbar angeht, bin ich einige Personen aus der Polizeipraxis wie der Wissenschaft in Deutschland, die mich im Rahmen ihrer vorgegebenen Grenzen unterstützt haben, zu großem Dank verpflichtet. Dazu zählen insbesondere Herr Kriminaldirektor Herbert Klein, Leiter der Abteilung Staatsschutz im Landeskriminalamt Rheinland-Pfalz und seine KollegInnen dort für ihre Betreuung während meines Praktikums. Behilflich waren die Herren Werner Blatt, Polizeiinspekteur im Ministerium des Innern und für Sport des Landes Rheinland-Pfalz, sein Kollege Manfred Bublies, Leiter des Referates Polizeitechnik, und Polizeidirektor Udo Behrendes vom Polizeipräsidium Köln. Einige MitarbeiterInnen im Bundeskriminalamt sowie in den Landeskriminalämtern Nordrhein-Westfalen, Rheinland-Pfalz und Saarland waren sehr zuvorkommend. Die Bereitstellung von Unterlagen durch das Bundesministerium des Innern, den Bundesgrenzschutz sowie seitens Herrn Professor Dr. Lorenz von der Juristischen Fakultät der Universität Konstanz und Herrn Dr. Detlef Nogala vom Max Planck Institut für internationales und ausländisches Strafrecht in Freiburg weiß ich zudem zu schätzen.

Für die Literaturrecherchen nahm ich primär die Dienste der Bibliothek und des Rechenzentrums der Deutschen Hochschule für Verwaltungswissenschaften Speyer und der pfälzischen Landesbibliothek in Anspruch. Ein großer Dank geht an das stets zuvorkommende Personal aller drei Einrichtungen.

Ein besonderer Dank geht an die Hanns-Seidel-Stiftung für die mir gewährte großzügige finanzielle Unterstützung in Form eines zweijährigen Stipendiums. Bereits bei vorhergegangen Anlässen hat die Stiftung mir gegenüber ihre Großzügigkeit unter Beweis gestellt, wie beispielsweise beim Arrangieren eines dreimonatigen Forschungsaufenthalts (September/Dezember 1997) am IFO Institut für Wirtschaftsforschung in München, der mir die Gelegenheit gab, nach Speyer zu reisen und mein Promotionsvorhaben mit Herrn Professor Pitschas zu besprechen. Dem Förderungswerk der Stiftung, insbesondere den Herrn Dr. Hans-Peter Niedermaier, Michael Czepalla und Björn Krüger bin ich für ihre Betreuung zu großem Dank verpflichtet, ebenso Herrn Reinhold Babel, stellvertretender Leiter des Instituts für Internationale Begegnung und Zusammenarbeit der Stiftung. Herrn Dr. Hein Kiessling, langjähriger Landesvertreter der Hanns-Seidel-Stiftung in Pakistan und mein damaliger Vorgesetzter, der mich zu einer Promotion in Deutschland ermutigt und meinen akademischen Werdegang in Speyer mit grossem persönlichen Interesse verfolgt hat, bin ich ebenfalls zu Dank verpflichtet.

Auf die Betreuung durch die Ortsgruppe für Stipendiaten der Hanns-Seidel-Stiftung in Heidelberg unter Leitung von Herrn Professor Erich Pohl, Direktor des Zentralen Sprachenlabors der Neophilologischen Fakultät der Universität Heidelberg, und die Stipendiatensprecher Michael Hanfler und Michael Feifel, ist hier ebenfalls dankend zu verweisen. Frau Dipl.-Kauffrau Sigrun Möller aus Berlin erwies sich als eine Riesenhilfe, als es um die sehr mühsame und zeitaufwendige Aufgabe der Lesekorrektur nach der Manuskriptfertigstellung ging. Für ihr intensives Engagement und gründliche Korrekturarbeit ist ihr herzlich zu danken.

Last - but certainly not least – will ich meinen lieben Eltern, die stets um meinen körperliches und geistiges Wohl besorgt sind und mich zu einem raschen Studienabschluss ermutigten, meinen besten Dank aussprechen.

Speyer im Juli 2003

Aurangzeb Z. Khan
http://www.azkhan.de

INHALTSVERZEICHNIS

ABKÜRZUNGSVERZEICHNIS

AFIS	Automatisierte Fingerabdrucksidentifikationssystem
AG Kripo	Arbeitsgemeinschaft der Leiter der Landeskriminalämter mit dem Bundeskriminalamt
AK II	Arbeitskreis Innere Sicherheit II
AZR	Ausländerzentralregister
BDK	Bund Deutscher Kriminalbeamten
BGBl.	Bundesgesetzblatt
BGH	Bundesgerichtshof
BDSG	Bundesdatenschutzgesetz
BGS	Bundesgrenzschutz
BGSG	Bundesgrenzschutzgesetz
BfV	Bundesamt für Verfassungsschutz
BKA	Bundeskriminalamt
BKAG	Bundeskriminalamtgesetz (i.d. F. von 07.07.1997)
BMI	Bundesministerium des Innern und für Sport
BMJ	Bundesministerium für Justiz
BND	Bundesnachrichtendienst
BVerfG	Bundesverfassungsgericht
BVerfGE	Bundesverfassungsgerichtsentscheidung
BVerfSchG	Bundesverfassungsschutzgesetz
BZR	Bundeszentralregister
DNA	Deoxyribonucleic Acid
DV	Datenverarbeitung
EDV	Elektronische Datenverarbeitung
EUROPOL	Europäisches Polizeiamt
FBI	US Federal Bureau of Investigation
FISH	Forensisches Identifikationssystem Handschriften
GMBl.	Gemeinsames Ministerialblatt
GG	Grundgesetz der Bundesrepublik Deutschland
IMK	Konferenz der Innenminister von Bund und Ländern
INPOL	Informationssystem der deutschen Polizei
INTERPOL	International Criminal Police Organisation
IuK-Technik	Informations- und Kommunikationstechnik
KAN	Kriminalaktennachweis
KFB	Kraftfahrtbundesamt
Kfz	Kraftfahrzeug(e)
LKA/LKÄ	Landeskriminalamt/Landeskriminalämter
LUNA	Leuchtendatei für Unfallfluchtnachforschungen
MAD	Millitärischer Abschirmdienst
NJW	Neue Juristische Wochenschrift
PIOS	Personen, Institutionen, Objekte, Sachen

PKW	Personenkraftwagen
PKS	Polizeikriminalstatistik
SDÜ	Schengendurchführungsübereinkommen
SIS	Schengener Informationssystem
SPUDOK	Spurendokumentationssystem
StGB	Strafgesetzbuch
StPO	Strafprozessordnung
USA	Vereinigte Staaten von Amerika
ViCLAS	Violent Crime Linkage Analysis System
ZEVIS	Zentrales Verkehrsinformationssystem
ZFA/ZFÄ	Zollfahndungsamt / Zollfahndungsämter
ZKA	Zollkriminalamt

Abs.	Absatz
anl.	anlässlich
Art.	Artikel
Aufl.	Auflage
Az.	Aktenzeichen
Bearb.	Bearbeiter
Bd.	Band
bspw.	beispielsweise
ca.	circa
d.h.	das heißt
ders.	derselbe
dgl.	dergleiche(n)
Ed.	Editor(s)
Erl.	Erlass
et. al.	et alarus
evtl.	eventuell
Fa.	Firma
Fn.	Fußnote
ggf.	gegebenenfalls
Hrsg.	Herausgeber
i.d.F.	in der Fassung von
i.d.R.	in der Regel
i.V.m.	in Verbindung mit
Jg.	Jahrgang
Kap.	Kapitel
m.a.W.	mit anderen Worten
Nr.	Nummer
Red.	Redaktion
Sek.	Sekunden
sog.	sogenannte
u.a.	unter anderem

u.U	unter Umständen
usw.	und so weiter
v.a	vor allem
vgl.	vergleiche
z.B.	zum Beispiel

ABBILDUNGSVERZEICHNIS

TABELLENVERZEICHNIS

Erster Teil:

Einführung

1.1 Problemstellung und Untersuchungsgegenstand

Die Kriminalität gehört zu den bedeutsamsten Problemerscheinungen der Gegenwart. Die Intensität und Akzentuierung dieses Phänomens unterscheidet sich dabei stark in räumlicher Hinsicht – man denke bspw. an die horrenden Kriminalitätsausmaße so mancher afrikanischer, asiatischer und lateinamerikanischer Staaten und an die vergleichsweise „friedlichen Verhältnisse“ in Europa. Insofern trifft die Äußerung des Bundesministers des Innern Herrn Otto Schily, „Deutschland [sei] eines der sichersten Ländern der Welt“[1] zu, wenngleich diese einer gewissen Relativierung bedarf. Auch wenn die Bundesrepublik Deutschland derzeit nicht von einer explosionsartigen Zunahme von Gewalt und Kriminalität betroffen ist, wie Medienberichterstattungen uns gelegentlich zu vermitteln versuchen, weist die Kriminalitätsstatistik dennoch einen beachtsamen - in gewissen Bereichen sogar besorgniserregenden – Aufwärtstrend seit den 1960er Jahren auf.

Zwar gehört das Problemfeld Kriminalität nicht zu den vorherrschenden Wahlkampfthemen in Deutschland, dennoch lässt sich unter den deutschen Wählern ein nicht zu übersehendes Unbehagen in Sache Kriminalitätsentwicklung beobachten, wie periodische Studien und Meinungsumfragen[2] in der deutschen Bevölkerung zum Thema Innere Sicherheit bestätigen und der Wahlerfolg von Ex-Richter „Gnadenlos“ Ronald Schill bei den Hamburger Landtagswahlen im November 2001 deutlich bewiesen. Auch die großen politischen Parteien lassen kaum eine Gelegenheit ungenutzt, sich öffentlich für eine härtere Vorgehensweise bei der Verbrechensbekämpfung einzusetzen.

Tabelle 1 zeigt die Kriminalitätsentwicklung in Deutschland über den Zeitraum 1955 - 2002:

---

1 Zitiert in der Tageszeitung *Die Rheinpfalz* vom 03.Mai 2002, S.2.

2 Siehe bspw. Dörmann/Remmers, in: Bundeskriminalamt (Hrsg.), *Sicherheitsgefühl, Polizeiakzeptanz und Kriminalitätsbewertung*, Wiesbaden, 1999. Eine vom Meinungsforschungsinstitut TNS Emnid im Auftrag der Zeitschrift FOCUS bundesweit durchgeführte Meinungsumfrage ergab, dass über 30% der Befragten in allen Bundesländern (bis auf Bayern und Baden-Württemberg) sich vor Straftaten unsicher fühlten. Vgl. *Image-Inspektion*, in: FOCUS, Nr. 18, 2002, S. 61 ff.

Tabelle 1: Die Kriminalitätsentwicklung in Deutschland (1955 - 2002)

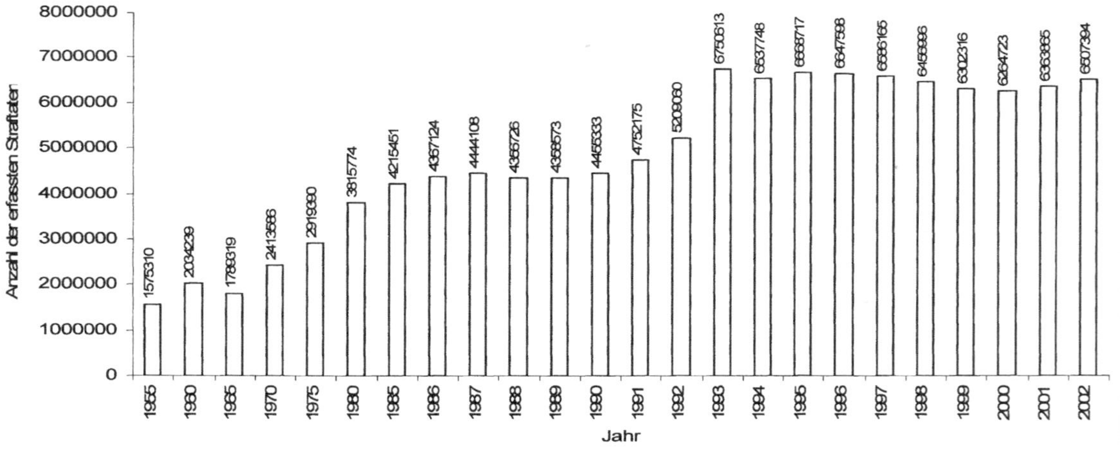

Quelle: Erstellt anhand der vom Bundeskriminalamt herausgegebenen polizeilichen Kriminalstatistiken für die Bundesrepublik Deutschland, Jahrgänge 1997 bis 2002.

Anmerkung: Ab 1992 werden in der Kriminalstatistik die neuen deutschen Ländern mit einbezogen.

2002

Straftaten gegen das Leben (3.541)
Straftaten gegen die sexuelle Selbstbestimmung (53.860)
Roheitsdelikte und Straftaten gegen die persönliche Freiheit (657.426)
Vermögens- und Fälschungsdelikte (1.008.243)

Diebstahl unter erschwerenden Umständen (1.554.592)
Diebstahl ohne erschwerenden Umständen (1.535.562)
Sonstige Straftatenbestände(1.193.592)
Strafrechtliche Nebengesetze (500.578)

Wie aus der Tabelle zu ersehen ist, verzeichnete das Kriminalitätsaufkommen in Deutschland über den Zeitraum 1955-2002 einen nahezu vierfachen Anstieg[3]. Hinzu kommt, dass die amtliche Kriminalstatistik methodische Defizite[4] aufweist, infolge derer die tatsächliche Anzahl der begangenen Straftaten erheblich unterschätzt wird. Somit ist davon auszugehen, dass das Kriminalitätsniveau in der Bundesrepublik Deutschland tatsächlich um ein vielfaches höher liegt, als die Statistik dies zu erkennen gibt[5].

Der Zahlenspiegel der Kriminalstatistik verbirgt einige interessante Fakten zur Kriminalitätslage. Er vermittelt keine Information über die in Deutschland jährlich durch die Kriminalität insgesamt entstandenen Kosten; in erster Linie sind dies die volkswirtschaftlichen Schäden (die in etwa quantifizierbar sind), die sozialen Kosten (die u.a. auch infolge körperlicher bzw. seelischer Schmerzen und Angstzustände der betroffenen Personen entstehen und sich sehr schwer quantifizieren lassen) sowie die Verwaltungskosten (die für einen aufgeblähten Sicherheits- und Strafjustizsapparat mit den hierfür erforderlichen Einrichtungen sowie für Personal und Sachausstattung anfallen). Neuere wissenschaftliche Studien in Großbritannien, Österreich sowie in den USA haben auf eindrucksvolle Weise belegt, dass die infolge der Kriminalität entstehenden Gesamtkosten kolossale Ausmaße annehmen können.

Es trifft freilich zu, dass der überwiegender Teil der in der deutschen Kriminalstatistik ausgewiesenen Straftaten der Kategorie der Massenkriminalität zuzuordnen ist. Fälle der schweren Gewaltkriminalität in Deutschland – die aufgrund von Medienschlagzeilen über gelegentliche Vorkommnisse von Kindes-, Serien- und Massenmord zurecht für spektakuläre Medienschlagzeilen und erhebliche Empörung in Politik und Gesellschaft sorgen – sind vergleichsweise zwar selten, sind dennoch aber nicht als verschwindend gering einzustufen.

Derzeit stehen zwei Kriminalitätsformen im Mittelpunkt der inneren sicherheitspolitischen Diskussion in Deutschland – die Organisierte Kriminalität[6], die in einem hohen Maß ihren Ursprung sowie ihre Impulse außerhalb der Bundes-

---

3 Ab 1992 sind die Statistiken der neuen Bundesländer mitenthalten.

4 Siehe herzu Dörmann, U.: *Crime Analysis*, in: Kube, Edwin/Störzer, Uwe (Ed.), *Police Research in the Federal Republic of Germany*, Springer-Verlag: Berlin u.a., 1991, S. 51 ff.

5 Die polizeiliche Kriminalstatistik enthält keinerlei Hinweise zu Ursachen und Bestimmungsfaktoren der Kriminalität in Deutschland. Im Jahr 2001 veröffentlichte das BMI erstmals einen periodischen Sicherheitsbericht, in dem neben der Kriminalstatistik auch kriminologische Wertungen zu Kriminalitätstrends enthalten sind. Der Bericht kann von der Webseite des Ministeriums, http://www.bmi-bund.de, heruntergeladen werden.

6 Die Begriffsbestimmung der Organisierten Kriminalität war für lange Zeit Gegenstand von Meinungsverschiedenheiten in Wissenschaft und Praxis und wurde als ein Grund dafür angesehen, dass die polizeiliche und juristische Zusammenarbeit im überstaatlichen Rahmen auf diesem Gebiet sich schleppend voranbewegte. Zur Definition der Organisierten Kriminalität siehe weiter unten.

republik hat und von dort erhält, und der (internationale) Terrorismus[7]. Zwar verkörpern beide keineswegs neue Kriminalitätserscheinungen, denn das Phänomen der Organisierten Kriminalität war bereits in der Antike bekannt[8] und „terroristische Anschläge hat es [...] zu allen Zeiten und wahrscheinlich in allen Teile der Erde gegeben“[9] . Für unsere von unaufhaltsamen Globalisierungs-, Regionalisierungs- sowie Vernetzungstendenzen einerseits und zugleich von unzähligen politischen, ökonomischen und sozialen Konflikt- und Krisensituationen heimgesuchten Welt andererseits, gehen von beiden Kriminalitätserscheinungen für Staat, Gesellschaft, Wirtschaft und Umwelt ernstzunehmende Gefahren aus, die sich am Anfang des dritten Milleniums offenbar zugespitzt haben. Aufgrund ihrer zentralen geographischen Lage in Europa sowie ihrer ausgezeichneten Kommunikationsinfrastruktur und immenser Wirtschaftsstärke, sieht sich auch und insbesondere die Bundesrepublik Deutschland zunehmend Gefahren durch die Organisierte Kriminalität und den internationalen Terrorismus ausgesetzt. Zwar ist Deutschland noch weit entfernt von den prekären Verhältnissen in manchen Entwicklungs- und Transformationsländern, verschiedene Entwicklungen auf dem europäischen Kontinent seit den 1980er haben Deutschland aber zu einem bevorzugten Basisland für Organisierte Kriminelle und Terroristen gemacht[10].

Die wirksame Bekämpfung der schweren Kriminalität ist eine mühsame Aufgabe. Sowohl die Organisierte Kriminalität als auch der internationale Terrorismus zeichnen sich im Grunde durch schwer durchschaubare, nach Außen und Innen abgeschottete Netzwerkstrukturen mit einem hohen Maß an Anpassungsfähigkeit, Abstimmungsgeschick und Mobilität aus. Auch sie machen sich die Informations- und Kommunikationstechnik voll zunutze und gehen gelegentlich „strategische Allianzen“ ein. Zwar bestehen zwischen ihnen wichtige Abgrenzungsmerkmale[11] -

---

7 Wie der Begriff Organisierte Kriminalität ist der Begriff Terrorismus lange Zeit umstritten und wird noch sehr subjektiv ausgelegt („für den Einen der Freiheitskämpfer, für den Anderen der Terrorist“). Zur Definition des Terrorismus siehe unten.

8 Vgl. Hopwood, Keith (Ed.): *Organised Crime in Antiquity*, London, 1999.

9 Schwind, Hans-Dieter: *Kriminologie. Eine praxisorientierte Einführung mit Beispielen*, Kriminalistik-Verlag: Heidelberg, 11. neubearbeitete und erweiterte Aufl., 2001, S. 612. Das Phänomen des von Individuen und Gruppen ausgehenden politisch-motivierten Terrorismus war kein seltenes Vorkommnis in der zweiten Hälfte des 19. Jahrhundert, hat aber insbesonders seit den 60er und 70er Jahren des vergangenen Jahrhunderts eine besorgniserregende Dimension angenommen.

10 Was die Organisierte Kriminalität angeht, sind dies u.a. der europäische Einigungsprozess, die Durchsetzung der Freizügigkeit im Personalverkehr und die weitgehende Abschaffung der polizeilichen Kontrollen an den Binnengrenzen im EU-Raum, und der politische und sozio-ökonomische Umbruch in den Staaten Osteuropas und der Russischen Föderation, der innerhalb weniger Jahren mit einem dramatischen Anstieg v.a. der bandenmäßigen Kriminalität dort einhergegangen ist und dessen Strukturen mittlerweile auf Deutschland und andere Staaten West- und Mitteleuropas übergriffen haben und nach der EU-Osterweiterung möglicherweise im verstärkten Maße voraussichtlich übergreifen werden.

11 Darauf wird später in dieser Untersuchung eingegangen.

trotz ihres in der Kriminalstatistik vergleichsweise geringen quantitativen Ausmaßes aber übersteigen summa summarum ihre schädlichen Auswirkungen alle anderen Massen-Kriminalitätserscheinungen. Allein über einen 30-jährigen Zeitraum (1970-2000) starben in Deutschland über 20.000 Menschen infolge der Rauschgiftsucht. Die Beschaffungskriminalität von Rauschgiftsüchtigen macht einen erheblichen Anteil der Diebstahlsdelikte in der Kriminalstatistik aus. Durch den Menschenhandel werden Tausende von Frauen und Minderjährigen zur Prostitution gezwungen und durch die mit äußerster Brutalität geführten Bandenkriege auf deutschen Straßen sind jährlich zahlreiche Tote und Schwerverletzte zu beklagen. Allmählich droht die Organisierte Kriminalität das Bankensystem durch Geldwäsche zu untergraben und Tentakel der aus der Organisierten Kriminalität resultierenden Korruption reichen inzwischen bekanntermaßen stellenweise in die Politik, Wirtschaft und öffentliche Verwaltung hinein. Terroristische Übergriffe gibt es hin und wieder in der Bundesrepublik bereits seit über drei Jahrzehnten. Auch in deren Verlauf sind zahlreiche Todesopfer und ein hoher Sachschaden zu beklagen. Seit geraumer Zeit gewinnt Deutschland zunehmend an Anziehungskraft für fanatisierte islamisch-fundamentalistische „Gotteskrieger“, welche die Bundesrepublik als eine Ausgangsbasis zur Planung und Durchführung ihrer Terrorakte weltweit missbrauchen, deren Gipfel die Anschläge vom 11. September 2001 in den Vereinigten Staaten war, bei dem über 2.000 Menschen ums Leben kam.

Zweifelsohne ist der Staat verpflichtet gegen die Kriminalität konsequent vorzugehen. Eine Verpflichtung zum Handeln ergibt sich aus dem traditionellen Selbstverständnis des Staates als Schutzmacht sowie aus ethisch-moralischen und aus verfassungsrechtlichen Gesichtspunkten. Zwar enthält das Grundgesetz (GG) Deutschlands keinen expliziten Verweis auf ein „Grundrecht auf Sicherheit“, aber aus dem GG sowie aus der Rechtssprechung des Bundesverfassungsgerichts lässt sich dies unverkennbar entnehmen: „Konsequent trägt denn auch das Grundgesetz der Bundesrepublik Deutschland die ‚innere Sicherheit' als ein fundamentales, in der Verfassungsrechtsprechung anerkanntes Schutzgut aus. Sowohl die Sicherheit des Staates als verfasster Friedens- und Ordnungsmacht als auch die von ihm zu gewährleistende Sicherheit seiner Bevölkerung sind unverzichtbare Verfassungswerte. Sie stehen mit anderen im gleichem Rang – schon weil die Institution ‚Staat' von ihnen ihre eigentliche und letztendliche Hauptrechtfertigung ableitet“[12]. Konkrete, auf die Gewährleistung der Sicherheit abstellende Gebote hingegen enthalten die Klauseln mancher für die Bundesrepublik Deutschland verbindlichen völkerrechtliche Verträge. Laut dem Vertrag von Amsterdam (Artikel 29): “verfolgt die [Europäische] Union das Ziel, den Bürgern in einem Raum der Freiheit, der Sicherheit und des Rechts ein hohes Maß an Sicherheit zu bieten [...] Dieses Ziel wird erreicht durch die Verhütung und Bekämpfung der – organisierten und nicht-

---

12 Pitschas, Rainer: *Innere Sicherheit und Internationale Verbrechensbekämpfung als Verantwortung des demokratischen Verfassungsstaates*, in: Derselbe (Hrsg.): „Neues“ Polizeirecht, Speyerer Arbeitshefte, Nr. 121, Deutsche Hochschule für Verwaltungswissenschaften Speyer, 1999, S. 105.

organisierten – Kriminalität"[13]. Nach Artikel 5 der Europäischen Menschenrechtskonvention hat: „Jede Person [...] das Recht auf Freiheit und Sicherheit"[14]. Artikel 6 der Charta der Grundrechte der Europäische Union besteht aus gleichem Wortlaut[15]. Auch die Vereinten Nationen erkennt die Sicherheit des Individuums als ein zu gewährleistendes Recht an.

In Anbetracht der steigenden Gesamttendenz der Kriminalität und ihrer Folgewirkungen in der Bundesrepublik Deutschland drängt sich aus dem Blickwinkel der Inneren Sicherheit eine fundamentale ordnungspolitische Frage auf: Wie soll der deutsche Staat, der sich auf eine freiheitlich-liberale Werteordnung stützt und zum Schutz seiner Bürger vor Kriminalität verpflichtet ist, den Herausforderungen sowie Gefahren und Risiken der Kriminalität – sei es in ihrer omnipräsenten Erscheinungsform der Massenkriminalität, sei es die ominöseren, eher verborgenen Erscheinungsformen der Organisierten Kriminalität und des Terrorismus – möglichst wirksam gegensteuern und dabei der Rechtstaatlichkeit und der Achtung der Grund- und Menschenrechte möglichst weitestgehend Rechnung tragen?

Hierzu ergeben sich diverse Ansatzpunkte für ein wissenschaftliches Erkenntnisinteresse. Es könnte bspw. ein normativer Ansatzpunkt zugrunde gelegt werden, in dessen Rahmen die Wirkungskraft des deutschen Rechts analysiert wird. Alternativ böte sich ein soziologischer Ansatzpunkt an, der den Weg zur erfolgreichen Verbrechensbekämpfung im sozialen Umfeld von Gesetzesbrechern sieht. Schwerpunktmäßig würde dieser Ansatz die Massenkriminalität zum Forschungsgegenstand haben. Ein dritter Ansatzpunkt (der für diese Untersuchung ausgewählt wurde) legt einen institutionellen und instrumentellen Bezugsrahmen zugrunde, dessen Forschungsgegenstand die für die Verbrechensbekämpfung zuständigen Institutionen, deren Vorgehensweisen sowie das zu Ihrer Aufgabenerfüllung eingesetzte Instrumentarium ist.

Im föderal geprägten, sich eng am Subsidiaritätsprinzip anlehnenden Staats-, Verwaltungs- und Sicherheitssystem Deutschlands ist die Gewährleistung der Inneren Sicherheit grundsätzlich eine Aufgabe, die im Zuständigkeits- und Verantwortungsbereich der Länder angesiedelt ist. Diese föderale Tradition bestand bereits lange vor der Gründung der Bundesrepublik und fußt auf einem praktischen Grund, denn die Kriminalität war – und ist zumeist heute noch immer – ein ortsgebundenes Phänomen. Bereits früh in der deutschen Polizeigeschichte setzte sich aber auch die Erkenntnis durch, dass aufgrund der zunehmenden Mobilität von Gesetzesbrechern, ein gewisses Maß an zwischenbehördlicher Zusammenarbeit über Orts- und Ländergrenzen hinweg für eine wirksame Verbrechensbekämpfung

[13] Sartorius II: *Internationale Verträge – Europarecht*, Verlag C.H. Beck: München, 2002, § 145 (Vertrag über die Europäische Union).

[14] Ebenda, § 130 (Konvention zum Schutz der Menschenrechte und Grundfreiheiten vom 4. November 1950).

[15] Ebenda, § 146 (Charta der Grundrechte der Europäischen Union).

unbedingt erforderlich war. Dies betraf insbesonders den Austausch von polizeilichen Informationen, zumal diese seit jeher den Dreh- und Angelpunkt der Polizeiarbeit verkörperten: „Polizeiliche Tätigkeit setzt das Sammeln, Auswerten oder Anwenden von Informationen, also von Daten voraus. Bei der Feststellung von Personalien eines Verkehrssünders, bei der Zeugenvernehmung, bei der Beurteilung eines Sachverhaltes: stets handelte und handelt es sich um die Erfassung, Erhebung, Speicherung und Verarbeitung von Informationen und Daten. Seit jeher hat die Polizei Datenverarbeitung betrieben, wenn auch in schwerfälligen, zeitraubenden Verfahren"[16].

Historisch entstanden somit zentrale kriminalpolizeiliche Behörden, sowohl in Deutschland als auch im Ausland, die sich zunächst mit der Sammlung, Auswertung und Übermittlung von Informationen sowie der Erstellung technischer bzw. wissenschaftlicher Expertisen betraut waren und im Laufe der Zeit dann mit zunehmenden Kompetenzen ausgestattet wurden. Die Gewährleistung der Inneren Sicherheit blieb allerdings grundsätzlich Ländersache in Deutschland – auch nach der Gründung der Bundesrepublik. Der Bund wirkte insofern mit, als er eigene Behörden zur Unterstützung der Länder-Polizeien einrichtete.

Für die Gewährleistung der Inneren Sicherheit in Deutschland erfüllt dabei v.a. das bereits seit knapp 50 Jahren bestehende Bundeskriminalamt (BKA) eine wichtige Funktion. Als Zentrale für das polizeiliche Auskunfts- und Nachrichtenwesen und für die Kriminalpolizei in Deutschland, wurde das Amt öfters zum Gegenstand des wissenschaftlichen Erkenntnisinteresses. Fraglich ist, wo eine Untersuchung des BKA konkret ansetzen soll. Denn es bieten sich einige untersuchungswerter Ansatzpunkte.

Ein hochinteressanter Anknüpfungspunkt für eine eingehende wissenschaftliche Studie ist die informations- und kommunikationstechnische Ausstattung des BKA. Seit einigen Jahren sich in einem dynamischen Wandlungsprozess befindend, hat dieser Bereich mittlerweile eine so wichtige Bedeutung für die innere Sicherheit in Deutschland erlangt, dass eine eingehendere Analyse im Rahmen einer umfangreichen wissenschaftlichen Untersuchung nicht nur gerechtfertigt ist, sondern auch längst überfällig scheint.

Die Informations- und Kommunikationstechnik (IuK-Technik), welche auf eine bereits über hundertjährige Geschichte zurückblicken kann, hat seit den 1980er Jahren eine phänomenale Entwicklung durchlaufen und prägt nunmehr wesentlich unser tägliches Leben. Der Begriff „Informations- und Kommunikationstechnik"

---

[16] So der ehemaliger BKA-Präsident Dr. Horst Herold. Zitiert in Sack, Fritz/Nogala, Detlef/Lindenberg, Michael: *Social Control Technologies. Aspekte und Konsequenzen des Technikeinsatzes bei Instanzen strafrechtlicher Sozialkontrolle im nationalen und internationalen Kontext.* Abschlussbericht des Forschungsprojektes am Aufbau- und Kontaktstudium Kriminologie der Universität Hamburg, Version 0.95, Mai 1997, S. 23.

ist zu einem der gebräuchlichsten Modewörter der Gegenwart avanciert, dessen Vormarsch in Wirtschaft, öffentlicher Verwaltung[17], Politik und Gesellschaft unaufhaltsam zu sein scheint. Bereits vor Jahrzehnten erkannte das deutsche Polizeiwesen den Stellenwert diesen Techniktypus für ihre Aufgabenbewältigung und machte sich den technologischen Fortschritt für ihre Zwecke zunutze. Insofern mag die in so manchen deutschen Polizeiarbeitsräumen (immer noch) anzutreffenden mechanischen Schreibmaschinen samt den dazugehörigen Formularbögen freilich verblüffend anachronistisch erscheinen. Tatsache bleibt jedoch, dass Bund und Länder immense Summen in die Anschaffung neuer bzw. Modernisierung bestehender, dem modernsten Stand der Technik entsprechenden Hard- und Software investiert haben. Somit ist „Kommissar Computer" keine exotische Heroldsche Utopie mehr, sondern eine mittlerweile fest etablierte und aus der kriminalpolizeilichen Alltagspraxis nicht mehr wegzudenkende Dauererscheinung.

Nach Ansicht des Verfassers gibt es viele Gründe, weshalb eine eingehende wissenschaftliche Auseinandersetzung mit der IuK-Technik des BKA geboten erscheint:

- Die Sammlung, Auswertung und Bereitstellung von Informationen mit länderübergreifendem Bezug, insbesondere durch den Einsatz technischer Mitteln, ist stets die Kernaufgabe des BKA gewesen. Mit wachsender Mobilität von Kriminellen in Deutschland stieg entsprechend der Bedarf nach einem erweiterten, über die Grenzen der einzelnen Bundesländer hinausgehenden, systematischen und auf Dauer angelegten kriminalpolizeilichen Erkenntnisaustauschs. Aufgrund verfassungsrechtlicher Rahmenbedingungen sowie effizienztechnischer Überlegungen muss dies von einer zentralen Polizeibehörde, wie dem BKA, realisiert werden, die über die hierfür erforderliche informations- und kommunikationstechnische Sachausstattung und Kompetenzen verfügt.

- In den 1950er Jahren fand der Computer in der deutschen öffentlichen Verwaltung Eingang[18]. Für die Verbrechensbekämpfung ist die IuK-Technik mittlerweile zu einem unabdingbaren Instrumentarium avanciert, was v.a. auf die Entwicklung hochleistungsfähiger und kostengünstiger Rechner zur Speicherung und Auswertung enormer Datenmassen sowie auf die Vernetzung kommunikationstechnischer Infrastrukturen, über die enorme Datenmassen in Echtzeit über große räumliche Distanzen hinweg transferiert werden können, zurückzuführen ist. Bereits Anfang der 1970er Jahre machte sich das BKA die IuK-Technik im beträchtlichen Umfang zunutze; das Amt verwaltet mittlerweile zahlreiche Dateien sowie ein bundesweites Datenkommunikationsnetz. In manchen Anwendungsbereichen gilt hier das BKA sogar als weltweit führend.

---

[17] Der verstärkte Einsatz der IuK-Technik ist Bestandteil der in den letzten Jahren unternommenen Bemühungen (Neues Steuerungsmodell) zur Reform der öffentlichen Verwaltung in Deutschland.

[18] Damals v.a. die Großrechneranlangen in Großunternehmen, Universitäten und Behörden.

Ferner sind Vernetzungs- und Standardisierungstendenzen im grenzüberschreitenden Rahmen als Folge des wachsenden überstaatlichen Erkenntnisaustauschbedarfes zwischen Sicherheitsbehörden zunehmend erkennbar, ebenso das Durchführen gemeinsamer technischer Projektvorhaben[19]. Da das BKA über die hierfür erforderlichen Ressourcen und Expertisen verfügt, und eher imstande ist die notwendige Abstimmungsarbeit zu leisten, muss sich das Forschungsinteresse zwangsläufig auf das Amt richten.

- Der Einsatz der IuK-Technik des BKA vollzieht sich nicht in einem Vakuum, sondern ist mit den Rahmenfeldern Gesellschaft, Politik, Staat und Recht verwoben. Eine isolierte Technikbetrachtung kann und darf somit nicht erfolgen. Zwar bietet die Technik vielerlei Vorteile an, ihr Einsatz stößt aber auch oft auf Bedenken und Vorbehalte. Denn nur die Technik ermöglicht es, aus räumlich-verstreuten Datenbeständen auf Knopfdruck „Bewegungs-, Verhaltens- bzw. Persönlichkeitsprofile" in einem großen Ausmaß zu erstellen. Vor dem Hintergrund der inneren sicherheitspolitischen Diskussion in Deutschland, in deren Rahmen man bereits seit geraumer Zeit ein „Spannungsverhältnis" zwischen dem Recht des Bürgers auf informationelle Selbstbestimmung einerseits und seinem Anspruch gegenüber dem Staat auf Sicherheit und Schutz vor Kriminalität anderseits zu erkennen glaubt, fürchten manche das Entstehen eines Überwachungsstaates, der einen enormen Wissensbestand über seine BürgerInnen zwecks der „Kriminalitätsvorsorge" pflegt. Gerade angesichts des seit Jahren anhaltenden rasanten technischen Fortschrittes der IuK-Technik, welcher der Kriminalpolizei (und den Nachrichtendiensten) stets noch bessere Möglichkeiten zur Gewinnung von personenbezogenen Erkenntnissen bietet, wird die Gefahr einer Untergrabung der Privatsphäre des Einzelnen gesehen. Der Themenkomplex Datenschutz hat dadurch einen enormen Anschub bekommen. Da das BKA als Informationszentrale der deutschen Polizei ein Sammelbecken für personenbezogene Daten ist, und selbst bereits bei einigen Anlässen diesbezüglich im Blickwinkel der öffentlichen Kritik geraten ist, erscheint eine sachliche Auseinandersetzung mit dem Einsatz seiner IuK-Technik auch in datenschutzrechtlicher Hinsicht zeitlich angebracht.

- die Mobilität von Kriminellen beschränkt sich nicht nur auf das innerstaatliche Territorium, sondern muss in einem breiteren, grenzüberschreitenden Zusammenhang gesehen werden. Eine wirksame Bekämpfung der Organisierten Kriminalität bzw. des internationalen Terrorismus erfordert auf jeden Fall eine intensive zwischenstaatliche Zusammenarbeit. Dazu gehört v.a. der Informationsaustausch zwischen Kriminalpolizeibehörden. Diese Zusammenarbeit muss sich nicht nur an Strafverfolgungsmaßnahmen orientieren, sondern angesichts der wachsenden Gefährlichkeit der Kriminalität auch präventive Elemente stärker berücksichtigen. Das Erkennen von Gefahren und Risiken

---

[19] Beispielweise bei der Entwicklung von Softwareprogrammen.

hängt maßgeblich vom geschickten Einsatz der IuK-Technik ab. Für Deutschland kommt für diese sensible Abstimmungsaufgabe in erster Linie wiederum das BKA als nationale Kriminalpolizeibehörde in Betracht.

Eine Eingrenzung des Forschungsgegenstandes schien dem Verfasser insoweit angebracht, als der Begriff „Informations- und Kommunikationstechnik" ein recht breites, eigentlich kaum mehr zu überblickendes Anwendungsfeld umfasst, das sich grundsätzlich mit hardwaremäßigen Fragen und dergleichen befasst. Die vorliegende Untersuchung weicht vom apparativen Verständnis der IuK-Technik ab und legt stattdessen als Forschungsrahmen eine funktionelle Betrachtungsweise zugrunde. Sachausstattungsbezogene Einzelheiten werden weitgehend ausgeklammert. Im Vordergrund der Analyse steht somit nicht, mit welchen bzw. mit wie vielen Geräten der Marke A des Herstellers B mit den technischen Spezifikationen XYZ das BKA ausgestattet ist. Solche Einzelheiten mögen interessant zu wissen sein, zur Erfüllung seiner Aufgabe als Informationszentrale der deutschen Polizei, die sowohl deutsche als auch ausländische Kriminalpolizeibehörden bei der repressiven und präventiven Verbrechensbekämpfung unterstützt, dürften sie aber von peripherer Bedeutung sein. Wesentlich interessanter in wissenschaftlicher Hinsicht wäre hingegen eine Antwort auf die Frage, *auf welche Weise und in welchem Ausmaß unterstützt die IuK-Technik das BKA bei seiner Aufgabenbewältigung.*

Alle informations- und kommunikationstechnischen Anwendungskontexte im BKA zielen auf die für die Aufgabenerfüllung des Amtes erforderliche Gewinnung und Übermittlung von Erkenntnissen. Forschungsgegenstand dieser Untersuchung sind daher in erster Linie die vom BKA verwalteten Datenbanken und Dateien[20], die sein digitales Gedächtnis verkörpern (Informationsdimension) und deren Inhalte unter gesetzlich geregelten Voraussetzungen auf elektronischem Wege an andere, mit der Verbrechensbekämpfung bzw. Wahrung der Inneren Sicherheit betrauten Behörden in Deutschland und im Ausland übermittelt werden dürfen und im Gegenzug von diesen auch entgegengenommen werden (Kommunikationsdimension). Dateien - wie ihre Vorläufer die papierenen Karteien - sind für das BKA von überragender Bedeutung. Sie verkörpern im Grunde das Hauptmittel, mit dem das BKA und die Polizeien der Länder der Inneren Sicherheit der Bundesrepublik Deutschland Rechnung tragen sollen.

1.2 Die wissenschaftliche Einordnung der Untersuchung

Nach der Darlegung der Problemstellung und Konkretisierung des Untersuchungsgegenstandes, bedarf die Frage ihre wissenschaftlichen Einordnung einer Klärung.

---

[20] In dieser Untersuchung findet darüber hinaus eine Auseinandersetzung mit kriminalistischen Softwareprogramme statt, die im BKA zum Einsatz kommen.

Der Begriff Informations- und Kommunikationstechnik verleitet dazu, die Untersuchung der Informationswissenschaft zuzuordnen, deren Erkenntnisgegenstand „die Behandlung von Informationsprozessen und –problemen in Wissenschaft, Gesellschaft, Wirtschaft und Verwaltung [ist]. Im Vordergrund stehen Fragen der Erzeugung, Vermittlung und Aufnahme vorwiegend fachlicher und systembezogener Information“[21], wobei ergänzend “die Informationswissenschaft den Menschen mit seinen Informationsbedürfnissen in den Mittelpunkt [stellt]. Sie untersucht Fragen der bedürfnisadäquaten Sammlung, Verbreitung und *Nutzung* von (menschlichem) *Wissen*, insbesondere Fragen der Informationsvermittlung“[22]. Somit geht das Erkenntnisinteresse der Informationswissenschaft über die bloße objektive Betrachtung von Technik (Maschinen) hinaus – dies ist Betrachtungsgegenstand der Informatik – und orientiert sich an den funktionellen und prozessualen Zusammenhängen der Technikanwendung. Dies entspricht ganz dem Ansatz, der dieser Untersuchung zugrundeliegt.

Andererseits verleiht der Titelverweis auf Verbrechungsbekämpfung der Untersuchung einen Bezug zu den Kriminalwissenschaften[23]. Eine solche Zuordnung scheint dem Verfasser eher angebracht, da die Verbrechensbekämpfung den Bezugsrahmen der Untersuchung stellt und die Funktion der IuK-Technik darin besteht, bei der Verbrechensbekämpfung einen konkreten Beitrag zu leisten. Die Technik ist kein Selbstzweck, sondern sie dient letztlich als Mittel zum Zweck (d.h. der Verbrechensbekämpfung).

Mit der Zuordnung der Untersuchung zu den Kriminalwissenschaften bleibt die Zuordnungsfrage allerdings weiterhin klärungsbedürftig, denn die Kriminalwissenschaften umfassen ein breites fachliches Spektrum. Sie gliedert sich in die juristische Kriminalwissenschaft einerseits und nicht-juristische Kriminalwissenschaft andererseits. Die juristische Kriminalwissenschaft befasst sich mit der *Strafrechts-* und *Strafprozeßrechtswissenschaft*, deren Untersuchungsfelder v.a. „das Entscheidungsdenken, die normative Abgrenzung, die Auslegung und die theoretische Strukturanalyse des Verbrechens sowie die prozessualen Voraussetzungen und justizförmigen Wege der Verbrechensverfolgung“[24] sind. Die nicht-juristische Kriminalwissenschaft setzt sich aus zwei Disziplinen zusammen: *Kriminologie* und *Kriminalistik*. Die Kriminologie verkörpert „die geordnete Gesamtheit des Erfahrungswissens über das Verbrechen, den Rechtsbrecher, die negative soziale Auffälligkeit und über die

21 Schneider, Hans-Jochen (Hrsg.): *Lexikon Informatik und Datenverarbeitung*, R. Oldenbourg Verlag: München u.a., 4. Aufl., 1998.

22 Ebenda, S. 424.

23 Auch die Möglichkeit der Zuordnung zu der Polizeiwissenschaft böte sich an. Allerdings tritt hier das Problem auf, dass die Polizeiwissenschaft zwar zunehmend auf akademisches Interesse in Deutschland stößt, sie sich bisher aber nicht wie die Kriminalwissenschaften fest etablieren konnte. Daher wurde sie außer Betracht gelassen.

24 Kaiser, Günther: *Kriminologie: Ein Lehrbuch*, C.F. Müller Verlag: Heidelberg, 3. Aufl., 1996, S. 4.

Kontrolle dieses Verbrechens. Ihr Wissenschaftsgebiet lässt sich mit den drei Grundbegriffen Verbrechen, Verbrecher und Verbrechenskontrolle treffend kennzeichnen. Ihnen sind auch Opferbelange und Verbrechensverhütung zugeordnet"[25]. Die Kriminalistik ist ebenfalls eine erfahrungswissenschaftliche Disziplin[26], deren Aufgabe darin besteht „einen Beitrag zur Verbesserung der polizeilichen Arbeitsweisen zu leisten"[27]. Sie setzt sich in erster Linie mit kriminalpolizeilichen Verbrechensaufklärungs- und –kontrollmethoden auseinander und umfasst drei Forschungsrichtungen: Die *Kriminalstrategie* als „Planung und Durchführung der Gesamtheit der [polizeilichen] Maßnahmen zur Kriminalitätskontrolle nach rechtlichen und politischen Vorgaben unter Berücksichtigung des Sicherheitsgefühls und Beachtung der materiellen und personellen Ressourcen mit dem Ziel der Reduzierung von Kriminalität"[28], wobei „typisch für diese [Gesamtheit der polizeilichen Maßnahmen] die starke Vernetzung von Repression und Prävention mit der Aufgabe der effektiven Durchsetzung vorgegebener kriminalpolitischer Ziele [ist]"[29]; die *Kriminaltaktik* als „Lehre vom taktisch richtigen, d.h. vom technisch, psychologisch und ökonomisch zweckmäßigen Vorgehen beim Aufklären und Verhindern von kriminellen Taten"[30] wobei hier „auch das sogenannte Modus-Operandi-System, also die Identifizierung und Überführung des Täters anhand bestimmter durch Kartei oder Datenverarbeitung gespeicherter Tat- und Tätermerkmale [gehört]"[31], und die *Kriminaltechnik*, worunter „die Lehre von den Werkzeugen, Hilfsmitteln und Verfahren zur Aufklärung oder Verhinderung von kriminellem Verhalten zu verstehen [ist]"[32].

---

[25] Ebenda, S. 1. Etwas konkreter ist die Ausführung von Schwind, wonach die Kriminologie mit der Ursachenforschung (Kriminal-Ätiologie), den Erscheinungsformen von Straftaten (Kriminal-Phänomenologie), der Lehre vom Opferverhalten (Viktimologie), der Erforschung der Wirkung von Strafe (Pönologie), der Kriminaltherapie, mit gerichtspsychologischen und –psychiatrischen Fragen (forensische Psychologie und Psychiatrie), mit der Institutionenforschung sowie mit Kriminaliät als Massenerscheinung (Kriminalstatistik) befasst ist. Vgl. Schwind, *Kriminologie,* Fn. 9, S. 7.

[26] Strittig bleibt die Frage, ob der Kriminalistik „Wissenschaftscharakter" zukommen soll oder nicht. Kaiser (Fn. 24, S. 926) ist der Ansicht, dass: "Gleichgültig, ob man von der Kriminalistik als einer wissenschaftlichen Disziplin ausgeht oder nicht, ihre spezifischen Aufgaben, ihr Inhalt und der Sachzusammenhang sprechen dafür, ihr jedenfalls im Rahmen der angewandten Kriminologie einen festen Platz zuzuweisen".

[27] Ebenda, S. 925. Eine gute Einführung in die Kriminalistik bieten Ackermann, Rolf/Clages, Horst/Roll, Holger: *Handbuch der Kriminalistik für Praxis und Ausbildung*, Richard Boorberg Verlag: Stuttgart u.a., 2000.

[28] Zimmermann, Hans-Martin: *Kriminalstrategie*, in: Kniesel, Michael/Kube, Edwin/Murck, Manfred (Hrsg.): Handbuch für Führungskräfte der Polizei. Wissenschaft und Praxis, Schmidt-Römhild Verlag: Lübeck, 1996, S. 646.

[29] Schwind, *Kriminologie*, Fn. 9, S. 11.

[30] Ebenda.

[31] Kaiser, *Kriminologie*, Fn. 24, S. 924.

[32] Schwind, *Kriminologie*, Fn. 9, S. 11.

Da technische und methodische Aspekte diese Untersuchung wesentlich prägen, erscheint es angebracht, diese dem Bereich der Kriminalistik anstatt der Kriminologie zuzuordnen. Klärungsbedürftig bleibt dann, ob sie einer der drei kriminalistischen Forschungsrichtungen Kriminalstrategie, Kriminaltaktik oder Kriminaltechnik zuzuordnen sei, eine Synthese aller drei Forschungsrichtungen verkörpert oder sogar eine neue Forschungsrichtung innerhalb der Kriminalistik konstituiert. Die Kriminalstrategie schließt die Verwendung der IuK-Technik ein, weist dieser aber lediglich eine periphere Rolle im Rahmen der Planung und Durchführung polizeilicher repressiver und präventiver Maßnahmen zu und greift somit zu kurz. Die Kriminaltaktik schließt die Verwendung der IuK-Technik ebenfalls zwar grundsätzlich ein, ist aber zugleich „einzelfallbezogen"[33] und verkennt somit die strategische Bedeutung der Technik. Vom Begriff her würde die Zuordnung zur Kriminaltechnik zwar logisch erscheinen, dies wäre aber gedanklich nicht eindeutig nachvollziehbar, denn im Vordergrund des kriminaltechnischen Forschungsinteresses stehen bekanntlich naturwissenschaftliche (biologische, chemische, physikalische) Instrumentarien und Verfahren[34].

Folglich drängt sich die Frage auf, ob die kriminalpolizeiliche IuK-Technik Untersuchungsgegenstand einer eigenen Forschungsrichtung - die „Kriminalinformations- und –kommunikationstechnik" – als Teildiziplin der Kriminalistik zugeordnet werden soll. Einiges spricht dafür, u.a. deswegen, weil die kriminalpolizeiliche IuK-Technik mittlerweile zu einem unentbehrlichen Werkzeug für die Verbrechensbekämpfung avanciert und Gegenstand zahlreicher wissenschaftlichen Untersuchungen ist. Das Interesse an ihr in Politik, Öffentlichkeit, Wissenschaft sowie in den Medien ist beträchtlich.

---

33 Vgl. Zimmermann, *Kriminalstrategie*, Fn. 28, S. 645.

34 Offenbar gibt es aber auch Wissenschaftler, die die Einbeziehung der kriminalpolizeilichen IuK-Technik in den Bereich Kriminaltechnik befürworten: „Der Begriff der Kriminaltechnik wurde bisher meist in einem engen Sinne der Anwendung moderner technischer Hilfsmittel und naturwissenschaftlicher Methoden auf die Untersuchung von Beweisen und Spuren zur Verbrechensbekämpfung verstanden. Typischerweise handelt es sich dabei um den Versuch, materiell-dokumentarisch erfaß- und auswertbare Spuren in einen Sinnzusammenhang mit einem strafrechtlich relevanten sozialen Ereignis zu bringen ... Kriminaltechnik definiert sich aus unserer Sicht an der Schwelle zum 21. Jahrhundert auch nicht mehr allein durch die apparative Ausstattung von Kriminallaboren oder polizeilichen Einsatzzentralen. Vielmehr legen die Bedeutung von Datenbanken, Computern und deren Vernetzung [...] es nahe, das ‚traditionelle' Verständnis von Kriminaltechnik hinter sich zu lassen und zu erweitern". Nogala, Detlef/Sack, Fritz: *Folgerungen für die polizeiliche Arbeit aus der Technikausstattung*, in: Bundeskriminalamt (Hrsg.): Aktuelle Methoden der Kriminaltechnik und Kriminalistik, BKA-Forschungsreihe Bd. 32, Wiesbaden, 1995, S. 122-123.

1.3 Die Ziele der Untersuchung

Mit dieser Untersuchung werden folgende drei Grundziele verfolgt:

- Dem Leser soll ein umfassender, fachlich fundierter und auf der Grundlage öffentlich zugänglicher Dokumentation basierender Einblick in den Einsatz der IuK-Technik im BKA gegeben werden. Die Ausführungen beschränken sich im wesentlichen auf die wichtigsten Dateien und Datenbanken des BKA, die zum Zwecke der Verbrechensbekämpfung Verwendung finden.

- die Darlegung der Faktoren, die den Einsatz der IuK-Technik im BKA im erheblichen Maße mitbestimmen. Dazu gehört insbesondere der Datenschutz.

- Die Schaffung eines konzeptionellen Bezugs- und Vergleichsrahmens für künftige, sich mit dieser Thematik befassende und weitergehende Forschungsvorhaben.

1.4 Methodische Vorgehensweise der Untersuchung

Das Thema dieser Untersuchung könnte sicherlich mehrere Bände füllen. Für den Verfasser bestand die Herausforderung darin, die wesentlichen Aspekte zu identifizieren, diese in der erforderlichen Tiefe wissenschaftlich aufzubereiten und zu analysieren und zugleich den Dissertationsumfang auf einen für eine Promotionsarbeit üblichen Umfang (ca. 300-350 Seiten ohne Anhang und Quellenverzeichnis) zu beschränken.

Im Vorfeld der Recherche sah sich der Verfasser mit einem methodischem Problem konfrontiert, nämlich, in welchem Ausmaß sollen und können die Dateien des BKA analysiert werden. Drei Ansätze standen dabei theoretisch zur Auswahl:

(1) eine Gesamtbestandsaufnahme und Analyse sämtlicher der im BKA befindlichen und zum Zwecke der Verbrechensbekämpfung eingesetzten Dateien,
(2) ein bereichsspezifischer Ansatz, in dessen Rahmen die Dateien von einer, zwei oder höchstens drei BKA-Abteilungen betrachtet werden oder
(3) eine selektive Bestandsaufnahme und Analyse der für die Aufgabenerfüllung des BKA als besonders wichtig erachteten Dateien.

Der erster Ansatz erwies sich bei näherer Betrachtung als ein unrealistisches und unpraktikables Unterfangen, nicht nur aufgrund der unermesslichen Vielzahl der Dateien im BKA und des zu ihrer Untersuchung erforderlichen Zeit- und Kostenaufwands. Ein weitaus wichtigerer Grund lag in der Abschottungspolitik des BKA gegenüber Außenstehenden (wobei dies freilich generell auf kriminalpolizeiliche Behörden weltweit zutrifft und keineswegs eine deutsche Besonderheit darstellt), die aus der Hochsensibilität seines Aufgabenfeldes herrührt und somit diesen Untersuchungsansatz unmöglich macht.

Der zweiter Ansatz erschien zwar praktikabler, wies aber den Nachteil auf, dass er eine etwas eingeschränkte Sicht auf den Einsatz der IuK-Technik im BKA vermittelt hätte, da diese in allen neuen Abteilungen des BKA intensiv zum Einsatz kommen. Außerdem würde dann auch hier die Abschottungshürde gelten.

Der dritter Ansatz bot sich nach Ansicht des Verfassers als die praktikabelste Lösung an: zum Einen gibt es Fachliteratur im ausreichenden Umfang (einschließlich der vom BKA selbst herausgegebenen Literatur) zu den infragekommenden Dateien, zum Anderen war zu erwarten, dass eine auf diese Dateien beschränkte Recherche auf mehr Entgegenkommen des BKA stoßen würde, als dies beim Versuch einer universalen bzw. abteilungsbezogenen Betrachtung der Fall gewesen wäre. Somit wurde der dritte Ansatz als Rahmengrundlage für die Untersuchung ausgewählt. Die Auswahl der zu untersuchenden Systemaspekte erfolgte dabei anhand von Expertengesprächen mit Kriminalbeamten und nach einer eingehenden Sichtung der Fachliteratur.

Eine Promotionsarbeit zu einem empirischen Thema geht im Regelfall mit einer empirischen Datenerhebung einher. Bedauerlicherweise war es im Rahmen der Recherchen nicht möglich, diese Erhebung vor Ort im BKA durchzuführen. Eine derartige empirische Datenerhebung käme aber angesichts der momentanen, bedingt durch die Ereignisse des 11. Septembers 2001 in den USA, angespannten Sicherheitslage in Deutschland – die auch in Reihen der deutschen Sicherheitsbehörden eine gewisse „Hysterie" auslöste - zeitlich sehr ungelegen. Der Wunsch des BKA (und die LKÄ), sich stärker von der Öffentlichkeit abzuschotten als dies bisher der Fall war, und Außenstehenden ausführliche Informationen über ihre „Werkzeuge" zur Verbrechensbekämpfung möglichst wenig preiszugeben, war somit durchaus nachvollziehbar. Hier haben sich die Rückgriffe des Verfassers auf die im Rahmen seines zweimonatigen Praktikums mit dem Schwerpunkt polizeiliches Informationsmanagement beim LKA Rheinland-Pfalz (August/September 1999) sowie anläßlich eines begleitenden dreitägigen Arbeitsaufenthalts (einschließlich einer Besichtigungstour in der EDV-Zentrale) im BKA gewonnenen Erkenntnisse und Einsichten als durchaus nützlich erwiesen. Zudem konnte der Datenbedarf über die persönlichen Kontakte des Verfassers zur Kriminalpolizei teilweise abgedeckt werden. Korrektheitshalber sei hier vorab anzumerken, dass sämtliche in der Untersuchung enthaltenen Daten und sonstigen Informationen in bezug auf die Dateien des BKA dem Verfasser auf seine direkte und förmliche Anfrage hin und unter Angabe des Verwendungszwecks übermittelt wurden, so dass der Leser mit Gewissheit davon ausgehen kann, dass diese für die wissenschaftliche Verwertung im Rahmen dieser Untersuchung freigegeben wurden.

Um den wissenschaftlichen Anforderungen der Deutschen Hochschule für Verwaltungswissenschaften Speyer Rechnung zu tragen, wurde für diese Untersuchung ein interdiziplinärer Forschungsansatz gewählt.

Durch die zahlreichen Verweise auf Gesetze, darunter das Grundgesetz der Bundesrepublik Deutschland, das Bundeskriminalamtgesetz sowie diverse Gesetze und Rechtsakte auf nationaler Ebene und im Rahmen der Europäischen Union wird der rechtswissenschaftliche Bezug der Thematik deutlich und nach Ansicht des Verfassers im angemessenen Maße hergestellt. Auch auf das aus dem Einsatz der IuK-Technik des BKA sich ergebende und auch in verfassungsrechtlicher Hinsicht oft diskutierte „Spannungsverhältnis" zwischen dem Recht des Bürgers auf informationelle Selbstbestimmung und seinem Anspruch auf Sicherheit und Schutz vor Kriminalität wird näher und auch mit Bezug zur einschlägigen Rechtsprechung des Bundesverfassungsgerichts eingegangen.

Der verwaltungswissenschaftliche Bezug ist insoweit gegeben, weil es sich beim BKA um eine der Dienst- und Fachaufsicht des Bundesministerium des Innern in Berlin direkt unterstellte Behörde handelt. Somit ist das BKA ein unmittelbarer Vollzieher staatlicher Exekutivgewalt, für den gleiche Grundsätze und Handlungsgebote (u.a. Verhältnismäßigkeit) gelten, wie für alle anderen Träger staatlicher Hoheitsgewalt.

Neben den obligatorischen Bezügen zu Rechts- und Verwaltungswissenschaft gibt es darüber hinaus in der Untersuchung einige Verweise auf u.a. politische, soziale und auch ökonomischen Sachverhalte.

Für die Recherchephase wurde eine breit angelegte, systematische Literatursuchstrategie unter Heranziehung möglichst vieler und qualitativ hochwertiger Informationsquellen verfolgt. Zunächst ergab sich das Problem, dass obwohl es eine mittlerweile kaum mehr zu überblickende Fülle an kriminalistischer Fachliteratur gibt – auf die in regelmäßigen Zeitabständen erscheinenden Forschungs- und Vortragsreihen des BKA sowie die Fachzeitschrift Kriminalistik sei hier besonders verwiesen – es nahezu keine Publikationen gibt, die sich konkret auf die Dissertationsthematik in ihrer Gesamtbreite beziehen. Viele Veröffentlichungen sind zu sehr auf den einen oder anderen Teilaspekt fokussiert. Interne Analysen, Berichte und Studien des BKA u.a. enthalten ausführliche und aktuelle Angaben zu der Informations- und Kommunikationstechnik des Amtes, haben aber den Nachteil, dass sie zumeist als „Verschlusssache" eingestuft sind und somit dem Zugriff von Außenstehenden entzogen sind, es sei denn, sie werden auf Antrag eines Interessenten für eine wissenschaftliche Untersuchung freigegeben. Zum Teil ist dies für diese Untersuchung auch geschehen.

Intensiv genutzt wurde zudem das Internet, das sich als eine wertvolle Informationsquelle erwies. So war es über das Internet bspw. möglich, nach Literatur in den millionenfachen Buchbeständen u.a. von der Deutschen Bibliothek sowie von allen deutschen regionalen Verbundskatalogsysteme on-line zu recherchieren. Auch die im deutschen und im angelsäschischen Sprachraum bekannten Suchmaschinen bewährten sich gut und lieferten eine Fülle an überaus verwertbaren, über den Buchhandel und den Bibliothekbestelldienst nicht erhältlichen Informationsmaterialien. Als nützlich erwies sich darüber hinaus die auf CD-ROM erhältliche rechtsbibliographische Datenbank (21. Auflage/Juni 2001) der Kuselit-Verlags GmbH, auf der die Titel von ca. 820.000 Einträgen aus über 500 (u.a. juristischen) Zeitschriften indexiert und nach Stichworten recherchierbar sind. Die mit öffentlicher Verwaltungs- und Rechtsliteratur hervorragend ausgestattete Bibliothek der Deutschen Hochschule für Verwaltungswissenschaften Speyer erwies sich zudem als eine ergiebige Literaturquelle. Insgesamt gesehen ist festzustellen, dass die Literatur zur Untersuchungsthematik im zufriedenstellenden Maße gesichtert und ausgewertet werden konnte.

Als sehr nützliche Informationsquelle erwiesen sich auch die Expertengespräche in Bezug auf die Datenbank INPOL sowie AFIS, die DNA-Analyse-Datei und ViCLAS, die mit den polizeilichen Anwendern vor Ort in den LKÄ des Saarlandes (INPOL) und Nordrhein-Westfalen (AFIS, DNA, ViCLAS) durchgeführt wurden. Im Rahmen dieser jeweils zweistündigen Gespräche konnte das Wissen aus der Literatur in praxismäßiger Hinsicht gezielt ergänzt werden.

1.5 Der Aufbau der Untersuchung

Die Arbeit gliedert sich in drei Teile: den Einleitungsteil (Teil 1), die theoretische Grundlagen (Teil 2) und den empirischen Untersuchungsteil (Teil 3):

Teil 1 umfasst sieben Kapitel. Erörtert werden hier Problemstellung und Untersuchungsgegenstand, wissenschaftliche Einordnung, Ziele und Aufbau sowie die methodische Vorgehensweise der Untersuchung. Ferner werden einige Schlüsselbegriffe konkretisiert und die Thesen der Untersuchung vorgestellt.

Teil 2 umfasst ebenfalls sieben Kapitel:

Kapitel 2.1 skizziert Vorläufer und Entstehungsgeschichte des BKA, wichtige Meilensteine seiner Entwicklung sowie seine Aufbauorganisation, insbesondere mit Bezug zur IuK-Technik.

Kapitel 2.2 erörtert u.a. das bundesstaatliche Interesse an der Verbrechensbekämpfung, die Informationssteuerungsfunktion des BKA und der bestimmende Einfluss der Rechtsprechung des Bundesverfassungsgerichts zur informationelle Selbstbestimmung auf das Bundeskriminalamtgesetz.

Kapitel 2.3 zeigt auf, dass das BKA sich in einem komplexen, sich durch Koordination, Kooperation sowie Kommunikation auszeichnenden institutionellen Verbund der Inneren Sicherheit eng eingebunden ist, der die drei Ebenen Bund, Länder und Ausland umfasst.

Kapitel 2.4 setzt sich mit den Grundfunktionen der IuK-Technik des BKA auseinander.

Kapitel 2.5 setzt sich mit dem Versuch einer Evaluation der IuK-Technik des BKA kritisch auseinander.

Kapitel 2.6 analysiert die Bedenken und Grenzen im Zusammenhang mit dem Einsatz der IuK-Technik im BKA, u.a. mit Bezug zum Datenschutz und stellt sonstige, neben der IuK-Technik eingesetzten Instrumente zur Verbrechensbekämpfung dar.

Kapitel 2.7 setzt sich mit der vorbeugenden Verbrechensbekämpfung und die Rolle der IuK-Technik hierbei kritisch auseinander.

Der dritte – vom Umfang her ausführlichste Teil der Untersuchung– ist in erster Linie der Bestandsaufnahme und Analyse der wichtigsten Dateien des BKA gewidmet. Teil 3 gliedert sich in vier Kapitel:

Kapitel 3.1 setzt sich ausführlich mit dem Informationssystem der deutschen Polizei (INPOL), das eine Sonderstellung im informations- und kommunikationstechnischen Instrumentarium des BKA und für die Verbrechensbekämpfung in Deutschland hat, auseinander. Auf sämtliche einschlägige Aspekte des INPOL (u.a. Konzepte, Ziel und Teilnehmer, Struktur- und Organisationsgrundsätze, Leitlinien, Verbundkonventionen, die Dateien des INPOL und INPOL-Neu als Nachfolger von INPOL) wird eingegangen.

Kapitel 3.2 vermittelt einen kurzen Überblick über sonstige, über INPOL hinausgehende Dateien des BKA. Schwerpunktmäßig werden Dateien erörtert, die sich zum Zwecke der Verbrechensbekämpfung durch ihre hohe Leistungsfähigkeit in der Praxis bewährt haben, nämlich das Automatisierte Fingerabdrucks-Identifizierungssystem, die DNA-Analyse-Datei sowie das Violent Crime Analysis Linkage System. Zweck, Funktionalität, Arbeitsweise sowie Bestandsstatistik und Erfolgsbilanz dieser drei Dateien werden aufgezeigt und die Vorbehalte erläutert, die mit ihrem Einsatz einhergehen.

Kapital 3.3 stellt einige Dateien des BKA vor, die im kriminaltechnischen Rahmen zum Einsatz kommen.

Kapital 3.4 setzt sich mit dem grenzüberschreitenden Informationsaustauschnetz des BKA auf bi- und multilateraler Grundlage auseinander. Die Analyse richtet sich schwerpunktmäßig auf die Interaktion des BKA mit der International Criminal Police Organisation INTERPOL und dem Europäischen Polizeiamt EUROPOL sowie im Rahmen des Schengener-Informationsystems.

1.6 Terminologische Abgrenzungen

In der Untersuchung wird häufig auf Schlüsselbegriffe verwiesen, die in der wissenschaftlichen Literatur und in der Praxis unterschiedliche Bedeutungsinhalte haben und somit konkretisierungsbedürftig sind:

Begriffskomplex A:
Verbrechen bzw. Kriminalität, Verbrechensbekämpfung, Innere Sicherheit

Verbrechen: Der Begriff *Verbrechen* wird in der Wissenschaft unterschiedlich ausgelegt. Es wird differenziert zwischen dem natürlichen, dem soziologischen (materiellen) und dem strafrechtlichen (formellen) Verbrechensbegriff[35]. Der Erste erkennt das Verbrechen als ein Phänomen, dessen Handlungen universal (d.h. raum-, zeit-, kulturübergreifend) sanktioniert werden, der Zweite betrachtet das Verbrechen als ein sozial schädliches bzw. sozial abweichendes (aber nicht unbedingt strafrechtlich relevantes) Verhalten und der Dritte versteht alle diejenigen Handlungen als kriminell, die durch ein Strafgesetz als solches angesehen und entsprechend sanktioniert werden: „Der strafrechtliche Verbrechensbegriff im deutschen Recht definiert ein Verbrechen (im untechnischen Sinne) als eine tatbestandsmäßige, rechtswidrige, schuldhafte und mit Strafe bedrohte Handlung“[36]. Da diese Untersuchung einen verwaltungsrechtlichen und verwaltungswissenschaftlichen Bezugsrahmen hat, muss ihr somit der strafrechtliche (formelle) Verbrechensbegriff zugrundegelegt werden.

Das Verbrechen weist als gesellschaftliches (Ur-)Phänomen ein breites Erscheinungsspektrum auf. In der Wissenschaft und Praxis hat sich eine Typologisierung herausgebildet, wonach wesensgleiche Straftaten Kategorien zugeordnet werden, die unter dem Oberbegriff *Kriminalität* subsumiert werden. Dabei sind die Begriffe „Kriminalität“ und „Verbrechen“ inhaltlich nicht deckungsgleich, denn die

---

[35] Vgl. Kürzinger, Josef: *Kriminologie. Eine Einführung in die Lehre vom Verbrechen*, Richard Boorberg Verlag: Stuttgart u.a., 1982, S. 13 ff. Siehe auch Schwind, *Kriminologie*, Fn. 9, S. 3 ff.

[36] Kürzinger, ebenda, S. 14. Das deutsche Strafgesetzbuch differenziert zwischen *Verbrechen* und *Vergehen*. Verbrechen sind „rechtswidrige Taten, die im Mindestmaß mit Freiheitsstrafe von einem Jahr oder darüber bedroht sind“, Vergehen hingegen sind „rechtswidrige Taten, die im Mindestmaß mit einer geringeren Freiheitsstrafe oder die mit Geldstrafe bedroht sind“.

Kriminalität bezieht sich auch auf gesetzwidrige Handlungen, die im Sinne des Strafgesetzes gar keine Verbrechen sind[37].
Die häufig für große Schlagzeilen und Furcht sorgende *Gewaltkriminalität* umschreibt im Regelfall die Verwendung physischer Gewaltanwendung[38] gegen Personen mit Schädigungsvorsatz (u.a.: Mord, schwere Körperverletzung, Vergewaltigung). Der *Massen- und Alltagskriminalität* hingegen ist eine große Anzahl von Delikten zugeordnet, hierbei handelt es sich insbesondere um Diebstahl, Einbruch und Sachbeschädigung. Zu den neueren Kategorien der Kriminalität zählen v.a. die *Wirtschafts-* und *Umweltkriminalität.* Erstere umfasst i.w.S. alle unter Strafandrohung gestellten Tatbestände im Wirtschaftssektor[39], darunter Konkursdelikte, Steuerhinterziehung und Zollstraftaten, die immense Schäden verursachen[40]. Charakteristisch für die Wirtschaftskriminalität ist dabei die „Kollektivität und Anonymität des Opfers sowie die geringe Sichtbarkeit des Rechtsbrechers“[41]. Die Umweltkriminalität umfasst hingegen Straftatbestände gegen die Umwelt[42], darunter die umweltgefährdende Abfallbeseitigung und Gewässerverunreinigung in Deutschland.

Die *Organisierte Kriminalität*, auf die des öfteren in dieser Untersuchung verwiesen wird, ist auch lange Zeit Gegenstand definitorischer Meinungsverschiedenheiten. Nach der gängigen, im Jahr 1990 von einer gemeinsamen Arbeitsgruppe Justiz/-Polizei erarbeiteten „Praxisdefinition“ ist unter Organisierten Kriminalität: „eine von (Macht- und) Gewinnstreben bestimmte planmäßige Begehung von Straftaten (die einzeln oder in ihrer Gesamtheit von erheblicher Bedeutung sind) durch mehrere Beteiligte zu verstehen, die auf längere und unbestimmte Dauer arbeitsteilig - unter Verwendung gewerblicher oder geschäftsähnlicher Strukturen, unter Anwendung von Gewalt oder anderen zur Einschüchterung geeigneter Mittel und unter dem Bemühen, auf Politik, Medien, öffentliche Verwaltung, Justiz oder Wirtschaft

---

37 Ein Beispiel ist der Ladendiebstahl.

38 Bei näherer Betrachtung erscheint der Begriff „Gewalt“ inhaltlich sehr facettenreich und daher mit nicht unerheblichen Auslegungsschwierigkeiten verbunden. Eingehend hierzu und zur Gewaltkriminalität siehe Kaiser, *Kriminologie*, Fn. 24, S. 693 ff.

39 Der Begriff „Wirtschaftskriminalität“ ist umstritten. Nach herrschender Meinung in der deutschen wirtschaftskriminologischen Literatur wird darunter „im weitesten Sinne die Gesamtheit der Straftaten (und Ordnungswidrigkeiten), die bei wirtschaftlicher Betätigung unter Missbrauch des Wirtschaftslebens nötigen Vertrauens begangen werden und über eine individuelle Schädigung hinaus Belange der Allgemeinheit berühren“ verstanden. Schwind, *Kriminologie*, Fn. 9, S. 410.

40 Für Angaben zu den von der Wirtschaftskriminalität in Deutschland hervorgehenden Schäden siehe Schwind, *Kriminologie*, Fn. 9, S. 408.

41 Ebenda, S. 410.

42 In Deutschland wird die Umwelt als „die Summe der natürlichen Lebensgrundlagen der Menschen verstanden“ und umfasst drei Hauptbereiche: Umweltmedien (Boden, Wasser, Luft), Umweltfaktoren (klimatische, biotische) und Ökosysteme (Gesamtheit, Subsysteme). Ebenda, S. 428.

Einfluß zu nehmen - zusammenwirken"[43]. Dabei können sich die äußerlichen Merkmale der Organisierten Kriminalität mit denen anderer Kriminalitätsformen überschneiden (z.B.: Gewalt- und Eigentumskriminalität), allerdings weist die Organisierte Kriminalität einige Eigenheiten sowie eine Vielzahl von Erscheinungsformen auf:

[43] Wittkämper, Gerhard W./Krevert, Peter/Kohl, Andreas, *Europa und die innere Sicherheit*, BKA-Forschungsreihe Bd. 35, Wiesbaden, 1996, S. 48-49. Eine kürzere aber enge sinnverwandte Definition findet sich in Burghard, W./Herold, H./Hamacher, H./ et. al: Kriminalistik-Lexikon, 3. Aufl., Heidelberg, 1996, S. 172. Demnach ist die Organisierte Kriminalität „auf Dauer angelegte und geschäftsmäßig betriebene kriminelle Aktivitäten, die von strukturierten Gruppen international und national strategisch geplant und durchgeführt werden, um hohe Gewinne zu erzielen oder Einfluß in die Bereiche des öffentlichen Lebens zu erlangen".

Abbildung 1: Die Erscheinungsformen der Organisierten Kriminalität

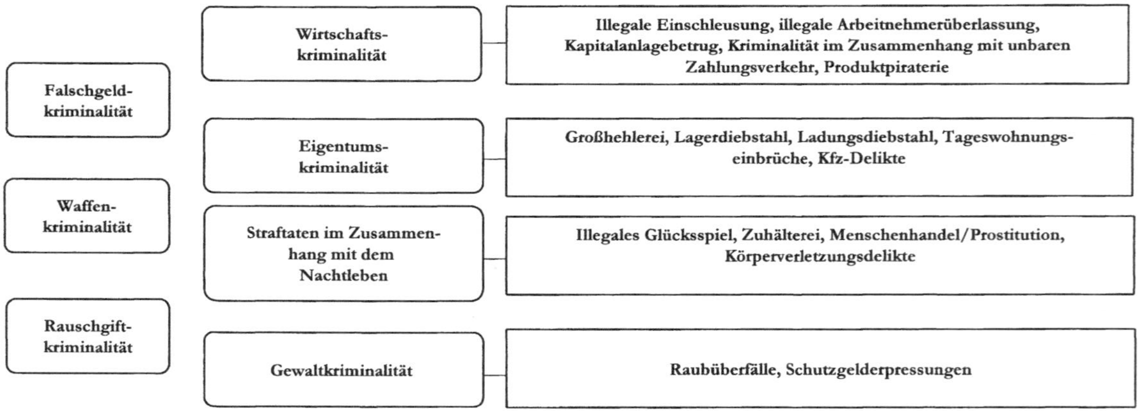

Quelle: Schwind, Hans-Dieter: *Kriminologie. Eine praxisorientierte Einführung mit Beispielen*, Kriminalistik Verlag: Heidelberg, 11. Aufl., 2001, S. 591.

Der *Terrorismus*, auf den ebenfalls des öfteren in dieser Untersuchung verwiesen wird, ist ein Phänomen, das wie die Organisierte Kriminalität lange Zeit definitorisch umstritten ist. Nach dem Verständnis der Verfassungsschutzberichte verkörpert der Terrorismus „den nachhaltig geführten Kampf für politische Ziele, die mit Hilfe von Anschlägen auf Leib, Leben und Eigentum anderer Menschen durchgesetzt werden sollen, insbesondere durch schwere Straftaten, die in § 129a Abs. 1 StGB genannt sind, vor allem Mord, Totschlag, erpresserischer Menschenraub, Brandstiftung, Herbeiführung einer Explosion durch Sprengstoff oder durch andere Gewalttaten, die der Vorbereitung solcher Straftaten dienen“[44]. Diese Definition stellt auf ein lediglich von Individuen bzw. Organisationen ausgehendes Terrorismuskonzept ab und ist somit erweiterungsbedürftig[45], es wird in dieser Untersuchung aber deshalb zugrundegelegt, weil sich das BKA im Rahmen seiner Terrorismusbekämpfungsaufgabe danach zu richten hat.

Verbrechensbekämpfung: Die Verbrechensbekämpfung (oder Kriminalitätsbekämpfung) ist das Hauptziel sämtlicher kriminalpolizeilicher Tätigkeiten. Die primäre Aufgabe der Verbrechensbekämpfung ist „unter Verwendung und Wieterentwicklung der im Polizeialltag üblichen repressiven und präventiven Methoden Straftaten zu verhindern oder aufzuklären sowie Straftäter zu ergreifen“[46]. Daraus ist erkennbar, dass die Verbrechensbekämpfung im Grunde zwei Wirkebenen – repressiv und präventiv – umfasst.

Die Kriminalrepression setzt stets ex post an, d.h. *nach* Verstößen gegen das Strafgesetzbuch (und strafrechtliche Nebengesetze) sowie das Ordnungswidrigkeitsgesetz. Repressionsmaßnahmen werden von den Strafverfolgungsbehörden (Justiz, Polizei) durchgeführt, wonach sie gemäß dem in der Strafprozessordnung (StPO) verankerten Legalitätsprinzip dazu verpflichtet sind. Sie zielen auf die Aufklärung von Straftaten und Sicherstellung von Straftätern mit kriminalistischen Mitteln, darunter der Einsatz der IuK-Technik, und finden stets im Vorfeld der Verhängung justitizieller Strafmaßnahmen statt.

---

[44] Kaiser, *Kriminologie*, Fn. 24, S. 750.

[45] Nach Auffassung Kaisers kann sich der Terrorismus gegen den Staat, gegen Mitglieder führender Gesellschaftsgruppen oder gegen beliebige Bürger richten. Darüber hinaus weist Kaiser treffend darauf hin, dass der Terrorismus „als Staatsterror auch durch den Staat oder das Militär erfolgen [kann]“. Ebenda, S. 750.
Der Terrorismus stellt einen Sonderfall der „politisch-motivierten“ Gewaltkriminalität dar, wobei „politisch motiviert“ freilich ein umfassendes Wahrnehmungsfeld bezeichnet, in dem sich bspw. gewaltbereite linke und rechte Radikale, religiöse Fanatiker, Umweltaktivisten und „Befreiungsideologen“ verorten lassen. Zum politischen Extremismus, zur Gewalt und zum Terrorismus und mit guten Literaturverweisen siehe Kaiser, *Kriminologie*, Fn. 24, S. 745 ff.; Schwind, *Kriminologie*, Fn. 9, S. 610 ff.

[46] Kaiser, *Kriminologie*, Fn. 24, S. 925.

Die Kriminalprävention hingegen setzt ex ante, d.h. *vor* Begehung der Straftat an und „umfasst alle Maßnahmen, die Kriminalität als gesellschaftliches Phänomen (Makroebene) oder Straftaten als individuelles Ereignis (Mikroebene) quantitativ verhüten, qualitativ mindern oder zumindest die unmittelbaren Folgen der Deliktsbegehung (z.B. Schadensausmaß) gering halten sollen“[47]. Bei der Kriminalprävention geht es letztendlich darum „vor dem Verbrecher am Tatort zu sein“[48]. Die Kriminalprävention setzt auf drei Wirkebenen (primär, sekundär, tertiär) an[49] und wird zunehmend als eine „gesamtgesellschaftliche Aufgabe“[50] angesehen. Sie ist der Kriminalrepression in ethisch-moralischer und ökonomischer Hinsicht überlegen und hat einen verfassungsrechtlichen Bezug: „Das dem Grundgesetz zugrundeliegende Menschenbild stellt den Einzelnen und seine Würde an die Spitze der Wertordnung ... Die staatliche Tätigkeit muss sich daher vorrangig an dem Individuum Mensch ausrichten und die Priorität auf den Schutz des Einzelnen legen. Dies schließt jedoch einen Rückzug der Polizei auf den repressiven Tätigkeitsbereich aus, weil dies der Grundentscheidung der Verfassung widersprechen würde. Der wertmäßige Vorrang der Prävention gegenüber der Repression in der verfassungsmäßigen Ordnung lässt sich auch aus Art. 13 Abs. 3 GG entnehmen, in dem weiterreichende Maßnahmen nur zur Gefahrenabwehr zugelassen werden. Die Gefahrenabwehr in ihrer Schutzfunktion geht daher im Grundsatz anderen Aufgaben der Polizei vor“[51] und ergänzend: “Seitens des Staates besteht ein berechtigtes Interesse, nicht nur dann einzugreifen, wenn Gefahren oder Straftaten bereits konkret vorliegen, sondern bereits im Vorfeld derselbigen vorbeugend tätig zu werden. Kann die Polizei bei konkret vorliegendem Tat- oder Gefahrenverdacht nur auf bereits Bestehendes reagieren, so bieten vorbeugende Maßnahmen die Möglichkeit, in größerem Umfang auf unerwünschte Entwicklungen Einfluß zu nehmen und diese vorzeitig zu unterbinden“[52].

Rückblickend auf die generell positive Erfahrung mit Kriminalpräventionsprogrammen im Ausland und angesichts des stetigen Kriminalitätsanstiegs, mit denen sich die deutsche Polizei konfrontiert und nicht zuletzt aufgrund ressourcen-

---

47 Kube, Edwin: *Kriminalprävention*, in: Kniesel, Michel/Kube, Edwin/Murck, Manfred (Hrsg.): Handbuch für Führungskräfte der Polizei. Wissenschaft und Praxis, Schmidt – Römhild Verlag: Lübeck, 1996, S. 604.

48 So der vielzitierte Spruch vom ehemaligen Präsidenten des BKA, Dr. Horst Herold.

49 Vgl. Kube, *Kriminalprävention*, Fn. 47, S. 604–605. Primär bezieht sich dabei auf die Normenverdeutlichung, Stabilisierung des Rechtsbewusstseins, Anreize für Rechtsgehorsam und Beseitigung von Sozialisationsdefiziten; Sekundär bezieht sich auf die Veränderung der Tatgelegenheitsstruktur und Erhöhung des Misserfolgsrisikos zum Nachteil des potentiellen Täters, und Tertiär bezieht sich auf staatliche Sanktionsmaßnahmen sowie die Täterbehandlung und –rehabilitation.

50 D.h., außer der Polizei und der Ordnungsämter auch unter Mitwirkung von Vereinen, Nichtregierungsorganisationen, Privatwirtschaft, Medien usw.

51 Walden, Markus: *Zweckbindung und –änderung präventiv und repressiv erhobener Daten im Bereich der Polizei*, Duncker und Humblot: Berlin, 1996, S. 154–155.

52 Ebenda, S. 151.

mäßiger Beschränkungen zunehmend überfordert sieht, stößt sie zunehmend auf Interesse auch in der deutschen Verbrechensbekämpfungspolitik und -praxis[53].

Die Prävention von Straftaten ist seit jeher eine typische Polizeiaufgabe - seit einigen Jahren zeichnet sich angesichts der zunehmenden Dynamik, Komplexität sowie Risikobehaftigkeit der Kriminalität eine Ausdehnung des Präventionsverständnisses ab. Das klassisch-traditionelle Präventionsverständnis sieht die Prävention als Gefahrenabwehr an, wobei Gefahr „ein Zustand [ist], der nach verständiger, auf allgemeiner Lebenserfahrung beruhender Beurteilung in näherer Zeit (bei ungehindertem Ablauf des objektiv zu erwartenden Geschehens) den Eintritt eines Schadens für die öffentliche Sicherheit und/oder Ordnung – die polizeilichen Schutzgüter – erwarten lässt“[54], und die Gefahrenabwehr „den Inbegriff polizeilicher Maßnahmen gegen eine im einzelnen Falle bestehende Gefahr (für die öffentliche Sicherheit [oder Ordnung]), = konkrete Gefahr, also gegen einen mit Wahrscheinlichkeit eintretenden, absehbaren künftigen Schaden“[55] darstellt.

Die Vorbeugung dehnt den Präventionstatbestand über den Bereich der (konkreten) Gefahrenabwehr auf das Vorfeld der Gefahrentstehung aus. Vorbeugung bedeutet „die zeitlich vorverlegte exekutivische Tätigkeit. In diesem Punkt unterscheidet sie sich von der Gefahrenabwehr, die etwas akutes, dringliches und die Reaktion auf eine konkrete Gefahr betrifft. Sie hat also mit künftiger, konkreter Gefahr zu tun“[56] und ferner: „Tätigkeiten zu entfalten, um Gefahren nicht entstehen zu lassen: Vorbeugung gegen die Entstehung von Gefahren und damit auch gegen die Verübung von Straftaten“[57].

---

[53] Dabei wird oft vom „Paradigmenwechsel“ in der deutschen Verbrechensbekämpfungspolitik gesprochen. Für eine Bestandsaufnahme von Kriminalpräventionsprojekten/-maßnahmen in Deutschland, v.a. auf der Landes- und kommunalen Ebenen, siehe Bundeskriminalamt (Hrsg.): *Kriminalprävention in Deutschland. Länder-Bund-Projektsammlung: Ausgewählte Dokumente aus dem „Infopool Prävention“*, Wiesbaden, 1999, und Bundeskriminalamt (Hrsg.): *Kriminalprävention in Deutschland. Länder-Bund-Projektsammlung: Ausgewählte Dokumente aus dem „Infopool Prävention“*, Hermann Luchterhand-Verlag: Neuwied u.a., 2000.

[54] Knemeyer, Franz-Ludwig: *Polizei und Ordnungsrecht*, C.H. Beck Verlag: München, 8. erweiterte Aufl., 2000, S. 55.

[55] Denninger, Erhard: *Verfassungsrechtliche Grenzen polizeilicher Datenverarbeitung insbesondere durch das Bundeskriminalamt*, in: Computer und Recht, Nr. 1, 1998, S. 53.

[56] Kim, Seong Tae: *Datenschutz im deutschen und koreanischen Polizeirecht*, in: Universität Würzburg (Juristische Fakultät) (Hrsg.): Würzburger Rechtswissenschaftliche Studien, Bd. 29, Ergon Verlag, 2001, S. 126.

[57] Knemeyer, Franz-Ludwig: *Vorsorge für die Gefahrenabwehr sowie die Straftatenvorsorge – Eine dritte polizeiliche Aufgabenkategorie*, in: Kawazoe/Kobayashi, Recht und Gerechtigkeit, internationale Gedächtnisschrift für Georg Tagami, Tokio, 1993, S. 131.

Bei der vorbeugenden Bekämpfung von Straftaten geht es um „Strafverfolgung bzw. Gefahrenabwehr im Vorfeld, um Vorfeldtätigkeit ohne zureichende tatsächliche Anhaltspunkte bzw. Gefahrenhinweise, um Strafverfolgung bzw. in rechtstaatlich bisher verschlossenen Grauzonen“[58]. Sie umfasst die „Allgemeine Verhinderungsvorsorge“ und „Allgemeine Verfolgungsvorsorge“[59]. Die erste umschreibt Maßnahmen im Vorfeld der Begehung einer Straftat zu deren Verhütung, die zweite „dient der Unterstützung bei künftigen strafprozessualen Ermittlungen. Durch das Anfertigen, Aufbewahren und systematische Zusammenstellen von Unterlagen und Datensammlungen soll die Aufklärung eines zukünftigen Sachverhaltes erleichtert, teilweise erst ermöglicht werden“[60]. Es dürfen weder eine konkrete Gefahr noch Tatverdachtsmomente vorliegen. Die Allgemeine Verfolgungsvorsorge grenzt sich von der Allgemeinen Verhinderungsvorsorge ab, da „im Gegensatz zur Allgemeinen Verhinderungsvorsorge, die nur auf die vorbeugende Abwehr von Gefahren durch Straftaten gerichtet ist und keinen näheren Bezug zu einem Strafverfahren aufweist, die Allgemeine Verfolgungsvorsorge einer effizienteren Durchführung eines künftigen strafprozessualen Ermittlungsverfahrens [dient]. Der repressiver Aspekt der Maßnahme ist daher stärker ausgeprägt“[61].

Im Rahmen der inneren sicherheitspolitischen Diskussion in Deutschland gewinnt die polizeiliche Informationsvorsorge an Bedeutung. Diese „in der Praxis als ein in seiner Bedeutung wachsender Teil des polizeilichen Auftrages ... umfasst die Gesamtheit derjenigen Tätigkeiten, die in Sicherung für die Gefahrenabwehr, -erforschung und –vorsorge sowie für die vorbeugende Bekämpfung von Straftaten erforderlichen Informationen von den Polizeibehörden mittels Einsatz entsprechender Informationsquellen, unter Knüpfung polizeiübergreifender ‚Informationsnetze' sowie mittels Einsatz der modernen IuK-Technik [Informations- und Kommunikationstechnik] verrichtet werden“[62].

---

[58] Merten, Karlheinz/Merten, Heike: *Vorbeugende Verbrechensbekämpfung*, in: Zeitschrift für Rechtspolitik, Heft 6, 1991, S. 217.

[59] Vgl. Walden, *Zweckbindung und –änderung präventiv und repressiv erhobener Daten im Bereich der Polizei*, Fn. 51, S. 153 ff.

[60] Ebenda, S. 156. Diese in der Literatur des öfteren anzutreffende Zweiteilung (Verhütung von Straftaten, Vorsorge im Sinne von Vorbereitungen für die Bekämpfung künftiger Straftaten) ist nicht unkontrovers. Kritisch hierzu mit Begründung siehe Kim, *Datenschutz im deutschen und koreanischen Polizeirecht*, Fn. 56, S. 129 ff.

[61] Walden, *Zweckbindung und –änderung präventiv und repressiv erhobener Daten im Bereich der Polizei*, Fn. 51, S. 157.

[62] Pitschas, Rainer: *Fortentwicklung des Polizeirechts und Legitimität des Staates*, in: Derselbe (Hrsg.): „Neues“ Polizeirecht, Speyerer Arbeitshefte, Deutsche Hochschule für Verwaltungswissenschaften Speyer, Nr. 121, 1999, S. 45–46. Zur Kritik an der Definition siehe Aulehner, Josef: *Polizeiliche Gefahren- und Informationsvorsorge. Grundlagen, Rechts- und Vollzugsstrukturen, dargestellt auch im Hinblick auf die deutsche Beteiligung an einem Europäischen Polizeiamt (EUROPOL)*, Duncker und Humblot: Berlin, 1998, S. 53–54. Aulehner versteht unter polizeilicher Informationsvorsorge eine Gefahrenvorsorge durch polizeiliche Informationstätigkeit, wobei

Der Verweis auf die zum Zwecke der vorbeugenden Bekämpfung von Straftaten „erforderlichen Informationen“ bringt eine wichtige Frage hervor: Wie weit darf diese polizeiliche Informationsvorsorge gehen? Soll die vorbeugende Bekämpfung von Straftaten mit einer carte blanche für das Erheben, Speichern, Verarbeiten und Übermitteln von personenbezogenen Informationen im beliebigen Maße einhergehen, um dadurch Gefahrenkonstellationen möglichst weit im Vorfeld ihrer Entstehung zu prognostizieren? Oder soll sie sich eher beschränken auf „das Vorhalten von Informationen, die bereits vorhanden sind, für Zwecke der künftigen Strafverfolgung“[63] oder auf „die aktive Beschaffung von Daten zum Zwecke der Vorbeugung, [wobei] diese nicht primär dem Verhindern von Straftaten [dient]. Vor allem im Bereich der organisierten Kriminalität geht es um das Sammeln von Beweisen gegen die Hintermänner und Drahtzieher einzelner Straftaten, deren Verhinderung [tritt] dagegen eher in den Hintergrund“[64].

Innere Sicherheit: Auch mit diesem Begriff verbinden sich unterschiedliche Inhaltsvorstellungen und Definitionen. In dieser Untersuchung wird die Innere Sicherheit als „die unter dem Begriff der Verbrechensbekämpfung zusammengefasste polizeiliche Verbrechensverhütung und Strafverfolgung [verstanden, wobei sie] die in der deutschen Rechtsentwicklung als sicherheitspolizeilich eingestuften Aufgaben des Melde-, Paß-, Ausländer-, Vereins- und Versammlungswesens sowie ferner sämtliche vollzugspolizeilichen Aufgaben"[65] auch mitberücksichtigt. Akteure der Inneren Sicherheit in Deutschland sind in erster Linie die Polizei (Kriminal- und Schutzpolizei), darüber hinaus aber auch andere Behörden und Institutionen, die Aufgaben der Verbrechensbekämpfung indirekt wahrnehmen, wie bspw. die Nachrichtendienste.

***Begriffskomplex B*: Technik, Informations- und Kommunikationstechnik**

Technik: Mit dem Begriff *Technik* verbinden sich variierende Vorstellungen, die sich in einem breiten Definitionsspektrum widerspiegeln. Unbestritten ist, dass die Technik eine der wichtigsten mitgestaltenden Faktoren der modernen Zivilisation ist. Ein umfassenderes Technikverständnis liegt folgender Definition zugrunde: „[Technik ist] die Menge der nutzenorientierten, künstlichen, materiellen Gebilde

die Gefahrenvorsorge „alle diejenigen Maßnahmen der Polizei umfasst, die im Vorfeld einer von den Polizeigesetzen vorausgesetzten Gefahr und eines hinreichenden Tatverdachts im Sinne der Strafprozessordnung getroffen werden“ (S. 54).

63 Bäumler, Helmut: *Informationsverarbeitung im Polizei- und Strafverfahrensrecht,* Lisken, Hans/ Denninger, Erhard (Hrsg.): Handbuch des Polizeirechts, C.H. Beck Verlag: München, 2001, S. 853. Verwiesen wird auf die erkennungsdienstlichen und Kriminalaktensammlungen samt den dazu gehörigen Dateien. Das Sammeln von kriminalpolizeilichen Informationen erfolgt aus abgeschlossenen Ermittlungsverfahren, die dann eventuell für eine künftige Bekämpfung von Straftaten verwendet werden können.

64 Ebenda.

65 Pitschas, *Innere Sicherheit und internationale Verbrechensbekämpfung,* Fn. 12, S. 106.

(Artefakte oder technische Sachsysteme), die Menge menschlicher Handlungen und Einrichtungen, in denen Sachsysteme entstehen [und] die Menge menschlicher Sachsysteme, in der Sachsysteme verwendet werden"[66]. Der Begriff Technik umfasst „also nicht nur die von Menschen gefertigten Gegenstände, sondern auch deren Entstehungs- und Verwendungszusammenhänge und die dafür erforderlichen besonderen Fähigkeiten. Technik ist in diesem Sinne kein isolierter selbstständiger Bereich, sondern eng mit Wirtschaft, Gesellschaft, Politik und Kultur verflochten"[67].

Die Technik enthält somit außer einer materiell-physikalischen auch eine instrumentelle Dimension. In der kriminalistischen Literatur und im Polizeialltag verbindet sich mit dem Begriff Technik jedoch ein zumeist sachgegenstandsbezogenes Verständnis. Dieser Verständnis greift allerdings viel zu kurz.

Informations- und Kommunikationstechnik: Als Teilgebiet der Technik umfasst die Informations- und Kommunikationstechnik „alle Einrichtungen zur elektronischen oder nachrichtentechnischen Übermittlung, Speicherung und Verarbeitung von Sprache, Text, Stand- und Beweg-bildern, d.h. sowohl die Übertragungseinrichtungen und –netze als auch die für Empfang, Versand und Verarbeitung erforderlichen Endgeräte. Elektronische Informations- und Kommunikationssysteme sind interaktive Informationssysteme zum Abruf von Informationen, die auch die.beidseitige Kommunikation zwischen Nutzer und System ermöglichen"[68].

Anhand dieser Definition wird deutlich erkennbar, dass die IuK-Technik sich grundsätzlich mit hardwaremäßigen, d.h. apparativen Aspekten auseinandersetzt. Im Mittelpunkt der Informations- und Kommunikationstechnik stehen Rechneranlagen, deren Spektrum sich von tragfähigen PCs bis hin zu Groß- und Superrechnern erstreckt, samt dazugehörigen Peripheriegeräte sowie Kommunikationsinfrastruktur[69]. Wird darüber hinaus eine instrumentelle Dimension hinzugezogen, rückt auch der Verwendungszusammenhang ins Blickfeld. Diese Untersuchung setzt hier an, denn wie bereits erwähnt, will sie sich mit einer bloßen Analyse der informations- und kommunikationstechnischen Sachausstattung des BKA nicht begnügen. Ihr Forschungsgegenstand fokussiert sich vornehmlich auf die Frage, **wie** das BKA im Rahmen seiner gesetzlich-geregelten Aufgabe nach § 2 (1) des BKAG i.d.F. vom 07. Juli 1997 als ‚Zentralstelle für das polizeiliche Auskunfts- und Nachrichten-

---

[66] *Brockhaus–Die Enzyklopädie*, 20. überarbeitete und aktualisierte Aufl., Bd. 21, F.A. Brockhaus: Leipzig u.a., 1998, S. 599.

[67] Ebenda.

[68] *Brockhaus – Die Enzyklopädie*, 20. überarbeitete und aktualisierte Aufl., Bd. 10, F.A. Brockhaus: Leipzig u.a., 1998, S. 528-529.

[69] Für einen eingehenden, wenngleich eher etwas technischen Einblick empfiehlt sich Tanenbaum, Andrew. S.: *Computer Networks*, 3. Edition, Prentice Hall International Inc.: New Jersey, 1996.

wesen und für die Kriminalpolizei des Bundes und der Länder' diese Technik zu seiner Aufgabenerfüllung einsetzt. Infolge dessen müssen nicht die Hardware des BKA, sondern seine Datenbanken und Dateien im Analysemittelpunkt stehen.

Die IuK-Technik stellt den wesentlichsten Teil des BKA-Technikspektrums[70] dar, in dem aber auch andere wichtige Technikbereiche, wie bspw. die Kriminaltechnik mit ihrer hochkomplexen und teuren zugehörigen Apparatur zu verorten sind, die ebenfalls auf die Gewinnung von einschlägigen Erkenntnissen abzielen und die ggf. dann auch in die Datenbanken und Dateien des BKA Eingang finden.

Einsatz: Der Begriff Einsatz im Sinne dieser Untersuchung bedeutet die kriminalpolizeiliche Verwendung der IuK-Technik im Rahmen der hierfür erlassenen gesetzlichen Bestimmungen. Denn die Technik vermag zwar vieles zu leisten, ihr Einsatz kann aber auch in Konflikt mit verfassungsrechtlich geschützten Rechtsgütern – und in erster Linie ist hier die Privatsphäre des Einzelnen gemeint – geraten. Eine Begrenzung der technischen Erkenntnisgewinnungsmöglichkeiten erschwert die repressive und präventive Verbrechensbekämpfung, muss jedoch in einer freiheitlichen Gesellschaft wie Deutschland in Kauf genommen werden. Dabei sind die Einsatzmöglichkeiten keinesfalls statisch, sondern werden der jeweiligen Kriminalitätslage angepasst.

---

70 Ein exzellenter, jedoch älterer Überblick über die Techniksachausrüstung der deutschen Polizei bieten Uebe, Werner/Böker, Friedrich/Lück, Siegfried/Schulze, Ernst-W.: *Taschenbuch der Polizeitechnik*, Richard Boorberg Verlag: Stuttgart u.a., 1982. Für eine interessante Forschungsstudie zur kriminalpolizeilichen Technik siehe Sack et. al., *Social Control Technologies*, Fn. 16. Siehe auch Soulliere, Nicole: *Police and Technology: Historical Review and Current Status*, Canadian Police College, Ottawa, 1999. Letztere analysiert die historische Entwicklung der Polizeitechnik, insbesonders mit Bezug zu technischen Entwicklungen in einigen westlichen Staaten ab 1980, stellenweise auch mit Bezug zum deutschen BKA.

Abbildung 2: Das Technikumfeld des Bundeskriminalamtes

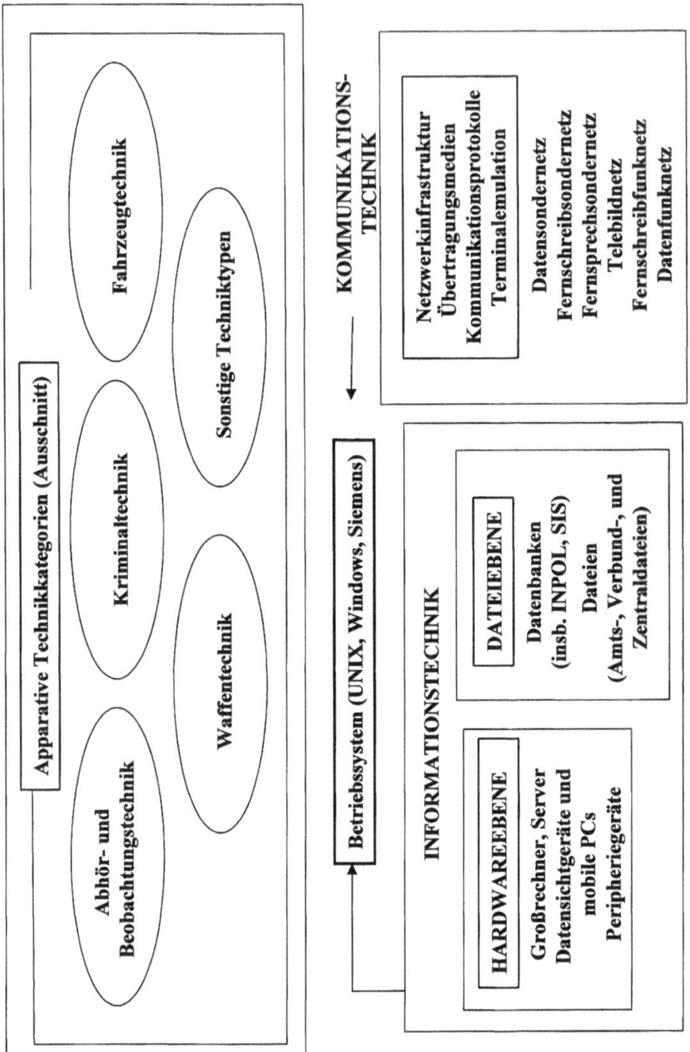

Quelle: eigene Darstellung

Begriffskomplex C: Information, Kommunikation, Daten, Dateien, Datenbanken

Information/Kommunikation: Als einer der gebräuchlichsten Begriffe der Gegenwart, weist die Information eine beachtliche, zum Teil recht unübersichtliche Definitionsvielfalt auf[71]. Im Kontext der Inneren Sicherheit wird Information meist synonym mit Begriffen wie Auskunft, Erkenntnis, Nachricht, Wissen und manchmal Unterlage verwendet. Die Nachricht umfasst „Informationen jeder Art unabhängig von dem Medium der technischen Übermittlung. So sind Nachrichten nicht nur Schriftstücke, Fernschreiben, Akten und dergl., sondern auch telefonisch oder mittels Datenverarbeitung übermittelte Informationen"[72]; bei den Unterlagen „handelt es sich um den umfassenderen Begriff, den Auffangtatbestand gegenüber dem Begriff der Nachricht, wie sich aus der alleinigen Erwähnung der Unterlagen in Art. 87 Abs. 1 Satz 2 GG ergibt. Zu den Unterlagen zählen z.B. Asservate, erkennungsdienstliche Unterlagen jeder Art, Spuren jeder Art und dergl. mehr"[73]. Eine schlichter, praxisbezogener Informationsbegriff findet sich in der Vorschrift über Führung und Einsatz in der Polizei (PDV 100), welche die Information als eine: „zielorientiert ausgewertete und aufbereitete Nachricht für einen bestimmten Empfängerkreis" und unter „informieren" die „Beschaffung oder Aufnahme von Nachrichten sowie deren Verarbeitung und Wiedergabe" versteht[74].

Im Rahmen der Verbrechensbekämpfung kommt der Information, wie an anderer Stelle bereits erwähnt, eine Schlüsselstellung zu, denn die „kriminalpolizeiliche Tätigkeit [ist] ganz wesentlich geprägt vom Umgang mit Informationen"[75]. Eine besondere Bedeutung kommt dabei der Informationsauswertung zu, die sich in strategische und operative Ebenen differenzieren lassen, wobei: „strategische

---

[71] Ausführlich hierzu siehe Aulehner, *Polizeiliche Gefahren- und Informationsvorsorge*, Fn. 62, S. 224 ff.

[72] Ahlf, Ernst–Heinrich: *Das Bundeskriminalamt als Zentralstelle*, Dissertation zur Erlangung des Doktorgrades an der Deutschen Hochschule für Verwaltungswissenschaften Speyer, 1985, S. 294 ff.

[73] Ebenda, S. 295. Nach Ansicht Ahlfs: „Während bei der Nachricht der informationelle Aspekt im Vordergrund steht, ist es bei der Unterlage der faktische Aspekt". Dazu kann ergänzt werden, dass auch und insbesondere der „faktische Aspekt" von Asservaten, Spuren usw. im kriminalpolizeilichen Verwendungszusammenhang einen hohen Informationsgehalt besitzt und somit als Information einzustufen ist.

[74] Vgl. Kaisen, Marco: *Verbrechensbekämpfung in BGS: Informationsgewinnung und Recherche eines Ermittlungsbeamten im verdeckten Einsatz*, in: Kessow, Peter-Michael (Hrsg.): *Der Bundesgrenzschutz – Besondere Aufgaben und Verwendungen*, Arbeiten zum Studium und Praxis im Bundesgrenzschutz, Fachhochschule des Bundes für Öffentliche Verwaltung (Fachbereich Öffentliche Sicherheit, Abteilung Bundesgrenzschutz), Lübeck, 1998, S. 105.

[75] Kersten, Ulrich: *Das Bundeskriminalamt vor der Jahrtausendwende – Standort und Perspektiven*, in: Bundeskriminalamt (Hrsg.): Festschrift für Horst Herold zum 75. Geburtstag. Das Bundeskriminalamt am Ausgang des 20. Jahrhunderts, Bundeskriminalamt, Wiesbaden, 1998, S. 23.

Auswertung primär darauf abzielt, Entwicklungen und Phänomene in bestimmten Kriminalitätsbereiche aufzuzeigen, um auf der Grundlage dieser ‚Führungsinformationen' insbesondere repressive und/oder präventive Bekämpfungskonzeptionen zu erarbeiten, [während] die operative Auswertung direkt auf die Initiierung und Unterstützung konkreter Ermittlungsverfahren ausgerichtet [ist]"[76].

---

[76] Ebenda.

Abbildung 3: Der polizeiliche Informationsverarbeitungsprozess

Quelle: Nagel, Michael/Weißkopf, Peter/Karst, Dirk/Seidel, Thomas: *Neue Wege in der Bekämpfung Organisierter und Allgemeiner Kriminalität – Strategische Aspekte der Abteilung OA*, in: Bundeskriminalamt (Hrsg.): Festschrift für Horst Herold zum 75. Geburtstag. Das Bundeskriminalamt am Ausgang des 20. Jahrhunderts, Bndeskriminalamt, Wiesbaden, 1999, S. 129.

Unter dem Begriff Kommunikation wird „im allgemein ein Prozeß der einseitigen oder wechselseitigen Aufgabe, Übermittlung und Aufnahme von Nachrichten durch Menschen oder durch technische Systeme mit dem Ziel, Informationen zu übermitteln“[77] verstanden.

Der Begriff Informationssteuerung wird in dieser Untersuchung auch mehrfach anzutreffen sein. Dieser komplexe, multidimensionale Begriff, umspannt nach dem Verständnis des Verfassers drei Ebenen:

- *Koordinationsebene.* Mit Koordination ist gemeint, dass die an der Wahrung der Inneren Sicherheit in Deutschland mitwirkende Vielzahl von institutionellen Akteuren im Hinblick auf das gemeinsame Ziel der Verbrechensbekämpfung aufeinander abgestimmte Aufgabenfelder haben und in einem systematischen und langfristigen Interaktionsverhältnis zueinander stehen. Zu diesem Interaktionsverhältnis gehört auch – und insbesondere - der Informationsaustausch. Jeder Akteur hat unter bestimmten Voraussetzungen ein Zugriffsrecht auf Information von anderen Akteuren, insbesondere wenn letztere über Erkenntnisse verfügen, ohne deren Preisgabe eine Sachverhaltsaufklärung für den Ersteren unmöglich oder unverhältnismäßig erschwert würde. Trotz ihrer Eigenständigkeit bilden die Akteure der Inneren Sicherheit somit gemeinsam einen Zweckverbund, wodurch letztlich eine möglichst effektive sowie effiziente Verbrechensbekämpfung erzielt werden soll.

- *Kooperationsebene.* Die Kooperation ist die normative Ausgestaltung des zwischen den Akteuren der Inneren Sicherheit stattfindenden Informationsaustausches. Sie regelt über die einschlägigen Gesetzen, Absprachen, Beschlüsse, Richtlinien, Vereinbarungen usw. ob, zu welchem Zweck und unter welchen Voraussetzungen Akteuere Informationen untereinander austauschen dürfen.

- *Kommunikationsebene.* Kommunikation ist die technische Ausgestaltung des auf der Grundlage von Koordination und Kooperation basierenden Informationsaustausches. Unter Kommunikation ist die Gesamtheit der zwischen den Akteuren der Inneren Sicherheit stattfindenden Austauschvorgänge zu verstehen, z.B. im Rahmen routinemäßiger Fernabfragen aus Datenbanken und Dateien über eine Datenübertragungsinfrastruktur, aber auch im Rahmen kurz-, mittel- und langfristiger gemeinsamer Programme, Projekte und sonstiger gemeinsamer Maßnahmen.

Daten: Daten sind „Gebilde aus Zeichen oder kontinuierliche Funktionen, die aufgrund bekannter oder unterstellter Abmachungen Informationen *darstellen*, vorrangig zum Zwecke der *Verarbeitung* oder als deren Ergebnis. Verarbeitung

---

[77] Uebe et. al., *Taschenbuch der Polizeitechnik*, Fn. 70, S. 39. Ausführlich zum Kommunikationsbegriff siehe Aulehner, *Polizeiliche Gefahren- und Informationsvorsorge*, Fn. 62, S. 188 ff.

umfasst die Durchführung mathematischer, umformender, übertragender und speichernder Operationen"[78] bzw. (vereinfachter) „Daten stellen Informationen (d.h. Angaben über Sachverhalte und Vorgänge) aufgrund bekannter oder unterstellter Abmachungen in einer maschinell verarbeitbaren Form dar"[79]. Somit verkörpern Daten einen Teilbestand der Information, d.h. alle Daten sind Informationen, aber nicht alle Informationen sind Daten[80]. Äußerlich stellen Daten objektivierte(s) und systematisierte(s) Information oder Wissen dar. Daten im digitalen Format können von ihrer Form her sowohl aus Zahlen, Zeichenketten und alphanumerischen Zeichenketten bestehen als auch komplexere Erscheinungsformen annehmen. Mit dem Aufkommen multimedialer Technologien werden in zunehmendem Maße Stillbilder, Film- und Animations- sowie Tonsequenzen im Rahmen kriminalpolizeilicher Ermittlungen verwendet. Daten lassen sich in personenbezogene und nicht-personenbezogene Daten kategorisieren, wobei im kriminalpolizeilichen Verwendungszusammenhang die Nutzung personenbezogener Daten aufgrund ihrer Eingriffswirkung in die Privatsphäre der Betroffenen besonders sensibel ist und daher vom Gesetzgeber ausdrücklich geregelt werden muss.

In Verbindung mit dem Begriff Daten kommt den damit verwandten Begriffen - Datenerhebung, Datenverarbeitung und Datennutzung - eine beachtliche Bedeutung zu. Nach § 3 [Weitere Begriffsbestimmung] (4) des BDSG ist die Datenerhebung „das Beschaffen von Daten über den Betroffenen". Der Begriff Datenverarbeitung (§ 3 (5) 1.-5.) umfasst:

- *die Speicherung*: das Erfassen, Aufnehmen oder Aufbewahren personenbezogener Daten auf einem Datenträger zum Zwecke ihre weiteren Verarbeitung oder Nutzung,
- *die Veränderung*: das inhaltliche Umgestalten gespeicherter personenbezogener Daten,
- *die Übermittlung*: das Bekanntgeben gespeicherter oder durch Datenverarbeitung gewonnener personenbezogener Daten an einen Dritten (Empfänger) in der Weise, dass (a) die Daten durch die speichernde Stelle an den Empfänger weitergegeben werden oder (b) der Empfänger von der speichernden Stelle zur Einsicht oder zum Abruf bereitgehaltene Daten einsieht oder abruft,
- *die Sperrung*: das Kennzeichnen gespeicherter personenbezogener Daten, um ihre weitere Verarbeitung oder Nutzung einzuschränken,
- *die Löschung*: das Unkenntlichmachen gespeicherter personenbezogener Daten

78 Schneider, *Lexikon Informatik und Datenverarbeitung*, Fn. 21, S. 181–182.

79 Hansen, H.R.: *Wirtschaftsinformatik I*, Lucius und Lucius Verlag: Stuttgart, 7. Aufl., 1996, S. 6.

80 Nachrichten und Unterlagen können Daten darstellen, wenn diese in einem standardisierten Format bestehen.

Die Datennutzung ist nach § 3 (6) BDSG jede Verwendung personenbezogener Daten, soweit es sich nicht um Verarbeitung handelt.

Für die kriminalpolizeiliche Verwendung bedarf die Erhebung, Verarbeitung und Nutzung von Daten einer gesetzlichen Ermächtigungsgrundlage, wie bspw. die §§ 7 ff. des Bundeskriminalamtgesetzes in der Fassung von 07. Juli 1997 und im Rahmen der Länder-Polizeigesetze[81]. Daten weisen eine gewissen Dauerlebigkeit aus, die von den gesetzlichen Löschungsfristen bestimmt wird. Sie werden in einem standardisierten Format abgespeichert und sind ggf. auf elektronischem Wege überregional auf Knopfdruck übermittelbar.

Datei: Die Daten des BKA werden in Dateien gespeichert. Eine Datei verkörpert „eine nach bestimmten Gesichtspunkten zusammengestellte Menge von Daten. Eine Datei besteht aus einer Folge von gleichartig aufgebauten Datensätze; jeder Datensatz setzt sich aus mehreren unterschiedlichen Komponenten, den Feldern, zusammen"[82]. Nach dem BDSG (§ 3 (2)) ist eine Datei:

(1) „eine Sammlung personenbezogener Daten, die durch automatisierte Verfahren nach bestimmten Merkmalen ausgewertet werden kann (automatisierte Datei) oder
(2) jede sonstige Sammlung personenbezogener Daten, die gleichartig aufgebaut ist und nach bestimmten Merkmalen geordnet, umgeordnet und ausgewertet werden kann (nicht-automatisierte Datei). Nicht hierzu gehören Akten und Aktensammlungen, es sei denn, dass sie durch automatisierte Verfahren umgeordnet und ausgewertet werden können".

Die für die Praxis wichtigsten Dateimerkmale – die systematische Geordnetheit der Daten sowie deren Auswertbarkeit – kommen bei dieser Definition nach dem BDSG deutlich zum Ausdruck. In der kriminalistischen Literatur und in der Praxis wird über den Personenbezug hinausgehend, der Begriff Datei allerdings auch auf nicht-personenbezogene Datensammlungen (z.B. die Sachfahndungsdatei des BKA) ausgedehnt.

Datei wird oft synonym mit Datenbank verwendet, ist aber technisch-funktionell hiervon abzugrenzen: Eine Datenbank ist ein „System zur Beschreibung, Speicherung und Wiedergewinnung von umfangreichen Datenmengen, die in mehreren Anwendungsprogrammen benutzt werden" und „ meist Bestandteil eines

---

[81] Hierzu siehe Koch, Martin: *Datenerhebung und –verarbeitung in den Polizeigesetzen der Länder*, in: Spiros Simitis (Hrsg.): *Policegesetze BRD*, Frankfurter Studien zum Datenschutz, Bd. 13, Nomos Verlagsgesellschaft: Baden-Baden, 1999. Siehe auch Alberts, Hans W./Merten, Karlheinz: *Gesetz über die Datenverarbeitung der Polizei: Kommentar*, Mauke: Hamburg, 2. überarbeitete und ergänzte Aufl., 1998.

[82] Entnommen aus dem Schüler-Duden, *Informatik*, 3. neubearbeitete Aufl., Dudenverlag: Leipzig u.a., 1997, S. 102.

umfassenden Informationssystems [ist], das die Daten von der Datenbank anfordert, auswertet, nach Anwendungskriterien verarbeitet und Daten an die Datenbank zum Speichern abgibt“[83]. Legt man diese Definition zugrunde, dann sind die Datenmassen des BKA somit im Grunde in einer Vielzahl von Dateien angelegt, jedoch mit Ausnahmen wie INPOL, auf das später ausführlich eingegangen wird.

1.7 Die Thesen der Untersuchung

Die Grundthese der Untersuchung lautet: Die Informations- und Kommunikationstechnik des Bundeskriminalamtes ist ein Hilfsmittel, ohne dessen Einsatz die Verbrechensbekämpfung in Deutschland - sei dies in kriminalrepressiver oder in kriminalpräventiver Hinsicht – nicht wirksam durchzuführen ist. Die IuK-Technik ist effektiv und effizient. Sie ist zum Zwecke der Verbrechensbekämpfung bewiesenermaßen bestens geeignet - ohne ihren tagtäglichen Einsatz wären viele Erfolge bei der Verbrechensbekämpfung entweder nicht zu erlangen oder diese würden einen verhältnismäßig viel zu hohen Aufwand erfordern.

Aus dem Einsatz der IuK-Technik heraus treten zwangsläufig eine Reihe von Ergänzungen auf, die sich auf diverse Aspekte des Technikeinsatzes beziehen und auf die als „Begleitthesen“ der Untersuchung auf jeden Fall hinzuweisen ist:

- Die Erhebung, Sammlung, Speicherung, Be- und Verarbeitung sowie Nutzung und Übermittlung von Daten gehört seit jeher zu den zentralen Aufgaben kriminalpolizeilicher Behörden in Deutschland. Die IuK-Technik gewinnt mit wachsendem Datenbedarf dabei ständig an Gewicht.

- Aufgrund ihrer Fähigkeit, enorme Massen an Daten zu speichern, nach diversen Kriterien auszuwerten und im innerstaatlichen bzw. im überstaatlichen Rahmen auf Knopfdruck in Sekundenschnelle zu übermitteln, stellt die IuK-Technik ein durchweg nützliches Mittel zum Zwecke der Verbrechensbekämpfung in repressiver wie präventiver Hinsicht dar.

- Die zunehmende Mobilität von Straftätern in Deutschland, sowie ein im Zeitverlauf unaufhörlich wachsendes Kriminalitätsaufkommen mit überregionalem Bezug, erfordert einen über die Grenzen der Bundesländer hinweg stattfindenden, dauerhaften Austausch kriminalpolizeilich-relevanter Informationen. Die Existenzberechtigung einer zentralen Instanz, wie dem Bundeskriminalamt, ergibt sich v.a. aus dem Erfordernis dieses überregionalen Informationsaustausches zum Zwecke einer möglichst wirksamen Verbrechensbekämpfung. Der Austausch findet zum grossen Teil unter Einsatz der IuK-Technik statt.

---

[83] Ebenda, S. 104.

- Das Bundeskriminalamtgesetz i.d.F. vom 07. Juli 1997 weist dem BKA die primäre Kompetenz für kriminalpolizeilich-relevante Informationen von länderübergreifender Bedeutung zu. Diese vom BKA seit seiner Errichtung vor über fünfzig Jahren wahrgenommene Steuerungsaufgabe ist Ausdruck einer gut bewährten Zusammenarbeit zwischen dem Bund und den Bundesländern in dem vom Förderalismus maßgebend geprägten Bereich der Verbrechensbekämpfung in Deutschland.

- Das Anfang der 1970er Jahre beim BKA in Betrieb genommene Informationsverbundsystem der Deutschen Polizei (INPOL-Bund) ist eine Dreh- und Angelscheibe des überregionalen kriminalpolizeilichen Informationsaustausches in Deutschland. INPOL wird vom Bund und von den Bundesländern gemeinsam getragen und zeichnet sich durch einen hohen Grad an struktureller Komplexität aus. Es trägt einerseits dem im deutschen Grundgesetz verankerten Gebot des Föderalismus im Bereich der Inneren Sicherheit Rechnung, in dem es den Bundesländern erheblichen Spielraum bei der Gestaltung landeseigener Informationssysteme ermöglicht, und sorgt andererseits dafür, dass der überrergionaler polizeilicher Informationsaustausch stets gewährleistet bleibt.

- INPOL gilt mittlerweile jedoch als technisch überholt. Mit der nun für das Jahr 2003 vorgesehenen Einführung der INPOL-Nachfolgerversion INPOL-Neu, soll ein Instrumentarium geschaffen werden, das nicht nur in technischer Hinsicht zeitgemäß ist, sondern der Kriminalprävention in einem deutlich größeren Ausmaß als bisher Rechnung trägt.

- Eine akkurate Evaluation der IuK-Technik bzw. der Dateien des BKA ist sehr schwierig. Leistungsindikatoren wie die Trefferstatistik eignen sich nur sehr bedingt zu diesem Zweck.

- Es besteht eine beachtliche, im Zeitverlauf stets größer werdende Kluft zwischen dem, was die IuK-Technik des BKA angesichts ihrer rasanten Entwicklung imstande ist zu leisten, und dem, was sie nach dem Gesetz tun darf. Das Recht auf informationelle Selbstbestimmung, das in Deutschland grundrechtsähnlicher Charakter hat, setzt der IuK-Technik Grenzen bei der Erhebung, Speicherung und Übermittlung personenbezogener Daten.

- Aufgrund wachsender Besorgnis über die Kriminalitätsentwicklung, ist seit geraumer Zeit eine Tendenz zur Erweiterung kriminalpolizeilicher Eingriffsbefugnisse in das Recht auf informationelle Selbstbestimmung auch und insbesondere unter Einsatz der IuK-Technik zu erkennen.

- Die Fortentwicklung der IuK-Technik wird künftig bessere Möglichkeiten der Erkenntnisgewinnung für die Kriminalpolizei mit sich bringen. Das „Spannungsverhältnis“ zwischen dem Sicherheitsaspekt (Schutz des Bürgers vor

Kriminalität) und dem Freiheitsaspekt (Beachtung seines Rechtes auf informationelle Selbstbestimmung) wird dadurch an Brisanz gewinnen, auch mit Blick auf das zunehmende staatliche Interesse an der vorbeugenden Verbrechensbekämpfung. Eine ideale Verbrechensbekämpfung muss ein maximaler Maß an Sicherheit für die Bürger gewährleisten und zugleich die Eingriffsintensität in das Recht auf informationelle Selbstbestimmung auf ein Minimum begrenzen.

- Intensive, von der IuK-Technik ausgehende Eingriffe in das Recht auf informationelle Selbstbestimmung zum Zwecke der vorbeugenden Verbrechensbekämpfung müssen sich auf eine breite Akzeptanz in der Gesellschaft stützen.

- Die Erhebung, Speicherung und Übermittlung von Daten stellt einen beachtlichen Eingriff in das Recht auf informationelle Selbstbestimmung dar. Zugleich muss eingesehen werden, dass die aus informatorischen Eingriffsmaßnahmen gewonnenen Erkenntnisse für den Bürger nicht immer nur belastend, sondern u.U. auch entlastend sind. Denn durch den Technikeinsatz kann sich ggf. auch das Risiko verringern, dass unschuldige Personen für von ihnen nicht begangegen Straftaten zur Verantwortung gezogen werden.

- Die IuK-Technik des BKA ist kein Zaubermittel im Kampf gegen die Kriminalität. Sie verkörpert eines von einer Vielzahl von Instrumenten, die zum Zwecke der Verbrechensbekämpfung zum Einsatz kommen müssen.

- Die biometrischen Datenansammlungen des BKA (Fingerabdrücke, DNA–Identifizierungsmuster, Handschriften) zeichnen sich durch einen hohen Grad an Effektivität und Effizienz aus, aufgrund verfassungsrechtlicher Vorbehalte dürfen sie zum Zweck der repressiven und präventiven Verbrechensbekämpfung nicht auf die gesamte Bevölkerung in Deutschland ausgedehnt werden.

- Künftig und v.a. im Hinblick auf die präventive bzw. vorbeugende Verbrechensbekämpfung in einem von zunehmender Gefährlichkeit geprägten Kriminalitätsumfeld, ist ein zunehmender Austausch von Informationen im innerstaatlichen wie im zwischenstaatlichen Rahmen zu erwarten. Als Informationszentrale der deutschen Kriminalpolizei und als Vermittler zwischen den Kriminalpolizeien Deutschlands und dem Ausland, werden das BKA und seine Dateien zwangsläufig an Bedeutung gewinnen.

Zweiter Teil:

Die theoretischen Grundlagen der Untersuchung

2.1 Das Bundeskriminalamt: Vorläufer, Entstehung, Entwicklung, Aufbauorganisation

2.1.1 Vorläufer und Entstehung des Bundeskriminalamtes

Das Erfordernis der Zentralisierung kriminalpolizeilicher Informationen mit überregionaler Bedeutung in einem institutionalisierten Rahmen wurde in Deutschland spätestens im neunzehnten Jahrhundert erkannt. Eine pragmatische Überlegung war hierfür ausschlaggebend: „Die örtliche Gebundenheit der Kriminalpolizei und das Fehlen eines ausreichenden überörtlichen kriminalpolizeilichen Nachrichtenaustausches waren für eine erfolgreiche Verbrechensbekämpfung insofern besonders nachteilig, als das Verbrechertum schon im 19. Jahrhundert alle Möglichkeiten des Verkehrs und den technischen Fortschritt nutzte und sich damit allmählich vom Wohnort löste. Neben den lokalen Rechtsbrecher trat der interlokale, *der reisende Verbrecher*, dem nur durch verstärkte Kooperation der mit seiner Bekämpfung betrauten Behörden beizukommen war“[84]. Die ersten Zentralisierungsversuche erfolgten erst um die Wende vom neunzehnten zum zwanzigsten Jahrhundert[85]. Am 21.07.1922 wurde das *Reichskriminalpolizeigesetz*[86] erlassen, das u.a. die Errichtung eines Reichskriminalpolizeiamtes auf Reichsebene vorsah und dem Amt bestimmte Auftrags-, Ermittlungs- und Richtlinienkompetenzen verlieh und zugleich Sammlungs- und Unterrichtungspflichten auferlegte. Aus politischen Gründen konnte das Gesetz zwar nicht umgesetzt werden, es förderte aber die Zentralisierungstendenzen zumindest auf der Landesebene[87].

Unter nationalsozialistischer Herrschaft wurde das Kriminalpolizeisystem grundlegend reformiert[88]. An der Spitze eines aus Kriminalpolizeileitstellen und Kriminalpolizeistellen bestehenden Behördengerüsts stand das Reichskriminalpolizeiamt in Berlin, das u.a. für die Zentralisierung des Melde-, Fahndungs- und Erkennungsdienstes und die Wahrnehmung der internationalen kriminalpolizeilichen Zusammenarbeit sowie für kriminalwissenschaftliche Forschung zuständig war und über

---

84 Dickopf, Paul/Holle, Rolf: *Das Bundeskriminalamt*, Boldt-Verlag: Bonn, 1971, S. 8.

85 Vgl. Ahlf, *Das Bundeskriminalamt als Zentralstelle*, Fn. 72, S. 202 ff. Laut Ahlf war die anthropometrische Reichszentrale beim königlichen Polizeipräsidium in Berlin der erste Vorläufer einer (kriminal)polizeilichen Zentralstelle in Deutschland.
Zentralisierungstendenzen waren auf der Landesebene vergleichsweise etwas erfolgreicher. Bereits im Jahr 1912 wurde im Land Sachsen eine ‚mobile Landeskriminalpolizei' errichtet, „die die bis dahin zersplitterten lokalen Kriminalpolizeien zentral zusammenfasste und dadurch die Erfahrungen und Arbeitsmittel der Großstadtkriminalpolizei auch den ländlichen Bereichen zugute kommen ließen“ und 1913/14 richtete Württemberg eine Landespolizeizentrale ein. Dickopf/Holle, *Das Bundeskriminalamt*, Fn. 84, S. 10.

86 Das aus 11 Artikeln bestehende Gesetz ist abgedruckt in Dickopf/Holle, *Das Bundeskriminalamt*, Fn. 84, S. 12–16.

87 Ebenda, S. 16.

88 Vgl. Ahlf, *Das Bundeskriminalamt als Zentralstelle*, Fn. 72, S. 228 ff.

selbstständige Ermittlungskompetenzen verfügte[89]. Das Amt umfasste dreizehn Reichszentralen, v.a zum Zwecke der Bekämpfung ausgewählter Deliktsbereiche[90]. Es war der Vorläufer des BKA.

Nach der Niederlage Deutschlands im zweiten Weltkrieg wurde das Kriminalpolizeisystem von den alliierten Siegermächten in ihren jeweiligen Besatzungszonen wiederum grundlegend reformiert: "Die amerikanische, britische und französische Besatzungsmacht waren sich grundsätzlich darüber einig, die Polizei zu dezentralisieren und ihre Zuständigkeit auf `rein polizeiliche´ Aufgaben zu beschränken"[91]. Dabei entstanden diverse Organisationsformen[92]. Im britischen Besatzungsbereich verlief die kriminalpolizeiliche Zusammenarbeit der vier betroffenen Länder vergleichsweise gut durch die Errichtung des *Zonal Crime Records Bureau* (Kriminalpolizeiamt für die britische Zone) in Hamburg, eine im besetzten Deutschland einzigartige, primär auf die Akkumulation und Übermittlung kriminalpolizeilicher Informationen abstellende Einrichtung[93], deren Aufgabe u.a. auch „ ... die Sammlung und Verarbeitung von Nachrichten über Verbrechen und Verbrecher, die in mehr als einem Regionsbereich vorkommen"[94] war.

Am 23.05.1949 trat das Grundgesetz der Bundesrepublik Deutschland in Kraft. Das GG ermächtigte den Bund, ein „Bundeskriminalpolizeiamt" zu errichten und die Zusammenarbeit der Bundesländer mit dem Bund in kriminalpolizeilichen Angelegenheiten zu regeln. Am 08.03.1951 erließ der Bund das *Gesetz über die Einrichtung eines Bundeskriminalpolizeiamtes (Bundeskriminalamt)*[95]. Als Grundstock für das neue Bundeskriminalamt bot sich das Kriminalpolizeiamt der britischen Zone an[96], das vom Bund per *Verordnung zur Überführung des Kriminalpolizeiamtes der Britischen Zone in Hamburg* vom 31. Oktober 1951 übernommen wurde und für dessen Sitz die hessische Landeshauptstadt Wiesbaden aufgrund ihrer zentralen

---

[89] Ebenda, S. 232-233 ff.

[90] Vgl. Dickopf/Holle, *Das Bundeskriminalamt*, Fn. 84, S. 26.

[91] Ebenda, S. 31.

[92] Ebenda, S. 31 ff.

[93] Ebenda, S. 36 ff. Die Autoren verweisen darauf (S. 37), dass: „Das Kriminalpolizeiamt für die britische Zone [...] die einzige Einrichtung [war], die als zentrale Nachrichtensammel- und –auswertungsstelle wenigsten die vier Länder des britischen Besatzungsbereichs zusammenhielt. Während seines mehr als fünfjährigen Bestehens hat es sich durch rechtzeitige, allerdings in den Augen der Besatzungsmacht vielfach unerlaubte Zusammenarbeit mit den kriminalpolizeilichen Landesämtern der beiden anderen Zonen um eine weitgehende Koordinierung bemüht".

[94] *Bundeskriminalamt 1951–1991. Festakt zum vierzigjährigen Bestehen am 25.November 1991*, Kriminalistik – Wissenschaft & Praxis Bd. 30, Kriminalistik-Verlag: Heidelberg, 1992, S. 20. Ausführlicher dazu siehe Dickopf/Holle, *Das Bundeskriminalamt*, Fn. 84, S. 35 – 36 und Ahlf, *Das Bundeskriminalamt als Zentralstelle*, Fn. 72, S. 249 ff.

[95] BGBl. I, S.165.

[96] Vgl. Dickopf/Holle, *Das Bundeskriminalamt*, Fn. 84, S. 43.

geographischen Lage in Deutschland und die dem neu-gegründeten BKA gebotenen räumlichen Erweiterungsmöglichkeiten ausgewählt wurde[97].

2.1.2 Die Evolution des Bundeskriminalamtes von seiner Gründung bis zur Gegenwart

Die Rechtsgrundlage des BKA war zunächst das Bundeskriminalamtgesetz vom 08. März 1951. Das Gesetz wies dem BKA die Aufgabe (§ 1) der „Bekämpfung des gemeinen Verbrechers, soweit er sich über das Gebiet eines Landes hinaus betätigt oder voraussichtlich betätigen wird" zu. Dass das Amt eine Informationssteuerungsfunktion zu erfüllen hat, ergab sich deutlich aus § 2 (1): „ [es] hat alle Nachrichten und Unterlagen für die kriminalpolizeiliche Verbrechensbekämpfung und die Verfolgung strafbarer Handlungen zu sammeln und auszuwerten, soweit die Nachrichten und Unterlagen nicht eine lediglich auf den Bereich eines Landes begrenzte Bedeutung haben" und § 2 (2): "[es hat] die Behörden der Länder über die sie betreffenden Nachrichten und die in Erfahrung gebrachten Zusammenhänge strafbarer Handlungen zu unterrichten". Ferner räumte das Gesetz dem BKA Ermittlungskompetenzen, allerdings unter engen Voraussetzungen[98] ein, und verpflichtete die Bundesländer, Landeskriminalämter als zentrale Dienststellen der Kriminalpolizei auf Landesebene und als Ansprechpartner des BKA zu errichten, die nach § 3 (1) dem BKA „die zur Erfüllung seiner Aufgaben erforderlichen Nachrichten und Unterlagen zu übermitteln" hatten[99]. Im Jahre 1951 wurde die BKA-Abteilung ‚Sicherungsgruppe' gegründet, im darauffolgenden Jahr wurde das Amt zum deutschen nationalen Zentralbüro der International Criminal Police Organisation (INTERPOL) designiert. Das BKA ist seither die primäre Vermittlungsinstanz für den Austausch kriminalpolizeilicher Informationen zwischen Deutschland und dem Ausland. Im Zeitraum 1951-69 wuchs das BKA personalmäßig um das 2,8-fache (1951: 355; 1969: 933), im gleichen Zeitraum war ein beträchtlicher Arbeitszuwachs des BKA zu verzeichnen, der in erster Linie auf seine Informationssammlungs- und –auswertungstätigkeit zurückzuführen war[100].

---

[97] Vgl. *Bundeskriminalamt 1951–1991. Festakt zum vierzigjährigen Bestehen am 25.November 1991*, Fn. 94, S. 20–21.

[98] Auf Ersuchen der zuständigen Länderbehörde oder auf Anordnung des Bundesministers des Innen aus „schwerwiegenden Gründen".

[99] In der Praxis vollzieht sich die Abstimmung zwischen den LKÄ mit dem BKA sehr gut über zahlreiche gemeinsame Gremien, an deren Spitze die *Arbeitsgemeinschaft der Leiter der Landeskriminalämter mit dem Bundeskriminalamt* (AG–KRIPO) steht. Siehe Dickopf/Holle, *Das Bundeskriminalamt*, Fn. 84, S. 43 ff. Zu erwähnen ist in diesem Kontext auch die Innenministerkonferenz von Bund und Ländern.

[100] Ebenda, S. 79 ff.

Infolge einer Änderung des Bundeskriminalamtgesetztes 1969[101] wurde dem Bundesgeneralanwalt die Auftragszuständigkeit für das BKA übertragen. Gegen Ende der 1960er Jahre setzte sich angesichts des wachsenden Kriminalitätsaufkommens in Deutschland (und der Besorgnis des Staates um den Linksterrorismus) auch die Erkenntnis durch, dass das BKA reformbedürftig sei. Insbesondere seine technischen Mittel wurden als überholungsbedürftig angesehen, was auch auf die ablehnende Haltung seiner Amtsleitung[102] gegenüber der in der Wirtschaft und öffentlichen Verwaltung bereits zu dieser Zeit im Vormarsch befindlichen Datenverarbeitungstechnik zurückzuführen war[103]. Die Ernennung Horst Herolds zum BKA-Präsidenten 1971 leitete für das Amt eine neue Ära ein, die von einer Technikeuphorie, v.a. der Erwartung, was die IuK-Technik im Rahmen der Verbrechensbekämpfung zu bewerkstelligen vermag, maßgeblich geprägt war. Die bedeutsamste technische Errungenschaft in der heroldschen Amtszeit, das vom BKA 1972 in Betrieb genommene INPOL–Fahndungssystem, galt als weltweit einmalige kriminalpolizeilich technische Glanzleistung[104]. Charakteristisch für die heroldsche Ära war auch eine regelrechte „Datensammelwut" des BKA, die sich im Anlegen und Ausweiten einer Vielzahl von Dateien, in denen die Daten von Millionen von Bundesbürgern abgespeichert waren, von denen ein Grossteil keine Straftaten begangen hatten, niederschlug. Dadurch konnten zwar gewisse Erfolge (z.B. bei der Terroristenfahndung) erzielt werden, gleichzeitig stieß dieses Vorgehen aber auf

---

101 *Gesetz zur Änderung des Gesetzes über die Einrichtung eines Bundeskriminalpolizeiamtes (Bundeskriminalamtes)* vom 19. September 1969, BGBl. I, S. 1717 - 1718.

102 Vgl. Dietl, Wilhelm: *Die BKA Story*, Droemer-Verlag: München, 2000, S. 51. Laut Dietl: Er [BKA-Präsident Paul Dickopf] bremste den Einsatz der elektronischen Datenverarbeitung im Bundeskriminalamt und `nahm den Vorwurf der Rückständigkeit in Kauf´ (Mergen) ... 1968 kam der Innenausschuß des Bundestages zu dem Schluß, der Präsident des BKA verschließe sich modernen kriminalistischen Einsichten und vergrößere die Kluft zu den Landesämtern ... Allen Fachleuten war klar, dass das Amt mit den vorhandenen Mitteln weder den beginnenden Linksterrorismus noch die wachsende organisierte Kriminalität in den Griff bekommen konnte".

103 Siehe auch Albrecht, Horst: *Im Dienst der Inneren Sicherheit. Die Geschichte des Bundeskriminalamtes*, Bundeskriminalamt, Wiesbaden, 1988, S. 289. Nach Albrecht: „In den 50er Jahren begannen deutsche Unternehmen (...), die Möglichkeiten der elektronischen Datenverarbeitung zu nutzen. Die dort gemachten Erfahrungen wurden auch in der Polizei bekannt. Die großen Speicherkapazitäten und die Schnelligkeit der Verarbeitung bei der DV beeindruckten alle, die mit großen Mengen von Daten zu tun hatten (im Bereich der Fahndung, des Erkennungsdienstes, der Aktenhaltung über Straftaten usw.) ... Jedoch bewirkten die Fremdheit des Mediums, der riesige Arbeitsaufwand und die hohen Kosten, die mit der Einführung der DV für die Polizei verbunden waren, dass Bund und Länder sich zunächst nur zögernd mit diesem neuen Arbeitsbereich beschäftigten. Erst die Verunsicherung von Staat und Gesellschaft durch den Terrorismus Ende der 60er, Anfang der 70er Jahre führte dazu, dass in diesen Bereich großzügig Geld und Arbeitskraft investiert wurden".

104 Vgl. Schenk, Dieter: *Der Chef. Horst Herold und das BKA*, Spiegel-Buchverlag: Hamburg, 1998, S. 125. Das über 500 Seiten umfassende Werk Schenks behandelt alle wesentlichen Aspekte der zehnjährigen Präsidentschaft Dr. Horst Herolds (1971–81).

erhebliche Skepsis, Misstrauen und Kritik, u.a. in breiten Teilen der deutschen Öffentlichkeit, und die Schreckensvision des „gläsernen Menschen", ein auch heute noch aktuelles und brisantes Thema, wurde heraufbeschworen[105].

Die im Jahr 1973 verabschiedete Erweiterung des Bundeskriminalamtgesetzes[106] dehnte das Aufgabenspektrum des BKA in materiell-rechtlicher Hinsicht aus. In einer von zunehmender Sorge über den Terrorismus und in Anerkennung der Problemerscheinung Organisierte Kriminalität geprägten Epoche, erhielt das BKA neben seiner Auftragszuständigkeit erstmals originäre Ermittlungszuständigkeiten bei (internationalen) Rauschgift-, Waffen- und Falschgelddelikten (§ 5 (1)), bei politisch motivierten Straftaten gegen Mitglieder der Bundesverfassungsorgane und ihren Gästen sowie gegen Mitglieder ausländischer diplomatischer Vertretungen (§ 5 (2)) und für den Personenschutz von Mitgliedern der Verfassungsorgane und in bestimmten Fällen für deren ausländische Gäste (§ 9 (1) & (2)). Laut Roland Lersch stellte „die Bundesregierung fest, dass die Entwicklung der Kriminalität in verstärktem Maße einen raschen, zentral gesteuerten Informationsaustausch erforderlich macht; außerdem hielt sie es für erforderlich, in Einzelfällen des illegalen Rauschgift- und Waffenhandels mit internationalen Tat- und Täterzusammenhängen sowie bei politischen Attentaten mit bundespolitischer Bedeutung eine zentrale Ermittlungsführung gesetzlich notwendig werden zu lassen"[107]. Erstmals erwähnte das Bundeskriminalamtgesetz das BKA ausdrücklich als „Zentralstelle"[108] und nannte als dessen Aufgaben, u.a. die Unterhaltung von Einrichtungen für den Erkennungsdienst und die kriminaltechnischen Untersuchungen sowie das Betreiben von kriminaltechnischer Forschung und Abstimmung in der Zusammenarbeit der Polizei auf diesem Gebiet[109]. Das Gesetz (§ 2 (1) 1) enthielt erstmals auch

---

105 Ebenda, S. 387 ff.

106 *Gesetz über die Einrichtung eines Bundeskriminalpolizeiamtes (Bundeskriminalamtes)* i.d.F. vom 29. Juni 1973, BGBl. I, 1973, S. 704–706.

107 Lersch, Roland: *Die Entwicklung des BKA-Gesetzes zu einem modernen Polizeigesetz*, in: Bundeskriminalamt (Hrsg.): Festschrift für Horst Herold zum 75. Geburtstag. Das Bundeskriminalamt am Ausgang des 20. Jahrhunderts, Bundeskriminalamt, Wiesbaden, 1998, S. 36 ff. Auch der Innenausschuss des Deutschen Bundestags stellte am 18. Mai 1973 fest: „die Kriminalität in der Bundesrepublik weist seit Jahren eine ansteigende Tendenz auf, während die Aufklärungsquote sinkt. Bestimmte Deliktsgruppen sind durch hohe Mobilität und internationale Zusammenarbeit der Täter gekennzeichnet. Diese Entwicklung erfordert den Ausbau des BKA zu einer leistungsfähigen Informations- und Kommunikationszentrale der deutschen Polizei sowie die Zuweisung eigener Ermittlungszuständigkeiten bei Delikten, die typischerweise von internationalen Banden begangen werden. Dabei gilt es, einen Kompromiß zu finden zwischen den Erfordernissen einer möglichst effektiven Verbrechensbekämpfung und der Polizeihoheit der Länder".

108 Dieser Begriff hat eine Zeitlang für eine rege Fachdiskussion gesorgt, denn er wird im GG nicht konkretisiert und mit ihm verbinden sich unterschiedliche Vorstellungen. Siehe hierzu die Dissertation von Ahlf: *Das Bundeskriminalamt als Zentralstelle*, Fn. 72.

109 Siehe §2 (1) & (2).

den Verweis auf die Aufgabe des BKA als „Zentralstelle für den elektronischen Datenverbund zwischen Bund und Ländern".

Nachdem dem BKA eine Ermittlungs- und Abstimmungsfunktion bei der Bekämpfung politisch motivierter Gewaltkriminalität in Deutschland übertragen worden war, wurde 1975 in Bonn die BKA-Abteilung zur Terrorismusbekämpfung gegründet[110]. Rückblickend ging das erhebliche Anwachsen des BKA in der Amtszeit Horst Herolds v.a. auf das Erfordernis der Terrorismusbekämpfung sowie den Einsatz der IuK-Technik zurück. Laut Hartmut Aden wuchs die Zahl der Planstellen über 1.211 (1970) und 2.425 (1975) auf 3.339 im Jahre 1980 und „neben dem allgemeinen Bestreben der SPD– FDP–Regierung, die Administrativ-strukturen des Bundes zu stärken, waren für den rasanten Ausbau des BKA zwei weitere, sehr unterschiedliche Faktoren maßgeblich: Die Aktionen der *Roten Armee Fraktion* und anderer terroristischen Gewalttaten der 70er Jahre bescherten der Wiesbadener Behörden einerseits neue Ermittlungsaufgaben. Eine Abteilung ‚Terrorismusbekämpfung' entstand. Zeitgleich und damit zusammenhängend veränderte andererseits die Computertechnik die Polizeiarbeit und erzeugte bei manchen Polizeistrategen geradezu eine Euphorie bezüglich dessen, was polizeiliche Strafverfolgung und Kriminalprävention leisten könnten"[111]. Nach dem Ausscheiden Horst Herolds aus dem BKA 1981 blieb die Terrorismusbekämpfung weiterhin ein Schwerpunktbereich des Amtes, allmählich aber rückte die Organisierte Kriminalität zunehmend in den Interessenmittelpunkt des BKA und die Euphorie hinsichtlich der Leistungsfähigkeit der IuK-Technik ließ nach: „Die 80er und 90er Jahre wurden für das BKA zur Phase eines Paradigmenwechsels. Die Begeisterung über die Möglichkeiten der EDV trat ebenso in den Hintergrund wie die Bedrohung durch terroristische Anschläge"[112]. Die Anzahl der Dateien des BKA konnte seit Anfang der 1980er Jahre dennoch einen deutlichen Zuwachs verzeichnen: von 37 (1979) auf 144 (Oktober 1991)[113].

1986 richtete das BKA eine Abteilung zur Rauschgiftkriminalitätsbekämpfung ein[114]. Bereits drei Jahre zuvor erfolgte das Entsenden des ersten „Rauschgift-Verbindungsbeamten" nach Thailand; 1998 waren 48 Verbindungsbeamte an 35 Standorten in 32 Ländern in Westeuropa sowie in von der Rauschgiftproblematik besonders betroffenen Entwicklungs- und Transformationsländern tätig, wo sie im Auftrag des BKA u.a. eine ermittlungsunterstützende Aufgabe leisteten, in deren

---

[110] Vgl. *Bundeskriminalamt 1951–1991. Festakt zum vierzigjährigen Bestehen am 25.November 1991*, Fn. 94, S. 73.

[111] Aden, Hartmut: *Das Bundeskriminalamt. Intelligence-Zentrale oder Schaltstelle des bundesdeutschen Polizeisystems?*, in: Bürgerrechte & Polizei/CILIP 62, 1/1999, S. 7.

[112] Ebenda.

[113] Vgl. Schenk, *Der Chef. Horst Herold und das BKA*, Fn. 104, S. 396.

[114] Vgl. *Bundeskriminalamt 1951–1991. Festakt zum vierzigjährigen Bestehen am 25.November 1991*, Fn. 94, S. 73.

Rahmen auch und insbesonders die Erhebung, Auswertung und der Austausch von Informationen eine maßgebliche Rolle spielten[115].

Mit der Wiedervereinigung Deutschlands 1990 wurde der Zuständigkeitsbereich des BKA auf die neuen Bundesländern ausgeweitet, „das BKA wirkt dort mit erheblichem personellen Einsatz am Aufbau demokratischer Polizeien mit“[116].

Der Stellenwert des BKA als primäre Vermittlungsinstanz für den kriminalpolizeilichen Informationsaustausch zwischen Deutschland und dem Ausland bekam einen Aufschwung in den 1990er Jahren, als dem Amt für Deutschland die Zuständigkeit für die Verwaltung des europäischen Fahndungsverbundes Schengener-Informationsystem sowie die Abstimmung des Informationsaustausches mit dem Europäischen Polizeiamt übertragen wurde. Ein zusätzlicher Informationsaustausch findet auch statt, da das BKA „im Rahmen der internationalen kriminalpolizeilichen Kooperation regelmäßig oder anlassbezogen in nicht weniger als 80 internationalen Gremien, Kommissionen, Arbeitstagungen und Konferenzen mit[wirkt]“[117]. 1997 trat die v.a. aus dem Blickwinkel der Grundsatzentscheidung (1983) des Bundesverfassungsgerichts zur informationellen Selbstbestimmung in Deutschland lang antizipierte Novellierung des Bundeskriminalamtgesetzes mit einer Vielzahl eingeführter Regelungen, insbesondere mit Blick auf den Datenschutz, in Kraft[118].

Heute gehört das BKA mit seinem Personalbestand von ca. 4.600 MitarbeiterInnen im internationalen Vergleich zu den erfolgreicheren und technisch am besten ausgerüsteten Zentralkriminalpolizeibehörden, aus dem eine Reihe beachtsamer Innovationen hervorgegangen sind[119]. Die Zweckbestimmung des BKA ist seine Informationssteuerungsfunktion, die in dem vom Föderalismus geprägten System

---

115 Vgl. Duffner, Karl-Heinz: *Verbindungsbeamte des BKA im Ausland–Eine Erfolgsstory*, in: Bundeskriminalamt (Hrsg.): Festschrift für Horst Herold zum 75. Geburtstag. Das Bundeskriminalamt am Ausgang des 20. Jahrhunderts, Wiesbaden, 1998, S. 259 ff. Laut Duffner soll das BKA-Verbindungsbeamtenprogramm 1999 auf 4 weitere Länder ausgedehnt werden. Siehe auch Dietl, *Die BKA Story*, Fn. 102, S. 127. Dietl erwähnt die Zahl von 47 Verbindungsbeamten in 37 Staaten.

116 *Bundeskriminalamt 1951–1991. Festakt zum vierzigjährigen Bestehen am 25.November 1991*, Fn. 94, S. 73.

117 Kersten, Ulrich: *Die Rolle des Bundeskriminalamtes bei der nationalen und internationalen Verbrechensbekämpfung*, in: Schreckenberger, Waldemar (Hrsg.): Staatliche Kommunikation und Sicherheit, Speyerer Arbeitshefte, Nr. 113, Deutsche Hochschule für Verwaltungswissenschaften Speyer, 2000, S. 61.

118 Ausführlich dazu an späterer Stelle in dieser Untersuchung.

119 Das INPOL-System wurde bereits erwähnt und wird mit einigen anderen wichtigen Dateien des BKA im empirischen Teil dieser Untersuchung ausführlich behandelt.
Bis 1991 hat das BKA in seine elektronischen Datenverarbeitung 500 Millionen Mark investiert. Vgl. *Festakt zum 40jährigen Bestehen des BKA. Leere Jugendherberge wuchs zur Schaltstelle*, in: *Rheinische Post*, Nr. 275 vom 26. November 1991.

der Inneren Sicherheit der Bundesrepublik Deutschland eine unabdingbare Voraussetzung für die repressive und präventive Verbrechensbekämpfung ist[120].

2.1.3 Die Aufbauorganisation des Bundeskriminalamtes

Mit der Umorganisation 1994 wurde das BKA in drei Leitungsbereiche (Allgemeine Kriminalität, Logistik, Staats- und Personenschutz), bestehend aus insgesamt neuen Abteilungen, aufgegliedert. Die Amtsleitung setzt sich aus dem Präsidenten, dem Vizepräsidenten und den drei Leitungsbereichsleitern zusammen[121]. Einrichtungen des BKA befinden sich in Wiesbaden (die BKA-Zentrale mit den beiden Leitungsbereichen Allgemeine Kriminalität und Logistik; 6 Abteilungen), in der Bundeshauptstadt Berlin und in Bonn-Meckenheim (Leitungsbereich Staats- und Personenschutz; 3 Abteilungen) als Sitze der Verfassungsorgane und diplomatischen Vertretungen, für deren Mitgliederschutz das BKA mitzuständig ist. In allen neun Abteilungen des BKA kommt im Rahmen der Aufgabenerfüllung die IuK-Technik intensiv zum Einsatz.

Mit über 1.000 MitarbeiterInnen und 27 Referaten ist die Abteilung Organisierte und Allgemeine Kriminalität die größte im BKA[122]. Schwerpunktmäßig befasst sich die Abteilung ermittlungs- und auswertungsmäßig mit der Organisierten Kriminalität in ihren jeweiligen Erscheinungsformen (einschließlich der Rauschgiftkriminalität)[123]. Darüber hinaus wird in dieser Abteilung die Zusammenarbeit des BKA mit dem Ausland über das Netz der Verbindungsbeamten durchgeführt.

Die Abteilung Zentrale kriminalpolizeiliche Dienste, Personenerkennung (18 Referate) ist für die Personenerkennung mittels der umfangreichen Dateien des BKA zuständig und leistet u.a. sachkundige Unterstützung bei Tatortarbeiten, bei Fahndungen und auch im Rahmen der internationalen Zusammenarbeit des BKA.

Das Kriminaltechnische Institut umfasst 20 Referate mit ca. 250 Bediensteten: Es führt kriminaltechnische Untersuchungen durch und erstellt Gutachten in einer

---

[120] Gelegentlich wird das BKA unpassend als das „deutsche FBI" bezeichnet. Tatsache aber ist, dass das BKA – von seinen vergleichsweise bescheidenen Finanz-und Personalressourcen sowie fehlenden institutionellen Unterbauten abgesehen - über deutlich weniger Kompetenzen als das US-amerikanische FBI verfügt. Für eine interessante, allerdings knapp gehaltene und mittlerweile ziemlich veraltete Vergleichsstudie siehe Schweppe, Reinhard: *FBI und BKA. Federal Bureau of Investigation und Bundeskriminalamt. Ein Vergleich von Organisationen und Kompetenzen*, Ferdinand Enke-Verlag: Stuttgart, 1974.

[121] Seit 1996 wird das BKA von Dr. Klaus Ulrich Kersten geleitet.

[122] Für einen interessanten Einblick in die Arbeitsweise dieser Abteilung siehe Dietl, *Die BKA-Story*, Fn. 102, S. 118 ff.

[123] Siehe hierzu Nagel, Michael/Weißkopf, Peter/Karst, Dirk/Seidel, Thomas: *Neue Wege in der Bekämpfung Organisierter und Allgemeiner Kriminalität – Strategische Aspekte der Abteilung OA*, in: Bundeskriminalamt (Hrsg.): Festschrift für Horst Herold zum 75. Geburtstag. Das Bundeskriminalamt am Ausgang des 20. Jahrhunderts, Wiesbaden, 1998, S. 119–134.

Vielzahl von Arbeitsbereichen im Auftrag des BKA, anderer Kriminalpolizeidienstellen aus dem In- und Ausland sowie der Staatsanwaltschaften[124].

Das 17 Referate umfassende Kriminalistische Institut des BKA ist in erster Linie für kriminologische und kriminalistische Analysen und Studien, für die polizeiliche Kriminalstatistik, für Öffentlichkeitsarbeit, die Analyse, Beratung, Beurteilung und Entwicklung kriminalpolizeilicher Technologien[125] für das BKA und für die Personalaus- und –fortbildung zuständig.

Die Abteilungen Zentral- und Verwaltungsaufgaben (11 Referate) und Informationstechnik (10 Referate) sind zuständig u.a. für Personal-, Beschaffungs-, Haushalts- und Organisationsangelegenheiten bzw. für zentrale Angelegenheiten, nationale und internationale Zusammenarbeit in der Informationstechnik, Softwareentwicklung und –pflege, Betreuung, Qualitätssicherung und technische Logistik, zentrale und dezentrale informationstechnischen Systeme und deren Service, das BKA-Rechenzentrum sowie die Kommunikation.

Die Abteilung Polizeilicher Staatsschutz mit ihren 18 Referaten befasst sich schwerpunktmäßig mit dem Links- und Rechtextremismus und –terrorismus sowie Landesverrat und politisch motivierter Ausländerkriminalität. Die Abteilung Schutz- und Begleitdienste (8 Referate) ist in erster Linie für den Schutz der Repräsentanten der deutschen Verfassungsorgane[126] und deren ausländische Staatsgäste sowie für Zeugen im Rahmen bestimmter Strafermittlungsverfahren[127] zuständig.

Die Abteilung Technische Dienste, Verwaltung (7 Referate) stellt für das BKA und seine MitarbeiterInnen diverse Dienstleistungen bereit.

---

[124] Auf das Institut und sein Aufgabenfeld mit Blick auf die IuK-Technik wird im dritten Teil der Untersuchung näher eingegangen.

[125] Vgl. Bach, Wolfgang: *Die Gruppe KI 2–Technologien*, in: Bundeskriminalamt (Hrsg.): *Festschrift für Horst Herold zum 75. Geburtstag. Das Bundeskriminalamt am Ausgang des 20. Jahrhunderts*, Bundeskriminalamt, Wiesbaden, 1998, S. 595 - 616.

[126] Gemeint sind Bundespräsident, Bundestag, Bundesrat, Bundesregierung, Bundesverfassungsgericht und Bundesversammlung. Vgl. Jaufmann, Hartmuth/Ulrich, Wolfgang: *Die Sicherungsgruppe – „Schutzpolizei des BKA"*, in: Bundeskriminalamt (Hrsg.): *Festschrift für Horst Herold zum 75. Geburtstag. Das Bundeskriminalamt am Ausgang des 20. Jahrhunderts*, Bundeskriminalamt, Wiesbaden, 1998, S. 555-569; Krämer, Horst: *Personenschutz im Bundeskriminalamt*, in: Zachert, Hans-Ludwig/Störzer, Hans Udo/Koch, Karl-Friedrich (Hrsg.): *40 Jahre Bundeskriminalamt*, Richard Boorberg Verlag: Stuttgart u.a., 1991, S. 210 ff.

[127] Insbesondere im Rahmen der Schwerstkriminalität, der Organisierten Kriminalität und des Terrorismus.

siehe Faltblatt „Organigramm des Bundeskriminalamtes“
hinten in der Kartentasche

2.2 Das bundesstaatliche Interesse an der Verbrechensbekämpfung, die Informationssteuerungsfunktion des Bundeskriminalamtes und der bestimmende Einfluss der Rechtsprechung des Bundesverfassungsgerichtes zur informationellen Selbstbestimmung auf das Bundeskriminalamtgesetz i.d.F. vom 07. Juli 1997

2.2.1 Das bundesstaatliche Interesse an der Verbrechensbekämpfung

Der Föderalismus ist bekanntlich das Fundament der Staatsordnung Deutschlands. Auch das staatliche Aufgabenfeld Verbrechensbekämpfung muss sich daran halten. Da die Kriminalität ein überwiegend ortsgebundenes Phänomen stets gewesen ist, ist sie somit am besten subsidiär zu bekämpfen. Bei der überregionalen Kriminalität muss jedoch ein abgestimmter Verbrechensbekämpfungsansatz zur Geltung kommen, da ein subsidiärer Ansatz hier offenbar zu kurz greift.

Die Erforderlichkeit von zentralen Instanzen zur Verbrechensbekämpfung wurde, wie bereits erwähnt, schon im ausgehenden 19. Jahrhundert erkannt. In der Zeit der Weimarer Republik wurde das Reichskriminalpolizeigesetz im Jahr 1922 erlassen (das jedoch nicht in Kraft trat) und unter nationalsozialistischer Herrschaft erfolgte die „Verreichlichung der deutschen Kriminalpolizei" und der Errichtung des Reichskriminalpolizeiamtes[128].

Nach dem zweiten Weltkrieg erhielt die neugegründete Bundesrepublik kraft des GG eine gewisse Abstimmungskompetenz bei der Verbrechensbekämpfung. Zwar besitzt die aus Art. 30 GG [Funktionen der Länder] ableitbare Maxime „Polizeiarbeit ist grundsätzlich Ländersache" unangefochtene Geltung, gemäß Art. 73 GG [Gegenstände der ausschließlichen Gesetzgebung][129] wird der Bund aber ermächtigt, „die Zusammenarbeit des Bundes und der Länder in der Kriminalpolizei" (10a.) und „die Einrichtung eines Bundeskriminalpolizeiamtes und die internationale Verbrechensbekämpfung" (Abs. 10c.)) zu regeln. Ferner sieht Art. 87 des GG [Gegenstände der bundeseigenen Verwaltung], (1))[130] vor, dass „durch Bundesgesetz Bundesgrenzschutzbehörden, Zentralstellen für das polizeiliche Auskunfts- und Nachrichtenwesen, für die Kriminalpolizei und zur Sammlung von Unterlagen für Zwecke des Verfassungsschutzes und des Schutzes im Bundesgebiet, die durch Anwendung von Gewalt oder darauf gerichtete Vorbereitungshandlungen auswärtige Belange der Bundesrepublik Deutschland gefährden, eingerichtet werden [können]". Das GG ermächtigt den Bund somit zur Teilhabe an der Verbrechensbekämpfung über ein von ihm zu errichtendes „Bundeskriminalpolizeiamt". Aus

---

128 Vgl. Ahlf, *Das Bundeskriminalamt als Zentralstelle*, Fn. 72, S. 228 ff.

129 Vgl. Sartorius I. *Verfassungs- und Verwaltungsgesetze der Bundesrepublik Deutschland*, C.H. Beck Verlag: München, 1999, Nr. 1 (Das Grundgesetz für die Bundesrepublik Deutschland), S. 33

130 Ebenda, S. 41

Art. 87 GG geht eindeutig hervor, dass die Sammlung und Bereitstellung von Informationen eine seiner Kernfunktionen sei. Damit erkennt das GG an, dass in einem föderalen Staat, der Informationsaustausch zwischen seinen Polizeien stets gewährleistet sein muss. Denn ansonsten könne die Kriminalität mit überregionalen Bezügen nicht wirksam bekämpft werden.

2.2.2 Die Informationssteuerungsfunktion des Bundeskriminalmtes nach dem Bundeskriminalamtgesetz i.d.F. vom 07. Juli 1997

Als „Kriminalpolizei des Bundes" kommt dem BKA aufgrund seiner Zentralstellenaufgaben - und insbesondere seiner Informationssteuerungsfunktion (auf die gleich eingegangen wird) - eine Sonderbedeutung bei der Gewährleistung der Inneren Sicherheit in Deutschland zu. Das Amt ist gegenüber den Polizeien der Länder grundsätzlich nicht weisungsbefugt. Das Übergewicht des BKA fällt jedoch aus drei Gründen besonders ins Auge: Zum Einem, aufgrund der schieren Größe seiner Dateien, in denen die Daten aus allen Bundesländern hineinfließen, zum zweiten, wegen der Tragweite der von ihm verwalteten Daten, da es sich hierbei grundsätzlich um solche mit landesübergreifender bzw. erheblicher Bedeutung handelt, und zum Dritten, infolge der räumlichen Geltung der von ihm verwalteten Daten (bundesweit, im grenzüberschreitenden Rahmen).

Die Zentralstellenaufgaben des BKA sind in dem *Gesetz über das Bundeskriminalamt und die Zusammenarbeit des Bundes und der Länder in kriminalpolizeilichen Angelegenheiten (Bundeskriminalamtgesetz (BKAG)* vom 07. Juli 1997 geregelt[131]. Das Gesetz tritt an die Stelle des seit 1973 geltenden Gesetzes und erweitert dieses in materieller und in formeller Hinsicht.

Das BKAG i.d.F. vom 07.07.1997 regelt die Aufgaben[132] (§§ 1–6), Befugnisse (§§ 7–26) und Gemeinsamen Bestimmungen (§§ 27–38) des BKA[133]. Die Grundfunktionen des BKA leiten sich aus den §§ 2–6[134] her[135]. Die Informations-

---

[131] Veröffentlicht in BGBL. I (1997), S. 1650–1664.

[132] Weitere Aufgaben des BKA sind in der Gewerbeordnung sowie im Waffengesetz, Betäubungsmittelgesetz und Asylverfahrensgesetz festgelegt.

[133] Zur Trennung in „Aufgaben" und „Befugnisse" im Polizeirecht siehe Gusy, Christoph: *Polizeirecht*, J.C.B. Mohr (Paul Siebeck): Tübingen, 3. neubearbeitete Aufl., 1996, S. 6–7. Diese Trennung hat sich mittlerweile in den Polizeigesetzen der Länder auch durchgesetzt.

[134] § 2 (Zentralstelle), § 3 (Internationale Zusammenarbeit), § 4 (Strafverfolgung), § 5 (Schutz von Mitgliedern der Verfassungsorgane) & § 6 (Zeugenschutz).

[135] Der Begriff „Funktion" umschreibt hier die Zusammenfassung wesensähnlicher Aufgaben. Es bestehen außerdem abweichende Auffassungen darüber, welche „Funktionen" das BKA hat. Beispielsweise ist Ahlf der Auffassung, dass das BKA (im Rahmen des BKAG von 1973) insgesamt sieben Funktionen erfüllt: eine Zentralstellen-, Gutachter-, Exekutiv-, Unterstützungs-, Zuweisungs-, Schutz- und Begleitdienst- sowie internationale Funktion. Vgl. Ahlf, *Das Bundeskriminalamt als Zentralstelle*, Fn. 72, S. 34 ff. Kriminalpolizeilichen Zentralstellen

steuerungsfunktion des BKA ergibt sich aus dem Sinnzusammenhang der §§ 1-3. Laut § 1 (1) „unterhält [der Bund] ein Bundeskriminalamt zur Zusammenarbeit des Bundes und der Länder in kriminalpolizeilichen Angelegenheiten". Ergänzend (§ 1 (2)): „Die Länder unterhalten für ihr Gebiet zentrale Dienstellen der Kriminalpolizei (Landeskriminalämter) zur Sicherung der Zusammenarbeit des Bundes und der Länder". Daraus wird die koordinative Dimension der Steuerung erkennbar.

Nach § 2 (1) Satz 1 des Gesetzes unterstützt das BKA als Zentralstelle für das polizeiliche Auskunfts- und Nachrichtenwesen die Polizeien des Bundes und der Länder bei der Verhütung und Verfolgung von Straftaten mit länderübergreifender, internationaler oder erheblicher Bedeutung, wobei nach § 2 (2) Nr.1 & 2 das BKA zur Wahrnehmung dieser Aufgabe alle hierfür erforderlichen Informationen zu sammeln und auszuwerten sowie die Strafverfolgungsbehörden des Bundes und der Länder unverzüglich über die sie betreffenden Informationen und die in Erfahrung gebrachten Zusammenhänge von Straftaten zu unterrichten hat. Aus § 2 sind die Steuerungsebenen Koordination und Kooperation erkennbar. Sie finden sich auch in § 2 (3) und (4). Nach § 2(3) muss das BKA als Zentralstelle ein polizeiliches Informationssystem[136] unterhalten, nach § 2(4) muss das Amt zur Unterstützung der Polizeien des Bundes und der Länder bei der Verhütung und Verfolgung von Straftaten und der Gefahrenabwehr zentrale Einrichtungen und Sammlungen, insbesondere zentrale erkennungsdienstliche Einrichtungen und Sammlungen sowie zentrale Einrichtungen für die Fahndung nach Personen ebenfalls unterhalten.

Nach § 3 (1) Satz 1 ist das BKA das deutsche nationale Zentralbüro für die International Criminal Police Organisation (INTERPOL) und – von bestimmten Fällen abgesehen – obliegt dem Amt nach § 3 (2) Satz 1 der zur Verhütung oder Verfolgung von Straftaten erforderliche Dienstverkehr der Polizeien des Bundes und der Länder mit den Polizei- und Justizbehörden sowie sonstigen zuständigen öffentlichen Stellen anderer Staaten. Das BKA wird damit zum wichtigsten Informationsbindeglied zwischen der deutschen Kriminalpolizei und dem Ausland.

---

weist er zwei „Augfabenkomplexe" (eine Informations- und Koordinations- sowie eine Exekutivfunktion) zu (S. 10 ff.).
Manche Autoren umgehen den Begriff Funktion und verweisen stattdessen lediglich auf die im BKAG enthaltenen Aufgabenbereiche oder betrachten Aufgaben und Funktion als Synonyme: „Das Bundeskriminalamt hat heute drei Hauptfunktionen: Es ist die Informations- und Technikzentrale des bundesdeutschen Polizeisystems, die Schnittstelle zwischen internationalen und bundesdeutschen Polizeistellen, und es hat für eine Reihe von Fällen eigenständige Ermittlungsbefugnisse. Zwei weitere Aufgaben kommen hinzu: die Kriminalistik und der Schutz von Mitgliedern der Verfassung". Aden, *Das Bundeskriminalamt. Intelligence-Zentrale oder Schaltstelle des bundesdeutschen Polizeisystems?*, Fn. 111

136 Das im dritten Teil der Untersuchung ausführlich behandelte System INPOL-Bund.

Die kommunikative Ebene der Steuerung ergibt sich aus dem routinemäßigen Informationsaustausch zwischen dem BKA und den anderen Akteuren des deutschen Verbunds der Inneren Sicherheit, in erster Linie den 16 LKÄ sowie den Länderpolizeidienststellen. Der Informationaustausch erfolgt insbesondere über die Datenbank INPOL (Bund), das bundesweit tagtäglich mehrtausendfach abgefragt wird, sowie weitere beim BKA verwaltete Dateien, wie bspw. das Automatisierte Fingerabdrucks-Identifizierungssystem und das Schengener-Informationssystem[137], die zum Zweck der Verbrechensbekämpfung mittlerweile eine außerordentlich hohe Bedeutung erlangt haben.

Die Erhebung, Speicherung, Nutzung, Veränderung, Berichtigung, Übermittlung und Löschung personenbezogener Daten ist in den Befugnisnormen und Gemeinsamen Bestimmungen des BKAG ausführlich geregelt. Beispielsweise ermächtigt § 7 (2) Satz 1 das BKA im Rahmen seiner Aufgabe als Zentralstelle, Daten zur Ergänzung vorhandener Sachverhalte oder zu sonstigen Zwecken der Auswertung durch Ersuchen um Auskünfte oder Anfragen bei den Polizeien des Bundes und der Länder zu erheben, und § 7 (2) Satz 2 erweitert diesen Erhebungsanspruch gegenüber anderen inländischen öffentlichen und nicht-öffentlichen Stellen. Konkrete Datenerhebungs-, Speicherungs-, Nutzungs-, Veränderungs-, Berechtigungs-, Rechtsmäßigkeits-, Berichtigungs- oder Löschungsvorgaben enthalten v.a. die §§ 8 (1) – (6), 9 (1) – (3), 11 (1) - (3) & (6), 12, 20, 21 (3), 22, 25 (1) & (2), 28 (1) – (2), 29 (1) – (9), 30 (1) – (2), 31, 32 (1) – (9), 33 (1) – (6) und 34 (1) – (4) des Gesetzes.

Das BKA darf personenbezogene Daten nicht nur an andere Polizeien des Bundes und an Polizeien der Länder (§ 10 (1) Satz 1) und andere Behörden und sonstige öffentliche Stellen (§ 10 (2) Satz 1) übermitteln, sondern auch an nicht-öffentliche Stellen (§ 10 (3) Satz 1) und nach § 14 (1) Satz 1 an Polizei- und Justizbehörden sowie an sonstige für die Verhütung oder Verfolgung von Straftaten zuständige öffentliche Stellen anderer Staaten sowie zwischen- und überstaatliche Stellen, die mit Aufgaben der Verhütung oder Verfolgung von Straftaten befasst sind. § 14 (2), (3) & (4) liefern die Ermächtigungsgrundlage für den Datenaustausch im Rahmen des Schengener-informationssystems und mit dem Europäischen Polizeiamt EUROPOL, § 14 (5) & (6) für die Datenübermittlung durch das BKA an die International Criminal Police Organisation und den Dienststellen ausländischer Stationierungsstreitkräfte in Deutschland. Außer den §§ 10 (1) – (9), 14 (1) – (7) sind konkrete Übermittlungsvorgaben oder Unterrichtungspflichten ferner enthalten in §§ 11 (2), (4) & (5), 13 (1) – (6), 18 (1), 19 (1) – (2), 24, 26 (2), 27, 29 (2)- (9) und 32 (2), (6) – (8).

Die weiteren Funktionen des BKA sind:

---

[137] Siehe hierzu die Ausführungen im dritten Teil der Untersuchung.

Die Servicefunktion: Das BKAG i.d.F. vom 07.07.1997 weist dem Amt Zentralstellenaufgaben mit Dienstleistungscharakter zu. Dazu zählen nach § 2 (6) Nr. 1–4:

- die Unterhaltung der erforderlichen Einrichtungen für alle Bereiche kriminaltechnischer Untersuchungen und Forschung sowie die diesbezügliche Abstimmung der Zusammenarbeit der Polizei,
- die Erstellung kriminalpolizeilicher Analysen und Statistiken, einschließlich der Kriminalstatistik und die Beobachtung der Kriminalitätsentwicklung,
- die Durchführung von Aus- und Fortbildungsveranstaltungen auf kriminalpolizeilichen Spezialgebieten,
- die Unterstützung der Länder mit der Datenverarbeitung (§ 2 (5) Satz 1) und
- die Erstattung erkennungsdienstlicher Gutachten für Strafverfahren auf Anforderungen von Polizeidienststellen, Staatsanwaltschaften und Gerichten (§ 2 (7).

Die Strafverfolgungsfunktion: Das BKA hat nach § 4 (1) Nr. 1 die originäre Strafverfolgungskompetenz bei bestimmten Fällen der internationalen Organisierten Kriminalität (Waffen-, Sprengstoff- und Betäubungsmittelhandel, Herstellung und Verbreitung von Falschgeld mit Sachverhaltsklärung im Ausland, Geldwäsche); nach § 4 (1) Nr. 2 bei Straftaten gegen das Leben oder die Freiheit des Bundespräsidenten, von Mitgliedern der Bundesregierung, des Bundestags und des Bundesverfassungsgerichts sowie ausländischen Gästen der Verfassungsorgane und Mitgliedern der diplomatischen Vertretungen. Nach § 4 (3) a & b ebenso in Fällen von international organisierten Straftaten gemäß §§ 105, 106 & 129a StGB. Das BKA ist nach § 4 (2) Nr. 1–3 BKAG für die Strafverfolgung auch dann zuständig, wenn eine zuständige Landesbehörde darum ersucht, des Bundesminister des Innen dies aus „schwerwiegenden Gründen" anordnet oder der Generalbundesanwalt darum ersucht oder dem BKA einen Auftrag erteilt. Für den im Rahmen der Straftatenverhütung bzw. -verfolgung erforderlichen Dienstverkehr zwischen Deutschland und dem Ausland erfüllt das BKA nach § 3 (2) Satz 1 – abgesehen von Fällen von regional begrenzter Bedeutung - eine Vermittlungsfunktion.

Die Schutzfunktion. Hier rückt die präventiv-polizeiliche Uraufgabe der Gefahrenabwehr ins Blickfeld. Nach § 5 (1) Nr. 1 des BKAG trägt das BKA die Mitverantwortung für den Schutz der Mitglieder der Verfassungsorgane und, in bestimmten Fällen, für deren ausländische Gäste (Personenschutz) sowie nach § 5 (1) Nr. 2 für den inneren Schutz der Dienst- und der Wohnsitze sowie der jeweiligen Aufenthaltsräume des Bundespräsidenten, der Mitglieder der Bundesregierung und in besonderen Fällen ihrer ausländischen Gäste. Ferner obliegt dem BKA nach § 6 (1) Satz 1 der Schutz von Personen, „deren Aussage zur Erforschung der Wahrheit von Bedeutung ist oder war"; hierbei handelt es sich um den sog. „Zeugenschutz", dessen Bezugsrahmen die in § 4 (1) aufgeführten Straftaten sind und für die das Amt die originäre Verfolgungskompetenz besitzt.

Abbildung 5: Die Funktionen des Bundeskriminalamtes
(hergeleitet aus dem BKAG i.d.F. vom 07. Juli 1997)

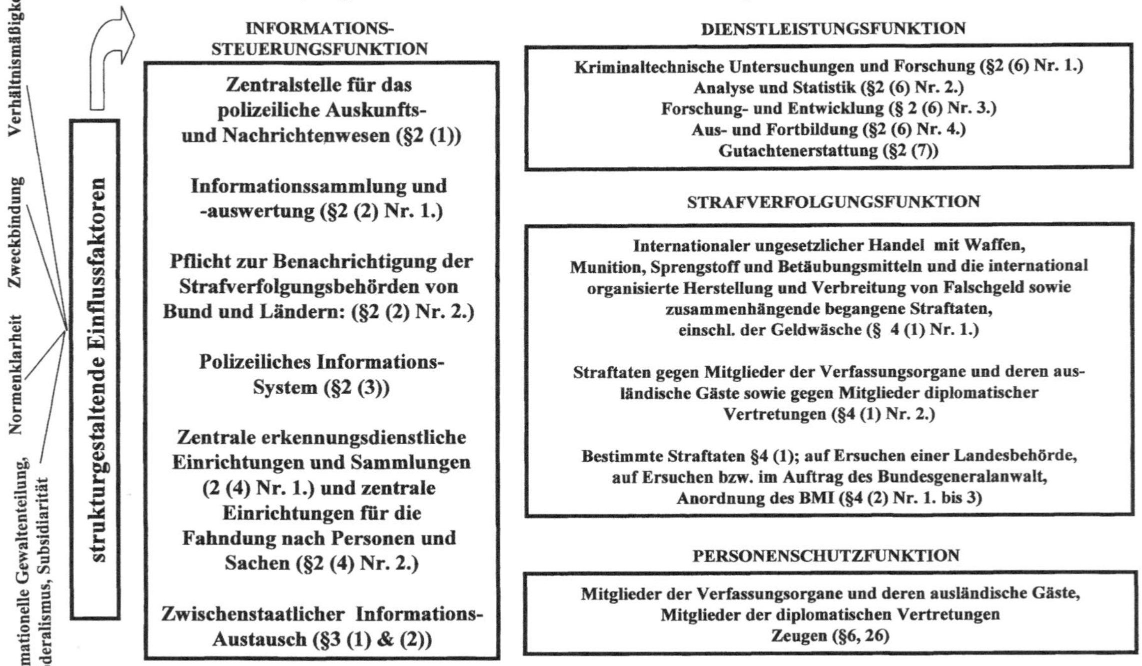

Quelle: eigene Darstellung

2.2.3 Der Einfluss der Rechtsprechung des Bundesverfassungsgerichts zur informationellen Selbstbestimmung auf das Bundeskriminalamtgesetz i.d.F. vom 07. Juli 1997

2.2.3.1 Zur Rechtsprechung des Bundesverfassungsgerichtes über die informationelle Selbstbestimmung

Bereits seit den 1960er Jahre war die Rechtsprechung des Bundesverfassungsgerichtes darum bemüht, dem Anspruch des Bürgers auf den Schutz seiner Daten Rechnung zu tragen: „Mit der Menschenwürde wäre es nicht zu vereinbaren, wenn der Staat das Recht für sich in Anspruch nehmen könnte, den Menschen zwangsweise in seiner ganzen Persönlichkeit zu registrieren und zu katalogisieren ... und ihn damit wie eine Sache zu behandeln, die einer Bestandsaufnahme in jeder Beziehung zugänglich ist“[138]. In einer Urteilsverkündung des BVerfG hieß es, dass:“das verfassungskräftige Gebot der Achtung der Intimsphäre des Einzelnen seine Grundlage in dem durch Art. 2 Abs. 1 GG verbürgten Recht auf freie Entfaltung der Persönlichkeit habe. Dabei müsse insbesonders darauf geachtet werden, dass nach der Grundnorm des Art. 1 Abs. 1 GG die Würde des Menschen unantastbar sei und von aller staatlichen Gewalt geachtet und geschützt werden müsse“[139]. Das BVerfG geht davon aus, dass „dadurch dem Einzelnen ein autonomer Bereich privater Lebensgestaltung gesichert [sei], in dem er seine Individualität entwickeln und wahren könne. Hierzu gehöre auch das Recht, in diesem Bereich ‚für sich zu sein', ‚sich selber zu gehören', ein Eindringen oder einen Einblick durch andere auszuschließen. Denn: Jedermann dürfe grundsätzlich selbst bestimmen, ob und wie weit andere sein Lebensbild im Ganzen oder bestimmte Vorgänge aus seinem Leben öffentlich darstellen dürfen“[140]. Nach Auffassung des BVerfG ist dabei ergänzend hinzuzufügen, dass „dieses Recht nicht schrankenlos sei, sondern sich vielmehr Einschränkungen ergeben könnten, soweit es sich nicht um den unantastbaren innersten Lebensbereich handele. Dabei stufte das Bundesverfassungsgericht bei der Frage ab, welchen verfassungsrechtlichen Gehalt das Informationsinteresse der Öffentlichkeit (hier über schwere Straftaten) und das Persönlichkeitsrecht (des Straftäters) jeweils hat und in welchem Verhältnis beide zueinander stehen, das heißt zu wessen Gunsten eine Abwägung im Sinne einer Kompromissfindung erfolgen muß“[141].

Ein Meilenstein in der Rechtsprechung zum Themenkomplex *Datenschutz* in Deutschland war das Urteil des BVerfG vom 15. Dezember 1983 zum Gesetz über eine Volks-, Berufs-, Wohnungs- und Arbeitsstättenzählung (Volkszählungsgesetz),

---

[138] BVerfGE 27, 1/6 (Mikrozensus-Urteil).

[139] BVerfGE 27, 344/350 f (Scheidungsakten-Urteil).

[140] Külper, Katja: *Das polizeiliche Informationssystem INPOL unter datenschutzrechtlichen Aspekten. Zugleich ein Beitrag zum Bundeskriminalamtgesetz vom 07.Juli 1997*, Dissertation zur Erlangung des Doktorgrades an der Universität Konstanz, 2000, S. 33.

[141] Ebenda.

aus dem das *Recht auf informationelle Selbstbestimmung* hervorgegangen ist[142]. Das Urteil bezog sich dabei nicht auf einen polizeilichen Streitgegenstand, hatte aber erhebliche Auswirkungen auf alle Bereiche staatlichen Handelns, auch im Bereich der Inneren Sicherheit, „weil sich der Einschüchterungseffekt in Bezug auf die freie Entfaltung der Persönlichkeit und die aktive Grundrechtswahrnehmung durch polizeiliche Datenerhebung und –verarbeitung von selbst einstellt und hervorgerufen wird“[143]. Das BVerfG war der Auffassung, dass „im Mittelpunkt der grundgesetzlichen Ordnungen Wert und Würde der Person [stehen], die in freier Selbstbestimmung als Glied einer freien Gesellschaft wirkt“[144] und begründete deren Schutzbedürftigkeit auf der Grundlage des in Art. 2 Abs. 1 i.V.m. Art. 1 Abs. 1 GG gewährleisteten Persönlichkeitsrechtes[145]. In seinem Urteil stuft das BVerfG die informationelle Selbstbestimmung des Einzelnen deshalb als gefährdet ein, weil „bei Entscheidungsprozessen nicht mehr wie früher auf manuell zusammengetragene Karteien und Akten zurückgegriffen werden muss, vielmehr heute mit Hilfe der automatischen Datenverarbeitung Einzelangaben über persönliche oder sachliche Verhältnisse einer bestimmten oder bestimmbaren Person (personenbezogene Daten) [...] technisch gesehen unbegrenzt speicherbar und jederzeit ohne Rücksicht auf Entfernungen in Sekundenschnelle abrufbar sind. Sie können darüber hinaus – vor allem beim Aufbau integrierender Informationssysteme – mit anderen Datensammlungen zu einem teilweise oder weitgehend vollständigen Persönlichkeitsbild zusammengefügt werden, ohne dass der Betroffene dessen Richtigkeit und Verwendung zureichend kontrollieren kann. Damit haben sich in einer bisher unbekannten Weise die Möglichkeiten einer Einsicht- und Einflussnahme erweitert, welche auf das Verhalten des Einzelnen schon durch den psychischen Druck öffentlicher Anteilnahme einzuwirken vermögen“[146].

Das BVerfG vertrat ferner die Auffassung, dass „wer nicht mit hinreichender Sicherheit überschauen kann, welche ihn betreffende Informationen in seiner sozialen Umwelt bekannt sind, und wer das Wissen möglicher Kommunikationspartner nicht einigermaßen abzuschätzen vermag, kann in seiner Freiheit wesentlich gehemmt werden, aus eigener Selbstbestimmung zu planen oder zu entscheiden. Mit dem Recht auf informationelle Selbstbestimmung wären eine Gesellschaftsordnung und eine dies ermöglichende Rechtsordnung nicht vereinbar, in der Bürger nicht mehr wissen können, wer was wann und bei welcher Gelegenheit über sie weiß. Wer unsicher ist, ob abweichende Verhaltensreisen jederzeit notiert und als Information dauerhaft gespeichert, verwendet oder weitergegeben werden, wird versuchen, nicht durch solche Verhaltensweisen aufzufallen ... möglicherweise auf einer Ausübung seiner entsprechenden Grundrechte verzichten“[147]. Für den

---

[142] BVerfGE 65, 1 ff.
[143] Kim, *Datenschutz im deutschen und koreanischen Polizeirecht*, Fn. 56, S. 86.
[144] BVerfGE 65, 1 (41).
[145] Ebenda.
[146] BVerfGE 65, 1 (42).
[147] BVerfGE 65, 1 (43).

Einzelnen soll es daher erkennbar sein, „wer über sie welche Kenntnisse zu welchem Zeitpunkt und unter welchen Umständen hat"[148]. Aufbauend auf seinen vorangegangen Rechtsprechungen bekräftigte das BVerfG „den Inhalt des aus Art. 2 [Freie Entfaltung der Persönlichkeit] Abs. 1 i.V.m Art. 1 [Schutz der Menschenwürde] Abs. 1 GG folgenden allgemeinen Persönlichkeitsrechtes gerade im Zusammenhang mit der Datenverarbeitung näher, das heißt auf den Gefährdungssachverhalt beim Umgang mit personenbezogenen Daten bezogen, konkretisiert"[149]. Es vertrat die Auffassung, dass die „freie Entfaltung der Persönlichkeit unter den modernen Bedingungen der Datenverarbeitung den Schutz des Einzelnen gegen unbegrenzte Erhebung, Speicherung, Verwendung und Weitergabe seiner persönlichen Daten voraus[setzt] ... [Das Persönlichkeitsrecht] gewährleistet insoweit die Befugnis des Einzelnen, grundsätzlich selbst über die Preisgabe und Verwendung seiner persönlichen Daten zu bestimmen"[150]. Das Recht auf informationelle Selbstbestimmung ist als ein „subjektiv-öffentliches Recht einzustufen"[151], das sowohl im öffentlichen als auch im privaten Sektor zu beachten sei.

In Fortsetzung seiner früheren Rechtsprechung bekräftigte das BVerfG zugleich, dass das Recht des Einzelnen auf informationelle Selbstbestimmung kein absolutes, vom Staat unantastbares Recht ist, Einschränkungen des Rechts auf informationelle Selbstbestimmung im überwiegenden Allgemeininteresse hinzunehmen[152], allerdings mit dem Vorbehalt, dass „jede Beschränkung der informationellen Selbstbestimmung weiterhin einer gesetzlichen Grundlage [bedarf]"[153]. Nach Auffassung des BVerfG ist nicht die Art der dem Staat offenbarten Informationen maßgebend, sondern vielmehr der Erhebungszweck sowie die von der Informationstechnologie abhängige „Nutzbarkeit und Verwendungsmöglichkeit"[154], wodurch ein „für sich gesehen belangloses Datum einen neuen Stellenwert bekommen [kann]"[155]. Ergänzend: „Wieweit Informationen sensibel sind, kann hiernach nicht allein davon abhängen, ob sie intime Vorgänge betreffen. Vielmehr bedarf es zur Feststellung der persönlichkeitsrechtlichen Bedeutung eines Datums der Kenntnis seines Verwendungszusammenhangs: Erst wenn Klarheit darüber besteht, zu welchem Zweck Angaben verlangt werden und welche Verknüpfungs- und Verwendungsmöglichkeiten bestehen, lässt sich die Frage einer zulässigen Beschränkung des

---

148 Kim, *Datenschutz im deutschen und koreanischen Polizeirecht,* Fn. 56, S. 89.

149 Vgl. Külper, *Das polizeiliche Informationssystem INPOL unter datenschutzrechtlichen Aspekten,* Fn. 140, S. 34.

150 BVerfGE 65, 1 (43).

151 Kim, *Datenschutz im deutschen und koreanischen Polizeirecht,* Fn. 56, S. 89.

152 BVerfGE 65, 1 (44).

153 Kim, *Datenschutz im deutschen und koreanischen Polizeirecht,* Fn. 56, S. 97.

154 BVerfGE 65, 1 (45).

155 Ebenda.

Rechts auf informationelle Selbstbestimmung beantworten"[156]. Zu beachten ist, dass der „Menschenwürdeschutz eine absolute Grenze der Einschränkung des Rechts auf informationelle Selbstbestimmung"[157] darstellt und die Menschenwürde es verbietet, „den Menschen zum bloßen Objekt des Staates zu machen oder ihn einer Behandlung auszusetzen, die seine Subjektqualität prinzipiell in Frage stellt"[158].

2.2.3.2 Die verfassungsrechtlichen Voraussetzungen für die Einschränkung des Rechts auf informationelle Selbstbestimmung

Aus der Rechtsprechung des BVerfG folgt u.a., dass Beschränkungen des Rechts auf informationelle Selbstbestimmung durch den Staat zwar zulässig sind, diese aber verschiedenen, auf den Schutz von personenbezogenen Daten abstellenden Geboten unterworfen sind, die nachfolgend dargelegt werden:

Das Gebot der Normenklarheit: Der Gesetzgeber ist zur Schaffung einer möglichst präzisen grundrechtseinschränkenden Ermächtigungsgrundlage verpflichtet, „die Voraussetzungen und den Umfang der Beschränkungen klar und für den Bürger erkennbar [sind] und die damit dem rechtsstaatlichen Gebot der Normenklarheit entspricht"[159]. Für den Betroffenen muss klar sein, „für welche konkreten Zwecke des Verwaltungsvollzugs seine personenbezogene Daten bestimmt und erforderlich sind"[160]. Ferner muss er in der Lage sein, „die mögliche Einschränkung jederzeit zu erkennen und ihre Folgen zu durchschauen"[161]. Bei der Umsetzung des Gebots ist darauf zu achten, dass eine Normenüberflutung vermieden wird, da diese zu einer unnötigen Komplexitätserhöhung mit entsprechendem Transparenzverlust führen würde.

Das Gebot der Zweckbindung: Aus dem Recht auf informationelle Selbstbestimmung und dem Grundsatz der informationellen Gewaltenteilung leitet sich das Zweckbindungsgebot her. Danach ist die Erhebung und Nutzung personenbezogener Daten nur dann zulässig, wenn sie auf einen gesetzlich bestimmten Zweck beschränkt sind: „Ein Zwang zur Angabe personenbezogener Daten setzt voraus, dass der Gesetzgeber den Verwendungszweck bereichsspezifisch und präzise bestimmt und dass die Angaben für diesen Zweck erforderlich sind"[162], wobei „die

---

[156] Ebenda. Das BVerfG unterscheidet dabei zwischen „personenbezogenen Daten, die in individualisierter, nicht anonymisierter Form erhoben und verarbeitet werden, und solchen, die für statistische Zwecke bestimmt sind".

[157] Kim, *Datenschutz im deutschen und koreanischen Polizeirecht,* Fn. 56, S. 99.

[158] Ebenda.

[159] BVerfGE 65, 1 (44).

[160] Kim, *Datenschutz im deutschen und koreanischen Polizeirecht,* Fn. 56, S. 103.

[161] Ebenda.

[162] BVerfGE 65, 1 (46).

Verwendung der Daten auf den gesetzlich bestimmten Zweck begrenzt [ist]"[163] und ergänzend: „schon angesichts der Gefahren der automatischen Datenverarbeitung ist ein – amtshilfefester – Schutz gegen Zweckentfremdung durch Weitergabe- und Verwertungsverbote erforderlich"[164]. Eventuelle Abweichungen vom Zweckbindungsgebot müssen nicht stets unterlassen bleiben, sind aber „eng zu begrenzen und verbindlich festzulegen und nur beim Vorliegen bestimmter Voraussetzungen zulässig, weil jede Zweckänderung durch zusätzliche Entprivatisierung – nämlich die Mehrfachspeicherung, Übermittlung und datengefährdenden Mehrfachnutzungen – personenbezogene Daten gefährdet"[165]. Mit dem Zweckbindungsgebot soll eine polizeiliche Datenhäufung beliebigen Ausmaßes unterbunden werden: „die Sammlung nicht anonymisierter Daten auf Vorrat zu unbestimmten oder noch nicht bestimmbaren Zwecken" ist unzulässig und „Datenspeicherung zur Verfolgung künftiger Zwecke [kann] nur dann erlaubt werden, wenn der Gesetzgeber diese Zwecke klar und präzise bestimmt und die Verwendung der Daten hierfür beschränkt"[166].

Das Gebot der Verhältnismäßigkeit: Dieses bei sämtlichen Handeln der öffentlichen Verwaltung, einschließlich im informatorischen Bereich, stets zu beachtende Gebot setzt sich aus drei Teilgeboten (Geeignetheit, Erforderlichkeit, Verhältnismäßigkeit i.e.S.) zusammen. Geeignet ist eine Maßnahme, „die den erstrebten Erfolg ... ergibt, herbeiführt oder zumindest fördert"[167]. Erforderlichkeit bedeutet, dass „alle Stellen, die zur Erfüllung ihrer Aufgaben personenbezogene Daten sammeln, sich auf das zum Erreichen des angegebenen Zwecks erforderliche Minimum beschränken müssen"[168]. Erforderlich sind Daten nur dann, wenn „deren Kenntnis notwendig ist, damit die gestellte Aufgabe rechtmäßig, vollständig und in angemessener Zeit erfüllt werden kann"[169], wobei „für jede einzelne Maßnahme für die Datenerhebung und –verarbeitung durch die Polizei zu überprüfen [ist], ob der angestrebte Zweck nicht ebenso gut durch eine das Recht auf informationelle Selbstbestimmung weniger berührende Maßnahme erreicht werden kann"[170]. Die Verhältnismäßigkeit i.e.S. setzt bspw. bei der Verbrechensbekämpfung einen Abwägungsprozess voraus: Der Erfolgsgrad einer repressiven bzw. präventiven Maßnahme einerseits und den sich damit einhergehenden Eingriff in (u.a.) das Recht auf informationelle Selbstbestimmung anderseits werden gegenüber gestellt.

Zum Grundsatz der Verhältnismäßigkeit vertritt das BVerfG die Ansicht, dass "dieser mit Verfassungsrang ausgestattete Grundsatz bereits aus dem Wesen der

---

[163] Ebenda.
[164] Ebenda.
[165] Kim, *Datenschutz im deutschen und koreanischen Polizeirecht*, Fn. 56, S. 105.
[166] Ebenda, S. 106.
[167] Ebenda, S. 109.
[168] BVerfGE 65, 1(46).
[169] Kim, *Datenschutz im deutschen und koreanischen Polizeirecht*, Fn. 56, S. 110.
[170] Ebenda.

Grundrechte selbst [folgt], die als Ausdruck des allgemeinen Freiheitsanspruchs des Bürgers gegenüber dem Staat von der öffentlichen Gewalt jeweils nur soweit beschränkt werden [dürfe], als es zum Schutz öffentlicher Interessen unerlässlich ist"[171]. Gefragt werden muss somit, ob Zielverwirklichung und Mitteleinsatz in einem angemessenen Verhältnis zueinander stehen, denn „der Grundrechtseingriff darf nach seiner Intensität nicht zu einem Nachteil führen, der zum angestrebten Ziel außer Verhältnis steht ... z.B. muß bei der polizeilichen Rasterfahndung abgewogen werden, ob bei den raster-fahndungstypischen Verknüpfungen das Ausmaß des Eingriffs in das Recht auf informationelle Selbstbestimmung dem Gefahrenabwehrzweck gegenüber angemessen ist. Bei der Beachtung der Verhältnismäßigkeit ist ein auf den Einzelfall bezogenes Optimum aller Aspekte anzustreben. Der Grundsatz der Verhältnismäßigkeit im engeren Sinne ist auch bei der Beurteilung der Aufrechterhaltung der Speicherung durch die Polizei zu berücksichtigen. Abzuwägen ist hier das öffentliche Interesse an einer wirksamen Vorbereitung zur Verfolgung von Straftaten mit dem Recht des Betroffenen"[172]. In der Verbrechensbekämpfungspraxis und beim kriminalpolizeilichen Umgang mit Information nimmt das Verhältnismäßigkeitsgebot daher einen außerordentlich hohen Stellenwert ein.

2.2.3.3 Die Normenklarheit, Zweckbindung und Verhältnismäßigkeit im Bundeskriminalamtgesetz i.d.F vom 07. Juli 1997

Die Informationssteuerungsfunktion des BKA leitet sich, wie bereits erwähnt, aus dem BKAG i.d.F. vom 07.07.1997 ab. Das Gesetz relativiert die Informationssteuerung zugleich. Es setzt dem BKA Grenzen bei der Erhebung, Speicherung, Nutzung sowie Übermittlung von Daten.

Die drei Gebote[173] (Normenklarheit, Zweckbindung, Verhältnismäßigkeit) haben alle im BKAG, das nach einem mehrjährigen und intensiven Beratungsprozess im Bundestag und Bundesrat verabschiedet wurde, Eingang gefunden. Die formalrechtliche Umsetzung des BVerfG-Urteils zum Volkszählungsgesetz erfolgte beim BKA somit erst nach 14 Jahren[174].

Das Normenklarheitsgebot spiegelt sich in der in diesem Gesetz vorkommenden Trennung in Aufgaben- und Befugnisnormen sowie in den Gemeinsamen Bestimmungen wider[175]. Im Vergleich zu den früheren Bundeskriminalamtgesetzen, die

171 BVerfGE 65, 1(44).

172 Kim, *Datenschutz im deutschen und koreanischen Polizeirecht,* Fn. 56, S. 112.

173 Weitere Gebote, die in das BKAG auch Eingang gefunden haben, sind die Unmittelbarkeit, Offenheit und Rechtsbelehrung. Sie werden gleich dargelegt.

174 Vor Verabschiedung des BKAG hatte das hessische Oberverwaltungsgericht die Datenverarbeitung im BKA beanstandet, da diese, nach Auffassung des Gerichts, ohne eine formelle rechtliche Basis geschehe.

175 Vgl. Lersch, *Die Entwicklung des BKA-Gesetzes zu einem modernen Polizeigesetz,* Fn. 107, S. 39.

keine ausführliche Bestimmungen hinsichtlich des Umgangs mit Daten enthielten, stellt das novellierte Gesetz somit eine wesentliche Verbesserung in formell-rechtlicher Hinsicht dar. Fraglich ist jedoch, ob sich in materiell-rechtlicher Hinsicht wesentliche Änderungen ergeben haben, denn bereits zwei Jahre vor der Verkündung des BVerfG-Urteils zum Volkszählungsgesetz, und als Reaktion auf den in vielen Kreisen als lasch kritisierten Umgang mit personenbezogenen Daten im BKA, erließ 1981 das BMI zwei Richtlinien für deren Handhabung im BKA[176]. Diese Maßnahme hatte zur Folge, dass „viele BKA-Dateien eingegrenzt und Löschungen vorgenommen“[177] wurden. Seither wurde der Schutz personenbezogener Daten im BKA im Vergleich zu früher strenger gehandhabt.

Das BKAG i.d.F. vom 07.07.1997 trifft in der Literatur auf Zustimmung, weil sich „das Bundespolizeirecht nunmehr in seinen beiden maßgeblichen normativen Bereichen auf einem Regelungsstand [befindet], der in hohem Maße den demokratischen und rechtsstaatlichen Anforderungen des Grundgesetzes und der föderativen Grundordnung der Bundesrepublik Deutschland entspricht sowie – allerdings eingeschränkt - den aktuellen rechts- und sicherheitspolitischen Bedürfnissen sowie auch Erfordernissen der polizeilichen Rechnung trägt“[178]. Andererseits stößt das novellierte BKAG stellenweise gleichzeitig auf Kritik, denn “überwiegend geht es jedoch den – vermeidbaren – Weg der bisherigen sicherheitsbehördlichen Gesetzgebung in Bund und Ländern, wo jeweils – ggf. partielle – Generalklauseln und das Ziel der Absicherung bisheriger Praxis überwiegen. Ob dies wirklich dem Recht auf informationelle Selbstbestimmung und den Intentionen des BVerfG entspricht, muß bezweifelt werden“[179].

Inwieweit die Gebote in das novellierte BKAG tatsächlich Eingang gefunden haben, lässt sich über eine umfassende Inhaltanalyse der Bestimmungen feststellen.

---

176 Vgl. *Einführungserlaß der Richtlinien für die Errichtung und Führung von Dateien über personenbezogene Daten beim Bundeskriminalamt – Dateienrichtlinien* (Erl. D. BMI v. 26.2.1981), in: GMBl., Nr. 7 1981, S. 114-119; *Einführungserlaß der Richtlinien für die Führung Kriminalpolizeilicher personenbezogener Sammlungen – KpS-Richtlinien* (Erl. D. BMI v. 26.2.1981), in: GMBl., Nr. 7, 1981, S. 119–123.

177 Schenk, *Der Chef. Horst Herold und das BKA*, Fn. 104, S. 396.

178 Schreiber, Wolfgang: *Das Bundeskriminalamtgesetz vom 7.7.1997 – ein „überfälliges“ Gesetz*, in: Neue Juristische Wochenschrift, Heft 33, 1997, S. 2137.

179 Riegel, Reinhard: *Nochmals: Das Bundeskriminalamtgesetz*, in: Neue Juristische Wochenschrift, Heft 51, 1997, S. 3411. Roland Lersch (Fn. 107, S. 39) vertritt die Ansicht, dass „Die Erfüllung dieses Auftrages, mehr Normenklarheit und Transparenz in die Aufgaben und Befugnisse des Bundeskriminalamtes zu bringen, für den Gesetzgeber wegen des Tätigwerdens des Amtes in den oben angeführten unterschiedlichen Funktionen keine leichte Aufgabe [war]. Denn es galt, diese unterschiedlichen Aufgaben und ihre Erfüllung bereichsspezifisch durch Bestimmungen über die Erhebung, Speicherung, Übermittlung und Nutzung personenbezogener Informationen unter dem Gebot der jeweiligen Zweckbindung ganz spezifisch auszurichten, andererseits das Amt trotz dieser unterschiedlichen Aufgabenwahrnehmungen als Einheit zu begreifen“.

Die Gebote der Zweckbindung und Verhältnismäßigkeit sind an mehreren Stellen vorzufinden. Das Zweckbindungsgebot (siehe hierzu insbesondere die §§ 7 – 10, 13, 14, 16, 20, 22, 25, 29, 30, 33) legt den jeweiligen Zweck der Datenerhebung, -speicherung, -verarbeitung und –nutzung im Rahmen der verschiedenen präventiven und repressiven Verbrechensbekämpfungsmaßnahmen, der Zentralstellenaufgaben des BKA und seines Informationsaustauschs mit anderen Akteuren des Verbunds der Inneren Sicherheit sowie nicht-öffentlichen Stellen im In- und Ausland fest. Das Verhältnismäßigkeitsgebot ist ebenfalls mehrfach erkennbar, z.B. die §§ 10 (9), 11 (5), 14 (7), 27, 29 (1) & (2), 32 (2), (6) & (8) und 33 (3)). Dabei geht es grundsätzlich um eine Abwägung, ob das „schutzwürdige Interesse" des Betroffenen die Eingriffsmaßnahme rechtfertigt oder nicht.

Einen Erforderlichkeitsbezug weisen die in § 32 festgelegten Aussonderungsprüffristen auf, wonach Daten nach Ablauf eines bestimmten Zeitraums auf ihren weiteren Verwendungsbedarf geprüft und, wenn dazu kein Anlass mehr besteht, gelöscht werden.

Weitere Gebote, die in das novellierte BKAG stellenweise Eingang finden, sind die Unmittelbarkeit, Offenheit und Rechtsbelehrung. *Unmittelbarkeit* bedeutet, dass personenbezogene Informationen grundsätzlich beim Betroffen erhoben werden müssen, es sei denn es handelt sich um Fälle, in denen „die Datenerhebung beim Betroffenen nicht oder nur mit unverhältnismäßig hohem Aufwand möglich ist, oder die Erfüllung der polizeilichen Aufgaben erheblich erschwert oder gefährdet werden würde"[180]. Damit soll dem Recht des Betroffenen, über seine Daten möglichst selbst zu bestimmen, entsprochen werden. *Offenheit* bedeutet, dass im Einklang mit dem Transparenzgebot staatlichen Handelns Informationen grundsätzlich ‚offen' erhoben werden sollen, d.h. eine verdeckte Informationserhebung möglichst zu vermeiden ist. *Rechtsbelehrung* heißt, dass bei Informationserhebungsmaßnahmen die Betroffenen auf ihre Rechtsgrundlage und den Verwendungszweck hingewiesen werden müssen. Sie ist „wie der Grundsatz der Unmittelbarkeit und der Offenheit - für die Transparenz, den Persönlichkeitsschutz und den subjektiven und objektiven Rechtsschutz bei der Datenerhebung von Bedeutung. Die Aufklärungspflicht stellt ein wichtiges ‚Korrektiv' dar, das den Eingriff in das informationelle Selbstbestimmungsrecht mildert und die Rechtsschutzgarantie des Art. 19 Abs. 4 GG wirksam macht"[181].

Darüber hinaus enthält das BKAG an mehreren Stellen den Ausfluss eines weiteren, sich aus dem Urteil des BVerfG zum Volkszählungsgesetz ergebenden Gebots: die *Datensicherheit.* Das BVerfG stellt fest, dass „angesichts der bereits dargelegten Gefährdungen durch die Nutzung der automatischen Datenverarbeitung der Gesetzgeber mehr als früher auch organisatorische und verfahrens-

[180] Kim, *Datenschutz im deutschen und koreanischen Polizeirecht,* Fn. 56, S. 113.
[181] Ebenda, S. 115.

rechtliche Vorkehrungen zu treffen [hat], welche der Gefahr einer Verletzung des Persönlichkeitsrechts entgegenwirken"[182]. Dabei erkennt das BVerfG eine Gefahr beim Zugriff auf personenbezogene Datenbestände durch Unberechtigte. Eine Gefahr kann aber auch von der Fehlerhaftigkeit von Daten ausgehen, weil sie den Ermittler zu falschen Schlussfolgerungen über die Betroffenen verleiten können, die für diese ungerechtfertigte grundrechtliche Eingriffe eventuell nach sich ziehen können. Die Vorbeugung von Verletzungen des Personlichkeitsrechts setzt somit auch die Ergreifung entsprechender Maßnahmen zur Vermeidung von Datenfehlerhaftigkeit voraus. Im novellierten BKAG ist dies auch geschehen, denn stellenweise (§§ 32, 33) sind Klauseln zur Datenberichtigung in Dateien und Akten hierin enthalten.

2.3 Die Einordnung des Bundeskriminalamtes im Verbund der Inneren Sicherheit Deutschlands

2.3.1 Der Verbund der Inneren Sicherheit

Der Wahrung der Inneren Sicherheit in Deutschland obliegt einer Vielzahl von institutionellen Akteueren auf Bundes- und Landesebene. Bei näherem Hinsehen wird offensichtlich, dass ihre jeweiligen Aufgabenfelder und Kompetenzen im erheblichen Maße aufeinander abgestimmt sind, und dass Ihr Verhältnis zueinander von Zusammenarbeit und Kommunikation geprägt ist. Zusammen konstituieren sie einen Verbund der Inneren Sicherheit[183].

Der Verbund der Inneren Sicherheit fußt im Wesentlichen auf dem Informationssaustauch. Jeder Verbundteilnehmer sammelt, speichert und wertet Informationen – v.a. mithilfe der IuK-Technik - im Rahmen seiner Kompetenzen aus und unter bestimmten Voraussetzungen übermittelt Information an andere Verbundteilnehmer. Die Mitwirkung des BKA in diesem Verbund ist von erheblicher Bedeutung; was die Handhabung von Informationen mit überregionaler Bedeutung im in- sowie grenzüberschreitenden Rahmen angeht, steht das Amt an allervorderster Stelle.

Die wichtigsten, an der Wahrung der Inneren Sicherheit in Deutschland unmittelbar mitwirkenden institutionellen Akteure, denen derzeit im Inland insgesamt ca. 320.000 Personen zuzurechnen sind, und ihr Verhältnis zum BKA, werden nachfolgend auf den Bundes-, Landes- und Auslandsebene dargelegt:

---

182 BVerfGE 65, 1 (44).

183 Ausführlich zu den institionellen Akteueren siehe Lange, Hans-Jürgen: *Innere Sicherheit im politischen System der Bundesrepublik Deutschland*, in: Derselbe (Hrsg.), Studien zur Inneren Sicherheit, Bd. 2, Leske+Budrich: Opladen, 1999. Empfehlenswert ist auch die Untersuchung von Ritter, Markus: *Polizeipraktische Notwendigkeit und rechtliche Zulässigkeit des Aufbaus einer Bundespolizei im föderativen Deutschland*, Uni Press Hochschulschriften, Bd. 110, LIT-Verlag: Münster u.a., 1999.

2.3.2 Die Bundesebene

Neben dem BKA als „Polizei des Bundes" und Informationszentrale der deutschen Polizei gibt es auf Bundesebene fünf, mit mit der Wahrung der Inneren Sicherheit in Deutschland befasste Behörden, die in einem unmittelbaren informatorischen Interaktionsverhältnis zum BKA stehen. Vorab ist zu vermerken, dass das BKA zu seiner Aufgabenerfüllung berechtigt ist, Daten auch von einer Vielzahl anderer Behörden und privaten Stellen im Inland zu erheben, speichern, auszuwerten und ggf. zu übermitteln. Datenlieferer sind u.a. das Ausländerzentralregister (AZR (Köln)), das Bundeszentralregister (BZR (Berlin)) und das Kraftfahrtbundesamt (KBA (Flensburg)), das Statistische Bundesamt, Ausländerämter, Passämter, Kfz-Zulassungsstellen, Finanz-/Steuerbehörden, Gewerbeämter, Botschaften und (bei nicht-öffentlichen Stellen) Fluggesellschaften, Flughafenverwaltungen, Hafenverwaltungen, der Kfz-Vermieterverband, der HUK-Verband, Güterfernverkehrsgewerbe, Kfz-Hersteller, Dachverbände der Kreditwirtschaft und private Sicherheitsdienste[184].

2.3.2.1 Der Bundesgrenzschutz

Gegründet 1951 und heute eine Gesamtpersonalstärke von 39.240 aufweisend, untersteht der Bundesgrenzschutz – ebenso wie das BKA - dem BMI. Der BGS[185] erfüllt im Grunde eine Schutzfunktion[186] und unterstützt andere, auch mit Schutzaufgaben betraute Behörden[187] (darunter das BKA[188]), er darf in bestimmten Fällen aber auch Straftaten und Ordnungswidrigkeiten verfolgen[189]. Der BGS verfügt über

---

[184] Vgl. Lersch, *Die Entwicklung des BKA-Gesetzes zu einem modernen Polizeigesetz*, Fn. 107, S. 40.

[185] Ausführlich zum BGS siehe Schütz, Winfried: *Polizeiliche Praxis beim Bundesgrenzschutz*, Richard Boorberg Verlag: Stuttgart u.a., 2001; Kessow, Peter-Michel (Hrsg.): *Der Bundesgrenzschutz: besondere Aufgaben und Verwendungen*, Fachhochschule des Bundes für Öffentliche Verwaltung (Abteilung Grenzschutz: Fachbereich Öffentliche Sicherheit), Lübeck, Brühl/Rheinland, 1998; Heesen, Dietrich (Hrsg.): *Der Bundesgrenzzschutz im Spannungsfeld gesellschaftlicher Entwicklungen*, Fachhochschule des Bundes für Öffentliche Verwaltung (Abteilung Grenzschutz: Fachbereich Öffentliche Sicherheit), Lübeck, Brühl/Rheinland, 1998.

[186] Ausführlich geregelt im BGSG, §§ 1–11. Die Schutzfunktion des BGS erstreckt sich auf die Grenzen der Bundesrepublik Deutschland, Infrastruktureinrichtungen (Bahn- und Luftverkehr), die Küstenzone und Flusswege, die Verfassungsorgane und Bundesministerien sowie deutsche konsularische Vertretungen im Ausland.

[187] Gemeint sind der Polizeivollzugsdienst der Hausinspektion des deutschen Bundestages (§ 9(1)), das Auswärtige Amt (§ 9(2)), das Bundesamt für Verfassungsschutz (§ 10 (1) & (2)) und die Polizeien der Länder (§ 11). Der BGS kann sowohl im Ausland als auch im Inland nach (§ 7(1)) zur „Abwehr einer drohenden Gefahr für den Bestand oder die freiheitlich demokratische Grundordnung des Bundes oder eines Landes" eingesetzt werden.

[188] Bei der Wahrnehmung des Personenschutzes. Siehe BGSG, § 9 (1), Nr. 3.

[189] Siehe § 12–13 BGSG. Schwerpunktdelikte im Grenzschutzbereich sind Verstöße gegen das Ausländergesetz, das Passgesetz, Asylverfahrensgesetz, Waffengesetz, Betäubungsmittelgesetz, Urkundendelikte und Menschenhandel, im Bahnbereich Diebstahl, Sachbeschädigungen und Körperverletzung und im Seebereich Umweltdelikte sowie Sachbeschädigung und

einen bundesweit präsenten institutionellen Unterbau, bestehend aus 5 Grenzschutzpräsidien, die regional für alle Aufgabenwahrnehmungen des BGS zuständig sind und 19 ihnen untergeordneten Bundesgrenzschutzämtern mit 18 eingegliederten Inspektionen (Verbrechensbekämpfung) und 99 regionalen Inspektionen[190]. Der BGS leistet einen beachtlichen Beitrag zur Wahrung der inneren Sicherheit in Deutschland[191] und darf unter bestimmten Voraussetzungen personenbezogene Daten erheben, diese in Dateien speichern, verändern, nutzen und an andere Polizeibehörden sowie an öffentliche/nicht-öffentliche Stellen übermitteln, sowie erkennungsdienstliche Maßnahmen durchführen[192]. Der BGS hat zu seiner Aufgabenerfüllung Zugriff auf verschiedene Informationsquellen[193], u.a. auf das vom BKA verwaltete INPOL (Bund).

2.3.2.2 Das Zollkriminalamt

Errichtet 1992 als Nachfolger des Zollkriminalinstituts und mit Hauptsitz in Köln, untersteht das Zollkriminalamt (ZKA) dem Bundesministerium für Finanzen. Die Aufgaben des ZKA sind im Finanzverwaltungsgesetz[194] und weiteren Gesetzen (z.B. das Außenwirtschaftsgesetz, Geldwäschegesetz) geregelt. Als Bundesoberbehörde im Bereich der Bundesfinanzverwaltung ist das ZKA – wie das BKA - auch eine Zentralstelle und erfüllt wesensähnliche Funktionen[195]. Sein Aufgabenspektrum umfasst u.a. die Unterstützung der ihm nachgeordneten, über ganz Deutschland verstreuten 8 Zollfahndungsämter (ZFA = Kriminalpolizei der Zollverwaltung) mit ihren 24 eingegliederten Außenstellen sowie anderer Dienststellen der Zollverwaltung bei der Verfolgung und Verhütung von in der Abgabenordnung und in anderen Gesetzen festgelegten Straftaten und Ordnungswidrigkeiten. Die

---

Diebstahl. Einen Überblick über die Rolle des BGS bei der Bekämpfung der Organisierten Kriminalität bietet Hermsen, Thomas: *Die Einbindung des Bundesgrenzschutzes in die Bekämpfung der Geldwäsche*, in: Kessow, Peter – Michael (Hrsg.): *Der Bundesgrenzschutz – Besondere Aufgaben und Verwendungen*, Arbeiten zu Studium und Praxis im Bundesgrenzschutz, Fachhochschule des Bundes für Öffentliche Verwaltung, Lübeck, 1998, S. 85 ff.

190 Darüber hinaus gibt es weitere Einrichtungen: Einsatzabteilungen, Aus- und Fortbildungszentren, der Grenzschutzpräsidien, Schutz von Bundesorganen, Fliegergruppe und Fliegerstaffel, Grenzschutzgruppe 9, Zentralstelle für Information und Kommunikation, Sportschule, Grenzschutzverwaltungsstelle und die Musikkorps.

191 Siehe hierzu die statistischen Angaben in den BGS-Jahresberichten. Diese können für den Zeitraum 1996–99 von der BGS-Homepage, http://www.bundesgrenzschutz.de (siehe unter Öffentlichkeitsarbeit)) heruntergeladen werden.

192 Siehe §§ 21–37 BGSG. Die Informationsübermittlung durch den BGS ist in §§ 32-33 BGSG geregelt.

193 Siehe hierzu Kaisen, *Verbrechensbekämpfung im BGS: Informationsgewinnung und Recherche eines Ermittlungsbeamten im verdeckten Einsatz*, Fn. 74, S. 103 ff.

194 Siehe hierzu §5a.

195 Siehe hierzu die ZKA-Homepage, http://www.zollkriminalamt.de, dort insbesondere die vom ZKA herausgegebene und im PDF-Format herunterladbare Veröffentlichungen *Zollkriminalamt. Entstehung und Auftrag* und *Zollfahndungsdienst. Organisation–Funktion–Befugnisse.*

Abstimmung und Lenkung der Ermittlungen der ZFA in Fällen von überörtlicher Bedeutung sowie die Durchführung von selbstständigen Ermittlungen in Einzelfällen (u.a. Steuerhinterziehung, Rauschgift- und Waffenschmuggel, Geldwäsche), die Sammlung, Auswertung und Übermittlung von Informationen an die ZFA und andere Zollverwaltungszweige sowie die Abstimmung von Rauschgiftschmuggelbekämpfungsmaßnahmen durch die europäische Zollverwaltungen im Landstraßen-, Luftfracht- und Seeverkehr gehören auch zum Aufgabenspektrum des ZKA. Das ZKA wirkt an der Überwachung des deutschen Außenwirtschaftsverkehrs und im in- und ausländischen Amts- und Rechtshilfeverkehr mit, führt zollkriminalwissenschaftliche Untersuchungen sowie Aus- und Fortbildungsprogramme durch und arbeitet mit anderen Behörden im Inland (z.B. die Polizeien auf Bundes- und Landesebene und der Justiz) und im Ausland zusammen.

Das ZKA befasst sich schwerpunktmäßig mit Kriminalitätsbereichen, mit denen auch das BKA teilweise befasst ist, und die dem Bereich der Organisierten Kriminalität grundsätzlich zuzurechnen sind, wie die Rauschgift- und Geldwäschebekämpfung. Die enge Zusammenarbeit des ZKA und der ZFÄ mit den Polizeidienststellen bei der Rauschgift- und Geldwäschebekämpfung zeigt sich in den zahlreichen in den 1990er Jahren eingesetzten gemeinsamen Ermittlungsgruppen[196]. Das ZKA und BKA betreiben gemeinsam eine Grundstoffüberwachungsstelle (1995) in Wiesbaden und eine Gemeinsame Finanzermittlungsgruppe (1993) deren Aufgabe darin besteht, „durch Auswertung des nationalen und internationalen Nachrichtenaustausches Tatzusammenhänge zu erkennen, Geldflüsse zu analysieren, Personen- und Firmengeflechte zu erkennen sowie Herkunft und Verbleib des Geldes zu ermitteln“[197]. Das Informationssystem des ZKA (INZOLL) enthält sowohl personen- als auch fallspezifische Daten und gehört zu den größeren deutschen polizeilichen Datenbanken.

2.3.2.3 Das Bundesamt für Verfassungsschutz

Errichtet 1950 mit Sitz in Köln und mit einem Personalbestand von derzeit 2.100 Stellen, untersteht das Bundesamt für Verfassungsschutz (BfV), wie BKA und BGS, dem BMI[198]. Das BfV weist Parallelen zum BKA auf, d.h. es sammelt und

---

[196] Ende 1999 gab es in ganz Deutschland von Polizei und Zoll betriebene Gemeinsame Ermittlungsgruppen für den Bereich Rauschgiftbekämpfung und 16 Gemeinsame Ermittlungsgruppen zur Bekämpfung der Geldwäsche.

[197] Nagel et. al., *Neue Wege in der Bekämpfung Organisierter und Allgemeiner Kriminalität,* Fn. 123, S. 126.

[198] Ausführlich zum BfV siehe Bundesamt für Verfassungsschutz (Hrsg.): *Bundesamt für Verfassungsschutz: 50 Jahre im Dienst der inneren Sicherheit*, Heymann Verlag: Köln u.a., 2000; Bundesamt für Verfassungsschutz (Presse und Öffentlichkeitsarbeit) (Hrsg.): *Bundesamt für Verfassungsschutz. Aufgaben, Befugnisse, Grenzen*, März 1998, sowie die BfV-Webseite, http://www.verfassungsschutz.de. Rechtsgrundlage des BfV ist das *Gesetz über die Zusammenarbeit des Bundes und der Länder in Angelegenheiten des Verfassungsschutzes und über das Bundesamt für*

wertet Information aus und wird bei seiner Aufgabenerfüllung von den 16 Landesverfassungsschutzbehörden unterstützt[199], es verfügt aber im Gegensatz zum BKA über keinerlei polizeiliche Exekutivbefugnisse[200] und darf keine Ermittlungen durchführen. Das BfV ist ein Inlandsnachrichtendienst[201] mit Präventionsfunktion: „seine Aufklärungstätigkeit findet – im Gegensatz zur Polizei – überwiegend im Vorfeld der konkreten Gefahrensituation und der Verletzung von Strafbestimmungen statt"[202]. Interessengegenstand des BfV sind in erster Linie „Bestrebungen[203], die gegen die freiheitlich demokratische Grundordnung sowie den Bestand und die Sicherheit des Bundes oder eines Landes gerichtet sind oder eine ungesetzliche Beeinträchtigung der Amtsführung der Verfassungsorgane des Bundes oder eines Landes oder ihre Mitglieder zum Ziele haben" und ferner „sicherheitsgefährdende oder geheimdienstliche Tätigkeiten [...] für eine fremde Macht" (Spionageabwehr, Geheimschutz) und „Bestrebungen [...], die durch Anwendung von Gewalt oder darauf gerichtete Vorbereitungshandlungen auswärtige Belange der Bundesrepublik Deutschland gefährden" (Sabotageschutz)[204]. Beobachtungsobjekte des BfV sind des Extremismus und Terrorismus verdächtigte links- und rechtsgerichtete in- wie ausländische Individuen, Gruppen und Organisationen sowie (im Rahmen der Spionageabwehr) Agenten gegnerischer Nachrichtendienste. Daraus ergeben sich zwangsläufig Interessenüberschneidungen mit den BKA-Abteilungen Staatsschutz und Sicherungsgruppe. Zu seiner Aufgaben-

---

Verfassungsschutz (Bundesverfassungsschutzgesetz – BverfSchG) i.d.F. von 20. Dezember 1990, abgedruckt in *Sartorius I – Verfassungs- und Verwaltungsgesetze der Bundesrepublik Deutschland*, Fn. 129, (Nr. 80).

199 Siehe hierzu § 2 (1): „Für die Zusammenarbeit des Bundes mit den Ländern unterhält der Bund ein Bundesamt für Verfassungsschutz als Bundesoberbehörde ..." ((i.V.m. Art. 73 (10) b GG): „die Zusammenarbeit des Bundes und der Länder ... zum Schutze der freiheitlich demokratischen Grundordnung, des Bestandes und der Sicherheit des Bundes oder eines Landes (Verfassungsschutz))" und § 2 (2): „Für die Zusammenarbeit der Länder mit dem Bund und der Länder untereinander unterhält jedes Land eine Behörde zur Bearbeitung von Angelegenheiten des Verfassungsschutzes". Zu vermerken ist, dass die Landesverfassungsschutzbehörden für ‚Bestrebungen' von regionaler Bedeutung, d.h. beschränkt auf ihr jeweiliges Territorium, zuständig sind. In Fällen von überregionaler Bedeutung darf der BfV selbst ermitteln und nachrichtendienstliche Operationen durchführen.

200 Das ist das Recht zur Festnahme und zum Verhören von Personen, zu Hausdurchsuchungen und zur Beschlagnahme von Gegenständen.

201 Das BfV darf weder einer polizeilichen Dienststelle angegliedert werden noch über polizeilichen Befugnisse verfügen. Dieser Zustand ist auf das *Trennungsgebot*, dass die alliierten Besatzungsmächte in ihrem Polizei-Brief von 14.4.1949 festlegte, zurückzuführen. Siehe Gusy, Christoph: *Das verfassungsrechtliche Gebot der Trennung von Polizei und Nachrichtendiensten*, in: Zeitschrift für Rechtspolitik, Nr. 2, 1987, S. 45 ff.

202 *Bundesamt für Verfassungsschutz. Aufgaben, Befugnisse, Grenzen*, Fn. 198, S. 18.

203 Eine Konkretisierung der Begriffe „Bestrebung" und „freiheitlich demokratische Grundordnung" finden sich im BverfSchG, § 4(1) & (2).

204 BverfSchG § 3 (1), Nr. 1-3. Darüber hinaus führt das BfV Personen-Sicherheitsüberprüfungen in bestimmten Fällen durch (§ 3 (2) Nr. 1-2) sowie wirkt an technischen Sicherheitsmaßnahmen mit (§ 3 (2) Nr. 3).

erfüllung ist das BfV berechtigt, personenbezogene Daten zu erheben, zu speichern, zu verarbeiten, zu verwenden und an in- und ausländischen sowie zwischenstaatliche Behörden u.a. zur Verhütung oder Verfolgung von Staatsschutzdelikten zu übermitteln und, im Gegenzug, Informationen entgegenzunehmen[205]. Das automatisierte Datenverbundsystem NADIS (Nachrichtendienstlichen Informationssystem)[206] des BfV, an dem auch die Verfassungsschutzbehörden der Länder, die anderen Nachrichtendienste sowie die BKA-Abteilung Staatsschutz im Online-Verkehr angeschlossen sind, enthält derzeit Daten zu mehreren hunderttausend Personen.

2.3.2.4 Der Bundesnachrichtendienst

Gegründet 1955 mit bisherigem Hauptsitz in Pullach bei München untersteht der Bundesnachrichtendienst unmittelbar dem Bundeskanzleramt. Ziele und Aufklärungsschwerpunkte des BND werden von der Bundesregierung bedarfsorientiert nach regionalen und thematischen Gesichtspunkten periodisch bestimmt[207]. Nach dem BND-Gesetz sammelt „der BND zur Gewinnung von Erkenntnissen über das Ausland, die von außen- und sicherheitspolitischer Bedeutung für die Bundesrepublik Deutschland sind, die erforderliche Information und wertet sie aus“[208]. Der Auslandsbezug des BND grenzt ihn somit von den zwei anderen Nachrichten-

---

[205] Geregelt in §§ 8 – 26. Zum Informationsaustausch und zu den Übermittlungsvoraussetzungen siehe §§ 17 – 26.

[206] NADIS stellt im Grunde genommen ein automatisiertes Hilfsmittel der Aktenregistratur („Hinweisdatei“) dar. NADIS „gibt die Aktenzeichen der vorhandenen Aktenbestände an und enthält zum Zwecke der Zuordnung der Akten personenbezogene Grunddaten des Betroffenen, wie z.B. Namen, Vornamen, Geburtsort, Staatsangehörigkeit und Anschrift. Hat ein Teilnehmer des Verbundsystems dienstliche Gründe dafür, sich Informationen über eine Person zu beschaffen, deren Verbunddaten in NADIS abgespeichert sind, so muß er auf konventionellem Weg, d.h. im Regelfall schriftlich, bei der aktenführenden Stelle unter Nennung des Aktenzeichens nachfragen ... aus NADIS ersichtlichen Angaben besagen nicht, dass es sich bei der betroffenen Person um einen Extremisten, Terroristen oder gegnerische Agenten handelt. Ein Großteil der Speicherungen bezieht sich auf Personen, die durch gewaltgeneigte Organisationen gefährdet scheinen, die im konkreten Interesse gegnerischer Nachrichtendienste stehen oder die einer Sicherheitsüberprüfung unterzogen werden oder wurden“. *Bundesamt für Verfassungsschutz: 50 Jahre im Dienst der Inneren Sicherheit*, Fn. 198, S. 71–72.

[207] Zum BND siehe Rieger, Thomas: *Der Bundesnachrichtendienst im demokratischen Rechtsstaat*, Ellwangen/Jagst: Wimmer, 1986; Brenner, Michael: *Bundesnachrichtendienst im Rechtsstaat: Zwischen geheimdienstlicher Effizienz und rechtsstaatlicher Kontrolle*, Nomos Verlagsgesellschaft: Baden-Baden, 1. Aufl., 1990; Schmidt-Eenboom, Erich: *Der BND – die unheimliche Macht im Staate. Schnüffler ohne Nase*, Econ-Verlag: Düsseldorf u.a., 1993; Ulfkotte, Udo: *Verschlusssache BND*, Koehler & Amelang: München u.a., 1997; Hanning, August: *Aufgaben des Bundesnachrichtensdienstes*, in: Schreckenberger, Waldemar (Hrsg.): *Staatliche Kommunikation und Sicherheit*, Speyerer Arbeitshefte, Nr. 113, Deutsche Hochschule für Verwaltungswissenschaften Speyer, 2000, S. 95ff.

[208] Siehe § 1 (2), das *Gesetz über den Bundesnachrichtendienst* (BND-Gesetz – BNDG).

diensten BfV und MAD, deren Geltungsbereich auf das Inland gerichtet ist, ab. Interessengegenstand des BND sind v.a. für Krisen anfällige Regionen, dies insbesonders dann, wenn deutsche Interessen betroffen sind. In der Ära nach dem Kalten Krieg hat sich der Aufklärungsauftrag des BND geändert; derzeitige Schwerpunkte sind insbesondere das Erkennen von Gefahren in Bezug auf den internationalen Terrorismus und die internationale Organisierte Kriminalität, einschließlich Drogenhandel und die illegale Migration[209]. Der BND darf zu seiner Aufgabenerfüllung personenbezogene Daten erheben, speichern, verarbeiten, verwenden und an andere Behörden, z.B. die Polizei, unter bestimmten Voraussetzungen übermitteln, sowie von diesen Informationen entgegennehmen[210].

2.3.2.5 Der Millitärische Abschirmdienst

Mit Hauptsitz Köln, 14 nachgeordneten Stellen und einem Personalbestand von ca. 1.300 MitarbeiterInnen, ist der Millitärische Abschirmdienst (MAD) ein dem Bundesministerium für Verteidigung unterstehender Inlandsnachrichtendienst[211]. Der MAD sammelt und wertet Informationen aus über extremistische und sicherheitsgefährdende Bestrebungen sowie geheimdienstliche Tätigkeiten für eine fremde Macht, die von Bundeswehrangehörigen ausgehen oder gegen die Bundeswehr gerichtet sind. Ferner wertet der MAD die ihm von anderen Behörden übermittelten Informationen über extremistische und sicherheitsgefährdende Bestrebungen und Spionage gegen die Bundeswehr aus, unterrichtet und berät die für die Sicherheit und die Einsatzbereitschaft in ihren Bereichen zuständigen Bundeswehr-Kommandeure und Dienstellenleiter und wirkt an Sicherheitsüberprüfungen von Bundeswehrangehörigen sowie der Beratung der Dienstellenleiter in Fragen organisatorischer und technischer Sicherheitsmaßnahmen zum Schutz geheimhaltungsbedürftiger Informationen mit[212]. Der MAD darf unter gewisser Voraussetzungen personenbezogene Informationen erheben, speichern, verarbeiten, verwenden und an andere Behörden - darunter die Kriminalpolizei – übermitteln sowie Information von diesen entgegennehmen.

---

[209] Siehe hierzu die Webseite des BND, http://www.bundesnachrichtendienst.de (Ziele und Schwerpunkte des BND)). Der BND ist auch der Ansicht, dass „diese Erscheinungen seit dem Ende des Ost-West-Konfliktes besonders virulent geworden [sind] und große *Herausforderungen* für die internationale Staatengemeinschaft dar[stellen]".

[210] Siehe das BNDG, §§ 2 ff. Die Informationsübermittlung an und durch den BND ist in §§ 8 ff. geregelt.

[211] Siehe die Webseite des MAD, http://www.bundeswehr.de (Suchfeldeintrag: MAD)). Für eine kurze und etwas ältere Darstellung des MAD siehe Gelbhaar, Reinhard: *Der militärischer Abschirmdienst der BRD: Funktion, Struktur und Operationsweise*, Militärverlag der Deutschen Demokratischen Republik: Berlin, 1. Aufl., 1986.

[212] Zu den Aufgaben und Befugnisse des MAD siehe das *Gesetz über den militärischen Abschirmdienst* (MAD-Gesetz – MADG).

Abbildung 6: Das Informationsumfeld des Bundeskriminalamtes

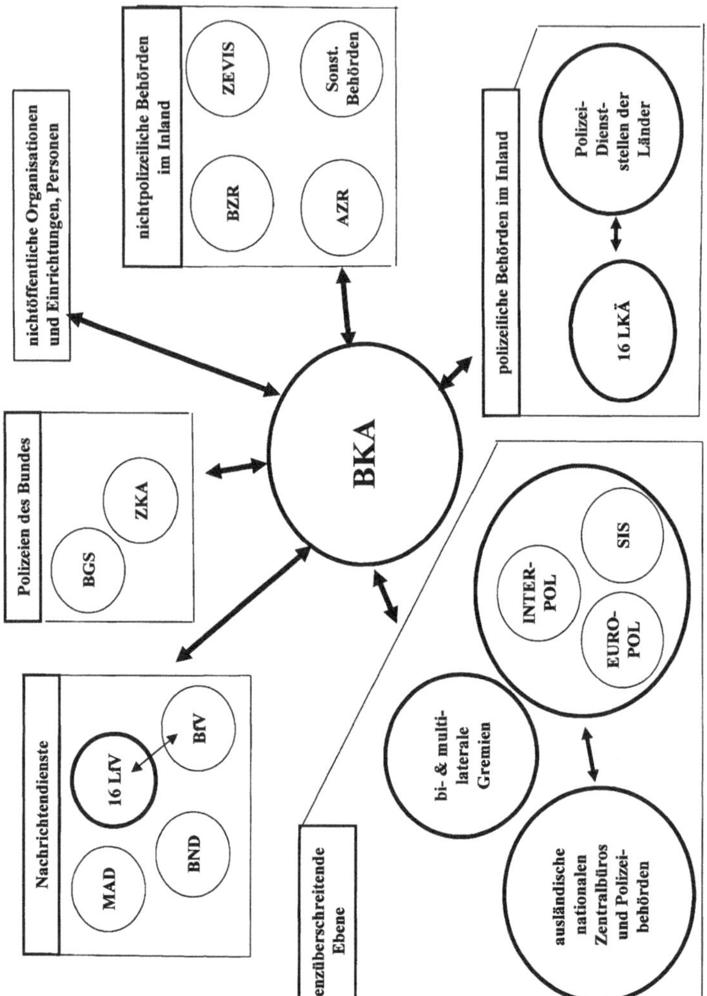

Quelle: eigene Darstellung

Abbildung 7: Das Informationsumfeld des Zollkriminalamtes

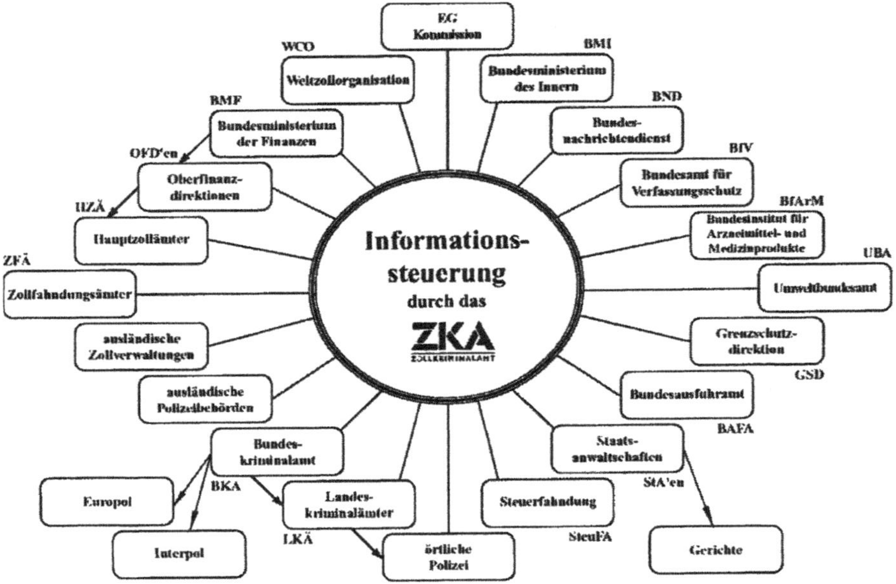

Quelle: Die Webseite des Zollkriminalamtes, http://www.zollkriminalamt.de

2.3.3 Die Landesebene

2.3.3.1 Die Hauptakteure auf der Landesebene

Der Verbund der Inneren Sicherheit auf der Landesebene umfasst die 16 LKÄ Deutschlands als unmittelbarer Ansprechpartner des BKA, die Länderpolizeidienststellen, deren Anzahl stark ins Gewicht fällt und die Aufgabe der Verbrechensbekämpfung in den Städten und Kommunen Deutschlands unmittelbar vor Ort wahrnehmen, sowie die 16 Landesverfassungsschutzämter.

Aufgaben und Befugnisse der LKÄ werden vom jeweiligen Landesgesetzgeber bestimmt, im Grunde erfüllen sie wesensgleiche Zentralstellenfunktionen auf Landesebene, wie das BKA auf Bundesebene[213]. In Bezug auf Personalstärke, Sachausstattung und Finanzen bestehen teilweise erhebliche Unterschiede zwischen den LKÄ, auch deren Befugnisse variieren je nach den geltenden landesrechtlichen Bestimmungen.

Der überwiegende Anteil der Daten in den Dateien des BKA sind Landesdaten. Die LKÄ übermitteln dem BKA regelmäßig Daten und Informationen, die von überregionaler Bedeutung sind, und die bundesweit wie im überstaatlichen Rahmen im Bedarfsfall zur Verfügung stehen. Die LKÄ sorgen zugleich auch dafür, dass ihre Länderpolizeidienststellen im Bedarfsfall die zu ihrer Aufgabenerfüllung erforderlichen Daten aus dem eigenen LKA-Landesdatenbestand (dazu gehört auch das jeweilige Landessystem INPOL (Land)) oder von dem BKA erhalten.

Auch die Länderpolizeidienststellen ihrerseits verfügen oft über eigene Dateien. Zumeist handelt es sich dabei um Daten, die für die Polizei der betroffenen Stadt bzw. Kommune zu ihrer Aufgabenerfüllung von Bedeutung sind, zumeist aber keine darüber hinausgehende Relevanz besitzen. Der Informationsaustausch der Länderpolizeidienststellen mit dem BKA erfolgt teilweise mittelbar über die jeweiligen LKÄ (z.B. die Übersendung von Fingerabdrucksblättern im erkennungsdienstlichen Maßnahmerahmen und Spurenrecherche in der Fingerabdrucksdatei des BKA), teilweise aber auch unmittelbar (z.B. bei einer Personenfahndungsabfrage im System INPOL (Bund)).

Weitere bedeutsame Akteure des Verbundes der Inneren Sicherheit auf der Landesebene sind die 16 Landesverfassungsschutzämter. Diese sind unmittelbarer Ansprechpartner des BfV. Ihre Aufgabe besteht im Grunde darin, Informationen aus ihrem Aufgabenfeld mit überregionalem Bezug an den BfV zu übermitteln und

---

[213] Die meisten LKÄ sind mittlerweile im Internet präsent. Siehe das Quellenverzeichnis dieser Untersuchung.

verfassungsfeindliche Tätigkeiten, die gegen das jeweilige Land gerichtet sind bzw. von dem Land ausgehen, zu beobachten. Auch zwischen den Landesverfassungsschutzämtern und den jeweiligen LKÄ findet ggf. ein Informationstausch statt.

2.3.3.2 Der kooperative Föderalismus

In der Literatur zur Thematik der Inneren Sicherheit taucht der Begriff *Kooperativer Föderalismus* hin und wieder auf. Der Kooperative Föderalismus manifestiert sich nach Renate Kunze „dort, wo die Sachaufgaben eine einheitliche und planend abgestimmte Zusammenarbeit aller Ebenen und Träger der öffentlichen Verwaltung erfordern, eine Koordination und ein Zusammenwirken aller Beteiligten, Bund, Länder und Gemeinden, herbeigeführt wird, dass grundsätzliche die öffentliche Tätigkeit in ihrem Zusammenspiel und ihrer gemeinsamen Verpflichtung für das Wohl der Bürger gesehen wird"[214]. Es liegt nahe, dass der kooperativer Föderalismus auch in Verbindung mit der Verbrechensbekämpfung gesehen werden kann. Der Kooperativer Föderalismus bewirkt dabei, dass die Eigenständigkeit der Bundesländer weitgehend erhalten bleibt, gewährleistet aber zugleich, dass sie ihrer Verpflichtung zur überregionalen Verbrechensbekämpfung stets nachkommen können.

Laut Wolfgang Schreiber sind „aus der Notwendigkeit einer verantwortlichen homogenen Sicherheitspolitik heraus [...] im Laufe der Jahre vielfältige Formen einer konkreten Bund/Länder-Zusammenarbeit entstanden. Das Spektrum reicht von taktischer, institutioneller, funktionaler und organisatorischer Zusammenarbeit aufgrund gesetzlicher Normen über Kooperationsformen auf der Grundlage von Staatsverträgen und Verwaltungsabkommen/Verwaltungsvereinbarungen bis hin zur Zusammenarbeit in Konferenzen, Arbeitsgruppen, Kommissionen und Akademien sowie im Rahmen von gemeinsam erstellten Programmen, einvernehmlich erarbeiteten Grundsätzen und dgl. Hier offenbart sich ein vielfältiger und vielschichtiger *kooperativer Föderalismus*, in dessen Gefüge die beiden großen Polizeien des Bundes – BKA und BGS – einen erheblichen gestaltenden und mitbestimmenden Einfluss auf die Gewährleistung der Sicherheit der Bürger in der Bundesrepublik Deutschland haben"[215]. Zu den konkreten Erscheinungsformen

---

[214] Kunze, Renate: *Kooperativer Föderalismus in der Bundesrepublik. Zur Staatspraxis der Koordinierung von Bund und Ländern*, in: Hennis, Wilhelm/Jantke, Carl/Kluth, Heinz/Kob, Janpeter/Schwarz, Hans-Peter (Hrsg.), Sozialwissenschaftliche Studien, Heft 12, Gustav Fischer Verlag: Stuttgart, 1968, S.1. Siehe auch Voigt, Rüdiger (Hrsg.): *Der kooperative Staat. Krisenbewältigung durch Verhandlung?*, Nomos Verlagsgesellschaft: Baden-Baden, 1995.

[215] Schreiber, Wolfgang: *Polizeiliche Zusammenarbeit zwischen Bund und Ländern–Ausdruck kooperativen Föderalismus*, in: Kniesel, Michael/Kube, Edwin/Murck, Manfred (Hrsg.): Handbuch für Führungskräfte der Polizei. Wissenschaft und Praxis, Schmidt-Römhild: Lübeck, 1996, S. 144. Auch sehr lesenswert zum diesem Thema mit Bezug auf die Errungenschaften in der Praxis der deutschen Verbrechensbekämpfung siehe Albrecht, *Im Dienst der Inneren Sicherheit.*

des Kooperativen Föderalismus gehören dem von Bund und Ländern seit 1974 gemeinsam konzipierten und getragenen Programm „Innere Sicherheit“[216] und dem (ländergesetzbezogenen) „Musterentwurf eines einheitlichen Polizeigesetzes“[217].

Eine effektive und effiziente Verbrechensbekämpfung im kooperativ-föderalen Rahmen erfordert eine systematische und auf Dauer angelegte enge Zusammenarbeit, insbesondere unter Mitwirkung aller kriminalpolizeilichen Akteure (BKA, LKÄ, Länderpolizeidienststellen). Die Abstimmungsaufgabe wird von den hierfür geschaffenen gemeinsamen Gremien geleistet. Dazu gehört in erster Linie die *Arbeitsgemeinschaft der Leiter der Landeskriminalämter mit dem Bundeskriminalamt* (AG Kripo), in der „die Zusammenarbeit des Bundes und der Länder in der Kriminalitätsbekämpfung abgestimmt [werden], insbesondere in allen Fragen der operativen Bekämpfung konkreter Kriminalitätsphänomene, die einer nationalen oder internationalen Koordination bedürfen“[218].

Schwerpunkte der AG Kripo sind[219]:

- die Erarbeitung von Konzeptionen zur repressiven und präventiven Bekämpfung bestimmter Kriminalitätsphänomene und praktische Verfahrensregelungen zur Sicherstellung einer möglichst einheitlichen Praxis,
- die Koordinierung und Festlegung der polizeilichen Meldedienste,
- die Kriminalitätsbeobachtung und Erstellung sowie Auswertung von Lagebildern,
- das Ausdenken von Regelungen zur Führung polizeilicher Statistiken (insbesondere der Polizeilichen Kriminalstatistik),
- die Planung, Entwicklung und Steuerung der Informations- und Kommunikationssysteme INPOL (Bund),
- die Planung und Koordination des Erkennungsdienstes und im Bereich der Kriminaltechnik (Forschung und Untersuchungsmethoden),
- die Durchführung von Forschung zu und Entwicklung von polizeilichen Methoden zur Kriminalitätsbekämpfung,
- Präventionsunterstützung,

Die Geschichte des Bundeskriminalamtes, Fn. 103, S. 186–208; Dickopf/Holle: *Das Bundeskriminalamt,* Fn. 84, S. 43–51.

216 Vgl. Schreiber, *Polizeiliche Zusammenarbeit zwischen Bund und Ländern – Ausdruck kooperativen Föderalismus,* ebenda, S. 157–158.

217 Dieses Gesetz stellt den Versuch dar, „zu einer Vereinheitlichung/Harmonisierung der Polizeigesetze einschließlich der Vorschriften für die polizeiliche Datenerhebung und –verarbeitung in Bund und Ländern zu gelangen, hat zwar letztlich nicht in vollem Umfang zu dem erwünschten Ergebnis geführt“. Ebenda, S. 157.

218 *Gremienstruktur des Arbeitskreises II „Innere Sicherheit“ (AK II) der Ständigen Konferenz der Innenminister und –senatoren der Länder einschließlich der Einbindung der Arbeitsgemeinschaft der Leiter der Landeskriminalämter mit dem Bundeskriminalamt (AG Kripo) in die Gremienstruktur des AK II,* (keine Angaben zu Verfasser, Herausgeber), 1999, S. 10.

219 Ebenda, S. 11.

- Planung, Koordination und Mitwirkung bei der kriminalpolizeilichen Fort- und Spezialausbildung und
- Zusammenarbeit beim Dienstverkehr mit ausländischen Polizei- und Justizbehörden in Angelegenheiten der Verbrechensbekämpfung.

Bereits binnen kurzer Zeit nach ihrer Errichtung zeigte sich die AG Kripo als ein unerlässliches Bund-Länder-Gremium, in dem der Abstimmungs- und Standardisierungsbedarf der Kriminalpolizei in vielen Bereichen diskutiert und Einigung erzielt werden konnte[220].

Neben der AG Kripo gibt es weitere länderübergreifende Gremien, in denen das BKA mitwirkt und wo eingehende, bereichsbezogene und dauerhafte Erörterungen von Sachfragen stattfinden, darunter der Arbeitskreis Innere Sicherheit (AK II) der Ständigen Konferenz der Innenminister und –senatoren von Bund und Ländern. Dieser setzt sich aus drei Unterausschüssen[221] (Führung, Einsatz und Kriminalitätsbekämpfung / Führungs- und Einsatzmittel / Recht und Verwaltung), mit nachgeordneten Kommissionen, Arbeits- und Projektgruppen, einer Vorschriftenkommission sowie dem Programm Polizeiliche Kriminalprävention der Länder und des Bundes zusammen.

2.3.4 Die zwischenstaatliche Ebene

Zwischen Deutschland und dem Ausland findet seit geraumer Zeit ein reger – und ständig wachsender - kriminalpolizeilichen Informationsaustausch statt. Dem BKA kommt nach §3 (1) & (2) BKAG i.d.F. vom 07. Juli 1997 die primäre Vermittlungskompetenz hierfür zu[222], es arbeitet somit eng mit über- und zwischenstaatlichen Kriminalpolizeibehörden und anderen, mit der Wahrung der inneren Sicherheit befassenden Organisationen, zusammen.

Zu den wichtigsten Ansprechpartnern des BKA im grenzüberschreitenden Rahmen zählt dabei die International Criminal Police Organisation (INTERPOL) und das

---

[220] Vgl. Dickopf/Holle, *Das Bundeskriminalamt*, Fn. 84, S. 44 ff.

[221] Das BKA ist in den Unterausschüssen nicht direkt vertreten, wohl aber in der Vorschriftenkommission und dem Programm Polizeiliche Kriminalprävention der Länder und des Bundes.

[222] Neben dem BKA haben andere deutsche Polizeibehörden diesbezüglich eine begrenzte Kompetenz. Die an die Nachbarstaaten Deutschlands angrenzenden Bundesländer dürfen in bestimmten Fällen unmittelbar - d.h. ohne Zwischenschaltung des BKA - Kontakt mit ausländischen Dienststellen aufnehmen, so z.B. „die im November 1993 eingerichtete Gruppe zur Koordinierung der praktischen grenzüberschreitenden Zusammenarbeit, welche sowohl durch Belgien, die Niederlande als auch durch das Bundesland Nordrhein-Westfalen initiiert wurde. Im Mittelpunkt der Kooperation steht die Verbesserung des Informationsaustausches u.a. durch den Austausch von Verbindungsbeamten und die Einrichtung von Kontaktstellen". Wittkämper et. al, *Europa und die Innere Sicherheit*, Fn. 43, S. 123 ff.

Europäische Polizeiamt (EUROPOL)[223]. Ferner ist das BKA die Verwaltungszentrale in Deutschland für die europäische Sach- und Personenfahndungsdatenbank Schengener-Informationssystem[224]. Darüber hinaus wirkt das BKA (wie bereits erwähnt) „im Rahmen der internationalen kriminalpolizeilichen Zusammenarbeit regelmäßig oder anlassbezogen in nicht weniger als 80 internationalen Gremien, Kommissionen, Arbeitstagungen und Konferenzen mit"[225]. Der Informationsaustausch über das Netz der BKA-Verbindungsbeamten wird zunehmend wichtiger. Ferner war das BKA in den 1970er/1980er Jahren am Aufbau des west-europäischen Inneren Sicherheitsverbundes TREVI[226] beteiligt und wirkte in den 1990er Jahren an der Konsolidierung der polizeilichen Zusammenarbeit mit den Nachbarstaaten Deutschlands mit[227].

Es stellt sich die Frage, warum die Aufgabe des kriminalpolizeilichen Informationsaustausches mit dem Ausland in erster Linie dem BKA übertragen wurde anstatt den LKÄ und den Länderpolizeidienststellen frei überlassen. Effektivitäts- und Effizienzgesichstpunkte kommen hier bei näherer Betrachtung zum Vorschein. Bei der Interaktion zwischen deutschen und ausländischen Polizeibehörden gibt es eine Reihe von praktischen Hürden zu berücksichtigen, die bei einer Interaktion im Inland kaum eine Rolle spielen - z.B. unterschiedliche Kompetenzen, Befugnissen und Verwaltungskulturen sowie justizielle Vorbehalten[228]. Das BKA ist als

---

[223] Auf INTERPOL und EUROPOL wird im dritten Teil der Untersuchung ausführlich eingegangen.

[224] Auf darauf wird im dritten Teil der Untersuchung ausführlich eingegangen.

[225] Kersten, *Die Rolle des Bundeskriminalamtes bei der nationalen und internationalen Verbrechensbekämpfung*, Fn. 117, S. 61. Zur Rolle des BKA in überstaatlichen Gremien siehe Wittkämper et. al, *Europa und die Innere Sicherheit*, Fn. 43, S. 117 ff.

[226] Terrorism, Radicalism, Extremism, Violence International.

[227] Seit etwa Mitte der 1990er Jahre hat Deutschland bilaterale Abkommen über grenzgebietsbezogene polizeiliche Zusammenarbeit mit den Nachbarstaaten Belgien, Frankreich, Luxemburg, Niederlande, Österreich, Polen, Schweiz und Tschechien unterzeichnet. Laut allen Abkommen muss das BKA in Fällen überregionaler bzw. übergeordneter Bedeutung unterrichtet werden.

[228] Vgl. Pitschas, Rainer: *Revisionsbedarfe der polizeilichen Zusammenarbeit in Europa: Innere Sicherheit als gemeinschaftsrechtliches und interkulturelles Problem*, in: Derselbe (Hrsg.): *„Neues" Polizeirecht*, Speyerer Arbeitshefte, Nr. 121, Deutsche Hochschule für Verwaltungswissenschaften Speyer, 1999, S. 185–215; Pitschas, Rainer: *Innere Sicherheit als interkulturelles Problem*, in: Derselbe (Hrsg.): *„Neues" Polizeirecht*, Speyerer Arbeitshefte, Nr. 121, Deutsche Hochschule für Verwaltungswissenschaften Speyer, 1999, S. 169-183; Pitschas, Rainer: Europäisches *Polizeirecht als Informationsrecht – Voraussetzungen und informationelle Strukturen einer supranationalen Sicherheitsvorsorge*, in: Derselbe (Hrsg.): *„Neues" Polizeirecht*, Speyerer Arbeitshefte, Nr. 121, Deutsche Hochschule für Verwaltungswissenschaften Speyer, 1999, S. 95–104. Belastend für eine enge Zusammenarbeit und gegenseitiges Entgegenkommen in kriminalpolizeilichen Angelegenheiten wirkt ferner, dass diese als Eingriffe in die Aufgabenfelder Inneren Sicherheit/Strafjustiz empfunden werden, die traditionell zum Kernbereich der Staatssouveränität gezählt werden, und daher öfters auf Vorbehalte und ggf. Widerstand stoßen können, wie die

Vermittler auch deshalb unentbehrlich, weil zum Einen die LKÄ schlicht überfordert wären, wenn sie dauerhaft in direkten Kontakt mit dem Ausland dauernd treten müssten. Für die Länderpolizeidienststellen dürfte diese Überforderungswirkung noch größer ausfallen. Zum Anderen würde bei einem dezentralen grenzüberschreitenden Informationsaustausch alsbald ein kaum mehr zu überblickendes institutionell-informatorisches Beziehungsgeflecht entstehen, was letztlich dem Ziel einer möglichst wirksamen Verbrechensbekämpfung entgegenwirken würde.

Es gibt allerdings Ausnahmefälle, bei denen die LKÄ und die Länderpolizeidienststellen in direkten Kontakt mit dem Ausland treten können[229]. §3 (3) Satz 1 des BKAG ermächtigt die Länder, Dienstverkehr mit den zuständigen Behörden der Nachbarstaaten und der EU-Mitgliedsstaaten aufzunehmen unter der Bedingung, dass es sich um Kriminalität von regionaler Bedeutung im Grenzgebiet oder um Gefahr im Verzug handelt. In derartigen Fällen besteht eine Unterrichtungspflicht gegenüber dem BKA. Nach §3 (3) Satz 3 des BKAG können die Länderpolizeien im Einvernehmen mit dem BKA bei abgrenzbaren Fallgestaltungen im Rahmen regionaler Schwerpunktmaßnahmen den erforderlichen Dienstverkehr mit den zuständigen Behörden anderer Staaten führen. Diese Regelung „berücksichtigt einerseits die internationale, grenzüberschreitende Verflechtung der Kriminalität und die weitgehende Öffnung der Grenzen zwischen den Staaten mit der Folge der Notwendigkeit schnellen grenzüberwindenden Handelns der Polizei. Andererseits ist sie Ausdruck eines kooperativen Föderalismus, der die mit der Gründung der Europäischen Union geschaffenen politischen Realitäten ebenso zu beachten hat wie den sich aus der bundesstaatlichen Ordnung i.S. des Art. 20 I GG ergebenden Verfassungsgrundsatz der Bundestreue in der Form länderfreundlichen Verhalten des Bundes (Sicherheitspartnerschaft Bund/Länder)“[230].

---

schleppende Zusammenarbeit im Rahmen der dritten Säule der EU, die immer noch auf zwischenstaatlicher Basis betrieben wird, beweist.

229 Vgl. Schreiber, *Das Bundeskriminalamtgesetz vom 7.7.1997 – ein „überfälliges" Gesetz*, Fn. 178, S. 2142.

230 Ebenda. Schreiber fügt aber auch ergänzend hinzu: „Es bleibt zu hoffen, dass die Länder nicht die Interessen des Gesamtstaats aus dem Auge verlieren und durch ungenügende Unterrichtungen des BKA ... Informations- und Auswertungsdefizite entstehen, die sich dann letztlich in einer mangelhaften Qualität von Auskunftserteilungen der Behörde als Zentralstelle niederschlagen. Mangelhafte Unterrichtungen führen im übrigen nicht nur zu Defiziten bei der Zentralstelle, sondern es besteht die Gefahr, dass die an einem dezentralen Dienstverkehr nicht beteiligten Länder ebenfalls ‚blind' werden".

Abbildung 8: Die Hauptakteure im Verbund der Inneren Sicherheit der Bundesrepublik Deutschland

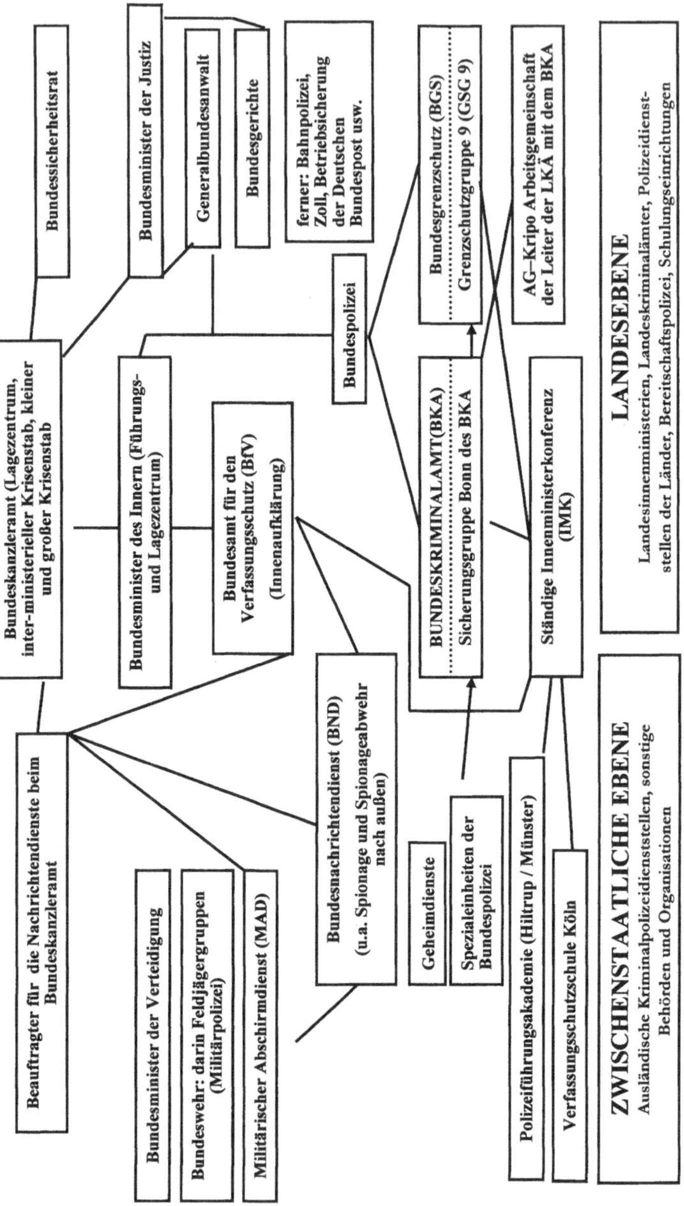

Quelle: In Anlehnung an Winkler, Stefan: *Polizeiliche On-Line Informationssysteme*, http://www.nadir.org/nadir/initiativ/linksrhein/dokus/innen/inpol/ inpol.htm (10.07.03)

2.4 Die Grundfunktionen der Informations- und Kommunikationstechnik des Bundeskriminalamtes

2.4.1 Zum Stellenwert der Informations- und Kommunikationstechnik bei der Polizei

Der Einzug der IuK-Technik in die deutsche öffentliche Verwaltung und die davon ausgehenden Effektivitäts- und Effizienzsteigerungseffekte wurden in deutschen Polizeikreisen früh zur Kenntnis genommen: „In den 50er Jahren begannen deutsche Unternehmen die Möglichkeiten der elektronischen Datenverarbeitung zu nutzen. Die dort gemachten Erfahrungen wurden auch in der Polizei bekannt. Die großen Speicherkapazitäten und die Schnelligkeit der Verarbeitung bei der DV beeindruckten alle, die mit großen Mengen von Daten zu tun hatten (im Bereich der Fahndung, des Erkennungsdienstes, der Aktenhaltung über Straftaten usw.)"[231]. Mit Blick auf das Ziel Verbrechensbekämpfung leistet die IuK-Technik somit eine wichtige Hilfsfunktion, denn „mit den Möglichkeiten der Datenverarbeitung, massenhaft anfallende Informationen kompakt zu speichern und zugleich in vielfältiger Weise erschließen zu können, wurden die bisherigen Mengenprobleme bei gleichzeitig effektiverer Auswertbarkeit der Informationssammlungen lösbar. Zudem kamen die Möglichkeiten der Datenfernübertragung den polizeilichen Bedürfnissen besonders entgegen. Die schnelle und sichere Verbreitung und Nutzung aktuellerer und umfassenderer Informationen durch Ferneingabe und Fernabfrage trugen dazu bei, im Fahndungswettlauf mit den Straftätern wieder Schritt zu halten"[232].

Freilich wurden die mit der Einführung der IuK-Technik noch zu überwindenden beträchtlichen praktischen Hürden durchaus erkannt: „Jedoch bewirkten die Fremdheit des Mediums, der riesige Arbeitsaufwand und die hohen Kosten, die mit der Einführung der DV für die Polizei verbunden waren, dass Bund und Länder sich zunächst nur zögernd mit diesem neuen Arbeitsbereich beschäftigten. Erst die Verunsicherung von Staat und Gesellschaft durch den Terrorismus Ende der 60er, Anfang der 70er Jahre führte dazu, dass in diesem Bereich großzügig Geld und Arbeitskraft investiert wurden. Die Neuartigkeit des Arbeitsgebietes hatte zur Folge, dass es bis Anfang der 70er Jahre dauerte, bis die Erwartungen der Polizei an die DV klar durchdacht und formuliert waren und man ein zutreffendes Bild von ihren Möglichkeiten gewonnen hatte"[233]. Der Einzug der IuK-Technik auch bei der

---

[231] Albrecht, *Im Dienst der Inneren Sicherheit. Die Geschichte des Bundeskriminalamtes*, Fn. 103, S. 289. Kapitel 13 von diesem sehr lesenswerten Buch liefert einen überaus interessanten Einblick in die zahlreichen praktischen Hürden der Entstehungsgeschichte der IuK-Technik in der deutschen Polizei - dabei in erster Linie mit Bezug zum BKA.

[232] Küster, Dieter: *Das INPOL-System – Zielsetzungen und Ausbaustand 1982*, in: Bundeskriminalamt (Hrsg.): *Polizeiliche Datenverarbeitung*, Wiesbaden, 1983, S. 57.

[233] Albrecht, *Im Dienst der Inneren Sicherheit. Die Geschichte des Bundeskriminalamtes*, Fn. 103, S. 289.

deutschen Polizei wurde, trotz anfänglicher Anpassungsschwierigkeiten, somit unumgänglich. Dabei erwiesen sich die Länder diesbezüglich zunächst aufgeschlossener als das BKA[234].

Rückblickend auf die mittlerweile über drei Jahrzehnte lang mit der IuK-Technik gewonnenen Erfahrungen im BKA und bei den anderen polizeilichen Akteuren in Deutschland, sind sowohl positive als auch negative Feststellungen zu verzeichnen. Die Grundanwendungslogik der Technik ist, dass sie „ dem Menschen dazu dienen [soll], die von ihm gestellten Aufgaben besser zu erledigen“[235], wobei „diese Verbesserung verschiedene Dimensionen der Aufgabenerfüllung beinhalten [kann]: die Ergiebigkeit, die Gründlichkeit, die Verlässlichkeit, die Schnelligkeit oder die Wirtschaftlichkeit“[236]. Ihre Aufgabe besteht dabei auch darin, „die Verbrechensbekämpfung zu erleichtern und zu effektivieren, beispielsweise durch eine ergiebigere Nutzung von Informationsquellen, durch eine gründlichere, umfassendere Auswertung von Spuren, durch eine verlässlichere Beweisführung im Strafverfahren, durch eine schnellere Verarbeitung und Bereitstellung umfangreicher Datenbestände, durch einen rationellen Personaleinsatz, der den Menschen für die Aufgaben freisetzt, bei denen er unersetzlich ist ... [und] den Menschen dort zu unterstützen, wo er selbst nur über beschränkte Kapazitäten und Fähigkeiten verfügt. Sie kann – bei adäquatem Einsatz – von monotonen Routinetätigkeiten entlasten und zugleich die Effektivität der menschlichen Arbeitsleistung in qualitativer und quantitativer Hinsicht steigern“[237].

Aus dem bereits gesagtem wird deutlich, dass in erster Linie Effektivitäts- und Effizienzgewinne mit dem Einsaz der IuK-Technik bei der Verbrechensbekämpfung einhergehen. Zwei Grundfunktionen dieser Technik sind dabei erkennbar - zum Einen eine Mengenbewältungs- und Geschwindigkeitsfunktion und zum Anderen eine Auswertungsfunktion – auf die nachfolgend jeweils eingegangen wird.

2.4.2 Die Mengenbewältigungs- und Geschwindigkeitsfunktion

Im polizeilichen vorelektronischen Zeitalter – das etwa Ende der 1960er Jahre in Deutschland mit der Inbetriebnahme von Polizeirechneranlagen in den größeren Städten sein allmähliches Ende fand – bestanden polizeiliche Informationssammlungen nahezu ausschließlich aus (papiernen) Akten und Karteien bei den Polizei-Zentralstellen des Bundes und der Länder sowie bei den Länder-Polizeidienstellen. Mit dem im Zeitverlauf unaufhaltsam anwachsenden Kriminalitätsauf-

---

234 Ebenda, S. 290 ff.

235 Zachert, Hans-Ludwig: *Technik und Polizei: Möglichkeiten und Folgen*, in: Bundeskriminalamt (Hrsg.): Technik im Dienste der Straftatenbekämpfung, BKA-Vortragsreihe Bd. 35, Wiesbaden, 1990, S. 38.

236 Ebenda.

237 Ebenda.

kommen in Deutschland und der zunehmenden Mobilität von Straftätern, nahm das Informationsvolumen auf Bundes- und Landesebene entsprechend zu. Die Polizeien Deutschlands sahen sich zunehmend von der Kriminalitätsentwicklung bedrängt. Eine effektive und zugleich effiziente Verbrechensbekämpfung in einem dynamischen Kriminalitätsumfeld setzt aber voraus, dass Informationen schnell – oft in Sekunden oder Minuten – gefunden und der ersuchenden Dienststelle bzw. dem Polizeibeamten vor Ort übermittelt werden. Mit dem bis dahin gebräuchlichen Einsatz von Karteien und der Nutzung herkömmlicher Übermittlungswegen (Telefon, Telex, Post) konnte dieser Voraussetzung nicht mehr in einem angemessenen Maße Rechnung getragen werden.

Tabelle 2: Bestandsentwicklung ausgewählter BKA-Karteien (1951 – 70)

Kartei	Jahresende 1951	Jahresende 1970	Zuwachs (%)
Zentralkartei	622.788	2.564.982	412%
Kriminalakten	352.699	1.685.000	478%
Personenfahndungskartei	45.855	80.135	175%
Allg. Sachfahndungskartei	18.218	261.875	1437%
Kraftfahrzeugfahndungskartei	etwa 15.000	40.237	268%
Lichtbildersammlung	183.448	Rd. 3 Mio.	1635%
Zehnfingerabdruckssammlung	318.744	1.525.773	479%
Handschriftensammlung	2.179	41.689	1913%

Quelle: Dickopf, Paul/Holle, Rolf: *Das Bundeskriminalamt*, Boldt Verlag: Bonn, 1971, S. 91, 92, 94, 95, 99 & 109.

Beim Karteisystem und im vorgegebenen Personalrahmen wäre eine Informationszentrale bei einer wachsenden Anzahl von Anfragen alsbald überfordert; infolgedessen müssen Informationssuchende zwangsläufig längere Antwortzeiten in Kauf nehmen, woraus ein zeitlicher Rückstand resultieren und wodurch letztlich die Verbrechensbekämpfung erschwert würde. Der mit der IuK-Technik ermöglichte Übergang vom Karteiensystem zu Dateien im BKA hat zwei fundamentale Auswirkungen auf den Informationsaustauschprozess zwischen dem Amt und den anderen Polizeien Deutschlands. Zum Einen verringerte sich die Reaktionszeit bei Anfragen in die vom BKA verwalteten Dateien drastisch - nunmehr war es möglich, auf diese dezentral, d.h. unmittelbar im automatisierten Verfahren von den Polizeidienststellen aus zuzugreifen. Zum Anderen enstand die Möglichkeit, auf die Dateien des BKA simultan und überregional zuzugreifen.

Mit dem Einsatz der IuK-Technik stellte sich alsbald der erwartete positive Verbrechensbekämpfungseffekt ein. Eine deutliche Effizienzsteigerung konnte bei der Personenfahndung, die bis dahin auf der Grundlage des vom BKA veröffentlichten Deutschen Fahndungsbuches (DFB) erfolgte, zuerst festgestellt werden, da die Personenfahndungsdatei des BKA als erste Anwendung im automatisierten

Verfahren in Betrieb genommen wurde. Das Hauptproblem bei der herkömmlichen Personenfahndung war darauf zurückzuführen, dass „selbst täglich aktualisierte Fahndungskarteien um bis zu 2-3 Wochen hinter der Wirklichkeit her hinkten. So lange nämlich konnte es dauern, bis Ausschreibungs- und Löschungsanträge von den ausschreibenden Dienststellen bei der zentralen Fahndungskartei beim Bundeskriminalsamt anlangten. Noch inaktueller war naturgemäß das Fahndungsbuch. Vor Festnahmen aufgrund des Fahndungsbuches musste deshalb bei der nächsten Personenfahndungskartei Rückfrage gehalten werden, ob die Fahndungsausschreibung noch aktuell war. Dazu kam das Mengenproblem. Zwischen 1951 und 1970 verdoppelte sich ungefähr der Bestand der Personenfahndungskartei"[238]. Nach Horst Albrecht: „Die bisherigen Fahndungsbücher waren bei ihrem Erscheinen in gewisser Weise schon inaktuell. Die Anträge auf Ausschreibung im DFB liefen auf dem Postwege von der Staatsanwaltschaft über die zuständige Polizeidienststelle und das LKA zum BKA. Dort kosteten die manuelle Erstellung des ‚Manuskripts' und später der manuelle Drucksatz in der Bundesdruckerei wieder Zeit, so dass im ungünstigsten Fall zwischen Antragsstellung und Erscheinen des DFB sechs Wochen lagen ... je mehr das System INPOL verwirklicht wurde und je mehr Bundesländer sich daran beteiligten, desto geringer wurde der Bedarf an Fahndungsbüchern"[239]. Mit der Realisierung der Personenfahndungsdatei konnte sich die Reaktionszeit drastisch - auf weniger als zehn Sekunden - bei einer Anfrage verringern. Auch bei anderen Dateien - wie bspw. der Sachfahndungsdatei - konnten solche drastischen Geschwindigkeitseffekte festgestellt werden.

2.4.3 Die Auswertungsfunktion

2.4.3.1 Zur Bedeutung der Auswertung für die Polizei

Die zweite Grundfunktion der IuK-Technik ist ihre Auswertungsfunktion. Durch den Einsatz der IuK-Technik können Datenbestände ausgewertet und daraus Erkenntnisse gewonnen werden, die bei einer manuellen Auswertung entweder nicht oder nur mit einem unverhältnismäßig hohen zeitlichen und personellen Aufwand zu erzielen wären. Laut Heinrich Boge: "Elektronische Datenverarbeitung bildet nicht nur konventionelle Strukturen und Abläufe ab. Sie schafft darüber hinaus neue Möglichkeiten des Auswertens und Abgleichens sowie der Handhabung und Verknüpfung komplexer Datenbestände"[240]. Bei der Auswertung geht es nicht um das Heraussuchen und Zusammenstellen von Daten aus den Dateien X,Y und Z, sondern um etwas profunderes, nämlich dem Ermittler eine besseren Einblick in

---

[238] Boge, Heinrich: *Thesen zur Funktion und Bedeutung der Datenverarbeitung bei der Polizei*, in: Bundeskriminalamt (Hrsg.): Polizeiliche Datenverarbeitung, BKA-Vortragsreihe Bd. 28, Wiesbaden, 1983, S. 20.

[239] Albrecht, *Im Dienst der Inneren Sicherheit. Die Geschichte des Bundeskriminalamtes*, Fn. 103, S. 299-300.

[240] Boge, *Thesen zur Funktion und Bedeutung der Datenverarbeitung bei der Polizei*, Fn. 238, S. 23.

kriminalistische Sachverhalte zu verschaffen und ihm damit eine bessere Entscheidungs- und Handlungsbasis zu bieten. Die IuK-Technik kann dabei für kriminalrepressive oder kriminalpräventive Auswertungszwecke eingesetzt werden[241].

Aufgrund des unaufhörlich anwachsenden kriminalpolizeilichen Informationsaufkommens und der Kriminalitätsdynamik, gewinnt der Auswertungsaspekt zunehmend an Bedeutung. Nur die IuK-Technik vermag es mit einem unübertreffbaren Grad an Präzision und Zuverlässigkeit, nützliche Erkenntnisse in Sekundenschnelle zu liefern. Allerdings stößt auch die Technik an ihre Grenzen[242] - in erster Linie fehlt es ihr an Abstraktionsvermögen.

Der Anstoß für die Errichtung von Dateien zu Auswertungszwecken im BKA fand in der Amtzeit Horst Herolds statt. Eine Zeit, die sich durch eine rasante Technikeinführung und Technikaufrüstung des Amtes auszeichnete und die von Herold energisch forciert wurde. Die vom Terrorismus ausgehende Gewalt und Bedrohungsgefahr begünstigte die Errichtung von Dateien wie dem Aktenerschließungssystem PIOS[243] im BKA, in dem die Daten von einigen tausenden von Bundesbürgern zur Auswertung enthalten waren[244]. Neben PIOS setzte das BKA recherchefähige Dateien zur Bekämpfung bestimmter Arten von Straftaten (sog. Fall-Dateien) und im Rahmen größerer und komplexerer Ermittlungsverfahren die SPUDOK - Dateien ein[245].

2.4.3.2 Musterkennungssysteme, Biometrische Systeme, Expertensysteme

Der seit Jahren andauernde rasante Fortschritt im Bereich der IuK-Technik hat schnellere, leistungsfähigere, kostengünstigere und auch leichter bedienenbare rechnergestützte Systeme hervorgebracht. Zudem hat ein beachtlicher Qualitätswandel stattgefunden, wodurch neue Datenauswertungsmöglichkeiten entstanden sind. Seit den 1970er Jahren laufen auch im BKA Forschungsprojekte, welche die Auswertungsmöglichkeiten der IuK-Technik in diversen kriminalistischen Anwendungsbereichen untersuchen und damit Effektivitäts- und Effizienzzuwächse bei der Verbrechensbekämpfung zu erzielen beabsichtigen.

Eine Folge dieser Entwicklungsbemühungen ist die Entstehung von *Mustererkennungssystemen.* Dabei werden Muster (z.B. Fingerabdrücke, Schleifspuren an Gegenständen, Tathandschriften) optisch digital erfasst, ggf. aufbereitet, mit hierfür ent-

---

[241] Dateien des BKA zum Zweck der Auswertung werden im dritten Teil der Untersuchung ausführlich behandelt.

[242] Darauf wird an späterer Stelle in dieser Untersuchung eingegangen.

[243] Näheres dazu im dritten Teil der Untersuchung.

[244] Vgl. Boge, *Thesen zur Funktion und Bedeutung der Datenverarbeitung bei der Polizei*, Fn. 238, S. 24. Laut Boge: „So können manuell nicht oder nur durch Zufall erkennbare Sachzusammenhänge und Beziehungen hergestellt werden".

[245] Ausführlich hierzu im dritten Teil der Untersuchung.

wickelten speziellen Algorithmen verformelt und anschließend in einer Datei abgespeichert. Der kriminalistische Wert eines Mustererkennungssystems rührt daher, dass es im automatisierten bzw. halb-automatisierten Verfahren die Zuordnung eines fraglichen Musters zu einem gleichen bzw. zu ähnlichen bereits gespeicherten Mustern ggf. ermöglicht. Mustererkunngssysteme bieten u.a. den beachtlichen Vorteil, dass im Vergleich zum manuellen Verfahren Abgleichsvorgänge wesentlich schneller stattfinden. Mustererkennungssysteme sind mittlerweile zu einem unentbehrlichen kriminalpolizeilichen Hilfsinstrument avanciert, einige werden auch vom BKA seit geraumer Zeit eingesetzt[246]. Die Entwicklung neuer, sowie die Perfektionierung bereits bestehender Mustererkennungsysteme wird im BKA ständig angestrebt.

Neben den Mustererkennungssystemen bieten auch *biometrische Systeme* ein beachtliches kriminalistisches Auswertungspotential. Die biometrische Technik kann seit den 1990er Jahren erhebliche Fortschritte vorweisen[247]. Bei biometrischen Systemen handelt es sich ebenfalls um automatisierte Mustererkennungssysteme mit dem Unterschied, dass hier einzig und allein der Mensch im Bezugsmittelpunkt steht. Das kriminalistische Interesse an biometrischen Systemen nimmt seit Jahren zu, und aufbauend auf der Kenntnis, dass jede Person einige individuell spezifische Muster (z.B. Fingerabdruck, DNA, Stimme) aufweist, die verdatet und in Dateien abgespeichert werden können. Durch die Entwicklung leistungsfähiger biometrischer Systeme wurde auch der Verbrechensbekämpfung eine neue Perspektive eröffnet. In Deutschland ist die Speicherung biometrischer Daten von Straftätern bzw. Tatverdächtigen in einem bundesweiten Rahmen dem BKA vorbehalten, das hierfür bereits Dateien[248] errichtet hat.

Biometrische Daten gestatten u.a. eine exakte Zuordnung von Spuren (z.B. ein an einem Tatort aufgefundener Fingerabdruck oder DNA-Spurenträger) zu Personen. Durch den automatisierten Datenabgleich kann somit die Identität der gesuchten Person dann ermittelt werden – vorausgesetzt, dass diese bereits irgendwann zuvor erfasst wurde. Biometrische Daten nehmen als Sachbeweismittel einen hohen Stellenwert vor Gericht ein. Sie sind in erster Linie auf die repressive Verbrechensbekämpfung ausgerichtet[249], weisen aber auch einen präventiven Wert auf und zwar dann, wenn es sich bei den in Frage kommenden Personen um Wiederholungstäter handelt.

---

246 Siehe den dritten Teil der Untersuchung.

247 Zahlreiche Firmen und Institute auch in Deutschland sind mittlerweile an der Entwicklung biometrischer Produkte beteiligt.

248 Ausführlich hierzu siehe den dritten Teil der Untersuchung.

249 Gemeint sind hier u.a. sowohl Gewalttaten als auch Taten, die der Organisierten Kriminalität und dem Terrorismus zuzurechnen sind. Auch Fälle von Diebstahl, Erpressung und Betrug werden oft mithilfe von biometrischen Daten aufgeklärt. Für einen kritischen Beitrag zur biometrischen Technologie siehe Kant, Martina/Busch, Heiner: *Biometrische Identifizieungssysteme*, in: Bürgerrechte & Polizei/CILIP 72, 2/2002, S. 72 ff.

Ein weiteres Beispiel für den kriminalistischen Einsatz der biometrischen Technik sind Softwareprogramme zum Zwecke des automatisierten Lichtbildvergleiches, die bei der ferngesteuerten Überwachung öffentlicher Plätze von erheblicher Bedeutung sein können. Damit können bspw. Personen auf der Fahndungsliste aus einer Menschenmenge per Bildabgleich geortet und identifiziert werden[250]. Auch damit werden der Verbrechensbekämpfung neue Perspektiven eröffnet, gegen einen solchen Technikeinsatz gibt es in Deutschland derzeit jedoch verfassungs- und datenschutzrechtliche Bedenken. Außerdem hat diese Ausprägung der biometrischen Technik noch nicht die Reifestufe erlangt, die für ihren umfassenden kriminalistischen Einsatz erforderlich wäre[251].

Ein weiteres vielversprechendes technisches Auswertungsmittel sind *Expertensysteme.* Auch sie treffen seit einigen Jahren auf das Interesse des BKA[252]. Expertensysteme verfolgen das Ziel, auf Spezialgebieten das Wissen und die Problemlösungsfähigkeiten menschlicher Experten nachzubilden. Dadurch sollen Experten bei schwierigen Aufgaben unterstützt, von Routineaufgaben entlastet und bei einfachen Fragestellungen „verzichtbar" gemacht werden. Im kriminalistischen Verwendungsrahmen können sich Expertensysteme als nützlich erweisen, ihre Entwicklung unterliegt allerdings einem besonders hohen Maß an Komplexität und Aufwand, wie das BKA mittlerweile selbst feststellen musste: „Trotz mehr als 15-jähriger Forschungsarbeit hinken die Ergebnisse deutlich hinter den Erwartungen her. Der Fortschritt hier ist längst nicht so rasant erfolgt, wie dies beispielsweise in der Rechnertechnik der Fall war und immer noch ist"[253]. Zumindest in absehbarer Zukunft dürfte sich daran wenig ändern.

---

250 Erste Testversuche unter empirischen Bedingungen sind offenbar erfolgsversprechend verlaufen. Nach einer Meldung des US Nachrichtensenders CNN konnte im Jahr 2001 anlässlich einer Sportveranstaltung in den USA einige auf der Fahndungsliste stehende Personen von der Software erkannt werden. Zu Festnahmen kam es nach Angaben von CNN jedoch nicht.

251 Es ist jedoch nicht auszuschließen, daß in absehbarer Zukunft ein Lichtbildabgleich im Bestand der zentralen Lichtbildsammlung des BKA, deren Digitalisierung im Gange ist und die mittlerweile etwa 2.3 Mio. Aufnahmen von über 6 Millionen Personen umfasst, möglich wird.

252 Vgl. Heyne, Wolfgang: *Mustererkennung und künstliche Intelligenz*, in: Bundeskriminalamt (Hrsg.): Aktuelle Methoden der Kriminaltechnik und Kriminalistik, BKA-Forschungsreihe Bd. 32, Wiesbaden, 1995, S. 249-255 ff. Laut Heyne (S. 250) befasst sich das BKA „seit einiger Zeit" mit Expertensystemen.

253 Ebenda, S. 250. Weiter heißt es (S. 250): „Ein konkretes Projekt mit dem Ziel Realisierung eines Wirksystems wurde bislang noch nicht in Angriff genommen. Die Schwierigkeit besteht darin, eine Problemstellung zu finden, die sinnvoll als Expertensystem realisiert werden kann. Das Problem darf einerseits nicht zu komplex sein, so daß es mit den gegebenen Ressourcen nicht mehr bewältigt werden kann, es darf andererseits aber auch nicht derart trivial sein, daß es ohne die Rechnerunterstützung nicht ebenso oder gar besser gelöst werden könnte".

Abbildung 9: Das biometrische Datenumfeld

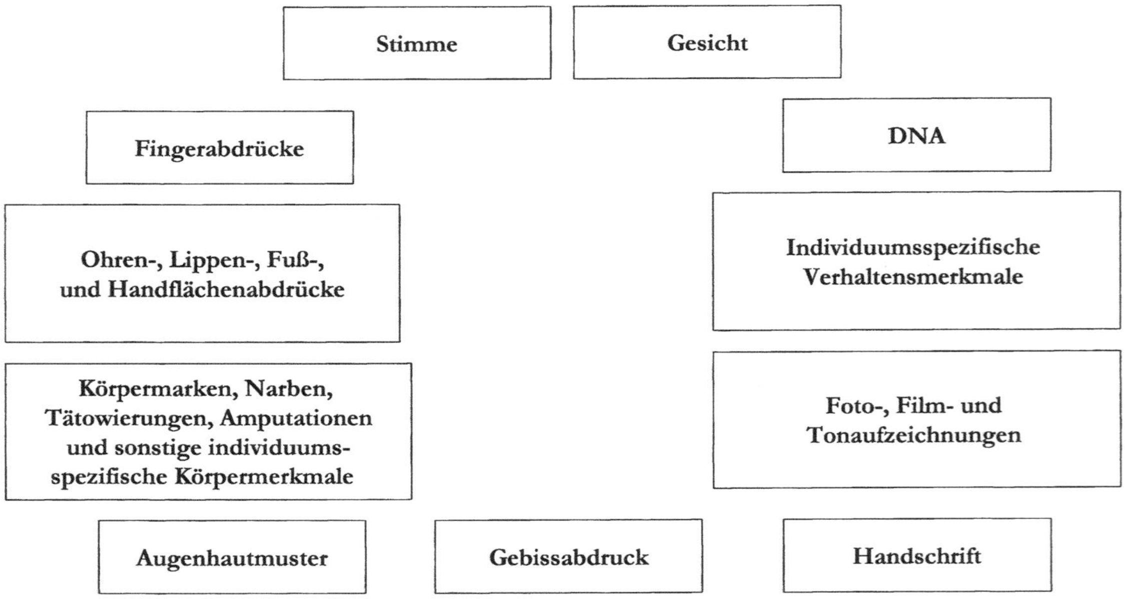

Quelle: Angaben der Abbildung in Anlehnung an Oppermann, Klaus: *Der Sachbeweis*, in: Deutsches Polizeiblatt für die Aus- und Fortbildung, Nr. 2, März 1997, S. 3.

2.4.3.3 Softwareprogramme zur kriminalistischen Informationsauswertung

Die Herausforderung an den Kriminalisten liegt oftmals weniger im Mangel an Informationen als in der Gewinnung von sachgerechten Erkenntnissen hieraus. Komplexe Auswertungsvorgänge bei enormen Informationsbeständen lassen sich am besten mit Hilfe der IuK-Technik realisieren. Dafür kommen seit den 1990er Jahren zunehmend hochleistungsfähige Softwareprogramme zum Einsatz, zu denen das von der britischen Firma i2 entwickelte *Analysts Notebook* auf besondere Anerkennung gestoßen ist[254]. Dieses vielgelobte Softwareprogramm kommt mittlerweile sowohl bei Polizeibehörden in Deutschland (darunter beim BKA) wie im Ausland als auch bei Privatunternehmen weltweit zum Einsatz. Das Analysts Notebook zeichnet sich durch seine größere Funktionalität, Flexibilität und Benutzerfreundlichkeit aus. Mit dem Analysts Notebook lassen sich Daten zusammentragen und auswerten, die in verschiedenen Datenbanken, Dateien und unter Anwendung verschiedener Softwareprogramme laufen[255]. Es liefert die Ergebnisse seiner Auswertung in Form visuell-übersichtlicher, dem Nutzer anpassbaren und in verschiedenen Größenformaten abdruckbaren Bildschirmdiagrammen, aus denen selbst die komplexesten Zusammenhänge auf Anhieb erkennbar sind[256]. Gerade bei Ermittlungen, die eine Vielzahl von institutionellen und individuellen Akteueren (die zudem in einem komplexen Beziehungsgeflecht zueinander stehen) im Blickfeld haben[257], und wo es letztlich darum geht, Erkenntnisse anhand von Daten aus einer Vielzahl von in- und ausländischen Quellen zu gewinnen und diese systematisch auszuwerten, hat sich das Analysts Notebook als ein wertvolles Hilfsmittel erwiesen[258].

2.4.4.4 Technikforschung im BKA mit Auswertungsbezug

Interessant ist das beachtliche Ausmaß des technischen Forschungs- und Entwicklungsaufwandes im BKA selbst, mit dem nach neuen Verfahren zur Informationsauswertung gesucht wird. Dabei handelt es sich nicht nur um Vorhaben im Bereich IuK-Technik, sondern umfasst auch weitere technischen Bereiche. Diese Forschungs- und Entwicklungsaufgabe wird von der aus fünf Fachbereichen bestehenden Gruppe KI 2–Technologien geleistet. Als deren Ziele werden die Erschließung neuer Technik für die kriminalpolizeiliche Anwendung durch Markt-

---

254 Siehe die Webseite der Firma i2, http://www.i2.co.uk. Als nützlich für Auswertungsvorgänge haben sich auch Softwareprogramme zum Zwecke der *Geographic Profiling* erwiesen.

255 Die Grundinformationen wurden aus der Werbe-CD-ROM zum Analysts Notebook entnommen, das die Firma i2 dem Verfasser zur Verfügung stellte.

256 Ebenda.

257 Diese Feststellung ist im Übrigen für die Organisierte Kriminalität, Wirtschaftskriminalität und den (internationaler) Terrorismus typisch.

258 Nach Angabe der Firma. i2. Der Nutzwert des Software in polizeilichen Kreisen in Deutschland wurde dem Verfasser auf seine Anfrage hin bestätigt.

beobachtung, technische Beratung des Anwenders und Unterstützung bei der Definition technisch komplexer Anforderungen, Forschung und Entwicklung, Erprobung kommerzieller Technik, technisch anspruchsvolle Unterstützung und Fallarbeit, Mitwirken in polizeilichen Fachgremien und Normausschüssen (Standardisierung) sowie Beratung in Fragen der technischen Prävention angegeben[259]. Die KI-2 setzt sich aus einem interdiziplinären Stab von Physikern, Mathematikern, Elektro- bzw. Nachrichtentechnikern, Ingenieuren, Technikern, Programmierern und Kriminalbeamten zusammen, deren Aufgabenfeld die Entwicklung technischer Mittel und Methoden in einer Vielzahl von kriminalistischen und kriminaltechnischen Bereichen ist[260]. Zu den Forschungs-, Entwicklungs- und Tätigkeitsschwerpunkten in den fünf Fachbereichen der KI–2 gehören die Bewertung neuer Technologien und die Zusammenarbeit mit dem Ausland[261], Bildverarbeitung[262], Erschließung und Entwicklung von innovativen Informationssystemen für kriminalistische Anwendungen[263], Einsatztechnologien, technische Unterstützung, Sicherungstechnologien und physikalisch-technische Forschung[264] und Computerkriminalität[265].

---

[259] Vgl. Bach, *Die Gruppe KI 2 – Technologien*, Fn. 125, S. 595-596.

[260] Ebenda, S. 596.

[261] Ebenda, S. 598-601. Diese Aufgaben werden im Fachbereich KI 21 (Neue Technologien, Nationale/Internationale Koordination Technik, Zentrale Angelegenheiten) geleistet. Kooperationsvereinbarungen bestehen mit Behörden in den USA, Kanada, Großbritanien und den Niederlanden.

[262] Ebenda, S. 601-604. Diese Aufgaben werden im Fachbereich KI 22 (Signal- und Bildverarbeitung) geleistet. Schwerpunkt der Arbeit ist die Bildverbesserung zur Beseitigung von Störeinflüssen und damit zu einer Qualitätsverbesserung der Bilder. Damit soll u.a. die Verwertbarkeit von Bildern als Sachbeweis ermöglicht werden.

[263] Ebenda, S. 604-606. Diese Aufgaben werden im Fachbereich KI 23 (Spezielle Informationstechnologie) geleistet. Laut Bach (S. 604): „Ursprünglich lagen die Anwendungen nur im Bereich der Kriminaltechnik, in den letzten Jahren kamen eine Reihe von informationstechnischen Forschungsprojekten hinzu, in denen Lösungen mit prototypischen Ansätzen moderner Softwaretechnik für kriminalistische Aufgaben aufgezeigt wurden. Dabei kommen Komponenten der Mustererkennung, von Expertensystemen und bei neueren Entwicklungen der Internet-Technik zum Einsatz".

[264] Ebenda, S. 606-611. Diese Aufgaben werden vom gleichnamigen Fachbereich geleistet. Das Tätigkeitsfeld des Fachbereichs ist offenbar breit gefächert, wie die zahlreichen Hinweise des Autors verdeutlichen.

[265] Ebenda, S. 611-614. Das fünfte Fachbereich der Gruppe KI–2 Technologien nimmt Entwicklungs-, Erprobungs- und Serviceaufgaben im Rahmen der Computerkriminalität wahr. Der Betrieb der technisch-wissenschaftlichen Datenverarbeitung im Rechenzentrum ist auch sein Tätigkeitsschwerpunkt.

2.5 Der Einsatz der Informations- und Kommunikationstechnik des Bundeskriminalamtes: Methodische Evaluationsschwierigkeit und praxisnahe Lösungsansätze

2.5.1 Methodische Evaluationsschwierigkeit

Mit dem Einsatz der IuK-Technik im BKA stellt sich auch die Frage, wie sich ihr Beitrag zur Verbrechensbekämpfung konkret messen lässt. Die Antwort darauf ist deshalb von Bedeutung, weil mit ihrem Einsatz zwangsläufig erhebliche Kosten anfallen, die nur dann zu rechtfertigen sind, wenn ein entsprechender „Nutzen" – d.h. Verbrechensbekämpfungserfolg - eintritt. Es liegt der Vermutung nahe, dass der Einsatz der IuK-Technik um so sinvoller ist, je höher dieser Nutzen im Verhältnis zu den Kosten ist.

Damit richtet sich der Blick auf die Evaluation der IuK-Technik. Dafür ist eine verläßliche Methode erforderlich, anhand derer eine möglichst genaue Erfassung des mit dem Einsatz der IuK-Technik einhergehenden Kosten- und Nutzen vorgenommen werden kann. Allerdings stellt die Evaluation der IuK-Technik im kriminalpolizeilichen Verwendungszusammenhang eine besondere Schwierigkeit dar. Anders als in einem Wirtschaftsbetrieb, wo Kostenkalküle und der Gewinn im Vordergrund der Überlegungen stehen, müssen bei der Verbrechensbekämpfung wesentlich komplexere Aspekte mitberücksichtigt werden, von denen viele sich eben nicht monetär erfassen lassen.

Derzeit scheint es in Deutschland offenbar keine öffentlich zugänglichen wissenschaftlichen Untersuchungen zu geben[266], die einen evaluatorischen Einblick in die IuK-Technik des BKA bieten. Nogala und Sack stellen bei ihren Recherchen fest, dass „es kaum systematische Evaluationen des polizeilichen Technikeinsatzes und seines ‚Erfolges' [gibt]. Darin [ist] weniger ein Vorenthalten von Informationen als ein Mangel an entsprechenden eigenen zuverlässigen Daten zu erblicken. Zwar lassen sich hier und da Angaben über die Einsatzhäufigkeit und ‚Trefferstatistik' einer bestimmten Technologie in Erfahrung bringen, aber von einer systematischen oder gar von unabhängiger Seite durchgeführten Erfolgsbilanz, die Aufwand und Nutzen nach angebbaren Kriterien gegeneinander abwägt, kann keine Rede sein. Zudem – und vor allem – müsste zunächst Einigkeit über die Kriterien von Erfolg und Misserfolg des Einsatzes erzielt werden. Findet sich dieser nun in der Anzahl der aufgeklärten Fälle wieder, oder wird das gesellschaftliche Phänomen Kriminalität von der technologisch gesteigerten Effektivität und Effizienz der Polizei nur peripher berührt"[267].

---

[266] Ob es solche Untersuchungen existieren ist dem Verfasser nicht bekannt. Seine Anfragen hierzu ergaben dass, wenn es diese tatsächlich gäbe, sind sie als vertraulich zu behandeln.

[267] Nogala/Sack, *Folgerungen für die polizeiliche Arbeit aus der Technikausstattung*, Fn. 34, S. 142-143.

Nach Ansicht des Verfassers müssen bei der Evaluation der IuK-Technik bzw. der Dateien des BKA, folgende Aspekte berücksichtigt werden:

Quantitative und Qualitative Kosten: Mit dem Einsatz der IuK-Technik des BKA fallen quantitative und qualitative Kosten gleichermaßen an. Quantitative Kosten fallen u.a. zur Anschaffung, Inbetriebnahme, Wartung und Pflege von Hardware, Software und Dateien, für Kommunikationsinfrastruktur sowie für Schulungen und ggf. für Modernisierungs- bzw. Neubeschaffungsmaßnahmen. Grenzen werden durch haushaltsmäßige Beschränkungen gesetzt: der Grundsatz der Wirtschaftlichkeit gilt dabei ebenso für das Polizei, wie für alle anderen Bereiche der öffentlichen Verwaltung. Qualitative Kosten hingegen sind in monetärer Hinsicht nur bedingt – wenn überhaupt - messbar, fallen jedoch in einer beträchtlichen Höhe an. Diese Kosten können organisationsintern (z.B. Akzeptanzprobleme bei den Mitarbeitern) oder aber auch im externen Umfeld anfallen. Als wichtiges Beispiel für Letztere sind die *grundrechtlichen Kosten*, die sich aus der Einschränkung des Rechtes auf informationelle Selbstbestimmung ergeben. Mit der Erweiterung der polizeilichen Befugnisse zur Erhebung, Speicherung, Verarbeitung und Übermittlung personenbezogener Daten, die mit dem technischen Fortschritt und gesetzlichen Änderungen zum Zwecke der Verbrechensbekämpfung einhergehen, steigen diese Kosten entsprechend an.

Interdependenz: Für die Verbrechensbekämpfung in Deutschland sind die Dateien des BKA zweifelsohne von unermesslichem Wert. Ohne sie könnte das BKA seine Informationssteuerungsfunktion nicht erfüllen. Eine möglichst präsize Bestimmung des Nutzens der einzelnen Dateien dürfte somit von Interesse sein, zugleich ist diese besonders schwierig[268]. Denn Ermittlungserfolge ergeben sich oft aus dem Zusammenwirken mehrerer Dateien und lassen sich nicht auf den Einsatz einer einzigen Datei zurückführen.

Verbrechensbekämpfungseffekt: Von den Dateien des BKA gehen zwei Verbrechensbekämpfungseffekte hervor – in repressiver Hinsicht (Aufklärung begangener Straftaten) und in präventiver Hinsicht (Verhütung von Straftaten). Von vielen Dateien des BKA gehen offenbar beide Effekte gleichzeitig aus. Dies wäre bspw. dann der Fall, wenn ein Sexualstraftäter unter Einsatz der DNA-Anayse-Datei festgenommen und inhaftiert wird. Für die Haftdauer ist diese Person - vorausgesetzt es sich um einen Wiederholungstäter handelt - an der Begehung weiterer Sexualstraftaten gehindert. Je höher der präventive Effekt einer Datei ist – und dabei in Anbetracht der von der Kriminalität ausgehende hohe monetäre wie nichtmonetäre Kosten[269] - desto höher ist sie einzustufen.

---

[268] Im nächsten Abschnitt wird darauf eingegangen.

[269] Empirische Studien im Ausland (USA, Großbritannien, Österreich) belegen, dass der aus der Kriminalität jährlich hervorgehende Schadensumfang auf eine doppelstellige – und im Falle der USA sogar dreistellige - Milliardenhöhe beziffert wird. Siehe Anderson, David A.: *The Aggregate Burden of Crime*, Centre Colle, Kentucky, 27. January 1999; Franz, Alfred:

2.5.2 Die Trefferstatistik

Zur Nutzenbestimmung der Dateien des BKA gibt es bereits eine praxisnahe Teillösung: die Trefferstatistik. Diese gibt Aufschluss darüber, in welchem Umfang eine Datei die gewünschte Information liefert (absolute werte oder Prozentgrößen). So kann bei einer Anfrage an die Personenfahndungsdatei dem Sachbearbeiter auf einer Polizeidienststelle die Auskunft erteilt werden, dass Person X am Tag T von Behörde B aus Anlass A zwecks Fahndung zur Festnahme ausgeschrieben wurde (Fahndungstreffer). Der Abgleich eines Fingerabdruckes auf einem am Tatort sichergestellten Spurenträger mit dem Bestand in der Fingerabdrucksdatei AFIS könnte bspw. einen Treffer auslösen, weil der Spurenhinterleger bereits zwei Jahre zuvor erkennungsdienstlich behandelt wurde und dessen Identität somit bekannt ist.

Allerdings weist die Trefferstatistik Defizite auf, die ihre Aussagekraft mindern. Zum Einen ist der statistiche Erfolg nicht gleichbedeutend mit dem tatsächlichen Erfolg. Denn der „Treffer" (statistischer Fahndungserfolg) im o.g. Fahndungsbeispiel eben könnte daher rühren, dass die Personalien des X bei einer Wohnungsdurchsuchung sichergestellt und überprüft wurden, er selbst vor der Festnahme jedoch rechtzeitig flüchten konnte (tatsächlicher Fahndungsmißerfolg).

Für Dateien, die zu Recherche- bzw. Auswertungszwecke bei kriminalpolizeilichen Ermittlungen ausgelegt sind, kann von „Treffern" nicht die Rede sein. Denn hier geht es in erster Linie um das Aufzeigen und die Analyse von Beziehungsgeflechten zwischen Personen, Gegenständen, Organisationen und vieles mehr. Eine erfolgreiche Ermittlungsarbeit hängt von einer Vielzahl von Faktoren ab – nicht zuletzt von den Kenntnissen und Erfahrungen der Ermittlern – sie läßt sich nicht auf einen „Treffer per Knopfdruck" reduzieren.

Kriminalitätsbedingte Ökonomische Gesamtlast (KÖGL), Endbericht einer Studie im Auftrag des Kuratoriums Sicheres Österreich, 1993.

Abbildung 10: Anwendungsumfeld und Wirkung der BKA-Dateien

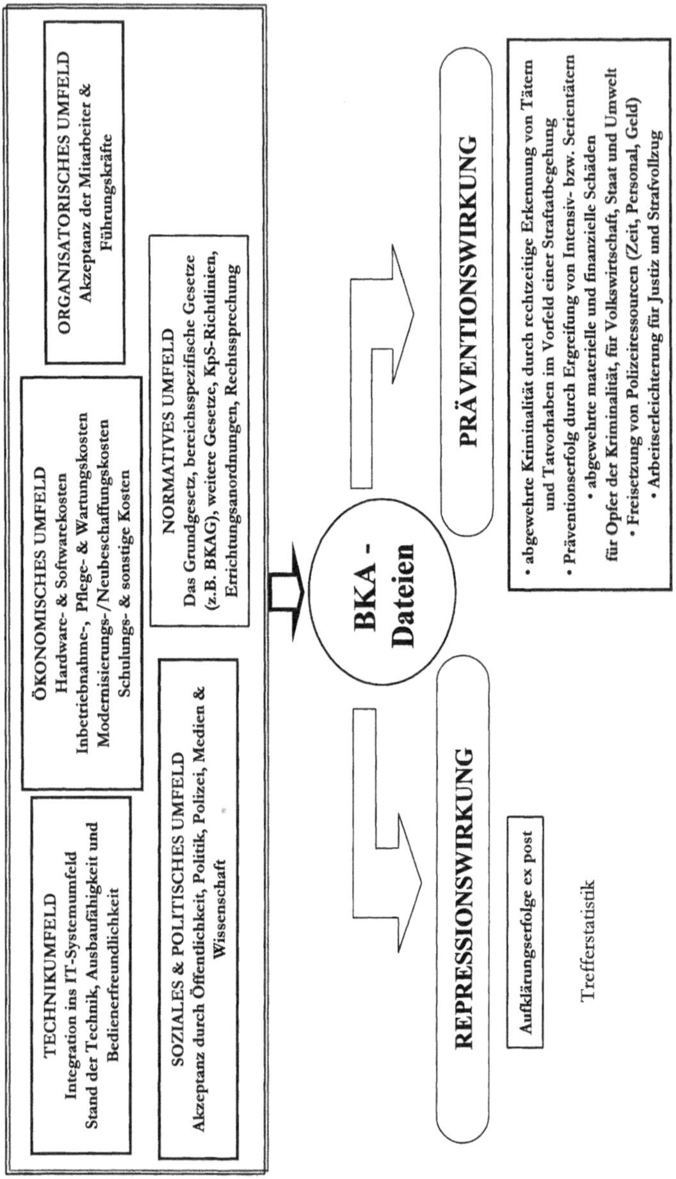

Quelle: eigene Darstellung

2.6 Grenzen im Zusammenhang mit dem Einsaz der Informations- und Kommunikationstechnik des Bundeskriminalamtes

2.6.1 Grenzen allgemeiner Art

Mit dem Einsatz der IuK-Technik gehen zweifelsohne Erleichterungen für die Aufgabenerfüllung der Polizei einher. Zugleich sind mit ihrem Einsatz auch einige Hürden erkennbar, die zur Kentniss genommen werden müssen.

Das rasante Entwicklungstempo der IuK-Technik begünstigt eine effektivere und effizientere Verbrechensbekämpfung, zugleich kann es sich aufgrund der stets kürzer werdenden technischen Innovationszyklen auch als problematisch erweisen. Denn wesentliche Änderungen in der informations- und kommunikationstechnischen Landschaft geschehen nicht spontan, sondern sind grundsätzlich das Ergebnis eines zeit- und kostenaufwendigen Planungs- und Umsetzungsprozesses, der sich ggf. über Jahre hinweg erstrecken kann. Das Beispiel INPOL-Neu des BKA, auf das an späterer Stelle ausführlich eingegangen wird, hat dies deutlich gezeigt. Mit zunehmender Entwicklungsgeschwindigkeit kann es bei mittel- bis längerfristigen Planungshorizonten durchaus vorkommen, dass informations- und kommunikationstechnische Sachaustattung bereits bei Ihrer Inbetriebnahme technisch überholt sind. Polizeiliche Planungs- und Modernisierungsprozesse in Bezug auf die IuK-technik erfordern, sofern dies möglich ist, somit die Berücksichtigung künftiger technischer Entwicklungen und Trends. Zurecht wird festgestellt, „police departments are likely to find themselves faced by one or more of four problems: they may be overtaken by the technological market; they may lag behind the most recent developments; they may be hindered in their development by the fact that their systems are no longer compatible, or they may be unable to expand because they lack the financial resources to upgrade the systems they do have"[270].

Geräte und Software müssen bedienerfreundlich, skalierbar, modulierbar und vernetzbar sowie imstande sein, ein ständig wachsendes und inhaltlich komplexeres Datenaufkommen (Stichwort: Multimedia) zu bewältigen[271]. Bei der polizeilichen IuK-Technik sind seit geraumer Zeit Standardisierungstendenzen zu verzeichnen; Dateien und Softwareprogramme werden sogar zunehmend in einen grenzüberschreitenden Rahmen gemeinsam konzipiert und entwickelt[272], die Vernetzung dieser Dateien lässt sich jedoch nur schwer realisieren[273].

---

270 LeBeuf, Marcel-Eugene: *Policing and Use of Information Technology: An Assessment*, Research Centre, Canadian Police College, Ottawa, 2000, S. 6.

271 Zu den Systemerfordernissen siehe Tomek, Warren: *Information Sharing: A Strategic Necessity*, in: The Police Chief, February 2001, S. 16.

272 Seit einigen Jahren finden im überstaatlichen Rahmen regelmäßig Informationsveranstaltungen (Konferenzen, Seminare, Workshops usw.) statt, z.B. im Bereich der Kriminaltechnik.

273 Unter anderem aufgrund datenschutzrechtlicher Vorbehalte.

Nicht zuletzt spielt das Geld eine Rolle, denn der Einsatz der IuK-Technik setzt u.a. hohe Anschaffungs- bzw. hohe Forschungs- und Entwicklungskosten für Systeme und Ausrüstung, die auf die Sonderbedürfnisse der Polizei maßgeschneidert sind, voraus. Daraus können insbesonders in Zeiten knapper öffentlichen Haushaltsmittel Finanzierungsprobleme entstehen[274].

Die IuK-Technik bedarf einer breiten Akzeptanzbasis. Akzeptanzschwierigkeiten reichen „von der Akzeptanz in der Öffentlichkeit und beim einzelnen Bürger über die politische und haushaltsmäßige Durchsetzbarkeit bis hin zu Anpassungsfragen für die betroffenen Mitarbeiter und den Konsequenzen für die interne Organisation der betroffenen Institutionen. Die Akzeptanz durch Politik und Gesellschaft hängt sicherlich davon ab, dass wir noch offene Fragen des Datenschutzes und der Informationsgesellschaft zu lösen vermögen“[275]. Auf der Anwenderseite wird die Akzeptanz „in dem Maße gegeben sein, in dem die Technik beherrschbar erscheint, neue oder zusätzliche Qualifikationen durch den Anwender erreichbar sind und der Technikeinsatz als sinnvoll angesehen wird“[276].

Der Einsatz der Technik soll in arbeitstechnischer und personeller Hinsicht Rationalisierungseffekte bei der Polizei entstehen lassen. Empirische Beobachtungen zeigen jedoch, dass der personelle Rationalisierungseffekt sich entweder nicht oder nicht im erhofften Ausmaß erfüllt hat, ja sogar die „automatisierte Datenverarbeitung erforderte mehr Personal“[277]. Zudem wurden mit der zunehmenden Technisierung der Polizei personelle Überforderungserscheinungen in einem zunehmenden Maße festgestellt[278]. Die für den Umgang mit der Technik er-

---

[274] Vgl. Schäuble, Wolfgang, Eröffnungsansprache anläßlich der BKA-Arbeitstagung Technik im Dienste der Straftatenbekämpfung vom 7.-10. November 1989, in: Bundeskriminalamt (Hrsg.): Technik im Dienste der Straftatenbekämpfung, BKA-Vortragsreihe Bd. 35, Wiesbaden, 1990, S. 12.

[275] Zachert, *Technik und Polizei: Möglichkeiten und Folgen*, Fn. 235, S. 48.

[276] Unterwallney, August: *Technik in der Polizei – Bestandsaufnahme und Ausstattungsbedarf*, in: Bundeskriminalamt (Hrsg.): Technik im Dienste der Straftatenbekämpfung, BKA-Vortragsreihe Bd. 35, Wiesbaden, 1990, S. 117.

[277] Brandt, Helmut: *Technik als „Kulturschock“ im polizeilichen Alltag?*, in: Bundeskriminalamt (Hrsg.): Technik im Dienste der Straftatenbekämpfung, BKA-Vortragsreihe Bd. 35, Wiesbaden, 1990, S. 129.

[278] Ebenda, S. 130. „Die Personalentwicklung hielt mit der fortschreitenden Technisierung der Arbeitsplätze nicht Schritt. Sowohl diejenigen, die mit der Implantation zu tun hatten, sahen sich plötzlich einem Aufgabenzuwachs gegenüber, der planvolles Arbeiten kaum noch ermöglichte, als auch die Anwender. Hinzu kam, dass neues Personal, wenn es denn überhaupt zur Verfügung gestellt wurde, in vielen Fällen erst mühsam angelernt werden musste. Die enttäuschten Erwartungen bei den Anwendern führten nicht selten zu Vorwürfen gegenüber den Entwicklern.
Je mehr Computer den Ermittlungsdienstellen zur Verfügung gestellt werden, um so mehr macht sich das Fehlen spezieller Datenkräfte bemerkbar. Auch wenn es einerseits zweckmäßig ist, dass z.B. Ermittlungsbeamte selbst mit dem Computer umgehen können, so wird ihnen das infolge fehlenden speziellen Personals aber in einem Maße abverlangt, das zu

forderlichen Fachkenntnisse förderte die Entstehung eines Spezialistentums und damit die Gefahr der Bildung von Eliten bzw. Subkulturen innerhalb der Polizei, woraus „sich Abhängigkeiten entwickeln [können], die dysfunktional zu wirken drohen"[279] und „die bloßen Anwender in ein Abhängigkeitsverhältnis zu bringen"[280] zur Folge haben. Eine exzessive Abhängkeit von der Technik kann Probleme mit sich bringen, z.B. bei einem Ausfall der Technik, wie dies in der polizeilichen Praxis gelegentlich vorkommt[281].

In älteren Beiträgen zur Polizeitechnik wird auf eine Technikscheu bei Kriminalbeamten hingewiesen, die überwunden werden muss[282]. Die Technik erfordert zwangsläufig organisatorische Umstellungsprozesse, die sich in einer Veränderung von Arbeitsprozessen und Arbeitsabläufen niederschlagen und zudem einen beträchtlichen Aus- und Fortbildungsbedarf erfordern können. Mit zunehmendem Einsatz der IuK-Technik wird „eine Vielzahl von Arbeitsplätzen einschneidende Änderungen erfahren, bestimmte Berufsbilder neue Inhalte erhalten“[283]. Darüber hinaus wird der Einsatz der IuK-Technik in Verbindung mit einer Beeinflussung von Hierarchiestrukturen gebracht, das teilweise positive, teilweise aber auch negativen Folgen hat: „Die Dezentralisierung der Information und ihre jederzeitige Verfügbarkeit für alle Beteiligten ermöglicht auch eine stärkere Dezentralisierung von Aufgaben. Gleichzeitig lassen sich hergebrachte Entscheidungshierarchien verkürzen. Das erlaubt u.a. ein schnelleres und flexibleres Reagieren. Die damit anfallenden Planungs- und Koordinierungsprozesse stellen eine neue Herausforderung für die Führungsebene dar"[284]. Zu Bedenken gilt, dass „wenn zunehmend polizeiliche Kapazität zur Bedienung von Computersystemen gebunden wird, die Gefahr [entsteht], dass die Polizei verbürokratisiert und das Verbrechen nur noch verwaltet wird"[285].

Lasten ihrer eigentlichen Aufgaben geht. Insoweit wirkt sich die neue Technik sogar dysfunktional aus. Hinzu kam die Zusatzbelastung, die die Aus- und Fortbildung mit sich bringen, um mit den neuen Medien umgehen zu können. Die so betroffenen Mitarbeiter fragen sich, ob hier denn wohl die richtige Personalplanung vorgenommen wurde“.

[279] Boge, Heinrich: *Wohin führt die technische Entwicklung?*, in: Bundeskriminalamt (Hrsg.): Technik im Dienste der Straftatenbekämpfung, BKA-Vortragsreihe Bd. 35, Wiesbaden, 1990, S. 242.

[280] Kube, Edwin: *Schlusswort zur BKA-Arbeitstagung ‚Technik im Dienste der Straftatenbekämpfung' vom 7.-10.November 1989*, in: Bundeskriminalamt (Hrsg.): Technik im Dienste der Straftatenbekämpfung, BKA-Vortragsreihe Bd. 35, Wiesbaden, 1990, S. 286. Siehe auch Brandt, *Technik als „Kulturschock" im polizeilichen Alltag?*, Fn. 277, S. 126.

[281] Für ein Beispiel aus Düsseldorf siehe Brandt, *Technik als „Kulturschock" im polizeilichen Alltag?*, Fn. 277, S. 128.

[282] Ebenda, S. 121-122 & 129-130.

[283] Zachert, *Technik und Polizei: Möglichkeiten und Folgen*, Fn. 235, S. 49.

[284] Ebenda.

[285] Spranger, Carl-Dieter, Eröffnungsansprache anläßlich der BKA-Tagung Polizeiliche Datenverarbeitung vom 2. bis 5. November 1982, in: Bundeskriminalamt (Hrsg.): Polizeiliche Datenverarbeitung, BKA-Vortragsreihe Bd. 28, Wiesbaden, 1983, S. 11.

Zweifelsohne erweist sich die IuK-Technik als unentbehrliches Mittel zur Verbrechensbekämpfung. Dabei sind der Technik Grenzen in kriminalrepressiver wie kriminalpräventiver Hinsicht gesetzt, denn „eine noch so reichhaltige Datenbank allein verhindert keinen einzigen Diebstahl, eine noch so genaue Täterbeschreibung ist noch keine Tätergreifung. (Viele Top-Terroristen kennt man seit Jahren ganz genau, doch findet man sie nicht). Die ‚Vorfeld'-Verlagerung der polizeilichen Arbeit, die Inanspruchnahme der Zukunftsdimension als Aufgabenfeld beschränkt sich bezeichnenderweise auf das Informationsverhalten: der Gesetzgeber käme in allergrößter Verlegenheit, wollte man ihm auch eine nur halbwegs konkret typisierende Aufgabenbeschreibung für die Zonen der ‚Vorbereitung' oder ‚Vorsorge' über das bloße Datenerheben und –verarbeiten hinaus abverlangen. Und der Polizeipraktiker dürfte zu Recht darauf hinweisen, dass er mit der herkömmlichen Arbeit der Prävention und Repression in der Gegenwart vollauf beschäftigt sei. Ist das computergefütterte neue Kleid der Polizei also recht weit geschnitten, so muß man fragen, ob ihre rechtsstaatliche Gestalt darin noch eine gute Figur macht“[286].

Fraglich ist, ob der Tag je kommen wird, an dem der Polizeirechner zur ultima ratio der Verbrechensbekämpfung avanciert und dem Ermittler auf Knopfdruck eine Antwort auf seine in repressiver Hinsicht gestellte Frage „Wer hat die Tat begangen?“ und – dies noch wichtiger – die in präventiver Hinsicht gestellte Frage „Wer, wann, wo und auf welcher Weise wird Straftat X, Y, Z begehen?“ vermitteln kann. Zumindest vom heutigen technischen Standpunkt aus gesehen, scheint dies noch in weit entfernter Zukunft zu liegen. Die Grenzen der Technik sind sich stets vor Auge zu halten, denn: „Ganz sicher ist die Datenverarbeitung nicht das Allheilmittel bei der Verbrechensbekämpfung – auch konventionelle Hilfsmittel können rationell und optimal sein -, sie ist aber eine wesentliche Hilfe bei der Bewältigung polizeilicher Aufgaben"[287]. Ein ehemaliger Präsident des BKA verweist auf die Zweischneidigkeit der Technik, die keine „Wunderwaffe im Kampf gegen die Kriminalität [ist]. Sie birgt Chancen und Risiken zugleich"[288]. Auf einer Tagung des BKA vor knapp 20 Jahren hat Carl Spranger das fundamentale Defizit der polizeilichen IuK-Technik in aller Deutlichkeit zur Sprache gebracht, u.a. mit dieser Äußerung: „Wir dürfen allerdings nicht in den Fehler verfallen, allein auf die Technik zu setzen. Diese ist nicht ein Selbstzweck, sie kann immer nur Hilfsmittel sein ... die Fähigkeit des Menschen zu intuitivem und assoziativem Denken ist nach wie vor unerreicht. Gerade die Verbrechensbekämpfung lebt jedoch von der Intuition und der individuellen Kreativität des einzelnen Kriminalbeamten, seiner Sachkunde, seiner Erfahrung und seinem persönlichem Einsatz. Dies kann kein

---

[286] Denninger, *Verfassungsrechtliche Grenzen polizeilicher Datenverarbeitung insbesondere durch das Bundeskriminalamt*, Fn. 55, S. 53.

[287] Stuff, Hans-Georg: *Die Veränderung der Arbeitswelt des polizeilichen Sachbearbeiters*, in: Bundeskriminalamt (Hrsg.): Polizeiliche Datenverarbeitung, BKA-Vortragsreihe Bd. 28, Wiesbaden, 1983, S. 226.

[288] Zachert, *Technik und Polizei: Möglichkeiten und Folgen*, Fn. 235, S. 39.

Computer ersetzen"[289]. Heute – im Jahr 2003 - hat sich daran offenbar nichts geändert.

2.6.2 Qualitative Voraussetzungen der Daten

Für eine wirksame Verbrechensbekämpfung ist der Faktor Information von unermesslichem Wert. Dabei kommt es nicht nur auf die Quantität der Information, sondern ebenfalls - und dies stellt sich im Polizeialltag als oft viel wichtiger heraus – es kommt auch auf die Qualität der Information an. Insbesondere müssen Dateien von überregionaler Bedeutung, wie sie vom BKA verwaltet werden und national, wie international zur Verfügung stehen, hohen Qualitätsanforderungen genügen. Der Begriff „Datenqualität" im polizeilichen Anwendungskontext beinhaltet dabei drei Ebenen[290]:

Aktualität: Die Aktualität ist hier nicht im zeitlichen Sinne zu verstehen. So kann bspw. eine seit drei Jahren bestehenden Fahndungsausschreibung zwecks Festnahme eines flüchtigen Straftäters noch als aktuell gelten. Maßgebend für die Aktualität von Daten ist somit nicht ihr Alter, sondern ob sie für polizeiliche Ermittlungen Relevanz besitzen. Dabei gilt: umso große die Aktualität eines Datenbestandes insgesamt ist, desto höher ist seine Qualität. Inaktuelle Daten, die aus dem einen oder anderen Grund aus der Datei nicht gelöscht werden, nehmen Systemressourcen nicht nur unnötig in Anspruch, sondern können schlimmstenfalls polizeiliche Ermittlungen behindern und damit die Effektivität und Effizienz der Verbrechensbekämpfung mindern.

Vollständigkeit: Mit Vollständigkeit soll zum Ausdruck gebracht werden, dass möglichst alle polizeilich relevanten Daten in Bezug auf den zugrundeliegenden Sachverhalt erfasst sind.

Integrität: Mit Integrität ist ein Zustand gemeint, in dem die Daten den ihnen zugrundeliegenden Sachverhalt möglichst getreu entspechen. Daten, die mit Fehlern behaftet sind, können behindernd auf die Verbrechensbekämpfung wirken. Aufgrund von fehlerhaften Daten können bspw. Maßnahmen durchgeführt werden, die für den Bürger u. U. erhebliche Grundrechtseingriffe mit sich bringen, obwohl solche Massnahmen eigentlich weder erforderlich noch gerechtfertigt sind und bei einer besseren Datenlage auch nicht durchgeführt wären.

Empirische Studien haben ernüchternde Resultate erbracht, was u.a. die Qualität von Daten in polizeilichen Grossdatenbanken anbetrifft. Eine Analyse zur Daten-

---

[289] Spranger, Eröffnungsansprache, Fn. 285, S. 11-12.

[290] Zu dieser Feststellung ist der Verfasser infolge der zu dieser Untersuchung durchgeführten Expertengespräche sowie anhand seiner Beobachtungen des Einsatzes der polizeilichen IuK-Technik gekommen.

bank des FBI, die in etwa dem vom BKA verwalteten System INPOL (Bund) entspricht, ergab bspw. folgende Feststellung: „a survey was carried out in the early 1980s of the completeness, accuracy and ambiguity and of records on persons' criminal histories and arrest warrants kept in information systems operated by the Federal Bureau of Investigation (FBI). These information systems were the National Crime Information Centre Computerized Criminal History (NCIC–CCH), the Identification Division (Ident) and the National Crime Information Center Wanted Person System (NCIC–WPS) ... the study found that 54.1 percent of the records in the NCIC-CCH and 74.3 percent of the records in the Ident system, were incomplete, inaccurate or ambiguous ... With regard to NCIC-WPS, 11.2 percent of recorded warrants were found to be no longer valid, 6.6 percent were found to be inaccurate in their classification of offence, and 15.1 percent were probably not capable of prosecution because they were more than 5 years old"[291]. Zu den rechtsstaatlichen Kosten dieser Qualitätsdefizite wurde ergänzend vermerkt, dass "the most conservative interpretation of our research is that it is reasonable to believe that (1) constitutional rights of due process are not well protected in either manual or computerized criminal-history and federal wanted-persons systems, and (2) the efficiency and effectiveness of any law enforcement or criminal-justice programs that use or rely on such records must be considerably impaired"[292]. Vor diesem Hintergrund stellt sich somit die Frage, in welchem Ausmaß qualitative Defizite auch in den Datenbeständen des BKA vorkommen. Im Schrifttum gibt es stellenweise Hinweise auf derartige Mangelerscheinungen im INPOL (Bund)[293].

2.6.3 Datensicherheit und Datenschutz

Mit der Sammlung, Speicherung, Verarbeitung und Übermittlung v.a. von personenbezogenen Daten rückt ein Erfordernis ins Blickfeld, welchem im Rechnerzeitalter zurecht eine immense Bedeutung beigemessen wird, nämlich die technische Absicherung der Daten (Datensicherheit) und ihr Schutz vor jeglicher Art von Missbrauch bzw. Zweckentfremdung (Datenschutz)[294]. Gerade im polizeilichen Bereich, wo große Mengen an personenbezogenen Daten regelmäßig erhoben, ausgewertet und übermittelt werden, ist u.a. dafür zu sorgen, dass die

---

291 Bygrave, Lee. A: *Ensuring Right Information on the Right Person(s): Legal Controls of the Quality of Personal Information*, Manuscript Series on Information Technology and Administrative Systems, University of Oslo, Bd. 4, Nr. 4/1996 (ohne Seitenangabe).

292 Ebenda.

293 Siehe Winkler, Stefan: *Polizeiliche Online-Informationssysteme*, http://www.nadir.org/nadir/initiativ/linksrhein/dokus/innen/inpol/inpol.htm (12.07.03).

294 Siehe hierzu Kersten, Klaus Ulrich: *Datenschutz und Datensicherheit in der polizeilichen Praxis*, in: Bäumler, Helmut (Hrsg.): Polizei und Datenschutz. Neupositionierung im Zeitalter der Informationsgesellschaft, Hermann Luchterhand Verlag: Neuwied u.a., 1999, S. 267 ff. Nach BKA-Präsident Kersten (S. 269) wird Datenschutz im weiteren Sinne als Dach angesehen, das auf den Säulen rechtlicher Datenschutz und Datensicherheit ruht.

Daten nur den Zugriffsberechtigten zur Verfügung gestellt werden, dass sie dabei ihre Integrität beibehalten und weder versehentlich noch absichtlich gelöscht, verändert oder verfälscht werden und nur für den Zweck eingesetzt werden, für den sie erhoben wurden. Mit ungesicherten und leicht manipulierbaren Daten geht stets die Gefahr einher, dass dadurch Nachteile für Personen entstehen, die weder Straftaten begangen haben, noch eine Gefahr darstellen. Polizeiliche Daten sind vielfältigen Risiken dauerhaft ausgesetzt, die bspw. von einem unbefugten Zugriff durch einen Sachbearbeiter bis hin zur unberechtigten Preisgabe an Außenstehende reichen können[295].

Das Bundesdatenschutzgesetz schafft eine gewisse Abhilfe, in dem es eine Reihe von Absicherungsmaßnahmen vorsieht, die in ihrer Gesamtheit ein formidables Instrumentarium verkörpern und im öffentlichen Sektor zu beachten sind[296]. Zu den vom BKA ergriffenen Datenabsicherungsmaßnahmen gehören der passwortgeschützte Zugriff auf Dateien, die periodischen Protokollierungen von Zugriffen und die Begrenzung des Zugriffs nach funktionalen Gesichtspunkten, d.h. dem Nutzer wird lediglich Zugriff auf die Dateien bzw. Daten gewährt, die zu seiner Aufgabenerfüllung tatsächlich erforderlich sind.

Der Datenschutz lehnt sich sehr eng an das Recht auf informationelle Selbstbestimmung an. Mit dem Eindringen der Datenverarbeitungstechnik in nahezu sämtliche Lebensbereichen gewann er an Bedeutung. Zwar wurde dem Datenschutz auch im vordigitalen Zeitalter teilweise Rechnung getragen, erst aber mit der elektronischen Universalerfassung der Lebenskontexte, verbunden mit der zunehmenden Leistungsfähigkeit der Technik, sind Datenmissbrauchsängste stark ins Blickfeld der Öffentlichkeit und Politik vorgerückt. Folglich wurden auf den Landes- und Bundesebenen Datenschutzgesetze erlassen und der Datenschutz in weiteren (bereichspezifischen) Gesetzen formell-rechtlich konkretisiert.

Seit geraumer Zeit ist der Datenschutz im Kontext der Verbrechensbekämpfung in Deutschland Thema einer regen, oft leidenschaftlich geführten Debatte zwischen seinen Befürwortern und Kritikern. Die Befürworter erkennen im Datenschutz eine Kontrollmöglichkeit gegenüber der Polizei und weisen zugleich darauf hin, dass „die Bundesrepublik ein Rechtsstaat [ist], und in einem Rechtsstaat kann es

---

295 Wie aus gelegentlichen Meldungen in den Medien zu entnehmen ist, kommt es auch in Deutschland hin und wieder vor, dass Polizeibeamte in kriminellen Machenschaften verwickelt sind und dabei auch personenbezogene Daten an Aussenstehenden (z.B. kriminelle Banden) preisgegeben haben.

296 Der Umgang mit personenbezogenen Daten im Privatsektor sorgt interessanterweise für weniger Kritik als im öffentlichen Sektor, obwohl die Datenabsicherung und der Datenschutz bei privaten Firmen und Stellen vergleichsweise schwieriger zu kontrollieren ist und somit ein grösseres Missbrauchspotential vorhanden ist. Zwar gilt das Bundesdatenschutzgesetz auch für den Privatsektor, fraglich ist aber, inwieweit dem Gesetz von Privaten tatsächlich Folge geleistet wird.

keine ,ungeregelte' und unkontrollierte Polizeiarbeit geben. Unsere jüngere Geschichte lehrt uns, daß wir an dieser Entscheidung des Grundgesetzes nicht rütteln lassen dürfen"[297]. Für sie wird der Datenschutz somit als eine Abwehr gegen „Gefährdungspotentiale"[298] angesehen, die sich aus dem kriminalpolizeilichen Einsatz der IuK-Technik ergeben können. Die Polizei hingegen vertritt in Sachen Datenschutz eine gegenteilige Position: „Datenschutz ist Täterschutz"[299]. Es stehen sich zwei Auffassungen gegenüber, die in der Praxis der Verbrechensbekämpfung zu berücksichtigen sind.

2.6.3.1 Argumente für den Datenschutz

Der Einsatz der kriminalpolizeilichen IuK-Technik geht - wie vorhin erwähnt - mit „Gefährdungspotentialen" für den Bürger einher. Der Datenschutz soll diese entgegenwirken – ihm kommt somit eine Schutzfunktion zu. Zu den in der Fachliteratur aufgeführten Gefährdungspotentialen zählen u.a.:

- die Erfassung von ,normalem Verhalten' aufgrund der Verlagerung der polizeilichen Informationssammeltätigkeit ins Vorfeld von konkreten Gefahrenlagen: „wenn die Grenze zwischen kriminogener Situation und harmlosen Alltag nicht mehr anhand eindeutiger Handlungen gezogen werden kann, muss die Suche nach ,Unsicherheit' auch auf normales Verhalten mit seinen vielfältigen Möglichkeiten der Rollenvariation ausgedehnt werden"[300], wobei „seine [eine Person] wirklichen, potentiell feindlichen Absichten können nur erkannt werden, wenn seine vielfältigen Masken bekannt sind. Die ,Dynamisierung' der Gefahrenvorsorge erfordert daher die systematische Erfassung von sozialen Austauschprozessen"[301]. Gefährliche, zunächst aber als solche nicht erkannte Handlungen, sind daher nur dann erfassbar, wenn „neben diesen alltäglichen Handlungsformen auch bestimmte Gesinnungen oder Lebensstile erfasst und als Risiko qualifiziert werden. Nur so erlaubt die IuK-Technik, die Vorverlegung der Sicherungslinie in die Gesellschaft hinein auch zu operationalisieren"[302].

- die zunehmende Transparenz des Individuums bei gleichzeitig wachsender Intransparenz des polizeilichen Informationsverhaltens. Ein Kennzeichen der Informationsgesellschaft ist die datenmäßige Massenerfassung von Individuen, eine

---

297 Störzer, Hans Udo: *Datenschutz bei der polizeilichen Kriminalitätsbekämpfung*, in: Kniesel, Michael/Kube, Edwin/Murck, Manfred (Hrsg.): Handbuch für Führungskräfte der Polizei – Wissenschaft und Praxis, Schmidt-Römhild: Lübeck, 1996, S. 810.

298 Siehe Rossnagel, Alexander: *Technik und die Gefahr für das Individuum*, in: Bundeskriminalamt (Hrsg.): Technik im Dienste der Straftatenbekämpfung, BKA-Vortragsreihe Bd. 35, Wiesbaden, 1990, S. 140 ff.

299 So der vielzitierte Spruch der Gewerkschaft der Polizei.

300 Rossnagel, *Technik und die Gefahr für das Individuum*, Fn. 298, S. 140.

301 Ebenda, S. 141.

302 Ebenda.

Praxis, die bereits in den 1970er Jahre das Schreckgespenst des ‚gläsernen Menschen' heraufbeschworen hat: „die Verhaltensweisen und Lebensgewohnheiten, eines jeden [sind] in breiterem Umfang und in größerer Tiefe [dem] elektronischen Zugriff offen. Das Individuum wird zunehmend transparenter"[303]. Die Datenerfassung und -speicherung erfolgt dabei dezentral und unter Mitwirkung einer Vielzahl von Dateien, Institutionen und Organisationen. Dennoch liegen die Daten aber in einer maschinell auswertbaren Form vor, und zusammen betrachtet, bilden sie alle „keine aktuelle, aber eine optionale übergroße dezentrale Datenbank. In ihr werden nicht ständig und allumfassend sämtliche Informationen über den einzelnen ausgewertet. Aber im Einzelfall können aus dem Datenmaterial vollständige Persönlichkeitsprofile von einigen oder vielen Menschen erstellt werden. Der ‚Große Bruder' steht auf Abruf bereit"[304]. Infolgedessen entsteht ein Transparenzgefälle, bei dem der Bürger für die Sicherheitsbehörden zunehmend transparenter wird, die Behörden für den Bürger hingegen aber zunehmend intransparent werden, denn „niemand wird mehr in der Lage sein zu wissen, wo überall Daten über ihn gespeichert sind. Noch viel weniger kann er wissen, wie diese interpretiert und wann und wo sie gegen ihn verwendet werden können"[305].

- die Steuerung des individuellen Verhaltens durch den Staat infolge der Verknüpfung von Informationen mit Risikobedeutungen. Denn „bedrohlich ist die polizeiliche Datenverarbeitung für die Bürger weniger dadurch, dass ‚Geheimes' bekannt würde – schon eher dann, wenn durch Verknüpfung vieler meist ‚an sich harmloser' Daten neue Informationen erzeugt werden, - vor allem aber durch den Umstand, dass die Daten von den Behörden mit Bedeutungen belegt werden, die für ihn nachteilig sind und gegen die er sich kaum wehren kann"[306]. Ergänzend hierzu: „Die Definition und Abgrenzung der ‚Risikogruppen' ist aufgrund des umfassenden Präventionsauftrags unscharf und ständig wechselnd [...] künftige IuK-Systeme ermöglichen nun der Polizei, noch leichter je nach Zielsetzung unterschiedlichste Teilmengen der Bevölkerung zu bilden und zum Gegenstand von besonderen Beobachtungen oder Behandlungen zu machen"[307]. Der Steuerungseinfluss auf das Verhalten der Betroffenen wirkt sich dann in der Art und Weise aus, dass, „wer nicht als ‚Verfassungsfeind', ‚Störer', ‚Sicherheitsrisiko' oder ‚Verdächtiger' gelten will, Verhaltensweisen vermeiden [wird], die diese Bedeutung hervorrufen könnten. Mit zunehmender Informationsmacht werden künftig auch diese für eine freie Demokratie riskanten Steuerungsmöglichkeiten staatlicher Verwaltungen zunehmen. In einer von Sicherheitsdenken geprägten Gesellschaft geht die Definitionsmacht für sozial und politisch verträgliches Verhalten weitgehend von den Parlamenten auf die Sicherheitskräfte über. Sie handeln auf der Grundlage von unbestimmten Generalklauseln unter einem umfassen-

---

303 Ebenda.

304 Ebenda, S. 142.

305 Ebenda.

306 Ebenda.

307 Ebenda, S. 143.

den Präventionsauftrag. Sie bestimmen, indem sie diese konkretisieren, was als verdächtig oder riskant gilt, was erfassungs- und untersuchenswert erscheint, was ‚gefährlich' oder ‚verfassungsfeindlich' ist. Sie beeinflussen durch ihre Kontroll- und Überprüfungstätigkeit das Verhalten von Bürgern und Gruppen. Sie steuern über deren Anpassungsverhalten in starkem Maße die gesellschaftliche Entwicklung"[308].

- der grenzüberschreitende Datenverkehr. Zwar gibt es Bestimmungen, die den Datenschutz im bilateralen wie im multilateralen Rahmen regeln. Es wurde aber auch festgestellt, dass es Möglichkeiten gibt, diese u.U. zu umgehen: „the multi- or supranational investigation allows abuses of legal process, by facilitating the storing on information in those jurisdictions where protection of individual rights is weakest. For example, US investigators became accustomed to circumvent American privacy laws by storing information on suspects on the data archive of the BKA in Wiesbaden, where the struggle against terrorism permitted looser laws on privacy"[309]. Angesichts dieser für Datenschützer ernüchternden Feststellung und in Anbetracht der seit Jahren zu verzeichnender ständigen Zunahme des grenzüberschreitenden Datenverkehrs - und dies insbesondere vor dem Hintergrund des „global war on terrorism", der derzeit voll im Gange ist - stellt sich die Frage, inwieweit der Datenschutz im grenzüberschreitenden Rahmen tatsächlich Rechnung getragen wird.

2.6.3.2 Argumente gegen den Datenschutz

Der Datenschutz ist nicht unumstritten. In Anbetracht der negativen Kriminalitätsentwicklung in Deutschland und ihrer wachsenden Dynamik, Komplexität und Gefährlichkeit, sieht sich der Datenschutz seit geraumer Zeit erheblicher Kritik v.a. seitens der Kriminalpolizei fortwirkend ausgesetzt. Aus kriminalpolizeilicher Sicht wird der Datenschutz häufig als ein behindernder Faktor bei der Verbrechensbekämpfung angesehen. In der Fachliteratur finden sich gegen den Datenschutz u.a. folgende Bedenken:

- Die Einhaltung der datenschutzrechtlichen Bestimmungen geht mit einer beträchtlichen Personalkapazitätsbindung seitens der Polizei einher, die statt dessen für die Verbrechensbekämpfung hätte eingesetzt werden können, und wodurch „Kriminelle daraus Ihren Nutzen ziehen [können]"[310]. Interessant sind die in der Literatur dazu aufgeführten Angaben in Bezug auf das BKA. Anfang der 1980er Jahre wurde festgestellt, dass „zeitweise [...] allein im BKA bis zu 100 Mitarbeiterinnen und Mitarbeiter mit nichts anderem als Aussonderungsprüfungen

---

308 Ebenda.

309 Tupman, Bill: *Police Databases: Proportionate, Ethical and Legally Viable Responses to Domestic and International Crime Problems?*, Paper Presented to the Centre for Law and Society Seminar Series, University of Edinburgh, 26. November 1998, S. 4.

310 Störzer, *Datenschutz bei der polizeilichen Kriminalitätsbekämpfung*, Fn. 297, S. 810.

befasst [waren und sind]. Parallel dazu wird eine solche Prüfung von allen Sachbearbeitern im Rahmen aktueller Vorgangsbearbeitung verlangt. Sieht man daneben noch die gleichartigen Anstrengungen der Länder, darf dem so quantifizierbaren personellen und materiellen Aufwand die Anerkennung nicht versagt werden, insbesondere in Anbetracht des Umfangs der übrigen polizeilichen Aufgaben, die nicht ab-, sondern zugenommen haben"[311]. Jahre später wurde festgestellt, dass „im Bundeskriminalamt pro Monat ca 15000 Kriminalakten vernichtet werden und pro Jahr ca. 200 Petentenanfragen zu beantworten sind, die z.T. umfangreiche Recherchen in Dateien und/oder Aktenhaltung sowie eine beträchtliche Korrespondenz mit anderen Behörden notwendig machen. Um aber genau zu wissen, wie hoch der jeweilige Arbeitsaufwand für Belange des Datenschutzes einschließlich der Datensicherheit ist, hat das Bundeskriminalamt im Mai 1993 in den Fachreferaten eine entsprechende Erhebung durchgeführt. Insgesamt wurden 955 Mitarbeiter – davon 563 Vollzugsbeamte – gemeldet, die zwischen 0,5% und 100% ihrer Arbeitszeit für derartige Aufgaben verwenden. Zur Erleichterung eines Gesamteindruckes haben wir zu den 34 ganztägig mit Datenschutz/Datensicherheit befassten Kräften die Arbeitszeitanteile der übrigen hinzugerechnet. Daraus ergibt sich eine Zahl von umgerechnet 134 Stellen, die ständig und ausschließlich dem Bereich Datenschutz/Datensicherheit gewidmet sind. Das sind *fast 4% der Gesamtzahl der Beschäftigten.* Gut ein Viertel davon sind Vollzugsbeamte"[312]. Laut Klaus Kersten wurde bei einer Wiederholung der Erhebung im Dezember 1998 ferstgestellt, dass die Anzahl der mit Datenschutzaufgaben befassten MitarbeiterInnen auf 1.487 erheblich erhöht hat[313]. Auf Vollzeitbasis umgerechnet sind dies 194 Stellen, d.h. eine Steigerung von ca. 44% gegenüber 1993[314].

- Für die Polizei stellen die Datenvernichtungsklauseln (Aussonderung, Erforderlichkeitsüberprufung ggf. mit anschließender Löschung), die im BKAG i.d.F. vom 07.07.1997 und in den Länder-Polizeigesetzen vorgesehenen sind, eine beträchtliche Hürde für deren Aufgabenerfüllung dar. Allein im Jahr 2000 wurden vom BKA ca. 206.000 Fingerabdruckblätter samt dazugehöriger eventuell vorhandener Kriminalakten ausgesondert[315]. Folgendes Beispiel verdeutlicht die mit der Datenvernichtung einhergehende Problematik aus polizeilicher Sicht: „Da die Polizei z.B. die erkennungsdienstlichen Unterlagen über einen jugendlichen Hakenkreuzschmierer – sofern er nicht noch einmal erwischt wird – nach fünf Jahren löschen muß, fängt sie mit Ermittlungen und Täteridentifizierung wieder beim Nullpunkt an, wenn er zu einem brandschatzenden Rechtsterroristen herange-

---

[311] Tolksdorf, Herbert: *Polizei und Datenschutz*, in: Bundeskriminalamt (Hrsg.): Polizeiliche Datenverarbeitung, BKA-Vortragsreihe Bd. 28, Wiesbaden, 1983, S. 188–189.
[312] Störzer, *Datenschutz bei der polizeilichen Kriminalitätsbekämpfung*, Fn. 297, S. 784.
[313] Vgl. Kersten, *Datenschutz und Datensicherheit in der polizeilichen Praxis*, Fn. 294, S. 270.
[314] Ebenda.
[315] Vgl. Bundeskriminalamt (Hrsg.): *Das Bundeskriminalamt. Fakten und Zahlen*, Wiesbaden, 2001, S. 8.

wachsen ist"[316]. In empirischer Hinsicht konnte diese These bestätigt werden[317]. Vor diesem Hintergrund gesehen, stimmt die Aussage der Gewerkschaft der Polizei - Datenschutz sei Täterschutz - im buchstäblichen Sinne.

Im Hinblick auf die Datenvernichtung wird andererseits die Auffassung vertreten, dass der Datenschutz eine Voraussetzung für ein effizientes polizeiliche Handelns ist, und zwar deshalb, weil „die Polizei nicht ‚den letzten rostigen Nagel' über einen unvertretbaren Zeitraum aufbewahren [will], sondern für eine kriminalistisch sinnvolle, verantwortungsbewusste Aktenbereinigung ein[tritt]. Der Beurteilungsrahmen für die in diesem Zusammenhang immer erforderliche Prognose darf allerdings nicht zu eng angesetzt werden, damit später nicht mehr schließbare Erkenntnis- oder Fahndungslücken entstehen"[318]. Verneint wird die These von der „Datensammlungswut", weil: „die Polizei selbst am wenigsten an ‚blindwütigem' Sammeln interessiert ist, Quantität wird nicht automatisch Qualität. Datenschutz findet am intensivsten im Bereich der Polizei durch diese selbst statt"[319].

Es wird auch behauptet, dass der Einsatz der IuK-Technik den Datenschutz eher fördert anstatt ihn zu gefährden, denn „wer 5 Millionen Daten mit bestimmten Angaben über Einzelpersonen in einem Computer verwaltet, ist von der betroffenen Einzelperson viel weiter entfernt als der, der eine Handakte oder eine Handdatei führt, z.B. in einer kleinen Gemeinde oder einem anderen überschaubaren Bereich. Dies kann viel schlimmer sein, als wenn diese Daten in einem Großcomputer verschwinden. Die Gefahr von Unkorrektheiten im Umgang mit intimen Daten wird für den einzelnen wesentlich geringer"[320]. Für die datenschützende Funktion der IuK-Technik spricht zudem, dass ein Datenmissbrauch durch die

---

316 Störzer, *Datenschutz bei der polizeilichen Kriminalitätsbekämpfung*, Fn. 297, S. 810.

317 Vgl. Bux, Kuno, Podiumsgespräch anläßlich der BKA-Arbeitstagung Polizeiliche Datenverarbeitung vom 2. bis 5. November 1982, in: Bundeskriminalamt (Hrsg.): Polizeiliche Datenverarbeitung, BKA-Vortragsreihe Bd. 28, Wiesbaden, 1983, S. 257. Kuno legt hierzu ein interessantes Beispiel aus Baden-Württemberg vor: „Die KpS-Richtlinien sehen eine regelmäßige Löschungsfrist von zehn Jahren bei Erwachsenen und fünf Jahren bei Jugendlichen vor. Vor Inkrafttreten der KpS-Richtlinien betrug die Löschungsfrist 25 Jahre ... Im Rahmen einer programmierten Vernichtungsaktion über unser PAD-Verfahren haben wir im Bereich der Polizeidirektion Esslingen mit unserem System 1000 Wiederholungstäter ausdrucken lassen. Bei der Überprüfung dieser Ausdrucke stellten wir fest, dass in 109 Fällen die erfassten jugendlichen Straftäter erst nach Ablauf von fünf Jahren wieder polizeilich in Erscheinung getreten waren. Hätten früher die KpS-Richtlinien in dieser Form bestanden, wären in diesen 109 Fällen also die Akten bereits vernichtet gewesen, bevor eine Wiederholungstat der Polizei bekannt geworden ist".

318 Tolksdorf, *Polizei und Datenschutz*, Fn. 311, S. 189.

319 Boge, Heinrich, Aussage im Rahmen des Podiumsgespräches anläßlich der BKA-Arbeitstagung Polizeiliche Datenverarbeitung vom 2. bis 5. November 1982, in: Bundeskriminalamt (Hrsg.): Polizeiliche Datenverarbeitung, BKA-Vortragsreihe Bd. 28, Wiesbaden, 1983, S. 239.

320 Neu, Herbert, Aussage im Rahmen des Podiumsgespräches anläßlich der BKA-Arbeitstagung Polizeiliche Datenverarbeitung vom 2. bis 5. November 1982, in: Bundeskriminalamt (Hrsg.): Polizeiliche Datenverarbeitung, BKA-Vortragsreihe Bd. 28, Wiesbaden, 1983, S. 245.

Abschottung von Datenbeständen und die Vergabe von Zugriffsberechtigungscodes mit entsprechenden technischen Vorkehrungsmaßnahmen (z.B. zur Protokollierung von Zugriffszweck und –zeit sowie der Identität des ersuchenden Beamten) entgegengewirkt. Darüber hinaus gewährleistet der Einsatz der IuK-Technik die Aktualität der Daten: „Vor Einsatz der Datenverarbeitung [waren] Fahndungsersuchen im Deutschen Fahndungsbuch bekanntlich bis zu 4 Wochen und in den Personenfahndungskarteien mehrere Tage aufgrund der redaktionellen Arbeiten zur Aktualisierung veraltet. In der Personenfahndungsdatei dagegen führt die Rücknahme eines Fahndungsersuchens augenblicklich zur Inaktualisierung, und eine unzulässige Beeinträchtigung der schutzwürdigen Belange des Betroffenen ist insoweit nicht mehr möglich. Aktualisierung bedeutet also praktizierter Datenschutz“[321].

- Kritik richtet sich an den Datenschutz, weil „ein überzogener Datenschutz, der uns verpflichtet, entsprechende Daten frühzeitig wegzuwerfen oder nicht weiterzugeben ... oder unserer Erkenntnisse auf Anfrage offenzulegen, zu einer noch unsozialeren Kriminalpolitik [führt]: die Kleinen fängt man, die Großen lässt man laufen, und dies dann noch unter der Devise eines besonders freiheitlichen und sozialen Rechtsstaates!“[322].

Wie sich das Spannungsverhältnis zwischen dem Datenschutzes einerseits, und dem Streben der Kriminalpolizei nach einer wirksameren Verbrechensbekämpfung, bei der die Kriminalprävention stärker als bisher zur Geltung kommt, entwickelt bleibt abzuwarten. Mit Blick auf die Diskussion Datenschutz kontra Verbrechensbekämpfung kann man sich auf folgende Äußerung eines ehemaligen BKA-Präsidenten anläßlich einer BKA-Arbeitstagung rückbesinnen: „Nach alledem muß es die wichtigste Aufgabe aller Interessengruppen sein, auch für den Einsatz der Technik die schwierige Balance zwischen Freiheit und Sicherheit zu finden und aufrechtzuerhalten. Technik kann die individuelle Freiheit gefährden, sie aber auch gewährleisten. Sie vermag Sicherheit zu schaffen, die immer auch ein Stück Freiheit bedeutet“[323].

---

[321] Tolksdorf, *Polizei und Datenschutz*, Fn. 311, S. 178.

[322] Stümper, Alfred: *Wohin führt die technische Entwicklung? – Erwartungen des Polizeipraktikers* -, in: Bundeskriminalamt (Hrsg.): Technik im Dienste der Straftatenbekämpfung, BKA-Vortragsreihe Bd. 35, Wiesbaden, 1990, S. 263.

[323] Boge, *Wohin führt die technische Entwicklung?*, Fn. 279, S. 242.

2.6.4 Der Einsatz von Verbrechensbekämpfungsinstrumenten über die Informations- und Kommunikationstechnik hinaus

Seine IuK-Technik stellt für das BKA zweifellos das wichtigste Instrument zur Verbrechensbekämpfung dar. Mit einer state-of-the-art informations- und kommunikationstechnischen Ausstattung einschließlich einer kaum überschaubaren Vielzahl von Dateien allein können aber weder das BKA noch die anderen Akteure des Verbundes der Inneren Sicherheit in Deutschland die Kriminalität auf Dauer wirksam bekämpfen. Denn der bloße Einsatz der IuK-Technik ist kein Ersatz für die notwendige Beseitigung staatlicher Handlungsdefizite in anderen der Verbrechensbekämpfung dienenden Bereichen. Die IuK-Technik ist nur eines unter vielen Instrumenten, deren Ausgestaltung, Einsatzintensität und Zusammenwirken den Grad des Erfolgs bei der Verbrechensbekämpfung letztlich bestimmen. Nachfolgend werden einige dieser Instrumente kurz dargestellt:

2.6.4.1 Die Kriminalpolitik

Der Grad des Verbrechensbekämpfungserfolgs wird in einem erheblichen Maße von der Kriminalpolitik des Staates mitbestimmt. Eine härtere, auf Dauer angelegte Kriminalpolitik dürfte dabei einen höheren Verbrechensbekämpfungseffekt haben als eine vergleichsweise mildere Politik. In Deutschland sind z.T. beachtliche Divergenzen auf kriminalpolitischer Ebene bei den Bundesländern erkennbar[324], die auf Unterschiede in parteipolitisch bedingten Weltanschauungen und regional-kulturellen Besonderheiten zurückzuführen sind. So verfolgt der Freistaat Bayern bspw. eine Politik der „Null-Toleranz"[325].

2.6.4.2 Sonstige Politikbereiche

Neben der Kriminalpolitik haben einige anderer Politikbereiche – v.a. die Arbeits-, Asyl-, Ausländer-, Bildungs-, Einwanderungs-, Familien-, Jugend-, Medien-, Wohnungs- und Wirtschaftspolitik – jede für sich, einen Einfluß auf die Kriminalitätsentwicklung.

Die Wechselwirkung zwischen diesen Politikbereichen einerseits und der Kriminalitätsentwicklung andererseits ist nicht eindeutig geklärt, dennoch liegt die Annahme nahe, dass ein gezieltes Eingreifen seitens des Staates hier einen Beitrag zur Verbrechensbekämpfung leisten kann. Zumindest auf die Massen- und Gewalt-

324 Aufgrund des Föderalismus in Deutschland scheidet eine vom Bund aufgesetzte einheitliche Kriminalpolitik für ganz Deutschland aus.

325 Bekanntlich neigen die konservativ regierten Bundesländer traditionell eher dazu, eine vergleichsweise härtere kriminalpolitische Linie als die sozialdemokratisch geführten Bundesländer zu verfolgen. Zu beachten dabei ist, dass Bayern eine, im Vergleich zu anderen Bundesländern, verhältnismäßig kleinere Kriminalitätsrate und höhere Verbrechensaufklärungsquoten aufweisen.

kriminalität dürfte dies zutreffen, für die Organisierte Kriminalität sowie für den internationalen Terrorismus dürfte der Effekt hingegen gering ausfallen.

2.6.4.3 Das Strafrecht

Das Strafrecht ist das klassische Mittel zur Verbrechensbekämpfung. Es umfasst das Strafgesetzbuch und Nebenstrafgesetze. Das Strafrecht hat sowohl eine Rehabilitations- als auch eine Präventionsfunktion. Seine Effektivität in kriminalpräventiver hinsicht ist jedoch umstritten[326]. Im Hinblick auf den internationalen Terrorismus und die Organisierte Kriminalität dürfte eine Verschärfung der nationalen strafrechtlichen Bestimmungen keine nennenswerte positive Wirkung mit sich bringen, bei der Massen- und Gewaltkriminalität hingegen könnten härtere Strafen möglicherweise eine Abschreckungswirkung im begrenzten Maße entfalten.

2.6.4.4 Nicht-strafrechtliche Bereiche

Eine vergleichsweise wirksamere Alternative zum Strafrecht bieten außerhalb des Strafrechts stehende Rechtsbereiche. Maßnahmen der Legislative setzen hier häufiger und mit größerem Erfolg an. Denn das Recht ist ein durchaus flexibles Verbrechensbekämpfungsinstrument und in einem von zunehmenden Gefahren und Risiken behafteten Kriminalitätsumfeld ist es stärker herausgefordert, eine Präventionsfunktion zu erfüllen.

Mit Blick auf die Gesetzgebungsentwicklung in Deutschland im Rahmen der Inneren Sicherheit seit den 1970er Jahren, wird eine präventive bzw. gefahrenabwehrende Tendenz zunehmend erkennbar[327]. In den knapp zwanzig Jahren seit der Verkündung des Volkszählungsurteils wurden sowohl auf der Ebene des Bundes als auch auf der der Länder eine Reihe von Gesetzen erlassen bzw. bereits bestehende Regelungswerke in materieller Hinsicht erweitert, die das Recht auf informationelle Selbstbestimmung in einem nicht zu übersehenden Ausmaß eingeschränkt haben, darunter:

Länderebene: Die Novellierung der Länder-Polizeigesetze in den 1980er und 1990er Jahren. Ein inhaltlicher Schwerpunkt war die polizeiliche Informationsvorsorge und zwar v.a. mit Blick auf die Bekämpfung der Organisierten Kriminalität. Denn nur mit solchen Maßnahmen glaubt man, Strukturgeflechte dieser Kriminalitätserscheinungen ggf. durchleuchten und damit wirksamer bekämpfen zu können. Die Vorverlagerung der polizeilichen Informationserhebungskompetenz

---

[326] Einige Studien in Deutschland und im Ausland haben die Effektivität des Strafrechts als Präventionsmittel in Frage gestellt. Siehe hierzu Jehle, Jörg-Martin (Hrsg.): *Kriminalprävention und Strafjustiz*, Kriminologie und Praxis, Schriftenreihe der Kriminologischen Zentralstelle e.V., Bd. 17, Wiesbaden, 1996, S. 203 ff.

[327] Siehe hierzu Pitschas, Rainer (Hrsg.): *Kriminalprävention und „Neues Polizeirecht": Zum Strukturwandel des Verwaltungsrechts in der Risikogesellschaft*, Duncker und Humblot: Berlin, 2002.

bedeutet zugleich den Abschied vom traditionellen polizeilichen Gefahrenkonzept, das sich stets an der Abwendung konkreter Gefahren orientiert hat[328].

Bundesebene: Einige Gesetze wurden seit den 1980er Jahre vom Bund erlassen. Schwerpunkt war hierbei zunächst die Bekämpfung der Organisierten Kriminalität. Dazu hat der Bund einige Gesetze erlassen[329] und Art. 13 des GG entsprechend angepasst[330]. Damit wurde für die Polizei die Ermächtigungsgrundlage geschaffen, zur Abwehr einer „dringenden Gefahr" in Wohnungen technische Abhörmittel einzusetzen[331] - eine präventive Maßnahme, die in der inneren sicherheitspolitischen Diskussion und in der Fachliteratur seither für eine lebhafte Diskussion gesorgt hat.

Eine andere von der Prävention stark geprägte Initiative war die Änderung des Bundesgrenzschutzgesetzes in 1998[332]. Für Beamte des BGS wurde die Ermächtigungsgrundlage dafür geschaffen, sog. verdachtsunabhängige Personenkontrollen bis zu einer Entfernung von dreißig Kilometern von den Grenzen Deutschlands durchführen zu dürfen. Damit war der Gesetzgeber offenbar bemüht, den mit dem Abbau der polizeilichen Kontrollen an den Binnengrenzen aufgrund des Schengener Durchführungsübereinkommens einhergehenden Informations- und Kontrollverlust auszugleichen. Nach vorliegenden Angaben ist der damit einhergehende Verbrechensbekämpfungseffekt erheblich[333].

Derzeit liegt ein Interessenschwerpunkt des Gesetzgebers in der Terrorismusbekämpfung. Das nach dem 11. September 2001 in Deutschland erlassenen *Gesetz zur Bekämpfung des internationalen Terrorismus*[334], das am 01.01.2002 in Kraft tratt und zur Folge hatte, dass einige Bundesgesetze ergänzt wurden, sieht einen erweiterten Eingriff in das Recht auf informationelle Selbstbestimmung vor. Vorgesehen ist eine Intensivierung des Informationsaustauschs zwischen den Akteuren der deutschen Verbund der Inneren Sicherheit und ein erleichterter Zugriff auf Dateien anderer Ämter und Behörden.

---

328 Siehe hierzu die novellierten Länderpolizeigesetze. Die Eingriffsvoraussetzungen variieren je nach Bundesland.

329 Dazu zählen das *Gesetz zur Bekämpfung des illegalen Rauschgifthandels und anderer Erscheinungsformen der Organisierten Kriminalität* (OrgKG) vom 15. Juli 1992, das *Gesetz über das Aufspüren von Gewinnen aus schweren Straftaten* (Geldwäschegesetz – GWG) vom 25. Oktober 1993, das *Gesetz zur Änderung des Strafgesetzbuches, der Strafprozessordnung und anderer Gesetze* (Verbrechensbekämpfungsgesetz) vom 28. Oktober 1994 sowie das *Gesetz zur Bekämpfung der Organisierten Kriminalität* vom 04. Mai 1998.

330 Siehe das *Gesetz zur Änderung des Grundgesetzes* (Artikel 13) vom 26.03.1998, BGBl. I, S. 610.

331 In der inneren sicherheitspolitischen Diskussion und in der Literatur wird diese Befugnis polemisch als „großer Lauschangriff" bezeichnet.

332 BGBl. I, S. 2486. Betroffen sind die §§ 23, 23 und 44 des BGSG.

333 Siehe hierzu die Jahresberichte des BGS.

334 BGBl. I 2002, S. 361-395.

2.6.4.5 Grenzüberschreitende Zusammenarbeit im EU-Rahmen

Mit Blick auf die Organisierte Kriminalität und den internationalen Terrorismus erfordert deren wirksamen Bekämpfung angesichts ihrer zunehmenden Gefährlichkeit eine enge Zusammenarbeit im grenzüberschreitenden Rahmen. Insbesondere hinsichtlich des Informationsaustauschs ist eine gute Zusammenarbeit zwischen den Akteuren Kriminalpolizei und Nachrichtendienste erforderlich. Die Ursachenforschung zu den Terroranschlägen vom 11. September 2001, hat u.a. auch deutlich vor Augen geführt, dass der Informationsaustausch im grenzüberschreitenden Rahmen erhebliche Defizite aufweist.

Grenzüberschreitende Zusammenarbeit zur Verbrechensbekämpfung ist kein Novum. Bereits seit 1923 existiert sie in einem multilateralen institutionellen Rahmen[335]. Seit den 1970er Jahren sind in Westeuropa Arbeitsgremien entstanden, die sich mit der Bekämpfung verschiedener Kriminalitätsformen befassen[336]. Der Höhepunkt der bisherigen gemeinsamen Bemühungen um mehr Sicherheit in Westeuropa ist die Errichtung von EUROPOL sowie die Inbetriebnahme des Schengener-Informationssystems[337]. Seit dem Vertrag von Maastricht (1992), und damit die Aufnahme der Bereiche Inneres und Justiz als dritte Säule der EU, sowie dem Inkrafttreten des Schengener Durchführungsübereinkommens (1995), zeichnet sich in der EU eine zunehmende Abstimmungstendenz in der westeuropäischen Verbrechensbekämpfungspolitik ab. Freilich ist dies nicht überraschend, da u.a. der Abbau der polizeilichen Kontrollen an den Binnengrenzen im Unionsraum die EU in einen de facto großen, gemeinsamen kriminalgeographischen Raum verwandelt haben und mit der künftigen Osterweiterung weitere Kriminalitätsimpulse zu erwarten sind.

Seit Maastricht wurde im Rahmen der dritten Säule der EU eine Fülle von Rechtsakten[338] erlassen, mit denen die Zusammenarbeit zwischen den Unionsstaaten intensiviert werden soll. Dennoch verläuft die Zusammenarbeit im Unionsraum nicht frei von Hemmnissen. Dazu zählen bspw. der Souveränitätsvorbehalt, der auf das sensible Aufgabenfeld Innere Sicherheit im besonderen Maße zutrifft. Auch die Zusammenarbeit auf der justiziellen Ebene bietet Raum für Kritik offen. Divergenzen zwischen den Unionsstaaten bestehen hinsichtlich Verbrechensbekämpfungsschwerpunkten, den Aufbaustrukturen und Kompetenzen von mit der Inneren Sicherheit befassten Institutionen und deren Verwaltungskulturen. Insbesondere die Zusammenarbeit auf der justiziellen Ebene zeigt sich als ver-

---

335 Siehe hierzu die Ausführungen zu INTERPOL im dritten Teil dieser Untersuchung.

336 Siehe hierzu Lange, *Innere Sicherheit im politischen System der Bundesrepublik Deutschland*, Fn. 183, 1999.

337 Dazu ausführlich im dritten Teil der Untersuchung

338 Dazu zählen z.B. gemeinsame Beschlüsse, Maßnahmen und Standpunkte sowie Übereinkommen. Diese Rechtsakte weisen aber nicht die gleiche Rechtsqualität auf wie die EG–Verordnung oder die EG-Richtlinie.

besserungswürdig, obwohl mittlerweile auf dieser Ebene auch Annäherungstendenzen zunehmend zu erkennen sind[339].

2.6.4.6 Grenzüberschreitende Zusammenarbeit zwischen EU- und Nicht-EU-Staaten

Auch über den Unionsraum hinaus gibt es Möglichkeiten zur Verbrechensbekämpfung. Deutschland und andere EU-Staaten sind hierbei darum bemüht, ihre Zusammenarbeit mit einigen Entwicklungs- und Transformationsländern zu intensivieren, und zwar v.a. deswegen, weil es sich bei organisierten Kriminellen und Terroristen überwiegend um Personen aus diesen Ländern handelt, und die ihre kriminellen Infrastrukturen z.T. vor Ort unterhalten. Die Zusammenarbeit umfasst finanzielle, materielle, technische und personelle Elemente. So hat Deutschland beachtliche Summen für Rauschgiftsbekämpfungsmaßnahmen in Lateinamerika zur Verfügung gestellt, ebenso für die Modernisierung der Polizeibehörden in den von Organisierter Kriminalität stark betroffenen Staaten Osteuropas. Auch ist auf das BKA-Netz der Verbindungsbeamten zu verweisen, die zumeist in Staaten präsent sind, die von Organisierten Kriminalität oder Terrorismus betroffen sind.

---

339 Hin und wieder wird eine Harmonisierung bzw. Angleichung des Strafrechts der Unionsstaaten gefordert. Ob dies in absehbarer Zeit umgesetzt und im Hinblick auf die Verbrechensbekämpfung wirksam wäre, sei allerdings sehr fraglich. Eine höhere Effektivität verspricht hingegen die mittlerweile vereinbarte gegenseitige Anerkennung von Gerichtsurteilen, die Auslieferungsbeschleunigung und die Einführung des europäischen Haftbefehls.

Abbildung 11: Die Stellung der IuK-Technik des BKA im Spektrum der Instrumente der inneren Sicherheit

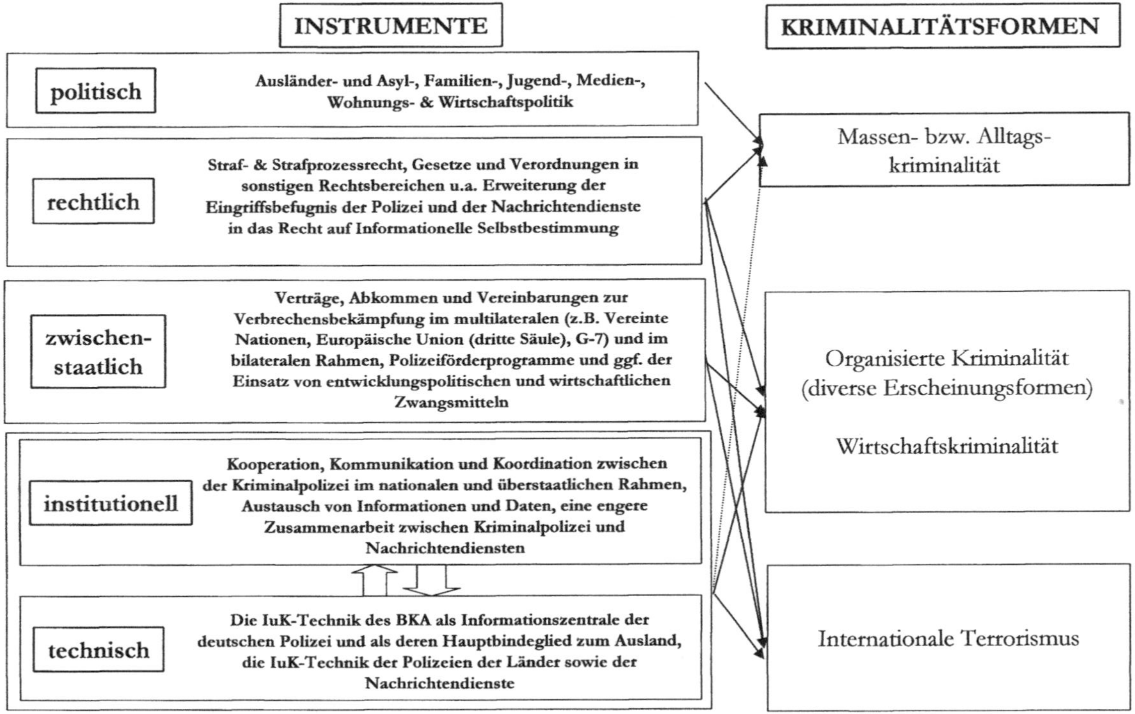

Quelle: eigene Darstellung

2.7 Möglichkeiten und Grenzen der Informations- und Kommunikationstechnik im Rahmen der vorbeugenden Verbrechensbekämpfung in Deutschland

2.7.1 Die Gefahrenabwehr als Leitziel der vorbeugenden Verbrechensbekämpfung

Das primäre Ziel der vorbeugenden Verbrechensbekämpfung ist die Abwehr von Gefahren bzw. die Minimierung von Risiken. Ein Risiko ist ein auf der Grundlage des vorhandenen Erkenntnisstandes sich ergebender qualitativer oder quantitativer Schätzwert[340] über das künftige Eintreten einer Straftat. Risiken sind omnipräsent, oftmals von einem hohen Grad an Dynamik geprägt (d.h. neue Risiken kommen hinzu, bestehende Risiken ändern sich) und sind stets in ihrem jeweiligen Raum-/Zeit-Zusammenhang zu beurteilen[341]. Eine Vielzahl von Faktoren, darunter die Globalisierung in ihrer diversen Erscheinungsformen und die Reisefreizügigkeit im Personenverkehr, haben die Kriminalitätsrisiken erhöht und ihre Erfassung und Einschätzung zugleich erschwert. Um Risiken aber möglichst gering zu halten, ist der Staat gefordert, vorbeugend mit geeigneten und verhältnismäßigen Gegenmassnahmen tätig zu werden[342].

Ob eine Straftat tatsächlich eintritt, hängt entscheidend von den ergriffenen Vorbeugungsmaßnahmen ab. Die Vorbeugung wiederum erfordert Information in einem adäquaten Ausmaß. Risikoerfassung/–abschätzung, Vorbeugungsintensität und Information bestimmen sich somit gegenseitig. Hier bahnt sich jedoch zugleich einen Konflikt an. Denn die rechtzeitige Ergreifung von Vorbeugungsmaßnahmen hängt vom Erkenntnisstand ab. Dieser wiederum setzt ggf. einen intensiven Eingriff in das Recht auf informationelle Selbstbestimmung voraus. Es entsteht somit ein Spannungsverhältnis zwischen den Rechtsgütern Sicherheit und Freiheit, das empirisch mehrfach belegte wurde und bereits seit über 30 Jahren Leitthema in der politischen Debatte über innere Sicherheit in Deutschland (insbesondere Datenschutz) ist.

Im Vergleich zur repressiven Verbrechensbekämpfung hat die präventive Verbrechensbekämpfung in Deutschland[343] über eine lange Zeit hinweg eine unterge-

---

[340] Quantitativ im Sinne der Wahrscheinlichkeitszuweisung (0 (kein Risiko) bis 1 (Eintritt des Zustandes ist sicher)) und qualitativ im Sinne von bspw. „niedrig" oder „hoch".

[341] Beispielsweise dürfte Organisierte Kriminalität ein höheres Risiko für Staaten wie Kolumbien und Russland darstellen als für Deutschland und das Risiko, Ziel eines Terroranschlags zu werden, dürfte für US-Einrichtungen vermutlich höher als für deutsche Einrichtungen sein.

[342] Hierzu gehört – und dies kann man nicht genug betonen - u.a. eine enge Zusammenarbeit aller Akteure im Verbund der Inneren Sicherheit, sowohl im inländischen als auch - und dabei v.a. - im zwischenstaatlichen Rahmen.

[343] Siehe hierzu die Polizeigesetze der Länder und das Bundeskriminalamtgesetz.

ordnete Rolle gespielt. Dieser reaktive Ansatz weist bekanntlich einige Defizite auf und aus vielen Gründen[344] ist seit den 1980er - und insbesonders den 1990er Jahren - auch in Deutschland das Interesse an der präventiven Verbrechensbekämpfung enorm gestiegen[345]. Zunehmend setzt sich (zurecht) die Erkenntnis durch, die beste Verbrechensbekämpfungspolitik eine auf die Prävention gerichtete Politik sei. Schwerpunkt der v.a. auf Landes- und kommunaler Ebene ergriffenen Kiminalpräventionsmaßnahmen in Deutschland, die mittlerweile als „gesamtgesellschaftliche Aufgabe“ angesehen werden, ist die Massenkriminalität.

Mit Blick auf den quantitativen und insbesondere den seit geraumer Zeit zu verzeichnenden qualitativen Gefahrenwandel stellt sich nun aber die Frage, ob die Betonung auf Massenkriminalität zu kurz greife. Nach Ansicht des Verfassers lassen sich Gefahren gegenwärtig in drei Kategorien einteilen:

Kategorie A: Der überwiegende Teil des jährlich in Deutschland auftretenden Kriminalitätsaufkommens – insbesondere die Massenkriminalität mit Straftaten, wie Diebstahl, Betrug, Körperverletzung und Gewaltkriminalität, die zumeist im örtlichen Rahmen stattfinden - fallen in diese Kategorie[346]. Risikowerte können anhand der PKS des BKA relativ leicht abgeschätzt werden. Sie finden grundsätzlich in einem örtlichen Rahmen statt und werden überwiegend von Einzeltätern bzw. von kleinen Gruppen von Personen begangen.

Kategorie B: Hier handelt es sich um Gefahren, die aus komplexeren Kriminalitätserscheinungen hervorgehen, in erster Linie die Organisierten Kriminalität[347]

---

344 Unter anderem der für nicht mehr zumutbar gehaltene Schadensumfang der Kriminalität sowie materielle und personelle Engpässe bei der Polizei.

345 Siehe hierzu Fn. 53.

346 Vorausgesetzt, dass diese Straftatbestände nicht im Zusammenhang mit der Organisierten Kriminalität oder dem Terrorismus begangen werden.

347 Zur Thematik der Organisierten Kriminalität gibt es eine kaum überschaubare Fülle an Fachveröffentlichungen, darunter: Das, D.K.: *Organized Crime: A World Perspective*, in: Transnational Organized Crime, Vol. 3, Nr. 3, 1997, S. 126-146; Hicks, D.C.: *Thinking About Organized Crime Prevention*, in: Journal of Contemporary Criminal Justice, Vol. 14, Nr. 4, 1998, S. 325-350; Leppa, Seppo: *Anticipating Instead of Preventing: Using the Potential of Crime Risk assessment in Order to Minimize the Risk of Organized and Other Types of Crimes*, United Nations European Institute for Crime Prevention and Control, Helsinki, 1999; Lupsha, P.A.: *Transnational Organized Crime Versus the Nation-State*, in: Transnational Organized Crime, Vol. 2, Nr. 1, S. 21-48; Mittelman, James H./Johnston, Robert: *The Globalization of Organized Crime, the Courtesan State, and the Corruption of Civil Society*, in: Global Governance, N5. 5, 1999, S. 103-126; Robinson, Jeffrey: *Merger: The Conglomeration of International Organized Crime*, Overlook Press: New York, 2000; Shelley, Louise I.: *Transnational Organized Crime: An Imminent Threat to the Nation-State?*, in: Journal of International Affairs, Vol. 48, Nr. 2, S. 463-489; Walser-Meier, Reinhard C./Hirscher, Gerhard/Lange, Klaus/Palumbo, Ennrico (Hrsg.): *Organisierte Kriminalität. Bestandsaufnahme, transnationale Dimension, Wege der Bekämpfung*, Berichte und Studien der Hanns-Seidel-Stiftung e.V., Bd. 79, München, 1999; *Most Effective Forms of International Cooperation for the Prevention and Control of Organized Transnational Crime at the Investigative,*

in ihren diversen Erscheinungsformen, teilweise auch die Wirtschaftskriminalität. Diesen Gefahren ist schwer vorzubeugen, da die Organisierte Kriminalität von ihrem Wesen her einen generell hohen Komplexitätgrad aufweist und schwierig zu durchleuchten ist. Kennzeichen der Organisierten Kriminalität sind das Streben nach Gewinn und nach außen hin streng abgeschottete Struktur- und Beziehungsgeflechte, die häufig staaten- und interkontinentale Verflechtungen aufweisen[348].

Die Schäden, die der Organisierten Kriminalität zuzurechen sind, sind beachtlich. Schätzungen zufolge beläuft sich der jährlicher Schadensumfang allein in Deutschland auf eine zweistellige Milliardenhöhe[349]. Dabei sind die entstandenen Schäden teilweise nicht quantifizierbar. Das Schadensausmaß lässt sich bspw. im Bereich der Rauschgiftkriminalität gut erkennen, jährlich sterben in Deutschland über 1.000 Menschen an den Folgen des Rauschgiftmissbrauchs[350]. Tausende Süchtige erleiden aufgrund des Rauschgiftkonsums dauerhafte Gesundheitsschäden und die „Beschaffungskriminalität" von Rauschgiftsüchtigen hat einen beachtlichen Anteil an der Gesamtdiebstahlskriminalität. Von der Organisierten Kriminalität ausgehende Gefahren resultieren zudem aus gezielten Bemühungen um Beeinflussung von Entscheidungsinstanzen in der öffentlichen Verwaltung, in Politik, Polizei, Justiz und der Wirtschaft. Hinzu kommt die Untergrabung von Stabilität und Integrität des nationalen und internationalen Bank- und Finanzwesens durch Geldwäsche.

Kategorie C: Hierzu zählen Gefahren, die durch einen besonders hohen Grad an Unberechenbarkeit und Schadenspotential gekennzeichnet sind. Darunter fällt generell der Terrorismus - derzeit v.a. der internationale Terrorismus islamisch-fundamentalistischer Prägung. Motivationsgrundlage für den Terrorismus ist die zugrunde liegende radikale politische Ideologie der jeweiligen Bewegung. Prägendes Merkmal des Terrorismus ist die Gewaltanwendung, mit der Terroristen möglichst viel Aufmerksamkeit auf sich und ihre Ziele zu lenken versuchen. Insofern unterscheidet sich der Terrorismus grundlegend von der Organisierten Kriminalität,

---

Prosecutorial and Judicial Levels, United Nations Economic and Social Council, Commission on Crime Prevention and Criminal Justice, Vienna, 1994.

348 Der zunehmende Rückgriff auf „Strategic Alliances" macht die Bekämpfung der Organisierten Kriminaität schwieriger. Mit Strategic Alliances leisten sich Banden von Organisierten Kriminellen gegenseitig Unterstützung, z.B. bei der Nutzung ihrer jeweiligen logistischen Infrastruktur, um ihre Ziele effektiver und effizienter verwirklichen zu können

349 Der Umfang ist Gegenstand der Spekulation und variiert je nach Quelle. Es herrscht aber Konsens, dass der durch die Organisierte Kriminalität entstandene Schadensumfang in Deutschland jährlich mehrere Milliarden Euro beträgt. Das BKA veröffentlicht jährlich in Zusammenarbeit mit den LKÄ, dem BGS und ZKA ein Lagebild zur Organisierten Kriminalität in Deutschland. Siehe die Untersuchung von Sieber, Ulrich/Bögel, Marion: *Logistik der Organisierten Kriminalität*, BKA-Forschungsreihe Bd. 28, Wiesbaden, 1993.

350 Das BKA veröffentlicht hierzu jährlich einen Lagebericht.

deren Leitmotivation die Gewinnerzielung ist und die sich dabei um eine diskrete Vorgehensweise bemüht sind[351].

Seit den 1990er Jahren sind zwei besorgniserregende Tendenzen erkennbar, die den besonders hohen vom Terrorismus ausgehenden Gefahren deutlich vor Augen führen: (1) die Bereitschaft von Terrorgruppen, Massenvernichtungswaffen auch gegen dicht bevölkerte Zivilzentren einzusetzen und (2) die zunehmende Tendenz, Wirtschafts- und Infrastruktureinrichtungen ins terroristische Fadenkreuz zu nehmen, wodurch (ein Worst Case Szenario) Gesellschaft, Staat und Wirtschaft dauerhaft in Krisen zu stürzen vermögen und verheerende Umweltschäden entstehen können[352]. Eine effektive Bekämpfung des Terrorismus erwies sich bisher als schwieriges Unterfangen, da auch dieser sich durch komplexe, streng abgeschottete transnationale Struktur- und Beziehungsgeflechte auszeichnet[353]. Mit den Selbstmordanschlägen fanatisierter Islamisten auf das World Trade Center und das Pentagon in den USA am 11. September 2001 hat der Terrorismus ein bisher unbekannter Höhepunkt an Brutalität und Rücksichtslosigkeit erreicht, und seiner umfassenden Bekämpfung an die Spitze der globalen sicherheitspolitischen Prioritätenliste katapultiert. Zugleich haben die Terroranschläge vom 11. September auch das Erfordernis effektiver Vorbeugungsmaßnahmen deutlich gemacht.

Die Organisierte Kriminalität und der internationaler Terrorismus stellen somit für Deutschland - und auch für viele andere Staaten - die gefährlichsten Formen der Kriminalität dar[354]. Angesichts solcher Herausforderungen stellt sich nun die Frage, wie das Vorbeugungselement im größeren Maße Rechnung getragen werden kann, damit Gefahren auf ein hinnehmbares Maß beschränkt werden. Übertreten diese Gefahen und die mit ihnen einhergehenden Schadensrisiken einen für akzeptabel gehaltenen Schwellenwert – was beim internationalen Terrorismus offenbar zunehmend der Fall zu sein scheint, ist auch der deutsche Staat aufgrund seiner Schutzfunktion gegenüber seinen Bürgern verpflichtet, antizipativ und konsequent

---

351 Zu den Gemeinsamkeiten und Unterschieden zwischen Terrorismus und Organisierten Kriminalität siehe Schmid, A.P.: *Links Between Transnational Organized Crime and Terrorist Crimes*, in: Transnational Organized Crime, Vol. 2, Bd. 4, 1996, S. 40-82.

352 Nicht ohne Grund warnen Sicherheitsexperten vor den Gefahren des Bioterrorismus und vor dem Einsatz chemischer und nuklearer Waffen durch Terroristen. Erster Anstoß dazu war der verübte Nervengiftgasanschlag auf die Tokyo U-Bahn Mitte der 1990er Jahre und der verhütete Anschlag mit einer radioaktiven „dirty bomb“ auf Washington D.C. im Jahr 2002.

353 Gelegentlich gehen Terroristen und Organisierten Kriminellen auch „strategische Allianzen“ ein, wodurch ihre Bekämpfung noch schwieriger wird.

354 Im historischen Kontext ist festzustellen, dass in den 1970er und Anfang der 1980er Jahre die innere sicherheitspolitische Diskussion in Deutschland stark vom (linksextremen) Terrorismus und danach von der Organisierten Kriminalität geprägt war. Seit dem 11. September 2001 ist die Terrorismusbekämpfung wieder in den Mittelpunkt der Diskussion gerückt.

zu handeln. Er muss also Gefahren möglichst frühzeitig erkennen, erfassen und bewerten und entsprechende Abwehrmaßnahmen in die Wege zu leiten. Zugleich muss er aber auch die Intensität seiner Eingriffe in verfassungsrechtlich geschützte Rechtsgüter – und gemeint ist hier v.a. das Recht des Bürgers auf informationelle Selbstbestimmung - auf das Minimum beschränken. Eine vorbeugende Verbrechensbekämpfung, die diesen beiden Grundvoraussetzungen Rechnung trägt, wäre erstrebenswert.

Zum Zwecke der vorbeugenden Verbrechensbekämpfung steht dem deutschen Staat ein breites Spektrum an Instrumenten zur Verfügung[355], zu denen auch die IuK-Technik zählt. Mit ihr können große Datenbeständen ausgewertet werden können, wodurch Erkenntnisse entstehen, die ohne den Einsatz der Technik nicht möglich gewesen wären bzw. einen übermäßig hohen Ressourcenaufwand erfordert hätten. Dazu ist eine ädequate Informationsbasis aber eine Grundvoraussetzung - nur wenn zweckrelevante Informationen im ausreichenden Maße vorliegen, können mit dem Einsatz der IuK-Technik Einblicke in Gefahrenlagen eventuell gewonnen werden.

Es spricht einiges dafür, dass v.a. dem BKA und seiner IuK-Technik eine Sonderbedeutung bei der Vorbeugung zukommen muss. Das BKA ist als einzige Polizeibehörde in Deutschland ermächtigt, unter bestimmten Voraussetzungen Dateien mit bundesweit erhobenen personenbezogenen Daten bereichsübergreifend zu errichten, zu verwalten und ggf. an andere Stellen im Inland und im Ausland zu übermitteln. Das BKA ist eng eingebunden in einem überstaatlichen Informationsaustausch über seine Kontakte zu anderen nationalen Polizeibehörden, über sein Netz von Verbindungsbeamten und über seine Mitwirkung in zahlreichen multilateralen Einrichtungen, darunter INTERPOL, EUROPOL und das Schengener-Informationssystem. Zudem gehört die Bekämpfung von überregionalen Kriminalitätserscheinungen in Deutschland zum Aufgabenspektrum des BKA – hier verfügt das Amt bereits über beachtliche Erfahrung bei der Bekämpfung der Organisierten Kriminalität und des Terrorismus[356]. Es ist somit in technischer Hinsicht sowie kompetenzmäßig für die vorbeugende Verbrechensbekämpfung gut geeignet, was seine führende Rolle legitimiert. Gleichzeitig müssen die Schranken für die Verbrechensbekämpfung in Deutschland im Blick bleiben, wozu auch die föderalistischen Strukturen zählen, die konstitutierend für die Organisation der Innere Sicherheit sind. Somit ist der gesamter Verbund der Inneren Sicherheit Deutschlands mit einzubeziehen. Die Fähigkeit der IuK-Technik als Vorbeugungsinstrument darf dabei nicht überschätzt werden, wie die Ausführungen im nächsten Untersuchungsabschnitt zur Rasterfahndung zeigen werden.

---

[355] Die im letzten Abschnitt dargelegten Instrumenten gehören dazu.

[356] Zur Erinnerung: Das BKA spielte eine Leitrolle bei der Terrorismusbekämpfung in Deutschland in den 1970er Jahren.

Abbildung 12: Die Effektivität von Verbrechensbekämpfungsstrategien

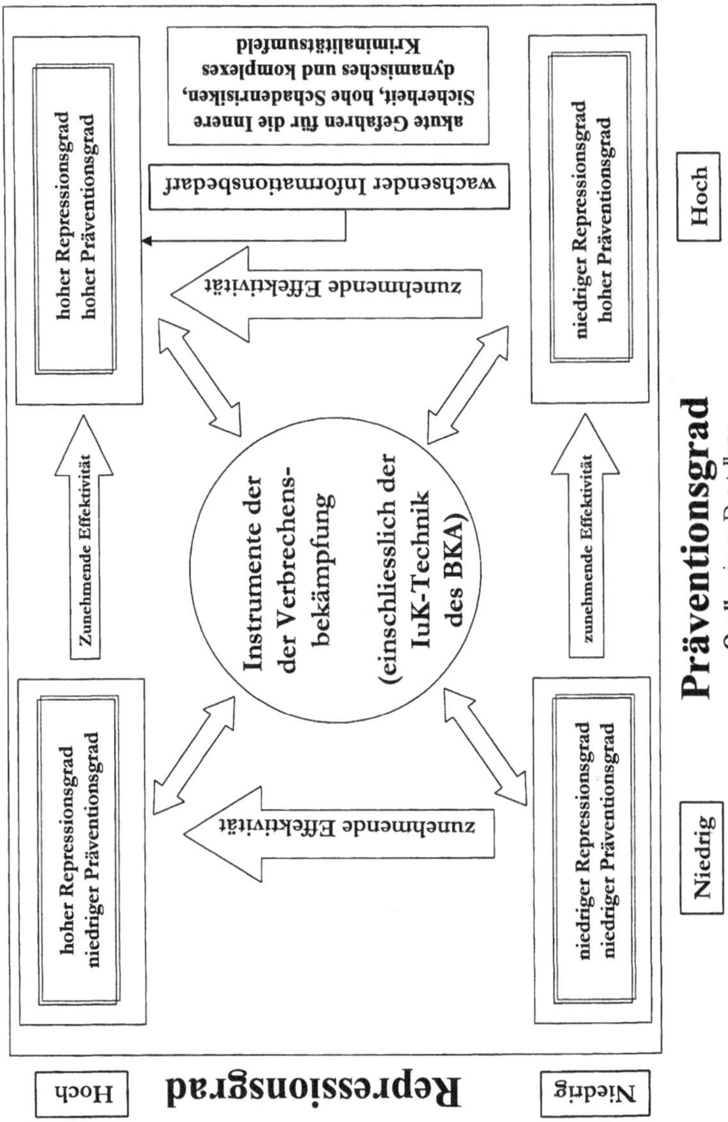

Quelle: eigene Darstellung

Abbildung 13: Die Kriminalität in einem risikobehafteten Umfeld: Gefahrenquellen, Gefahrenobjekte und –subjekte, potentielle Schadensfolgen

GEFAHREN-QUELLEN	GEFAHRENOBJEKTE/ -SUBJEKTE	POTENTIELLE SCHADENS-FOLGEN (worst case scenarios)
Terrorismus	u.a. Wasserversorgungsanlagen, Brücken, Eisenbahn-, Energie-, Luft-, Seeverkehrs- Telekommunikations- und Touristeninfrastruktur und Einrichtungen, Industrieanlagen, Bevölkerungszentren, Umwelt, prominente Persönlichkeiten des öffentlichen Lebens	Boden-, Wasser und Luftverseuchung hohe Opferzahl, soziales Chaos und Traumatisierung verheerende Sach- und Wirtschaftsschäden Einschränkung der Bürgerrechte, Unterminierung des Rechtstaates
Organisierte Kriminalität	Teile der Gesellschaft, z.B. Konsumenten von Rauschgift, Opfer von Diebstahl- und Erpressung, illegale Einwanderer, korruptionsanfällige Politiker, Staatsanwälte, Richter, Polizisten und sonstige Beamte, sowie Geschäftsleute, der Fiskus aufgrund entgangener Steuereinnahmen	Abdriften von Bevölkerungssegmenten (v.a. Jugend) in eine dauerhafte Rauschgiftabhängigkeit physische und psychische Schäden für den betroffenen Personenkreis Einflussnahme auf die Politik, öffentliche Verwaltung und Wirtschaft mit Verlust des Vertrauens der Öffentlichkeit in den Rechtsstaat Wirtschaftsschäden, Geldwäsche und Korruption im großen Ausmaß
Massen- & Gewalt-kriminalität	die Bevölkerung allgemein, insbesondere diejenigen, die dieser Kriminalität in ihren diversen Erscheinungsformen im besonderen Maße ausgesetzt sind	hohe volkswirtschaftliche und soziale Kosten Angst und Furcht vor der Kriminalität Rückgang der Lebensqualität Verlust des Vertrauens in die Schutzfähigkeit des Rechtsstaates

Quelle: eigene Darstellung

Abbildung 14: Einflussfaktoren im Verhältnis zwischen Freiheit und Sicherheit

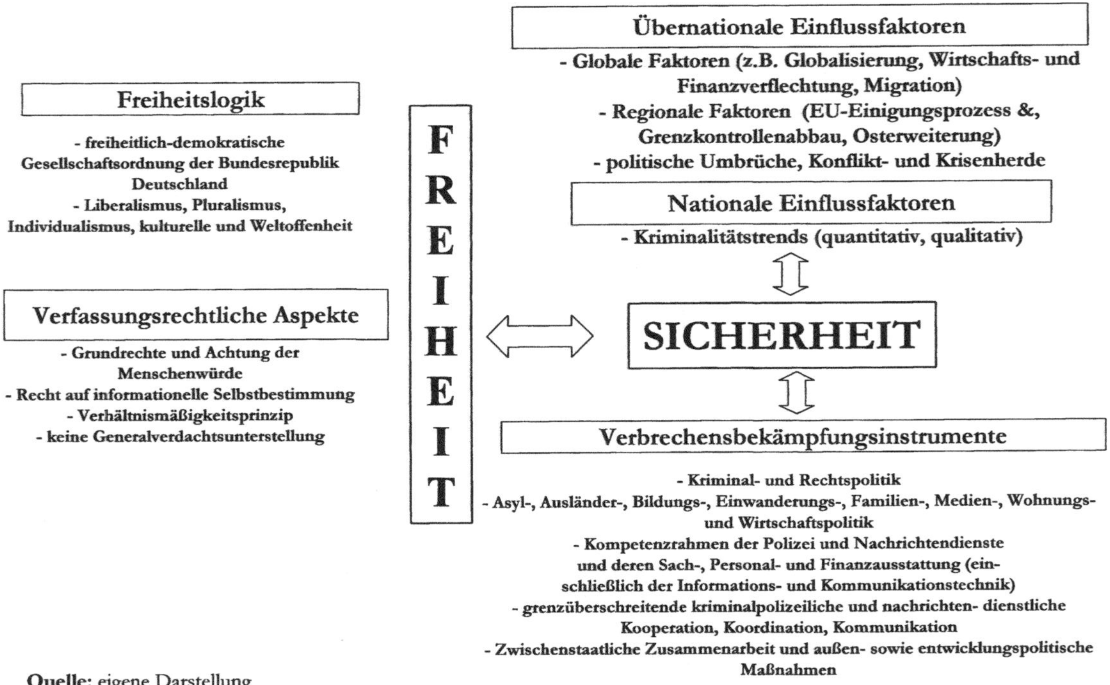

Quelle: eigene Darstellung

2.7.2 Die Rasterfahndung

Ein bei der vorbeugenden Verbrechensbekämpfung praxiserprobtes Instrument ist die Rasterfahndung. Sie wurde in Deutschland erstmals vom BKA in der Amtszeit von Horst Herold eingesetzt[357] und lässt sich auf beliebige Kriminalitätsformen anwenden, ihr Einsatz fand auf breiter Basis primär bei der Terrorismusbekämpfung statt[358]. Die Rasterfahndung bezieht sich stets auf Personen, die anhand von bestimmten im Ermittlungsverlauf festgelegten Merkmalen, ausfindig zu machen sind.

Im Sinne von § 98a der Strafprozessordnung ist die Rasterfahndung definiert als ein maschinell-automatisierter Datenabgleich zwischen bestimmten, auf den Täter vermutlich zutreffenden Prüfmerkmalen mit aus anderen Gründen an anderen Stellen gespeicherten Daten. Durch diesen Abgleich sollen Nichtverdächtigte ausgeschlossen und Personen festgestellt werden, die weitere, für die Ermittlungen bedeutsame Prüfmerkmale erfüllen[359]. Anknüpfungspunkt ist nach der StPO eine Straftat und die Tätererrmittlung, d.h. eine repressive Maßnahme. Die Rasterfahndung wird aber auch als eine präventive bzw. vorbeugende Maßnahme eingesetzt. Dies spiegelt sich in einigen Länderpolizeigesetzen wieder, wonach Rasterfahndungen unter gewissen Voraussetzungen eingeleitet werden dürfen[360].

Bereits in den 1970er setzte das BKA die Rasterfahndung zur Terrorismusbekämpfung ein. Der in einem breiten Umfang und in Abstimmung zwischen dem

[357] In der Literatur trifft man auf unterschiedliche Angaben bzgl. des Zeitpunktes der Erfindung bzw. Erstanwendung der Rasterfahndung. Die meisten Quellen geben an, die Rasterfahndung wurde in den 1970er Jahren entwickelt und eingesetzt. Laut einem Tätigkeitsbericht des bayerischen Landesbeautragten für den Datenschutz, wurde die Rasterfahndung erstmals in Frankfurt im Jahr 1979 eingesetzt.

[358] Zum Einsatz der Rasterfahndung in Deutschland siehe Sokol, Bettina: *Rasterfahndung vor 20 Jahren und heute*, in: Bäumler, Helmut (Hrsg.): *Polizei und Datenschutz – Neupositionierung im Zeichen der Informationsgesellschaft*, Hermann Luchterhand-Verlag: Neuwied u.a., 1999, S. 188-198.

[359] Vgl. Siebrecht, Michel: *Rasterfahndung. Eine EDV-gestützte Massenfahndungsmethode im Spannungsfeld zwischen einer effektiven Strafverfolgung und dem Recht auf informationelle Selbstbestimmung*, Duncker und Humblot: Berlin, 1997, S. 20–21. Die Rasterfahndung weist zwei Varianten („positive" und „negative") auf (S. 22 - 23). Beim Ersteren werden öffentliche und private Datenbestände auf für den/die gesuchten Täter zutreffende Merkmale oder Eigenschaften (Positivkriterien) abgesucht und die Trefferfälle dann ausgesondert. Beim Zweiten werden datenmäßig Persongruppen gebildet und Ausschließungs- oder Negativkriterien aufgestellt, die der/die gesuchten Täter nicht aufweisen kann oder können.

[360] Beispielsweise zur Abwehr einer gegenwärtigen erheblichen Gefahr (§ 25d des rheinlandpfälzisches Polizeigesetzes) bzw. gegenwärtige oder unmittelbar bevorstehende Gefahr bzw. Abwehr von Straftaten von erheblicher Bedeutung (Bayern, Baden-Württemberg). Die Einsatzvoraussetzungen variieren nach Bundesland. In manchen Bundesländern erfolgt die Entscheidung der Rasterfahndung z.B. durch die Polizei selbst bzw. in Abstimmung mit dem Landesinnenminsterium, in manchen anderen Bundesländern gilt der Richtervorbehalt.

BKA und den LKÄ[361] flächendeckende Einsatz der Rasterfahndung in Deutschland nach dem 11. September 2001 richtet sich als eine präventive Maßnahme nun gegen den Terrorismus islamistisch-fundamentalischer Prägung, der die Bundesrepublik als Basis für kriminelle Machenschaften missbraucht und damit auch für Deutschland eine erhebliche Gefahr darstellt. Bei den Fahndungszielpersonen („Schläfer") handelt es sich dabei um Individuen, die bestimmte Merkmale aufweisen - u.a. männliches Geschlecht und islamischer Glauben, Herkunft aus dem islamischen Raum, Zugehörigkeit zu einer bestimmten Altersklasse, Absolvierung eines technischen Studiengangs an einer höheren Bildungseinrichtung, finanzielle Unabhängigkeit, Kinderlosigkeit, sie sind reisefreudig, mehrsprachig und bisher nicht in Konflikt mit dem Gesetz geraten[362].

Für den Einsatz der Rasterfahndung spricht eine wichtige praktische Überlegung. Sie bietet den Ermittlern, die aufgrund personeller, materieller und finanzieller Engpässe ohnehin dauerhaft an der Grenze ihrer Belastbarkeit arbeiten - die Möglichkeit, ihre begrenzten Ressourcen auf Personenkreise - in diesem aktuellen Fall auf einen Teil der moslemischen Bevölkerung Deutschlands - zu fokussieren, von denen einige mit hoher Wahrscheinlichkeit eine künftige Gefahr darstellen. Mithilfe der Rasterfahndung können somit ggf. nützliche Erkenntnisse eventuell gewonnen werden, welche mit anderen Einsatzmitteln nicht oder nur mit einem unverhältnismäßig hohen Aufwand zu erlangen wären. Die IuK-Technik erfüllt dabei eine Gefahrenabwehrfunktion, denn ohne sie wäre der Datenabgleich praktisch nicht machbar.

Die Rasterfahndung ist jedoch nicht unumstritten. Ihre Effektivität ist ungewiss und ihr Einsatz erfordert einen intensiven Eingriff in das Recht auf informationelle Selbstbestimmung. Zwar konnten vor Jahren mit Hilfe der Rasterfahndung Erfolge im Kampf gegen den Terrorismus in Deutschland erzielt werden, die Erfolgsbilanz der Rasterfahnung bei der Ortung von islamistischen „terroristischen Schläfern" in Deutschland, von denen man weiß, dass es sie geben muss, sie aber bisher nicht ausfindig machen konnte, ist trotz des hohen personellen und finanziellen Aufwandes durchaus ernüchternd[363].

Auch in juristischer Hinsicht ist der Einsatz der Rasterfahndung nicht unumstritten. Sie war bereits Gegenstand von Gerichtsverfahren, bei denen in einigen Urteilen gegen ihren Einsatz entschieden wurde[364]. Sieht man von der in manchen

---

[361] Die Rasterfahndung wurde von den LKÄ selbst durchgeführt, die Daten dann beim BKA in eine Verbunddatei zusammengeführt und anschließend ausgewertet.

[362] Diese Kriterien gehören zu denen, die nach dem 11. September 2001 bei der Rasterfahndung der LKÄ zugrunde gelegt und in Pressemeldungen erwähnt wurden.

[363] Angeblich hat das BKA rd. 95.000 Personen durch die Rasterfahndung nach dem 11. September 2001 überprüft, zu Anklagen ist es bisher aber nicht gekommen.

[364] Ausführliche Informationen zu den Gerichtsurteilen finden sich auf der Webseite der Zeitschrift *Bürgerrechte & Polizei/CILIP*, http://www.cilip.de/terror/index.htm, (10.07.2003).

Kreisen zu hörenden Dauerpolemik über den „Überwachungsstaat Deutschland" ab, sprechen v.a. zwei verfassungsrechtliche Bedenken gegen den Einsatz der Rasterfahndung. Dies sind zum einen die Annahme des „Generalverdachts": Betroffen sind dabei sämtliche Personen, die einer Rasterfahndung zugrunde liegende Rasterkriterien erfüllen und die somit zunächst alle als verdächtig anzusehen sind[365]. Eine Generalverdachtsannahme widerspräche jedoch der zunächst geltenden Unschuldsvermutung, wie sie das GG vorsieht. Gegen die Rasterfahndung spricht zum anderen der Grundsatz der Verhältnismäßigkeit, der für die gesamte öffentliche Verwaltung Deutschlands und damit auch für die Kriminalpolizei von Bund und Ländern gilt. In diesem Zusammenhang wäre dann zu fragen, ob die Rasterfahndung angesichts ihrer hohen Eingriffsintensität in die Privatsphäre des Einzelnen und ihres mangelnden Erfolges bei der Bekämpfung des islamistischen-fundamentalistischen Terrorismus überhaupt als eine „verhältnismäßige Maßnahme" zu betrachten sei. Andererseits stellt sich aber die Frage, ob angesichts der vom internationalen Terrorismus und der Organisierten Kriminalität ausgehenden Risiken und Gefahren vom Verhältnismäßigkeitsprinzip überhaupt noch die Rede sein kann[366].

2.7.3 Barrieren für eine auf der Informations- und Kommunikationstechnik basierenden vorbeugenden Verbrechensbekämpfung in Deutschland (Auswahl)

2.7.3.1 Verfassungsrechtliche Vorbehalte

Es wurde bereits darauf hingewiesen, dass der Erfolgsgrad von vorbeugenden Verbrechensbekämpfungsmassnahmen ex ante schwer – wenn überhaupt – bestimmbar ist. Möglicherweise ist er beachtlich, möglicherweise aber auch nicht. Legt man der These zugrunde, die Erfolgsaussicht auf Vorbeugung mit zunehmen-

---

365 Eigentlich zu Unrecht, denn mit Bezug auf die negative Rasterfahndung des BKA in den 1970er Jahre weist Schenk darauf hin, dass „viele Menschen nicht [verstehen], dass die Daten rein maschinell ausgefiltert werden, ohne dass die Polizei damit in Berührung kommt. In Wirklichkeit handelte es sich um das Erfüllen des Verhältnismäßigkeitsgebots, das Verfassungsrang genießt und die Polizei zur Anwendung des mildesten Mittels verpflichtet. Im übrigen hat das Bundesverfassungsgericht eine Verfassungsbeschwerde gegen die negative Rasterfahndung nicht angenommen, weil keine hinreichende Aussicht auf Erfolg bestand". Schenk, *Der Chef. Horst Herold und das BKA*, Fn. 104, S. 401.

366 So die Auffassung des Speyerer Recht- und Verwaltungswissenschaftlers Professor Dr. Rainer Pitschas, die anl. des Deutsch-österreichisches Werkstattgespräch zur inneren Sicherheit vom 14./15. Oktober 2002 an der Deutschen Hochschule für Verwaltungswissenschaften Speyer geäußert wurde. Siehe Pitschas, Rainer/Stolzlechner, Harald (Hrsg.): *Auf dem Weg in einen „neuen Rechtsstaat". Zur künftigen Architektur der inneren Sicherheit in Deutschland und Österreich*, Duncker & Humblot: Berlin, 2003.

den Informationsstand wächst[367], ergibt sich daraus eine interessante verfassungsrechtliche Implikation. Denn um an die zur Vorbeugung erforderlichen Daten heranzukommen, muss zuvor in das Recht auf informationelle Selbstbestimmung – in unterschiedlicher Intensität - eingegriffen werden.

Eine flächendeckende Erhebung, Speicherung und Auswertung von personenbezogenen Daten zum Zwecke einer künftigen Strafverfolgung bzw. Gefahrenabwehr ist nach geltender deutscher Rechtslage jedoch höchst bedenklich. Ihr stünden die verfassungsrechtlichen Gebote der Zweckbindung, Normenklarheit und Verhältnismaßigkeit entgegen, auf die in dieser Untersuchung bereits eingegangen wurde. Eine Informationsvorsorge wäre jedoch verfassungsrechtlich dann hinnehmbar, wenn sie nachweislich zum Schutz von anderen Rechtsgütern in einem angemessenen Maße beitragen könnte. Dies wiederum setzt einen sorgfältigen Abwägungsprozess voraus, bei dem die verfassungsrechtlichen Kosten der Informationsvorsorge dem erwarteten Vorbeugungseffekt gegenübergestellt werden müssen. Wie man am Beispiel der Rasterfahndung inzwischen jedoch ernüchternd feststellen müsste, ist die Aussicht auf Erfolg offenbar äußerst gering. Zudem muss man sich vor Augen halten, dass beim vorsorge-orientierten Einsatz der IuK-Technik zwangsläufig Erkenntnisse zu einem großen Kreis von Personen anfallen, die mit der Kriminalität in keinerlei Verbindung stehen, aufgrund gewisser Faktoren - wie z.B. ihrer Verhaltensweisen und Äußerungen - jedoch als potentielle Risikopersonen eingestuft werden. Folglich würden über diese Personen systematisch weitere Daten erhoben, gespeichert, ausgewertet und ausgetauscht werden, ohne dass sie davon in Kenntnis gesetzt würden, und wodurch für sie erhebliche Nachteile entstehen könnten[368].

2.7.3.2 Der Aufwand

Nicht zu unterschätzen ist der mit der vorbeugenden Verbrechensbekämpfung einhergehende Kosten- und Arbeitsaufwand. Personenbezogene Informationen sind bekanntlich in einer Vielzahl von Dateien in zahlreichen Behörden, Institutionen und Organisationen gespeichert und werden z.T. in heterogenen Hardwaresystem- und Softwareumgebungen verwaltet.

---

[367] Hierbei kommt es auf den Kontext an. Es ist bspw. denkbar, dass bei einem wachsenden Informationsstand ab Erreichen eines Schwellenwertes keine verwertbare Erkenntnisse mehr gewonnen werden können.

[368] In der Vergangenheit wurde dies mehrmals festgestellt. So wurden in Deutschland Linkssympathisanten und Friedensdemonstranten als potentielle „staatsfeindliche Akteure" auf Dauer intensiv überwacht und gelegentlich benachteiligt. Ausführlich zur Schattenseite der personenbezogenen Datenverarbeitung durch den staatlichen Sicherheitsapparat siehe Gössner, Rolf (Hrsg.): *Das Anti-Terror System: Politische Justiz im präventiven Sicherheitsstaat*, VSA-Verlag: Hamburg, 1991. Siehe auch Gössner, Rolf (Hrsg.): *Mythos Sicherheit – Der hilflose Schrei nach dem starken Staat*, Nomos-Verlagsgesellschaft: Baden-Baden, 1. Aufl., 1995.

2.7.3.3 Das Trennungsgebot (Polizei, Nachrichtendienste)

Eine vorbeugende Verbrechensbekämpfung stünde zwangsläufig in einem Konflikt zu einem, für den Bereich Innere Sicherheit seit der Gründung der Bundesrepublik Deutschland geltenden Rahmengrundsatz: dem Trennungsgebot. Damit soll mit Blick auf in der Vergangenheit gemachte negative Erfahrungen die Separation kriminalpolizeilicher und nachrichtendienstlicher Tätigkeitsfelder gewährleistet sein[369]. Das Trennungsgebot findet sowohl im Schrifttum als auch in der inneren sicherheitspolitischen Diskussion weiterhin breite Befürwortung. In informationeller Hinsicht jedoch kann seit langem vom Trennungsgebot nicht mehr die Rede sein, da bspw. das BKA einerseits, und die Verfassungsschutzämter von Bund und Ländern andererseits, ihre Erkenntnisse in beachtlichem Ausmaß austauschen. In Deutschland tut man sich dennoch schwer mit der Intensivierung der informationellen Zusammenarbeit zwischen Kriminalpolizei und Nachrichtendiensten. Ohne eine entsprechend enge Interaktion wäre die vorbeugende Verbrechensbekämpfung jedoch kaum sinnvoll, gerade weil infolge ihrer jeweiligen Aufgabenschwerpunkte und der sich daraus ergebenden Informationsspezialisierung, Kriminalpolizei und Nachrichtendienste über Erkenntnisse verfügen, die durch Zusammenstellung und Auswertung eine bessere Risikoerfassung und -abschätzung versprechen. Insbesondere die Nachrichtendienste verfügen über viele Daten zu Organisationen und Personen, die mit dem Extremismus und Terrorismus in Verbindung stehen.

Interessanterweise sind zunehmend Überlappungserscheinungen zwischen dem kriminalpolizeilichen und dem nachrichtendienstlichen Aufgabenspektrum in Deutschland zunehmend zu verzeichnen. So haben die kriminalpolizeilichen Informationssammelbefugnisse bei der Bekämpfung der Oganisierten Kriminalität nachrichtendienstlichen Charakter angenommen und das Aufgabenspektrum z.B. des Bayerischen Landesamtes für Verfassungsschutz wurde um die Beobachtung der Organisierten Kriminalität erweitert[370].

2.7.3.4 Öffentliche Akzeptanz

Die öffentliche Stimmung in Deutschland prägt die Kriminalpolitik mit. Sie wird dabei von subjektiven und objektiven Gesichtspunkten[371] wesentlich bestimmt. In Zeiten mit einer als besorgniserregend empfundenen Kriminalitätsentwicklung ist mit einem Stimmungsumschwung zugunsten härterer staatlicher Kriminalitätskon-

---

[369] Siehe das Schreiben der Militärgouverneure über die der Bundesregierung auf dem Gebiet der Polizei zustehenden Befugnisse vom 14. April 1949, abgedruckt in Ahlf, *Das Bundeskriminalamt als Zentralstelle*, Fn. 72, Anlage 1.

[370] Auch Hessen zeigt sich an einer entsprechenden Aufgabenerweiterung seines Landesamtes für Verfassungschutz interessiert. Die Beobachtung der Organisierten Kriminalität und des Terrorismus sind Arbeitsschwerpunkte des Bundesnachrichtendienstes.

[371] Zum Beisiel das Ausmaß der Kriminalität.

trollmaßnahmen zu rechnen[372]. Die Bereitschaft der Gesellschaft, ein Stück Freiheit für einen Zugewinn an Sicherheit zu opfern, steigt. In Zeiten, in denen die Kriminalitätsrate als hinnehmbar angesehen wird, wird hingegen ein vergleichsweise größerer öffentlicher Widerstand gegen die Ergreifung härterer Kontrollmaßnahmen zu erwarten sein.

In einer sich auf die Grundsätze von Freiheit, Demokratie und der Achtung der Menschenwürde stützenden Gesellschaft wie der Bundesrepublik Deutschland, ist ein breiter öffentlicher Konsens über Art, Ausmaß und Dauer intensiverer staatlicher Eingriffe in das Recht auf informationelle Selbstbestimmung eine moralische Grundvoraussetzung für verschärfte Kriminalitätskontrollmaßnahmen. Ob und in welchem Ausmaß ein intensiverer Eingriff in das Recht auf informationelle Selbstbestimmung unter Einsatz der IuK-Technik von der breiten Öffentlichkeit akzeptiert wird, hängt auch davon ab, inwieweit sie von der Erforderlichkeit solcher Eingriffe überzeugt werden kann. Dies wiederum setzt einen guten Kenntnisstand über sowie eine sachliche öffentliche Auseinandersetzung mit den Möglichkeiten und Grenzen der IuK-Technik und ihre Anwendung voraus.

Abschließend ist festzustelen, dass die informations- und kommunikationstechnische Ausstattung des BKA – und dabei in erster Linie seine Dateien - bereits über einen längeren Zeitraum hinweg für erhebliche Kritik und negative Schlagzeilen gesorgt hat, welche das öffentliche Vertrauen in das BKA untergrub und Ängste schürte, das Amt werde mit Hilfe seiner Dateien zum staatlichen Überwachungsapparat. Vorbehalte über den Einsatz der Dateien des BKA finden sich häufig in den Jahresberichten der Datenschutzbeauftragten von Bund und Ländern. In jüngerer Zeit steht die INPOL–Neu Datenbank[373] des BKA, welche die derzeit eingesetzte INPOL innerhalb des Jahres 2003 ablösen soll, ebenso aber auch seine Fingerabdruck- und DNA-Analyse-Dateien und der Informationsaustausch über EUROPOL und im Rahmen des Schengener-Informationssystems erheblich unter Kritik[374].

Interessanterweise zeigt sich das BKA hinsichtlich der Preisgabe von Informationen über seine IuK-Technik Ausstattung erstaunlich offen. Hierzu zählen die in regelmäßigen Zeitabständen erscheinenden Aufsätze von Mitarbeitern des BKA in den einschlägigen Polizei-Fachzeitschriften[375] und die vom Kriminalistischen Institut des BKA veröffentlichten wissenschaftlichen Bände[376].

---

372 Dies ist empirisch festzustellen.

373 Ausführlich zu INPOL-Neu im dritten Teil der Untersuchung.

374 Näheres zur Kritik siehe den dritten Teil der Untersuchung.

375 Zu den wichtigsten Fachzeitschriften über die Polizei in Deutschland gehören *Der Kriminalist*, *Die Kriminalistik*, Die Polizei, *Die Kriminalpolizei* und die Schriftenreihen der Polizei-Führungs-Akademie in Münster-Hiltrup.

376 Gemeint sind in erster Linie die Forschungs- und Vortragsreihen des BKA. Darin sind auch die Beiträge von BKA-Tagungen enthalten.

Solche Beiträge stehen auch Polizeiextern zur Verfügung. Andererseits neigt das BKA offenbar dazu, eine über Fachkreise hinaus gehende, sachlich-kritische öffentliche Auseinandersetzung mit seiner IuK-Technik zu scheuen, was wiederum zur Folge hat, dass die öffentliche Meinung hierzu stark von seinen Kritikern geprägt wird. Die vorbeugende Verbrechensbekämpfung, bei der ohnehin mit starken Bedenken gegenüber dem Einsatz der kriminalpolizeilichen IuK-Technik zu rechnen ist, stellt für das BKA eine Herausforderung dar, eine entsprechend offenere Informationspolitik zu verfolgen.

Dritter Teil:

Der empirische Teil der Untersuchung

3.1 INPOL: Das Informationssystem der deutschen Polizei

3.1.1 Grundlegendes zum INPOL

3.1.1.1 Das Erfordernis eines überregionalen kriminalpolizeilichen Informationssystems in Deutschland

Die Information ist eine Grundvoraussetzung für polizeiliche Entscheidungen und Handlungen. Dabei geht es nicht nur um Quantität und Qualität der Information (‚je größer und höherwertiger der Informationsstand, umso leichter ist die Aufgabe der Verbrechensbekämpfung') sondern darüber hinaus – und dies ist oftmals wesentlich bedeutsamer – geht es um die *Mobilität* der Information, d.h. die Bereitstellung von Erkenntnissen dann und dort und in dem erforderlichen Ausmaß, wo sie zur polizeilichen Aufgabenbewältigung erforderlich sind.

Für die Kriminalpolizei hat Information stets auch einen Mobilitätswert – immerhin wurde bereits im 19. Jahrhundert im Deutschen Reich die Notwendigkeit einer Steigerung und Systematisierung des zu jener Zeit zwischen den Kriminalpolizeien der Reichsländer stattfindenden Informationsaustausches erkannt und thematisiert. Nach dem zweiten Weltkrieg gewann mit der zunehmenden Mobiliät der Kriminalität und der Notwendigkeit der Bekämpfung ihrer komplexeren Erscheinungsformen wie Organisierter Kriminalität, Wirtschaftskriminalität und Terrorismus den Bedarf an einem intensiveren und auf Dauer angelegten überregionalen Informationsaustausch erheblich an Gewicht.

Die Aufgabe der Wahrung der Inneren Sicherheit in der Bundesrepublik Deutschland liegt grundsätzlich im Verantwortungsbereich der Länder. Ihre Kompetenzen zur Erhebung, Auswertung und Speicherung von Information sind allerdings im Grunde auf ihr jeweiliges Territorium beschränkt. Ein landesübergreifende System, das den Informationsaustausch zwischen den Ländern auf Dauer gewährleistet, ist somit erforderlich. Gleichzeitig wirft es schwierige technische, organisatorische und verfahrensmäßige Grundsatzfragen auf:

- Welche Instanz oder Instanzen trägt bzw. tragen die Verantwortung für die Verwaltung und Aufrechterhaltung des Informationssystems, für seine Erweiterung bzw. Modernisierung sowie für eventuelle konzeptionelle Änderungen?

- wie soll dieses Informationssystem mit Blick auf die effektive und effiziente Aufgabenbewältigung seiner Anwender gestaltet sein?

- wie lassen sich Schnelligkeit, Benutzerfreundlichkeit und Benutzerakzeptanz des Informationssystems sowie die Aktualität, Integrität und Nutzbarkeit seiner Daten auf Dauer gewährleisten?

- Sollen alle Systemteilnehmer gleichermaßen ein Zugriffsrecht auf sämtliche im Informationssystem enthaltenen Daten haben, oder soll ihr Zugriffsrecht differenziert nach fachlichen Gesichtspunkten gestaltet sein?

- Welche Kontrollmechanismen sind erforderlich, damit die Daten abgesichert und vor Missbrauch bzw. Zweckentfremdung geschützt sind?

- Wie lässt das Informationssystem mit anderen Informationssystemen auf der Landes-, Bundes- und überstaatlichen Ebenen harmonisieren und welche Hindernisse (z.B. rechtliche) können hierbei eventuell entstehen?

3.1.1.2 Der Einzug der Information- und Kommunikationstechnik im deutschen Polizeiwesen

Vorreiter der Nutzung der kriminalpolizeilichen Datenverarbeitungstechnik in Deutschland war nicht der Bund, sondern die Länder. Bereits in den 1960er Jahre fanden in manchen deutschen Großstädten Rechnersysteme Einzug. Die Konzept- und Planungsarbeiten und deren Umsetzung wurden den Ländern in freier Entscheidung überlassen. Dies war zwar eine Konsequenz des Föderalismus, hatte aber zugleich zur Folge, dass die Entwicklung unabgestimmt und teilweise sehr ungleichmäßig verlief, so dass verschiedene technische Insellösungen entstanden, die für einen Informationsaustausch der Länder untereinander auf elektronischem Wege keineswegs begünstigend waren[377]. Die Landessysteme wiesen untereinander technische Inkompatibilitäten auf, da sie meist von verschiedenen Hardwarehersteller (IBM, Siemens) mit unterschiedlichen technischen Anlagen und Basis-Software stammten. Zudem verlief das Fortschrittstempo in den Ländern ungleich, und diverse Hürden, die mit der Einführung einer neuen Technik üblicherweise einhergehen, tauchten auf. Dies waren bspw. der erhebliche Finanzierungsbedarf, u.a. für den Kauf und die Inbetriebnahme von den damals sehr kostenintensiven Datenverarbeitungsanlagen und Bedienerterminals, weiterhin ein hoher Personalaufwand, mangelnde Erfahrung im Umgang mit und die Störanfälligkeit von Datenverarbeitungsanlagen sowie Akzeptanzprobleme bei den polizeilichen Sachbearbeitern[378]. Darüber hinaus gab es überhöhte Hoffnungen im Hinblick auf die Leistungsfähigkeit der Technik, die zwangsläufig in Ernüchterung umschlugen.

---

[377] Zu den Hürden bei der Einführung der kriminalpolizeilichen Datenverarbeitungstechnik in Deutschland siehe Albrecht, *Im Dienste der Inneren Sicherheit. Die Geschichte des Bundeskriminalamtes*, Fn. 103, S. 288 ff.

[378] Ebenda, S. 288-289.

3.1.1.3 Zur Entstehungsgeschichte von INPOL

Das BKA befasste sich in den 1960er Jahren mit der Datenverarbeitungstechnik, wenngleich zunächst etwas zögerlich. Im Jahr 1961 veröffentlichte das BKA eine Studie[379], die als Basis für die Diskussion über den Einsatz der kriminalpolizeilichen Datenverarbeitung diente. Vier Jahre später begann sich eine Arbeitsgruppe im BKA mit Fragen der Datenverarbeitung zu befassen, deren Überlegungen auch teilweise veröffentlicht wurden[380]. Aufgrund der skeptischen Einstellung der BKA-Führungsebene unter der Präsidentschaft Paul Dickopfs[381] wurde der Datenverarbeitungstechnik aber nicht die höchste Priorität beigemessen, wodurch das BKA den Bundesländern hinterher hinken musste. Allerdings setzte das BKA bereits im Juli 1966 eine aus zunächst zwei Mitarbeitern bestehende ‚Arbeitsgruppe Elektronik' ein, deren Aufgabe die Prüfung sämtlicher Möglichkeiten des Datenverarbeitungseinsatzes, die Erarbeitung geeigneter Vorschläge arbeitsorganisatorischer und technischer Art für die Einführung der Datenverarbeitung sowie die Berücksichtigung der Notwendigkeit eines Verbundes mit in- und ausländischen Kriminalpolizeibehörden war[382]. Dabei ging die Arbeitsgruppe von der Vorstellung aus, dass die Datenverarbeitung allein im BKA geführt und die von den Ländern dem BKA auf herkömmliche Weise (Post, Fernschreiben usw.) zugelieferten Daten aufnehmen würde[383]. Die Arbeitsgruppe konnte einige grundlegende Vorschläge unterbreiten, die später teilweise umgesetzt wurden[384].

In den 1960er Jahre setzte sich in Bund und Ländern die Erkenntnis durch, dass die Errichtung eines landesübergreifenden kriminalpolizeilichen Informationsverbundsystems die Grundvoraussetzung für eine effektive und effiziente Verbrechensbekämpfung in Deutschland sei. Am 01. Juli 1969 forderte der Innenausschuss des Bundestages die Bundesregierung auf, „den Ausbau des automatischen Auskunfts- und Informationssystem beim BKA als einen Beitrag zur Intensivierung der Verbrechensbekämpfung mit Nachdruck zu beschleunigen und gleichlaufend die für den Aufbau eines Verbundnetzes notwendigen Maßnahmen mit den Ländern zu koordinieren"[385]. Diese Forderung wurde im *Sofortprogramm zur Modernisierung und Intensivierung der Verbrechensbekämpfung* des BMI vom 29. Oktober 1970 mit berücksichtigt. Die IMK bemühte sich um eine Koordinierung der von verschiede-

---

379 Vgl. Kaleth, Hans: *Die elektronische Datenverarbeitung – Ein Beitrag zur Automatisierung der kriminalpolizeilichen Kartenarbeit*, BKA-Schriftenreihe Bd. 19, Wiesbaden, 1961.

380 Vgl. Holle, Rolf: *Kriminalpolizeiliche Nachrichtensammlung und –auswertung*, BKA-Schriftenreihe Bd. 29, Wiesbaden, 1966.

381 Vgl. Albrecht, *Im Dienste der Inneren Sicherheit. Die Geschichte des Bundeskriminalamtes*, Fn. 103, S. 292. Auf die skeptische Einstellung Dickopfs gegenüber der Datenverarbeitungstechnik wird in der Literatur an mehreren Stellen verwiesen.

382 Ebenda, S. 293.

383 Ebenda, S. 291-292.

384 Ebenda, S. 294.

385 Drucksache V/4530 des 5. Bundestages.

nen kriminalpolizeilichen Dienststellen geleisteten Arbeiten, die bis dahin nur im begrenzten Maße gewährleistet wurde, sowie die Erprobung von Anwendungsmöglichkeiten und ihre Überführung in die Praxis[386]. Die IMK setzte drei mit der Datenverarbeitungstechnik befasste Unterkommissionen (DV-Zielplanung (1970), DV – Systemtechnik (1971), DV – Koordinierung (1971)) ein[387]. Ein weiterer Anstoß kam von der *Kommission zur Reform der Arbeit des BKA*, welche den Ausgleichscharakter der IuK-Technik für die aus dem Föderalismus entstehenden Defizite bei der Verbrechensbekämpfung erkannte: „Da die verfassungsrechtliche Situation es nicht zuließ, eine organisatorische Straffung und Zusammenfassung der Verbrechensbekämpfung zu erwägen, bot sich für eine Konzentration und Aktivierung als Lösungsweg nur der Ausbau des unzulänglichen polizeilichen Informations- und Kommunikationssystems unter dem Einsatz modernster Technik, vor allem der auch im Polizeibereich zunehmend genutzten elektronischen Datenverarbeitung, an. Dem Bundeskriminalamt, das als zentrale kriminalpolizeiliche Nachrichtensammel- und –auswertungsstelle konzipiert ist, musste dabei zwangsläufig die Rolle einer Zentralstelle zufallen“[388].

Die grundlegende Entscheidung für eine gemeinsame Bund – Länder Vorgehensweise in der Entwicklung der polizeilichen Datenverarbeitung ergab sich anschließend aus einem von Bund und Ländern im Rahmen der IMK gemeinsam gefassten Beschluss vom 27. Januar 1972 zur Einrichtung eines elektronischen Datenverbunds auf der Basis der Datenverarbeitungsanlagen des Bundes und der Länder, der zunächst den Fahndungsbereich zum Gegenstand haben sollte[389]. Die Verabschiedung des *Programms für die Innere Sicherheit in der Bundesrepublik Deutschland* am 16. Juni 1972 legte anschließend die Schaffung eines Bund und Länder umspannenden, gemeinsamen Informations- und Auskunftssystems zur Befriedigung sämtlicher Informationsbedürfnisse der gesamten Polizei in Deutschland mit dem BKA als Zentralstelle fest[390]. Der Plan ging in Erfüllung, als am 13. November 1972 „mit einer DV–Anlage und 35 angeschlossenen Terminals, die bei Polizeidienststellen an der Grenze, auf dem Flughafen Frankfurt a. Main und im Bundeskriminalamt aufgestellt waren, das Personenfahndungssystem mit dezentraler Abfrage in Betrieb genommen wurde“[391], wobei „dieser ‚Geburtsstunde' des heutigen INPOL–Systems bereits mehrjährige, unter Beteiligung der Länder betriebene, Vorbereitungen für die Einrichtung eines elektronischen Fahndungssystems [vorausgegangen waren], so dass bei Betriebsaufnahme schon ein DV– Bestand von rd. 116.000 aktuellen Fahndungsdatensätzen vorhanden war“[392] . INPOL im

386 Vgl. Albrecht, *Im Dienste der Inneren Sicherheit. Die Geschichte des Bundeskriminalamtes*, Fn. 103, S. 296-297.

387 Ebenda, S. 300-301.

388 Ebenda, S. 302.

389 Vgl. Küster, *Das INPOL-System–Zielsetzungen und Ausbaustand 1982*, Fn. 232, S. 57.

390 Ebenda, S. 58.

391 Ebenda.

392 Ebenda.

verbundstechnischen Sinne entstand aber erst im Oktober des darauffolgenden Jahres mit der Inbetriebsetzung der Datenfernübertragungsleitung zwischen den Datenverarbeitungsanlagen des BKA und des bayerischen LKA für den Nachrichtenaustausch im Bereich der Personenfahndung[393].

3.1.1.4 Das INPOL-Gesamtkonzept

Nach der erfolgreichen Einführung des Fahndungsverbundes wurde die Notwendigkeit eines erweiterten konzeptionellen Rahmens für das INPOL erkannt: „Die Fortschritte bei der technischen Realisierung des Fahndungsverbunds lösten bald die Forderung nach einem Gesamtkonzept für das Informationssystem aus“[394]. Zudem führten „die anhaltende Bedrohung durch den Terrorismus und neue Bedürfnisse in der Verbrechensbekämpfung dazu, dass (vor allem auch vom BKA) über die AG Kripo und AK II weitere Forderungen zum Ausbau der polizeilichen Datenverarbeitung an die IMK herangetragen wurden“[395]. Im Jahr 1975 verabschiedete die IMK das *Konzept für das polizeiliche Informations- und Auskunftssystem* (das ‚*INPOL–Gesamtkonzept*‘)[396]. Sein vorrangiges Ziel war „die Intensivierung und Beschleunigung des überörtlichen Informationsaustausches“, wobei u.a das Konzept der Systemschnelligkeit und -sicherheit sowie die ständige Datenverfügbarkeit als besonders wichtige polizeitaktische Anforderungen an INPOL angesehen wurden[397]. Ferner konkretisierte das Konzept eine Reihe von Anwendungen, deren schrittweise Umsetzung vorgesehen war[398]. Nach Horst Albrecht[399] waren die wichtigsten neuen Punkte des Konzepts:

- Die Schaffung der technischen Voraussetzungen, die der Polizei die Nutzung der Daten von nicht-polizeilichen Ämtern ermöglichen sollte. Im Interessenmittelpunkt standen dabei das Kraftfahrtbundesamt, das Bundesverwaltungsamt (Ausländerzentralregister) und die Generalbundesanwaltschaft (Bundeszentralregister);

- die Einrichtung einerZentralen Fundstellen-Dokumentation bei umfangreichen Ermittlungsverfahren (sogenannte PIOS- Dateien);

- die Einrichtung einer Haftdatei sowie

---

[393] Ebenda.
[394] Ebenda, S. 59.
[395] Albrecht, *Im Dienste der Inneren Sicherheit. Die Geschichte des Bundeskriminalamtes*, Fn. 103, S. 310.
[396] Vgl. Küster, *Das INPOL-System – Zielsetzungen und Ausbaustand 1982*, Fn. 232, S. 59.
[397] Ebenda.
[398] Ebenda.
[399] Vgl. Albrecht, *Im Dienste der Inneren Sicherheit. Die Geschichte des Bundeskriminalamtes*, Fn. 103, S. 310.

- die Einrichtung einer Dokumentation kriminalistisch–kriminologischer Literatur und kriminaltechnischer Verfahren.

Dabei trug das Konzept den Föderalismus in hohem Maße Rechnung, da es die Selbstständigkeit der nebeneinander existierenden Bundes- und Landesinformationssysteme weiterhin anerkannte und den Polizeidienststellen die alleinige Befugnis zur Änderung oder Löschung der von ihnen eigens in INPOL eingespeisten Daten verlieh[400]. Dem BKA kam eine Sonderrolle zu, in dem es in Zusammenarbeit mit anderen zuständigen Gremien Grundsätze und Programme erarbeiten sowie das benötigte Expertenwissen und die Datenverarbeitungsanlagen zur Verfügung stellen sollte[401].

INPOL hat sich zwar als technisch umsetzbar und nützlich erwiesen, jedoch gestalteten sich die erforderlichen Abstimmungsprozesse zwischen den Verbundteilnehmern schwierig und langwierig. Die Heterogenität der Hardwaresysteme der Länder sowie konzeptionelle Unterschiede wirkten hindernd. Dazu Georg Wiesel: „Zunehmende Schwierigkeit in der Koordinierung, wachsende Defizite in der Realisierung sowie Akzeptanzprobleme in der Nutzung der INPOL-Anwendungen ließen im Jahre 1978 die IMK einen Beschluss über die ‚Neuordnung des INPOL' fassen“[402]. Die IMK nahm das auf Initiative des BKA–Präsidenten Horst Herold zurückgehende Konzept im August 1978 an und beauftragte das BKA, diesbezüglich Richtlinien zu erarbeiten[403]. Die auf dem Konzept basierenden Richtlinien beinhalteten ein Bündel an geplanten Maßnahmen[404]:

- Die technische Standardisierung der von Bund und Ländern eingesetzten Rechner,
- die Durchführung der Programmierung, Organisation, Verfahrensbetreuung sowie Mitarbeiterschulung für alle INPOL–Anwendungen durch das BKA selbst,
- die Übernahme sämtlicher Leistungen in INPOL, die ein Landessystem seinen Nutzern anbietet,
- die Gewährleistung der Schnelligkeit der Datenübermittlung durch den Bund sowie
- die Schaffung eines Digitalen Sondernetzes der Polizei (DISPOL), das die verschiedenen bestehenden sowie geplanten Kommunikationsnetze (Datennetz, Fernschreibsondernetz, Fernsprechsondernetz) zusammenführen und imstande sein sollte, Sprache, Text, Bilder und Daten zu übermitteln.

---

400 Ebenda.

401 Ebenda, S. 311.

402 Wiesel, Georg: *INPOL – Ein System kommt in die Jahre*, in: Kriminalistik, Nr. 6, 1992, S. 391.

403 Vgl. Albrecht, *Im Dienste der Inneren Sicherheit. Die Geschichte des Bundeskriminalamtes*, Fn. 103, S. 314.

404 Ebenda.

Rückblickend war Herolds Neuordnungskonzept insofern stichhaltig, als seine Umsetzung in erheblichem Maße zur Beseitigung der technischen Hürden bei der Zusammenarbeit zwischen Bund und Länder hätte beitragen können[405]. Dennoch entstanden Bedenken: zum Einen hinsichtlich des Datenschutzes, der bereits in den 1970er Jahren als Reaktion auf eine „Datensammelwut" der Polizei – und hier v.a. durch das BKA bei der Terrorismusbekämpfung - zunehmend in das Blickfeld der deutschen Öffentlichkeit geriet und über Jahre hinweg für erhebliche Aufregung sorgte[406]; zum Zweiten aufgrund des Föderalismus, der gegen eine zu weit gehende Übernahme von Polizeiaufgaben durch den Bund stand und, zum Dritten aufgrund haushaltsrechtlicher Überlegungen, d.h. das Erfordernis, Landesaufgaben künftig nicht mehr durch den Bund finanzieren zu lassen[407]. Folglich wurde das Konzept des BKA ohne förmlichen Beschluss aufgegeben[408].

3.1.1.5 Das INPOL-Fortentwicklungskonzept

Dem abgelehnten Neuordnungskonzept des BKA folge die Verabschiedung des *Konzepts für die Fortentwicklung des polizeilichen Informationssystems INPOL* durch die IMK am 12. Juni 1981[409]. Bereits im Januar zuvor verabschiedete die IMK *Richtlinien für die Errichtung und Führung von Dateien über personenbezogene Daten beim Bundeskriminalamt*, denen „wegen der Bindungen für das Bundeskriminalamt mittelbar auch die Rolle einer Rahmenvorschrift für das INPOL–System zukommt"[410] und die Handhabung mit personenbezogenen Daten und Dateien im BKA ausführlich regelte. Aufbauend auf seiner Leitforderung, dass INPOL in seiner Gesamtheit „vorrangig der Unterstützung der Verbrechensbekämpfung zu dienen habe"[411], beinhaltete das Fortentwicklungskonzept für das Verbundsystem INPOL ein Bündel an Organisationsprinzipien[412]:

- INPOL enthält Daten zur Verbrechensbekämpfung, die bei den zuständigen Polizeibehörden von Bund und Ländern angefallen sind und stellt diese für Ermittlungszwecke zur Verfügung.

- INPOL gliedert sich in die Teilbereiche INPOL–Bund und INPOL–Land, die jeweils vom Bund und von den Ländern geplant, installiert, programmiert, betrieben und verwaltet werden.

---

405 Ebenda.
406 Ebenda, S. 315 ff.
407 Ebenda, S. 314.
408 Ebenda, S. 315.
409 Vgl. Küster, *Das INPOL-System – Zielsetzungen und Ausbaustand 1982*, Fn. 232, S. 59.
410 Ebenda, S. 60.
411 Ebenda.
412 Ebenda, S. 60–61.

- INPOL (Bund) besteht aus den Anwendungen Personen- und Sachfahndung, Haftdatei, Kriminalaktennachweis, erkennungsdienstliche Daten, zentrale Aktenerschließungs- und Spurendokumentationssysteme, Falldateien für Straftaten von bundesweiter Bedeutung sowie zentrale Tatmittelnachweise für bestimmte Kriminalitätsbereiche.

- INPOL (Land) besteht aus Datenbeständen, die in dem Land, in dem sie anfallen, gespeichert werden und zwar zu Modus-operandi-Daten zu Personen und Fällen, zu Folgedaten zu bereits im INPOL (Bund) erfassten Person sowie zu Folgedaten zu Fällen mit unbekannten Tätern.

- die gleichzeitige Einspeicherung von Landesdaten in das jeweilige Landessystem und in den INPOL (Bund) ist gestattet, eine gleichzeitige Parallelspeicherung von im INPOL (Bund) enthaltenen Datenbeständen in allen Landessystemen ist jedoch nur bei Personen- und Sachfahndungsdaten zulässig.

- die Abstimmung der Verbundprogramme erfolgt zwischen dem Bund und den Ländern.

Mit der Beibehaltung der Teilung in Bund– Länder–Informationssysteme trug das Fortentwicklungskonzept dem Föderalismus auch Rechnung und beschränkte sich auf Anwendungen, die in erster Linie der Verbrechensbekämpfung dienten, anstatt auf die Abdeckung sämtlicher polizeilicher Informationsbedürfnisse abzuzielen. Der Zugriff auf polizeiexterne Daten (Ausländerzentralregister, Bundeszentralregister, Kraftfahrtbundesamt) wurde nicht explizit ausgeschlossen, blieb jedoch unerwähnt, mit der Folge dass „diese Daten nur begrenzt genutzt werden können und dass für die weitere Nutzung eine gesetzliche Grundlage geschaffen werden muss“[413]. Dem im Neuordnungskonzept Herolds vorgesehenen zentralistischen Ansatz wurde eine Absage erteilt.

Das Fortentwicklungskonzept brachte zwei bedeutsame Änderungen mit sich. Zum Einen sollte die Arbeit am Personenaktennachweis (der sogennante zentrale Personenindex (ZPI)) endgültig eingestellt werden[414]. Der seit Anfang 1975 beim BKA im Aufbau befindliche ZPI[415] war als ein „zentral geführter Namensnachweis mit Fundstellenhinweisen und Verweisungen auf das Vorhandensein bestimmter Informationskategorien“[416] konzipiert zum Zwecke der „Unterstützung des Auskunftsdienstes durch einen vollständigen, redundanzfreien Nachweis der in der zentralen DVA [Datenverarbeitungsanlage] des Bundes und in den Datenverarbei-

---

[413] Albrecht, *Im Dienste der Inneren Sicherheit. Die Geschichte des Bundeskriminalamtes*, Fn. 103, S. 323.

[414] Ebenda, S. 322.

[415] Ausführlich zum zentralen Personenindex siehe Wiesel, Georg/Gerster, Helmut: *Das Informationssystem der Polizei INPOL. Konzept und Sachstand*, in: Bundeskriminalamt (Hrsg.), BKA-Schriftenreihe Bd. 46, Wiesbaden, 1978, S. 63 ff.

[416] Ebenda, S. 63.

tungsanlagen der Länder gespeicherten Daten polizeilich relevanter Personen durch eine Kurzauskunft sowie die Unterstützung des gezielten Zugriffs auf die Bestände des Bundes und der Länder"[417]. Da in dem zu jener Zeit bereits über 2.000.000 Hinwiesen umfassenden ZPI die Aufnahme von Daten zu sämtlichen Verdächtigten und Beschuldigten vorgesehen war, wurde er als datenschutzrechtlich bedenklich eingestuft und als Alternative statt dessen die Errichtung eines „Kriminalaktennachweises" beschlossen[418].

Zum Anderen sah das Konzept die Einstellung der Arbeit an der Straftaten-/Straftäterdatei und statt dessen die Errichtung von „Falldateien für Straftaten von bundesweiter Bedeutung" vor[419]. Die Straftaten-/Straftäterdatei[420], deren Aufnahme in INPOL von der IMK bereits im September 1974 beschlossen wurde, war in erster Linie als Auskunfts- und Recherchesystem[421] konzipiert und sollte „alle Meldungen über Straftaten und Täter enthalten (...), ohne Beschränkung auf bestimmte Delikte oder örtliche Begrenzungen, und so im Laufe der Zeit für Zwecke der Fahndung und Ermittlungen umfassend Auskunft über Personen und Straftaten geben"[422]. Durch ihre kombinierte Auskunfts- und Recherchemöglichkeit bot die Datei eine vergleichsweise hohe Funktionalität und gute Auswertungsmöglichkeit[423]. Bis zum Jahresanfang 1978 wuchs die Anzahl der in der Datei erfassten Straftaten[424] auf 198.447 und bis zum gleichen Zeitpunkt konnten damit insgesamt 86.605 Straftaten

---

417 Ebenda.

418 Vgl. Albrecht, *Im Dienste der Inneren Sicherheit. Die Geschichte des Bundeskriminalamtes*, Fn. 103, S. 322.

419 Ebenda, S. 323. Albrecht weist zudem darauf hin, dass die konkrete Festlegung der Falldateien nicht erfolgt war. Im Jahr zuvor (1980) wurde bereits probeweise eine Falldatei (Falldatei Rauschgift) errichtet, die von den Rauschgiftdienststellen des Bundes und der Länder benutzt wird, und in der ermittlungsrelevante Daten zu bestimmten Fällen der Rauschgiftkriminalität gespeichert sind.

420 Ausführlich zur Straftaten-/Straftäterdatei siehe Wiesel/Gerster, *Das Informationssystem der Polizei INPOL. Konzept und Sachstand*, Fn. 415, S. 121 ff.

421 Zu Auswertungszwecken eignete sich die Datei gut.

422 Albrecht, *Im Dienste der Inneren Sicherheit. Die Geschichte des Bundeskriminalamtes*, Fn. 103, S. 306.

423 Vor allem zum Erkennen von möglichen Tatzusammenhängen bzw. zur Feststellung der oder die Täter. Verwendet dazu wurden in den dafür vorgesehenen Datenfeldern ein oder mehrere Suchbegriffe, die mittels logischer Operationen („und", "oder", „und nicht", „von", „bis") miteinander verknüpft werden. Für praxisnahe Beispiele der Recherchemöglichkeiten siehe Wiesel/Gerster, *Das Informationssystem der Polizei INPOL. Konzept und Sachstand*, Fn. 415, S. 143 ff.

424 Die erfassten Deliktsbereiche waren Raub (Schwerer Raub, Raub mit Todesfolge, Räuberischer Diebstahl, Räuberische Erpressung, Räuberischer Angriff auf Kraftfahrer), Erpressung, Geiselnahme (Erpresserischer Menschenraub, Geiselnahme) und Scheckbetrug. Im Bundesland Saarland, wo ausnahmsweise eine Gesamterprobung stattfand, wurden darüber hinaus nicht StGB-bezogene und sonstige Straftaten mit berücksichtigt. Zweck dieser Gesamterprobung im Saarland war, festzustellen, „welche Verbesserungen für die polizeiliche Arbeit, aber auch welche Belastung für den polizeilichen Sachbearbeiter bei einer Totaleinführung der Straftaten/-Straftäterdatei zu erwarten sind". Ebenda, S. 130.

aufgeklärt werden[425]. Dennoch wurde die Effizienz der Datei als zu gering angesehen, denn „mit großem Aufwand mussten alle Meldungen DV-mäßig erfasst und verarbeitet werden, auch diejenigen von nur lokaler Bedeutung. Diese wurden aber praktisch nie wieder abgefragt. Der Anteil der nur örtlich interessierenden Straftaten betrug bis zu 80%, je nach Art des Deliktes. Zudem zeigte sich, dass die Grundkonzeption nicht geeignet war. Das System war auf die Personenbeschreibungen und den Modus operandi aufgebaut. Bei den genannten Delikten erhielt die Polizei aber meist nur ungenaue Personenbeschreibungen, und die Angaben über den Modus operandi waren zu allgemein, als dass damit genügend Unterscheidungsmerkmale der Täter zu erhalten waren. Weiter ergab sich, dass die katalogartigen Erfassungsbogen, die die sachbearbeitenden Beamten ausfüllen sollten, eine spezielle Schulung erforderten. Da diese nicht durchgeführt werden konnte und die Sachbearbeiter nicht motiviert waren (das Ausfüllen der Bogen bedeutete zusätzliche Arbeit), wurden zu viele allgemeine, ungenaue Begriffe in das System eingegeben ... Bei den Anfragen an das System bei konkreten Ermittlungsfällen erhielten die Sachbearbeiter Ausdrucke über so viele Personen, dass gegen sie nicht mehr ermittelt werden konnte“[426]. Ferner gab es datenschutzrechtliche Bedenken gegenüber der Datei aus den polizeieigenen Reihen, welche „zur Aufgabe mehrerer Projekte [führten], die an sich vom rein polizeilichen Standpunkt aus vielversprechend und erfolgreich waren“[427]. Die Erprobung der Straftat-/Straftäterdatei, die bundesweit eine vierjährige Periode (1975–79) durchlief, wurde auf Beschluss der AG Kripo bereits im April 1979 eingestellt und lediglich im Saarland weitergeführt.

3.1.1.6 Der INPOL-Neustrukturierungsansatz

Ende 1986 erteilte der AK II (Öffentliche Sicherheit) eine Arbeitsgruppe den Auftrag zur kritischen Analyse der INPOL-Verfahren und der polizeilichen Datenverarbeitung mit dem Ziel, die Akzeptanz des INPOL-Systems zu ermitteln[428]. Aufbauend auf den Empfehlungen der Arbeitsgruppe, fasste der AK II Beschlüsse zur grundlegenden Neuformulierung, Fortentwicklung und Optimierung des INPOL-Systems[429]. Allerdings musste festgestellt werden, dass fehlende Kapazitäten beim Bund und bei den Ländern die zeit- und anforderungsrechte Verwirklichung des Gesamtvorhabens im Wege standen[430]. Die AG Kripo beauftragte zwei Kommissionen mit der Aufgabe, u.a. „detaillierte konzeptionelle Vorstellungen für eine technische Neustruktierung von INPOL als Planungshorizont und unter Berücksichtigung bereits erteilter Aufträge einen entsprechenden Realisierungsplan

---

425 Ebenda, S. 146–147.
426 Albrecht, *Im Dienste der Inneren Sicherheit. Die Geschichte des Bundeskriminalamtes*, Fn. 103, S. 306.
427 Ebenda.
428 Vgl. Wiesel, *INPOL – Ein System kommt in die Jahre*, Fn. 402, S. 391.
429 Ebenda.
430 Ebenda.

vorzulegen“[431]. 1991 beauftragte der AK II die AG Kripo, unter Berücksichtung des von ihr vorgelegten Berichts zur technischen Neustrukturierung des INPOL, die erforderlichen Realisierungsvoraussetzungen hierfür in einem Konzept zu erarbeiten, das sich auf Grundsatzfragen beschränkt[432]. Dabei sollten v.a. die Auswirkungen auf die Länder-Datenverarbeitungssysteme, die Zusammenführung des neuen geplanten Datennetzes mit anderen Kommunikationssystemen der Polizeien und die Frage der Kosten-Nutzen-Analyse einschließlich einer Zeitplanung berücksichtigt werden[433]. Eine große Bedeutung wurde der Klärung der „polizeifachlichen Anwenderbedürfnisse“[434] beigemessen, für die ein Konzept als Grundvoraussetzung für die technische Neustrukturierung von INPOL zu erarbeiten wäre[435]. Vorgesehen zur Realisierung dieses Vorhabens war die Schaffung einer Projektgruppe, eines Lenkungsausschusses und die Erarbeitung von Empfehlungen zu Schnittstellen und technischen Standards, damit mögliche Auswirkungen auf die informations- und kommunikationstechnische Systeme des Bundes und der Länder berücksichtigt werden können[436]. Damit wurde der Grundstein für das System INPOL-Neu gelegt, das bei seiner Inbetriebnahme Anfang des neuen Jahrhunderts die Qualität bei der polizeilichen Informationsverarbeitung in Deutschland einen neuen zukunftsweisenden Qualitätsmaßstab setzen sollte.

3.1.1.7 Die Begriffsbestimmung von INPOL

In der Literatur ist INPOL Gegenstand einer Definitionsvielfalt. Nach einer Definition ist es „die Gesamtheit der in Vollzug der gemeinsamen Aufgabenplanung in den DV–Systemen der Länder und des Bundes realisierten und zu realisierenden DV–Anwendungen, unbeschadet der systemspezifischen Ausgestaltungen und etwaigen inhaltlichen Ergänzungen“[437]. Gegen diese inhaltlich durchweg breite Begriffsfassung wird allerdings eingewendet, diese „Interpretation berührt damit allerdings das ‚Selbstverständnis' der eigenhändigen Ländersysteme“[438].

Eine vergleichsweise engere Definition betrachtet INPOL hingegen als „den Teil der gemeinsamen Aufgaben, der im Rechner-Verbundsbetrieb abgewickelt wird oder abgewickelt werden soll und somit in den Verbundkonventionen beschrieben ist oder wird“[439], wobei INPOL danach „lediglich die Summe des vereinbarten Nachrichtenaustausches zwischen den Rechnern des BKA und der Länder“[440] sei.

---

431 Ebenda.
432 Ebenda, S. 392.
433 Ebenda.
434 D.h. welche Informationen INPOL konkret enthalten soll.
435 Vgl. Wiesel, *INPOL – Ein System kommt in die Jahre*, Fn. 402, S. 392.
436 Ebenda.
437 Küster, *Das INPOL-System–Zielsetzungen und Ausbaustand 1982*, Fn. 232, S. 63.
438 Ebenda.
439 Ebenda.
440 Ebenda.

Diese Begriffsfassung ist jedoch defizitär, weil sie manche Anwendungen von INPOL, die nicht im Rechner–Verbundbetrieb geführt werden, sowie bestimmte in Verbindung zu INPOL stehende Dateien auf Landesebene außer Acht lässt[441].

Eine aktuellere, eher technisch-materiell geprägte Definition, die den Steuerungscharakter von INPOL gut zum Ausdruck bringt, betrachtet INPOL als „das gemeinsame, arbeitsteilige, elektronische Informationssystem der Polizeien des Bundes und der Länder zur Unterstützung vollzugspolizeilicher Aufgaben, in dem Informationstechnik (IT)-Einrichtungen des Bundes und der Länder in einem Verbund zusammenwirken. Darin werden die hierfür erforderlichen Informationen geführt und für die Nutzung verfügbar gehalten. INPOL besteht aus polizeilichen IT-Anwendungen und bedient sich polizeilicher IT-Einrichtungen des Bundes und der Länder, die über eine einheitliche Kommunikationsstelle verbunden sind“[442].

Unter INPOL wird auch folgendes verstanden: „Das ‚Informationssystem der Polizei (=INPOL)' ist entgegen seinem Namen kein System im physischen Sinn, d.h. kein Rechnersystem, in dem Daten abgefragt werden können. Vielmehr ist INPOL eine Vereinbarung zwischen dem Bund und den Ländern, in welchem Umfang Daten zur Verbrechensbekämpfung bundesweit beim BKA und/oder den Ländern gesammelt, gespeichert (bereitgehalten) und ausgetauscht werden“[443].

Ein alternativer Definitionsversuch von INPOL richtet sich an die dem System zugrundeliegenden Gemeinsamkeiten: „Die Vorstellung eines auf allen Ebenen einheitlichen EDV-Systems wäre dabei falsch. Im Rahmen von INPOL sind diverse elektronische Rechenanlagen auch von verschiedenen Herstellern (z.B. in den einzelnen Landeskriminalämtern) im Einsatz. Erst durch die in gemeinsamen Kommissionen von Bund und Ländern erarbeiteten Zielvorgaben, Verbundkonventionen, Datenfernverarbeitungskonzepte, Schnittstellenfestlegung und Nutzungsverfahren wird versucht, Einheitlichkeit herzustellen. INPOL ist also genauer betrachtet das Kommunikationssystem, das ein bundesweit einheitliches Zusammenwirken aller bei der Polizei eingesetzten Informationssysteme sichern soll“[444].

---

441 Ebenda.

442 Wiesel, Georg: *Informationssystem der deutschen Polizei – Sachstand und Planung*, in: Kniesel, Michael/Kube, Edwin/Murck, Manfred (Hrsg.): Handbuch für Führungskräfte der Polizei. Wissenschaft und Praxis, Schmidt-Römhild Verlag: Lübeck, 1996, S. 742.

443 Brendel, Roland: *Die polizeilichen Informationssysteme – ein Überblick im Extrakt*, in: Die Polizei, Heft 4, 1990, S. 87.

444 Löwe, Michael/Wilhelm, Rudolf: *Risiken polizeilicher Datenverarbeitung*, in: Datenschutz-Nachrichten (Ort und Zeit der Veröffentlichung nicht angeben), S. 36. Siehe Quellenverzeichnis.

3.1.1.8 Ziel, Teilnehmerkreis und Finanzierung von INPOL

Das Ziel von INPOL ist, „die bei einer am Verbund beteiligten Dienststelle eingehenden oder bereits vorhandenen Informationen den anderen am Verbund beteiligten Dienststellen bei Notwendigkeit sofort über Stromwege zur Verfügung zu stellen. Ausgenommen sind Informationen, die örtlichen oder sachlichen Beschränkungen unterliegen oder die nicht in den Verbund einbezogen sind“[445].

Teilnahmeberechtigt am INPOL sind auf der Bundesebene außer dem BKA, die Grenzschutzdirektionen und Grenzdienststellen des BGS und das ZKA, auf der Landesebene die 16 LKÄ und die Polizeidienststellen. Die Nachrichtendienste von Bund und Ländern haben (anders als früher) keinen unmittelbaren Zugriff auf INPOL[446]. Mit Zustimmung des Bundesministers des Innern und der Ständigen Konferenz der Innenminister der Länder, besteht die Möglichkeit, sonstige Bundes- oder Landesbehörden oder ausländische Polizeidienststellen an INPOL anzuschließen[447]. Entscheidungen über den Ausbau bzw. Erweiterung und Modifizierung von INPOL (Bund) werden in gemeinsamer Absprache von Bund und Ländern im Rahmen der IMK getroffen.

Die Finanzierung von INPOL wird gemeinsam von Bund und Ländern getragen. Der Bund trägt dabei die Kosten für die Instandhaltung der für den Betrieb von INPOL benötigten Rechneranlagen im BKA, die Länder hingegen kommen für die Kosten für ihre jeweiligen an das INPOL angeschlossenen Rechner und Terminals, für die Kommunikationsinfrastruktur und für die anfallende Wartungskosten auf[448].

3.1.1.9 INPOL als Steuerungsinstrument der Verbrechensbekämpfung

Mit Blick auf den föderalen Rahmen Deutschlands, stellt sich INPOL als die angemessenste Lösung zur Befriedigung des überregionalen kriminalpolizeilichen Informationsbedarfs dar. Das System trägt dem in verfassungsrechtlicher, historischer und praktischer Hinsicht begründeten Anspruch der Bundesländer auf die eigenständige Wahrnehmung des Aufgabenfeldes Innere Sicherheit Rechnung und ermöglicht zugleich, dass ihr Zugriff auf überregionale Daten im Bedarfsfall stets gewährleistet wird.

INPOL ist damit zugleich ein „Steuerungsinstrument“ der Verbrechensbekämpfung, denn in ihm fliessen sowohl koordinative als auch kooperative und kommunikative Elemente zusammen. Der koordinative Aspekt bspw. ergibt sich aus seiner Zweckbestimmung, nämlich, die an ihm beteiligten Akteure des deut-

---

445 Wiesel/Gerster, *Das Informationssystem der Polizei INPOL. Konzept und Sachstand*, Fn. 415, S. 15.

446 Der Zugriff wurde 1979 eingestellt.

447 Vgl. Wiesel/Gerster, *Das Informationssystem der Polizei INPOL. Konzept und Sachstand*, Fn. 415, S. 16.

448 Diese Information wurde dem Verfasser in einem Expertengespräch mitgeteilt.

schen Verbundes der Inneren Sicherheit bei ihrer Aufgabe der Verbrechensbekämpfung durch die Bereitstellung von Daten zu unterstützen. INPOL ist von seiner Struktur und Reichweite her einzigartig in Deutschland. Der Datentransfer im INPOL-Rahmen wird über eine alle Bundesländer flächendeckende Kommunikationsinfrastruktur gewährleistet, die eine große Anzahl von Datensichtgeräten umfasst[449]. Es ergänzt zugleich andere Dateien des BKA, auf die ebenfalls bundesweit zugegriffen werden können, wie bspw. AFIS, die DNA-Analyse-Datei und ViCLAS[450]. Die im INPOL enthaltenen Daten stammen überwiegend von den LKÄ und Länder-Polizeidienststellen und nicht von den am System beteiligten Bundesbehörden.

INPOL ist mit seiner Dateienvielfalt das Resultat eines über drei Jahrzehnte andauernden Planungs-, Umsetzungs-, Konsolidierungs- und Optimierungsprozesses, dessen Höhepunkt die vorgesehene Inbetriebnahme des INPOL–Neu im Laufe des Jahres 2003 sein soll. INPOL ist kein vom BKA allein konzipiertes, eingerichtetes und betriebenes Informationsmammutsystem, sondern es ist in einem föderal-kooperativen Rahmen entstanden: „Das Informationssystem der Polizei (INPOL) ist nicht als zentralistisches System konzipiert. Das erkennt man schon daran, dass alle wesentlichen Entscheidungen in der ständigen Konferenz der Innenminister/-senatoren der Länder (IMK) fallen“[451]. INPOL zeichnet sich durch die Heterogenität seiner informations- und kommunikationstechnischen Landschaft, die den Nutzern erheblichen Spielraum bei der Gestaltung ihrer eigenen Anwendungen gestattet und Einschränkungen nur dann vorsieht, wenn diese zum reibungslosen Systembetrieb erforderlich sind.

Dem BKA kommt als INPOL–Zentralstelle eine wichtige Verwaltungsfunktion zu, in dem es u.a. dafür sorgt, dass Datenbestände rechtzeitig aktualisiert werden, dass die gemeinsam festgelegten Verbundkonventionen und Standards von allen Systemnutzern eingehalten werden und der Datenverkehr gesichert und überwacht wird.

3.1.1.10 Die Verwaltungsfunktion des Bundeskriminalamtes als INPOL–Zentralstelle

Die Aufgabe des BKA als polizeiliche Zentralstelle für das Auskunfts- und Nachrichtenwesen ist in § 2 BKAG i.d.F. vom 07.07.1997 geregelt. Der Begriff

---

449 Als INPOL erstmals am 13. November 1972 zunächst als Personenfahndungssystem in Betrieb genommen wurde, bestand das System aus dem Rechner im BKA und 35 Terminals an den Grenzen Deutschlands sowie am Flughafen Frankuft/Main. 1975 umfasste INPOL 800 Terminals und acht Landesrechner im Verbundbetrieb. 1980 erhöhte sich die Anzahl der Terminals auf 2.500 und bis 1986 wuchs die Zahl auf 4.000. Vgl. Löwe/Wilhelm, *Risiken polizeilicher Datenverarbeitung*, Fn. 444, S. 35 & 38.

450 Auf diese Dateien wird an späterer Stelle ausführlich eingegangen.

451 Boge, *Thesen zur Funktion und Bedeutung der Datenverarbeitung bei der Polizei*, Fn. 238, S. 27.

„zentral“ ist dabei nicht im Sinne von „weisungsbefugt“ zu verstehen. Das BKA erfüllt im Grunde eine Informationssteuerungsfunktion, in dem es in erster Linie dafür sorgt, dass Informationen aus INPOL an andere Akteure des Verbunds der Inneren Sicherheit gelangen, wo und wann sie benötigt werden. Damit sollen auch Effektivitäts- und Effizienzgesichtspunkten Rechnung getragen werden. Denn technisch gesehen wäre es durchaus möglich, einen „zentralstellenlosen Informationsaustausch“ zwischen den Bundesländern zu betreiben, der aus bi- oder multilateralen Kommunikationsnetzen besteht. Damit wäre der Planungs- und Entscheidungshoheit der Länder zwar weitesgehend Rechnung getragen, ein solches Arrangement würde aber behindernd auf die Verbrechensbekämpfung auswirken. Für die Bundesländer wären dadurch die Kosten für Vorbereitung, Hard- und Softwareanschaffung, Operationalisierung und Wartung sehr hoch. Die datenersuchenden Sachbearbeiter eines Bundeslandes müßten im Extremfall Anfragen an 15 weitere Landesinformationsysteme richten, die nicht nur zu arbeits- und zeitaufwendig ist, sondern zudem die Gefahr birgt, dass der Gesamtzusammenhang von komplexeren Ermittlungsfällen verloren geht. Die Technik würde insofern keine Arbeitserleichterung bieten, sondern eher hindernd wirken. Zudem wäre der Datenaustausch aufgrund inkompatibler Hardware und Software, ebenso aber infolge unterschiedlicher landesspezifischer Datenerfassungs- und —übermittlungsrichtlinien beeinträchtigt. Ein zentral verwaltetes Verbundsystem hingegen beschneidet zwar die Planungs- und Handlungsautonomie der Länder gewissermaßen, bietet aber zugleich den Vorteil, dass der Informationsaustausch bundesweit zumeist reibungslos und effizient stattfinden kann.

Als INPOL-Zentrale erfüllt das BKA einige wichtige Aufgaben. Es trägt die Verantwortung dafür, dass Daten zügig dort hingelangen, wo sie benötigt werden. Es sorgt zudem für ein möglichst reibungsloses Funktionieren des Verbundsystems und die Einhaltung der gemeinsam festgelegten INPOL-Verbundkonventionen[452] durch die Verbundteilnehmer. Zu den Kontrollmaßnahmen des BKA gehören die Plausibilitäts- bzw. Schlüssigkeitsprüfungen, im Rahmen derer die Dateneingaben der INPOL-Verbundteilnehmer auf ihre formale Richtigkeit hin überprüft und bei einer Mangelerkennung Änderungen gemeinsam mit den dateneingebenden Sachbearbeitern oder Dienststellen veranlasst werden[453]. Zu einer solchen Überprüfung gehört bspw. die Sicherstellung, dass die Muss-Datenfelder ausgefüllt sind, dass Katalogwerte dort verwendet werden, wo dies vorgesehen ist und dass bestimmte Daten inhaltlich korrekt eingegeben wurden[454]. Auf Anforderung nimmt das BKA auch Auswertungen der Volldatenbestände vor und stellt Auffälligkeiten im

---

[452] Auf diese wird im folgenden eingegangen.

[453] Vgl. Wiesel, *Informationssystem der deutschen Polizei – Sachstand und Planung*, Fn. 442, S. 746; Wiesel/Gerster, *Das Informationssystem der Polizei INPOL. Konzept und Sachstand*, Fn. 415, S. 40-41.

[454] Beispielsweise wäre es bei einer Monatseingabe nicht möglich die Zahl 13 und bei einer Tagesangabe die Zahl 32 einzugeben.

Eingabe- und Auskunftsverhalten fest[455]. Das BKA trägt ferner dazu bei, dass die INPOL-Datenbestände den Qualitätskriterien Aktualität, Vollständigkeit und Integrität entsprechen. Es trägt den Erfordernissen des Datenschutzes und der Datensicherheit Rechnung sowie die Mitverantwortung dafür, dass Daten vor Missbrauch, Verfälschungen, Zweckentfremdung und weiteren Manipulationen gesichert sind und dass sie nach Erreichen der vorgesehen Prüffristen ausgesondert und ggf. gelöscht werden.

3.1.1.11 Die INPOL-Verbundstruktur

Bei der analytischen Auseinandersetzung mit INPOL ist eine strukturelle Differenzierung zwischen seinen beiden Komponenten *INPOL–Bund* und *INPOL–Land* erforderlich. INPOL–Bund, mit dem sich dieses Untersuchungskapitel durchgängig befasst, umfasst sämtliche Daten, die vom BKA zentral verwaltet werden. Diese zumeist aus den Bundesländern stammende Daten sind im Grunde von „überregionaler Bedeutung". INPOL–Land umfasst die jeweiligen Informationssysteme der Länder, deren Daten nicht der Übermittlungspflicht an INPOL unterliegen[456], da sie grundsätzlich nicht von überregionalem Interesse sind und deren Speicherung im INPOL somit nicht zweckdienlich wäre. INPOL–Bund und INPOL–Land sind nicht als voneinander abgeschottete, sondern als zwei zusammenwirkende Steuerungsinstrumente eines umfassenden länderübergreifenden kriminalpolizeilichen Gesamtinformationssystems in Deutschland zu betrachten.

Der Datenaustausch im Rahmen von INPOL erfolgt über einen Verbund[457]. Das INPOL-Kommunikationsnetz erstreckt sich bundesweit über eine Gesamtlänge

---

455 Vgl. Wiesel, *Informationssystem der deutschen Polizei – Sachstand und Planung*, Fn. 442, S. 746.

456 Vgl. Brendel, *Die polizeilichen Informationssysteme – ein Überblick im Extrakt*, Fn. 443, S. 87.

457 Ein technischer Verbund existiert dann, wenn Informationen, die von einem Verbundteilnehmer eingegeben werden, oder bereits im Verbundsystem vorhanden sind, einem anderen Verbundteilnehmer bei Notwendigkeit und im Rahmen des ihm zugestandenen Zugriffsrechtes auf elektronischem bzw. Stromwege zur Verfügung gestellt werden. Es wird in der Fachliteratur unterschieden zwischen einem *Lastverbund*, d.h. wenn die im Gesamtverbundsystem vorkommenden Lastenschwankungen und dadurch eventuell entstehende Überkapazitäten für manche Verbundteilnehmer durch die freien Rechnerkapazitäten (Leerkapazitäten) der übrigen Verbundteilnehmer aufgefangen werden, einem *Funktionsverbund*, bei dem die am Verbundsystem mitwirkenden Rechnern arbeitsteilig organisiert sind und jedem eine oder mehrere Funktionen zugewiesen werden, einem *Datenverbund*, d.h. wenn jeder am Verbundsystem angeschlossene Rechner Zugriff auf die Datenbestände der anderen angeschlossenen Rechner hat und einem *Sicherheitsverbund*, bei dem ein Total- bzw. Teilausfall von angeschlossenen Rechnern durch andere am Verbund angeschlossene, aber von Ausfällen nicht betroffene Rechner kompensiert wird. Was INPOL betrifft, geht das IMK – Konzept offenbar von einem Verbundsystem i.S. einer Kombination von Funktions-, Daten- und Sicherheitsverbund aus, hingegen nicht von einem Lastverbundsystem. Vgl. Wiesel/Gerster, *Das Informationssystem der Polizei INPOL. Konzept und Sachstand*, Fn. 415, S. 30-31.

von einigen tausend Kilometern, an das die Datenverarbeitungsanlagen des BKA, die Landesrechner, die Rechner der LKÄ, der Länder-Polizeidienststellen und die Grenzschutzdirektionen des BGS und des ZKA angeschlossen sind. Die Netzstruktur ist sternförmig und gestattet Kommunikationsbeziehungen zwischen den DV-Anlagen der Länder und der DV-Anlage des BKA, jedoch keine unmittelbaren Beziehung der Länderanlagen untereinander[458]. Sie basiert in erster Linie auf einem Festleitungsnetz, das den elektronischen inter-polizeilichen Datenverkehr ermöglicht. Dabei ist zu unterscheiden zwischen Zugriffen auf Verbunddateien und auf die Zentraldateien des BKA: „Eine *Verbunddatei* liegt dann vor, wenn Meldeverpflichtungen durch den INPOL–Teilnehmer elektronisch nachgekommen wird (dezentrale Eingabe). Eine *Zentraldatei* liegt vor, wenn den Meldeverpflichtungen zum Bundeskriminalamt konventionell nachgekommen wird und das Bundeskriminalamt zentral die Datenspeicherung vornimmt“[459].

Auf die INPOL-Datenbestände kann neben dem rechnergestützten Zugriff, der im Alltag am häufigsten verwendet wird, auch über andere Kommunikationsmedien, wie Datenfunk, Telex, Telefon oder auf schriftlichem Weg zugegriffen werden. Die Anzahl der an INPOL angeschlossenen Datensichtgeräte wird auf mehrere Tausend geschätzt.

Die Datenübertragung im INPOL erfolgt über zwei Verbundformen:

- *Der Rechner–Rechner–Verbund*: Bei dieser Verbundform wird die zentrale Datenverarbeitungsanlage des BKA mit den zentralen Datenverarbeitungsanlagen der Länder über eine Programm-Programm Schnittstelle verbunden[460]. Die Landeszentralrechner erfüllen eine Vermittlungsfunktion für den Datenaustausch zwischen dem BKA und den Länder-Polizeidienststellen. Zugleich erfüllen sie eine Qualitätsgewährleistungsfunktion, in dem sie sicherstellen, dass die Daten nur einmal (Prinzip der Einmalerfassung) und nicht unnötig wiederholt ins Verbundsystem eingegeben werden. Die INPOL–Anwendungen Personen- und Sachfahndungsdateien, Erkennungsdienstdatei, Haftdatei und der Kriminalaktennachweis werden in dieser Verbundsform betrieben[461]. Die Rechner–Rechner–Verbundsform unterteilt sich in:

- eine *parallele Bestandsführung*, bei der die verbundsfähigen Daten eines Landes im Zentralrechner dieses Landes, in allen anderen Landeszentralrechnern sowie im

---

458 Vgl. Wiesel, *Informationssystem der deutschen Polizei – Sachstand und Planung*, Fn. 442, S. 745. Wiesel weist darauf hin, dass es u.a. in INPOL–unabhängigen Bereichen eine Land-zu-Land-Kommunikation gibt.

459 Ebenda.

460 Ebenda, S. 747.

461 Ebenda, S. 748.

Zentralrechner des BKA gleichzeitig gespeichert werden und im Bedarfsfall den INPOL-Nutzern zur Übermittlung zur Verfügung stehen[462], und

- eine *teilparallele Bestandsführung*, bei der die verbundsfähigen Daten eines Landes im Zentralrechner dieses Landes und zudem auf den Zentralrechner des BKA gespeichert werden,und im Bedarfsfall den INPOL-Nutzern zur Übermittlung zur Verfügung stehen[463].

Die parallele Bestandsführung wird auf die Personen- und Sachfahndungsdateien angewandt. Angesichts des täglich bundesweit anfallenden massiven Abfragevolumens für beide Dateien entlastet sie den BKA–Zentralrechner, der bei einer zu hohen Abfrageintensität überfordert wäre und sorgt dafür, dass auch bei einem vorübergehenden Ausfall des Zentralrechners stets auf den Fahndungsdatenbestand zugegriffen werden kann.

- *Der Terminal–Rechner–Verbund:* Bei dieser Verbundform werden die Datensichtgeräte der beteiligten Länder direkt (ohne Zwischenschaltung der vermittelnden Landeszentralrechner) an den BKA–Zentralrechner angeschlossen. Derzeit sind in Absprache mit dem BKA lediglich Bremen und das Saarland am Terminal–Rechner–Verbund beteiligt. Außer den der Rechner–Rechner–Verbundsform zugewiesenen INPOL–Anwendungen, werden sämtliche weitere INPOL-Anwendungen im Terminal–Rechner–Verbund betrieben[464].

---

462 Ebenda, S. 744.

463 Ebenda.

464 Dazu zählen bspw. die Fall- und PIOS–Dateien, auf die an späterer Stelle ausführlich eingegangen wird.

Abbildung 15: INPOL (Bund) und INPOL (Land)

INPOL - BUND

Die Personendatei

Personfahndungsdatei, Kriminalaktennachweis,
Haftdatei, Erkennungsdienstdatei, Daktyloskopie

Die Sachfahndungsdatei

Die Aktenerschließungssysteme

Die PIOS-Dateien

*Innere Sicherheit, *Landesverrat, *Landfriedensbruch,
*Organisierte Kriminalität, *Rauschgift, *Waffen,
*Wirtschaftskriminalität

Die Falldateien

*Rauschgift, *Bundeskriminalamt,
*Schleuser und Geschleuste, *Scheck

Die Spurendokumentation

Vermißte, unbekannte Tote, unbekannte hilflose Personen

zentrale Tatmittelnachweise

Die Computerdokumentation

LUNA

INPOL - LAND

* Falldateien, Modus-Operandi-Dateien
zu Personen und Fällen
* Folgedaten zu Personen in INPOL – BUND
* Folgedaten zu Fällen mit unbekannten Tätern

Beispiele für länderspezifische Polizeiinformationssysteme

• Integriertes, elektronisches Vorgangsverwaltungs- und Informationssystem zur Verbrechensbekämpfung (**ELVIS**; Niedersachsen)
• Informationssystem Anzeigen (**ISA**; Bremen)
• INPOL – Saarland (**ISA**; Saarland)
• Modus-Operandi-Datei (**MOD**; Baden – Württemberg)
• Personenauskunftsdienst (**PAD**; Baden – Württemberg),
• Polizeiliches Auskunftssystem Sachsen (PASS; Sachsen)
• Polizeiliches Informationssystem (**POLIS**; Rheinland – Pfalz)
•Zentrale Auskunftsdatei (**ZAD**; Nordrhein-Westfalen)

Quelle: Brendel, Roland: *Die polizeilichen Informationssysteme – ein Überblick im Extrakt*, in: *Die Polizei*, Heft 4, 1990, S. 88 (ergänzt mit Daten aus diversen anderen Informationsquellen).

Abbildung 16: Das Kommunikationsnetz von INPOL (Bund)

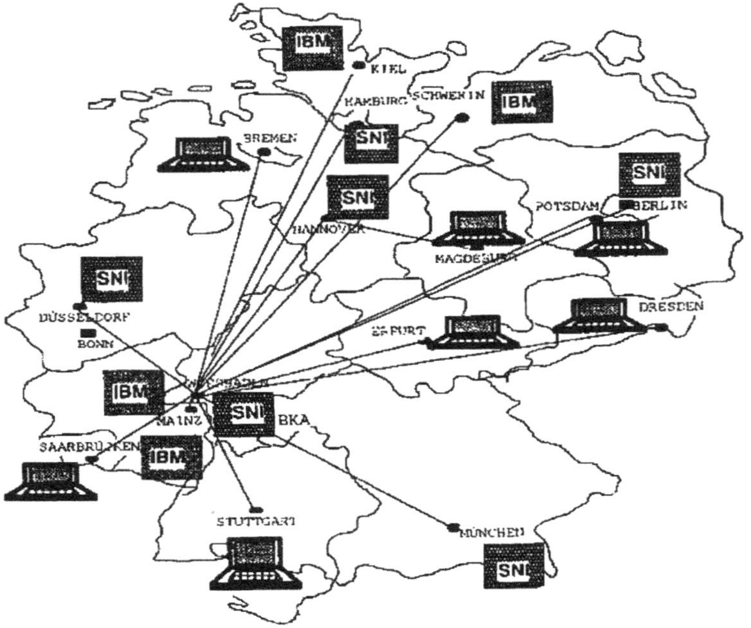

Quelle: Wiesel, Georg: *Informationssystem der deutschen Polizei – Sachstand und Planung*, in: Kniesel, Michael/Kube, Edwin/ Murck, Manfred (Hrsg.): *Handbuch für Führungskräfte der Polizei – Wissenschaft und Praxis*, Schmidt-Römhild Verlag: Lübeck, 1996, S. 744.
Anmerkung: SNI = Siemens Nixdorf, IBM = International Business Machines

Abbildung 17: Die zwei Verbundformen von INPOL (Bund)

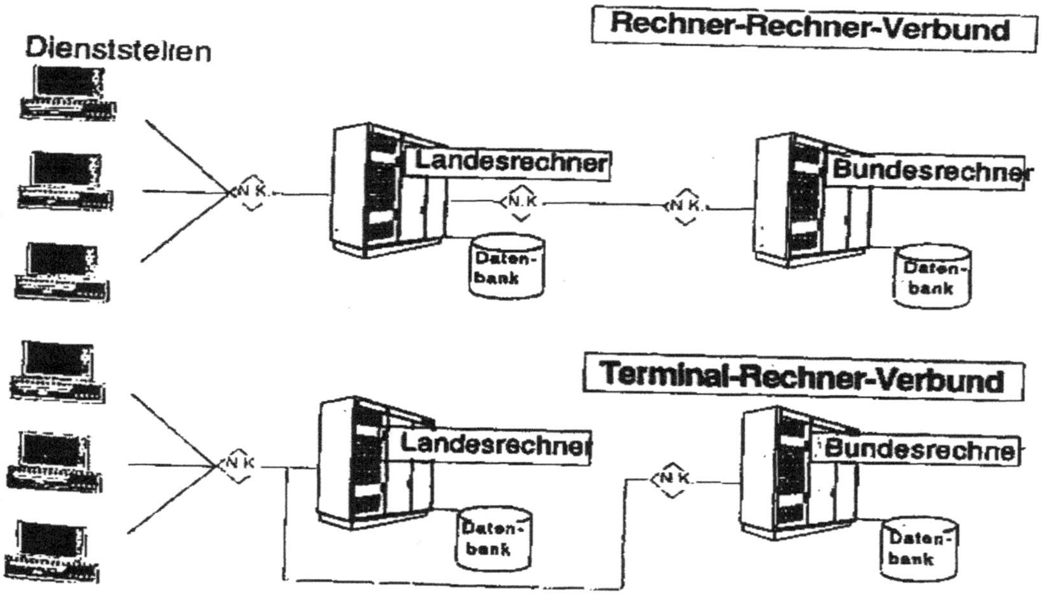

Quelle: Wiesel, Georg: *Informationssystem der deutschen Polizei – Sachstand und Planung*, in: Kniesel, Michael/Kube, Edwin/Murck, Manfred (Hrsg.): *Handbuch für Führungskräfte der Polizei – Wissenschaft und Praxis*, Schmidt-Römhild Verlag: Lübeck, 1996, S. 747.

3.1.1.12 Die INPOL-Leitlinien

Für INPOL gibt es eine Reihe von Leitlinien, welche die Akzeptanz, Effizienz und Wirtschaftlichkeit des Verbundes gewährleisten sollen[465]. Denn INPOL muss sich „den Anwendern auf jeder Ebene als ganzheitliches System darstellen“[466]. Jedem Polizeisachbearbeiter soll grundsätzlich Zugriff auf INPOL (Bund) gewährleistet sein, soweit dies zu seiner Aufgabenerfüllung erforderlich ist[467]. Die Planung, Realisierung und Fortentwicklung von INPOL–Anwendungen haben sich in erster Linie nach den Bedürfnissen der polizeilichen Sachbearbeitung zu richten; Weiterentwicklungen und Optimierungsmaßnahmen am Verbund sind nach einem von Bund und Ländern gemeinsam festgelegten Zeitplan zeitgleich zu verwirklichen[468]. Beide verpflichten sich, einen möglichst reibungslosen landesübergreifenden Datenaustausch zu gewährleisten und Inkompatibilitäten zu vermeiden, indem sie die gemeinsam festgelegten Schnittstellen einhalten[469].

Hinsichtlich der Dateneingabe gilt, dass „die Stelle, die Daten in INPOL eingeben oder eingeben lässt, als Datenbesitzer die Verantwortung für die Richtigkeit und Aktualität der Daten sowie die Zulässigkeit der Speicherung [trägt]“[470]. Auch soll „jedes Datum nur einmal eingegeben werden“[471]. Dem Besitzerprinzip kommt im INPOL eine besondere Bedeutung zu. Es verlangt, „dass die dezentral anfallenden Informationen dezentral in das Zentralsystem einzugeben und von den Eingaben als Besitzer auch dezentral zu verwalten, zu pflegen, zu verändern und gegebenenfalls zu löschen sind. Besitzerprinzip bedeutet sonach nichts anderes, als dezentrale Informationsherrschaft bei zentraler technischer Basis oder, anders gesagt, die konsequent föderalistische Form der Datenverarbeitung“[472]. Nach diesem Prinzip ist der Besitzer jedes Datensatzes bzw. jeder Datengruppe die Stelle, welche die Datenerfassung im INPOL veranlasst bzw. durchgeführt hat[473], wobei „die Stelle, die Daten in INPOL eingibt oder eingeben lässt, als Datenbesitzer die Verantwortung für die Richtigkeit und Aktualität der Daten sowie die Zulässigkeit der Speicherung [trägt]“[474]. Dabei ermöglicht die Aufteilung eines Datensatzes in Datengruppen ein abgestuftes Besitzerprinzip[475]. Jede Datengruppe muss einen

---

465 Vgl. Wiesel, *Informationssystem der deutschen Polizei – Sachstand und Planung*, Fn. 442, S. 743.

466 Ebenda, S. 743-744.

467 Ebenda, S. 743.

468 Ebenda, S. 743-744.

469 Ebenda, S. 743.

470 Ebenda.

471 Ebenda.

472 Herold, Horst: *Künftige Einsatzformen der EDV und ihre Auswirkungen im Bereich der Polizei*, in: Kriminalistik, Jg. 28, Nr. 9, September 1974, S. 386.

473 Vgl. Sozialwerk der Polizei GmbH (Hrsg.): *INPOL*, SBW Informations- und Vertriebsgesellschaft: Worms, 1987, S. 9.

474 Wiesel, *Informationssystem der deutschen Polizei – Sachstand und Planung*, Fn. 442, S. 746.

475 Vgl. Gerhards, Ralf: *Reengineering der polizeilichen Anwendungen POLIS, PKS und POLADIS mit objektorientierten Methoden unter Einsatz eines CASE-Tools* (Anhang B Ist-Analyse: Ist-Analyse zu

Besitzer haben, der die Daten in den Verbund überträgt. Nach dem Benutzerprinzip darf grundsätzlich nur der Besitzer die Daten ändern und löschen[476]. Grundsätzlich gilt ebenfalls, dass der Besitzer der P-Datengruppe[477] in der Personendatei und der Besitzer der N-Datengruppe in der Sachfahndungsdatei, die Besitzer des gesamten Datensatzes ist, wobei hier allerdings zwischen *Alleinbesitz* und *Mitbesitz* zu unterscheiden ist[478]. Alleinbesitz liegt vor, wenn alle Datengruppen des Datensatzes dem selben Besitzer zuzuordnen sind, ein Mitbesitz hingegen, wenn zumindest eine Datengruppe im Datensatz einen weiteren Besitzer aufweist[479]. Denkbar sind dabei aber auch Konstellationen, in denen es mehr als zwei Mitbesitzer gibt.

3.1.1.13 Die INPOL-Verbundkonventionen

Das Konzept des INPOL basiert, wie bereits erwähnt, dass die DV-Anlagen von Bund und Ländern trotz bestehender Unterschiede gemeinsam als ein technisches Einheitssystem wirken. Die Funktionsfähigkeit des Verbundes setzt dabei gewisse technische und organisatorische Konventionen, die von allen INPOL-Nutzern stets eingehalten werden, voraus. Da Bund und Länder unterschiedliche, teilweise inkompatibile DV-Anlagen und Programme verwenden - eine Folge der aus dem Föderalismus abzuleitende Organisations-, Planungs- und Entscheidungsfreiheit – ist ein reibungsloser Datenfluss zwischen ihnen nur mit Hilfe von Konventionen möglich, die für alle verbindlich sind. Diese Verbundkonventionen, die in der Fachliteratur als „INPOL–Verbundkonventionen" bezeichnet sind, werden in den voluminösen INPOL–Handbüchern festgehalten, in denen „detailliert beschrieben ist, welche Daten gespeichert, in welcher Länge und mit welchem Zeichen sie übermittelt werden und wie dieser Datenaustausch zu erfolgen hat"[480]. Die Konventionen ermöglichen den INPOL-Nutzern auf Bundes- und Landesebenen, ihre systemtechnische Autonomie beizubehalten - und kommen somit auch dem Anspruch des Föderalismus nach -, sorgen aber zugleich auch dafür, dass sie ihrer Verpflichtung zur Datenübermittlung an INPOL nachkommen und damit ihren jeweiligen Beitrag zur Wahrung der Inneren Sicherheit in der Bundesrepublik Deutschland leisten.

Die INPOL-Verbundkonventionen regeln „Aufbau und Inhalt der Verbundnachrichten, die technischen Standards des Nachrichtenaustausches [und] die

den Anwendungen POLIS, POLADIS und PKS), unveröffentlichte Diplomarbeit, Fachbereich Informatik der Fachhochschule Wiesbaden, 1996, S. 4.

476 Ebenda.

477 Auf die Datengruppen wird im Folgenden eingegangen.

478 Vgl. Gerhards, *Reengineering der polizeilichen Anwendungen POLIS, PKS und POLADIS mit objektorientierten Methoden unter Einsatz eines CASE-Tools*, Fn. 475, S. 4.

479 Ebenda.

480 Brendel, *Die polizeilichen Informationssysteme – ein Überblick im Extrakt*, Fn. 443, S. 86.

Abläufe im Verbundsystem“[481]. Konkreter gesagt, regeln die Verbundkonventionen „Datensatzstrukturen, Plausibilitäten, Kataloge/Schlüsselverzeichnisse, technische und organisatorische Standards, Ablauf- und Übermittlungsorganisation, Änderung der Verbundkonventionen [und] Anforderungen an die Datensicherung“[482]. Infolge der technischen und strukturellen Heterogenität, wodurch sich das INPOL-System (Bund und Ländern) insgesamt gekennzeichnet ist, sind die Konventionen stets einzuhalten, denn „sobald auch nur ein angeschlossenes DV-System die hierfür vorgegebenen Konventionen nicht beachtet, kann das gesamte System INPOL nicht funktionieren. Betriebsfähigkeit und Betriebssicherheit sind die wichtigsten Voraussetzungen für das Funktionieren des Systems“[483]. Die Verbundkonventionen sind nicht als ein statisches Regelwerk konzipiert, denn es kann im Zeitverlauf einen Anpassungsbedarf geben, der bspw. aus Verfahrensmodifizierungen, Mängelbeseitigungen, Gesetzesänderungen oder der Einführung neuer Verfahren resultiert. In den INPOL–Verbundkonventionen kommen folgende zwei Bereiche besonders zur Geltung:

Die Datensatzstruktur: Ein *Datensatz*[484] enthält die Gesamtmenge des zu einer Person bzw. zu einer Sache, Organisation usw. erfassten Datenbestandes. Die in einem Datensatz befindlichen Daten werden von den hierfür jeweils berechtigten INPOL-Nutzern eingegeben, geändert, im Bedarfsfall den zugriffsberechtigten Verbundteilnehmer übermittelt und eventuell gelöscht. Im INPOL soll zu jeder Person ein Datensatz angelegt sein, der alle vorhandenen Erkenntnisse zu dieser Person enthält. Diese Vorgehensweise bietet den Vorteil, das Datenredundanzen (und damit einhergehende Effektivitäts- und Effizienzverluste) aufgrund mehrfacher Speicherungen gleicher Daten vermeiden werden. Allerdings wird dieser Grundsatz im INPOL nicht durchgängig eingehalten, z.B. bei den PIOS-Dateien.

Der Datensatz besteht aus einem Gruppenvorspann, der Verwaltungsdaten enthält und aus einem Gruppenhauptteil, d.h. mehrere, miteinander in einem logischen Verknüpfungs- und Funktionszusammenhang stehende *Datengruppen.* Die Datengruppen fassen den vorhandenen Datenbestand in Kategorien (z.B. Personendaten, Fahndungsdaten, Haftdaten) zusammen und bestehen aus *Datenfeldern,* die abgekürzt durch *Feldkennzeichen* identifizierbar sind. Die Datenfelder enthalten das eigentliche „Wissen“ von INPOL. Bei der Eintragung von Daten in den Datenfeldern müssen gewisse Regeln beachtet werden, bspw. hinsichtlich der maximalen Zeicheneintragungslänge, des Datentypus (katalogisiert, normiert, freitextlich) und hinsichtlich der Frage, ob Daten in bestimmten Datenfeldern einzutragen sind oder nicht (Muss-Daten, Kann-Daten).

---

481 Wiesel/Gerster, *Das Informationssystem der Polizei INPOL. Konzept und Sachstand*, Fn. 415, S. 37.
482 Ebenda.
483 Ebenda, S. 45.
484 Ausführlich hierzu siehe ebenda, S. 37 ff.

Kataloge und Schlüsselverzeichnisse: Die Verwendung von Katalogen und Schlüsselverzeichnissen ist eine wichtige Voraussetzung für den effizienten Umgang mit Informationen, insbesondere in großen Systemen wie INPOL. Die in den INPOL-Handbüchern enthaltenen Kataloge und Schlüsselverzeichnisse „dienen einerseits einer rationalen Informationsvermittlung im Verbund von Rechnern, andererseits stellen sie im Einzelfall auch eine Maßnahme der Datensicherung dar, wenn Klartextinformationen verschlüsselt/kodiert übermittelt werden“[485]. Die Kataloge und Schlüsselverzeichnisse – und die damit einhergehende Dateneingabestandardisierung – bewirken, dass Behinderungen im Datenfluss möglichst unterbleiben, z.B. infolge der Eingabe verschiedener Begriffe mit gleichem Objektbezug, deren Assoziativität vom Rechner im Rahmen eines Auskunfts- bzw. Recherchevorgangs dann nicht mehr erkannt werden kann. Katalog- und Schlüsselverzeichniswerte eignen sich v.a. für sich wiederholende und kategorisierbare Datenangaben, bspw. die Staatsangehörigkeit oder das Geschlecht einer Person oder die bei einer Straftat benutzte Waffe. Hingegen lassen sich Katalogwerte bei Angaben, wie Personen-, Sach- und Fallbeschreibungen, für die eine Standardisierung offenbar nicht geboten erscheint, nicht verwenden.

---

[485] Ebenda, S. 41.

Abbildung 18: Der Aufbau eines Datensatzes im INPOL (Bund)

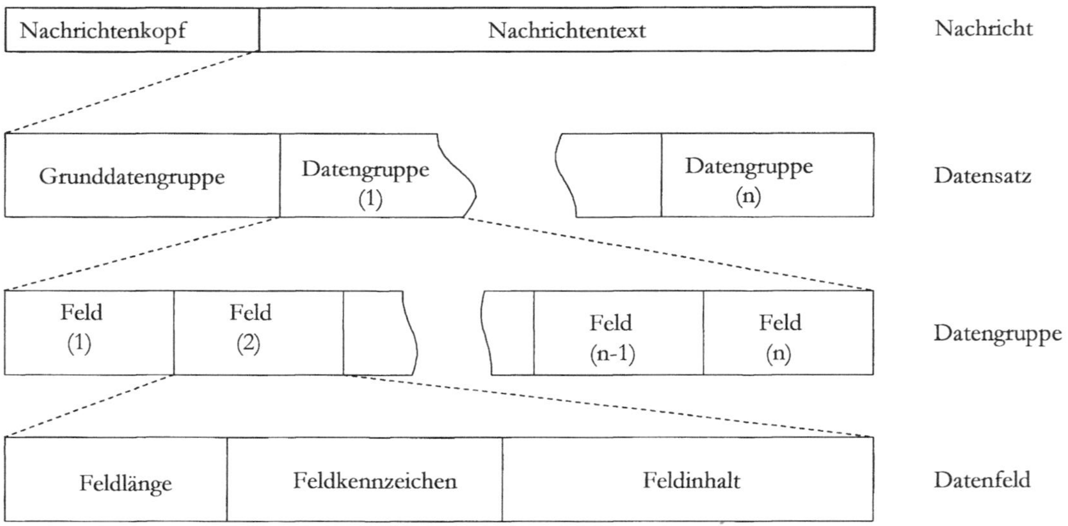

Quelle: Wiesel, Georg / Gerster, Helmut: *Das Informationssystem der Polizei INPOL. Konzept und Sachstand*, in: Bundeskriminalamt (Hrsg.): BKA – Schriftenreihe Bd. 46, Wiesbaden, 1978, S. 38.

Abbildung 19: Ein Ausschnitt aus den INPOL - Verbundkonventionen

Katalog Tatmittel – Angegriffenes Objekt – Erstrebtes/Erlangtes Gut – Tatörtlichkeit – Art des Gegenstandes - Materialbezeichnung

INPOL		Verbundkonvention					
TTM	TAO	TEG	TTÖ	SO2	S11		
Tatmittel	Angegriffenes Objekt	Erstrebtes/ Erlangtes Gut	Tatörtlichkeit	Art des Gegenstandes	Materialbezeichnung	Ober-/Unterbegriff	Bedeutung / Abgrenzung
4900	4900	4900		4900		Werkurkunde	
4910	4910	4910		4910		- Fabriknummer	
4920	4920	4920		4920		- Typenschild	
4930	4930	4930		4930		- Fahrgestellnummer	
5000		5000		5000		Waffe	
5100		5100		5100		Faustfeuerwaffe	
5110		5110		5110		- Pistole	
5111		5111		5111		- - Leuchtpistole	Signalpistole Signalstift
5112		5112		5112		- - Luftpistole	Federdruckpistole / CO2
5113		5113		5113		- - Schreckschußpistole	Gas-, Reizstoff-, Wirkstoffpistole
5114		5114		5114		- - Vorderladepistole	Perkussions-, Lunten-, Steinschloß-, Radschloßzündung
5115		5115		5115		- - Pistolennachbildung	Pistolenattrappe
5120		5120		5120		- Revolver	
5123		5123		5123		- - Schreckschußrevolver	Gas-, Reizstoff-, Wirkstoffrevolver
5125		5125		5125		- - Revolvernachbildung	Revolveratrappe
5130		5130		5130		- Getarnte Kurzwaffe	
5131		5131		5131		- - Schießkugelschreiber	
5132		5132		5132		- - Schießstift	
5133		5133		5133		- - Feuerzeugpistole	

Quelle: Wiesel, Georg / Gerster, Helmut : *Das Informationssystem der Polizei INPOL. Konzept und Sachstand*, in: Bundeskriminalamt (Hrsg.): BKA-Schriftenreihe Bd. 46, Wiesbaden, 1978, S. 42.

3.1.1.14 Datenschutz und Datensicherheit

Dem Datenschutz und der Datensicherheit wird im INPOL ein hoher Wert beigemessen. Das INPOL geht offenbar von einem breiten Datenschutz- und -sicherheitsverständnis aus, das sich nicht nur auf den personenbezogenen Datenschutz und die systemtechnische Absicherung der INPOL-Datenbeständen erstreckt, sondern darüber hinaus auch Qualitätsaspekte umfasst: „Bei der Datenverarbeitung sind entsprechend den jeweiligen technischen und organisatorischen Standards geeignete Vorkehrungen zu treffen, um zu verhindern, dass Daten verloren gehen, zerstört, verfälscht oder missbraucht werden"[486]. Gewährleistet werden muss „die Verfügbarkeit, die Integrität [d.h. die Richtigkeit der Daten – ein essentielles Qualitätsmerkmal] und Vertraulichkeit der Datenverarbeitung"[487]. Primäre Instrumente der Datenabsicherung sind u.a. die auf automatischem Weg erfolgende persönliche Identifikation des INPOL-Nutzers bei Zugriffen auf das System, Vorkehrungsmaßnahmen zur raschen Erkennung bzw. zur gänzlichen Vermeidung von unbefugten Nutzungen der INPOL-Anwendungen und Einrichtungen sowie die grundsätzliche Datenverschlüsselung bei der Übermittlung in dem für Externe abgeschotteten INPOL-Datennetz[488].

Für die INPOL-Nutzer gibt es differenzierte Zugriffsbefugnisse auf INPOL. Denn die Teilnehmerschaft am INPOL verleiht dem Nutzer keinesfalls ein universales Zugriffsrecht auf sämtliche Daten des Sytems, vielmehr erfolgt der Zugriff auf der Grundlage funktionaler Gesichtspunkte, wonach den Nutzern zu lediglich den Daten Zugang gewährleistet ist, die zu ihrer Aufgabenbewältigung tatsächlich erforderlich sind, hingegen aber nicht zu solchen Daten, die darüber hinausgehen oder ihr Aufgabenfeld nicht betreffen[489]. Der Umfang, in dem ein INPOL-Nutzer auf die Datenbeständen zugreifen darf, ist grundsätzlich in den einschlägigen Dateienerrichtungs- bzw. Feststellungsanordnungen[490] festgelegt. Es entstehen somit benutzerspezifische Berechtigungsprofile, die bei jedem Zugriff auf INPOL maschinell automatisch überprüft werden. Der Zugriff auf INPOL erfolgt grundsätzlich mit der Eingabe der Identitätsnummer und des Passworts[491] des anfragen-

---

486 Wiesel, *Informationssystem der deutschen Polizei – Sachstand und Planung*, Fn. 442, S. 746.

487 Ebenda.

488 Ebenda.

489 Ebenda, S. 745.

490 Die Errichtungs- bzw. Feststellungsanordnungen leiten sich aus den Richtlinien für die Führung personenbezogener kriminalpolizeilicher Sammlungen ab und müssen von der IMK gebilligt werden. Eine Errichtungs- und Feststellungsanordnung enthält Angaben u.a. zur Dateibezeichnung, zum Dateizweck, zur Dateirechtsgrundlage, zum betroffenen Personenkreis, zur Art der zu speichernden Daten, zur Datenanlieferung und Datenübermittlung, zur Auskunftserteilung an den Betroffenen, zum Änderungsdienst sowie zur Datenspeicherungsdauer. Ebenda, S. 746–747.

491 Die Passwortauswahl unterliegt dabei gewissen Beschränkungen hinsichtlich Gestaltung, Geltungsdauer und Verwaltung. Vgl. Fachhochschule für Polizei Sachsen (Hrsg.): *Lehrmaterial*

den Sachbearbeiters. Nach erfolgter Anmeldung können dann Anfragen ans System gerichtet werden[492].

Die Überprüfungsverantwortung für Zugriffe auf INPOL für den Datenverkehr im Terminal–Rechner-Verbund liegt beim BKA selbst, für den Datenverkehr über die Landesdatenverarbeitungsanlagen im Rechner–Rechner–Verbund hingegen beim jeweiligen Land[493]. Mit Hilfe der Berechtigungsprüfungen und der automatischen Protokollierung kann ermittelt werden, welche INPOL-Nutzer wann und auf welche Daten zugegriffen – und sie ggf. geändert – haben. Damit sollen die Datenbestände des INPOL vor Missbrauch, Manipulation bzw. Zweckentfremdung gesichert werden, gleichzeitig aber auch die Rechte und Interessen der im INPOL erfassten Personen vor rechtswidrigen, auf der Grundlage manipulierter Daten durchgeführter staatlicher Eingriffsmaßnahmen in ihren Grundrechten geschützt werden.

Polizeiliche Informationssysteme. PASS, INPOL, NSIS, NATURAL, ZEVIS, AZR, 1998, S. 19-20.

492 Für ein Beispiel (Personenauskunftsanfrage) siehe ebenda, S. 23.

493 Vgl. Wiesel, *Informationssystem der deutschen Polizei – Sachstand und Planung*, Fn. 442, S. 746.

3.1.2 Darstellung und Analyse der Dateien im INPOL

3.1.2.1 Die Kategorisierung in Dateien zum Zweck der Auskunft und der Recherche

INPOL (Bund) umfasst eine Vielzahl von Dateien, die insgesamt ein immenses Reservoir an Wissen insbesondere zu Personen, zu Fällen, zu Institutionen und zu Gegenständen beinhalten.

Die Dateien des INPOL lassen sich zwei Grundkategorien zuordnen:

(1) *Dateien zum Zweck der Auskunft*: Solche Dateien geben, wie der Name bereits zu erkennen gibt, dem INPOL-Nutzer Auskünfte preis. Diese kann sich entweder auf Sachgegenstände (wie bei der Sachfahndungsdatei[494]) oder auf Personen beziehen. Zu Personen bietet INPOL verschiedene Auskunftsstufen, u.a. zu den Grunddaten, zum Fahndungsstatus, zum Strafregister und zur erkennungsdienstlichen Behandlung. Die Besonderheit liegt darin, dass sämtliche Daten zu einer Person nicht in einer einzigen Datei erfasst sind, sondern sie verteilen sich auf mehrere Dateien, deren Datengruppen miteinander in einem Beziehungszusammenhang stehen.

Die Grunddaten zu einer Person im INPOL finden sich in den folgenden Datengruppen wieder:

P-Datengruppe	Familien-/Ehename **(PFN)**, Geburtsname **(PGB)**, sonstiger Name **(PSN)**, akademischer Grad bzw. Titel **(PAT)**, Vorname(n) **(PVN)**, Geburtsdatum **(PGD)**, Geburtsort **(PGO)**, Geburtsland **(PGL)**, Geschlecht **(PMW)**, Spitzname **(PSP)**, Staatsangehörigkeit **(PNA)**, Ergänzung zu PNA **(PNE)**, personengebundener Hinweis **(PHW)**: bewaffnet, gewalttätig, Ausbrecher, geisteskrank, Betäubungsmittelkonsument, Sterbedatum **(PSD)**, Person nicht identisch mit **(PNI)**, Sondervermerk **(PSV)**
A-Datengruppe	Alias-Familienname/-Ehename **(AFN)**, Alias-Geburtsname **(AGB)**, Alias-Sonstiger Name **(ASN)**, Alias-Vorname **(AVN)**, Alias-Akademischer Grad/ Titel **(AAT)**, Alias-Geburtsdatum **(AGD)**, Alias-Geburtsort **(AGO)**, Alias-Geschlecht **(AMW)**, Alias-Sondervermerk **(ASV)**

494 Auf diese Datei wird gleich ausführlich eingegangen.

L-Datengruppe	Personengestalt **(LGE)**, Personengröße **(LGR)**, äußere Erscheinung **(LER)**, scheinbares Alter **(LAL)**, körperliche Merkmale **(LKM)**, Tätowierungen **(LTW)**, Stimme/Sprachfehler **(LSP)**, Mundart **(LMU)**, Fremdsprachen **(LFS)**, aktenführende Dienststelle, sonstige persongebundenen Hinweise, Sondervermerk
Z-Datengruppe	Grundeinteilung der Straftaten **(ZST)**, erlernter Beruf **(ZEB)**, ausgeübte Tätigkeit **(ZAT)**, Spezielle Kenntnisse/Fähigkeiten **(ZSK)**, kriminologische Kurzbeschreibung **(ZKK)**, letzter Aufenthaltsort **(ZAO)**, BK-Blatt-Ausschreibung **(ZBK)**, Sondervermerk **(ZSV)**
W-Datengruppe	persongebundener Hinweis **(WPH)**, Falldatei Rauschgift-Bezug **(WFR)**, Sondervermerk **(WSV)**

Quelle: Erstellt durch Zusammensetzungen der einschlägigen Information aus mehreren Quellen und aufgrund der Expertengespräche mit INPOL-Nutzern.
Anmerkung: Die Buchstaben in den Klammern sind die Feldkennzeichen.

Weitere Daten zu einer Person sind in den Datengruppen F (Fahndungsdatei), E (Erkennungsdienstdatei), H (Haftdatei) und U (Kriminalaktennachweis) enthalten[495]. Die Datengruppen setzen sich ihrerseits aus Datenfeldern zusammen, von denen manche mit katalogmäßigen Werten auszufüllen sind, z.B. das Datenfeld Geschlecht (männlich, weiblich). Andere hingegen, wie das Datenfeld persongebundene Hinweise, haben freitextlichen Charakter. Dass die Datengruppen ein beachtliches Ausmaß im INPOL erlangt haben, lässt sich anhand folgender Tabelle veranschaulichen:

[495] Auch auf diese Dateien wird alle in diesem Untersuchungsabschnitt eingegangen.

Tabelle 3: Die Bestandsstatistik der P-, A-, W-, Z- und L-Datengruppen des INPOL (Bund)

INPOL-Teilnehmer	P-Datengruppe	A-Datengruppe	W-Datengruppe	Z-Datengruppe	L-Datengruppe
Baden-Württemberg	194.797	39.994	30.155	43.697	1.714
Bayern	589.094	203.687	291.201	161.489	8
Berlin	85.137	18.710	22.002	9.888	691
Brandenburg	187.776	63.265	42.887	12.322	1
Bremen	21.646	3.847	7.834	13.851	17.813
Hamburg	73.861	76.824	30.116	24.583	2
Hessen	193.234	98.494	58.162	46.139	3
Mecklenburg-Vorpommern	40.437	12.020	7.339	3.998	1
Niedersachsen	170.481	52.215	36.083	32.910	5
Nordrhein-Westfalen	583.463	151.513	203.339	135.281	11
Rheinland-Pfalz	93.643	15.666	34.174	16.900	1
Saarland	20.082	4.587	8.091	8.113	9.081
Sachsen	95.840	26.250	10.143	2.305	350
Sachsen-Anhalt	78.192	16.794	9.065	2.244	0
Schleswig-Holstein	57.709	13.038	16.955	12.460	3
Thüringen	143.653	13.800	6.934	3.022	224
BKA	1.475.250	1.110.498	39.624	5.966	18.136
BGS	508.439	117.963	9.067	496	83.036
ZKA	8.240	159	13	0	0
Gesamtsumme	**4.620.974**	**2.039.324**	**863.184**	**535.664**	**131.080**

Quelle: Das Bundeskriminalamt, Wiesbaden.

Anmerkung: Diese Statistik wurde im Februar 2002 vom BKA bereit gestellt.

(2) *Dateien zum Zweck der Recherche:* Bei diesen handelt es sich um Dateien, die zur Auswertung von Daten konzipiert sind. Anwendungskontexte sind bspw. komplexe Ermittlungen oder zur Erstellung von Kriminalitäts-Lagebildern. Sie setzen sich ebenfalls aus Datengruppen zusammen, deren Datenfelder teilweise mit katalogmäßigen, teilweise mit freitextlichen Eintragungen auszufüllen sind. Bezugselemente sind aber nicht nur Personen und Sachgegenstände, sondern

auch Falldaten, Institutionen, Spuren usw.. Die Auswertung wird durch Verknüpfung von Daten mit Hilfe von logischen Operatoren, wodurch die Feststellung von zwischen den Daten bestehenden Zusammenhängen ermöglicht wird. Zu diesen Dateien zählen die Fall- und PIOS-Dateien sowie die Spurendokumentation[496].

3.1.2.2 INPOL-Dateien mit Auskunftsbezug

3.1.2.2.1 Die Sachfahndungsdatei

Die Sachfahndungsdatei wurde im April 1974 in Betrieb genommen. Zunächst enthielt sie lediglich den Sachfahndungsteilbereich Kraftfahrzeuge, ab Januar 1975 dann alle Sachfahndungsbereiche[497]. Sie dient der Fahndung nach Sachgegenständen, die durch eine individuelle alphanumerische Kennzeichnung eindeutig identifizierbar und in einem Gegenstandskatalog angeführt sind[498]. Rechtsgrundlage der Sachfahndung sind die Polizeidienstvorschriften Polizeiliche Fahndung (PDV: 384.1) und Polizeiliche Beobachtung (PDV: 384.2)[499].

Die Ziele der Sachfahndung sind[500]:

- Die Ermittlung von Sachen, die zur Begehung einer mit Strafe bedrohten Handlung benutzt oder durch sie hervorgebracht wurden oder in anderer Weise für ein Strafverfahren, insbesondere die Täterfeststellung, von Bedeutung sind,
- die Wiederbeschaffung von Sachen, die dem Besitzer durch eine Straftat oder auf andere Weise abhanden gekommen sind,
- die Erkennung von Sachen, die eine polizeiliche Ermittlungshilfe darstellen,
- die Suche nach Sachen im Rahmen der beobachten Fahndung,
- die Feststellung der Identität der Insassen und/oder Entstempelung von Fahrzeugen, und
- die Erkennung von Personen, die ihre Identifizierung durch missbräuchliche Verwendung ihrer amtlichen Ausweispapiere zu verhindern versuchen.

Die Ausschreibungsgründe der Sachfahndung sind somit grundsätzlich mit Beweissicherung, Einziehung, Eigentumssicherung, Beobachtung, Insassenfest-

---

496 Ebenda.

497 Vgl. Albrecht, *Im Dienst der Inneren Sicherheit. Die Geschichte des Bundeskriminalamtes*, Fn. 103, S. 305.

498 Vgl. Schmieder, Bernhard: *Alphanumerische Sachfahndung*, in: Landeskriminalamt Baden-Württemberg (Hrsg.): INPOL. IKNPOL. Datenverarbeitung. Bürokommunikation. Ihr Begleiter durch die von der Polizei des Landes Baden-Württemberg genutzten DV-Verfahren, 1998, S. 14.

499 Ebenda.

500 Vgl. Wiesel/Gerster, *Das Informationssystem der Polizei INPOL. Konzept und Sachstand*, Fn. 415, S. 96; Wiesel, *Informationssystem der deutschen Polizei – Sachstand und Planung*, Fn. 442, S. 749–750.

stellung, Zwangsentstempelung, Besitzer-/Eigentümerermittlung, Identitätsprüfung und zollrechtlicher Überwachung verbunden[501].

Zur Ausschreibung von Sachgegenständen sind verschiedene Daten erforderlich, insbesondere die Art des Gegenstandes (im Katalog festgelegt), die Herkunftsbezeichnung des Gegenstands (Fabrikat, Hersteller, Künstler, Währung), die Individualnummer (z.B. Geräte-, Fahrgestell- oder Motornummer), der Ausschreibungsanlass (Straftat, missbräuchliche Benutzung, Verkehrsunfallflucht) und der Ausschreibungszweck (z.B. Beweissicherung, Eigentumssicherung), Aktenzeichen, Veröffentlichung, Tatzeit und Tatraum.

Die Sachfahndungsdatensätze der Datei setzen sich aus den zwei Datengruppen Fahndungsnotierungsgruppe (**N**) und Sachbeschreibungsgruppe (**S**) zusammen. Die N–Datengruppe beinhaltet die verwaltungsmäßigen Daten, die S–Datengruppe hingegen enthält Daten zur näheren Beschreibung der in Frage kommenden Sache. Maximal 25 S–Datengruppen können einer N–Datengruppe zugeordnet werden. Für den Fall, dass diese Grenze überschritten wird, ist eine zweite N-Datengruppe (bzw. weitere N-Datengruppen) anzulegen. Die Datengruppen bestehen aus den folgenden Datenfeldern:

N-Datengruppe	Gruppenidentifikation **(NNR)**, Ausschreibungsanlass **(NAA)**, Ausschreibungszweck **(NZA)**, Datum der Eingabe **(NDA)**, Tatzeit **(NTZ)**, Löschungstermin **(NLD)**, Löschungsgrund **(NLG)**, Ausschreibungsbehörde **(NAB)**, Aktenzeichen der Ausschreibungsbehörde **(NAZ)**, Fahndungsregion **(NRG)**, sachbearbeitende Polizeidienststelle **(NSD)**, Aktenzeichen der sachbearbeitenden Polizeidienststelle **(NGZ)**, BKA-Blatt-Ausschreibung **(NBK)**, Veröffentlichung **(NVO)**, besondere Bearbeitungshinweise **(NBB)**, Verknüpfungsfeld **(NVF)**, freier Text **(NFT)**
S-Datengruppe	Art des Gegenstands **(SGS)**, Erläuterung zu Art des Gegenstandes **(SEG)**, Herkunftsbezeichnung **(SHB)**, Typ/Modell/Nennwert **(STY)**, amtliches Kennzeichen/Versicherungskennzeichen **(SAK)**, Nationalitätszeichen **(SNA)**, Fahrgestellnummer **(SFG)**, Gegenstandsnummer **(SGN)**, Kfz-Motornummer **(SMN)**, Fahrzeughalter **(SFH)**, Sachgebundene Hinweise **(SHW)**, besondere Merkmale **(SBM)**, Farbe des Gegenstandes **(SFB)**, Materialbezeichnung **(SMB)**, Erläuterung zu Materialbezeichnung **(SEM)**, Maßangabe **(SMA)**, Erledigungsdatum **(SED)**, Erledigungsdatum **(SLG)**, Löschungstermin **(SLD)**, Teillöschungstermin **(STL)**, freier Text **(SFT)**

Quelle: Wiesel, Georg/Gerster, Helmut: *Das Informationssystem der Polizei INPOL. Konzept und Sachstand*, in: BKA-Schriftenreihe, Bd. 46, Wiesbaden, 1978, S. 103–104.

---

501 Vgl. Schmieder, *Alphanumerische Sachfahndung*, Fn. 498, S. 14.

Suchanfragen in der Sachfahndungsdatei erfolgen nach verschiedenen Kriterien, z.B. amtlichem Kennzeichen, Versicherungskennzeichen, Motornummer, Fahrzeugidentifikationsnummer (bei Kraftfahrzugen) und Ausweisnummer (bei Ausweisen).

Die Antwortzeit auf eine an die Sachfahndungsdatei gerichtete Anfrage liegt im Schnitt im einstelligen Sekundenbereich. Zugriff auf die Sachfahndungsdatei haben außer dem BKA, das ZKA, die Grenzdienststellen, die Hausinspektion des Bundestages sowie die LKÄ und sonstigen Polizeidienststellen der Länder[502]. Die Speicherungsdauer der Gegenstände ist unterschiedlich: z.B. bei Kraftfahrzeugen und Fahrräder fünf Jahre, bei Personalausweisen und Schmuck zehn Jahre, bei Kunstgegenstände zwanzig Jahre und bei Waffen dreißig Jahre[503]. Daten können auf Veranlassung der sachbearbeitenden Dienststelle vor dem Erreichen des gesetzlichen Fristablaufs (aktuelle Sachfahndung) manuell gelöscht werden, ansonsten wird am Fristende maschinell gelöscht, wobei die gelöschten Daten dann (mit Ausnahme der Ausschreibungen zur polizeilichen Beobachtung) automatisch in das Sachfahndungsarchiv überführt werden, wo sie fünf Jahre bis zur endgültigen Löschung gespeichert bleiben (inaktuelle Sachfahndung)[504].

Die alphanumerische Orientierung der Sachfahndungsdatei eignet sich zwar für viele massenproduzierte Industrieerzeugnisse und Dokumente, nicht hingegen für solche Gegenstände, die sich einer Individualkennzeichennummer nicht zuordnen lassen, so bspw. Kunstartefakte, wie Antiquitäten und Gemälde. Eine Abhilfe hierzu bietet die *Falldatei-Kunst* des BKA[505]. Sie stellt eine Erweiterung der Sachfahndungsdatei dar und dient der Identifizierung sicher gestellter oder von unter verdächtigen Umständen angebotenen Kunstwerke, insbesondere Gemälde, Graphiken und Lithographien, Skulpturen, sakrale Gegenstände, Möbel, Glas usw. und soll v.a. die Zuordnung von sichergestellten Kunstwerken und ihre Rückführung an den Eigentümer erleichtern[506]. Die Datei enthält die Namen der Künstler, eine Beschreibung der Kunstwerke und die dazugehörenden Falldaten[507].

---

502 Ebenda.

503 Ebenda.

504 Ebenda.

505 Vgl. Tampe, Evelyn: *Falldatei Kunst*, in: Landeskriminalamt Baden-Württemberg (Hrsg.): INPOL. IKNPOL. Datenverarbeitung. Bürokommunikation. Ihr Begleiter durch die von der Polizei des Landes Baden-Württemberg genutzten DV-Verfahren, 1998, S. 69.

506 Ebenda.

507 Ebenda.

Tabelle 4: Die Bestandsstatistik der Sachfahndungsdatei im INPOL (Bund)

TEILNEHMER	PKW / KOMBI	LKW (plus Anhang)	ZWEIRAD FAHRZEUG	KFZ - KENNZ.	FAHR-RÄDER	AUSWEISE	BLANKO AUSWEISE	FÜHRER-SCHEINE	WAFFEN	BANK-NOTEN	SCHECKS	KUNST-WERKE/ ANTIQ.	SONST. GEGENST.	Summe
Baden-Württem.	18.357	2.738	6.200	79.112	62.290	334.980	18.411	80.339	18.013	17.344	41.553	247	311.273	**990.857**
Bayern	22.131	2.638	4.735	67.906	55.981	238.869	4.078	101.839	19.338	4.966	25.230	27	286.830	**834.568**
Berlin	12.727	2.460	7.863	30.175	70.508	97.123	5.957	13.315	818	3.090	2.789	14	60.499	**307.338**
Brandenburg	34.860	4.562	8.482	33.712	65.564	16.419	576	1.751	2.435	29.389	1.446	16	123.057	**322.269**
Bremen	2.211	391	1.161	7.152	20.405	14.007	417	3.801	1.875	289	2.023	4	35.276	**89.012**
Hamburg	9.482	1.527	3.339	21.626	29.778	33.707	1.435	5.778	7.352	70.688	11.844	18	110.245	**306.819**
Hessen	16.802	2.466	6.421	43.740	35.336	195.464	8.278	47.311	20.252	8.284	16.849	120	334.577	**735.900**
Mecklenburg-V.	6.663	1.458	5.997	28.192	47.877	64.796	10.065	7.902	370	614	1.238	4	41.472	**216.648**
Niedersachsen	18.718	3.383	7.000	45.110	113.026	183.727	6.004	39.256	18.670	13.270	1.109	55	181.735	**631.063**
Nordrhein-Westf.	57.546	8.611	30.038	88.951	217.637	155.060	3.694	29.988	31.872	22.429	6.794	97	498.131	**1.150.848**
Rheinland-Pfalz	6.916	1.317	3.887	18.308	17.247	63.164	952	23.442	7.598	7.748	5.094	39	89.366	**245.078**
Saarland	1.833	412	1.349	7.418	1.548	27.536	357	12.560	1.680	774	5.739	7	34.591	**95.804**
Sachsen	13.213	2.572	10.883	45.314	56.404	134.570	2.038	36.974	876	2.018	11.786	55	127.632	**444.335**
Sachsen-Anhalt	8.109	1.294	7.323	30.076	55.976	54.365	761	14.038	766	1.676	788	92	55.371	**230.635**
Schleswig-Hol.	5.950	1.321	3.300	16.641	17.461	56.245	3.744	12.271	9.140	206	1.255	110	88.650	**216.294**
Thüringen	4.958	961	4.371	15.861	15.039	79.089	2.676	20.116	413	1.401	4.087	97	52.164	**201.233**
BKA	3.247	201	162	35	1	110.259	924.137	1.077	42.089	176.226	9.526	420	210.913	**1.478.293**
BGS	1.214	71	51	187	1.203	57.166	687	64.701	41	18	4.198	0	95.332	**224.869**
ZKA	138	86	2	0	0	617	0	0	358	0	0	0	166	**1.367**
Summe	**245.075**	**38.469**	**112.564**	**579.516**	**883.281**	**1.917.163**	**994.267**	**516.459**	**183.956**	**360.430**	**153.348**	**1.422**	**2.737.280**	**8.723.230**

Quelle: Das Bundeskriminlamt, Wiesbaden

3.1.2.2.2 Die Personenfahndungsdatei

Die Datei Personenfahndung besteht bereits seit November 1972 und zwar als die erste Anwendung im INPOL. Sie ist eine Verbunddatei. Nach der Polizeidienstvorschrift PDV: 384.1 kann die Ausschreibung von Personen in der Datei aus verschiedenen Gründen veranlasst werden[508]:

- zur Festnahme oder Ingewahrsamnahme (z.B. von Straftätern, Verdächtigen, Vermissten)
- zur Aufenthaltsermittlung,
- zur Entziehung der Fahrerlaubnis oder zur Durchsetzung eines Fahrverbotes,
- zur Kontrolle von Personen, soweit dies nach Polizeirecht zur Gefahrenabwehr (Landfriedensbruch / Gewalttäter-Sport) zulässig ist,
- zur polizeilichen Beobachtung,
- zur Überprüfung potentieller Gefährder aufgrund von Warnmeldungen zur Gefahrenabwehr,
- zur zollrechtlichen Überwachung von Personen,
- zur Fahndung nach Personen, die aus grenzpolizeilichen Gründen gesucht werden,
- zur Durchführung erkennungsdienstlicher Maßnahmen,
- zur Identitätsfeststellung und
- zur Einreiseverweigerung für Drittausländer für das Gebiet der Staaten des Schengener Übereinkommens.

Die bundesweit von den Verbundteilnehmern dezentral eingegebenen Fahndungsdatensätze werden im Zentralrechner des BKA sowie in den anderen am Verbund angeschlossenen Landesrechnern parallel gespeichert[509]. Dieser Vorgang sorgt für die Aktualität der Daten und beugt zugleich der Gefahr vor, dass der Online-Fahndungsverkehr bei einem Ausfall des BKA-Zentralrechners zum Erliegen kommt. Zugriff auf die Personenfahndungsdatei haben neben dem BKA der BGS, das ZKA und die LKÄ und Polizeidienststellen der Länder.

Die Fahndungsdatei enthält die F-Datengruppe und besteht u.a. aus folgenden Datenfeldern: Ausschreibende Behörde (FAB) und Aktenzeichen der ausschreibenden Behörde (FAZ), sachbearbeitende Dienststelle (FSD), Datum der Ausschreibung (FDA), Segment Schutz (FSS): Polizeiliche Beobachtung, Grenzüberwachung und Landsfriedensbruch, Anlass der Ausschreibung (FAA): Festnahme, Beobachtung, Aufenthaltsermittlung, Kontrolle (soweit nach Polizeirecht zulässig),

---

[508] Vgl. Wiesel, *Informationssystem der deutschen Polizei – Sachstand und Planung*, Fn. 442, S. 749; Haas, Albert: *PFD–Personenfahndung*, in: Landeskriminalamt Baden-Württemberg (Hrsg.): INPOL. IKNPOL. Datenverarbeitung. Bürokommunikation. Ihr Begleiter durch die von der Polizei des Landes Baden-Württemberg genutzten DV-Verfahren, 1998, S. 12.

[509] Vgl. Wiesel/Gerster, *Das Informationssystem der Polizei INPOL. Konzept und Sachstand*, Fn. 415, S. 71.

Fahndungsregion (FRG) und Sondervermerk (FSV). Suchkriterien für eine Abfrage in die Datei sind u.a. Namen, Vornamen, Geburtsdatum und Staatsangehörigkeit einer Person (Standardanfrage), wobei die Daten unvollständig (d.h. fragmentarisch) und/oder phonetisch sein können[510]. Als Antwort auf die Abfrage kann sich eine der unten stehenden fünf Alternativen ergeben[511]:

- *Nullauskunft*: Es wird kein Treffer erzielt, d.h. in der Datei ist kein Bestand vorhanden.
- *Einfachauskunft*: Es wird genau ein Treffer erzielt und die entsprechende P–Datengruppe angezeigt.
- *Mehrfachauskunft*: Es werden mindestens zwei, höchstens aber 100 Treffer erzielt und eine Auflistung erstellt.
- *Vielfachauskunft*: Es werden mehr als 100 Treffer erzielt, auch hier wird eine Auflistung erstellt.
- *Undefinierte Auskunft*: Es werden mehr als 1000 Treffer angezeigt, die Abfrage muss präzisiert werden.

Darüber hinaus gibt es die Möglichkeit, eine Abfrage mit denselben Abfrageeingabedaten gleichzeitig nach mehreren Personen (Listenanfrage) zu tätigen, wobei die Anfrage auf maximal 19 Personen begrenzt ist[512]. Die Antwortzeit auf eine an die Personenfahndungsdatei gerichtete Anfrage liegt im Schnitt im einstelligen Sekundenbereich[513].

Eine Abfrage kann mit einer Personenfahndungsabfrage im Schengeninformationssystem (SIS) verbunden werden. Bei dringendem Tatverdacht, Vorliegen eines Haftgrundes und/oder Gefahr im Verzug ist im Rahmen der polizeilichen Sofortfahndung die Ausschreibung einer Person zur Festnahme unverzüglich zu veranlassen. In Fällen, in denen eine besondere Dringlichkeit nicht erforderlich erscheint, erfolgt die Ausschreibung erst nach Beantragung und Erlass eines Haftbefehls beim Amtsgericht über die Staatsanwalt[514].

Bei Ausschreibungen sind zumindest Angaben hinsichtlich Familien-/Geburtsname, Vornamen, Geburtsdatum, Geschlecht sowie Ausschreibungsbehörde, Akten-/Geschäftszeichen, Ausschreibungsanlass und Ausschreibungszweck der in

---

[510] Vgl. Haas, *PFD – Personenfahndung*, Fn. 508, S. 12.

[511] Vgl. *Lehrmaterial Polizeiliche Informationssysteme. PASS, INPOL, NSIS, NATURAL, ZEVIS, AZR*, Fn. 491, S. 23.

[512] Ebenda.

[513] Im Auskunftsdienst werden Abfragen zu Personen und in den Personen- und Sachfahndungsdateien ca. 2,8 Millionen Mal im Monat durchgeführt. Siehe Timm, Klaus J.: *Polizeiliche Information und Kommunikation*, in: Kube, Edwin/Störzer, Hans Udo/Timm, Klaus Jürgen: Kriminalistik. Handbuch für Praxis und Wissenschaft, Bd. 1, Richard Boorberg Verlag: Stuttgart u.a., 1992, S. 347.

[514] Vgl. *INPOL*, Fn. 473, S. 11.

Frage kommenden Person erforderlich[515]. Es besteht die Möglichkeit einer kombinierten Personen- und Sachanfrage für den Fall, dass die in Frage kommende(n) Person oder Personen Gegenstände (z.B. Ausweis, Fahrzeug) mit sich führt (führen), die aufgrund eines individuellen alphanumerischen Kennzeichen eindeutig identifizierbar sind[516].

Besitzer des Fahndungsdatensatzes ist die erstausschreibende Dienststelle bzw. das entsprechende Land oder der Bund; wird die Person aber zur gleichen Zeit von einer anderen Dienstelle zur Fahndung ausgeschrieben, wird diese Dienststelle dann zum Mitbesitzer des Datensatzes[517]. Aus einer Abfrage in der Datei können mehrere Personen mit gleichen Teilpersonalien (Name, Vorname, Geburtsdatum, Geschlecht) hervorgehen. Um sicherzustellen, dass die bei einer polizeilichen Fahndungsmaßnahme kontrollierte Person tatsächlich identisch ist mit der in der Fahndungsdatei ausgeschriebenen Person, sind ergänzende Personalangaben heranzuziehen[518]. Nach erfolgreicher Durchführung der Fahndungsmaßnahme müssen die ausschreibende Behörde, die sachbearbeitende Dienststelle, die haftbefehlsführende Stelle sowie das jeweils zuständige LKA benachrichtigt werden, damit die Löschung in der Personenfahndungsdatei vorgenommen und ggf. eine Übermittlung der Haftunterlagen erfolgen kann[519].

Der Bestand der Personenfahndungsdatei wird in manchen Bundesländern (z.B. Rheinland-Pfalz) in periodischen Zeitabständen mit den Beständen der Einwohnermeldeämter zwecks der Feststellung der Aufenthaltsorte von zur Fahndung ausgeschriebenen Personen abgeglichen.

Da es in eingen Fällen vorkommt, dass eine Person mehrmals zur Fahndung ausgeschrieben wird, ist die Anzahl der in der F-Datengruppe enthaltenen Fahndungsnotierungen stets größer als die Anzahl der tatsächlich gesuchten Personen. So konnte für das Bundesland Baden-Württemberg bspw. ermittelt werden, dass mit Stand Juli 1998 insgesamt 133.610 Fahndungsnotierungen verzeichnet wurden, aufgrund von Mehrfachausschreibungen aber tatsächlich nur 109.500 Personen (also ca. 18% weniger) gesucht wurden[520]. Wird diese baden-württembergische Statistik als repräsentativ für Deutschland angesehen und auf den bundesweiten Fahndungsbestand angewandt, dann dürfte sich die Anzahl der polizeilich gesuchten Personen von 1.122.867 auf ca. 920.000 Personen verringern.

---

515 Ebenda.

516 Ebenda, S. 13.

517 Vgl. Wiesel/Gerster, *Das Informationssystem der Polizei INPOL. Konzept und Sachstand*, Fn. 415, S. 73.

518 Vgl. *INPOL*, Fn. 473, S. 15.

519 Ebenda.

520 Vgl. Haas, *PFD–Personenfahndung*, Fn. 508, S. 12.

Der Gesamtfahndungsbestand hat sich im Zeitraum 1989 bis Ende 1998 infolge des sprunghaften Anstiegs der Festnahmeausschreibungen zur Ausweisung/-Abschiebung von Ausländern bundesweit nahezu verdreifacht[521]. Mittlerweile bezieht sich der Großteil (70%+) der Fahndungsausschreibungen weiterhin auf Ausländer. Eine aktuelle Bestandstatistik des BKA ergibt folgende Aufteilung:

Tabelle 5: Die Bestandsstatistik der INPOL-Personenfahndungsdatei

INPOL-Teilnehmer	**F - Datengruppe**	**INPOL-Teilnehmer**	**F - Datengruppe**
Baden-Württemberg	145.146	Rheinland-Pfalz	48.446
Bayern	159.258	Saarland	11.793
Berlin	43.752	Sachsen	56.131
Brandenburg	38.110	Sachsen – Anhalt	35.623
Bremen	12.082	Schleswig-Holstein	30.006
Hamburg	35.879	Thüringen	27.283
Hessen	86.995	BKA	13.312
M-Vorpommern	26.806	BGS	47.522
Niedersachsen	92.941	ZKA	11.173
Nordrhein-Westfalen	200.609	**Gesamtsumme**	**1.122.867**

Quelle: Das Bundeskriminalamt, Wiesbaden.

Anmerkung: Diese Statistik wurde im Februar 2002 vom BKA bereit gestellt.

3.1.2.2.3 Die Erkennungsdienst-Datei

Die Erkennungsdienst-Datei ist eine Verbunddatei, die dem „Nachweis von Fingerabdrücken, Lichtbildern und Handschriften einschließlich der zugehörigen personenbezogenen Daten sowie der Information über bisherige erkennungsdienstliche Behandlungen" dient[522].

Ziele der Erkennungsdienstdatei sind[523]:

- Die Identifizierung von Personen, insbesondere denjenigen, die falsche Personalien verwenden oder die Vorlage ihrer Personalien verweigern,
- die Identifizierung unbekannter hilfloser Personen und von unbekannten Toten,
- die Unterscheidung namensgleicher Personen voneinander,
- die Zusammenfassung von Ergebnissen erkennungsdienstlicher Behandlungen und

---

521 Ebenda.

522 Vgl. Wiesel, *Informationssystem der deutschen Polizei – Sachstand und Planung*, Fn. 442, S. 750.

523 Ebenda.

- die sofortige Erkennung des Standes von Personenfeststellungsverfahren und Vornahme daktyloskopischer Sofortvergleiche bei wiederholt erkennungsdienstlich behandelter Personen.

Die Erkennungsdienstdatei bezieht sich auf die E-Datengruppe. Abfrageberechtigt sind außer dem BKA und dem BGS, die LKÄ und Polizeidienststellen der Länder[524]. Abfragen in der Erkennungsdienstdatei erfolgen mit Namen, Vornamen und Geburtsdatum, wobei die Dateneingabe in fragmentarischer Form auch möglich ist[525].

Tabelle 6: Die Bestandstatistik der INPOL-Erkennungsdienstdatei

INPOL-Teilnehmer	E-Datengruppe	INPOL-Teilnehmer	E-Datengruppe
Baden-Württemberg	250.053	Rheinland-Pfalz	73.992
Bayern	527.057	Saarland	16.577
Berlin	50.198	Sachsen	115.559
Brandenburg	360.665	Sachsen – Anhalt	89.361
Bremen	30.477	Schleswig-Holstein	54.590
Hamburg	120.352	Thüringen	44.459
Hessen	200.086	BKA	1.608.611
Mecklenburg – Vorpommern	30.366	BGS	351.023
Niedersachsen	171.224	ZKA	0
Nordrhein-Westfalen	690.341	**Gesamtsumme**	**4.784.991**

Quelle: Das Bundeskriminalamt, Wiesbaden.

Anmerkung: Diese Statistik wurde im Februar 2002 vom BKA bereit gestellt.

3.1.2.2.4 Der Kriminalaktennachweis

Der Kriminalaktennachweis (KAN) wurde als Nachfolger des vom BKA eingeführten zentralen Personenindex (ZPI) in INPOL aufgenommen. Anlass für die Aufgabe des ZPI waren Bedenken über die Speicherung von Hinweisen zu sämtlichen Verdächtigen und Beschuldigten, die wegen ihres Umfangs Datenschutzgrundsätze verletzt hätten[526]. Im Dezember 1983 wurde Niedersachsen als erstes Bundesland an den KAN–Verbund angeschlossen.

---

524 Vgl. Haas, Albert: *ED - Erkennungsdienst*, in: Landeskriminalamt Baden-Württemberg (Hrsg.): INPOL. IKNPOL. Datenverarbeitung. Bürokommunikation. Ihr Begleiter durch die von der Polizei des Landes Baden-Württemberg genutzten DV-Verfahren, 1998, S. 38.

525 Ebenda.

526 Vgl. Albrecht, *Im Dienst der Inneren Sicherheit. Die Geschichte des Bundeskriminalamtes*, Fn. 103, S. 322.

Wie die Personen- und Sachfahndung ist auch der KAN eine Verbunddatei im INPOL. Er ist „ein Verzeichnis der Kriminalakten, die zu KAN-relevanten Personen bei Bundes- und/oder Landespolizeidienststellen geführt werden"[527], und dient „dem Nachweis von Kriminalakten, die beim Bund und bei den Ländern in Fällen schwerer oder überregional bedeutsamer Straftaten über Beschuldigte oder Tatverdächtige angelegt sind"[528]. Unter „schweren Straftaten" sind Verbrechen und die in § 100a StPO aufgeführten Vergehen zu verstehen[529]; Straftaten mit überregionalen (länderübergreifenden) Bezug sind diejenigen Straftaten, die folgende Verdachtsmomente erfüllen[530]:

- Gewohnheits-, gewerbs- oder bandenmäßige Begehung,
- Triebtäterschaft,
- planmäßige überörtliche Begehung,
- Handeln zur Verfolgung extremistischer Ziele,
- Begehung unter Mitführung von Schusswaffen,
- Begehung fremdenfeindlicher Straftaten,
- internatonale Betätigung sowie
- erneute Straffälligkeit des Beschuldigten oder Tatverdächtigen außerhalb seines Wohn- oder Aufenthaltbereichs.

Dabei umschreibt der Begriff „erneute Straffälligkeit" einen Zustand, wonach zum Einen der Beschuldigte oder Tatverdächtigte in mindestens einem anderen Bundesland straffällig geworden ist, zum Zweiten, der Tatvorwurf sich auf eine andere Straftat bezieht, die mit den anderen KAN-relevanten Straftaten nach Art und Schwere vergleichbar ist und, zum Dritten, wenn tatsächliche Anhaltspunkte – die sich bspw. aus der Persönlichkeit des Betroffenen, der Art und Weise der Tatbegehung, den besonderen Tatumständen oder der Tathäufigkeit zu entnehmen sind – dafür vorliegen, dass der Beschuldigte oder Tatverdächtige künftig über die Landesgrenzen hinaus Straftaten begehen wird, die mit anderen KAN-relevanten Straftaten nach Art und Schwere vergleichbar sind[531].

Der KAN erfüllt somit eine Aufklärungsfunktion hinsichtlich Straftaten mit länderübergreifendem Bezug: „Der Kriminalaktennachweis ermöglicht die zentrale Auskunft, bei welchen Polizeidienststellen Kriminalakten über eine KAN-relevante Person geführt werden. Dies dient/hilft der schnellen, gezielten Anfrage bei der aktenführenden Dienststelle sowie der Erkenntnisgewinnung über Beschuldigte

---

527 Haas, Albert: *KAN – Kriminalaktennachweis*, in: Landeskriminalamt Baden-Württemberg (Hrsg.): INPOL. IKNPOL. Datenverarbeitung. Bürokommunikation. Ihr Begleiter durch die von der Polizei des Landes Baden-Württemberg genutzten DV-Verfahren, 1998, S. 52.

528 Wiesel, *Informationssystem der deutschen Polizei – Sachstand und Planung*, Fn. 442, S. 748.

529 Ebenda.

530 Ebenda, S. 748–749.

531 Vgl. Haas, *KAN – Kriminalaktennachweis*, Fn. 527, S. 53.

oder Tatverdächtigte und deren schweren überregional bedeutsamen Straftaten"[532]. Und ergänzend: „Durch den KAN wollte man erreichen, dass überregionale Straftäter erkannt werden. Zudem sollte er die früher nötigen Rundfragen bei einer Vielzahl von Dienststellen ersetzen, durch die man feststellen wollte, ob irgendwo Erkenntnisse über eine bestimmte Person vorhanden waren"[533]. Mittels des KAN lässt sich somit erfahren, wo über die betreffende Person kriminalpolizeiliche Akten geführt werden[534]. Mit einer KAN-Anfrage kann der polizeiliche Sachbearbeiter eine Kurzauskunft darüber erhalten, ob eine Person zur Festnahme/-Aufenthaltsermittlung ausgeschrieben ist, sich in Haft befindet oder befand oder erkennungsdienstlich behandelt wurde[535]. Ausführlichere Informationen (z.B. tatspezifische Einzelheiten) hingegen sind direkt bei der kriminalaktenführende Dienststelle zu beantragen und wenn im KAN keine Erkenntnisse über eine bestimmte Person vorliegen, hat eine Überprüfung in der Personenfahndungsdatei, der Haft- oder Erkennungsdienstdatei zu erfolgen, da im KAN nur die Daten eines speziellen Täterkreises gespeichert sind[536].

Der KAN bezieht sich auf die U-Datengruppe, in der Angaben zu den Fundstellen der Kriminalakten (kriminalaktenführende Dienststelle, Kriminalaktennummer und Aussonderungsprüfungsdatum) enthalten sind[537]. Für die Speicherung, Vollständigkeit, Richtigkeit und zeitgerechte Löschung trägt die anliefernde Stelle die alleinige Verantwortung[538].

Mit der Aufnahme des KAN in das Informationssystem der Polizei wurde dem Datenschutz zwar besser Rechnung getragen, die Arbeit der Kriminalpolizei hat dabei jedoch an Effizienz einbüßen müssen. Denn der Erkenntniswert des KAN ist beschränkt, weil er viele Straftaten mit nachweisbaren länderübergreifendem Bezug gar nicht erfasst: „Es kommt häufig vor, dass Täter in mehreren Ländern Straftaten begehen, die nicht schwer genug sind, um in den KAN aufgenommen zu werden (z.B. Betrug, Urkundenfälschung, einfacher und schwerer Diebstahl, Körperverletzung). Da die Meldungen darüber dann nur in den Rechnern des jeweiligen Landes gespeichert werden, ist über den KAN nichts von den Straftaten zu erfahren"[539]. Hinzu kommt, dass sich einige der in dem KAN aufgenommenen Aktenverweise auf Straftaten beziehen, die von nicht-länderübergreifend tätigen Personen begangen worden sind. Somit ist der KAN, dessen Auskunftswert für die kriminalpolizeiliche Praxis zwar seit Jahren hoch anerkannt und geschätzt ist, kein perfekter Indikator überregionaler Straftaten. Außerdem wird die Objektivität des

---

[532] Ebenda, S. 52.
[533] Albrecht, *Im Dienst der Inneren Sicherheit. Die Geschichte des Bundeskriminalamtes*, Fn. 103, S. 322.
[534] Vgl. *INPOL*, Fn. 473, S. 28.
[535] Ebenda.
[536] Ebenda.
[537] Vgl. Haas, *KAN – Kriminalaktennachweis*, Fn. 527, S. 53.
[538] Vgl. *INPOL*, Fn. 473, S. 28.
[539] Albrecht, *Im Dienst der Inneren Sicherheit. Die Geschichte des Bundeskriminalamtes*, Fn. 103, S. 322.

KAN dadurch beeinträchtigt, dass „das Kriterium ,erneute Straffälligkeit außerhalb des Wohn- oder Aufenthaltsbereichs' zum Teil zu extensiv ausgelegt [wird] und nicht beachtet [wird], daß der KAN-Merker bei diesem Kriterium das Erfordernis einer bundesweiten Zugriffsfähigkeit der Daten voraussetzt"[540].

Der KAN weist derzeit einen Bestand von ca. 2.2 Mio. Aktennachweisen auf.

Tabelle 7: Die Bestandsstatistik des INPOL – Kriminalaktennachweises

INPOL-Teilnehmer	U-Datengruppe	INPOL-Teilnehmer	U-Datengruppe
Baden-Württemberg	43.930	Rheinland-Pfalz	70.534
Bayern	351.541	Saarland	24.152
Berlin	70.208	Sachsen	35.672
Brandenburg	51.609	Sachsen – Anhalt	46.668
Bremen	2.516	Schleswig-Holstein	33.622
Hamburg	51.806	Thüringen	64.804
Hessen	285.323	BKA	501.418
Mecklenburg – Vorpommern	16.310	BGS	127.790
Niedersachsen	71.904	ZKA	-
Nordrhein-Westfalen	353.398	**Gesamtsumme**	**2.203.205**

Quelle: Das Bundeskriminalamt, Wiesbaden.
Anmerkung: Diese Statistik wurde im Februar 2002 vom BKA bereit gestellt.

3.1.2.2.5 Die zentrale Haft-Datei

Die Haftdatei ist, wie die Sach- und Personenfahndungsdateien und der KAN, ebenfalls eine Verbunddatei. Seit Mai 1978 betriebsbereit, wurde sie über einen mehrjährigen Zeitraum hinweg an die Bundesländer angeschlossen[541]. Die Haftdatei „dient dem Nachweis über Personen, die sich aufgrund richterlich angeordneter Freiheitsentziehung in behördlichem Gewahrsam befinden oder befanden"[542] und zwar „zum Zwecke der Strafverfolgung, Strafvollstreckung, Abschiebung, Auslieferung oder aus sonstigen Gründen"[543]. Die zentrale Haftdatei „ermöglicht die Feststellung des Aufenthalts von Inhaftierten und Untergebrachten, Anhaltspunkte

540 Haas, *KAN – Kriminalaktennachweis*, Fn. 527, S. 53.

541 Vgl. Albrecht, *Im Dienst der Inneren Sicherheit. Die Geschichte des Bundeskriminalamtes*, Fn. 103, S. 312: Baden-Württemberg, Bremen, Hamburg und Saarland (Mai 1978), Niedersachsen (Juni 1984), Bayern (August 1984), Nordrhein-Westfalen (März 1985), Hessen (Januar 1986), Schleswig-Holstein (Juni 1986), Rheinland-Pfalz (Juli 1986). Für Berlin gibt Albrecht keine Angabe.

542 Wiesel, *Informationssystem der deutschen Polizei – Sachstand und Planung*, Fn. 442, S. 750.

543 *INPOL*, Fn. 473, S. 21.

zur Überprüfung des Alibis zu erlangen, über bevorstehende Entlassungen zu informieren sowie Fahndungen von Personen zu vergleichen, die sich bereits in Gewahrsam befinden"[544]. Sie verhindert zudem Mehrfachausschreibungen und beschleunigt den Informationsaustausch zwischen Polizei und Justiz[545]. Nach gängiger Prozedur werden die Haftdaten (Aufnahme, Entlassung, Beurlaubung, Verlegung, Flucht und ggf. Tod)[546] bei Beginn, Unterbrechung und Beendigung der Haftmaßnahmen von den Justiz- und Verwaltungsbehörden den LKÄ zur Erfassung gemeldet, beim BKA werden die Haftnotierungen aller Länder zentral geführt und stehen für den Auskunftsdienst zur Verfügung[547]. Die Haftdatei leistet Aufklärung bei kriminalpolizeilichen Ermittlungsverfahren – bspw. zur Bestimmung der Tatbeteiligung einer Person – da anhand dieser Datei bewiesen werden kann, dass diese als Täter nicht in Betracht kommen kann, weil sie zur fraglichen Zeit eine Haftstrafe verbüßte.

Die Haftdatei bezieht sich auf die HA- und HI-Datengruppen (HA=Haft Aktuell, HI=Haft Inaktuell) und bietet dem polizeilichen Ermittler mehrdimensionale Abfragemöglichkeiten und zwar nach Name, nach Name und Vorname, nach Name und Geburtsdatum, nach Name, Vorname und Geburtsdatum bzw. nach Spitzname der in Frage kommenden Person[548]. Im Falle einer positiven Auskunft werden sowohl die Personengrunddaten als auch die entsprechenden Haftdaten mitgeteilt[549]. Im Falle eines mehrfach vorhandenen Bestandes kann man im Rahmen einer Kurzauskunft zunächst Informationen über Aufenthaltsorte (Haftanstalten), Buchnummern, Aufenthaltsdauer, Anlässe (Straftat) und Arten (Untersuchungshaft, Freiheitsentziehung) erhalten[550].

Die BKA-Haftdatei hat einen derzeitigen Umfang von ca. 967.000 Notierungen, davon über 98.000 aktuelle und über 868.00 inaktuelle Notierungen.

---

544 Haas, Albert: *HAFT–Haftdatei*, in: Landeskriminalamt Baden-Württemberg (Hrsg.): INPOL. IKNPOL. Datenverarbeitung. Bürokommunikation. Ihr Begleiter durch die von der Polizei des Landes Baden-Württemberg genutzten DV-Verfahren, 1998, S. 54.

545 Vgl. *INPOL*, Fn. 473, S. 21.

546 Ebenda.

547 Vgl. Haas, *HAFT – Haftdatei*, Fn. 544, S. 54.

548 Ebenda.

549 Vgl. *Lehrmaterial – Polizeiliche Informationssysteme. PASS, INPOL, NSIS, NATURAL, ZEVIS, AZR*, Fn. 491, S. 36.

550 Vgl. *INPOL*, Fn. 473, S. 23.

Tabelle 8: Die Bestandsstatistik der INPOL-Haftdatei

INPOL - Teilnehmer	Haftgruppe (Aktuelle) HA – Datengruppe	Haftgruppe (Inaktuell) HI – Datengruppe
Baden-Württemberg	10.160	99.723
Bayern	14.355	133.822
Berlin	2.386	28.635
Brandenburg	6.019	56.526
Bremen	902	8624
Hamburg	3.123	29.831
Hessen	6.314	41.915
Mecklenburg-Vorpommern	1.843	16.722
Niedersachsen	11.444	70.129
Nordrhein-Westfalen	24.580	238.130
Rheinland-Pfalz	4.374	30.208
Saarland	998	7.807
Sachsen	5.152	46.436
Sachsen-Anhalt	3.004	22.953
Schleswig – Holstein	1.729	16.353
Thüringen	2.061	20.522
BGS	-	-
BKA	-	-
ZKA	-	-
Gesamtsumme	**98444**	**868336**

Quelle: Das Bundeskriminalamt, Wiesbaden.
Anmerkung: Diese Statistik wurde im Februar 2002 vom BKA bereit gestellt.

Auch die Haftdatei weist Schwächen auf, die bereits frühzeitig von Horst Herold erkannt wurden: „Bei der Verwirklichung stellen sich allerdings schwierige Probleme, weil die Anlieferung der Daten durch die Justiz zu den jeweiligen Landeskriminalämtern erfolgt und weil das Problem der Haftunterbrechung und des Urlaubs, wie überhaupt der zeitlich verteilte Strafvollzug, der künftig die Regel bildet, einen umfangreichen Änderungsdienst nötig macht. Zudem lassen sich die Zeiträume von Unterbrechungen und Urlauben von vornherein abstrakt festlegen; ihr tatsächliches Ende ist regelmäßig mit dem vorhergesehen nicht identisch, so weil z.B. der Verurteilte die Urlaubszeit überschreitet“[551]. Als Ausgleich forderte Herold eine gesteigerte Zusammenarbeit zwischen Polizei und Justiz: „Diese Hindernisse lassen daher den Vorschlag begründet erscheinen, das Besitzerprinzip bis zu den Haftanstalten selbst zu verlagern, sie gleichsam zu ‚Platzbuchungsstellen' für alle Ein- und Ausgänge zu machen und auf diese Weise äußerste Aktualität zu

[551] Herold, *Künftige Einsatzformen der EDV und ihre Auswirkungen im Bereich der Polizei*, Fn. 472, S. 387.

garantieren. Die Justiz gewönne durch ein solches in INPOL integriertes System zugleich statistische Überblicke über Umfang, Art, Dauer und Erfolg von Vollzugsmaßnahmen"[552]. Der vor fast 30 Jahren aufgestellten Forderung Herolds wurde allerdings nicht nachgekommen.

3.1.2.2.6 Vermisste, Unbekannte Tote, Unbekannte Hilflose Personen

Die Datei Vermisste, Unbekannte Tote, Unbekannte Hilflose Personen (VERMI/-UTOT) ist eine 1992 durch das BKA eingerichtete Verbunddatei.

Die Ziele von VERMI/UTOT sind[553]:

- Meldungen über Vermisste, unbekannte Tote und unbekannte, hilflose Personen aus den Bundesländern sowie aus dem Ausland zu erfassen und auszuwerten,
- Meldungen über unbekannte Tote und unbekannte, hilflose Personen mit den Meldungen über Vermisste zu vergleichen und Hinweise auf mögliche Identität zu geben,
- Meldungen über Vermisste mit den Meldungen über unbekannte Toten und unbekannte, hilflose Personen zu vergleichen und Hinweise auf mögliche Identität zu geben,
- Meldungen über aufgefundene Gegenstände, die möglicherweise im Zusammenhang mit vermissten Personen oder unbekannten Toten stehen könnten, zu speichern und zuzuordnen,
- Veröffentlichungen im Bundeskriminalamtblatt über Vermisste, unbekannte Tote und unbekannte, hilflose Personen vorzunehmen,
- Zusammenstellungen von Toten nach Auswertungskriterien im Bundeskriminalamtblatt zu veröffentlichen und
- Statistiken über Vermisste, unbekannte Tote und hilflose Personen zu erstellen.

3.1.2.2.7 Die Polizeiliche Kriminalstatistik

Die Polizeiliche Kriminalstatistik (PKS) enthält Angaben zu den der deutschen Polizei gemeldeten Straftaten einschließlich der mit Strafe bedrohten Versuche[554]. Enthalten in der PKS sind sämtliche Statistiken zu den von der Polizei bundesweit bearbeiteten Straftaten (einschließlich der vom Zoll bearbeiteten Rauschgiftdelikte), jedoch mit Ausnahme u.a. von Ordnungswidrigkeiten, Staatsschutz- und Verkehrsdelikten sowie Verstößen gegen strafrechtliche Landesgesetze. Die Erfassung der

---

552 Ebenda.

553 Vgl. Wiesel, *Informationssystem der deutschen Polizei – Sachstand und Planung*, Fn. 442, S. 751.

554 Die PKS kann in Buchform vom BKA bestellt bzw. von der Webseite des BKA heruntergeladen werden.

Straftaten legt dabei einen z.T. nach strafrechtlichen, z.T nach kriminologischen Kriterien aufgebauten Straftatenkatalog zugrunde[555].

Die PKS liefert Erkenntnisse zur Kriminalitätsentwicklung, u.a. zu Art und Anzahl der erfassten Fälle, zu Tatort und Tatzeit, Opfer und Schäden, Verbrechensaufklärungsquoten, Alter, Geschlecht, Nationalität und anderen Merkmalen der Tatverdächtigen und der Veränderung von Kriminalitätsgewohnheiten im Zeitverlauf. Sie ist eine nützliches Orientierung für die repressive und präventive Verbrechensbekämpfung in strategischer Hinsicht, für organisatorische Planungen und Entscheidungen sowie für die Kriminalpolitik und die kriminologisch–soziologische Forschung[556]. Die statistische Erfassung erfolgt in periodischen Zeiträumen (monatlich, vierteljährlich, halbjährlich, jährlich)[557].

Die PKS möge zwar interessant für Politik und Wissenschaft sein, zugleich weist sie aber auch einige gravierenden Schwächen auf, die ihren Aussagewert erheblich einschränken. Gerade weil die PKS eine Statistik ist, vermittelt sie keine Einblick in die komplexen Ursachen der Kriminalitätsentwicklung im Zeitverlauf. Diese werden bekanntermaßen von einer Vielfalt von Faktoren mitbestimmt[558]. Ihre Aussagekraft wird ferner dadurch eingeschränkt, dass ein Teil der Straftaten der Polizei nicht bekannt bzw. nicht gemeldet wird (das „Dunkelfeld"), wobei das Ausmaß deliktsabhängig ist und von Einflussgrößen, wie bspw. Anzeigebereitschaft der Bevölkerung, Intensität von Verbrechenskontrollmaßnahmen, statistischen Erfassungsmethoden und strafrechtlichen Änderungen mitbestimmt wird[559]. Die PKS bietet „kein getreues Spiegelbild der Kriminalitäts, sondern eine je nach Deliktsart eine mehr oder weniger starke Annäherung an die Realität"[560]. Die PKS vermittelt zudem kaum Hinweise über die qualitative Veränderung der Kriminalität, die sich bspw. in einem erheblichen Anstieg der Brutalitätsanwendung niederschlagen kann[561]. Auch sind keine Risikoprognosen in Bezug auf ausgewählte Deliktsarten enthalten. Darüber hinaus ist das Ausmaß der gerichtlichen Sanktions-

---

555 Vgl. Wiesel, *Informationssystem der deutschen Polizei – Sachstand und Planung*, Fn. 442, S. 757.

556 Ebenda. Siehe auch Haas, Albert: *Polizeiliche Kriminalstatistik – PKS*, in: Landeskriminalamt Baden-Württemberg (Hrsg.): INPOL. IKNPOL. Datenverarbeitung. Bürokommunikation. Ihr Begleiter durch die von der Polizei des Landes Baden-Württemberg genutzten DV-Verfahren, 1998, S. 78.

557 Vgl. Haas, ebenda.

558 Unter anderem von soziologischen, ökonomischen und rechtlichen Faktoren. Der periodischer Sicherheitsbericht des BMI ergänzt die PKS mit kriminologischen Analysen und kann von der BMI-Webseite http://www.bund.bmi.de heruntergeladen werden.

559 Vgl. Bundeskriminalamt (Hrsg.): *Polizeiliche Kriminalstatistik 1997* (Bundesrepublik Deutschland, Berichtsjahr 1997), Wiesbaden, 1998, S. 7.

560 Ebenda.

561 Vgl. Schwind, *Kriminologie*, Fn. 9, S. 20–21.

anwendung – ein Qualitätsindikator der kriminalpolizeilichen Ermittlungsarbeit – aus der PKS nicht ersichtlich[562].

3.1.2.3 INPOL-Dateien mit Auswertungsbezug

3.1.2.3.1 Die Falldateien des Bundeskriminalamtes

INPOL (Bund) enthält folgende Fall-Dateien: Die Falldatei-Rauschgift, die Fall-Datei beim Bundeskriminalamt, die Fall-Datei Scheck und die Fall-Datei Schleuser und Geschleuster.

Die *Fall-Datei Rauschgift* (FDR) des BKA ist eine Verbunddatei, die zur Aufklärung und Verhütung von Straftaten nach dem Betäubungsmittelgesetz und den dazu erlassenen Rechtsverordnungen sowie zu Straftaten zur unmittelbaren Erlangung von Betäubungsmitteln (direkte Beschaffungskriminalität) und mit Geldwäschebezug eingesetzt wird[563].

Mit der FDR werden v.a. folgende Ziele verfolgt[564]:

- der unmittelbarer Abruf täterbezogener Auskünfte,
- die Erkennung spezifischer Tätervorgehensweisen,
- die Erkennung bisher unbekannter Täter,
- die Zuordnung von Straftaten zu bereits bekannten Tätern,
- die Gewinnung von Erkenntnissen für polizei- und ermittlungstaktisches Vorgehen,
- die Beobachtung der Rauschgiftkriminalität sowie die Erstellung kriminalpolizeilicher Analysen und Statistiken und
- die Unterstützung der Forschung und Entwicklung polizeilicher Methoden und Arbeitsweisen bei der Bekämpfung der Rauschgiftkriminalität.

In der FDR werden – wie in den anderen Falldateien des BKA – grundsätzlich nur „harte“ Daten aufgenommen, d.h. Daten mit Bezug zu Tätern bzw. Personen, die in Verdacht stehen, eine oder mehrere einschlägige Straftaten begangen zu haben. Die FDR hat sowohl Fahndungs- als auch Ermittlungscharakter. Denn sie vermittelt nicht nur personenbezogene Auskunft, sondern bietet multidimensionale

---

562 Zwei interessante gerichtsbezogene Statistiken sind die *Strafverfolgungsstatistik*, die Auskunft über die Anzahl der vom Gericht bearbeiteten Fälle (Verurteilungen, Freisprechungen, Verfahrenseinstellungen) vermittelt und die *Strafvollzugs-* und *Bewährungshilfestatistik*, die sich auf Gefangene und Verwahrte sowie unter Bewährung stehende Verurteilte bezieht.

563 Vgl. Wiesel, *Informationssystem der deutschen Polizei – Sachstand und Planung*, Fn. 442, S. 751.

564 Ebenda.

Recherchemöglichkeiten und stellt damit ein wertvolles taktisches Instrument der Entscheidungsunterstützung bei Ermittlungsverfahren dar[565].

Die FDR umfaßt:

- Personendaten (Personalien, Personenbeschreibung, Unterlagen),
- Falldaten (Tatbeschreibung, Informationen zur Fallaufklärung, Personenbeschreibung des Beschuldigten),
- Sachdaten (Art des Gegenstandes und seine Beschreibung) und
- Verwaltungsdaten.

Eine Anfrage in der FDR kann über die Personalien (d.h. Name, Vorname, Aliasname, Spitzname, Geburtsdatum) eines bekannten Täters erfolgen, bei Bedarf mit einer Täterbeschreibung oder Falldaten wie das Modus Operandi[566]. Die FDR bietet die Möglichkeit, Recherchen unter Verwendung logischer Operatoren wie „und", „oder", „und nicht", „von", „bis" durchzuführen[567]. Damit kann der Ermittler bspw. feststellen, ob und in welchen Fällen in der FDR Gemeinsamkeiten vorzufinden sind.

Seit Jahresbeginn 1996 gelten für die Aufnahme von Daten in die FDR andere Voraussetzungen als im Zeitraum zuvor[568].

Die *Falldatei beim Bundeskriminalamt* (FBK)[569] unterscheidet sich von den anderen Falldateien insofern, als sie dem Zweck der Aufklärung und Verhütung von Straf-

---

565 Vgl. Tampe, Evelyn: *Falldatei Rauschgift–FDR*, Landeskriminalamt Baden-Württemberg (Hrsg.): INPOL. IKNPOL. Datenverarbeitung. Bürokommunikation. Ihr Begleiter durch die von der Polizei des Landes Baden-Württemberg genutzten DV-Verfahren, 1998, S. 56.

566 Ebenda.

567 Vgl. Wiesel/Gerster, *Das Informationssystem der Polizei INPOL. Konzept und Sachstand*, Fn. 415, S. 144–145.

568 Vgl. Tampe, *Falldatei Rauschgift–FDR*, Fn. 565, S. 55. Vor Jahresbeginn 1996 waren folgende Voraussetzungen erforderlich: Anzeige wegen eines Verstoßes gegen das Betäubungsmittelgesetz, Anzeige wegen eines Delikts der direkten Beschaffungsmittelkriminalität (z.B. Apothekeneinbruch, Rezeptfälschung, Raub von Betäubungsmitteln), Anzeige wegen eines Delikts der indirekten Beschaffungsmittelkriminalität (z.B. Aufbruch von Personenkraftwagen zur Erlangung von Mitteln zum Kauf von Betäubungsmitteln) und Anzeige eines Delikts, das infolge von Betäubungsmittelkonsum begangen wurde (z.B. Führen eines Kraftfahrzeugs unter Einfluss von Betäubungsmitteln, Begehung einer Gewalttat unter dem Einfluss von Betäubungsmitteln). Seit 1996 werden erfasst: Verstöße gegen das Betäubungsmittelgesetz (Schmuggel von Betäubungsmittel oder Besitz bzw. Erwerb von Betäubungsmitteln (Heroin, Kokain, Amphetamin, Rohopium) ab einer bestimmten Menge, Rauschgift-Todesfälle, Geldwäsche im Zusammenhang mit Betäubungsmitteldelikten und direkte Beschaffungsmittelkriminalität lediglich bei Einbruch in Apotheken und Rezeptfälschung. Die Datenbestände des Zeitraums vor 1996 bleiben in der FDR bis zu ihrer datenschutzrechtlich vorgesehene Löschung weiterhin bestehen.

569 Ebenda, S. 57-58.

taten oder Verstößen nicht in einem, sondern zugleich in mehreren Deliktsfeldern dient[570]:

- *Waffen und Sprengstoff*: Straftaten im Zusammenhang mit dem Waffengesetz, dem Kriegswaffenkontrollgesetz, dem Sprengstoffgesetz, dem Außenwirtschaftsgesetz und zusammenhängende Straftaten des Strafgesetzbuchs.

- *Falschgeld*: Verstöße im Zusammenhang mit Geldfälschungsdelikten nach dem Strafgesetzbuch, der Verordnung über Herstellung und Vertrieb von Medaillen und Marken, dem Gesetz über die Prägung von Scheidemünzen, Fälschungstatbeständen nach dem Ordnungswidrigkeitsgesetz, dem Gesetz über die Deutsche Bundesbank, dem Urheberrecht und im Zusammenhang mit der Scheckkriminalität.

- *Geiselnahme, Erpressung, Raub*: Raubüberfälle auf Geldinstitute, Poststellen, sonstige öffentliche Kassen, Geld- und Werttransporte, Geld und Kassenboten.

- *Tötungs- und Sexualdelikte:* Straftaten gegen das Leben und die körperliche Unversehrtheit (in besonders schweren Fällen) gemäß den §§ 211, 212, 223, 223a, 224 & 251 des Strafgesetzbuches sowie gegen die sexuelle Selbstbestimmung gemäß der §§ 176 & 177 des Strafgesetzbuches.

Die FBK enthält Personen-, Fall-, Sach- und Verwaltungsdaten. Analog zu den anderen Falldateien kann eine Abfrage in der FBK über die Personalien eines bekannten Täters und/oder, im Bedarfsfall, mit der Täterbeschreibung sowie mit Falldaten, getätigt werden[571].

Die Falldatei Scheck (FBK–Scheck)[572] erfasst sämtliche Fälle von Euroscheck–Kriminalität, die dem BKA von den Bundesländern mitgeteilt werden. Die Datei dient dem Zweck, täterbezogene Sofortauskünfte zu erhalten, auch können über die FBK–Scheck Straftaten zugeordnet, spezifisches Tätervorgehen erkannt und Erkenntnisse über das ermittlungstaktische Vorgehen und die Kriminalitätsentwicklung im Bereich der Euroscheck–Kriminalität gewonnen werden[573].

---

570 Ebenda, S. 57.

571 Ebenda, S. 58.

572 Vgl. Tampe, Evelyn: *Falldatei Scheck – FBK-Scheck*, in: Landeskriminalamt Baden-Württemberg (Hrsg.): INPOL. IKNPOL. Datenverarbeitung. Bürokommunikation. Ihr Begleiter durch die von der Polizei des Landes Baden-Württemberg genutzten DV-Verfahren, 1998, S. 60.

573 Ebenda.

Die *Falldatei Schleuser und Geschleuster* (FDS)[574] wurde 1993 beim BKA v.a. als Reaktion auf den Abbau der Grenzkontrollen im Schengenraum sowie den Wegfall des „eisernen Vorhangs", der zu einem erheblichen Zulauf illegaler ausländischer Arbeitskräfte in Deutschland seit 1990 geführt hat, eingerichtet. Ziel der FDS ist die Aufklärung und Verhütung von illegalen Schleusertätigkeiten und damit zusammenhängenden Straftaten nach dem[575]:

- Strafgesetzbuch,
- Ausländergesetz,
- Asylverfahrensgesetz,
- Arbeitsförderungsgesetz,
- Arbeitnehmerüberlassungsgesetz,
- Sozialgesetzbuch und
- der Abgabenordnung.

Auch die FDS besteht aus den Datenbereichen Personen-, Fall-, Sach- (hier: Grenzübertrittsdokumente) und Verwaltungsdaten; Abfragen sind mit den Personalien eines bekannten Täters, seine Beschreibung oder mit den Falldaten möglich[576].

3.1.2.3.2 Die Dateien Personen, Institutionen, Objekte, Sachen (PIOS)

Entstehungshintergrund von PIOS

Die Auswertung von Daten - und damit einhergehend - die Gewinnung von Einblicken in kriminalistische Sachverhalte ist, wie bereits früher erwähnt, eine Grundfunktion der kriminalpolizeilichen IuK-Technik. Mit steigender Unübersichtlichkeit und Komplexität des Datenaufkommens, steigt auch der Aufklärungswert der IuK-Technik. Ohne die IuK-Technik wäre der polizeilicher Sachbearbeiter schlichtweg überfordert und Ermittlungen wären in zeitlicher und personeller Hinsicht zu aufwendig und stünden in keinem angemessenen Verhältnis zum angestrebten Erfolg.

Der Einsatz von elektronischen Aktenerschließungssystemen als Auswertungsmittel bei komplexen und groß angelegten Ermittlungsverfahren, an denen verschiedenen Dienststellen oft mitwirken, fand im BKA relativ früh statt. Vorreiter waren die PIOS- und SPUDOK-Dateien[577] des Amtes.

---

574 Vgl. Tampe, Evelyn: *Falldatei Schleuser und Geschleuster - FDS*, in: Landeskriminalamt Baden-Württemberg (Hrsg.): INPOL. IKNPOL. Datenverarbeitung. Bürokommunikation. Ihr Begleiter durch die von der Polizei des Landes Baden-Württemberg genutzten DV-Verfahren, 1998, S. 59.

575 Ebenda.

576 Ebenda.

577 Auf SPUDOK wird im nächsten Abschnitt ausführlich eingegangen.

Die Einführung des PIOS geht auf einen Beschluss der IMK vom 20. Juni 1975 zurück, der die Einrichtung einer „Zentralen Fundstellen-Dokumentation in umfangreichen Ermittlungsverfahren“ vorsah[578]. Dem vorausgegangen waren Beschlüsse des AK II vom 14./15. und 27. Mai desselben Jahres[579]. Bereits im Herbst 1974 hatte die IMK das BKA mit „der Realisierung eines Projektes zur elektronischen Erfassung und Dokumentation von Fakten aus umfangreichen Aktenbeständen von Ermittlungskomplexen“[580] beauftragt. Das am 20. Juni 1975 in das INPOL übernommene Lösungskonzept orientierte sich an der „Erfassung von Fakten aus Ermittlungsvorgängen, dem Aufbau und [der] Bereithaltung eines Informationsbestandes über das gesamte Material aus umfangreichen Ermittlungskomplexen für einen zentralen Fundstellennachweis [und der] Verknüpfung von Aktenfundstellen zum Zweck der im Rahmen der weiteren polizeilichen Sachbearbeitung notwendigen Erkennbarmachung von Zusammenhängen“[581].

Zunächst wurde PIOS lediglich BKA-intern und bei der Terrorismusbekämpfung erstmals im Jahr 1975 eingesetzt. Allerdings konnten die Anforderungen an PIOS erst im Rahmen mehrerer Sitzungen der AG Kripo im Zeitraum Sommer 1976 bis Anfang 1977 festgelegt werden[582]. Folglich wurde Anfang Februar 1977 das Konzept „PIOS Terrorismus“ auf einer Sondersitzung der AG Kripo beschlossen, wonach PIOS über die Funktion eines Fundstellenregisters hinaus auch eine Verbesserung und Aufbereitung der Informationsionhalte gewährleisten sollte[583]. An PIOS Terrorismus wurden folgende Anforderungen gestellt[584]:

- Dezentrale Zugriffsmöglichkeit auf alle Informationen durch alle mit der kriminalistischen Sachbearbeitung beauftragten Dienststellen;
- schnellstmögliche Auswertung der sich auf dem neuesten Erkenntnisstand befindenden Informationen;
- Auswertbarkeit und Wiederauffindbarkeit auch solcher Informationen, die fragmentarisch sind oder begrifflich noch nicht eingeordnet bzw. bewertet wurden;
- Anreicherung von Einzel- und Fragmentinformationen entsprechend dem jeweiligen Erkenntnisstand und Verdeutlichung ihrer Beziehung untereinander;
- mehrdimensionale Recherchierbarkeit (Zugriff auf vorhandene Informationen aus unterschiedlichen (Teil-)Ermittlungen) und

---

[578] Vgl. Albrecht, *Im Dienst der Inneren Sicherheit. Die Geschichte des Bundeskriminalamtes*, Fn. 103, S. 310.

[579] Vgl. Wiesel/Gerster, *Das Informationssystem der Polizei INPOL. Konzept und Sachstand*, Fn. 415, S. 195.

[580] Ebenda, S. 195-196.

[581] Ebenda, S. 196.

[582] Ebenda.

[583] Ebenda, S. 196-197.

[584] Ebenda, S. 197.

- Möglichkeit zur Erstellung von Übersichten, Analysen und Querschnittsauswertungen.

Mit PIOS Terrorismus erhoffte sich das BKA einen Effiziengewinn angesichts der Informationsflut, mit der sich das Amt im Zusammenhang mit der Terrorismusbekämpfung zu jener Zeit konfrontiert sah[585]. Ab März 1976 konnten dann die Landesdienststellen am PIOS Terrorismus teilnehmen[586], und es erreichte offenbar binnen kürzester Zeit ein beachtlicher Ausmass. Laut einer 1977 vom BMI veröffentlichen Informationsbroschüre über die Datenverarbeitung im BKA enthielt PIOS Terrorismus Daten zu 78.584 Personen, 2.400 Institutionen, 76.936 Objekten und 33.184 Sachen[587]. Zwei Jahre später belief sich die Zahlen auf 135.000 Personen, 5.500 Institutionen, 115.000 Objekte und 74.000 Sachen[588].

PIOS wurde somit in erster Linie zum Zwecke der Sammlung und Auswertung von Daten in großen Mengen aus Akten und Karteien konzipiert, damit für die Ermittler Zusammenhänge schnell und präzise erkannt werden können. Laut Wiesel/Gerster [hat]: „Das Verfahren [...] nicht nur die Funktion einer Informationsquelle für Ermittlungen und Analysen, sondern dient auch dem Bundeskriminalamt zur zentralen Ermittlungssteuerung"[589]. PIOS liefert somit einen Nutzen nicht nur in Bezug auf die Auskunftserteilung, wie dies bspw. für die Personen- und Sachfahndungsdateien in INPOL zutrifft, sondern darüber hinaus trug auch zur Erkenntnisgewinnung bei, insbesondere bei hochkomplexen, dienststellenübergreifenden Ermittlungen, die durch eine herkömmliche (d.h. nichtautomatisierte) Aktenauswertung kaum durchführbar wären bzw. ein unverhältnismäßig hoher Aufwand erfordert hätten. In Anbetracht dessen dürfte es kaum überraschen, dass nach einer kurzen Konsolidierungsphase das Anwendungsfeld von PIOS über die Terrorismusbekämpfung hinaus auf andere Kriminalitätsbereiche nach und nach ausgedehnt wurde.

---

585 Vgl. Albrecht, *Im Dienst der Inneren Sicherheit. Die Geschichte des Bundeskriminalamtes*, Fn. 103, S. 311. Laut Albrecht hatte sich im Zusammenhang mit den Baader-Meinhof-Ermittlungen über 2.000 Aktenordner angesammelt, aus denen ständig Auskünfte an Polizeien, Staatsanwaltschaften usw. gegeben werden mussten. Um diese Vorgänge zu beschleunigen, wurden eine Art Stichwortverzeichniss die Fundstellen in den Akten in die Datenverarbeitung übertragen.

586 Ebenda.

587 Vgl. Kauß, Udo: *Der suspendierte Datenschutz bei Polizei und Geheimdiensten*, Campus Verlag: Frankfurt u.a., 1989, S. 110.

588 Ebenda.

589 Wiesel/Gerster, *Das Informationssystem der Polizei. INPOL. Konzept und Sachstand*, Fn. 415, S. 21.

Arten von PIOS-Dateien

Im Laufe der folgenden Jahren enstanden einige PIOS-Dateien. Manche werden gemeinsam vom Bund und von den Ländern betrieben, andere hingegen lediglich vom BKA. Die gemeinsamen PIOS-Dateien sind:

- *PIOS-Rauschgift (APR):* APR wurde im März 1978 in Betrieb genommen. Sie erschließt das Informationsaufkommen aus dem Bereich der schweren Rauschgiftkriminalität, insbesondere dem schweren Rauschgifthandel und –schmuggel[590]. Die Datei dient der Verhütung bzw. Aufklärung von Straftaten nach dem Betäubungsmittelgesetz und dazu erlassenen Rechtsverordnungen, ferner der Verhütung bzw. Aufklärung von Straftaten zur unmittelbaren Erlangung von Betäubungsmitteln (direkte Beschaffungskriminalität) und zur Beschaffung von Zahlungsmitteln und Sachwerten für den Erwerb von Betäubungsmitteln (indirekte Beschaffungskriminalität) sowie der Aufklärung von Straftaten unter akutem Einfluss von Betäubungsmitteln oder als Folge von Betäubungsmittelmissbrauch (Folgekriminalität). APR unterscheidet sich von der Falldatei Rauschgift insofern, als „im Unterschied zur Falldatei Rauschgift, in der das Phänomen Rauschgiftkriminalität in seinem Umfang und in Verbindung zu bekannten Tätern abbildbar ist, die Arbeitsdatei PIOS-Rauschgift für komplexe Strukturen unter Einbeziehung auch ungesichterter Erkenntnisse genutzt [wird]“[591]. APR umfasst einen Bestand von ca. 520.000 Datensätzen (Vorgänge=6.500, Sachverhalte=202.000, Einzelinformationen=310.000)[592].

- *PIOS-Innere Sicherheit (APIS):* APIS wurde im Januar 1986 in Betrieb genommen. Zugriffsberechtigt sind sowohl die Länder als auch das BKA. Die Datei „umfasst die Informationen aus dem ersten anfänglichen PIOS-System und alle neuen Erkentnisse, die über den Meldedienst bei Fällen der Staatsgefährdung gewonnen wurden und werden“[593]. Im Mittelpunkt des Interesses stehen Angriffe gegen die freiheitlich demokratische Grundordnung, den Bestand oder die Sicherheit des Bundes oder eines Landes, ungesetzliche Beeinträchtigung der Amtsführung von Mitgliedern verfassungsmäßiger Organe des Bundes oder eines Landes, sicherheitsgefährdende oder geheimdienstliche Tätigkeiten für eine fremde Macht sowie Beeinträchtigung der auswärtigen Belange der Bundesrepublik Deutschland durch Anwendung von Gewalt oder

---

590 Vgl. Albrecht, *Im Dienst der Inneren Sicherheit. Die Geschichte des Bundeskriminalamtes*, Fn. 103, S. 311; Kersten, Klaus Ulrich: *Das Labyrinth der elektronischen Karteien. Wie Bund und Länder INPOL weiterentwickeln wollen/Teil 1*, in: Kriminalistik, Nr. 6, 1987, S. 329.

591 Wiesel, *Informationssystem der deutschen Polizei – Sachstand und Planung*, Fn. 442, S. 754.

592 Ebenda. Die Bedeutung der Vorgänge, Sachverhalte und Einzelinformationen wird unten dargelegt.

593 Albrecht, *Im Dienst der Inneren Sicherheit. Die Geschichte des Bundeskriminalamtes*, Fn. 103, S. 312. Mit ‚anfänglichem PIOS-System' ist die PIOS-Datei Terrorismus gemeint.

darauf gerichtete Vorbereitungshandlungen[594]. APIS umfasst einen Bestand von 470.000 Datensätzen (Vorgänge=70.000, Sachverhalte=185.000, Einzelinformationen=215.000)[595].

- *PIOS-Organisierte Kriminalität (APOK)*: APOK wurde im Juli 1986 zur deliktübergreifenden Erfassung und Erschließung des Informationsaufkommens auf dem Gebiet organisationsverdächtiger Kriminalitätsbereiche in Betrieb genommen[596]. Dazu gehören der Rauschgifthandel und –schmuggel, die Herstellung und der Vetrieb von Falschgeld, die Dokumenten- und Scheckfälschung, das illegale Glücks- und Falschspiel, der Waffenhandel und –schmuggel, die Erpressung von „Schutzgebühren", der Diebstahl hochwertiger Kraftfahrzeuge und Lastkraftwagen mit hochwertiger Ladung sowie der Diebstahl wertvoller Gegenstände, die Wirtschaftskriminalität, die illegale Schleusung und unerlaubte Arbeitsvermittlung von Ausländern und Kriminalität im Zusammenhang mit dem Nachtleben[597]. APOK ermöglicht das Erkennen von Verflechtungen bzw. Zusammenhängen zwischen Personen, Personengruppierungen, Institutionen, Objekten und Sachen, das Erkennen krimineller Organisationen sowie deren Organisationsstrukturen, Logistik, Einflusssphären, Betätigungsfelder und Arbeitsweisen, die Gewinnung von Erkenntnissen für polizei- und ermittlungstaktisches Vorgehen sowie die Ausscheidung unbedeutender Informationen und Erkenntnisse[598]. APOK umfasst einen Datenbestand von ca. 230.000 Datensätzen (Vorgänge=6.000, Sachverhalte=125.000, Einzelinformationen=200.000)[599].

- *PIOS-Kraftfahrzeug (APKFZ):* APKFZ dient zur Verhütung bzw. Aufklärung von Straftaten im Bereich der internationalen Kraftfahrzeugverschiebung und allen damit im Zusammenhang stehenden Delikten, der Vortäuschung von Kraftfahrzeugdiebstählen zur Erlangung der Versicherungssummen sowie des Diebstahls von Land-, Luft- und Wasserfahrzeugen[600]. Mit Hilfe von APKFZ können Tat- und Tatzusammenhänge festgestellt, Verdachtsmomente in bezug auf betrügerische Anmietung gewonnen, Straftaten bereits bekannten Tätern zugeordnet, Deliktsschwerpunkte und spezifische Täter-Vorgehensweisen festgestellt sowie Tat- und Tatzusammenhänge anhand benutzter Dokumente und Kraftfahrzeugkennzeichen (u.a. gefälschte und/oder entwendete Siegel/Kennzeichen) erkannt

---

594 Vgl. Wiesel, *Informationssystem der deutschen Polizei – Sachstand und Planung*, Fn. 442, S. 754.

595 Ebenda. Der Zeitfaktor muss berücksichtigt werden, da der Aufsatz von Wiesel vor 1995 verfasst wurde. Aktuellere Daten sind nicht erhältlich.

596 Vgl. Kersten, *Das Labyrinth der elektronischen Karteien. Teil 1*, Fn. 590, S. 329.

597 Ebenda.

598 Vgl. Wiesel, *Informationssystem der deutschen Polizei – Sachstand und Planung*, Fn. 442, S. 754.

599 Ebenda.

600 Ebenda, S. 755.

werden[601]. APKFZ umfasst einen Datenbestand von ca. 4.500 Datensätzen (Vorgänge=150, Sachverhalte=1.500, Einzelinformationen=3.000)[602].

Die bundesweit zur Verfügung stehende PIOS-Dateien werden im Terminal-Rechner-Verbund betrieben, so dass die Nutzer direkt auf den Datenbestand zugreifen können.

Folgende PIOS-Dateien werden vom BKA betrieben und stehen lediglich ihm zur Verfügung:

- *PIOS-Landesverrat (APLV):* APLV wurde ab Dezember 1978 in Betrieb genommen[603]. Sie dient der „Verhütung und Aufklärung von Straftaten durch Ordnung, Sortierung und Auswertung aufgrund der Richtlinien für den Kriminalpolizeilichen Meldedienst – Staatsschutzdelikte“[604]. Die Datei dient somit der Verhütung bzw. Aufklärung von Landesverrat und Gefährdung der äußeren Sicherheit, Agententätigkeit zu Sabotagezwecken, Straftaten gegen die Landesverteidigung, Verschleppung sowie anderen Straftaten, sofern der Verdacht eines geheimdientlichen Zusammenhangs besteht[605]. Zugriffsberechtigt ist die Staatsschutzabteilung des BKA. APLV umfasst einen Datenbestand von ca. 125.000 Datensätzen (Vorgänge=11.500, Sachverhalte=31.000, Einzelinformationen=80.000)[606].

- *PIOS-Waffen (APW):* APW wurde ab August 1980 in Betrieb genommen[607]. In ihr sind Daten in bezug auf Waffen und Sprengstoff enthalten, vorausgesetzt es handelt sich hierbei um schwerwiegende zugrundeliegende Delikte[608]. Sie dient der Aufklärung bzw. Verhütung von Straftaten nach dem Waffengesetz, Kriegswaffenkontrollgesetz, Sprengstoffgesetz und Außenwirtschaftskontrollgesetz in Verbindung mit der Außenwirtschaftsverordnung sowie weiteren strafrechtlichen Nebengesetzen (soweit es sich um Waffen, Sprengstoffe und Munition handelt) sowie damit in Verbindung stehenden Straftaten nach dem Straf-

601 Ebenda.

602 Ebenda. Laut Wiesel befand sich die APKFZ noch im Aufbau als er seinen Beitrag verfasste.

603 Vgl. Albrecht, *Im Dienst der Inneren Sicherheit. Die Geschichte des Bundeskriminalamtes*, Fn. 103, S. 311.

604 Schulz, Volker (Bearb.): *Tendenzen der Informationsverarbeitung und ihre zukünftige Nutzung in der Polizei*, Forschungs- und Entwicklungsstelle für Polizeitechnik (FEStPT), Polizei-Führungsakademie Münster, 1993, S. 224.

605 Vgl. Wiesel, *Informationssystem der deutschen Polizei – Sachstand und Planung*, Fn. 442, S. 756.

606 Ebenda.

607 Vgl. Albrecht, *Im Dienst der Inneren Sicherheit. Die Geschichte des Bundeskriminalamtes*, Fn. 103, S. 312.

608 Vgl. Kersten, *Das Labyrinth der elektronischen Karteien. Teil 1*, Fn. 590, S. 329.

gesetzbuch[609]. APW umfasst einen Datenbestand von ca. 50.000 Datensätzen (Vorgänge=10.500, Sachverhalte=18.500, Einzelinformationen =31.000)[610].

- *PIOS-Landfriedensbruch*: Diese im September 1982 in Betrieb genommene Datei enthält Daten aus den Meldungen über Landfriedensbruch und verwandte Straftaten[611]. Sie dient der Aufklärung und Verhütung von Straftaten, die „in einem örtlichen, zeitlichen und sachlichen Zusammenhang mit einer politisch bestimmten öffentlichen Versammlung oder einem solchen Aufzug stehen“[612].

- *PIOS-Wirtschaftskriminalität*: Diese im Januar 1987 in Betrieb genommene Datei enthält Daten über Wirtschaftsdelikte und dient zur Aufklärung sowie zur Verhütung von Straftaten im Bereich der Wirtschaftskriminalität, einschließlich der Computerkriminalität, Vermögensdelikte, Umweltkriminalität und Urkundendelikte[613].

Ein wichtiges Abgrenzungsmerkmal der PIOS-Dateien ist, dass sie - anders als bei den Fall-Dateien – sog. „weiche Daten“ enthalten. Das heißt, dass die PIOS-Dateien enthalten nicht nur Daten zu Beschuldigten oder Tatverdächtigten, sondern sie enthalten darüber hinausgehend, auch Daten zu anderen Personen, die weder Beschuldigte noch Tatverdächtigte sind, jedoch in einem Zusammenhang zu solchen Personen – bspw. durch zufällige Bekanntschaft - stehen. PIOS weist zudem die Besonderheit auf, dass es sich um einen abgeschotten Bereich innerhalb von INPOL handelt. Dies hat zur Folge, dass Daten in anderen INPOL-Anwendungen mit den Daten der PIOS-Dateien nicht verknüpft werden können.

Die Arbeitsweise von PIOS

Nach dem ursprünglichen Aufbaukonzept von PIOS werden alle im jeweiligen Ermittlungsbereich anfallenden Daten in den entsprechenden Dateibereichen (d.h. Daten zu Personen werden im Personenbereich, Daten zu Institutionen werden im Instutionenbereich, Daten zu Objekten werden im Objektbereich und Daten zu Sachen werden im Sachenbereich) gespeichert. PIOS ermöglicht Verknüpfungen zwischen diesen und damit das Erkennen von Zusammenhängen[614].

---

609 Vgl. Schulz, *Tendenzen der Informationsverarbeitung und ihre zukünftige Nutzung in der Polizei*, Fn. 604, S. 224; Wiesel, *Informationssystem der deutschen Polizei – Sachstand und Planung*, Fn. 442, S. 755.

610 Vgl. Wiesel, Georg: *Informationssystem der deutschen Polizei – Sachstand und Planung*, Fn. 442, S. 756.

611 Vgl. Kersten, *Das Labyrinth der elektronischen Karteien. Teil 1*, Fn. 590, S. 329.

612 Schulz, *Tendenzen der Informationsverarbeitung und ihre zukünftige Nutzung in der Polizei*, Fn. 604, S. 224.

613 Ebenda.

614 Auf den komplexen Aufbau von PIOS-Datensätzen und die Modalitäten von Recherchevorgängen muss aus Platzgründen hier verzichtet werden. Eine eingehende, mittlerweile jedoch

Nach anfänglicher Praxiserfahrung mit PIOS hat das Aufbaukonzept in den 1980er Jahren einen Optimierungsprozess durchlaufen, der in erster Linie darauf abzielte, die Auswertungsfähigkeit zu verbessern und damit den Nutzen für Ermittler zu erhöhen. Laut Klaus Kersten (1987): „An die Stelle des früher eingesetzten PIOS-Verfahrens ist inzwischen ein neues PIOS-System eingetreten, das ergänzend zu den Datenbereichen Personen, Institutionen, Objekten und Sachen die Abbildung des Erreignisbereiches erlaubt und größere Anwenderfreundlichkeit sowie höhere Effizienz in den Recherchefunktionen zum Ziel hat“[615].

Ein von Wiesel in den 1990er Jahren dargelegter Einblick in die Grundstruktur einer PIOS-Datei weist auf ein Dreiebenengerüst, bestehend aus folgenden Datengruppen und dazugehörigen Datenfeldern hin:

Abbildung 20: Die Grundstruktur einer PIOS-Datei

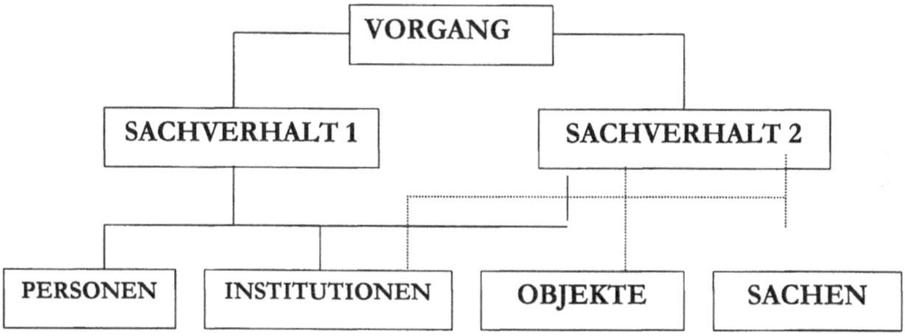

Quelle: Wiesel, Georg: *Informationssystem der deutschen Polizei – Sachstand und Planung*, in: Kniesel, Michel/Kube, Edwin/Murck, Manfred (Hrsg.): Handbuch für Führungskräfte der Polizei, Verlag: Schmidt-Römhild: Lübeck, 1996, S. 752.

Die erste Ebene im PIOS-System umfasst den *Vorgang*, die zweite Ebene die *Sachverhalte* bzw. *Ereignisse* und die dritte Ebene die *Einzelinformationen*. Der Vorgang ist der Grund bzw. Anlass für die Errichtung einer PIOS-Datei. Er besteht aus dem Vorgangsdatensatz, in dem verwaltungstechnische Daten, die Bezeichnung und eine kurze freitextliche Zusammenfassung des Vorgangs sowie Bearbeitungshinweise enthalten sind[616]. Die Datensätze der Sachverhalte bzw. Ereignisse erfassen die Zustände und Geschehnisse[617]. Die Einzelinformationen, welche von der Anzahl ihrer Datensätze und ihrem Umfang her den größten Anteil im PIOS ausmachen und den Sachverhalten bzw. Ereignissen zuzuordnen sind, enthalten Angaben zu Personen und Personenbeschreibungen sowie zu Institutionen,

etwas veraltete Schilderung bieten Wiesel/Gerster, *Das Informationssystem der Polizei INPOL. Konzept und Sachstand*, Fn. 415, S. 200-223.

615 Kersten, *Das Labyrinth der elektronischen Karteien. Teil 1*, Fn. 590, S. 327.

616 Vgl. Wiesel, *Informationssystem der deutschen Polizei – Sachstand und Planung*, Fn. 442, S. 753.

617 Ebenda.

Objekten und Sachen[618]. Die Verknüpfung zwischen Sachverhalten und Einzelinformationen erfolgt über Verweisgruppen, die qualifizierende Informationen über die Art der Verbindung enthalten[619].

Die Evaluation von und Vorbehalte gegenüber PIOS

Das BKA und die Kriminalpolizeien Deutschlands zeigten sich von PIOS zunächst begeistert. Als erste Datei im INPOL, die komplexe Recherchen und Verknüpfungen in umfangreichen Datenbeständen gestattete, und damit neue Qualitätsmaßstäbe für die polizeiliche Erkenntnisgewinnung setzte, bot PIOS den Ermittlern neue Perspektiven bei der effektiven wie effizienten Bekämpfung von Straftaten, die von einem außerordentlich hohen Informationsaufkommen und hoher Komplexität gekennzeichnet waren, wie dies auf den Terrorismus bspw. zutraf[620].

Kaum eine Datei des BKA hat allerdings derart Kritik auf sich gezogen wie PIOS. Insbesondere in den von der Thematik des Datenschutzes geprägten 1980er Jahren war diese Kritik aktuell. Sieht man ab von der emotionsbehafteten Polemik der Etablishment-Gegner, die in PIOS und den Dateien des BKA einen Wegbereiter für den „Überwachungsstaat BRD“ zu erkennen glaubten, sowie von unsachlichen Mediendarstellungen[621], sind v.a auf Seiten der Datenschützer Vorbehalte gegen den Einsatz von PIOS geäußert worden, die sich im Schrifttum wiederfinden. Die Tätigkeitsberichte des Bundesbeauftragten für den Datenschutz sowie der Datenschutzbeauftragten der Länder geben stellenweise Aufschluss über solche Vorbehalte[622].

Schwerpunktmäßig bezog sich die Kritik der Datenschützer auf die Einbeziehung von „unbewerteten Daten“ in PIOS. Gemeint sind damit Daten über Personen, die weder zu dem Personenkreis der Tatverdächtigen noch zu dem Personenkreis der Beschuldigten gehören, dennoch aber in einem Zusammenhang zu beiden stehen. Bereits das BMI erkannte in seinem ersten *Dateienbericht des Bundesinnenministeriums über die Dateien und Karteien des Bundeskriminalamtes* aus dem Jahr 1979 die datenschutzrechtliche Brisanz von unbewerteten Daten in PIOS, obwohl es eine Änderung dieser Speicherungspraxis für nicht erforderlich hielt: „Bei der Vielzahl

618 Ebenda.

619 Ebenda.

620 Einen interessanten Einblick in die Verwendung von PIOS bei der Terrorismusbekämpfung in den 1970er Jahren bietet Schenk, *Der Chef. Horst Herold und das BKA*, Fn. 104, S. 199 ff.

621 Bereits gegen Ende April 1979 veröffentlichten die Wochenzeitschriften STERN und DIE ZEIT jeweils teils sachlich, teils polemische Artikel über die Dateien des BKA, darunter auch mit Bezug auf PIOS. Siehe Albrecht, *Im Dienst der Inneren Sicherheit. Die Geschichte des Bundeskriminalamtes*, Fn. 103, S. 343 ff.

622 Eine gute Gegenüberstellung bietet Kauß, *Der suspendierte Datenschutz bei Polizei und Geheimdiensten*, Fn. 587, S. 111 ff.

anfallender Informationen sind zwar restriktive Einstellungsbestimmungen notwendig, dies schließt aber nicht aus, dass vorübergehend auch Personen eingestellt werden, die selbst in keiner Weise dem Terrorismus zuzurechnen sind, aber zufällig oder aus anderen erklärbaren Gründen Verbindung zu Personen oder Objekten des Terrorismus hatten"[623].

Die Stärke von PIOS fußt in erster Linie auf der Speicherung von unbewerteten Daten, d.h. „dass möglichst auch noch Randpersonen [...], gegen die sich noch kein konkreter Verdacht richtet, erfasst werden ... Das in einer Kriminalakte dokumentierte kriminalpolizeilich interessante oder zumindest relevant erscheinende Wissen soll ‚ausgewertet' werden. Durch Verknüpfung und Recherche im Wege der Verdachtsverdichtung sollen auch solche Personen als verdächtig ermittelt werden, die zunächst – bezogen auf die einzelne Information – noch nicht als verdächtig erscheinen. Das Wesensmerkmal der PIOS-Anwendungen ist deshalb die Erfassung von Personen, die nicht Verdächtige oder Beschuldigte sind, bei denen aber zureichende tatsächliche Anhaltspunkte die Annahme rechtfertigen, dass dies (die Speicherung) von zur Aufklärung oder zur vorbeugenden Bekämpfung schwerwiegender Straftaten zur Ergreifung von zur Festnahme gesuchten Personen oder zur Abwehr einer im einzelnen Fall bestehenden erheblichen Gefahr erforderlich ist"[624].

Das Beispiel PIOS verdeutlicht das Spannungsverhältnis zwischen dem Erfordernis einer möglichst wirksamen Bekämpfung schwerer Kriminalitätsformen einerseits, und dem Schutz der Privatsphäre des Einzenen vor staatlichen Eingriffen andererseits. Die Konsolidierungsphase von PIOS Anfang der 1980er Jahre fiel in eine Epoche, die in Deutschland auch mitgeprägt war von Massenprotestaktionen der Friedensbewegung und von der Bedrohung durch Terrorismus und Organisierter Kriminalität, durch die der deutsche Staat sich zunehmend herausgefordert sah. Gleichzeitig verstärkte sich der öffentlicher Widerstand gege eine breitangelegte polizeiliche „Datensammelwut". Beanstandungen gegenüber PIOS betrafen auch - und v.a. - die Speicherung der Daten von Demonstranten aus der Friedensbewegung in APIS, welche zeitweilig auf über 130.000 Personendatensätze angeschwollen war. Da es sich bei APIS um eine Datei mit politischen Bezügen handelt, wurde sie unter den PIOS-Dateien offenbar intensiver in das kritische Visier der Datenschützer genommen[625]. Das öffentliche Bekanntwerden zahlreicher Fälle, bei

---

623 Bundesministerium des Innern (Hrsg.): *1. Dateienbericht des Bundesinnenministeriums über die Dateien und Karteien des Bundeskriminalamtes*, Bonn, 1979, 8.1.b. Der Bericht wurde in der Frankfurter Rundschau vom 28. und 30. April 1979 abgedruckt.

624 Kauß, *Der suspendierte Datenschutz bei Polizei und Geheimdiensten*, Fn. 587, S. 116-117. Der Autor bezieht sich dabei auf den fünften Tätigkeitsbericht des Bundesbeauftragten für den Datenschutz aus dem Jahr 1982. Zugleich kritisiert er die, seiner Ansicht nach, zurückhaltende Position der Datenschützer in bezug auf PIOS.

625 Ebenda, S. 122 ff. Kritisch zu APIS siehe Weichert, Thilo: *APIS ins Gerede bringen*, in: Geheim, Nr. 1, 1988, S. 6-8; Weichert, Thilo: *APIS. Die Arbeitsdatei PIOS Innere Sicherheit –*

denen kleine Gesetzesverstöße die Speicherung der Daten der Betroffenen in APIS zur Folge hatten, bei denen Unterrichtungspflichten gegenüber Betroffenen ausblieben und Löschungsfristen nicht eingehalten wurden, überschattete den Einsatz von PIOS und insbesondere von APIS. Es war einer der auslösenden Faktoren einer regen öffentlichen Auseinandersetzung mit den grundrechtlichen Folgen der IuK-Technik im Bereich der Inneren Sicherheit in Deutschland[626].

Vorbehalte gegegüber PIOS bestehen heute weiterhin. Allerdings scheint das Interesse der Datenschützer und der kritischen Öffentlichkeit hierzu nachgelassen[627] und sich auf andere Einsatzfelder der IuK-Technik des BKA verlagert zu haben[628].

3.1.2.3.3 Das Spurendokumentations- und Spurenauswertungssystem (SPUDOK)

Entstehungshintergrund von SPUDOK

Die Erfahrung der Kriminalpraxis in Deutschland zeigt, dass Ermittler u.U. überfordert werden können, und insbesondere dann, wenn es sich um komplexere Fälle mit einem erheblichen Informationsaufkommen handelt und mehrere Dienststellen daran gemeinsam mitwirken müssen. In solchen Fällen besteht die Gefahr, dass die Ermittler wichtige Zusammenhänge nicht erkennen, da sie schlicht überfordert sind. Zurecht wurde festgestellt, dass, sobald „umfangreiche Spurenkomplexe mit mehreren tausend Hinweisen von einer größeren Gruppe von Kriminalbeamten bearbeitet [werden], ... zwangsläufig Informations- und Koordinationsprobleme [entstehen]. Es ist zu vermeiden, dass Ermittlungsarbeiten parallel erfolgen, ohne dass dabei eine Abstimmung der Informationen erfolgt“[629].

---

mehr als ein Rechtsproblem, in: Computer und Recht, Nr. 3, 1999, S. 213-218 und Nr. 4, 1990, S. 281-285.

626 Vgl. Kauß, *Der suspendierte Datenschutz bei Polizei und Geheimdiensten*, Fn. 587, S. 126 ff. Der Autor verweist auf S. 129 auf einen weiteren, in der Literatur nur an vereinzelten Stellen in Verbindung mit PIOS gebrachten Problemaspekt, nämlich die subjektive Interpretation des polizeilichen Sachbearbeiters, eine Person als „Verdächtiger“ bzw. als „andere Person“ einzustufen. Dies ist auch deshalb von Bedeutung, weil die Einstufung als Verdächtiger das Unterlassen der Unterrichtungspflicht gegenüber der Person zur Folge haben konnte.

627 Zu dieser Schlussfolgerung ist der Verfasser nach einer Sichtung der neueren Tätigkeitsberichte der Datenschutzbeauftragten des Bundes und einiger Bundesländer sowie nach einer Suchrecherche in verschiedenen on-line Zeitschriften- und Zeitungsarchiven gelangt.

628 Wie bspw. die DNA-Analyse-Datei und das Schengener Informationsystem. Auf diese wird an späterer Stellen ausführlich eingegangen.

629 Paul, Werner: *Das EDV–Verfahren der Spurendokumentation (SPUDOK)*, in: Kriminalistik, Nr. 4, 1979, S. 150. Paul erläutert die Vorgehensweise bei der Errichtung und Verwendung einer bayerischen SPUDOK-Datei an einem praxisnahen Beispiel.

Mit diesem Problem und der Suche nach Lösungswegen haben sich zunächst die Bundesländer befasst. Insbesondere war man darauf bedacht, ein System zu entwickeln, dass ein hohes Maß an Flexibilität bietet. Neben formatierten (d.h. katalogmäßigen) Daten sollte das System v.a. imstande sein, freitextliche Daten zu verarbeiten und auszuwerten, um daraus Zusammenhänge und Erkenntnisse zur Fallaufklärung herzuleiten, da diese Daten bei Ermittlungen oft in einem großen Maße anfallen[630]. Man stellt fest: „Das computergestützte System soll die bisher verwendeten (manuellen) Karteien und Übersichten ersetzen, zu größerer Aktentransparenz führen und mehrdimensionale Recherchen in den Datenbeständen ermöglichen. Zusätzlich sind Führungsinformationen zu gewinnen, die zur Unterstützung der SOKO-Leitung dienen. Durch die Zusammenführung von Informationen können neue, höherwertige Hinweise erzielt werden. Das System kann damit aktiv in die Ermittlungsarbeit eingeschaltet werden und die Ermittlungsbeamten sowie Soko-Leitung bei der Bewertung der Spuren unterstützen. Übersichten und Auswertungen, auch aus umfangreichen Datenbeständen, können, ohne den hemmenden Engpass an Schreibkräften fürchten zu müssen, kurzfristig von der EDV-Anlage erstellt werden“[631].

Vorreiter der automatisierten Spurendokumentation (SPUDOK) in Deutschland war nicht das BKA, sondern dies waren die LKÄ Bayerns und Nordrhein-Westfalens, welche SPUDOK im Jahr 1977 erstmals zur Bearbeitung von Fällen des Kunstdiebstahl aus Kirchen und Kapellen in Bayern[632] und zur Ermittlung in einem Entführungsfall in Nordrhein-Westfalen[633] einsetzten. Im Februar 1978 beschloss der Arbeitskreis II der IMK, ein bundeseinheitliches SPUDOK-System aufzubauen, das in den Landesrechnern zum Einsatz kommen sollte[634]. Ein beim BKA zentral geführtes und noch zu schaffendes SPUDOK-System sollte gestattet, ihre Nutzung jedoch auf Fälle von länderübergreifender Bedeutung begrenzt sein[635]. Nach der Erprobungsübung im Dezember 1979, an der das BKA und die LKÄ beteiligt waren, wurde für terroristische Ereignisse die Nutzung von

---

630 Ebenda. Laut Paul: „Die bislang übliche Beschränkung der in der Polizei üblichen Informationssysteme auf formatierte Beschreibung wirkt einer breit gestreuten computergestützten Informationsverarbeitung entgegen, da ein erheblicher Teil der polizeilichen Erkenntnisse in unformatierter Form anfällt. Das ‚EDV-Verfahren der Spurendokumentation', SPUDOK, wie es seit längerem beim Bayerischen Landeskriminalamt eingesetzt wird, erlaubt dagegen die Speicherung und Wiedergewinnung von Daten beliebiger Struktur, auch unformatierter Daten. Das Verfahren ist sehr anwenderfreundlich und flexibel, vermeidet die Nachteile der formatierten Datenbanksysteme und ist ohne zusätzlichen Programmieraufwand auf sehr verschiedenartige polizeiliche Aufgabenstellungen anwendbar".

631 Ebenda.

632 Ebenda, S. 155 ff.

633 Die Snoek-Entführung. Vgl. Kauß, *Der suspendierte Datenschutz bei Polizei und Geheimdiensten*, Fn. 587, S. 131.

634 Ebenda.

635 Ebenda.

SPUDOK auf dem Rechner des BKA zwingend vorgeschrieben, bei sonstigen Gewalttaten den Nutzern frei überlassen[636].

Zweck und Arbeitsweise von SPUDOK

Die SPUDOK-Datei des BKA dient zur temporären Dokumentation der einschlägigen Informationen, die im Rahmen des jeweils zugrundeliegenden Falls anfallen. Dazu gehören bspw. Hinweise von Zeugen und aus der Bevölkerung, Erkenntnisse über Sachspuren wie Waffen, Munition und Kleidungsstücke, polizeilich-taktische Maßnahmen, wie Durchsuchungen, Observationen und sonstige Einsätze und Ermittlungsergebnisse zu relevanten Ereignissen, wie Attentate und Entführungen. Mit SPUDOK soll für die zur Ermittlungsführung zuständige Polizeidienststelle ein laufender Überblick über das Hinweis- und Spurenaufkommen sowie polizeiliche Maßnahmen ermöglicht und damit zugleich offenbar ein Beitrag zu einer abgestimmten und damit effektiveren sowie effizienteren Ermittlungsführung in Fällen von terroristischer Gewaltkriminalität und allgemeiner Kriminalität von länderübergreifender Bedeutung geleistet werden[637]. SPUDOK soll ferner den sachbearbeitenden Polizeidienststellen in Bezug auf Hinweise, Spuren und polizeiliche Maßnahmen eine Hilfe sein, indem es Zusammenhänge in anderen Dateien als PIOS erkennt sowie einen Überblick über noch unerledigte Hinweise liefert[638]. Eine Besonderheit von SPUDOK liegt darin, dass es „sich nicht um eine ständige Datei wie z.B. PIOS [handelt], sondern um ein Verfahren, das zu einem entsprechenden Anlass jeweils nach vorgegebenen Mustern neu angewendet wird“[639].

Die Gewinnung der erwünschten Informationen in den SPUDOK-Dateien erfolgt grundsätzlich über die Eingabe von Suchbegriffen, die dann die Auflistung derjenigen Datenbereiche zur Folge hat, in denen der oder die Suchbegriff(e) vorkommen[640]. Die Stärke von SPUDOK fußt in erster Linie auf seine hohe Flexibilität und Effizienz: „Die Einrichtung einer SPUDOK-Datei bietet sich für alle Fälle an, in denen ein umfangreicher Datenbestand aktuell einem größeren Personenkreis oder an verschiedenen Orten zur Verfügung stehen muss und die Daten nach unterschiedlichen Kriterien recherchierbar sein müssen. Dies können umfangreiche Betrugsfälle, Fälle von Erpressung, überörtliche Raub- oder Einbruchsserien, Wirtschaftsdelikte, Ausschreitungen bei Großdemonstrationen,

---

636 Ebenda, S. 131-132.

637 Vgl. Jost, Manfred: *SPUDOK-BKA: Spurendokumentationssystem beim BKA*, in: Landeskriminalamt Baden-Württemberg (Hrsg.): INPOL.IKNPOL. Ihr Begleiter durch die von der Polizei des Landes Baden-Württemberg genutzten DV-Verfahren, Dezember 1998, S. 67.

638 Ebenda. Laut Jost werden 82 ermittlungskomplexbezogene SPUDOK-Dateien terroristischer und allgemeiner Kriminalität von länderübergreifender Bedeutung geführt.

639 *SPUDOK-Systeme der Polizei* (Red.), in: Bürgerrechte & Polizei/CILIP 26, Januar 1987, S. 52.

640 Prinz, Heinrich: *Anwendung des SPUDOK-Systems in umfangreichen Ermittlungskomplexen*, in: Der Kriminalist, Nr. 5, 1985, S. 227.

wiederholte gewalttätige Veranstaltungen oder sonstige Verfahren sein"[641]. Der Erfahrungswert des „umfangreichen Datenbestandes" liegt dabei bei etwa 500 Hinweisen[642]. Die formatierten und unformatierten Daten in einer SPUDOK-Datei werden über verschiedene Bildschirmmasken von hierfür speziell ausgebildetem Personal eingegeben und recherchiert[643].

SPUDOK-Dateien werden nur für die Dauer der Ermittlungsverfahren angelegt und die in ihnen enthaltenen Daten sind mit dem Abschluss des Verfahrens zu löschen bzw. beim Erreichen einer Aussonderungsprüffrist auf ihre Erforderlichkeit für die weitere Ermittlungsarbeit hin zu prüfen[644].

Die Evaluation von und Vorbehalte gegenüber SPUDOK

Wie bei den anderen INPOL-Anwendungen, ist auch bezüglich SPUDOK Lob und Kritik geäußert worden. SPUDOK gestattet, dass „gerade die in umfangreichen Ermittlungskomplexen anfallenden Informationen jederzeit und für jeden Zugriffsberechtigten transparent bleiben. Kein Sachbearbeiter kann sich letztlich diese Fülle von Daten und Erkenntnissen mit Sicherheit merken oder auf Anhieb aus den Akten herausfinden, wo z.B. überall ein gewisser Walter, ein blauer Opel, ein Fragmentkennzeichen PA -, eine blonde Frau, ein Werkzeugabdruck von 010 mm Breite oder der Schnitt einer Trennflex in dieser und jener Ausführung eine Rolle spielte. Wurden dagegen alle diese Daten gewissenhaft erfasst, führen entsprechende Recherchen sehr schnell und nicht selten zur eigenen Verblüffung vor Augen, wo überall diese und jene Namen, Kennzeichen, Beschreibungen, Maße oder Arbeitsweisen bereits vermerkt worden sind"[645]. SPUDOK ist zweifelos ein wertvolles Ermittlungsinstrument, insbesondere zur Bekämpfung des Terrorismus und der Organisierten Kriminalität, da die diesen beiden Bereichen zuzuordnenden Straftaten sich oft durch ein außerordentlich hohes Maß an Komplexität auszeichnen und daher ein hoher Bedarf an Übersichtlichkeit besteht. SPUDOK bietet zudem aufgrund seiner inhärenten Flexibilität Vorteile gegenüber PIOS: „Durch die Anwendung neuerer Datenverarbeitungstechniken ist es [SPUDOK] jedoch nicht mit der im Vergleich dazu umständlichen Handhabung des PIOS-Verfahrens behaftet. Gegenüber diesem Verfahren zeichnet sich SPUDOK durch ‚einfache bedienerfreundliche Dialoge' aus und gewährleistet eine natürlich-sprachliche, formatfreie Datenerfassung. Es unterscheidet sich damit erheblich von der kanalisierten, formatierten Informationsstruktur und katalogisierten Sprachregelung des

---

641 Ebenda, S. 221. Auch Prinz bietet einen knappen, aber informativen Einblick in die Vorgehensweise bei der Errichtung und Verwendung einer SPUDOK-Datei anhand eines praxisnahen Beispiels.

642 Ebenda.

643 Zur Prozedur siehe ebenda, S. 221 ff.

644 Vgl. Jost, *SPUDOK-BKA: Spurendokumentationssystem beim BKA*, Fn. 637, S. 67.

645 Prinz, *Anwendung des SPUDOK-Systems in umfangreichen Ermittlungskomplexen*, Fn. 640, S. 227.

PIOS-Verfahrens [...]"[646]. Ferner: „Im Unterschied zu PIOS stehen bei SPUDOK-Verfahren die einzelnen Objektbereiche der Ermittlungen und damit auch der Aufbau der Unterdateien nicht fest. Dieser kann jeweils den Erfordernissen des Falles angepasst werden"[647].

Vorbehalte gegenüber SPUDOK beziehen sich in erster Linie auf den Datenschutz[648]. Insbesondere die Tendenz zur Verselbstständigung von SPUDOK ist von den Datenschützern nicht unerkannt geblieben. Der Bundesbeauftragte für den Datenschutz vermerkt in seinem neunten Tätigkeitsbericht, dass „dieses System nicht nur für sog. SOKO-Lagen, also zum Zweck der Aufklärung umfangreicher Straftaten ... (sondern) ... zunehmend auch zur Bewältigung polizeilicher Großlagen, zur Gefahrenabwehr oder auch zur Fahndung nach ausgebrochenen Strafhäftlingen eingesetzt wird. Neue SPUDOK-Dateien einzurichten und zu betreiben, ist für das BKA inzwischen Routine geworden"[649]. Interessant ist die Feststellung des Bundesdatenschutzbeauftragten, das SPUDOK nicht nur für repressive, sondern auch für präventive Zwecke (Gefahrenabwehr) eingesetzt wird. Aus den Bundesländern sind ferner einige Fälle bekannt geworden, die für erheblichen öffentlichen Wirbel gesorgt haben. Dabei kamen SPUDOK-Dateien in Fällen zum Einsatz, wobei es sich bei den Betroffenen nicht um „Terroristen", sondern um Friedensdemonstranten, Hausbesetzer und - in einem Fall aus Niedersachsen - sogar um ca. 2.000 Bewohner eines Landkreises handelte[650].

Ein weiterer Vorbehalt gegen SPUDOK besteht darin, dass in seinen Dateien (wie in den PIOS-Dateien) Daten von Personen gespeichert sind, die nur in mittelbarer

---

646 Vgl. Kauß, *Der suspendierte Datenschutz bei Polizei und Geheimdiensten*, Fn. 587, S. 132.

647 *SPUDOK-Systeme der Polizei*, Fn. 639, S. 53.

648 Eine gute Gegenüberstellung bietet Kauß, *Der suspendierte Datenschutz bei Polizei und Geheimdiensten*, Fn. 587, S. 134 ff. Kauß übt auch Kritik an den Datenschützern von Bund und Ländern weil sie, seiner Auffassung nach, eine ziemlich unkritische Haltung gegenüber SPUDOK in den 1980er Jahren eingenommen haben.

649 Siehe S. 53 des Tätigkeitsberichtes des Bundesbeauftragten für den Datenschutz für das Jahr 1986. Bekannt ist, dass das BKA im Zeitraum 1980-1984 26 SPUDOK-Verfahren angewandt hat, von denen Ende 1984 16 gelöscht wurden. Für das Jahr 1986 gingen dem Bundesbeauftragten für den Datenschutz 15 neue Errichtungsanordnungen zu.
Aktuellere Daten sind allerdings selten zu finden. Nach Jost werden 82 ermittlungskomplexbezogene SPUDOK-Dateien terroristischer und allgemeiner Kriminalität von länderübergreifender Bedeutung geführt. Vgl. Jost, *SPUDOK-BKA: Spurendokumentationssystem beim BKA*, Fn. 637, S. 67. Wiesel erwähnt die Zahl von 95 Dateien, in denen insgesamt 340.000 Datensätzen enthalten sind. Vgl. Wiesel, *Informationssystem der deutschen Polizei – Sachstand und Planung*, Fn. 442, S. 756.

650 *SPUDOK-Systeme der Polizei*, Fn. 639, S. 56 ff. Die Fälle stammen alle aus den 1980er Jahren. Kritisch zu SPUDOK siehe auch Gössner, Rolf: *Einmal verdächtig, immer verdächtig. Göttinger SPUDOK-Skandal: BürgerInnen unter Dauerverdacht*, in: Bürgerrechte & Polizei/CILIP 64, 3/1999, S. 78-91; Busch, Heiner: *SPUDOK ‚Rostock'. Kommentar zur Errichtungsanordnung*, in: Bürgerrechte & Polizei/CILIP 44, 1/1993, S. 16-17.

Weise etwas mit einer Ermittlung zu tun haben[651]. Gegen diese Datenspeicherung wird der Einwand erhoben, dass „entsprechend den [...] Richtlinien für die Führung kriminalpolizeilicher Sammlungen und der ähnlich lautenden Richtlinien für das BKA [...] diese Personen in automatisierten Dateien gespeichert werden [dürfen], wenn zureichende tatsächliche Anhaltspunkte die Annahme rechtfertigen, dass dies zur Aufklärung oder vorbeugenden Bekämpfung schwerwiegender Straftaten, zur Ergreifung von zur Festnahme gesuchten Personen oder zur Abwehr einer im einzelnen Fall bestehenden erheblichen Gefahr erforderlich ist. Das SPUDOK-Verfahren beruht aber gerade darauf, dass alle, auch unbedeutende Hinweise und in diesem Zusammenhang auch Personendaten zunächst einmal gespeichert werden. SPUDOK-Verfahren werden auch längst nicht mehr nur temporär betrieben, wie dies immer noch behauptet wird. Einzelne Dateien mit teilweise erheblichem Umfang werden bereits seit Jahren geführt"[652]. Weiter heißt es: „Mit Verfahren wie SPUDOK versucht die Polizei, Informationsverluste im Laufe von Ermittlungsverfahren zu vermeiden. Für die Betroffenen aber impliziert diese Vermeidung eine Gefährdung ihres ‚Rechtes auf informationelle Selbstbestimmung'"[653]. Demgegenüber wird von polizeilicher Seite die Gegenposition vertreten, dass „datenschutzrechtlich einer Übernahme von Daten in eine SPUDOK-Datei nichts im Wege stehen [kann], wird eine solche doch mit Abschluss der Ermittlungen gesperrt und mit Rechtskraft des Urteils gelöscht"[654].

3.1.2.3.4 Die zentrale Autolacksammlung

Die zentrale Autolacksammlung (ZAS) wurde vom BKA im Rahmen einer mehr als achtjährigen Aufbautätigkeit erstellt. Sie ermöglicht „einen Originallacksplitter einem Fahrzeug zuzuordnen, d.h. die Farbe, das Fahrzeugmodell, den Fahrzeughersteller und den Bauzeitraum zu bestimmen"[655] und stellt somit eine Ermittlungshilfe dar bei der Fahndung nach Fahrzeugen, insbesondere bei solchen, die an Unfallfluchtsdelikten beteiligt waren.

Die ZAS bietet[656]:

- einen Atlas der Infrarotspektren aller eingesetzten Lackmaterialien sowie ein Klassifizierungssystem,
- Recherchemöglichkeiten,

---

[651] Ebenda, S. 58 ff.

[652] Ebenda, S. 58.

[653] Ebenda.

[654] Prinz, *Anwendung des SPUDOK-Systems in umfangreichen Ermittlungskomplexen*, Fn. 640, S. 228.

[655] Dorenburg, Klaus: *Zentrale Autolacksammlung–ZAS*, in: Landeskriminalamt Baden-Württemberg (Hrsg.): INPOL. IKNPOL. Datenverarbeitung. Bürokommunikation. Ihr Begleiter durch die von der Polizei des Landes Baden-Württemberg genutzten DV-Verfahren, 1998, S. 94.

[656] Ebenda.

- Detailinformation zur industriellen Lacktechnik und der Zusammensetzung der eingesetzten Lacke sowie Informationen über Lacklieferanten der Fahrzeughersteller,
- Angaben zu den Hersteller-Produktionsstandorten, statistische Daten, wie Marktanteile, Zulassungszahlen nach Herstellerfarbtönen,
- Angaben zu fabrikatspezifischen Besonderheiten, Reparatursystemen, Kunststoffanteilen, Änderungen in der Produktionstechnik und
- ca. 2.500 ausgesuchte Originallackmuster mit dem kompletten werkseitigen Schichtaufbau.

Die ZAS entstand in enger Zusammenarbeit mit Lack- und Fahrzeugherstellern weltweit, die im jährlichen Turnus Daten über die Einsatzzeiträume und Lieferanten der verwendeten Materialien, Angaben zu ihren Produktionsstätten, Anwendungsverfahren und Lacktechnologien, Anzahl der Lackierstrassen und Benennung der jeweils hergestellten Fahrzeugtypen und die jährliche Produktionszahlen (einschließlich Farbe, Fahrzeugtyp) zur Verfügung stellen[657]. Sie berücksichtigt die seit 1975 von europäischen und japanischen Fahrzeugherstellern eingesetzten Beschichtungsmittel (Grundierung, Füllung, Decklacke), womit ca. 95% des Pkw-Bestands Deutschlands erfasst ist und sie ermöglicht anhand eines Vergleichs mit dem aus ca. 6.000 Spektren bestehenden Infrarotspektrenbestand und den sonstigen ZAS-Datenbeständen eine genaue Klassifizierung eines im Rahmen eines Ermittlungsverfahrens sichergestellten Fremdlacksplitters[658]. Nach dem derzeitigen Stand der Technik reicht bereits eine Lacksplitterkantenlänge von einem Millimeter aus, um zu einem Fahndungshinweis zu gelangen und ein eventuell sichergestelltes Fahrzeug mit „hoher Wahrscheinlichkeit" als Tatfahrzeug zu identifizieren, wobei eine „individuelle Zuordnung" in der überwiegenden Anzahl der Fälle unter Mitberücksichtigung der Einwirkung von Umwelteinflüssen auf die Fahrzeuglacke erstrebt wird[659].

3.1.2.3.5 Die Leuchtendatei für Unfallfluchtnachforschungen

Die beim BKA geführte Leuchtendatei für Unfallfluchtnachforschungen (LUNA) ist eine zum INPOL gehörige Anwendung[660]. LUNA ergänzt die ZAS-Datei vorrangig bei der Fahndung nach Fahrzeugen, die sich von einem Unfallort unerlaubt entfernt und dabei Bruchstücke von Kraftfahrzeugbelichtungseinrichtungen und Spiegeln hinterlassen haben[661]. LUNA erlaubt grundsätzlich keine individuelle

---

657 Ebenda.

658 Ebenda.

659 Ebenda, S. 95; Steinke, Wolfgang: *Kriminaltechnik*, in: Kniesel, Michael/Kube, Edwin/Murck, Manfred (Hrsg.): *Handbuch für Führungskräfte der Polizei. Wissenschaft und Praxis*, Römhild-Schmidt Verlag: Lübeck, 1996, S. 840.

660 Vgl. Wiesel, *Informationssystem der deutschen Polizei – Sachstand und Planung*, Fn. 442, S. 743.

661 Zur LUNA vgl. Kelbch, Rüdiger: *Leuchtendatei für Unfallfluchtnachforschungen–LUNA*, in: Landeskriminalamt Baden-Württemberg (Hrsg.): INPOL. IKNPOL. Datenverarbeitung.

Zuordnung von aufgefundenen Bruchstücken zu Fahrzeugen, liefert aber schnelle Fahndungshinweise auf Marke und Typ des Flucht- oder Tatfahrzeugs[662]. Die wichtigsten Eingabedaten bei einer Abfrage an die LUNA-Datei sind die „Genehmigungsnummer" und sonstige Kennzeichen an den aufgefundenen Bruchstücken, wie das Länderkennzeichen und die Herkunftsbezeichnung mit Glashersteller und Teilenummer, darüber hinaus das Material des Bruchstücks (Glas, Kunststoff, Metall) und seine Farbe[663]; als Ergebnis erhält der Sachbearbeiter Auskunft u.a. über den Kraftfahrzeug- und Leuchtenhersteller, das Fahrzeugmodell, den Einbauzeitraum und –ort sowie zusätzliche freitextliche Informationen[664]. Standardisierungstendenzen im Automobilsektor, infolge dessen eine Leuchtenkomponente eines Glasherstellers in verschiedene Fahrzeugtypen verschiedener Hersteller eingebaut werden kann, mindern allerdings den Erkenntniswert der aus der LUNA-Datei gewonnenen Fahndungshinweise.

Zwei weitere, wichtige sich mit Kraftfahrzeugen befassende Dateien, die nicht zu INPOL gehören und nicht vom BKA entwickelt wurden, aber viel polizeiliches Interesse auf sich gezogen haben, sind das *Fahrzeug-Identifizierungs-Nummern-Auswertungs-System* (FINAS) und die *Recherche ausländischer Kraftfahrzeugkennzeichen* (RAKK).

Die von der bayerischen Grenzpolizei entwickelte und seit 1993 bundesweit im Online-Verkehr abrufbare FINAS–Datei dient der Verdachtsgewinnung, wenn es darum geht zu beweisen, ob ein zu überprüfendes Fahrzeug entwendet wurde oder nicht[665]. FINAS basiert auf der Annahme, dass die Produktionsdaten bestimmter Fahrzeugeinbauteile dem Fahrzeugherstellungszeitraum entsprechen müssen[666]. Somit lässt sich bspw. erkennen, ob die Fahrzeugidentifikationsnummer eines von der Polizei sichergestellten Personenkraftwagens dem Herstellungszeitraum dieses Fahrzeugs tatsächlich entspricht oder einem älteren „Schrottfahrzeug" entstammt, was den Verdacht erhärten könnte, dass der entsprechende Datenträger des Schrottfahrzeugs zur Diebstahlsverschleierung in das sichergestellte, möglicherweise gestohlene, Fahrzeug eingebaut wurde. Dabei befinden sich die Produktionszeitraumdaten verschlüsselt an diversen Einbauteilen, u.a. an Sicherheitsgurten, Fensterscheiben, Kunststoffteilen, Batteriepolen, Heckklappendämpfern, Haupt-

---

Bürokommunikation. Ihr Begleiter durch die von der Polizei des Landes Baden-Württemberg genutzten DV-Verfahren, 1998, S. 92-93.

662 Ebenda, S. 92.

663 Zur Auswahl hierbei stehen die Farben: Klar/Weiß, Gelb/Orange, Rot, Schwarz, Silber, Grau, Grün und Blau.

664 Vgl. Kelbch, *Leuchtendatei für Unfallfluchtnachforschungen–LUNA*, Fn. 661, S. 93.

665 Vgl. Kelbch, Rüdiger: *Fahrzeug-Identifizierungs-Nummern-Auswertungs-System – FINAS*, in: Landeskriminalamt Baden-Württemberg (Hrsg.): INPOL. IKNPOL. Datenverarbeitung. Bürokommunikation. Ihr Begleiter durch die von der Polizei des Landes Baden-Württemberg genutzten DV-Verfahren, 1998, S. 88.

666 Ebenda, S. 89.

bremszylinder, Reifen und Aschenbecher[667]. In der FINAS-Datei sind die Daten mehrerer Fahrzeughersteller erfasst[668]. Ein Schwachpunkt von FINAS besteht darin, dass Einzelbauteile zwar zeitliche Diskrepanzen aufweisen und dem Sachbearbeiter dadurch verdächtig sein können, diese aber lediglich auf rechtmäßige Reparaturen und nicht auf widerrechtliche Tatumstände zurückzuführen sind[669]. Daher kann eine an die FINAS–Datei gerichtete Abfrage eine Abfrage in der INPOL–Sachfahndungsdatei und im ZEVIS nicht ersetzen[670].

Die von der bayerischen Grenzpolizei entwickelte RAKK dient als Auskunftssystem zu über 700 verschiedenen ausländischen Kraftfahrzeugnummernschildern aus über 50 europäischen, in erster Linie osteuropäischen Ländern[671]. Mithilfe einer RAKK-Recherche kann die Zuordnung ausländischer Kennzeichen schnell und sicher geklärt und die zeitnahe Einleitung von Fahndungsmaßnahmen ermöglicht werden. Erforderlich für eine Abfrage in der RAKK-Datei, die auch fragmentarisch sein darf (d.h. unvollständige Kenntnis eines Kennzeichen, bei dem ein unbekannter Buchstabe oder eine unbekannte Ziffer durch ein Fragezeichen ersetzt werden kann), sind lediglich Angaben (Grund-, Schrift- und Randfarbe, Sonderzeichen (Wappen, Flaggen o.ä.)) über das in Frage kommende Kennzeichen; RAKK gibt Auskunft über die Kategorie des Kennzeichens (Personen- bzw. Lastkraftwagen, Bus usw.), den Zulassungstyp bzw. die Kennzeichenart (allgemein, temporär, Diplomaten, Miet-Kraftfahrzeug, Taxi usw.), das Herkunftsland, den Ausstellungsbezirk, die Gültigkeit in Deutschland, sonstige Besonderheiten und mitzuführende Kraftfahrzeug-Dokumente sowie Wissenswertes verschiedener Art[672]. Angaben über den Fahrzeughalter oder das Fahrzeug selbst bietet RAKK nicht.

3.1.2.3.6 Das Computergestützte Dokumentationssystem

Nach einem Beschluss der Innenministerkonferenz vom 14. Juni 1974 wurde das BKA beauftragt, für die gesamte Polizei ein computergestütztes Informationssystem zur Erschließung und Wiedergewinnung kriminalwissenschaftlicher

---

667 Ebenda.

668 Audi, Alfa Romeo, BMW, Ferrari, Fiat, Ford, Mercedes-Benz, Nissan, Peugeot (damals in Vorbereitung), Lancia, Mitsubishi (damals in Vorbereitung), Opel, Porsche, Volkswagen. Ebenda, S. 88.

669 Vgl. *Lehrmaterial – Polizeiliche Informationssysteme. PASS, INPOL, NSIS, NATURAL, ZEVIS, AZR*, Fn. 491, S. 26.

670 Vgl. Kelbch, *Fahrzeug-Identifizierungs-Nummern-Auswertungs-System – FINAS*, Fn. 665, S. 89.

671 Vgl. Mai, Uwe: *Recherche ausländischer Kennzeichen–RAKK*, in: Landeskriminalamt Baden-Württemberg (Hrsg.): INPOL. IKNPOL. Datenverarbeitung. Bürokommunikation. Ihr Begleiter durch die von der Polizei des Landes Baden-Württemberg genutzten DV-Verfahren, 1998, S. 90.

672 Ebenda.

Literatur als Bestandteil von INPOL aufzubauen[673]. Mit dem computergestützten Dokumentationssystem COD wird das Ziel verfolgt, „der polizeilichen Praxis, Lehre und Forschung einen aktuellen und vollständigen Überblick über den Wissensstand in Kriminalistik, Kriminologie, naturwissenschaftlicher Kriminaltechnik und polizeirelevanten Normen, Rechtssprechung und administrativen Informationen zu vermitteln"[674]. Hierzu werden „deutschsprachige Zeitschriften (für die Kriminaltechnik auch fremdsprachige), Reihen und die Sonderhefte einiger Zeitschriften [ausgewertet]. Außerdem enthält das System die Beschlüsse der IMK, des AK II und der AG Kripo sowie Erlasse des Bundesinnenministers und Weisungen der Amtsleitung des BKA"[675].

Das COD erfüllt somit eine Brückenfunktion zwischen den Kriminalwissenschaften und der polizeilichen Praxis, denn es „soll eine Art Zentralbibliothek der Kriminalistik, der Kriminologie und der kriminaltechnischen Gutachten schaffen, die jedoch im Unterschied zu den herkömmlichen Bibliotheken den Suchaufwand nicht nur auf Bruchteile verkürzt, sondern vor allem die Mehrdimensionalität und Vollständigkeit der Recherche garantiert. Der bisherige Geistesaufwand auf diesen Wissensgebieten wird damit im wahrsten Sinne des Wortes zum jederzeit verfügbaren Allgemeingut jedes Polizeibeamten, der sich des Systems im Rahmen von INPOL über die Datenstationen bedienen kann. Theorie und Praxis gehen auf neue Art eine unmittelbare Verbindung ein. Die kriminalistische und kriminologische Wissenschaft, der das Dokumentationssystem zur Benutzung freigegeben werden soll, erhält einen für die wissenschaftliche Arbeit nahezu unentbehrlichen Informationsmittelpunkt. Da dieser Mittelpunkt im Bereich der Polizei gelegen ist, wird die Wissenschaft sich zwangsläufig stärker als bisher zur Praxis hin orientieren, andererseits aber wird der Prozeß der Verwissenschaftlichung der Polizei sich beschleunigen"[676].

Berechtigt zur Dateneingabe in das COD sind das BKA, die LKÄ und die Polizeiführungsakademie in Hiltrup-Münster. Die Datenbestände werden auf dem BKA-Zentralrechner gespeichert und stehen grundsätzlich dem BKA und den LKÄ, Polizeidienststellen und Polizeibildungseinrichtungen zur Verfügung. Eine technische Besonderheit des COD besteht darin, dass es nicht auf der Grundlage des

---

673 Vgl. Wiesel/Gerster, *Das Informationssystem der Polizei INPOL. Konzept und Sachstand*, Fn. 415, S. 179.

674 Ebenda, S. 179-180. Siehe auch *INPOL*, Fn. 473, S. 33. Letztere gibt konkrete Angaben über die COD-Themenbereiche: Kriminalstrategie, Kriminaltaktik, kriminaltechnische Einsatzmittel, Polizeitechnik, Polizeiorganisation, Polizeiführung, Aus- und Fortbildung, Kriminalpsychologie, Kriminalpsychiatrie, Kriminalgeografie, Viktimologie, Kriminalpolitik, allgemeines Polizeirecht, besonderes Polizeirecht, Strafverfahrensrecht, Strafrecht und strafrechtliche Nebengesetze.

675 Albrecht, *Im Dienst der Inneren Sicherheit. Die Geschichte des Bundeskriminalamtes*, Fn. 103, S. 313.

676 Herold, *Künftige Einsatzformen der EDV und ihre Auswirkungen im Bereich der Polizei*, Fn. 472, S. 388.

Siemens BS 1000 Betriebssystems betrieben wird, wie die restlichen Anwendungen von INPOL, sondern auf der des Siemens BS 2000, was zur Folge hat, dass zunächst besondere hard- und softwaretechnische Einrichtungen erforderlich wurden, damit der Zugriff auf beide Anwendungsbereiche von einem Terminal aus gewährleistet werden konnte[677].

Bezüglich seines Inhalts ist festzuhalten, dass „im COD ausschließlich ‚unselbstständige' Literatur geführt [wird], d.h., es finden sich dort Veröffentlichungen in Fachzeitschriften. Ein Nachweis über Fachbücher (='selbstständige Literatur') steht hier nicht zur Verfügung"[678].

Die COD-Fundstellennachweise gliedern sich in[679]:

- allgemeine bibliographische (und formatierte) Angaben zur Dokumentenfundstelle, wie bspw. Titel, Autor, Name der entsprechenden Zeitschrift, Jahrgang, Veröffentlichungsjahr, Seitenverweis und Fundstelle,

- Schlagworte oder freie Deskriptoren (inhaltskennzeichnende Sachwörter zur Fundstelle, wie bspw. Fahndung, Prävention und Betäubungsmittel). Die Deskriptoren lassen in Umrissen den jeweiligen Dokumenteninhalt erkennen und können dem Text des zugrundeliegenden Schriftstücks entnommen werden oder alternativ einem vom System erkennbaren Thesaurus (Wortschatz) entstammen[680]. Zwecks einer möglichst problemlosen Wiederauffindbarkeit von Dokumenten hat das BKA bestimmte Regeln und Richtwerte für Deskriptoren kreiirt, die in eigens herausgegebenen Erfassungsrichtlinien zusammengefasst sind, wobei als Deskriptoren einprägsame und gängige Begriffe aus dem zu erschließenden Text bevorzugt werden[681]. Mittels der Deskriptoren werden die Anfragen an das COD gerichtet; es besteht dabei die Möglichkeit, zusätzliche Deskriptoren bei einer Suchanfrage einzugeben (UND-Verknüpfung), die eine Verringerung der ermittelten Fundstellen zur Folge hat und dabei gleichzeitig eine Ergebnispräzisierung ermöglicht, die der Erwartung des Anwenders eher entspricht[682],

---

677 Vgl. Wiesel/Gerster, *Das Informationssystem der Polizei INPOL. Konzept und Sachstand*, Fn. 415, S. 181.

678 Tampe, Evelyn: *COD–Computergestütztes Dokumentationssystem*, in: Landeskriminalamt Baden-Württemberg (Hrsg.): INPOL. IKNPOL. Datenverarbeitung. Bürokommunikation. Ihr Begleiter durch die von der Polizei des Landes Baden-Württemberg genutzten DV-Verfahren, 1998, S. 119.

679 Ebenda; Wiesel/Gerster, *Das Informationssystem der Polizei INPOL. Konzept und Sachstand*, Fn. 415, S. 184.

680 Ebenda, S. 184 & 187.

681 Ebenda, S. 186.

682 Ebenda, S. 190.

- ein Kurzreferat, das den Inhalt der Veröffentlichung verdeutlicht und aus knappen, vollständigen Sätzen besteht. Das Kurzreferat und die freien Deskriptoren können entweder durch den Autor selbst oder zentral durch fremde Kräfte („intellektuelle Fremddeskribierung“) geschrieben werden, wobei Ersteres neben einer „größtmöglichen Dezentralisierung (bis zum Ort der Entstehung des Dokuments) auch die Möglichkeit einer Verbesserung der Informationsgüte [bietet]“[683].

Die im Rahmen von COD ausgewerteten Dokumente werden vom BKA mikroverfilmt und einer Mikrofilmnummer zugeordnet, die eventuell zum Auffinden des Volltextes nach Ausgabe der Dokumentenfundstelle einschließlich der Inhaltskurzbeschreibung an den Datensichtgeräten dient[684]. Mittels dieser Mikrofilmnummer ist es auch möglich, über ein entsprechendes Mikrofilmlese- und Ausgabegerät den Volltext des Dokuments abzurufen und ggf. auszudrucken[685].

3.1.2.4 Nicht-polizeiliche Dateien im INPOL

3.1.2.4.1 Das Zentrale Verkehrsinformationssystem

Das Kraftfahrtbundesamt (KBA)[686] in Flensburg stellt einzelne von ihm verwalteten Dateien für Fernabfragen der zugriffsberechtigten Polizeidienstellen im Dialogverkehr über eine Leitungsverbindung zwischen dem BKA und dem KBA oder über das Verbindungsnetz der Länder zum KBA zur Verfügung[687]. Es handelt sich um Daten, die Teilmengen des Zentralen Fahrzeugregisters und des Verkehrszentralregisters sind[688].

Die Rechtsgrundlage für polizeiliche Abfragen an das Zentrale Verkehrsinformationssystem (ZEVIS) des KBA, welches als ein Bestandteil von INPOL betrachtet wird, sind das Straßenverkehrsgesetz und die Fahrzeugregisterverordnung.

ZEVIS bietet sechs Abfragemöglichkeiten an:

- **H-Kategorie*: Bei der *H-Kategorie werden unter Angabe des amtlichen Kennzeichens oder der Fahrzeugsidentifikationsnummer die Personaldaten des

683 Ebenda, S. 184.
684 Ebenda, S. 187.
685 Ebenda, S. 191.
686 Für ausführliche Informationen zu diesem Amt siehe http://www.kraftfahrtbundesamt.de.
687 Vgl. Wiesel, *Informationssystem der deutschen Polizei – Sachstand und Planung*, Fn. 442, S. 761.
688 Vgl. Reisacher, Bernd: *Zentrales Verkehrsinformationssystem – ZEVIS*, in: Landeskriminalamt Baden-Württemberg (Hrsg.): INPOL. IKNPOL. Datenverarbeitung. Bürokommunikation. Ihr Begleiter durch die von der Polizei des Landes Baden-Württemberg genutzten DV-Verfahren, 1998, S. 85.

Fahrzeughalters ermittelt. Diese Kategorie wird bspw. dann gewählt, wenn dem Halter ein Anhörungsbogen zugestellt oder wegen einer Verkehrsordnungswidrigkeit angezeigt werden soll[689].

- **K-Kategorie*: Die *K-Kategorie basiert ebenfalls auf der Eingabe von amtlichen Kennzeichen bzw. Fahrzeugidentifikationsnummern. Im Vergleich zur *H-Kategorie liefert sie darüber hinaus Daten zum Fahrzeug sowie Auskunft darüber, ob das Fahrzeug auf der Sachfahndungsliste im INPOL steht, und ist u.a. bei Verkehrsunfällen und Umweltverstößen (entledigte Kraftfahrzeuge) anzuwenden[690].

- **P-Kategorie*: Die *P-Kategorie liefert bei einer Abfrage unter Verwendung von Personalien Auskunft darüber, ob es sich bei der Person um den Fahrzeughalter handelt[691].

- **A-Kategorie*: Bei einer Abfrage in der *A-Kategorie werden unter Angabe von unvollständigen Kraftfahrzeugkennzeichen alle Kennzeichen ausgewiesen, die die eingegebenen Buchstaben und Zahlen enthalten; eine Einschränkung besteht insofern als, dass der Zulassungskreis bekannt sein muss[692]. Das unvollständige Kennzeichen darf dabei nur eine unbekannte Zahl bzw. einen unbekanten Buchstaben, die als Anfragezeichen (?) eingegeben wird, haben[693]. Die *A-Kategorie wird bspw. zur Feststellung eines in einen Unfall verwickelten Fahrzeugs, das sich vom Unfallort unerlaubt entfernt hat bzw. zur Feststellung eines Fahrzeugs mit flüchtenden Straftätern, abgefragt[694].

- **R-Kategorie*: Eine Abfrage in dieser Kategorie ermöglicht unter Angabe eines roten Kennzeichens – oder Teilkennzeichens, bei dem maximal ein Buchstabe oder eine Zahl fehlen darf und das ebenfalls mit einem Fragezeichen dargestellt wird - die Feststellung der diesbezüglichen Firmen- und Personenangaben. Die Abfrageanlässe entsprechen der der *H-Kategorie.

- **F-Kategorie*: Bei einer Abfrage in der *F-Kategorie wird unter Verwendung der Personalien feststellbar, ob der in Frage kommenden Person die Fahrerlaubnis versagt[695], gesperrt[696] oder (bei einer ausländischen Fahrerlaubnis) aberkannt[697]

689 Vgl. *INPOL*, Fn. 473, S. 35.

690 Ebenda.

691 Vgl. Reisacher, *Zentrales Verkehrsinformationssystem – ZEVIS*, Fn. 688, S. 86.

692 Vgl. *INPOL*, Fn. 473, S. 35.

693 Ebenda. Für ein Beispiel siehe *Lehrmaterial – Polizeiliche Informationssysteme. PASS, INPOL, NSIS, NATURAL, ZEVIS, AZR*, Fn. 491, S. 33.

694 Vgl. *INPOL*, Fn. 473, S. 35.

695 Es gibt verschiedene Varianten: Die unanfechtbare Versagung (§ 2 Abs. 1 StVG), vorläufige wirksame Entziehung (§ 4 StVG, §15 StVO), vorläufige Entziehung durch Gericht (§ 111a

wurde. Dabei bedeutet eine Nullauskunft nicht, dass die Fahrerlaubnis der Person nicht entzogen wurde, da die Möglichkeit besteht, dass der Vorgang zwar rechtlich wirksam geworden ist, computermäßig aber (noch) nicht erfasst ist[698]. Diese Anfragekategorie wird v.a. dann gewählt, wenn ein Fahrer behauptet, den Führerschein vergessen zu haben oder wenn sich ein Verdacht auf Führerscheinfälschung ergibt[699].

Im Datenverkehr zwischen der Polizei und dem KBA wird dem Datenschutz offenbar ein hoher Wert beigemessen, denn bei jeder zwanzigsten ZEVIS-Abfrage ist eine Zusatzprotokollierung, in der u.a. die für die Abfrage verantwortliche Person und der Abfrageanlass erfasst sind, einzugeben und für den Bundesbeauftragten für den Datenschutz zu Kontrollzwecken zu speichern; bei Abfragen in der *P-Kategorie muss die Protokollierung in sämtlichen Fällen durchgeführt werden[700].

StPO), Entziehung durch Verwaltungsbehörde (§ 4 StVG, § 15 StVZO), Verzicht während Entziehungsverfahren (§ 4 StVG) und Entziehung durch Gericht (§§ 69, 69a StGB).

696 Nach § 69a Abs. 1 Satz 3 StGB.

697 Nach § 11 Abs. 2 der Verordnung über internationalen Kraftfahrzeugverkehr oder § 69b StGB.

698 Vgl. *INPOL*, Fn. 473, S. 37 ff.

699 Ebenda, S. 39.

700 Vgl. Reisacher, *Zentrales Verkehrsinformationssystem – ZEVIS*, Fn. 688, S. 85; Wiesel, *Informationssystem der deutschen Polizei – Sachstand und Planung*, Fn. 442, S. 761.

Abbildung 21: Auskunftsarten durch das Kraftfahrtbundesamt

	ANFRAGEART	AUSKUNFTSART
*H	Halter	• Name, Vorname, Geburtsdatum und –ort, Anschrift (ggf. Tag der Außerbetriebsetzung / Stilllegung, ggf. Hinweis auf Saisonkennzeichen)
*K	Halter, Fahrzeug Zulassung	• Name, Vorname, Geburtsdatum und –ort, Anschrift • Kennzeichen, Fahrzeugsidentifikationsnummer, Hersteller, Fahrzeugart, Typ, Farbe • erste Zulassung, Fahrzeugbriefnummer, letzte zulassungsrelevante Veränderung, ggf. Tag der Außerbetriebsetzung /Stilllegung, ggf. Hinweis auf Saisonkennzeichen, Hinweis auf Abhandenkommen, bei Versicherungskennzeichen: Beginn / Ende
*P	Halter, Fahrzeug	• Name, Vorname, Geburtsdatum und –ort, Anschrift • Kennzeichen, Fahrzeugidentifikationsnummer, Hersteller, Fahrzeugart, Typ, Farbe (ausgegeben werden auch vorübergehend stillgelegte sowie mit Ausfuhrkennzeichen versehene Fahrzeuge)
*A	Auskunft (bei Teil-kennzeichen)	• Liste der in Frage kommenden Kennzeichen mit Angabe von Hersteller, Typ, Fahrzeugart, Jahr der ersten Zulassung, Farbe (Maximal ein „?“ darf als Platzhalter bei einer Teilkennzeichenabfrage verwendet werden)
*R	Rotes Kennzeichen)	• Personen- bzw. Firmenangaben, amtliches Kennzeichen, Angaben zur Gültigkeit des Kennzeichens
*F	Auskunft über Fahrzeughalter	• Entzug, Versagung, Sperrfrist der betreffenden Fahrerlaubnis sowie Name, Vorname, Geburtsdatum und –ort der Person

Quelle: Reisacher, Bernd: *Zentrales Verkehrsinformationssystem – ZEVIS*, in: Landeskriminalamt Baden – Württemberg (Hrsg.): *INPOL. IKNPOL. Datenverarbeitung. Bürokommunikation. Ihr Begleiter durch die von der Polizei des Landes Baden-Württemberg genutzten DV-Verfahren*, 1998, S. 86; Fachhochschule für Polizei Sachsen (Hrsg.): *Lehrmaterial Polizeiliche Informationssysteme. PASS, INPOL, NSIS, ZEVIS, AZR*, 1998, S. 32–33.

3.1.2.4.2 Das Ausländerzentralregister

Eingerichtet im Jahr 1953 als bundeszentrale Kartei und seit 1967 in einem automatisierten Verfahren geführt, werden im Ausländerzentralregister (AZR) des Bundesverwaltungsamts (BVA) in Köln Daten von in Deutschland lebenden Ausländern gespeichert, deren Aufenthalt in der Bundesrepublik nicht nur vorübergehend ist und, darüber hinaus, wenn besondere Voraussetzungen, wie die Antragsstellung im Asylverfahren, Ausweisung, Abschiebung, Ausreiseverbot, Duldung und Einreisebedenken gegeben sind oder wenn die in Frage kommende Peron im Verdacht steht, Straftaten begangen zu haben[701]. Eine Anfrage im AZR erfolgt mit den Personalien oder der AZR- oder Vorgangsnummer[702]. Gemäß § 16 AZR-Gesetz gibt es drei Auskunftstufen[703]:

- *Auskunftsstufe 1*: Hier werden die Personalien angezeigt, d.h. Name, Vorname, frühere Namen, Datum der Ersteinreise, aktenführende Ausländerbehörde mit Aktenzeichen, AZR-Nummer, Meldestatus, Such- und Sperrvermerke gemäß §§ 14 und 37 des AZR–Gesetzes usw.

- *Auskunftsstufe 2*: Diese Stufe dient primär dem Strafverfolgungszweck. Angezeigt werden hier u.a. Daten über die in Frage kommende Person hinsichtlich passrechtlicher Maßnahmen, Asyl, Aufenthaltsgenehmigung, Ausweisung, Abschiebung, Duldung, Zurückweisung, Grenzfahndung, Ausreiseverbot und Verdacht auf die Begehung bestimmter Straftaten (z.B. Bildung einer kriminellen Vereinigung, Verstoß gegen §§ 30, 30a des Betäubungsmittelgesetzes).

- *Auskunftsstufe 3*: Hier werden weitere Daten angezeigt, u.a. die rechtliche Stellung (Kriegs- und Bürgerkriegsflüchtling) der in Frage kommenden Person, weitere Daten zur Ausschreibung, Festnahme, Aufenthaltsermittlung, Aus- und Durchlieferung, zu Einreisebedenken und zu Aussiedlerangelegenheiten. Im Gegensatz zu den Auskunftsstufen 1 und 2 sind die Daten der Auskunftsstufe 3 nicht im Online-Verkehr abrufbar, sondern müssen direkt beim BVA angefordert werden.

---

701 Vgl. Reisacher, Bernd: *Ausländerzentralregister - AZR*, in: Landeskriminalamt Baden-Württemberg (Hrsg.): INPOL. IKNPOL. Datenverarbeitung. Bürokommunikation. Ihr Begleiter durch die von der Polizei des Landes Baden-Württemberg genutzten DV-Verfahren, 1998, S. 48; Wiesel, *Informationssystem der deutschen Polizei – Sachstand und Planung*, Fn. 442, S. 761.

702 Vgl. *Lehrmaterial – Polizeiliche Informationssysteme. PASS, INPOL, NSIS, NATURAL, ZEVIS, AZR*, Fn. 491, S. 30.

703 Vgl. Reisacher, *Ausländerzentralregister - AZR*, Fn. 701, S. 49; *Lehrmaterial – Polizeiliche Informationssysteme. PASS, INPOL, NSIS, NATURAL, ZEVIS, AZR*, Fn. 491, S. 31.

Die Abrufe aus dem AZR erfolgen aus den Bundes- oder Landesnetzen über eine zwischen dem BKA und dem BVA bestehende Direkt-Verbindung[704]. Aus datenschutzrechtlichen Gründen werden vom BVA sämtliche Datenübermittlungen protokolliert, damit aus den Abrufen der Anlass, die abgerufenen Daten, Tag und Uhrzeit des Abrufes, die Bezeichnung der abrufenden Stelle sowie die Identität der abrufenden Person und die für den Abruf verantwortliche Person klar hervor gehen[705].

3.1.2.4.3 Die Gefahrstoff-Schnellauskunft des Umweltbundesamtes

Das Umweltbundesamt in Berlin unterhält in seinem Informationssystem für Umwelttechnik, Chemieanlagen und Störfälle eine Gefahrstoff-Schnellauskunft (GSA)[706]. Die GSA, die 24 Stunden auf dem Rechner des Umweltbundesamtes verfügbar und für fernabfrageberechtigte Polizeidienststellen über das BKA-Terminalleitungsnetz erreichbar ist, dient zur Informations- und Entscheidungsunterstützung für den Umweltschutz, die Umweltvorsorge und –kooperation und bietet eine schnelle Auskunft über „umweltgefährdende Stoffe, Informationshilfen bei Störfällen und Unfällen mit umweltgefährdenden Stoffen, Informationen zur Überprüfung von Lagerungen und Transport umweltgefährdender Stoffe und Hinweise zur Vermeidung von Gefahren und Schäden bei umweltgefährdenden Stoffe“[707].

Der GSA-Kerndatenbestand umfasst mehrere tausend Gefahrstoffe (einschließlich 1.500 „Hommel-Stoffe“[708]) sowie eine Hintergrunddatenbank, in der Hinweise mit Bezug zum Brand und zur Freisetzung umweltgefährdender Stoffe, zu Gesundheitsgefahren sowie zu Toxikologie und Ökotoxikologie enthalten sind[709]. Hauptnutzer der GSA sind die Feuerwehren[710].

---

704 Vgl. Wiesel, *Informationssystem der deutschen Polizei – Sachstand und Planung*, Fn. 442, S. 762.

705 Vgl. *Lehrmaterial – Polizeiliche Informationssysteme. PASS, INPOL, NSIS, NATURAL, ZEVIS, AZR*, Fn. 491, S. 30.

706 Vgl. Reisacher, Bernd: *Gefahrstoff-Schnellauskunft – GSA*, in: Landeskriminalamt Baden-Württemberg (Hrsg.): INPOL. IKNPOL. Datenverarbeitung. Bürokommunikation. Ihr Begleiter durch die von der Polizei des Landes Baden-Württemberg genutzten DV-Verfahren, 1998, S. 120.

707 Wiesel, *Informationssystem der deutschen Polizei – Sachstand und Planung*, Fn. 442, S. 762. Konkrete Angaben gibt Reisacher, Bernd: *Gefahrstoff-Schnellauskunft – GSA*, ebenda, S. 120: „Je nach Gefahrstoff bestehen Hinweise auf Stoffname, Gefahrendiamant, Verhalten bei Freiwerden und Vermischen mit Luft/Wasser, Gesundheitsgefährdung, Brand-/Reaktionsgefahr, Löschanweisungen, Schutz- und Einsatmassnahmen, Bekämpfung der Unfallfolgen, Erste Hilfe, chemische-/technische Daten, Transport- und Gefahrklassen“.

708 Vgl. Reisacher, *Gefahrstoff-Schnellauskunft – GSA*, Fn. 706, S. 120.

709 Vgl. Wiesel, *Informationssystem der deutschen Polizei – Sachstand und Planung*, Fn. 442, S. 762.

710 Vgl. Reisacher, *Gefahrstoff-Schnellauskunft – GSA*, Fn. 706, S. 120.

3.1.3 INPOL-Neu: Die Weiterentwicklung von INPOL

3.1.3.1 Gründe für das Interesse an der Weiterentwicklung von INPOL

INPOL besteht bereits seit etwa 30 Jahren. Zu seiner Einführungszeit als „technische Meisterleistung" gepriesen[711], die weltweite Aufmerksamkeit auf sich zog, konnte sich INPOL von einem bloßen Personenfahndungssystem im Zeitverlauf zu einer Datenbank mit einem breiten Spektrum an Dateien entwickeln. Mit INPOL wurde der Wahrung der Inneren Sicherheit in Deutschland gut nachgekommen.

Das rasante Entwicklungstempo der IuK-Technik seit den 1980er Jahren blieb nicht ohne Auswirkung auf die Polizei. Auch die IuK-Technik der Polizei hatte sich der dynamisch entwickelnden Hard- und Softwarelandschaft innerhalb ihres vorgegebenen rechtlichen, verwaltungs- und ressourcenmäßigen Rahmens anzupassen. Mit Blick auf INPOL wurde allmählich klar, dass eine Veränderung erforderlich war, um vom technischen Fortschritt zu profitieren, die zunehmend als behindernd empfundenen Schwächen von INPOL beseitigen und damit die Grundlage dafür legen zu können, dass INPOL der Verbrechensbekämpfung besser gerecht werde: „Der hohe Organisationsgrad in bestimmten Kriminalitätsfeldern stellt dabei zunehmend höhere Anforderungen an die IT. Folglich ist INPOL-aktuell immer weniger in der Lage, dem permanent komplexer werdenden Informationsaufkommen anforderungsgerecht zu werden. Insbesondere operative, ermittlungsorientierte Auswertungen für einzelne Deliktsbereiche bzw. Delikte, Ermittlungsunterstützung bei der Bearbeitung konkreter komplexer Fälle mit länderübergreifender Bedeutung sowie großem Spurenaufkommen, aber vor allem auch strategische Auswertungen zu Kriminalitätslagen und –entwicklungen können mit INPOL-aktuell nicht oder nur unbefriedigt geleistet werden"[712].

Seit den 1980er Jahren erschienen einige Fachveröffentlichungen, in denen die Schwächen von INPOL angeprangert wurden[713]. Kersten stellte in Bezug auf

---

711 Vgl. Wirth, Antonia: *Inpol-Neu. Folgen für den Datenschutz*, in: Bürgerechte & Polizei/CILIP 62, 1/1999, S.31.

712 Bundeskriminalamt (Hrsg.): *Projekt INPOL-Neu: Information zu Historie, Sachstand und Planung*, Wiesbaden, 01.11.1997, S. 2. Siehe auch Wiesel, Georg: *Grobkonzept INPOL-Neu – Technisches Konzept, Netzrealisierung*. Vortrag anläßlich der Arbeitstagung der Polizeiführungsakademie Neue Informations- und Kommunikationstechnik für die Polizei, (Ort und Zeit der Veröffentlichung nicht angegeben), S. 6. Laut Wiesel: "Durch die ausgewiesenen Mängel und Schwachstellen in der Funktionalität, Handhabung und Benutzung wird mit dem heutigen INPOL-System eine Computerunterstützung angeboten, die die Effektivität und Effizienz der Arbeit der deutschen Polizei bei Prävention und Repression spürbar einschränkt".

713 Siehe z.B. Kubica, Johann: *Was wird aus INPOL?*, in: Kriminalistik, Nr. 7-8, 1981, S. 317-319; Wiesel, Georg: *Befriedigend, aber manches fehlt noch*, in: Kriminalistik, Nr. 12, 1986, S. 587-591; Kersten, Klaus Ulrich: *Das Labyrinth der elektronischen Karteien: Wie Bund und Länder INPOL weiterentwickeln wollen/2. Teil*, in: Kriminalistik, Nr. 6, 1987, S. 357-360; Wiesel, *INPOL – Ein*

INPOL ernüchternd fest: „Das polizeiliche Informationssystem INPOL hat 15 Jahre nach seinem Start als Fahndungssystem eine Komplexität erreicht, die es nur noch für einige Experten überschaubar sein lässt. Mancher Sachbearbeiter tappt da womöglich etwas hilflos durch das Labyrinth der elektronischen Karteien, ehe er gefunden hat, was er suchte. Und mancher beginnt vielleicht erst gar nicht mit der Suche“[714]. Kritisch äußerte sich Kersten zum Aufwand-Nutzen-Verhältnis der Datenverarbeitung im INPOL (Bund) mit Verweis auf die parallele Datenspeicherung im System: „Seit mehreren Jahren wird etwa im Rauschgiftbereich mit zwei nebeneinander bestehenden Informationssystemen (Falldatei Rauschgift und PIOS-Rauschgift) gearbeitet. Die gleiche Situation besteht seit längerem bezüglich der beiden Zentraldateien des BKA im Kriminalitätsbereich ‚Waffen/Sprengstoff‘. Die Frage der Zweckmäßigkeit und der Effizienz dieses Vorgehens ist bisher nicht untersucht [...] Gleichwohl werden auch weiterhin Fall- und PIOS-Anwendungen in Betrieb genommen bzw. projektiert, bei denen jeweils eine gewisse ‚Zweispurigkeit‘ der Informationsverarbeitung unvermeidbar und wohl auch als selbstverständlich angesehen wird“[715]. Er befürwortete eine Bewertung und Anpassung des INPOL-Systems v.a. unter dem Gesichtspunkt der Effizienz: „Absolute Priorität einer Effizienzuntersuchung im geforderten Sinne muss die Frage haben, ob Aufwand und Nutzen aus der Sicht des polizeilichen Anwenders in einem vernünftigen Verhältnis zueinander stehen. Datensysteme dürfen nicht nur theoretisch von Erfolg sein. Sie müssen von der Praxis auch angenommen werden“[716].

Zahlreiche weitere Defizite prägten INPOL. Das System wurde mit wachsender Größe zunehmend instabil und seine Anpassung an den aktuellen Stand der IuK-Technik in ihrem Umfeld gelang nicht mehr oder wäre nur mit erheblicher Aufwand zu realisieren gewesen[717]. Der anfallende Plege- und Wartungsaufwand war aufgrund der Systemkomplexität hoch und die Aufrechterhaltung erforderte eine zunehmende Bindung von Zeit- und Personalressourcen[718]. Das für INPOL benötigte Know-How war auf dem Markt nicht mehr vorhanden und das Auslaufen der Wartungsgarantien der Herstellerfirmen stand bevor[719]. Ferner schließt

---

System kommt in die Jahre, Fn. 402, S. 391-394. Eine kritische Auseinandersetzung mit INPOL, der auf einer gründlichen Recherche der INPOL-Literatur beruht, bietet Winkler, *Polizeiliche Online-Informationssysteme*, Fn. 293.

714 Kersten, *Das Labyrinth der elektronischen Karteien: 1 Teil*, Fn. 590, S. 325.

715 Kersten, *Das Labyrinth der elektronischen Karteien: 2 Teil*, Fn. 713, S. 359.

716 Ebenda, S. 360.

717 Vgl. Sehr, Peter: *INPOL-Neu: System mit Merkmalen eines extremen Wandels*, in: Kriminalistik, Nr. 8, 1999, S. 532.

718 Vgl. *Projekt INPOL-Neu: Information zu Historie, Sachstand und Planung*, Fn. 712, S. 3.

719 Vgl. Sehr, *INPOL-Neu: System mit Merkmalen eines extremen Wandels*, Fn. 717, S. 532. Siehe auch *Projekt INPOL-Neu: Information zu Historie, Sachstand und Planung*, Fn. 712, S. 3. Hier wird im Hinblick auf die Know-How Problematik erwähnt, dass der Betrieb des Systems von polizeiinternen Spezialisten abhängig wird, die nach ihrem Ausscheiden aus dem Dienst oftmals keine Nachfolger haben.

INPOL die Verwendung von Standardprogrammen aus, wodurch kostenträchtige Mehrfachentwicklungen in den Bundesländern entstanden und weiterhin entstehen[720]. Folglich driften die Entwicklungen im Bund und in den Bundesländern weiter auseinander, wodurch eine Übernahmemöglichkeit seitens des Einen oder des Anderen aufgrund der hierdurch entstandenen Inkompatabilitäten unwahrscheinlicher wird[721]. Im INPOL fehlen Funktionen zur Unterstützung einer rationellen Datenerfassung und zur Sicherung der Datenqualität[722]. Einschränkend auf den Leistungsumfang der Datenerfassung wirken Schwachstellen der Benutzeroberfäche[723].

Ferner ist eine aufwendige Datenmehrfacherfassung für die verschiedene INPOL-Aufwendungen (z.B. gesonderte Erfassung im Personendatenbereich und in den PIOS-Dateien) erforderlich, eine Mehrbelastung stellt die gesonderte Erfassung von Statistiken in der PKS dar[724]. Die Datenmehrfacherfassung (Eingabe, Veränderung, Lesen, Löschung) führte nicht nur zu einer erheblichen Mehrbelastung, sondern auch zu einer mangelnden Akzeptanz und einer lückenhaften Datenhaltung[725]. Ein gravierender Mangel ist die eingeschränkte Recherchiermöglichkeit, da nicht alle in den diversen INPOL-Anwendungen enthaltenen Daten miteinander frei verknüpfbar sind, wodurch den kriminalistischen Auswertungserfordernissen oftmals nicht in ausreichendem Maße Rechnung getragen werden[726]. Zudem sind fragmentarische Abfragen nur in eingeschränktem Maße möglich, wodurch beim Vorliegen unvollständiger oder unsicherer Daten die Auskunftserteilung bzw. Rechercheaufgabe im INPOL erschwert wird[727].

Weitere Mängel im INPOL sind das Fehlen einer deliktsneutralen bundesweiten Falldatei zur Darstellung sämtlicher auswertungsrelevanten Straftaten einschließlich entsprechender Recherchemöglichkeiten, sowie das Fehlen einer bundesweiten Meldedienstanwendung für bestimmte Bereiche, z.B. gewalttätige, demonstrative

---

720 Vgl. Sehr, *INPOL-Neu: System mit Merkmalen eines extremen Wandels*, Fn. 717, S. 532. Siehe auch *Projekt INPOL-Neu: Information zu Historie, Sachstand und Planung*, Fn. 712, S. 3.

721 Vgl. *Projekt INPOL-Neu: Information zu Historie, Sachstand und Planung*, Fn. 712, S. 3.

722 Vgl. Wiesel, *Grobkonzept INPOL-Neu – Technisches Konzept, Netzrealisierung*, Fn. 712, S. 4.

723 Ebenda.

724 Ebenda.

725 Vgl. *Projekt INPOL-Neu: Information zu Historie, Sachstand und Planung*, Fn. 712, S. 3. Laut dieser Informationsbroschüre (S. 3) wurde auf der Grundlage von in den Bundesländern durchgeführten Erhebungen geschätzt, dass jedes Jahr ca. 375 Mannjahre ausschließlich für die Mehrfacherfassung aufgewendet werden. Zurecht weist die Broschüre darauf hin, dass dieser Zustand „unwirtschaftlich und ineffektiv" sei und: "Die auf diese Weise gebundene Arbeitskraft ist verschwendet und der Erfüllung der eigentlichen polizeilichen Aufgaben entzogen".

726 Vgl. Wiesel, *Grobkonzept INPOL-Neu – Technisches Konzept, Netzrealisierung*, Fn. 712, S. 4-5.

727 Ebenda, S.5.

Aktionen, bei deren Eintritt Meldedienstdaten den Beamten zur Verfügung gestellt werden müssten[728].

Die anlassunabhängige Datenqualitätsüberprüfung findet lediglich in einem begrenzten Umfang statt, wodurch die Gefahr von Datenfriedhöfen und eine unnötige Belastung der vor- und nachgelagerten Stellen entsteht[729]. Es fehlt an Überprüfungen der fachlichen Vorgaben, Fristen und Plausibilitäten im Hinblick auf Menge und Nutzbarkeit der Daten[730]. Ferner weisen die Daten im INPOL einen unterschiedlichen, von der Anwendungsart abhängigen Aktualitätsgrad auf[731]. Im INPOL fehlt ein einheitlicher Rahmen für polizeiliche Grunddaten im Bund und in den Bundesländern und damit ein gemeinsames Verständnis über die erforderlichen Daten zur Beschreibung gleicher Sachverhalte[732]. Dies hat dann zur Folge, dass bei den Informationssystemen der Länder Unterschiede in den Anwendungsbereichen, die zugleich INPOL-Anwendungen sind, auftreten können, wodurch der automatische Datenaustausch dann „erheblich erschwert oder nur mit Medienbrüchen möglich ist“[733]. INPOL beruht nicht auf einer anwendungsunabhängigen Datenbasis[734]. Dies bedeutet, dass die Anwendungsysteme das zentrale Element verkörpern, um die herum die Daten organisiert wurden[735]. Damit geht zwangsläufig ein Flexibilitätsverlust einher, denn Funktionalitätserweiterungen müssen sich an der bestehenden Systemstruktur orientieren, wodurch dann eventuell auch redundante Daten anfallen würden[736]. Weitere Defizite bestehen u.a. im Zugriff auf externe Anwendungen, in der Ablauforganisation und in den Bund-Länder-Beziehungen[737].

In Anbetracht dieser - und weiterer - Defizite musste ein zeitgemäßes Ersatzsystem für INPOL gefunden werden. Der hierfür gewählte Ansatz war die Ablösung von INPOL durch eine leistungsfähigere Nachfolgerversion: *INPOL-Neu.*

---

728 Ebenda. Wiesel meint, dass solche Daten in anderen Anwendungen (z.B. die Personenfahndungsdatei) abgebildet wurden, ohne dass die eigentlichen, für polizeiliche Entscheidungen erforderlichen Erkenntnisse, abgebildet werden können.

729 Ebenda, S.6.

730 Ebenda.

731 Ebenda. Laut Wiesel, weisen die INPOL-Fahndungsdateien den höchsten Aktualitätsgrad auf.

732 Ebenda.

733 Ebenda.

734 Ebenda.

735 Ebenda.

736 Ebenda. Laut Wiesel: “So entstand die für INPOL typische Dateienlandschaft: eine Summe von voneinander unabhängigen Dateninseln mit teilweise redundanten Daten“.

737 Ebenda.

3.1.3.2 INPOL-Neu: Die Projektvorbereitungsphase (1992-96)

Bereits im Januar 1992 beschloss der AK II (Innere Sicherheit) der IMK die Entwicklung von INPOL-Neu mit der Begründung, eine Weiterentwicklung des INPOL-Systems sei mit Blick auf die Anwender und auch den Stand der Technik erforderlich[738]. Zuerst sollte ein Konzept zur Ermittlung der Anwenderbedürfnisse erarbeitet werden[739]. Zu diesem Zweck wurde im BKA eine aus Beamten der Schutz- und Kriminalpolizei aus Bund und Bundesländern bestehende Projektgruppe eingesetzt und das von ihr erarbeitetes *Fachliche Grobkonzept INPOL-Neu* dem Bund und den Bundesländern im November 1992 als Bericht vorgestellt[740]. Nach der Stellungnahme der fachlich zuständigen Kommissionen der AG Kripo, des Bundes und der Länder wurde das Konzept überarbeitet und im September 1993 vom AK II akzeptiert. Nach weiteren Zwischenarbeiten stimmte der AK II dem *Technischen Grobkonzept INPOL-Neu* im Mai 1995 zu[741]. Nach Abschluss der Vorbereitungsmaßnahmen und Abstimmungsprozesse und mit einer geschätzten Projektdauer von drei Jahren und einem Projektaufwand von ca. 170 Mannjahren erfolgte der Projektstart INPOL-Neu zum 01. Oktober 1996[742]. An der Entwicklung von INPOL-Neu wirken das BKA (als Projektleiter) unter Beteiligung des BGS, der Bundesländer und externer Berater mit[743].

3.1.3.3 Das Ziel des INPOL-Neu

Nach Peter Sehr werden mit INPOL-Neu folgende Ziele verfolgt: „Zum Einen müssen vollzugspolizeiliche Aufgaben optimal durch ein anwenderfreundliches IT-System unterstützt werden, insbesondere um den Strafverfolgungsanspruch und dem Erfordernis einer deutlich verbesserten Vorsorge künftiger Strafverfolgung und vor allem Prävention gerecht zu werden. Zum Andern sollte das neue System auch die Gestaltung gesellschaftspolitischer Prozesse mit unterstützen“[744]. Interessant ist dabei sein Verweis auf den präventiven Aspekt, dem im INPOL-Neu ein offenbar hoher Wert beigemessen wird. Ferner gewinnt im INPOL-Neu der strategische Aspekt der Verbrechensbekämpfung an Gewicht, denn mit „gesellschaftspolitischen Prozessen“ soll offenbar zum Ausdruck kommen, dass INPOL-Neu Anwendungsbereiche (Polizeiliche Führungsinformationssystem, integrierte Polizeiliche Kriminalstatistik) enthält, mit denen Kriminalitätsentwicklungen

---

738 Vgl. *Projekt INPOL-Neu: Information zu Historie, Sachstand und Planung*, Fn. 712, S. 4.

739 Ebenda.

740 Ebenda.

741 Ebenda.

742 Ebenda, S. 9. Der Projektstart erfolgte aufgrund des höher als erwarteter Zeitbedarfs für die Vorbereitungsmaßnahmen und Abstimmungsprozesse genau ein Jahr später als ursprünglich vom AK II vorgesehen. Die Aufwandsangabe stammt von Wiesel, *Grobkonzept INPOL-Neu – Technisches Konzept, Netzrealisierung*, Fn. 712, S. 21.

743 Vgl. *INPOL-Neu. Das Informationssystem der Zukunft für die deutsche Polizei*, in: Bundeskriminalamt (Hrsg.): INPOL-Nachrichten, Nr. 1/96, S. 4.

744 Sehr, *INPOL-Neu: System mit Merkmalen eines extremen Wandels*, Fn. 717, S. 532-533.

schnell aufgezeigt und entsprechende Ausgleichsmaßnahmen (z.B. Bekämpfungskonzepte) ergriffen werden können[745]. Das polizeiliche Führungsinformationssystem hat somit eine Warnfunktion in strategischer wie operativer kriminalpräventiver Hinsicht[746].

3.1.3.4 Die Leitmerkmale des INPOL-Neu

3.1.3.4.1 Technische Angaben[747]

Für INPOL-Neu war das Datenbanksystem der Fa. ORACLE, zunächst das Betriebssystem UNIX[748] und das Kommunikationsprotokoll TCP/IP vorgesehen. Die Systemarchitektur ist flexibel und offen gestaltet; dadurch wird die Systemskalierung ermöglicht und eine hohe Systemverfügbarkeit gewährleistet. Der Zugriff auf INPOL-Neu soll über ein vermaschtes, leistungsstarkes Netzwerk erfolgen. Für den Datenaustausch ist eine einheitliche und neutrale Kommunikationsschnittstelle bei allen Systemnutzern vorgesehen, womit sich INPOL-Neu von den Landespolizeisystemen und von den Systemen des BKA und BGS klar abgrenzt[749]. Somit wird das BKA trotz seiner Funktion als Zentralstelle und Betreiber von INPOL-Neu den anderen Nutzern „gleichgesetzt"[750]. Anders als bei manchen Anwendungen im INPOL (aktuell), ist INPOL-Neu ausschließlich auf den Betrieb im Rechner-Rechner-Verbund ausgerichtet[751].

---

745 Ebenda, S. 534.

746 Vgl. Sehr, *INPOL-Neu: System mit Merkmalen eines extremen Wandels*, Fn. 717, S. 534-535. Laut Sehr (S. 534): „Die Polizei hat durch PFI [polizeiliche Führungsinformation] und die entsprechenden Auswertemöglichkeiten (Einsatz von Standardsoftware) erstmalig eine ‚Meßfühlerfunktion' im Hinblick auf die Kriminalitätsentwicklung. Insbesondere für Zentralstellen bietet das PFI Möglichkeiten, die den meisten Polizeibeamten heute noch utopisch anmuten". Sehr bietet zwei praxisnahe Beispiele für den operativen Gebrauch des PFI.

747 Für Einzelheiten zu den INPOL-Neu zugrunde liegenden Daten- und Funktionsmodellen (fachliches Grobkonzept) und der System- und Softwarearchitektur (technisches Grobkonzept), auf die in diesem Unterschungsabschnitt nicht eingegangen werden, siehe Wiesel, *Grobkonzept INPOL-Neu – Technisches Konzept, Netzrealisierung*, Fn. 712, S. 12 ff.

748 Nach einer Meldung der Online-Ausgabe der Rheinischen Post vom 09.04.2001 unter dem Titel *Neues Polizei-Netz ein Flop*, läuft INPOL-Neu auf der Windows-Netzwerkbasis der Fa. Microsoft.

749 Vgl. *INPOL-Neu: Das Informationssystem der Zukunft für die deutsche Polizei*, Fn. 743, S. 1.

750 Ebenda, S. 2.

751 Vgl. *Projekt INPOL-Neu: Information zu Historie, Sachstand und Planung*, Fn. 712, S. 5.

Tabelle 9: Technische Grunddaten zu INPOL–Neu

10 HP/UX (Unix-Dialekt) basierte Server – 20 CPUs – 20 GB RAM – Massenspeicherplatz im Terabytebereich – „oberflächenfrei“ – Heterogene Netzwerk von Abfragesystemen (NT, UNIX etc.)

Quelle: Roschke, Jörg/Tretkowski, Ingo/Voß, Jakob: *Das polizeiliche Informationssystem INPOL*, http://www-user.tu-chemnitz.de/~voj/epub/inpol2002/ inpol2002.ppt.pdf (28.05.2002), S. 28.
Anmerkung: HP = die Fa. Hewlett Packard; CPU = Central Processing Unit; GB = GigaBytes; RAM = Random Access Memory (Arbeitsspeicher).

Tabelle 10: Unterschiede zwischen INPOL (Aktuell) und INPOL-Neu

INPOL (Aktuell)	INPOL – Neu
• einzelne Dateien • terminalbasiertes Abfragesystem • proprietäres Betriebssystem (BS2000)	• integrierter Datenpool • Client-/Serversystem • offenes Betriebssystem (Unixdialekt HP/UX) • automatisierte Vorgangsbearbeitung Polizeiliche Führungsinformation (PFI)

Quelle: Roschke, Jörg/Tretkowski, Ingo/Voß, Jakob: *Das polizeiliche Informationssystem INPOL*, http://www-user.tu-chemnitz.de/~voj/epub/inpol2002/ inpol2002.ppt.pdf (28.05.2002), S. 29.
Anmerkung: BS2000 ist ein Betriebssystem der Fa. Siemens.

3.1.3.4.2 Teilnehmerkreis

Teilnahmeberechtigt am INPOL-Neu sind – analog zum INPOL (aktuell) - außer dem BKA, den LKÄ sowie den Länder-Polizeidienststellen, der BGS (Grenzschutzdirektion) und andere, mit der Wahrung grenzpolizeilicher Aufgaben betraute Dienststellen sowie das ZKA. Ihre jeweilige Befugnis zu Dateneingaben und -abrufen ist in der Errichtungsanordnung geregelt. Andere Dienststellen dürfen Abfragen in INPOL-Neu nach Maßgabe der gesetzlichen Bestimmungen und mit der Zustimmung der Innenminister/Innensenatoren des Bundes und der Länder vornehmen. Der Zugriff auf INPOL-Neu ist auch im grenzüberschreitenden Rahmen unter bestimmten Voraussetzungen möglich. Ein Zugriff durch die Staatsanwaltschaften ist nicht vorgesehen[752].

3.1.3.4.3 Erweitertes Leistungsangebot

Bei INPOL-Neu ist ein erweitertes Leistungsangebot vorgesehen. Zu den Neuigkeiten zählen die Speicherung von Lichtbildern, die Möglichkeit zu Videoeinspielungen, DNA-Daten (zu Personen und Spuren), die individuelle Gestaltung des Umfangs an Auskünften bei Abfragen/Recherchen, die vermehrte Anwendung von Plausibilitäten zur weitgehenden Vermeidung von Eingabefehlern und Standardkataloge zur Vereinfachung von Eingaben[753]. Erwartet wird eine Verbesserung in Bezug auf die Auswertbarkeit von Daten, insbesondere auch durch die strategischen und operativen Komponenten[754].

3.1.3.4.4 Datenumfang

Im INPOL-Neu werden – analog zum INPOL (aktuell) – Daten zu „Straftaten von erheblicher Bedeutung" gespeichert[755]. Da sich der Begriff in rechtlicher und praktischer Hinsicht als etwas diffus erwiesen hat und ein Sachbearbeiter sich die Frage zu stellen hat, ob sein Fall INPOL-Neu zuzuordnen ist oder nicht, wurde ein dreistufiges Modell entwickelt, wonach Fälle in Muss-Fälle, Regel-Fälle und Kann-Fälle eingeteilt sind[756]:

- ein Muss-Fall liegt vor, wenn der Fall aufgrund seiner Natur von bundesweiter Relevanz ist.

- ein Regel-Fall liegt vor, wenn ein Fall sich grundsätzlich als INPOL-Neu-würdig erweist, dem Sachbearbeiter aufgrund besonderer Umstände jedoch ein Ermessen zusteht hinsichtlich der Überführung des Falls nach INPOL-Neu.

- ein Kann-Fall liegt vor, wenn ein Fall grundsätzlich im Landesinformationssystem verbleiben soll, dem Sachbearbeiter aber ein Ermessen zusteht, ob die Daten nach INPOL-Neu überführt werden.

---

752 Vgl. Rublack, Susanne: *INPOL-Neu aus datenschutzrechtlicher Sicht*, in: Datenschutz und Sicherheit, Nr. 23, 1999 (8), S. 438.

753 Vgl. Sehr, *INPOL-Neu: System mit Merkmalen eines extremen Wandels*, Fn. 717, S. 535.

754 Ebenda.

755 Ebenda, S. 533-534. Für Sehr ist der Begriff „relativ schwammig". Er stellt aber auch fest, dass es „brauchbare Definitionen" gibt und verweist in diesem Zusammenhang auf den Kommentar zum BGS-Gesetz.

756 Vgl. Sehr, *INPOL-Neu: System mit Merkmalen eines extremen Wandels*, Fn. 717, S. 534.

3.1.3.4.5 Orientierung an die Bedürfnisse der Sachbearbeiter

INPOL-Neu bietet dem polizeilichen Sachbearbeiter vergleichsweise bessere Auskunfts- und Recherchemöglichkeiten. Es gestattet den Zugriff auf weitere bundesweite Polizeidaten (z.B. AFIS), außerpolizeiliche Daten (z.B. AZR, ZEVIS) sowie multilaterale Daten (z.B. EUROPOL, SIS)[757]. Erstmalig wird dem Sachbearbeiter von seinem Arbeitsplatz aus Zugriff auf sämtliche polizeirelevante Informationssysteme (einschließlich seinem Landesinformations- und –vorgangsbearbeitungssystem) gewährt, vorausgesetzt, hierfür liegt die erforderliche Berechtigung vor[758]. Zugleich wird er von einem unnötigen Arbeitsaufwand entlastet, weil INPOL-relevante Daten nur einmalig erfasst werden müssen, die Weiterleitung an INPOL-Neu erfolgt automatisch[759]. Dieses Prinzip der Einmalerfassung von Daten, ihre Mehrfachnutzung sowie eine weitgehende redundanzfreie Datenhaltung stellen einen wesentlichen Fortschritt gegenüber dem bisherigen INPOL dar[760].

3.1.3.4.6 Anwendungsneutralität

Ein grundlegender Unterschied zum INPOL (aktuell) liegt bei INPOL-Neu darin, dass die Daten nicht mehr nach Maßgabe der Anforderungen einzelner Anwendungen, sondern anwendungsneutral strukturiert sind. Im INPOL-Neu werden Daten somit nicht mehr doppelt oder mehrfach in voneinander getrennten Dateien gespeichert, wie dies bei INPOL derzeit der Fall ist (PIOS einerseits, andere INPOL-Anwendungen andererseits), sondern nunmehr nur einmal in einem „Datenpool" erfasst[761]. Damit wird lediglich eine Abfrage im System notwendig, um an alle zu einer Person vorhandenen Daten – unter Beachtung der Datenzugriffsrechte des ersuchenden Sachbearbeiters - zu gelangen[762]. Der Zugriff auf den Datenpool des INPOL-Neu erfolgt durch Funktionen (z.B. Erfassung, Veränderung, Löschung, Abfragen, Recherche)[763], wobei „je nach Zielrichtung der

---

757 Vgl. *INPOL-Neu: Das Informationssystem der Zukunft für die deutsche Polizei*, Fn. 743, S. 3.

758 Vgl. *Projekt INPOL-Neu: Information zu Historie, Sachstand und Planung*, Fn. 712, S. 5. Die Zusammenführung von Datenquellen am Arbeitsplatz des Sachbearbeiters könnte potentiell weitreichende Folgen für die Praxis der Verbrechensbekämpfung haben. Hierzu siehe Sehr, *INPOL-Neu: System mit Merkmalen eines extremen Wandels*, Fn. 717, S. 533. Laut Sehr: „Mit dem Zugang zu seinem eigenen Landessystem und zu INPOL-Neu sowie zu weiteren externen Quellen, wie beispielsweise AZR, ZEVIS und SIS stehen ihm erstmalig Informationen in einem Umfang zur Verfügung, der den bisherigen Kriminalpolizeilichen Meldedienst und Sondermeldedienst überflüssig macht. Ermöglicht wird dies durch die Abbildung von INPOL-Neu-relevanten Fällen, also Straftaten und polizeilich relevanten Sachverhalten, die Bezüge zur Internationalität aufweisen, die mehrere Bundesländer berühren oder aber von erheblicher Bedeutung sind".

759 Vgl. *Projekt INPOL-Neu: Information zu Historie, Sachstand und Planung*, Fn. 712, S. 5.

760 Vgl. Sehr, *INPOL-Neu: System mit Merkmalen eines extremen Wandels*, Fn. 717, S. 533.

761 Vgl. *INPOL-Neu: Das Informationssystem der Zukunft für die deutsche Polizei*, Fn. 743, S. 3.

762 Ebenda.

763 Ebenda.

entsprechenden Abfrage- und Recherchefunktionalitäten über entsprechende logische Verknüpfungen eine selektive oder eine umfassende Datenausgabe zu einer Person (Sache, Objekt etc.) erreicht [wird]"[764]. INPOL-Neu sieht die Datenkategorien Sachen, Fall, Adresse, Institution, Objekt, Kontrolle und besonderer Anlass vor[765].

3.1.3.4.7 Datenschutz und Datensicherheit

Auch INPOL-Neu muss sich um die Einhaltung eines hohen Datenschutz- und Datensicherheitsstandards bemühen. Denn „die datenschutzrechtlichen Grundprinzipen der Zweckbindung und der Erforderlichkeit stehen einem uneingeschränktem Zugriff jedes Nutzers auf sämtliche in INPOL erfassten personenbezogenen Daten [...] entgegen"[766]. Jedem Nutzer wird eine Benutzerklasse zugewiesen, in der seine Rechte festgelegt sind hinsichtlich der Art von Daten und Funktionen, die aufgerufen werden dürfen, d.h. es wird eine benutzerspezifische Sicht auf den Datenpool des INPOL-Neu gewährt[767]. Unterschieden wird zwischen „Berechtigung für Daten" einerseits und „Berechtigung für Funktionen" andererseits, das Nutzungsprofil ergibt sich aus der Kombination von beiden Berechtigungen[768]. Zur datenschutzrechtlichen Kontrolle muss jeder zehnte Zugriff einschließlich des zugreifenden LKA automatisch protokolliert und im jeweiligen Landessystem auch die Daten des Zugriffsberechtigten, Ort, Zeit sowie das entsprechende Terminal festgehalten werden[769].

---

764 Rublack, *INPOL-Neu aus datenschutzrechtlicher Sicht*, Fn. 752, S. 438.

765 Vgl. *INPOL-Neu: Das Informationssystem der Zukunft für die deutsche Polizei*, Fn. 743, S. 4.

766 Rublack, *INPOL-Neu aus datenschutzrechtlicher Sicht*, Fn. 752, S. 438.

767 Vgl. *Projekt INPOL-Neu: Information zu Historie, Sachstand und Planung*, Fn. 712, S. 7. Siehe auch *INPOL-Neu: Das Informationssystem der Zukunft für die deutsche Polizei*, Fn. 743, S. 3. Laut dieser können im INPOL-Neu neue Anwenderforderungen durch eine einfache Erweiterung des Datenpools oder der Funktionen umgesetzt werden. Derzeit müsste dafür eine neue Anwendung geschaffen werden.

768 Vgl. Rublack, *INPOL-Neu aus datenschutzrechtlicher Sicht*, Fn. 752, S. 439. Das BKA, BGS und die Länderbehörden erteilen separat die Nutzungsprofile an ihre MitarbeiterInnen, allerdings soll mit der vorgesehenen Einführung von sog. ‚Grobprofilen' auf der Grundlage einer Rahmenvereinbarung der INPOL-Teilnehmer der Zugriff bestimmter Nutzerkreise auf die Datenbereiche von INPOL-Neu einheitlich definiert werden.

769 Vgl. Wirth, *Inpol-Neu: Folgen für den Datenschutz*, Fn. 711, S. 34.

Abbildung 22: Zugang zu Informationssystemen im INPOL-Neu

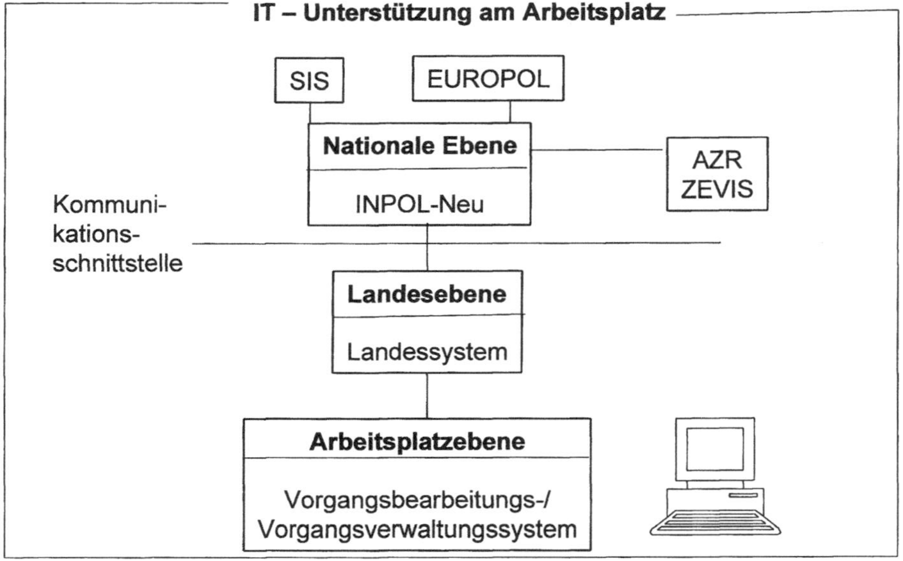

SIS = Schengener Informationssystem

AZR = Ausländerzentralregister
ZEVIS = Zentrales Verkehrsinformationssystem

Quelle: Bundeskriminalamt (Hrsg.): *INPOL-Nachrichten*, Nr. 1/96, Wiesbaden, S. 2.

Abbildung 23: INPOL/INPOL-Neu im Vergleich

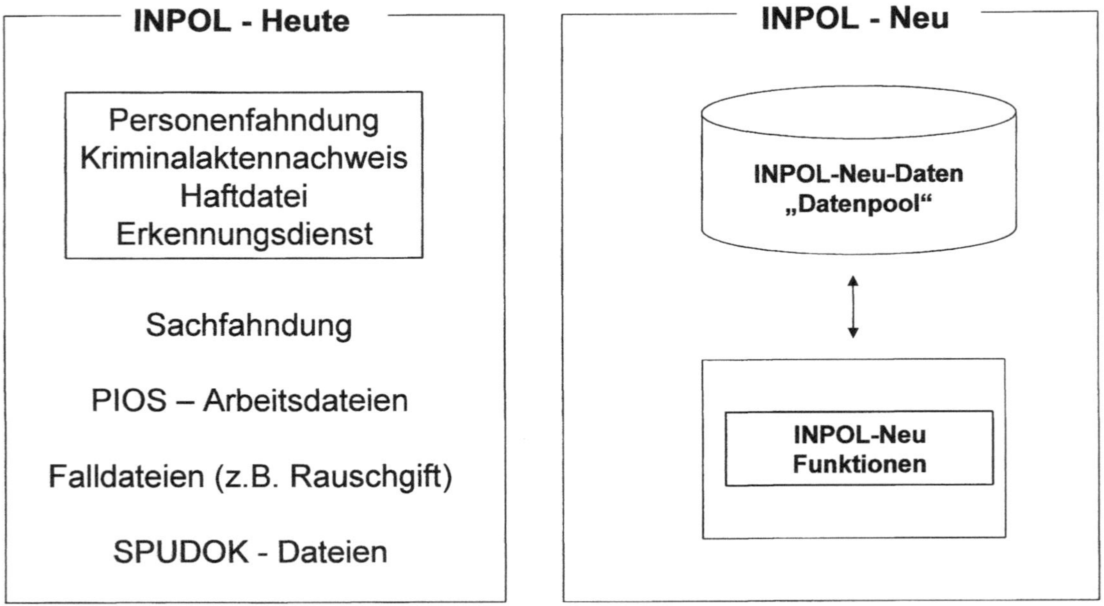

Quelle: Bundeskriminalamt (Hrsg.): *INPOL-Nachrichten*, Nr. 1/96, Wiesbaden, S. 3

3.1.3.5 INPOL-Neu: Defizite im Entstehungsprozess

INPOL-Neu bietet gegenüber dem INPOL (aktuell) zwar einige wesentliche Verbesserungen, das Projekt hat sich aber als schwieriger erwiesen als zunächst angenommen. Dies führte letztlich dazu, dass INPOL-Neu nach einem offenbar fehlgeschlagenen Testversuch im April 2001, nunmehr in einer abgeänderten Form im Jahr 2004 in Betrieb genommen werden soll.

Die bei INPOL-Neu angefallenen Mängel traten sowohl in den Entwicklungs- und Umsetzungsphasen als auch in datenschutzrechtlicher Hinsicht auf. Bereits vor dem Testversuch[770] am 15. April 2001 räumte das BKA ein, dass das Software nicht fertiggestellt[771] - bzw. „fehlerhaft und unzureichend getestet war"[772]. Ferner war die Hardware im BKA für den geplanten Volllastbetrieb nicht ausreichend[773]. Festgestellt wurden außerdem „erhebliche Probleme in der Computerkommunikation zwischen den Zentralrechern und denen der Länderpolizeien"[774]. Das Ansehen des INPOL-Neu musste einen schweren Rückschlag hinnehmen, als das System bereits wenige Minuten nach dem Start zusammenbrach[775].

Kritisch wurde festgestellt, dass Planungsdaten für die Einführung des IT-Systems nicht vorhanden, die Planungsressourcen nicht ausreichend waren und dass mit

---

770 Es war ursprünglich geplant, einen Probelauf im Parallelbetrieb durchzuführen, d.h. sowohl INPOL-Neu als auch das bisherige INPOL sollten gemeinsam zum Einsatz kommen und zwar über einen Zeitraum von 6 Monaten hinweg. Der Parallelbetrieb sollte dabei zur Sicherheit dienen für den Fall eines Ausfalls von INPOL-Neu. Da eine flächendeckende Inbetriebnahme nicht möglich war, weil einige Bundesländer bis zum vorgesehenen Starttermin mit ihrer Vorbereitungsmaßnahmen in Verzug geraten waren, sollte stattdessen zunächst ein ‚Pilotversuch' durchgeführt werden, bei dem einzelne Anwendungsbereiche von INPOL-Neu mit einigen ausgewählten Polizeidienststellen betrieben werden sollte. Siehe *BKA räumt massive Probleme mit neuem Computersystem ein (update)*, http://www.heise.de (09.04.2001).

771 Ebenda.

772 Dietl, Wilhelm: *Reaktionsstrategien und institutioneller Handlungsbedarf in Deutschland.* Referat im Rahmen des Seminars „Importierte Gefährdungen der Inneren Sicherheit", Bundesakademie für Sicherheitspolitik, Leipzig, 5. und 6. November, 2002, S.3. Dietl stützt sich dabei auf die Äußerungen eines Leitenden Kriminaldirektor des BKA, der im Februar 2001 ein Risikopapier zum INPOL-Neu erstellt hatte.

773 Ebenda.

774 *Start des neuen BKA-Fahndungscomputers steht in den Sternen*, http://www.heise.de (28.05.2001). Siehe auch *UNIX bremst Polizeivernetzung*, http://www.computerchannel.de (04.01.2001). Nach Angabe des Bundes Deutscher Kriminalbeamter, ist INPOL-Neu mit den Unix-Computersystemen der Länder nicht kompatibel: INPOL-Neu soll wesentlich mehr Eingabeterminals in der Fläche als INPOL benötigen. Auch fehle es den Behörden in den Ländern an den erforderlichen Computerexperten, da diese in der freien Wirtschaft deutlich höhere Gehälter erhielten, wodurch bereits etliche gute Leute abgeworben wurden.

775 Vgl. *Start des neuen BKA-Fahndungscomputers steht in den Sternen*, ebenda. Angeblich soll nach acht bis zehn Minuten Antwortzeit das System bereits abgestürzt sein.

mehrmonatigen, erheblichen Zusatzbelastungen sowie mit Arbeitsrückständen und Verzögerungen im Auskunftsverhalten des BKA zu rechnen sei[776]. Kritisiert wurden auch die übermäßige bürokratische Vorgehensweise des BKA im Projektrahmen, darunter die „langen Entscheidungswege" und der oft nicht oder nicht zeitnah mögliche Zugang zur BKA-Amtsleitung, wodurch Reibungsverluste entstanden; kritisch wurden ferner die häufig mangelnde inhaltliche Diskussion, welche der formalen Argumentation weichen musste, Schwächen beim Projektmanagement und das Fehlen klarer und amtsweit verbindlicher Zielvereinbarungen gesehen[777]. Im Zusammenhang mit INPOL wird auch auf die Gefahr hingewiesen, in die Abhängigkeit von externen Unternehmen zu geraten, weil das System mit einer erheblichen polizeiexternen Beteiligung entwickelt wurde[778].

Auch in kostenmäßiger Hinsicht war INPOL-Neu Kritik ausgesetzt. Eine sechsmonatige Prüfung des Bundesrechnungshofes ergab, dass die Projektkosten sich mehr als verdoppelt hatten und am Ende ein Gesamtkostenaufwand in der Größenordnung von etwa 200 Millionen Deutsche Mark zu erwarten sei, wodurch dem Bund ein finanzieller Schaden im „zweistelligen Millionenbereich" entstanden sei[779]. Bezieht man alle einschlägigen Ausgaben für INPOL-Neu (darunter auch die erheblichen Länderausgaben) ins Kalkül ein, dürfte der Gesamtkostenaufwand aber weitaus höher liegen[780]. Im BKA mussten aufgrund der entstandenen Finanzlücke Sparmaßnahmen sogar angeordnet werden[781].

Die Prüfung des Bundesrechnungshofes stellte u.a Planungsfehler, eine mangelhafte fachliche Aufsicht und erhebliche Defizite im Umfeld des Projekt-Controlling fest, v.a. wurden das Fehlen eines effektiven Controlling für die Anwenderforderungen und die verspätete Einführung des Finanzcontrolling beanstandet[782]. Nach

---

776 Vgl. Dietl, *Reaktionsstrategien und institutioneller Handlungsbedarf in Deutschland*, Fn. 772, S. 3.

777 Ebenda.

778 Vgl Schulzki-Haddouti, Christiane: *Polizei-Informationssystem INPOL-Neu droht zum Fiasko zu werden*, http://www.heise.de (06.04.2001).

779 Vgl. Dietl, *Reaktionsstrategien und institutioneller Handlungsbedarf in Deutschland*, Fn. 772, S. 6.

780 Ebenda, S. 5. Laut Bundesinnenministerium beliefen sich die Ausgaben für INPOL-Neu zum 31.12.2001 auf 45,6 Millionen Euro (38 Millionen für externe Unternehmen, 7,6 Millionen für Sachausgaben). Interne Personalausgaben seien aber im Betrag nicht enthalten. Hingegen rechnen Projektleiter mit einem Ausgabenvolumen von 150 Millionen Euro. Nach einer anderen Schätzung – und dabei unter Berücksichtigung der internen Personalkosten für 10 Jahre Entwicklungsarbeit – wurden für INPOL-Neu etwa 400 Millionen Euro aufgewendet.

781 Ebenda. Gespart wurden an BKA-Maßnahmen für die Bundesländer, an Aus- und Fortbildungsmaßnahmen sowie Dienstreisen.

782 Ebenda, S.6. Dietl zitiert den Bundesrechnungshof: „Die Voruntersuchungen waren nicht ausreichend und führten zu optimistischen Planungen beim Projektstart, die sich als nicht haltbar erwiesen. Die Gesamtprojektleitung versäumte bereits beim Projektstart, ein eigenständiges Risikomanagement einzurichten ... Die mit Aufgaben des Projektmanagements beauftragten Mitarbeiterinnen und Mitarbeiter hatten nicht immer die erforderliche Erfah-

dem Gutachten des vom BMI im Laufe des Jahres 2001 beauftragten Wirtschaftsprüfungsunternehmens KPMG sei das Projekt „in einem erheblich sanierungsbedürftigen Zustand", ferner gingen die Anforderungen an das System „an die Grenzen der Machbarkeit" und seine Leistungsfähigkeit sei „völlig unzureichend"[783]. Außerdem konnte eine hohe Fehleranfälligkeit festgestellt werden[784].

Der föderale Projektentwicklungsrahmen erwies sich auch als eine Hürde. Denn INPOL-Neu lag nicht ausschließlich im Verantwortungsbereich des BKA, sondern es wirkten auch alle sechszehn Länder am Entstehungsprozess mit, was nachvollziehbar ist, da es die Polizeien der Länder sind, die in erster Linie den Nutzen aus INPOL-Neu ziehen werden. Für den Projekterfolg sind eine gute Zusammenarbeit und Abstimmung zwischen allen Beteiligten erforderlich. Der Bundesrechnungshof stellte allerdings diesbezüglich fest, dass „obwohl die Finanzierung von INPOL-Neu Bundessache war, die fachliche Gestaltung bei den Ländern [lag]. Der Einfluss der Länder erhöhte den Abstimmungsaufwand und erschwerte die Projektarbeit im BKA unnötig ... Ein effektives Anwenderforderungscontrolling, um den häufigen Änderungswünschen der Länder zu begegnen, fehlte"[785]. Freilich waren diese Änderungswünsche nicht bescheiden: "An einem bestimmten Termin zählten die Techniker allein 900 Änderungsvorschläge. Die Wünsche der Länderpolizeien waren mal skurril, mal überzogen bürokratisch, häufig zeitraubend. So bestanden die Bayern auf Abfragebegriffe wie ‚vollbusig' und ‚negroid'. Andere balgten sich abendfüllend um die Frage, ob das gesuchte Auto ‚Variant' oder ‚Kombi' genannt werden sollte. Der Streit von bis zu 16 Parteien ging auch um Schuhgrößen und um bundesweit unterschiedliche Polizeiprotokolle" [786].

Es wurde die Gefahr erkannt, dass „es schon [genügt], wenn nur ein einziges Bundesland nicht an Inpol-neu teilnehmen kann ... dies hätte den Zusammenbruch des

---

rung, ein Projekt dieser Größe zu steuern. Statt den von der ursprünglichen Planung immer wieder abweichenden Projektverlauf durch geeignete Maßnahmen zu korrigieren, wurden ständig neue Planungen angepasst (mehr Zeit, mehr Geld). Das Projektcontrolling war lückenhaft. Das externe Controlling beobachtete und bewertete schwerpunktmäßig die Managementprozesse im Projekt INPOL-Neu/AGIL ... Bis Anfang 2001 gab es kein Finanzcontrolling. Zur Unterstützung bei der Realisierung schloss das BKA Rahmenverträge, die den Auftragnehmer zeitlich, finanziell und technisch zu wenig in das Projektrisiko einbezogen. Das BMI und die Amtsleitung des BKA nahmen ihre Aufgaben im Rahmen der fachlichen Aufsicht nur mangelhaft wahr. Obwohl es seit Beginn des Projektes immer wieder Hinweise auf Kostensteigerungen und Terminverzögerungen gab, wurde erst nach dem Scheitern des operativen Wirkbetriebes 2001 mit gegensteuernden Maßnahmen begonnen".

783 Ebenda, S. 4.

784 Ebenda, S. 4. Dietl zitiert einen hochrangigen Polizeiführer eines Bundeslandes: „Zum Stichtag 15. April haben wir mehr als 200 Fehler registriert, mindestens 25 Prozent davon als schwer eingestuft. Unsere eigenen Tests sind noch gar nicht angelaufen, weil wir eine Verdoppelung der Fehler befürchten".

785 Ebenda, S. 6.

786 Ebenda, S. 4-5.

bundesweiten Fahndungsverbundes zur Folge, da von diesem Bundesland Straftäter weder eingegeben noch aus diesem abgefragt werden könnten"[787]. Erkannt wurde auch, dass manche Bundesländer[788] Anschlusschwierigkeiten an INPOL-Neu bzw. ihre Vorbereitungs- bzw. Umstellungsmassnahmen terminlich versäumt hatten, während andere Länder – und Rheinland-Pfalz gilt hierbei als Musterbeispiel[789] – ihre Maßnahmen bis zur endgültigen Inbetriebnahme von INPOL-Neu rechtzeitig erledigt hatten und damit hohe Investitionsausgaben hatten, ohne (zunächst) irgendeinen Nutzen daraus zu haben[790].

3.1.3.6 INPOL-Neu in datenschutzrechtlicher Hinsicht

Neben den zahlreichen organisatorischen, planerischen und technischen Mängeln wurden auch in datenschutzrechtlicher Hinsicht Vorbehalte gegenüber INPOL-Neu geäußert.

Im Spektrum der datenschutzrechtlichen Prinzipien kommen, wie an früherer Stelle bereits erwähnt, den Geboten der Zweckbindung und Verhältnismäßigkeit eine große Bedeutung zu. Sie setzen einem vorsorgerischen staatlichen Zugriff auf personenbezogene Daten Schranken. Im BKAG i.d.F. vom 07.07.1997, das auch die Rechtsgrundlage für INPOL-Neu ist, haben diese Prinzipien Eingang gefunden. Nach dem Gesetz müssen die ins INPOL-System einzubeziehenden Dateien und u.a. deren Bezeichnungen, Zweck, Inhalte sowie die Übermittlungsvoraussetzungen in Errichtungsanordnungen klar festgelegt sein. Diese Erfordernis lehnt sich an die klassische anwendungsorientierte (dateimäßige) Struktur des INPOL (aktuell) an, was im Hinblick auf INPOL-Neu problematisch ist, da letzterem ein anwendungsneutrales - und damit ein im Grunde „dateiloses" - Datenpoolkonzept zugrunde liegt.

---

787 Schulzki-Haddouti, *Polizei-Informationssystem INPOL-Neu droht zum Fiasko zu werden*, Fn. 778. Die Autorin bezieht sich dabei auf die Äußerungen eines Mitglieds des Bundesvorstandes der Gewerkschaft der Polizei.

788 Verwiesen wird in den Medienbereichten auf Bremen, Hessen und das Saarland. Vgl. *Neues Computer-System bereitet Polizei Probleme. Hessen kann geplanten Starttermin wohl nicht einhalten*, in: Mannheimer Morgen, 05.01.2001. Hessen hat erst zum Jahreswechsel 2000/2001 die finanziellen Mittel (etwa DM 100 Mio.) für die Umstellung auf INPOL-Neu bereitgestellt.

789 Rheinland-Pfalz hat bereits 1996 mit den Planungen für INPOL-Neu begonnen. Nach Angaben des rheinland-pfälzischen Innenministeriums ist für 52 Millionen Mark ein Netz mit rund 5000 PC, 350 Servern und 130 Standleitungen aufgebaut worden. Von jedem Arbeitsplatz könne INPOL-Neu und das neue Landessystem POLADIS abgefragt und mit Daten gefüttert werden. Ebenda.

790 Nach einer Pressemeldung fallen allein für Rheinland-Pfalz „Mehrkosten" in Höhe von DM 900.000 monatlich an. Vgl. *BKA räumt massive Probleme mit neuem Computersystem ein (update)*, Fn. 770.

Für Datenzugriffe im Rahmen des INPOL-Neu ist die Aufgliederung des INPOL-Datenpools in folgende grobe „Berechtigungsbereiche“ vorgesehen[791]:

- Grundinformationen (der KAN einschließlich einer Fallkurzauskunft, die Personen- und Sachfahndung, erkennungsdienstliche Daten, Haftdaten, Personenbeschreibungen sowie personenbezogene Hinweise. Die Fallkurzauskunft zeigt die Fallgrunddaten (Delikt, Tatzeit, Tatort) nicht nur zu den Fahndungsausschreibungen, sondern auch zu allen im Fallbereich enthaltenen strafbaren Handlungen einer Person an. Für Sachen wird ebenfalls eine Fallkurzauskunft ausgegeben, bei denen sämtliche Beziehungen zu im Fallbereich erfassten Straftaten angezeigt werden).

- Fallbereich (alle im aktuellen INPOL enthaltenen PIOS und Fallanwendungen mit Ausnahme der besonders geschützten Bereiche).

- Organisierte Kriminalität, Geldwäsche, Innere Sicherheit (diese als besonders schützenwert betrachteten Fallbereiche und ihre Daten stehen - im Gegensatz zum Fallbereich - lediglich für den Zugriff den einschlägigen Dienststellen offen).

- SPUDOK (für temporäre Ermittlungsverfahren, analog zum INPOL (aktuell)).

- Temporäre Fallanwendungen (ein Novum im polizeilichen Informationsverbund und ebenfalls als Unterstützungshilfe bei temporärer Ermittlungsverfahren konzipiert, wie etwa bei Ländergrenzen überschreitenden bzw. regionalen Ermittlungen, ohne dass eine Übermittlung an sämtliche Verbundteilnehmer stattfindet).

Die datenschutzrechtliche Kritik gegenüber INPOL-Neu beziehen sich hierbei v.a. auf das Berechtigungskonzept. Bedenklich im Zusammenhang mit dem Bereich Grundinformationen ist bspw., dass bei einer Personenfahndungsabfrage sämtliche diesbezügliche Falldaten im Umfang der Kurzauskunft aufgezeigt werden, und dies auch dann, wenn hierfür kein fachliches Bedürfnis bestünde[792]. Ferner soll in den Grundinformationen in Verbindung mit einer Person ggf. ein DNA-Merker angebracht sein, d.h. ein Verweis darauf, dass diese Person auch in der DNA-Analyse-Datei erfasst ist, obwohl nach § 81 StPO diese Information lediglich zweckgebunden zur Verfolgung oder Verhütung von Straftaten von erheblicher Bedeutung zu nutzen ist[793].

---

[791] Vgl. Rublack, Susanne: *INPOL-Neu aus datenschutzrechtlicher Sicht*, Sommerakademie 1999 - Polizei und Datenschutz, http://www.rewi.hu-berlin.de/Datenschutz (09.07.2001, S. 4 ff.).

[792] Vgl. Rublack, *INPOL-Neu aus datenschutzrechtlicher Sicht*, Fn. 752, S. 439.

[793] Ebenda. Rublack weist außerdem darauf hin, daß ein automatisierter Zugriff auf diese Datei lediglich dem BKA und den LKÄ zusteht. Auf die DNA-Analyse-Datei wird in dieser Untersuchung später ausführlich eingegangen.

Kritik hat die beabsichtigte Auskunftserweiterung im Zusammenhang mit einer KAN-Anfrage hervorgerufen. Ausgangspunkt war, dass der KAN nunmehr Auskunft nicht nur über die INPOL-relevanten Straftaten einer Person geben soll wie bisher, sondern darüber hinausgehend, Auskunft über ihren gesamten kriminellen Werdegang erteilt, und selbst dann, wenn nur eine von der Person begangene Straftaten die Zugangskriterien zu KAN gemäß § 2 Abs. 1 BKAG i.d.F. vom 07.07.1997 erfüllt[794]. Aus polizeilicher Sicht ginge dies zwar mit einem eventuellen Effektivitätsgewinn bei der Verbrechensbekämpfung einher[795], aus datenschutzrechtlicher Sicht ist aber einzuwenden, dass: „die bundesweite Verfügbarkeit personenbezogener Fallinformationen der Gesetzgeber nach den §§ 11 Abs. 1, 2 Abs. 1 und 3 BKAG nur bei Straften mit länderübergreifender, internationaler oder erheblicher Bedeutung zugelassen [hat]. Gesetzliche Anknüpfungspunkte sind somit die einzelnen Straftaten und nicht etwa INPOL-relevante Personen [als solche]“[796] und ferner: „Die zentrale Bedeutung dieses Vorstoßes zur Erweiterung des KAN für die datenschutzrechtliche Bewertung von INPOL-Neu liegt auf der Hand, bedeutet doch die bundesweite Verfügbarkeit auch von geringerwertigen Delikten einen deutlichen Eingriff in die Rechte der Betroffenen ... In der Praxis sind die Kriterien der Überregionalität und Erheblichkeit von Taten ohnehin sehr weit ausgelegt worden. Es besteht daher kein Anlass, viel weniger noch rechtlicher Spielraum, um den Kreis der im Bundes-KAN gespeicherten Taten noch stärker auszudehnen. Der Argumentation der Polizei, die insoweit auf die in der Tat recht weitgehende Gesetzesbegründung zu § 2 Abs. 2 Nr. 1 BKAG verweist, muss schließlich entgegengehalten werden, dass der Wortlaut einer Norm deren Auslegung nach Anhaltspunkten aus der Gesetzeshistorie begrenzt“[797]. In einer gemeinsamen Entschließung haben sich Datenschutzbeauftragte von Bund und Ländern ausdrücklich gegen die geplante KAN-Erweiterung gestellt[798].

Datenschutzrechtliche Kritik richtet sich auch gegen den Fallbereich, wobei es hier um den vermeintlichen Verstoß gegen den Verhältnismäßigkeitgrundsatz aufgrund der vorgesehenen Einräumung übermäßiger Zugriffsrechte gegenüber den Fallbereichnutzern geht. Der Fallbereich gilt als besonders schutzwürdig, weil er ungesicherte personenenbezogene Daten sowie die Daten von Zeugen, Opfern,

---

794 Vgl. Rublack, *INPOL-Neu aus datenschutzrechtlicher Sicht* (Sommerakademie 1999), Fn. 791, S. 5.

795 Vgl. Rublack, *INPOL-Neu aus datenschutzrechtlicher Sicht*, Fn. 752, S. 441. Laut Rublack: „Begründet wird dies mit einem täterorientierten Ansatz, bei dem zur Abrundung der Beurteilung einer Person auch im Hinblick auf die Frage, ob eine neue mutmaßliche Straftat INPOL-Relevanzkriterien wie die Überregionalität erfüllt, sämtliche konventionell in den Kriminalakten und automatisiert in den verschiedenen Landessystemen nachgewiesenen Fälle bundesweit verfügbar sein müßten“.

796 Rublack, *INPOL-Neu aus datenschutzrechtlicher Sicht* (Sommerakademie), Fn. 791, S. 5.

797 Rublack, *INPOL-Neu aus datenschutzrechtlicher Sicht*, Fn. 752, S. 441.

798 Siehe die Entschließung der Datenschutzbeauftragten des Bundes und der Länder vom 14. & 15.03.2000 (*Unzulässiger Speicherungsumfang im ‚INPOL-Neu' geplant*).

Kontakt- und Begleitpersonen nach Maßgabe der besonderen Anforderungen des § 8 Abs. 4 & 5 BKAG i.d.F. vom 07.07.1997 enthalten soll[799]. Das Verhältnismäßigkeitsprinzip verlangt, dass Fallinformationen den einzelnen Nutzern lediglich entsprechend ihrem konkreten Aufgabenbereich zugänglich gemacht werden sollen und nicht, wie im INPOL-Neu geplant, darüber hinausgehend[800]. Zur Begründung heißt es: „Da die Verfügbarkeit der personenbezogenen Daten von Betroffenen über die umfassenden Recherchefunktionen von INPOL-Neu gerade im integrierten Fallbereich erheblich gesteigert wird, wenn man es mit den heutigen, getrennten Anwendungen vergleicht, müssen die Grundsätze der Verhältnismäßigkeit und Aufgabenangemessenheit informationeller Eingriffe an dieser Stelle besondere Beachtung erfahren. Ein einschränkungsloser Zugriff aller polizeilichen Sachbearbeiter auf harte wie weiche Daten Verdächtiger bzw. Beschuldigter, Opfer, Zeugen, Kontakt- und Begleitpersonen (...) in allen Deliktsbereichen wäre danach nicht vertretbar, zumal sich die Binnenorganisation etwa in Dienststellen der Kriminalpolizei immer noch an Delikts- bzw. Phänomenbereichen orientiert"[801]. Erforderlich sei aus Sicht der Datenschützer somit ein differenzierteres Berechtigungsvergabesystem, was technisch durchaus machtbar sein soll. Offenbar gelangt das Spannungsverhältnis Recht und Technik damit besonders deutlich ins Blickfeld, weil: „in der Einrichtung eines bundeseinheitlichen ‚deliktsneutralen' Fallbereiches die Polizei einen entscheidenden Qualitätssprung gegenüber INPOL-aktuell für die Ermittlungsarbeit [sieht]. In der Konsequenz sieht es das Projekt als wünschenswert an, alle polizeilichen Ermittler und Auswerter mit einer Berechtigung für den gesamten Fallbereich auszustatten"[802].

Im Hinblick auf eine wirksamere Verbrechensbekämpfung strebt INPOL-Neu längerfristig - und dabei basierend auf modernen kriminologischen Forschungserkenntnissen - die Zugrundelegung eines täter- bzw. deliktsübergreifenden Ansatzes an[803]. Damit büßt der klassische „delikts- bzw. phänomenorientierte Ansatz" an Bedeutung ein. Interessant bei INPOL-Neu ist die Feststellung, dass es sich offenbar eng an den Konzepten Data-Warehousing (Zusammenführung der Daten in einen gemeinsamen Pool) und Data-Mining (Bereitstellung von Funktionen zur Analyse und Auswertung der Daten) ausrichtet. Data-Warehousing/Data-Mining mögen zwar gute Lösungansätze für die Kriminalpolizei sein, argwöhnisch stellen die Datenschützer von Bund und Ländern diesbezüglich (und dabei nicht im unmittelbaren Zusammenhang mit INPOL-Neu) aber fest, dass: „diese Entwicklung neben Vorteilen neue Gefahren und Risiken für das Grundrecht auf informationelle Selbstbestimmung und für den Schutz der Privatheit [schafft]: Persönlichkeitsprofile, automatisierte Vorhersagen von Verhaltens- und

[799] Vgl. Rublack, *INPOL-Neu aus datenschutzrechtlicher Sicht* (Sommerakademie), Fn. 791, S. 5.
[800] Ebenda.
[801] Rublack, *INPOL-Neu aus datenschutzrechtlicher Sicht*, Fn. 752, S. 439.
[802] Ebenda.
[803] Vgl. Rublack, *INPOL-Neu aus datenschutzrechtlicher Sicht* (Sommerakademie), Fn. 791, S. 3-4.

Handlungsweisen, Manipulationsmöglichkeiten und zu lange Speicherung sind befürchtete Gefahren“[804]. Und ergänzend: “Nach dem grundrechtlichen Gebot der Zweckbindung dürfen personenbezogene Daten nur im Rahmen der gesetzlich zugelassenen Zwecke oder der gegenseitigen Vereinbarungen verwendet werden. Eine personenbezogene Speicherung in einem allgemein verwendbaren Data Warehouse entfernt sich vom ursprünglichen Verwendungszweck und stellt eine Speicherung auf Vorrat ohne Zweckbindung dar. Personenbezogene Daten, die bei der öffentlichen Verwaltung vorhanden sind, sind in ihrer Zweckbestimmung grundrechtlich geschützt und dürfen nicht für unbestimmte Zwecke in einem ‚Daten-Lagerhaus' gesammelt werden“[805]. So manches mag dabei aufgrund bestehender rechtlicher Bestimmungen auf INPOL-Neu nicht zutreffen, die These der Datenschutzbeauftragten zeigt aber in aller Deutlichkeit die potentielle Mißbrauchsgefahr der IuK-Technik auf, die stets im Auge zu behalten sind.

Kritik an INPOL-Neu ergibt sich auch im Zusammenhang mit der perzipierten Erosion der Landespolizeigesetze. Für die Phase der Datenübermittlung an INPOL und auch danach wurde vorgesehen, dass ausschließlich das BKAG i.d.F. vom 07.07.1997 zur Geltung kommen soll, mit der Folge, dass „kürzere Prüf- oder Löschfristen der Landespolizeigesetze sowie deren Einschränkungen zur abrufbaren Speicherungen Nichtbeschuldigter oder zur vorbeugenden Speicherung Beschuldigter mit der Einstellung in den Informationsverbund ins Leere liefen. Welchen verfassungsrechtlich nicht begründbaren Bedeutungsverlust das Landespolizeirecht durch eine solche Praxis erlitte, lässt sich unschwer vorhersehen und kann auch aus datenschutzrechtlicher Sicht nicht akzeptiert werden“[806].

Datenschutzrechtliche Vorbehalte bestehen auch im Zusammenhang mit der Aufgliederung in Muss-, Regel- und Kann-Fälle und der daraus resultierenden technischen „Abfluss-Automatik“ bei den Muss-Fällen, die mit einer Beschneidung der Entscheidungskompetenz der Länderpolizeien einhergeht[807], sowie mit der aus Kosten- und Zeitgründen konzipierten, zeitlich befristeten Auftragsverwaltung von Länderdatenbeständen durch das BKA. In einer gemeinsamen Entschließung wandten sich die Datenschutzbeauftragen von Bund und Ländern gegen die zentrale Speicherung und Verwaltung von Landesdaten beim BKA mit der Begründung, es bestünde „die Gefahr, dass weitere Beschlüsse folgen werden, die die dauerhafte Speicherung von Landesdaten beim BKA begründen; bereits jetzt sind Tendenzen deutlich, die zentralisierte Speicherung der Daten auch zur Erleichterung der gegenseitigen Zugriffe auf Landesdaten zu nutzen ... Die dauerhafte

---

[804] Siehe die Entschließung der Datenschutzbeauftragten des Bundes und der Länder vom 14. & 15.03.2000 (*Data Warehouse, Data Mining und Datenschutz*).

[805] Ebenda.

[806] Rublack, *INPOL-Neu aus datenschutzrechtlicher Sicht*, Fn. 752, S. 441.

[807] Vgl. Rublack, *INPOL-Neu aus datenschutzrechtlicher Sicht* (Sommerakademie), Fn. 791, S. 9.

zentrale Datenhaltung beim BKA würde die informationelle Trennung von Landesdaten und Verbunddaten aufweichen; die in § 2 Abs. 1 BKA-Gesetz statuierte Schwelle, dass nur Daten über Straftaten von länderübergreifender, internationaler oder sonst erheblicher Bedeutung beim BKA verarbeitet werden dürfen, würde schleichend umgangen. Eine dauerhafte zentrale Landesdatenhaltung beim Bundeskriminalamt beinhaltet eine neue, bei der augenblicklichen Rechtslage unakzeptable Qualität polizeilicher Datenverarbeitung"[808].

3.1.3.7 INPOL-4: Fluchtweg aus einer Krisensituation?

Ob INPOL-Neu nunmehr realisiert wird oder nicht und - sollte die erstere Alternative eintreten - ob die bisher auf der Bundes- und Landesebene aufgewendeten enormen Investitionssummen im Hinblick auf eine effektivere und effizientere Verbrechensbekämpfung in Deutschland sich „rentieren", bleibt abzuwarten. Trotz seiner vielfältigen Defizite und der ihm entgegengebrachten Kritik ist INPOL-Neu u.a. mit seiner stärkeren Ausrichtung auf die Kriminalprävention vergleichsweise besser geeignet für das dynamische, komplexe und zunehmend risikobehaftete Kriminalitätsumfeld als INPOL (aktuell). Tests belegen zudem seine hohe Leistungsfähigkeit:

Tabelle 11: Die Leistungstestdaten von INPOL–Neu

Personenfahndung		**Sachfahndung**		**Personen- & Sachfahndung**	
Zeit (Sek.)	Zugriffe (%)	Zeit (Sek.)	Zugriffe (%)	Zeit (Sek.)	Zugriffe (%)
< 1	94.06	< 1	99.21	< 1	95.26
< 3	5.00	< 3	0.64	< 3	3.98
< 10	0.80	< 10	0.10	< 10	0.64
< 20	0.09	< 20	0.01	< 20	0.07
< 120	0.06	< 120	0.03	< 120	0.05

Quelle: Das Bundeskriminalamt, Wiesbaden.

Dabei wurde festgestellt, dass die Leistungsfähigkeit von INPOL-Neu die vertraglichen Festlegungen übertrifft und das System bei gedrosselter Leistung 30+ Abfragen in der Sekunde parallel bearbeiten konnte, d.h. etwa ein Dittel mehr als die im Vertrag festgelegten 20+ Abfragen und deutlich mehr als das bisherige INPOL, welches weniger als 10 Abfragen in der Sekunde bewältigt[809].

Nach vorliegenden Informationen wurden die Arbeiten am INPOL-Neu gegen Ende 2001 eingestellt[810]. Statt dessen soll anlehnend an einen Beschluß des IMK

---

[808] Siehe die Entschließung der Datenschutzbeauftragten des Bundes und der Länder vom 10.10.2000 (*Auftragsdatenverarbeitung durch das Bundeskriminalamt*).

[809] Vgl. Dietl, *Reaktionsstrategien und institutioneller Handlungsbedarf in Deutschland*, Fn. 772, S. 5.

[810] Ebenda, S. 6-7.

vom 31. Januar 2002 INPOL-Neu in einer modifizierten Form fortgeführt werden, das sich an die Hamburger POLAS-Software (Polizeiliches Auskunftssystem) anlehnt und als Grundlage für die vierte und im Laufe des Jahres 2003 in Betrieb zu nehmende Version von INPOL (INPOL-4) dienen soll[811]. Mögliche Änderungen im Vergleich zu INPOL-Neu ergeben sich insofern, als dass das anwendungsunabhängige Konzept nunmehr nicht realisiert werden wird oder kann; vorgesehen sind statt dessen mehrere Dateien und eine Zweiteilung in den „operativen Bereich" (für polizeiliche Standardauskünfte) und den „dispositiven Bereich" (für anspruchsvolle kriminalistische Recherchen), wodurch das Vorhaben zwar vereinfacht, seine Leistungsfähigkeit aber zugleich eingeschränkt wird[812]. Welchen Effektivitäts- und Effizienzgewinn dies für die Verbrechensbekämpfung in Deutschland bringt, kann erst nach der endgültigen Inbetriebnahme des neuen Informationssystems der deutschen Polizei beantwortet werden.

811 Ebenda, S. 7.
812 Ebenda, S. 7. Dietl stützt sich dabei auf den Prüfungsbericht des Bundesrechnungshofes.

3.2 Über INPOL (Bund) hinaus: Die Dateien des Bundeskriminalamtes mit den Analyseschwerpunkten Fingerabdrücke, DNA und Gewaltkriminalität

3.2.1 Überblick über die weiteren Dateien des Bundeskriminalamtes

Als Zentralstelle der deutschen Polizei für das Auskunfts- und Nachrichtenwesen und als Behörde, die originäre Strafverfolgungs- und Gefahrenabwehrkompetenzen hat, verwaltet das BKA ein breites Spektrum an Dateien, deren Anzahl die im INPOL–Bund enthaltenen Dateien weit übersteigt. Für die Wahrung der Inneren Sicherheit in Deutschland haben diese Dateien, in ihrer Gesamtheit betrachtet, ebenfalls eine nicht zu unterschätzende Hilfsfunktion und stehen den Polizeien der Länder bei Bedarf und unter gewisser Voraussetzungen zur Verfügung. Sie beziehen sich auf diverse Anwendungsbereiche, die von der Bekämpfung von Sexualstraftaten, Wirtschaftsdelikten, Kfz-Verschieberei, Rauschgiftkriminalität, Umweltkriminalität über Personenschutz, Staatsschutz bis hin zur Spionageabwehr reichen.

Zur Bekämpfung von Sexualstraftaten gibt es bspw. die Datei *KINDERPORNO*[813], in der Daten aus Ermittlungsverfahren wegen Verdachts des Kindesmissbrauchs bzw. der Kinderpornographie geführt sowie weitergehende Informationen abgebildet werden, um mittels systematischer Informationsverdichtung neue Ermittlungsansätze gewinnen zu können. KINDERPORNO ermöglicht (a) das Erkennen von relevanten Personen, Personengruppierungen, Institutionen, Objekten, Sachen und (b) das Erkennen von Verflechtungen/Zusammenhängen zwischen Personen, Personengruppierungen, Institutionen, Objekten und Sachen, (c) die Gewinnung von Erkenntnissen für polizei- und ermittlungstaktisches Vorgehen und (d) die Aussonderung unbedeutender Informationen und Erkenntnisse.

Für ausgesuchte Fälle von Anlagebetrug und betrügerischen Konkursen wurde die Arbeitsdatei für Wirtschaftsdelikte errichtet. Die Datei enthält Personen-, Vorgangs-, Fall- sowie banktechnische Daten[814]. Die Datei Kfz-Verschieber enthält Erkenntnisse über Personen (Verdächtige und Beschuldigte), die in Verdacht

---

813 Siehe hierzu die Errichtungsanordnung für die Datei KINDERPORNO, Bundeskriminalamt Wiesbaden, Stand: 07.08.1998. Auch die Datei *PORNO* soll hier vermerkt werden. *PORNO* dient der Erfassung der Personalien von Herstellern und Verbreitern gewaltverherrlichender, pornographischer oder sonstiger jugendgefährdender Erzeugnisse sowie der Erfassung von Schrift-, Film- und Tonträgertiteln und vermittelt Auskunft darüber, ob bestimmte „unzüchtige Erzeugnisse" bereits Gegenstand einer richterlichen Untersuchung waren. Vgl. Schulz, *Tendenzen der Informationsverarbeitung und ihre zukünftige Nutzung in der Polizei*, Fn. 604, S. 201.

814 Vgl. Mordhorst, Eckard: *Datenverarbeitung in der Polizei*, Projektbericht der Hochschule für Öffentliche Verwaltung, Bremen, März 1992, S. 127.

stehen, gewerbsmäßig rechtswidrig abhanden gekommene Fahrzeuge zu verschieben[815].

Zur Rauschgiftbekämpfung dient die Datei (RG–Zufuhr) der Erfassung und Auswertung polizeilich-relevanter Informationen aus RG–Sofortmeldungen mit ST–Meldungen, eine andere Datei (RG–MISTRA) dient der umfassenden Erfassung von Rauschgiftkonsumverhalten, Aufhalten von Personen der Konsumszene, Erkenntnisgewinnung für polizeiliches Vorgehen, Feststellung neuer Tendenzen usw.[816].

Zur Bekämpfung der Umweltkriminalität unterhält das BKA die Dateien Umweltkriminalität und MISTRA–Mitteilung in Strafsachen, die der Erreichung eines aktuellen Lagebildes der Bekämpfung der Umweltkriminalität dient[817].

Zum Zwecke des Personenschutzes sammelt, bereitet und wertet das BKA umfangreiche Informationen im Bezug auf seinen zu beschützenden Personenkreis aus[818].

Im Bereich Staatsschutz dient die Datei EREIGNIS der edv-mäßigen Aufbereitung von Unterlagen über Anschläge und Aktivitäten verfassungsfeindlicher Organe[819]. Die BKA Polizeikriminalstatistik – Staatsschutz dient der Beobachtung der Staatsschutzkriminalität und einzelner Staatsschutzdeliktarten und, darüber hinaus, auch der Erlangung von Erkenntnissen für präventive und repressive polizeiliche Maßnahmen. In der Datei *PERES* (Personen-Recherche-System) werden neben Personenbeschreibungsmerkmale, Freitextdaten, digitalisierte Bilder (insbesondere Lichtbilder) und aus den Bildern abgeleitete Messgrößen gespeichert. Mithilfe von PERES sollen Erkenntnisse über die Organisation des gegnerischen Dienstes, seine Logistik, seine Kommunikationsmethodik und seine personale Besetzung durch Identifizierung seiner Mitarbeiter in Ihrer Funktion möglich werden[820]. *NABAS* (Nachrichtendienstliche Berichte, Analaysen und Studien) dient der Auswertung eingehender Berichte, Analysen und Studien über gegnerische Nachrichtendienste[821].

---

815 Vgl. Schulz, *Tendenzen der Informationsverarbeitung und ihre zukünftige Nutzung in der Polizei*, Fn. 604, S. 199.

816 Ebenda, S. 225.

817 Ebenda.

818 Ebenda, S. 211.

819 Ebenda, S. 224.

820 Vgl. Walter, Dieter: *Notwendigkeit der Zusammenarbeit zwischen polizeilichem Staatsschutz und Verfassungsschutz aus der Sicht des Bundeskriminalamtes*, in: Zachert, Hans-Ludwig/Störzer, Hans Udo/Koch, Karl-Friedrich (Hrsg.): *40 Jahre Bundeskriminalamt*, Richard Boorberg Verlag: Stuttgart u.a., 1991, S. 227.

821 Vgl. Schulz, *Tendenzen der Informationsverarbeitung und ihre zukünftige Nutzung in der Polizei*, Fn. 604, S. 230.

Darüber hinaus unterhält das BKA zahlreiche im Grunde intern ausgerichtete administrative Dateien, u.a.: die Bewerberdatei[822], die Personalverwaltungs-Datei[823], die Stellen-Datei[824], die Haushaltsüberwachungs-Datei[825], die Arbeitsplatz-Datei[826], das Inventurverwaltungs-Informationssystem[827], die Datenverarbeitungs-Gerätedatei[828], die Kfz-Verwaltungs-Datei[829], Tarnkennzeichen-Datei[830], Ausleihe-Datei[831], Fahndungshilfsmitteldatei[832], Druckschriftenversand-Datei[833], Bibliotheksverwaltungs-Datei[834], die Planungs-Datei[835], die Medien-Datei[836] und die Stichwort-Datei[837] .

Außer seinen umfangreichen Dateien setzt das BKA ebenso hochleistungsfähige kriminalistische Softwareprogramme ein[838], die - wie das Handschriftenanalyseprogramm FISH - teilweise vom Amt eigens entwickelt, teilweise auch von externen Softwareherstellern beschafft wurden, wie das Automatisierte Fingerab-

---

822 Ebenda, S. 236. Die Datei dient der Erfassung, Recherche und Abwicklung von Bewerbern.

823 Ebenda. Die Datei dient der Erfassung, Verwaltung und Auswertung von Personalakten.

824 Ebenda. Die Datei dient der Erfassung und Recherche des haushaltstechnischen Solls an Stellen.

825 Ebenda, S. 234. Die Datei dient der Abwicklung der Haushaltsüberwachung.

826 Ebenda, S. 236. Die Datei dient der Erfassung und Recherche arbeitsbezogener Daten.

827 Ebenda, S. 239. Die Datei dient der Erfassung und Verwaltung von Daten zu beweglichen Ausrüstungsgegenständen beim BKA.

828 Ebenda, S. 240. Erfasst werden Informationen zu allen IT-Geräten und IT-Softwarekomponenten (Vertragsdaten, Installation, Generierungs- und Abrechnungsdaten usw.), die über die zur reinen Inventurverwaltung notwendigen Daten hinausgehen.

829 Ebenda, S. 239. Die Datei ermöglicht die Erfassung, Verwaltung und Auswertung von Daten der beim BKA in Betrieb befindlichen Kraftfahrzeuge.

830 Ebenda, S. 230. Die Datei dient der Tarnkennzeichenverwaltung.

831 Ebenda. Die Datei dient der Dokumentation der Ausleihe von Material.

832 Ebenda. Die Datei dient u.a. zur Adressenspeicherung der Fahndungshilfsmittelbezieher.

833 Ebenda. Die Datei beinhaltet Daten zu den Beziehern von Publikationen, die vom kriminalistischen Institut des BKA herausgegeben werden und unterstützt den Versand und Rechnungsstellung.

834 Ebenda. Die Datei dient der Bestandspflege und Speicherung der Buch- und Zeitschriftentitel der BKA – Präsenzbibliothek.

835 Ebenda, S. 231. Die Datei dient dem zuständigen Fachreferat zur effizienten Lehrgangsplanung und Lehrgangsdurchführung.

836 Ebenda. In dieser Datei werden alle in Bund und Ländern vorhandenen polizeirelevanten audiovisuellen Medien (Film, Video, Bildplatte u.a.) nach bestimmten Kriterien durch die Polizeiführungsakademie erfasst. Recherchen können alle berechtigten Institutionen in den Ländern und beim Bund durchführen.

837 Ebenda. Die Datei dient der Erfassung und Recherche nach Stichwörtern zum Bereich Rauschgiftbekämpfung aus verschiedenen Veröffentlichungen.

838 Bei einer gezielten Recherche des Verfassers im Internet über eine Suchmaschine konnte festgestellt werden, dass das BKA auf der Kundenliste zahlreicher Softwarehersteller bzw. Softwarevermarkter steht und somit deren Produkte und Dienstleistungen in Anspruch nimmt.

drucksidentifikationssystem (AFIS), welches sich mittlerweile weltweit als Standard in der digitalen Fingerabdruckbearbeitung durchsetzen konnte.

3.2.2 AFIS: Das Automatisierte Fingerabdruck-Identifizierungssystem des Bundeskriminalamtes

3.2.2.1 Der kriminalistische Wert des Fingerabdrucks und die Entwicklung der automatisierten Fingerabdruckanalyse im Bundeskriminalamt

Die Verwendung des Fingerbabdrucks als Spurengegenstand für kriminalistische Zwecke reicht ins späte 19. Jahrhundert zurück. Der Fingerabdruck stellt ein für jeden Mensch anerkanntermaßen einmaliges biometrisches Identifizierungsmerkmal dar; weltweit gibt es keine zwei Menschen – selbst nicht eineiige Zwillinge - die das gleiche Fingerabdrucksmuster vorweisen können[839]. Hinzu kommt, dass das Fingerabdruckmuster von der Geburt eines Menschen bis hin zum Tod keinem Wandel unterliegt. Der kriminalistische Wert des Fingerabdrucks beruht in erster Linie darauf, dass er häufig bei der Begehung diverser Straftatenarten – bspw. Gewalt- und Sexualverbrechen, Eigentums- und Raubdelikten oder Dokumenten- und Urkundenfälschung - von polizeilich bekannten oder auch unbekannten Tätern am Tatort bzw. Tatgegenstand hinterlassen wird und somit einen wertvollen Anhaltspunkt zur Tataufklärung und ggf. zur Täteridentifizierung liefert. Hinzu kommt, dass Fingerabdrücke klassifiziert und auch noch Jahre nach ihrer Hinterlassung zur Analyse verwendet werden können.

Der Fingerabdruck steht im Mittelpunkt des polizeilichen Erkennungsdienstes[840]. Bereits ab dem Jahr 1903 wurde in Deutschland die ersten Fingerabdruckssammlungen zur Personenidentifizierung aufgebaut[841]. Die Abnahme von Fingerabdrücken ist in § 81b StPO geregelt, wonach die Erhebung und Speicherung von Fingerabdrücken für erkennungsdienstliche Zwecke zulässig ist, vorausgesetzt es handelt sich um Personen, gegen die als Beschuldigte ein strafrechtliches Ermittlungsverfahren eingeleitet worden ist und die aus polizeilicher Sicht auch in Zukunft als Straftäter in Betracht kommen können[842]. Gerade weil der Finger-

---

[839] Bereits lange Zeit vor seiner kriminalistischen Verwendung wurde der individualisierender Wert des Fingerabdrucks von den Babyloniern, Assyrern, Chinesen und Japanern erkannt und zur Signierung rechtsverbindlicher Erklärungen und Vereinbarungen verwendet.

[840] Zu einer erkennungsdienstlichen Standardmaßnahme gehört neben der Aufnahme von Fingerabdrücken auch die Abnahme eines Lichtbildes und einer Handschriftprobe von einer Person.

[841] Vgl. Loesing, Heiko: *Das automatisierte Fingerabdruck-Identifizierungssystem (AFIS) – ein Rück- und Ausblick*, in: Bundeskriminalamt (Hrsg.): Festschrift für Horst Herold zum 75. Geburtstag. Das Bundeskriminalamt am Ausgang des 20. Jahrhunderts, Bundeskriminalamt, Wiesbaden, 1998, S. 441. Vorreiter war Sachsen (1903), Schlusslicht war Mecklenburg-Schwerin (1911). Vgl. Altmann, Reinhard, *Historische Entwicklung der Daktyloskopie*, in: Deutsches Polizeiblatt für die Aus- und Fortbildung, März 1997, S. 8.

[842] Die Erfassung der Fingerabdrücke erfolgt bundesweit nach folgendem Verfahren: Im Rahmen einer polizeilichen erkennungsdienstlichen Maßnahme werden sie von der durchführenden Stelle auf Zehnfingerabdruckblätter in dreifacher Ausfertigung abgenommen und über das jeweilige LKA an das BKA zur Aufbereitung und Speicherung in AFIS übermittelt. Ein

abdruck erkennungsdienstlichen Charakter hat und ein wichtiges Sachbeweismittel vor Gericht[843] ist, liegt die Vermutung nahe, eine zentrale, bundesweit jederzeit abrufbare Fingerabdrucksdatei sei geboten.

Das Gesetz über die Einrichtung eines Bundeskriminalpolizeiamtes (Bundeskriminalamtes) vom 08.03.1951 BKAG ermächtigte das BKA in § 2 Nr. 3 u.a., erkennungsdienstliche Einrichtungen zu unterhalten[844]. Nach § 2 (4) Nr. 3 BKAG i.d.F. vom 07.07.1997 gehören u.a. die Unterhaltung zentraler erkennungsdienstlicher Einrichtungen und Sammlungen zum Aufgabenspektrum des BKA.

Die Fingerabdrucksammlung des BKA ist im Laufe der Jahre beträchtlich angewachsen. Während Ende 1951 das BKA über 318.774 Zehnfingerabdruckblätter verfügte, konnte sich diese Zahl bis Ende 1970 auf 1.525.773 beinahe verfünffachen[845]. Dabei erwies sich für Ermittler im vordigitalen Zeitalter mangels edv-mäßiger Recherchemöglichkeiten der Abgleich von am Tatort oder am Tatgegenstand sicher gestellten Fingerabdrücken bzw. von einem Verdächtigen oder Täter abgenommener Fingerabdruck mit dem Bestand der Fingerabdruckkartei des BKA oft als umständlich, zeit- und personalaufwändig.

Die in den Jahren 1976/76 erfolgte Einführung des (damals weltweit modernsten) Bund–Länder–Klassifiziersystems (BLS) im BKA leitete die Epoche der zunächst teilautomatisierten Fingerabdruckbearbeitung und –auswertung im Amt ein, die auch mit wesentlichen Änderungen im Fingerabdruck-Klassifizierungsystem einherging[846]. Zwar war das BLS-System „sowohl für Personen- als auch erstmals für die Spurenrecherche in größeren Datenbeständen geeignet, besaß nunmehr als ‚Halbautomat' den entscheidenden Nachteil eines sehr hohen manuellen Klassifizier-/Eingabe- und damit Personalaufwandes"[847]. Der hohe Ressourcenauf-

---

Zehnfingerabdrucksblatt verbleibt bei der durchführenden erkennungsdienstlichen Stelle, eines bleibt im jeweiligen LKA und ein anderes wird dem BKA zugesandt.

843 Für die Rechtsfindung und Rechtsprechung hat der BGH in seinem Urteil vom 11.06.1952 – 3 Str. 229/52 LG Frankfurt den Beweiswert der Daktyloskopie uneingeschränkt anerkannt.

844 Vgl. Dickopf/Holle, *Das Bundeskriminalamt*, Fn. 84, S. 39. Das Reichskriminalpolizeigesetz vom 21. Juli 1922 sah in § 5 Nr.3 vor, dass die Landeskriminalpolizeiämter erkennungsdienstliche Sammelstellen ihres Gebietes seien müssen und verplichtet das Reichskriminalpolizeiamt (§ 6) „alle für die planmäßige Zusammenarbeit der Landeskriminalpolizeibehörden nötigen Maßnahmen zu treffen, insbesondere einen allen Ländern gemeinsamen Nachrichten- und Erkennungsdienst zu unterhalten".

845 Ebenda, S. 95.

846 Vgl. Loesing, *Das automatisierte Fingerabdruck-Identifizierungssystem (AFIS) – ein Rück- und Ausblick*, Fn. 841, S. 441. Das BLS zeichnete sich im Vergleich zu früheren Klassifizierungssystemen durch eine höhere analytische Komplexität aus. Einen knappen, aber dennoch guten Einblick in das BLS bietet Oppermann, Klaus, *Grundsätze der modernen Daktyloskopie*, in: Deutsches Polizeiblatt für die Aus- und Fortbildung, März 1997, S. 11.

847 Loesing, *Das automatisierte Fingerabdruck-Identifizierungssystem (AFIS) – ein Rück- und Ausblick*, Fn. 841, S. 441.

wand wirkte sich negativ auf die Spurenauswertung aus[848]. Außerdem wies das BLS eine gravierende Einschränkung insofern auf, als dass ein Spurenabgleich nur möglich war, wenn ein zentraler Bereich des Fingerabdrucks gesichert werden konnte. Angesichts dieser Mängel und des Problems der Bewältigung des Fingerabdruck-Volumens musste somit eine Alternative zum BLS gefunden werden[849].

Das rasante Voranschreiten der IuK-Technik ab den 1980er Jahren und insbesondere die Entwicklung leistungsfähiger Mustererkennungssysteme schuf neue Möglichkeiten für Kriminalisten und ebnete dabei auch den Weg für eine effektivere und effizientere Daktyloskopie. Nach einer zweijährigen Vorbereitungszeit (1990-1992) wurde als erste Stufe des Fingerabdruck-Systemumstellungsprozesses im BKA für die Personenidentifizierung (Zehnfingerabdruck-Recherche) das kommerziell erhältliche Automatisierte Fingerabdruckidentifizierungssystem (AFIS) einer französischen Firma in Betrieb genommen, bei der zweiten Stufe im darauffolgenden Jahr wurde den LKÄ per Satellitverbindung der unmittelbare Zugriff auf die Daten im AFIS-Rechner im BKA ermöglicht[850]. Ende 1993 war es in Deutschland erstmals möglich, auch die an Tatorten bzw. Tatgegenständen gesicherten daktyloskopischen Spuren im Fingerabdruck-Gesamtbestand zu recherchieren[851].

3.2.2.2 Zweck und Arbeitsweise des AFIS

Das AFIS unterscheidet sich von den im INPOL (Bund) enthaltenen Dateien des BKA (und von den meisten der sonstigen Dateien des BKA) insofern, als dass es auf einem Mustererkennungsverfahren beruht. Das AFIS stellt für Kriminalisten ein in der Praxis bewiesenermaßen wertvolles Mittel dar, das über einen daktyloskopischen Vergleich die Identifizierung von Personen, unbekannte Tote und Spurenabdrücke ermöglicht[852]. Mit AFIS können bekannte oder unbekannte Tätern auf der Grundlage ihrer an Tatorten bzw. Tatgegenständen gesicherten Fingerabdrücke in Zusammenhang mit weiteren Straftaten in verschiedenen räumlichen und zeitlichen Kontexten gebracht werden. AFIS enthält die Fingerabdrücke von

---

848 Vgl. Zachert, Hans-Ludwig/Zeiger, Jürgen: *Entwicklung der polizeilichen Informationstechnik. Technisch-wissenschaftliche Informationsverarbeitung und Automatisierte Fingerabdruck-Identifizierung als Beispiele*, in: Kube, Edwin/Störzer, Hans Udo/Timm, Klaus Jürgen (Hrsg.): *Kriminalistik. Handbuch für Praxis und Wissenschaft. Band 2*, Richard Boorberg Verlag: Stuttgart u.a., 1994, S. 718.

849 Ebenda. Die Autoren weisen darauf hin, dass es Ende der 1980er/Anfang der 1990er Jahre zu einer „signifikanten Steigerung" der Fingerabdruckseingangszahlen beim BKA gekommen ist infolge der steigenden Kriminalität, der Wiedervereinigung Deutschlands und des sprunghaften Anstiegs bei der Asylbewerberanzahl.

850 Vgl. Oppermann, *Grundsätze der modernen Daktyloskopie*, Fn. 846, S. 11-12.

851 Ebenda.

852 Vgl. Haas, Albert: *Automatisiertes Fingerabdruckindentifizierungssystem AFIS*, in: Landeskriminalmt Baden-Württemberg (Hrsg.): INPOL, IKNPOL. Ihr Begleiter durch die von der Polizei des Landes Baden-Württemberg genutzten DV-Verfahren, Stuttgart, 1998, S. 39.

erkennungsdienstlich behandelten Personen, von an Tatorten oder an Tatgegenständen gesicherte Abdrucksspuren sowie die Fingerabdrücke von Asylbewerbern und Ausländern, soweit nach der Zweckbestimmung von AFIS die Speicherung zulässig ist[853].

Die daktyloskopischen Daten werden auf konventionellem Wege oder über Datenleitung an das BKA von den Polizeidienststellen der Länder und des Bundes, vom Bundesamt für die Anerkennung ausländischer Flüchtlinge und dessen Außenstellen, den Ausländerbehörden und aus dem Ausland (INTERPOL, die nationalen Zentralbüros der INTERPOL–Mitgliedsstaaten und den Schengener-Vertragsstaaten) dem BKA übersandt[854]. Unmittelbar AFIS-Abrufsberechtigte sind ausschließlich das BKA und die LKÄ; die Verantwortung für die Speicherung, Nutzung und Übermittlung der Daten tragen das BKA und die anliefernden Stellen[855]. Dem datenschutzrechtlichen Aspekt wird dabei auch Rechnung getragen: Alle Anfragen an das AFIS und Auswertungsergebnisse werden automatisch protokolliert und für den laufenden Monat gespeichert[856]. Die Datenspeicherung in AFIS richtet sich nach den einschlägigen Rechtsvorschriften (u.a. § 16 Abs. 6 Asylverfahrensgesetz, § 78 Abs. 4 Ausländergesetz) sowie sonstigen Vorschriften über die Errichtung und Führung von Dateien über personenbezogene Daten bei Bund und Ländern[857].

Das AFIS beruht auf einem digitalen Mustererkennungsverfahren[858]. Mittels der AFIS–Software[859] der französischen Firma MORPHO werden im Rahmen des Erfassungsvorgangs die Zehnfingerabdruckbätter und die am Tatort bzw. Tatgegenstand befindlichen daktyloskopischen Spuren über spezielle Kameraeinheiten eingescannt und digitalisiert, die Bilder bei festgestellten Qualitätsmängeln ggf. nachgebessert und die ca. 100–150 anatomischen Merkmale der Fingerabdrücke anschließend mit Hilfe von besonderen Kodiereinheiten nach einem algorithmischen Verfahren automatisch verformelt[860]. Bei der Erfassung müssen „deskriptive

---

853 Ebenda, S. 41.

854 Ebenda, S. 40.

855 Ebenda, S. 41.

856 Ebenda.

857 Ebenda.

858 Auf die z.T. komplexen anatomischen Merkmale eines Fingerabdrucks und seine daktyloskopische Erfassung wird in diesem Abschnitt nicht eingegangen. Siehe hierzu Oppermann, *Grundsätze der modernen Daktyloskopie*, Fn. 846, S. 9 ff.

859 Die Software wird dauernden nachgebessert. Im Zeitraum 1992-98 wurden mehr als 200 Software-updates eingespielt. Vgl. Loesing, *Das automatisierte Fingerabdruck-Identifizierungssystem (AFIS) – ein Rück- und Ausblick*, Fn. 841, S. 445.

860 Ebenda, S. 442. Loesing weist darauf hin, dass bei ca. 3% der Fingerabdrucksblätter ein Nachbesserungsbedarf besteht.
Die Bearbeitungszeit pro Zehnfingerabdrucksblatt beim BKA, in dem ca. 40 AFIS-Stations zur Verfügung stehen, beträgt drei Minuten, einschließlich der Recherche, ob die Person

Daten" (die Referenz- und Spurennummer, Grundmuster, Geschlecht, Länderkennung, Deliktskennung usw.) angegeben werden[861].

Das AFIS ermöglicht die Durchführung von Personenfeststellungsverfahren, die Feststellung von Tatzusammenhängen, die Identifizierung von unbekannten Toten und die Erstellung von Gutachten für Polizei- und Justizbehörden[862].

Der AFIS-Zentralrechner befindet sich im BKA-Rechenzentrum in Wiesbaden und ist mit den AFIS-Workstations des BKA und der LKÄ direkt verbunden[863]. Die Fingerabdrücke der im AFIS erstmals erfassten Personen werden im Regelfall mit dem Bestand der offenen Tatortfingerabdruckspuren abgeglichen. Zur Feststellung von Tatzusammenhängen kann ein Abgleich von offenen Fingerabdruckspuren auch untereinander durchgeführt werden. AFIS bietet dabei auch die Möglichkeit eines Teildatenbestandsabgleichs (z.B. nach Bundesland, Geschlecht, Finger)[864]. Diese Einschränkung erspart Zeit, ist naturgemäß aber nur dann praktikabel, wenn die entsprechenden Anhaltspunkte vorliegen. Das AFIS gestattet zudem die Vergabe von Prioritäten[865]. Mit der periodischen Nachbesserung der AFIS-Software soll eine höhere Wiederauffindewahrscheinlichkeit bei Recherchevorgängen und damit eine höhere Effektivität des Systems erreicht werden.

Das Ergebnis eines Recherchevorgangs[866] im AFIS wird in Form einer nach Trefferwahrscheinlichkeit geordneten „Hit-Liste"[867] mit musterähnlichen Fingerabdrücken auf dem Bildschirm angezeigt, anschließend kann vom sachverständigen Daktyloskopen ein visueller Fingerabdrucksvergleich vorgenommen werden[868]. Dabei muss er den Vergleich persönlich nachvollziehen, diese Aufgabe kann nicht dem Rechner überlassen werden. Falls sich ein zu untersuchender Fingerabdruck

---

bereits erkennungsdienstlich behandelt wurde. Siehe die Webseite des LKA Nordrhein-Westfalen, http://www.lka.nrw.de/abtei/a3/erkenn.htm, 12.07.2002.

861 Vgl. Loesing, *Das automatisierte Fingerabdruck-Identifizierungssystem (AFIS) – ein Rück- und Ausblick*, Fn. 841, S. 442.

862 Diese Information stammt von der Webseite des BKA unter *Profil – Fakten &Zahlen.*

863 Das AFIS wird laut Angabe des LKA-Nordrhein-Westfalen auf der Basis des Betriebssystems Windows NT der Firma Microsoft betrieben. Bis vor kurzem wurde hierfür UNIX verwendet.

864 Vgl. Loesing, *Das automatisierte Fingerabdruck-Identifizierungssystem (AFIS) – ein Rück- und Ausblick*, Fn. 841, S. 443.

865 Ebenda.

866 Es ist zu differenzieren zwischen „Remote Stations" und „Verification Stations". Remote Stations ermöglichen in den LKÄ die Aufnahme von an Tatorten gesicherten Fingerabdruckspuren mit einer Kamera, letztere sind lediglich für Recherche-/Vergleichszwecke vorgesehen.

867 Der Umfang der „Hit-Liste" ist frei wählbar, in der Praxis hat sich aber herausgestellt, dass eine Begrenzung auf maximal ca. 30 sinnvoll ist.

868 Vgl. Loesing, *Das automatisierte Fingerabdruck-Identifizierungssystem (AFIS) – ein Rück- und Ausblick*, Fn. 841, S. 443.

mit einem Fingerabdruck im AFIS als identisch herausstellt, lässt sich die Identität des Fingerabdruckhinterlegers – falls dieser bereits erkennungsdienstlich behandelt wurde - aus INPOL über die seinem Fingerabdruck zugeordnete Referenznummer (D-Nummer) ermitteln, da im AFIS eine unmittelbare Personalienerfassung nicht vorhanden ist[869].

3.2.2.3 Bestandstatistik und Erfolgsbilanz des AFIS

Derzeit sind in der AFIS–Datei die Fingerabdrücke von über 3 Millionen Personen gespeichert, täglich kommen bis zu 1.400 neue Datensätze hinzu[870]. Damit zählt das AFIS des BKA im internationalen Vergleich zu den größeren digitalisierten kriminalpolizeilichen Fingerabdruckssammlungen[871].

Die beeindruckende Erfolgsbilanz von AFIS zeigt eindeutig, dass der hohe Investitionsaufwand in die technische Infrastruktur sowie der personelle und zeitliche Aufwand sich gelohnt und, im Vergleich zum früher eingesetzten BLS-Verfahren, einen deutlichen Effektivitäts- sowie Effizienzvorsprung gebracht haben. Auf die Erfolgsbilanz des AFIS wird stellenweise in der Literatur verwiesen. Bereits 1994 konnte festgestellt werden, dass die Trefferquote im Bund und in den Ländern im Spurenbereich gegenüber dem BLS um das ca. Achtfache anstieg[872]. Einer aktuelleren Angabe des LKA Nordrhein-Westfalen zufolge stieg die durchschnittliche Anzahl der identifizierten Spurenfälle pro Jahr gegenüber dem BLS um das Fünffache[873]. Bemerkenswert in präventiver Hinsicht ist der erhebliche Rückgang der

---

869 Ebenda. Daher findet auch ein regelmäßiger Datenabgleich zwischen AFIS und INPOL statt, um ihre Konsistenz und gleichzeitige Bereinigung sicherzustellen.

870 Pressemitteilung des Bundeskriminalamtes vom 15.11.2002. Siehe auch die Webseite des BKA unter *Profil – Fakten & Zahlen.* Danach erfasst das BKA derzeit die Fingerabdruckblätter von 3.037.000 Personen. Im Monat erhält das BKA rd. 41.000 Blätter zur Auswertung übersandt. Im Jahre 2000 wurden, gemäß den datenschutzrechtlichen Bestimmungen, ca. 158.000 Blätter ausgesondert. Rund 43.000 Blätter sind dem BKA bisher aus dem Ausland im Rahmen der internationalen Rechtshilfe übersandt worden.

871 Darunter zählen auch die USA, Großbritannien, Kanada, Australien und manche europäische Staaten.

872 Vgl. Loesing, *Das automatisierte Fingerabdruck-Identifizierungssystem (AFIS) – ein Rück- und Ausblick*, Fn. 841, S. 445. Insbesonders galt dies auch für die Teilfingerabdrücke.

873 Siehe die Webseite des LKA Nordrhein-Westfalen, http://www.lka.nrw.de/abtei/a3/ erkenn.htm), 12.07.2002. Die Effektivität der AFIS-Datei wurde von einigen LKÄ empirisch bestätigt. Laut Angabe des LKA Sachsens konnte im Jahr 1995 von 2.547 Straftaten, zu denen gesicherte Fingerspuren vorlagen, 286 Straftaten geklärt werden. Im Jahr 2000 waren es von 4.398 Straftaten 499, zu denen durch eine Recherche in der AFIS-Datei Spurenverursacher ermittelt werden konnten. Mit hilfe der AFIS-Datei konnten bis zum Jahr 2000 im Freistaat Sachsen mehr als 2.200 Straftaten aufgeklärt werden, bei denen die Täter zunächst unbekannt waren und weitere Ermittlungen keine Aufklärungsmöglichkeit versprachen. Siehe hierzu die Webseite des LKA Sachsen, http://www.lka.sachsen.de/ Infos/ PresInfo/010307afis.html. Dem LKA Bayerns zufolge: „gab es mit dem alten Recherche-System noch etwa 100 Identifizierungen, kam man mit AFIS im ersten Anwendungsjahr

Leistungserschleichung durch Asylbewerber (wodurch dem Fiskus Schäden in Milliardenhöhe entstanden), der auf den Einsatz von AFIS in Verbindung mit der obligatorischen Abnahme von Fingerabdrücken bei der Asylantragsstellung zurückzuführen ist[874].

Im Zeitraum 1994–01.05.1998 wurden im AFIS 1.242.590 Personenrecherchen durchgeführt, bei denen in 87.792 Fällen die Verwendung anderer Personalien festgestellt werden konnte[875]. Bei der Spurenrecherche konnten im gleichen Zeitraum von 509.276 Spuren 36.720 identifiziert werden[876]. Ferner konnten mit Hilfe von AFIS im BKA erhebliche Personalressourcen freigesetzt[877] und eine deutliche Beschleunigung der Erfassungs- und Recherchegeschwindigkeit im Vergleich zum BLS festgestellt werden. So beträgt die Erfassungszeit bei den Fingerabdruckblätter ca. drei Minuten, bei Spuren acht bis zehn Minuten – das ist etwa ein Zehntel des bisherigen Zeitaufwandes[878]. Ein weiterer wesentlicher Vorteil von AFIS gegenüber dem BLS besteht darin, neben der automatischen Erfassung der anatomischen Merkmale, Teilfingerabdrücke[879] zu analysieren und ggf. zuzuordnen[880].

---

schon auf über 600. Nach gut 18 Monaten war die 1000. Identifizierung gelungen und nachdem nun fast der gleiche Zeitraum abgelaufen ist, steht man bei der Zahl 2000. Mit 648 Identifiierungen durch AFIS erreichten die Spezialisten vom Sachgebiet 531 im vergangenen Jahr ihre bisher höchste Trefferquote". Weiter heißt es: "Auf die hohe Anzahl von Treffern kamen wir durch die Bearbeitung von bisher rund 20.000 Spurenfällen, wobei insgesamt 32.000 Einzelspuren zu recherchieren waren ... Unter den geklärten Spurenfällen befanden sich rund 200 Kapitaldelikte. Wohl das meiste Aufsehen erregte dabei die Identifizierung eines siebenfachen Frauenmörders, dessen Taten bis in das Jahr 1975 zurückreichen". *2000. Spurenverursacher ermittelt. Daktyloskopen auf Erfolgskurs*, in: Bayerns Polizei, Nr. 2, 1997, S. 6.

874 Vgl. Loesing, *Das automatisierte Fingerabdruck-Identifizierungssystem (AFIS) – ein Rück- und Ausblick*, Fn. 841, S. 445. Im Rahmen der Expertengespräche wurde diesem Verfasser mitgeteilt, vor der AFIS-Einführung waren zum Zwecke der Leistungserschleichung 30%-40% der Asylbewerber bei den zuständigen Ämtern doppelt oder mehrmals erfasst unter Angabe falscher Personalien.

875 Ebenda, S. 447.

876 Ebenda.

877 Ebenda, S. 444. Loesing nennt die Zahl von 100 Mitarbeiter BAT Va bzw. Vb.

878 Vgl. Oppermann, *Grundsätze der modernen Daktyloskopie*, Fn. 846, S. 13. Siehe hierzu auch Zachert/Zeiger, *Entwicklung der polizeilichen Informationstechnik*, Fn. 848, S. 717. Beim BLS betrug die zeitliche Bearbeitungsaufwand für die Klassifizierungsarbeit (Erfassung für die Personenidentifizierung (sog. Kurzsatz) 30 Minuten; für die Spurenidentifizierung (sog. Langsatz) 90 Minuten).

879 D.h. Fingerabdrucksbereiche, die außerhalb des zentralen Bereiches (sog. Innerer Terminus) liegen und daher für eine Recherche im BLS ungeeignet waren.

880 Vgl. Oppermann, *Grundsätze der modernen Daktyloskopie*, Fn. 846, S. 13. Für Information über weiterer, eher technische komparative Vorteile des AFIS-Software siehe Münch, Wilfried: *Geschichtliches und gegenwärtiger Stand der daktyloskopischen Spurenbearbeitung am Beispiel Bayerns*, in: Kriminalistik, Nr. 5, 1994, S. 265.

Bei der Erfüllung ihrer Aufgabe, am Tatort gesicherten Spuren Personen zuzuordnen, hat sich AFIS hervorragend bewährt. Nach Auskunft des BKA ermöglicht AFIS jährlich die Identifizierung von mehr als 13.000 Spurenverursacher durch das BKA und die LKÄ - zu Zeiten des manuellen Vergleichs wären dafür mehr als 20 Jahre benötigt worden[881]. Im Jahr 2000 wurden im BKA und in den LKÄ ca. 186.000 daktyloskopische Tatortspuren im AFIS recherchiert, wobei insgesamt ca. 13.500 Spurenverursacher identifiziert und ca. 220 Tatzusammenhänge festgestellt wurden[882]. Im selben Jahr konnte auch in 162 Fällen die Identität von unbekannten Toten geklärt werden.

Beeindruckend ist die Geschwindigkeit, mit der AFIS nach Mustern sucht: in einer Sekunde soll der Abgleich mit fast 6.000 gespeicherten Fingerabdrücken machbar sein[883]. Diese Schnelligkeit ist bspw. dann von Bedeutung, wenn bei einer Polizeistreife eine Person festgenommen wird, die sich nicht ausweisen kann oder falsche Personalien angibt. In solchen Fällen werden durch die örtlich zuständige Polizeidienststelle die Fingerabdrücke der Person genommen, die auf elektronischem Weg (Telebild) an das BKA übermittelt werden[884]. 98.113 mal geschah dies allein im Jahr 2000; in ca. 40 % aller Fälle gelang eine umgehende Identifizierung und in 14.528 Fällen konnte festgestellt werden, dass es sich um bereits polizeilich Bekannte handelte, allerdings unter anderen (falschen) Personalien[885].

Laut BKA konnten mittels AFIS im Jahre 2001 bei etwa 38% der bearbeiteten Vorgänge Fingerabdrücke bestimmten Personen zugeordnet werden[886]. Derzeit wird eine Funktionalitätserweiterung von AFIS und damit eine weitere Effektivitäts- und Effizienzsteigerung des Systems vorgenommen. Mit dem Softwareprogramm *Metamorpho* soll die automatisierte Erfassung und Auswertung von Fingerabdrücken und Fingerspuren auf Handflächenabdrücke und Handflächenspuren, die in der Vergangenheit an Tatorten gesichert wurden, ausgedehnt werden[887]. Aus der kriminalistischen Praxis ist bekannt, dass rund ein Drittel der an Tatorten hinterlassenen Spuren von Handflächen stammt[888]. Das bisherige bundesweite AFIS soll bis Ende 2002 auf Metamorpho umgestellt und allen LKÄ die

---

881 Pressemitteilung des Bundeskriminalamtes vom 15.11.2002.

882 Diese Angaben stammen vom BKA und findet sich in einer Nachrichtenmeldung, die am 09.02.2003 auf der Webseite der ARD, http://www.ard.de, zu sehen war.

883 Ebenda.

884 Ebenda.

885 Ebenda.

886 Diese Angabe stammt von der Webseite des BKA unter *Profil – Fakten &Zahlen*.

887 Pressemitteilung des Bundeskriminalamtes vom 15.11.2002. Ein rechnergestütztes Handflächenabdruckklassifizier- und –recherchesystem (DACHS) wurde bereits vom LKA Sachsen entwickelt. Vgl. Witthuhn, Klaus: *Klassifizierung und Recherche von Handflächenabdrucken*, in: *Kriminalistik*, Nr. 6, 1995, S. 425-432.

888 Die Angabe „Ein Drittel" wurde vom BKA genannt. Siehe die Nachrichtenmeldung der ARD, Fn. 882.

Software zur Verfügung gestellt werden[889]. Ein Kontingent von ca. 500.000 bereits vorliegenden Handflächenabdrücken soll dabei im AFIS erfasst werden[890]. Ein Vorteil des Metamorpho Software soll darin bestehen, die Anbindung von sog. Livescan Stationen an AFIS zu ermöglichen. Damit können künftig Fingerabdrücke digital vor Ort erfasst werden und direkt in AFIS übertragen werden, wodurch die bisherige Praxis der Entsendung von Fingerabdruckblättern an das BKA entfallen werden soll[891].

3.2.2.4 AFIS in grundrechtlicher und datenschutzrechtlicher Hinsicht

Interessanterweise findet in der Literatur eine Auseinandersetzung mit AFIS in grundrechtlicher Hinsicht selten statt, anders als bspw. bei der hochkontroversen DNA-Analyse-Datei. Anhand von AFIS lässt sich die grundrechtliche Zweischneidigkeit der kriminalpolizeilichen IuK-Technik erkennen: Einerseits hat ihr Einsatz eine Eingriffswirkung, weil erkennungsdienstliche Maßnahmen in die Privatsphäre des Bürgers unmittelbar eingreifen, andererseits geht von AFIS auch eine grundrechtsschützende Wirkung aus. Denn sämtliche Indizien können für die Tatschuld einer Person sprechen, erst aus einem Abgleich der am Tatort bzw. Tatgegenstand gesicherten Fingerabdruckspur mit den Fingerabdrücken des Verdächtigten kann jedoch möglicherweise festgestellt werden, dass dieser eben nicht als Täter in Frage kommt. Mit AFIS wird sowohl repressiver als auch präventiver Verbrechensbekämpfung Rechnung getragen. In repressiver Hinsicht haben die Ermittler mit AFIS ein zuverlässiges Hilfsmittel Täter eventuell zu identifizieren, in präventiver Hinsicht ist AFIS insofern nutzbar, als die mit ihrer Hilfe ermittelten und ggf. zur Haftstrafe überführten Wiederholungstäter zeitweilig keine Möglichkeit zur Begehung weiterer Straftaten haben werden.

Im Zusammenhang mit dem Einsatz von AFIS sind andererseits auch gewisse Vorbehalte laut geworden. Sie richten sich in erster Linie gegen die seit dem Inkrafttreten des novellierten Asylverfahrensgesetzes am 01.07.1992 vorgeschriebene Fingerabdruckerfassung von Asylantragstellern[892]. Es wird behauptet,

---

889 Pressemitteilung des Bundeskriminalamtes vom 15.11.2002.

890 Ebenda.

891 Ebenda. Nach einem offenbar erfolgreich verlaufenden Feldversuch des BKA hat die Beschaffung von Livescan-Stationen in manchen Bundesländern bereits begonnen.

892 Nach § 16 des Gesetzes müssen alle Asylbewerber erkennungsdienstlich behandelt werden mit Ausnahme von Personen mit unbefristeter Aufenthaltsgenehmigung und Kindern unter 14 Jahren.
Die Verhinderung des Asylmissbrauchs mithilfe von AFIS läuft grundsätzlich wie folgt ab: Bei der Stellung des Asylantrags in Deutschland werden dem Antragssteller im jeweiligen Büro des Amtes für die Anerkennung ausländischer Flüchtlinge zunächst die Fingerabdrücke abgenommen. Diese werden anschließend an das BKA übermittelt, gespeichert und mit dem bereits vorhandenen AFIS-Bestand an Fingerabdrücken von Asylsuchenden abgeglichen. Somit lässt sich binnen kürzester Zeit feststellen, ob der Antragssteller bereits anderswo in

diese Zwangsmaßnahme käme der Kriminalisierung von Asylantragstellern gleich und sei ein Ausdruck des institutionellem Rassismus, der bewussten Diskriminierung und der Ausländerfeindlichkeit seitens des deutschen Staates[893]. Auch das Mitte Januar 2003 in der EU in Betrieb genommene EURODAC-Computersystem zur unionsweiten Fingerabdruckerfassung, u.a. von Asylantragstellern ist der Kritik ausgesetzt[894]. Zwar mag die zwangsweise Erfassung sämtlicher Asylantragsteller „generalverdachtsunterstellende" Züge aufweisen und in verfassungsrechtlicher Hinsicht somit bedenklich sein – insofern sind die Kritiker im Recht -, da aber ein nachgewiesenes übermäßig hohes Betrugsrisiko von diesem Personenkreis ausgeht, wodurch dem deutschen Staat bereits kumulative Schäden in Milliardenhöhe vor der Maßnahmenergreifung entstanden sind, wird das Gebot der Verhältnismäßigkeit nicht missachtet. Damit muss auch der Vorwurf des institutionellen Rassismus und der Ausländerfeindlichkeit zurückgewiesen werden, denn hier liegt keine willkürliche Benachteiligung von Asylantragsstellern vor. Gerade bei ihnen hat das AFIS seinen Wert bewiesen, worauf im Rahmen der Expertengesprächen dem Verfasser hingewiesen wurde.

Etwas bedenklicher erscheint die künftige Vernetzung der automatisierten Fingerabdrucksidentifizierungssysteme einiger EU-Staaten. Ein derartiges unionsweites Netzwerk besteht derzeit noch nicht, wird aber offenbar anvisiert: „Daneben wird die Europäisierung der Erkennungsdienste forciert: Derzeit laufen Verhandlungen mit dem Ziel, Fingerabdrücke nicht nur in Deutschland, sondern auch in anderen Ländern elektronisch abgleichen zu können ... Auf diese Weise sollen Personen nicht nur schneller, sondern auch über die auch für Straftäter offenen Grenzen hinweg identifiziert werden können"[895]. Vereinzelte Netze soll es bereits geben[896]. Das Vorhaben hat in kriminalistischer Hinsicht seinen Sinn, damit zusammenhängend stellt sich aber die Frage, in welchem Ausmaß „grundrechtliche Kosten" eventuell anfallen werden, insbesonders bei einer EU-weiten (oder noch darüber hinausgehenden) Teilnehmerschaft mit unterschiedlichen erkennungsdienstlichen und

---

Deutschland einen entsprechenden Antrag gestellt hat. Das Flüchtlingsamt bekommt dann grundsätzlich binnen 48 Stunden eine Rückmeldung.

893 Diese Kritik stammt zumeist aus dem „linken Milieu" und ist oft in der Literatur bzw. auf Webseiten anzutreffen. Dabei wird oft leider unsachlich, emotional und polemisch argumentiert.

894 EURODAC beruht auf der EG-Verordnung Nr. 2725/2000 vom 11.12.2000. Mit EURODAC wurde ein Kontrollmechanismus geschaffen, mit dem per elektronischem Abgleich erkannt werden kann, ob Asylsuchende, deren Anträge in einem EU-Staat abgewiesen wurde, in einem anderen EU-Staat erneut einen Asylantrag gestellt haben. Der EURODAC-Zentralrechner wurde Mitte Januar 2003 in Betrieb genommen und alle EU-Staaten sind ihm angeschlossen. Der Zentralrechner speichert die Fingerabdrücke sämtlicher Asylantragssteller und illegaler Grenzüberschreiter für einen Zeitraum von jeweils 10 bzw. 2 Jahren. Unter bestimmten Voraussetzungen ist eine Löschung der Daten vor Fristablauf vorgesehen.

895 Nachrichtenmeldung der ARD, Fn. 882.

896 Dies Information ergab sich im Rahmen der Expertengespräche für diese Untersuchung. Die Rede war von einer Schnittstelle zwischen Deutschland und den Niederlanden.

datenschutzrechtlichen Bestimmungen der einzelnen Mitgliedsstaaten, da zu einer einheitlichen Standardfestlegung eine Kompromisslösung gefunden werden müsste[897].

3.2.3 Die DNA-Analyse-Datei

3.2.3.1 Der kriminalistische Wert der DNA–Technik und ihre gesetzliche Einsatzgrundlage in Deutschland

Die Entdeckung, dass jeder Mensch über individuumsspezifische und abbildbare Deoxyribonucleic Acid (DNA)[898] verfügt, hat für Kriminalisten eine neue Möglichkeit zur Identitätsfeststellung geschaffen. Gegen Mitte der 1980er Jahre wurde es erstmals möglich, Täter nicht nur anhand ihrer Fingerabdrücke, sondern auch anhand von bestimmtem, von ihnen am Tatort bzw. an Tatgegenständen hinterlassenen zellkernhaltigem organischen Spurenmaterial (Blut, Sperma, Speichel, Haarwurzel, Haut- und Körperfragmente) zu identifizieren. Während die Frage der Täterschaft bei gesicherten biologischen Spuren bis dahin nur aufgrund probabilistischer Schätzungen beantwortet werden konnte[899], bot eine DNA–Analyse die Möglichkeit, mittels eines molekular-genetischen Verfahrens einen DNA-Identifizierungsmustervergleich zwischen Spurenverursacher und Tatverdächtigen durchzuführen und damit eine Antwort mit einer nahezu 100%iger Genauigkeit auf die Frage zu liefern, ob die Spur dem Tatverdächtigen zuzuordnen sei oder nicht[900]. Das Hinterlassen von DNA-Spurenmaterial an Tatorten bzw. Tatgegenständen ist im Gegensatz zu Fingerabdrücken schwerer zu verhindern[901] - für Ermittler ist es daher vom großen Wert. Der Siegeszug der DNA–Technik in der Kriminalistik kam aber nicht auf Anhieb, da ihr Einsatz zunächst umständlich und zeit- und kostenaufwendig war, sondern konnte sich erst allmählich und im Zuge verfahrens-

---

897 Die „grundrechtlichen Kosten" sind - aus deutscher Sicht - zu relativieren. Gemeint ist, dass gemeinsame, von allen Teilnehmerstaaten einzuhaltende Standards festgelegt werden müssen, die zumindest in dem einen oder anderen Bereich unter dem hohen deutschen Datenschutzstandard möglicherweise liegen könnten.

898 Deutsche Übersetzung: *Deoxyribonuklein-Säure* (DNS).

899 Einen guten Überblick über die forensische Serologie bietet Kißling, Ekkehard: *Serologie*, in: Kube, Edwin/Störzer, Hans Udo/Timm, Klaus Jürgen: *Kriminalistik. Handbuch für Wissenschaft und Praxis: Band 2*, Richard Boorberg Verlag: Stuttgart u.a., 1994, S. 25–48.

900 Eine Musterübereinstimmung weist darauf hin, dass der Spurenverursacher und der Verdächtige, von dem eine Vergleichsprobe abgenommen wird, identisch sind. Auf die komplexen verfahrenstechnischen Einzelheiten wird hier nicht eingegangen. Dazu siehe Schmitter, Hermann: *Der „genetische Fingerabdruck" – Entwicklung der forensischen Serologie*, in: Bundeskriminalamt (Hrsg.): Festschrift für Horst Herold zum 75. Geburtstag. Das Bundeskriminalamt am Ausgang des 20. Jahrhunderts, Bundeskriminalamt, Wiesbaden, 1998, S. 398 ff.

901 Darauf wurde in der Literatur mehrmals verwiesen. Straftäter können durch das Tragen von Handschuhen das Hinterlassen von Fingerabdrücken zu vermeiden versuchen, das Hinterlassen von winzigen zellkernhaltigen Substanzen hingegen lässt sich aber kaum verhindern.

technischer Verbesserungen[902] mit kürzeren Bearbeitungszeiten und sinkende Kosten sowie durch einige spektakuläre medienwirksame Fälle, bei denen die Unschuld einiger fälschlich verurteilter und inhaftierter Personen mithilfe von DNA–Analysen nachgewiesen werden konnte, etablieren. Vorreiter des kriminalistischen Einsatzes der DNA–Technik in der EU war Großbritannien, das im Jahr 1995 eine nationale Datei hierfür errichtete.

Auch in Deutschland stieß der kriminalistische Einsatz der DNA-Technik in Polizeikreisen, bei Politikern sowie in den Medien und in der Öffentlichkeit bald auf Interesse, das von grosser Begeisterung bis hin zu Bedenken reichte. Der Gesetzgeber war schließlich gefordert, eine rechtliche Grundlage für den kriminalpolizeilichen Einsatz der DNA-Technik zu schaffen. Dies tat er auch, wobei dem Regelwerk mehrfache Änderungen im Zeitverlauf unterlag.

Den Anstoß lieferte das Strafverfahrensänderungsgesetz (StVÄG), DNA-Analyse (genetischer Fingerabdruck)) von 17.03.1997[903]. Das StVÄG ergänzte § 81 der StPO (Entnahme von Blutproben und Körperzellen) und stellte die DNA-Analyse im strafrechtlichen Rahmen erstmals auf einer formell gesetzlichen Grundlage[904]. Damit wurde eine Praxis, die bereits seit Jahren bei der Polizei Anwendung fand, im Nachhinein formell legitimiert. Eingefügt in die StPO wurden die § 81a Abs. 3, § 81e und § 81f. Das StVÄG enthielt einige Prinzipien, welche „die spätere Gesetzgebung in Hinsicht auf eine Erfassung genetischer Daten von Beschuldigten und Straftätern in eine DNA-Analyse-Datei nachhaltig beeinflusst haben. Dazu gehören die Regelung zur Vernichtung aller entnommenen Vergleichsproben, sofern sie für das Verfahren nicht mehr erforderlich sind (§ 81a III), die Unzulässigkeit einer über das Untersuchungsziel (Zuordnung einer Spur bzw. Feststellung der Abstammung) hinausgehenden Untersuchung (§ 81e), die richterliche Anordnung und Benennung des Sachverständigen (§ 81f I), die organisatorische und sachliche Trennung der ermittlungsführenden von der mit der Laboruntersuchung beauftragten Dienststelle, die Anonymisierung des Untersuchungsmaterials vor Übergabe an das Labor und die Überwachung der Laboratorien durch

---

902 Insbesondere die Einführung der Polymerase Chain Reaction (PCR). Mit der PCR-Methode können kurze DNA-Abschnitte millionenfach identisch vermehrt werden, wodurch selbst aus den winzigsten Spuren bzw. Proben ausreichendes Material für eine DNA-Auswertung gewonnen werden kann.

903 Siehe das BGBl. I, S. 834.

904 Die DNA-Analyse wurde zum ersten Mal vor einem deutschen Strafgericht bereits im Dezember 1988 eingesetzt. Die erste bundesweite Überführung eines Täters aufgrund eines genetischen Fingerabdruckes war dem kriminaltechnischen Institut des LKA Baden-Württemberg gelungen.
Nach dem Urteil des BGH vom 21.08.1990 wurde § 81a StPO in seiner ursprünglichen Fassung als ausreichende gesetzliche Grundlage für kriminalistische DNA-Analysen anerkannt. Näheres zum Urteil siehe NJW, 1990, S. 2944-2945.

Datenschutzbeauftragte (§ 81f II)"[905]. Somit wurde Rechtsklarheit geschaffen und es wurden Mindeststandards festgelegt, die zum Schutz der Betroffenen dienten, allerdings ergaben sich auch einige verfahrenstechnische Probleme[906].

Am 17. April 1998 wurde aufgrund einer Anordnung des damaligen Bundesinnenministers Manfred Kanther die DNA-Analyse-Datei als eine zentrale Verbunddatei des Bundes und der Länder beim BKA in Betrieb genommen[907]. Die für die Datei geschaffene Errichtungsanordnung beruhte auf dem BKAG[908]. Die Datei beschränkte sich zunächst auf die Erfassung der genetischen Daten von Beschuldigten nach § 81f StPO sowie von nicht zugeordneten Spuren aus ungeklärten Straftaten[909], aber es „erfolgte schon bald eine Nachbesserung der gesetzlichen Grundlage mit dem Ziel, genetische Daten sowohl von bereits verurteilten Straftätern als auch von Beschuldigten im Ermittlungsverfahren zu erlangen, bei denen eine richterliche Anordnung gemäß § 81f nicht beantragt werden konnte, z.B. bei einem Geständnis oder wenn im zugrunde liegenden Verfahren kein Spurenmaterial untersucht wurde"[910]. Mit der Verabschiedung des *DNA-Identitätsfeststellungsgesetz*[911] vom 07.09.1998 wurde § 81 StPO ergänzt.

Das DNA-Identitätsfeststellungsgesetz gestattete die Speicherung von DNA-Identifizierungsmustern in der DNA-Analyse-Datei, die gemäß § 81e StPO erhoben und auf der Grundlage des BKAG gespeichert wurden. Der aufgrund des DNA-Identitätsfeststellungsgesetzes neu eingefügte § 81g StPO konkretisierte den Begriff „Straftaten von erheblicher Bedeutung" mit dem Verweis auf Verbrechen

---

905 Schneider, Peter M.: *Polizeiliche Nutzung genetischer Daten*, in: Bäumler, Helmut (Hrsg.): *Polizei und Datenschutz – Neupositionierung im Zeichen der Informationsgesellschaft*, Hermann Luchterhand Verlag: Neuwied u.a., 1999, S. 215.

906 Ebenda, S. 216.

907 Ebenda, S. 216-217. Bereits im Juni 1997 hat der EU-Rat der Innen- und Justizminister in einer Entschließung die Unionsstaaten aufgefordert, die Errichtung nationaler DNA-Dateien in Erwägung zu ziehen.

908 Ebenda, S. 217. Im Vorfeld der Errichtung der DNA-Analyse-Datei gab es eine Meinungsverschiedenheit zwischen den BMI und BMJ. Das BMJ forderte die Schaffung einer gesetzliche Grundlage für die Datei, die in die StPO Eingang finden sollte, und legte hierfür im Februar 1998 einen Gesetzesentwurf vor, in dem geregelt wurde, unter welchen Voraussetzungen DNA-Profile von Beschuldigten und Verurteilten gespeichert und abgerufen werden dürfen. Das BMI hingegen vertrat die Auffassung, das BKAG reiche als Ermächtigungsgrundlage für die Dateierrichtung aus. Siehe *Frankfurter Allgemeine Zeitung* vom 02.04.1998, S. 1 & 2.
Nach Schmitter findet sich die gesetzliche Grundlage für die DNA-Analyse-Datei in §2 Abs. 4, §8 Abs.1, 2 und 6 des BKAG i.d.F. vom 07.07.1997. Vgl. Schmitter, *Der „genetischer Fingerabdruck" – Entwicklung der forensischen Serologie*, Fn. 900, S. 417. Schneider weist darauf hin, dass sich die Errichtungsanordnung der Datei auf den §§10, 14 und 34 des BKAG gründet. Siehe auch Schneider, *Polizeiliche Nutzung genetischer Daten,* Fn. 905, S. 217.

909 Vgl. Schneider, *Polizeiliche Nutzung genetischer Daten,* Fn. 905, S. 217.

910 Ebenda, S. 218.

911 BGBl. I, S. 2646.

(Androhung einer Freiheitsstrafe von mindestens einem Jahr), bei Vergehen gegen die sexuelle Selbstbestimmung, gefährliche Körperverletzung, Diebstahl in besonders schweren Fällen und Erpressung[912] und machte die dateimäßige Erfassung des DNA-Identifizierungsmusters eines Beschuldigten davon abhängig, dass „wegen der Art oder Ausführung der Tat, der Persönlichkeit des Beschuldigten oder sonstiger Erkenntnisse Grund zu der Annahme besteht, dass gegen ihn künftig erneut Strafverfahren wegen einer der vorgenannten Straftaten zu führen sind" (sog. Negativprognose)[913]. Dem Vorsorgeelement wurde somit Rechnung getragen[914]. § 2 des DNA-Identitätsfeststellungsgesetzes dehnte die Regelung des § 81g StPO auf rechtskräftig Verurteilte aus, deren entsprechende Eintragung im Bundeszentralregister bzw. Erziehungsregister noch nicht getilgt ist, und § 3 gestattet die Speicherung und Verwendung von DNA-Identifizierungsmustern nach dem BKAG zum Zwecke des Strafverfahrens sowie der Gefahrenabwehr im nationalen und internationalen Rahmen[915].

Das DNA-Identitätsfeststellungsgesetz verschaffte einerseits mehr Rechtsklarheit, wies andererseits aber Defizite auf. Der Begriff „Straftaten von erheblicher Bedeutung" wurde als diffus betrachtet und seine Konformität mit dem verfassungsrechtlichen Gebot der Normenklarheit in Frage gestellt, insbesondere da eine DNA-Erfassung auf unfreiwilliger Basis in das Recht auf informationelle Selbstbestimmung stark eingreift und daher ein möglichst hoher begrifflicher Präzisionsgrad erforderlich sei. Ferner tauchten verfahrensmäßige Hürden auf, weil es keine Rechtsgrundlage für die Auskunftserteilung aus dem Bundeszentralregister und dem Erziehungsregister gab. Folglich wurde das *Gesetz zur Änderung des DNA-Identitätsfeststellungsgesetzes vom 2. Juni 1999*[916] verabschiedet. Mit der Novellierung wurde ein Straftatenkatalog eingeführt und u.a. die Rechtsgrundlage für die

---

912 Vgl. Schmitter, *Der „genetische Fingerabdruck" – Entwicklung der forensischen Serologie*, Fn. 900, S. 417.

913 In der Praxis wird die Negativprognose aufgrund der ermittelten Tat- und Persönlichkeitsumstände gestellt, z. B. eine besonders professionelle Begehungsweise, extreme Gewaltanwendung, Schwere des Delikts, persönliche Umstände, wie hochgradige Drogenabhängigkeit usw.. Ist mindestens eine dieser Voraussetzungen erfüllt, so wird zur Vereinfachung des Verfahrens zunächst erfragt, ob der Beschuldigte auf freiwilliger Basis bereit ist, eine DNA-Probe zur Untersuchung und Speicherung in der DNA-Analyse-Datei abzugeben. Ist der Beschuldigter dazu nicht bereit, kann der ermittelnde Beamte die Einholung eines richterlichen Beschlusses gemäß § 81g StPO beantragen. Der Richter oder Staatsanwalt legt die Untersuchungsstelle für die Analyse des DNA-Materials fest. Siehe Jacob, Dirk: *Speicherung und Übermittlung von Daten tatverdächtiger Jugendlicher und Kinder bei der Polizei in Berlin. Teil II: Die DNA-Analyse im Strafverfahren*, in: Sozialpädagogisches Institut Berlin (Hrsg.): Informationsblatt Nr. 19 (Sonderausgabe), Dezember 2001, S. 6.

914 Zur Kenntnisnahme: Für laufende Verfahren ist eine Körperzellenentnahme zwecks Untersuchung der DNA grundsätzlich bei jeder Straftat möglich. Ebenda, S. 5.

915 Vgl. Schneider, *Polizeiliche Nutzung genetischer Daten*, Fn. 905, S. 219.

916 BGBl. I, S. 1242.

Verpflichtung zur Übermittlung der einschlägigen Eintragungen aus dem Bundeszentralregister geschaffen.

Das Gesetz wurde wieder im Rahmen einer Änderung der StPO (Strafverfahrensänderungsgesetz 1999) vom 2. August 2000 geändert

3.2.3.2 Die Arbeitsweise der DNA-Analyse-Datei

Die DNA-Analyse-Datei ermöglicht die Feststellung der Identität von Personen, die Zuordnung von Tatortspuren zu Spurenverursachern (und damit die Aufklärung eines Tatverdachts) sowie die Zuordnung von Tatortspuren zueinander (und damit die Festsellung von Tatzusammenhängen)[917].

Die Prozedur der Erfassung des DNA-Identifizierungsmusters eines Beschuldigten läuft in der Praxis grundsätzlich wie folgt ab: Anhand einer von ihm zur Verfügung gestellten Vergleichsprobe und nach Erlangung des gemäß § 81f StPO hierfür erforderlichen richterlichen Beschlusses, wird die Probe samt des dazugehörigen anonymisierten[918] und standardisierten Meldebogens von der ermittlungsführenden Dienststelle an den Labor-Sachverständigen gesandt. Dort wird das DNA-Identifizierungsmuster auf der Grundlage von fünf Merkmalen[919] ermittelt und die Werte anschließend in den einschlägigen Datenfeldern auf dem Meldebogen eingetragen[920]. Nach Abschluß des Verfahrens muss die Probe im Labor gemäß § 81a StPO vernichtet werden, ausgenommen hiervon ist asserviertes Spurenmaterial, das für weitere Untersuchungen, z.B. im Rahmen von Zweitgutachten oder bei Wiederaufnahmeverfahren aufbewahrt werden darf[921]. Der ausgefüllte Meldebogen wird anschließend an die ermittlungsführende Dienststelle zurückgesandt, deanonymisiert und an die EDV-Erfassungsstelle im jeweiligen LKA übersandt, wo die Daten manuell in die DNA-Analyse-Datei übertragen, abgespeichert und recherchiert werden[922]. Da die DNA-Identifizierungsmuster als eine Kombination von Zahlenwerten erfasst werden, erfolgt der elektronische Datenabgleich einfach

---

917 Vgl. Neubrandt, Manfred: *DNA-Analyse-Datei*, in: Landeskriminalamt Baden-Württemberg (Hrsg.): INPOL, IKNPOL. Ihr Begleiter durch die von der Polizei des Landes Baden-Württemberg genutzten DV-Verfahren, Stuttgart, 1998, S. 43.

918 D.h. ohne Angaben zur Person. Bei gesicherten Tatortspuren entfällt naturgemäß die Pflicht zur Anonymisierung

919 Es handelt sich hierbei um die Merkmale SE33, D21S11, VWA, TH01 und FIBRA aus dem nichtkodierten Bereich der DNA. Beim Vorliegen aller Merkmalsdaten ist die Häufigkeit, dass sie in der mitteleuropäischen Bevölkerung einmal vorkommt, statistisch gesehen 1 zu 420 Millionen. Eineiige Zwillinge weisen allerdings dasselbe DNA-Identifizierungsmuster auf. Vgl. Schmitter, *Der „genetische Fingerabdruck" – Entwicklung der forensischen Serologie*, Fn. 900, S. 415.

920 Vgl. Schneider, *Polizeiliche Nutzung genetischer Daten,* Fn. 905, S. 222 ff.

921 Ebenda, S. 223.

922 Ebenda.

und sehr schnell[923]. Im Trefferfall muss zur definitiven Verifizierung der Täterschaft eine weitere DNA-Untersuchung veranlasst werden.

In der DNA-Analyse-Datei dürfen DNA-Identifizierungsmuster von unverdächtigen Personen, die anlässlich einer Reihenuntersuchung freiwillig eine DNA-Probe zur Verfügung gestellt haben oder bei denen die Zeugeneigenschaft gegeben ist, nicht gespeichert werden, ebenso werden keine DNA-Identifizierungsmuster in Verbindung mit konkreten Strafverfahren gespeichert, wenn keine richterliche Prognoseentscheidung über die Wiederholungsgefahr des Betroffenen im Sinne des § 81g StPO besteht[924]. DNA-Identifizierungsmuster von Vermissten, unbekannten Toten und Leichenteilen oder Knochenfunden, die mit einer Straftat nicht in Verbindung gebracht werden können, dürfen in der Datei nicht gespeichert werden[925]. Die DNA-Analyse-Datei bezieht sich lediglich auf unkodierte DNA-Merkmale, welche die Identifizierung einer Person oder die Zuordnung von Spuren zu Spurenverursachern ermöglichen. Untersuchungen im kodierten Bereich, die Rückschlüsse über Erbanlagen und Persönlichkeitsmerkmale gestatten könnten, sind hingegen unzulässig[926]. Die Speicherung von Daten, die auf freiwilliger Basis erhoben wurden, ist gestattet und diese dürfen zu Abgleichszwecke auch verwandt werden.

Gemäß der föderalen Zuständigkeit der Polizei tragen die Länder die Verantwortung für die Datenintegrität, Datenpflege und Einhaltung der datenschutzrechtlichen Bestimmungen (Aussonderungsprüf- und Löschungsfristen). Hinsichtlich der Datenspeicherungsdauer in der DNA-Analyse-Datei müssen die Länder im Rahmen der Einzelfallbearbeitung und grundsätzlich nach zehn Jahren (bei Erwachsenen) und fünf Jahren (bei Jugendlichen) prüfen, ob die Daten zu löschen und zu berichtigen sind[927]. Der unmittelbar Zugriff auf die Datei ist ausschließlich dem BKA und den LKÄ vorbehalten.

---

[923] Vgl. Schmitter, *Der „genetische Fingerabdruck" – Entwicklung der forensischen Serologie*, Fn. 900, S. 415.

[924] Siehe die Webseite des LKA Nordrhein-Westfalen, http://www.lka.nrw.de/abtei/a3/erkenn1.htm (12.07.2002).

[925] Vgl. Bauch, Wolfgang/Brückner, Lars: *Moderne Ermittlungshilfe oder vertane Chance? Ein Problemaufriss zur DNA-Analyse-Datei aus brandenburgischer Sicht*, http://www.bdk-brandenburg.de/download/fach/fa_010515.doc (10.02.2003).

[926] Vgl. Schmitter, *Der „genetische Fingerabdruck" – Entwicklung der forensischen Serologie*, Fn. 900, S. 417. Auch der BGH hat in seiner Entscheidung zur DNA-Analyse aus dem Jahr 1990 die Zulässigkeit der DNA als Beweismittel auf nichtkodierende Bereiche beschränkt. Siehe S. 418.

[927] Ebenda, S. 418.

3.2.3.3 Bestandsstatistik und Erfolgsbilanz der DNA-Analyse-Datei

Statistische Daten zur DNA-Analyse-Datei erschließen sich aus mehreren polizeilichen Quellen und zeugen von ihrer beeindruckenden Leistungsfähigkeit. In der DNA-Analyse-Datei waren Mitte Mai 2001 bereits mehr als 110.000 Datensätze erfasst, davon über 98.000 Personen und mehr als 12.000 Spuren[928]. Monatlich kommen etwa 6.000 bis 7.000 Datensätze hinzu[929]. 92 Prozent der Datensätze (Personen, Spuren) beziehen sich auf Straftaten nach dem Strafgesetzbuch (StGB), die restlichen acht Prozent auf strafrechtliche Nebengesetze, insbesondere nach dem Betäubungsmittelgesetz, aber auch dem Ausländergesetz und dem Waffengesetz[930]. Eine Bestandsanalyse ergab u.a. folgende **P**ersonen- und **S**purenanteile (**P,S**): Sexualdelikte (P=25%, S=6%), Diebstahldelikte (P=20%, S=70%), Raub und Erpressung (P=17,5%, S=11%), Körperverletzung (P=14%, S=0,5%) und Straftaten gegen das Leben (P=9,5%, S=4,5%)[931].

Laut dem BKA ergaben Recherchen in der DNA-Analyse-Datei bis zum 30. Juni 2000 insgesamt 741 Treffer, wovon 404 Treffer (Spur zu Person; Person zu Spur) zur Tataufklärung führten und 337 Treffer auf eine Zusammenhangscharakter (Zuordnung von an verschiedenen Tatorten sicher gestellten Spuren zum gleichen Spurenleger) verwiesen[932]. Die Tataufklärungen und Zusammenhangsfeststellungen entfielen v.a. auf den Bereich Diebstahlsdelikte (579 Fälle), des weiteren Raub und Erpressung (68), Straftaten gegen die sexuelle Selbstbestimmung (54) und Straftaten gegen das Leben (28)[933].

Bis Ende 2000 waren 1.653 Treffer zu verzeichnen – 990 Treffer bezogen sich dabei auf eine Übereinstimmung zwischen Personen und Tatortspuren, die übrigen 663 Treffer bezogen sich auf die Feststellung von Tatzusammenhängen, d.h. Täter waren an mehreren Orten aktiv[934]. Von den 1.653 Treffern entfielen 1.462 auf Diebstahlsdelikte, lediglich 101 Treffer bezogen sich auf Sexualstraftaten[935].

---

[928] Vgl. Bauch/Brückner, *Moderne Ermittlungshilfe oder vertane Chance? Ein Problemaufriss zur DNA-Analyse-Datei aus brandenburgischer Sicht*, Fn. 925.

[929] Ebenda.

[930] Ebenda.

[931] Ebenda.

[932] *50.000 Datensätze: DNA-Analyse-Datei hat sich bereits hervorragend bewährt.* Pressemitteilung des Bundeskriminalamtes von 21.07.2000.

[933] Ebenda.

[934] Siehe http://www.lifegen.de/news/99001710480780.shtml (03.07.2001).

[935] Vgl. Loy, Thomas: *Gentests für Männer: Die Angst vor dem gläsernen Mensch*, http://www.tagesspiegel.de (Berlin, 18.03.2001).

Mit Stand vom 31 März 2001 lag die Aufklärungsquote seit der Dateierrichtung bei über zwölf Prozent[936]. Sie bezieht sich auf insgesamt 1.322 Treffer Person zu Spur bzw. Spur zu Person, wobei am Ende des I. Quartals 2001 insgesamt 10.914 Spuren (Spurenbestand zuzüglich gelöschte Spuren) erfasst worden waren[937]. Darüber hinaus wurden bundesweit bis zu dem Zeitpunkt 823 Spur-Spur Treffer (d.h. wenn Spuren demselben Verursacher zugeordnet werden) verzeichnet[938].

Knapp drei Jahre nach ihrer Errichtung (zum 30. Juni 2001) enthielt die DNA-Analyse-Datei 122.886 Datensätze (12.522 Spurendatensätze; 110.364 Personendatensätze); insgesamt 2.747 ergebnisüberprüfte Treffer konnten seit Dateierrichtung erzielt werden[939]. Die Erfolgsbilanz ergab folgende Aufteilung:

[936] Vgl. Bauch/Brückner, *Moderne Ermittlungshilfe oder vertane Chance? Ein Problemaufriss zur DNA-Analyse-Datei (Gendatenbank) aus brandenburgischer Sicht*, Fn. 925.

[937] Ebenda.

[938] Ebenda.

[939] Vgl. *DNA-Analyse-Datei: Stand: 30.06.2001*, http//www.bdk-brandenburg.de. Laut einer im Internet erschienenen Mitteilung der Deutschen Polizeigewerkschaft vom 12.07.2001, war zu der in Frage kommenden Zeit jede achte Systemabfrage in der DNA-Analyse-Datei ein „Treffer", bei dem es sich entweder um eine Straftataufklärung, eine Spurenzuordnung oder um das Erkennen von Tatzusammenhängen handelte. Mehr als 2.200 Tataufklärungen einschließlich 47 Tötungsdelikte bezeugten die Effektivität der DNA-Analyse-Datei.

Tabelle 12: Die Erfolgsbilanz der DNA-Analyse-Datei (nach Deliktart)

Deliktbereich	Anzahl
Straftaten gegen das Leben	55
Straftaten gegen die sexuelle Selbstbestimmung	181
Straftaten gegen die körperliche Unversehrtheit	15
Straftaten gegen die persönliche Freiheit	7
Diebstahlsdelikte	2.563
Raub und Erpressung	240
Straftaten gegen die öffentliche Ordnung	9
Gemeingefährliche Straftaten	18
Sachbeschädigung	1
Strafgesetzbuch	10
Betäubungsmittelgesetz	1
Andere Nebengesetze (Waffengesetz)	1
Unbekannt	19
Gesamt	3.120

Quelle: *DNA-Analyse-Datei: Stand: 30.06.2001*, http://www.bdk-brandenburg.de
Anmerkung: Die zahlenmäßige Diskrepanz konnte infolge von Mehrfachnennungen entstanden sein, wie dies auf der Webseite vermerkt ist.

Laut Statistik konnte bis Juni 2001 bei 1.036 bisher ungeklärten Straftaten insgesamt 889 Tatverdächtige ermittelt werden[940]:

[940] Ebenda.

Tabelle 13: Die Erfolgsbilanz der DNA-Analyse-Datei (Straftaten / Ermittlung von Tatverdächtigten)

Deliktbereich	Anzahl
Straftaten gegen das Leben	16
Straftaten gegen die sexuelle Selbstbestimmung	55
Straftaten gegen die körperliche Unversehrtheit	57
Straftaten gegen die persönliche Freiheit	1
Diebstahlsdelikte	846
Raub und Erpressung	91
Srraftaten gegen die öffentliche Ordnung	4
Gemeingefährliche Straftaten	5
Sachbeschädigung	1
Strafgesetzbuch	5
Andere Nebengesetze (Waffengesetz)	0
Unbekannt	5
Gesamt	1.086

Quelle: *DNA-Analyse-Datei: Stand: 30.06.2001,* http://www.bdk-brandenburg.de

Anmerkung: Die Gesamtzahl weicht geringfügig von der Angabe des BDK von 1.036 bisher ungeklärten Straftaten ab. Ob es sich hierbei um einen Textangabe- oder Tabelleneintragungsfehler auf der Webseite handelt, ist nicht feststellbar.

Mit Beginn des Jahres 2002 waren in der DNA-Analyse-Datei über 163.000 Datensätze gespeichert, davon ca. 11 % Tatortspuren unbekannter Spurenleger[941]. Die Aufklärungsquote (2002) lag bei 16 %, d. h. etwa jede sechster Spur führte zur Feststellung von Tatzusammenhängen oder zum Täter[942]. Im größten Bundesland Nordrhein-Westfalen konnte bis September 2002 1.000 Treffer verzeichnet

941 Vgl. *Profi–Fakten & Zahlen*, http://www.bka.de (10.02.2003).

942 Ebenda.

werden, wodurch dieses Bundesland im Ländervergleich eine Spitzenposition erlangt hat[943].

Der Erfolgskurs der DNA-Analyse-Datei setzte sich 2002 fort. Laut BKA-Angaben enthielt die Datei zum Jahresende 2002 insgesamt 243.496 Datensätze, davon 211.094 Personen- und 34.402 Spurendatensätze[944]. Monatlich kommen ca. 7.000 Personen- und Spurendatensätze hinzu[945]. Die Trefferzahl zum 30. September 2002 belief sich seit der Dateierrichtung auf 8.076, davon Spur-Person/Person-Spur 5.548 (69%) und Spur-Spur 2.528 (31%)[946]. Die Tataufklärungsquote liegt bei 18,7%[947]. Im Betriebszeitraum (17. April 1998 bis 30. September 2002) ergab sich folgende ergebnisüberprüfte Trefferaufteilung[948]:

943 Vgl. *Minister Behrens: 1.000 Treffer durch DNA-Analyse in NRW – LKA bundesweit führend bei der Analyse von Tatortspuren*, Pressemitteilung des nordrhein-westfälischen Innenministeriums, Düsseldorf, 20.09.2002. Behrens gab zudem bekannt, dass Nordrhein-Westfalen mit 4.853 Datensätzen vor Rheinland-Pfalz (3.449) und Hessen (2.868) bundesweit die meisten Tatortspuren in die DNA-Analyse-Datei eingestellt hat. Die meisten der Spuren stammen aus den Delikten Einbruch, Sexualstraftaten, Raubüberfall sowie Mord und Totschlag. Seit einem Jahr werden in NRW über 220.000 abgeschlossene Kriminalfälle durch die Justiz daraufhin überprüft, ob von den Tätern eine DNA-Probe verlangt werden soll. Inzwischen ist der Aktenberg zu mehr als 90% abgearbeitet.

944 Vgl. *Erfolgsbilanz der DNA-Analyse-Datei*, http://www.bdk-brandenburg.de (11.03.2003).

945 Ebenda. Die Rede ist von ca. 5.500 Personen- und 1.300 Spurendatensätze.

946 Ebenda.

947 Ebenda. Die Tataufklärungsquote errechnet sich aus der Anzahl der Spur-Person/Person-Spur-Treffer im Gesamtzeitraum, geteilt durch die Anzahl der im Gesamtzeitraum erfassten Spuren (Spurenbestand Gesamtzeitraum + gelöschte Spuren).

948 Vgl. *Erfolgsbilanz der DNA-Analyse-Datei*, Fn. 944.

Tabelle 14: Die Erfolgsbilanz der DNA-Analyse-Datei (Trefferaufteilung: 17. April 1998 bis 30. September 2002)

Deliktsbereich	Anzahl	Deliktsbereich	Anzahl
Straftaten gegen das Leben	144	Straftaten gegen die öffentliche Ordnung	41
Straftaten gegen die sexuelle Selbstbestimmung	419	Straftaten gegen die persönliche Freiheit	17
Strafftaten gegen die körperliche Unversehrtheit	42	Gemeingefährliche Straftaten	51
Diebstahlsdelikte	7.455	Raub und Erpressung	641

Quelle: Erfolgsbilanz der DNA-Analyse-Datei, http://www.bdk-brandenburg.de (11.03.2003).
Anmerkung: Die Summe der Tabelleneinträge (8.810) weicht von der genannten Trefferzahl (8.076) signifikant ab. Für diese Diskrepanz wurde keine Erklärung angeboten. Vermutlich ist sie infolge von Mehrfachnennungen entstanden.

Eine Pressemitteilung des BKA vom 27. Februar 2003 gab bekannt, dass die Viertelmilliondatensatzmarke mit rund 216.000 Personen- und 34.000 Spurendatensätzen überschritten wurde[949]. Seit der Dateierrichtung erhöhte sich die Zahl der Treffermeldungen bis Ende 2002 auf bundesweit insgesamt 9.615; in 6.599 Fällen konnten Hinweise auf die Identität von Tatverdächtigen erlangt und in 3.016 Fällen Tatzusammenhänge festgestellt werden[950]. Dabei erwies sich das Jahr 2002 mit der Erlangung von 3.673 Täterhinweisen und 1.539 Tatzusammenführungen als das bisher „erfolgreichste" Jahr[951]. Die Aufklärungsquote lag 2002 bei 19% - eine Steigerung gegenüber 2001 (16%)[952]. Zu den im Jahr 2002 aufgeklärten Straftaten zählten 3.094 Diebstahldelikte, 250 Raubtaten und Erpressungen, 135 Sexualstraftaten und 66 Tötungsdelikte[953].

[949] Die Pressemitteilung des BKA vom 27.02.2003 kann von der Webseite des BDK (Brandenburg), http://www.bdk-brandenburg.de, heruntergeladen werden.

[950] Ebenda.

[951] Ebenda.

[952] Ebenda. Siehe auch Bauch, Wolfgang: *Argumentation: Interpretation der DNA-Analyse-Datei (DAD)*, http://www.bdk-brandenburg.de (13.02.2003). Die Erklärung für die wachsende Aufklärungsquote ergibt sich aus der DAD-Jahresstatistik 2002 des BKA: „Obwohl die Erfassungen 2002 insgesamt gegenüber 2001 fast gleich waren, hat sich die Trefferanzahl nahezu verdoppelt. Diese Erhöhung der Trefferanzahl läßt sich vermutlich auf die in 2002 vermehrte Erfassung von Spurendatensätzen zurückführen; der Spurenanteil in der DNA-Analyse-Datei stieg von 10,8% in 2001 auf 13,3% in 2002".

[953] Siehe die Pressemitteilung des BKA vom 27.02.2003.

Da die DNA-Analyse-Datei vom BKA erst vor knapp fünf Jahren in Betrieb genommen wurde, ist ihr Bestand zwar schnell angewachsen, rangiert aber weit hinter der Datei Großbritanniens, dessen National DNA Database mittlerweile den stattlichen Bestand von 1.8 Millionen Personendatensätze umfasst[954]. Mit wöchentlich bis zu 5.000 Spuren-Personen-Treffern[955] weist die britische Datei eine weit höhere Erfolgsbilanz aus als der vergleichsweise „bescheidenen" BKA-Datei, die mittlerweile zur zweitgrößten Europas avanciert ist[956]. Deutsche Experten gehen davon aus, dass mit wachsender Bestandsgröße der DNA-Analyse-Datei und des Spurenanteiles am Gesamtdatensatzaufkommen, ihre Erfolgsbilanz auch überproportional anwachsen wird[957]. Unbestritten ist jedoch bereits die außerordentlich hohe Effektivität der DNA-Analyse-Datei, wie vom BKA-Präsidenten Klaus Kersten festgestellt wird: „Bei der Spurenzuordnung zu Verdächtigen ist die DNA-Analysedatei – neben der Personenfeststellung über Fingerabdrücke – das zweite Standbein bei der Identifizierung von Tatverdächtigen. Viele Ermittlungserfolge wären ohne die DNA-Analysedatei ausgeblieben. Mit ihrer Hilfe werden auch schwerste Straftaten wie Tötungsdelikte aufgeklärt, die zum Teil zehn oder mehr Jahre zurückliegen"[958].

3.2.3.4 Der Nutzwert der DNA-Analyse-Datei

Die Hauptstärke der DNA-Analyse-Datei liegt zum einen in ihrer Fähigkeit, Spurenverursacher zu identifizieren - vorausgesetzt, das sich diese Personen bereits DNA-mäßig erfasst wurden - und zum anderen in der Feststellung von ansonsten schwer miteinander in Verbindung zu bringenden Tatzusammenhängen. Sie ist effizient insofern, dass sie personelle, materielle und zeitliche kriminalpolizeiliche Ressourcen, die über einen längeren Zeitraum hinweg zur Täteridentifizierung eingesetzt werden müssen, freisetzt. In Anbetracht der Tatsache, dass ein Teil der in der DNA-Analyse-Datei erfassten Personen Wiederholungstäter sind, und nach ihrer Haftentlassung weitere Straftaten möglicherweise begehen werden, trägt die DNA-Analyse-Datei auch der Prävention Rechnung, denn eine rasche Personenidentifizierung mit anschließender Ergreifung kann weitere Straftaten verhindern helfen. Die DNA–Technik gestattet es zudem - worauf Klaus Kersten hingewiesen hat -, dass eventuell auch aus alten Spurenmaterial brauchbare DNA-Identifizierungsmuster gewinnbar sind, wodurch Straftaten sogar einige Jahre nach ihrer

---

954 Vgl. *National DNA Database Expands to Fight Crime*, http://www.number-10.gov.uk (16.01.2003). Die Erfassung der DNA-Identifizierungsmuster der „entire active criminal population" in Großbritannien ist bis April 2004 vorgesehen.

955 Ebenda.

956 Laut der Pressemitteilung des BKA vom 27.02.2003.

957 So die Meinung der Fachleute im Rahmen der Expertengespräche für diese Untersuchung.

958 Pressemitteilung des BKA vom 27.02.2003.

Begehung aufgeklärt bzw. in Verbindung mit weiteren Straftaten gebracht werden können[959].

Inwieweit die Datei selbst kraft ihres bloßen Daseins eine Abschreckungswirkung bei Kriminellen auslöst, ist mangels empirischer Daten nicht bekannt. Ein zumindest minimales Maß an Abschreckungspotential dürfte ihr jedoch zugestanden werden[960]. DNA-Gutachten haben einen hohen Stellenwert vor dem Strafgericht erlangt, weil die DNA-Analyse auf der Grundlage eines in der Praxis mittlerweile gut bewährten naturwissenschaftlichen Verfahrens eine (beinahe) eindeutige Ja-Nein Antwort auf die Frage der Schuld oder Unschuld eines Tatverdächtigen liefert. Damit hat der Einsatz der DNA-Technik auch eine wichtige grundrechtliche Implikation, denn diese Technik trägt nicht nur dazu bei, dass Schuldige für Ihre Taten zur Rechenschaft gezogen werden, sondern sie ermöglicht auch die Entlastung von Personen, die bspw. aufgrund von Indizien überführt und ggf. zu langjährigen Haftstrafen verurteilt wurden. Ob es derartige Fälle, die aus anderen Ländern bekannt sind[961], auch in Deutschland gibt, ist derzeit nicht bekannt. Dennoch erscheint eine rückwirkende Verwendung von DNA-Untersuchungen bei Straftaten mit gesicherten organischem Spurenmaterial – insbesondere bei Gewalt- und Sexualdelikten, bei denen es sich um Straftaten mit einem tendenziell höheren Strafrahmen handelt und in Fällen, in denen der Schuldspruch des Gerichts auf Indizien beruht – durchweg geboten.

Die DNA-Thematik ist bereits seit geraumer Zeit Gegenstand einer Reihe von Gerichtsurteilen in Deutschland. Auch das BVerfG sah sich hin und wieder dazu bewogen, Urteile zu fällen, aus Anlass mehrerer Verfassungsbeschwerden von Einzelpersonen, die Verwendung von § 81 StPO im Hinblick auf verfassungsmäßige Grundprinzipien zu relativieren. Dabei ging es um Beschwerden von mehreren, bereits strafrechtlich in Erscheinung getretenen Klägern, die sich aufgrund richterlich angeordneter DNA-Untersuchungen in ihrem Recht auf körperliche Unversehrtheit und informationelle Selbstbestimmung verletzt fühlten. Bei seiner Urteilsfindung gab das Gericht in einigen Fällen den Klagen der Beschwerdeführer statt und konkretisierte die Voraussetzungen für richterlich angeordnete DNA-

---

[959] Ein Beispiel aus Nordrhein-Westfalen verdeutlicht dies. Mehr als 15 Jahre nach einem unaufgeklärten Mord an einer Krankenschwester in Rheine (1983) konnten Experten des LKA NRW mittels einer DNA-Analyse des am Seidenschal des Opfers gesicherten Spurenmaterials diese Tat in Verbindung mit dem Mord an zwei Krankenschwester in Münster in Verbindung bringen. Vgl. *Innenminister Behrens: LKA-Spezialisten fahnden mit modernsten Analyseverfahren. Erste Tatserien aufgedeckt. DNA-Datei in NRW mit bundesweit größter Sammlung*, Mitteilung des nordrhein-westfälischen Innenministeriums, Düsseldorf, 10.01.2001.

[960] Siehe *Frequently Asked Questions About DNA-Profiling:* http://www.interpol.int/Public/Forensic/dna/dnafaq.asp (12.07.2002, S.1).

[961] Allem voran die USA, wo mithilfe von DNA-Tests die Unschuld von 123 Personen - darunter einige wegen Mordes Verurteilte - mittlerweile (Februar 2003) nachgewiesen werden konnte. Siehe hierzu die Webseite des Innocence Project, http://www.innocenceproject.org.

Untersuchungen und damit auch für deren Speicherung in der DNA-Analyse-Datei[962].

Nach Auffassung des BVerfG stellt die Speicherung und Verwendung des genetischen Fingerabdrucks jedoch keinen unzumutbaren Eingriff in das Recht auf informationelle Selbstbestimmung dar. Das Gericht begründet dies damit, dass ein Eingriff einem Gemeinwohlbelang von hohem Rang (nämlich der Strafrechtspflege) diene und die gesetzliche Regelung den Erfordernissen der Normklarheit und der Nachprüfbarkeit der auf dieser Grundlage ergangenen Entscheidungen genügt. In Bezug auf den Begriff "Straftaten von erheblicher Bedeutung" war das Gericht der Ansicht, dieser könne durch die herkömmlichen juristischen Auslegungsmethoden hinreichend klar definiert werden[963].

Das BVerfG war ferner der Auffassung, die vorsorgliche Beweisbeschaffung durch Feststellung und Speicherung des DNA-Identifizierungsmusters verstoße nicht gegen das Übermaßverbot. Es knüpft an eine Verurteilung wegen einer Straftat von erheblicher Bedeutung an und setzt zusätzlich die auf bestimmte Tatsachen gestützte Prognose voraus, dass gegen den Betroffenen künftig weitere Strafverfahren wegen Straftaten von erheblicher Bedeutung zu führen sein werden. Damit wird die Maßnahme auf besondere Fälle beschränkt und das Interesse des Betroffenen an effektivem Grundrechtsschutz wird durch einen Richtervorbehalt für die Maßnahmenanordnung berücksichtigt, der die zuständigen Gerichte auch zur Einzelfallprüfung zwingt. Der Missbrauch der gewonnenen Daten wird durch die strenge Zweckbindung der molekulargenetischen Untersuchung der Zellproben und das Gebot der Vernichtung des gesamten entnommenen Zellmaterials nach der Feststellung des DNA-Identifizierungsmusters verhindert.

Beanstandet wurde jedoch, dass in manchen Einzelfällen eine tragfähig begründete Entscheidung der Amtsgerichte fehlte. Eine einzelfallbezogene Sachaufklärung und Gefahrenprogoseentscheidung des Gerichts ist zwingend erforderlich, dazu gehöre insbesondere die Beiziehung der verfügbaren Straf- und Vollstreckungsakten, des Bewährungshefts und zeitnaher Auskünfte aus dem Bundeszentralregister. Die Annahme, dass gegen den Betroffenen künftig erneut Strafverfahren wegen Straftaten von erheblicher Bedeutung zu führen sind – und damit die Voraussetzung für die Speicherung seiner Daten in der DNA-Analyse-Datei - muss auf schlüssigen,

---

[962] Siehe BVerfG Az: 2 BvR 1741/99 vom 14.12.2000 und die Pressemitteilung des BVerfG Nr. 8/2001 vom 18.01.2001; BVerfG Az: 2 BvR 1841/00 vom 15.03.2001 und die Pressemitteilung des BVerfG Nr. 36/2001 vom 06.04.2001; BVerfG Az: 2 BvR 429/01 vom 20.12.2001. Näheres hierzu siehe die Webseite des Bundesverfassungsgerichts, http://www.bverfg.de.

[963] Nach Auffasung des Bundesverfassungsgerichts: „[muss] nach überwiegender Auffassung [...] eine Straftat von erheblicher Bedeutung mindestens dem Bereich der mittleren Kriminalität zuzurechnen sein, den Rechtsfrieden empfindlich stören und dazu geeignet sein, das Gefühl der Rechtssicherheit der Bevölkerung erheblich zu beeinträchtigen".

verwertbaren und in der Entscheidung nachvollziehbar dokumentierten Tatsachen beruhen[964].

3.2.3.5 Kritische Feststellungen im Zusammenhang mit dem Einsatz der DNA-Analyse-Datei

Die DNA-Analyse-Datei hat in Deutschland binnen kurzer Zeit einen beachtlichen Wert als kriminalpolizeiliches Fahndungsinstrument erlangt. Ihr Einsatz stößt aber auch auf Kritik, auf die in der Literatur verwiesen und über die im Rahmen der öffentlichen Diskussion über den kriminalistischen Einsatz der DNA-Technik in Deutschland lebhaft diskutiert wird. Je nach Weltanschauung variiert die Beurteilung beträchtlich. Während konservative Politiker und die Polizeivertreter die Datei mit Begeisterung betrachten und ihre Konsolidierung fordern, mahnen Stimmen aus dem linken politischen Spektrum, aus den Reihen der Datenschützer sowie aus einer kritischen Öffentlichkeit, zur Vorsicht. Die Literaturauswertung des Verfassers brachte einige problematischen Aspekte im Hinblick auf den kriminalistischen Einsatz der DNA-Technik und der DNA-Analyse-Datei ans Licht, die nachfolgend zusammengefasst aufgeführt sind:

3.2.3.5.1 Verfahrensbedingte Mängel

Es wird behauptet, dass technische oder methodische Komplikationen während der labortechnischen Spurenauswertungsphase eine Fehltypisierung von DNA-Merkmalen zur Folge haben können, die anschließend in die DNA-Analyse-Datei Eingang findet[965]. Bemängelt werden ferner der vollständige Verbrauch von Spurenmaterial für die Analyse ohne die ausdrückliche Genehmigung des Staatsanwalts oder des Richters, die mangelhafte Dokumentation der Asservaten-Gewahrsamskette zum sowie im Labor und „dass für die Beweisführung wichtige Gutachten gemäß § 256 StPO als sog. Behördengutachten nicht mündlich vorgetragen werden müssen oder dass der zur mündlichen Erstattung entsandte ‚Sachverständige' dieser Behörde nicht alle Untersuchungsschritte selbst überwacht und ausgewertet hat"[966]. Ferner werden bei der DNA-mäßigen Spurenauswertung oft keine einheitlichen Kriterien in Bezug auf den Nachweis von einzelnen DNA-Merkmalen zugrunde gelegt, wobei dies z.T. auf das Anonymisierungsgebot zurückgeführt wird, da hierdurch dem Labor keine Akteneinsicht gewährt werden darf, obschon diese für das Verständnis des Spurenentstehungsprozesses im Tatzusammenhang wichtig sein kann[967]. Infolge der Anwendung unzulässiger Berechnungsverfahren oder mangels Kenntnis der ethnischen Herkunft eines Be-

---

[964] Dies war in den betroffenen Fällen offenbar nicht der Fall.

[965] Vgl. Schneider, *Polizeiliche Nutzung genetischer Daten*, Fn. 905, S. 225. Schneider weist zugleich ausdrücklich darauf hin, dass die Fehlerraten bei der DNA-Analyse einen Bruchteil der klassischen Blutgruppenuntersuchungen betragen und nehmen außerdem kontinuierlich ab.

[966] Ebenda, S. 227-228.

[967] Ebenda, S. 227.

schuldigten (Anonymisierungsgebot) können zudem falsche biostatistische Aussagen zur Häufigkeit eines DNA-Identifizierungsmusters gemacht werden[968]. Die Möglichkeit der Spurenkontamination besteht[969]. Auch die Überwachung und Einhaltung von Qualitätskontrollen in allen Spurenlaboratorien ist notwendig, die deren Akkreditierung, eine Zertifizierung der von ihnen eingesetzten Typisierungsverfahren sowie deren regelmäßige (und erfolgreiche) Teilnahme an qualifizierten Ringversuchen beinhalten[970].

Bei der Erfassung der DNA-Datensätze können Fehler auftreten. Dies wird – und dabei auch mit Blick auf das Anonymisierungsgebot - darauf zurückgeführt, dass die Ergebnisse der DNA-Analyse zweimal manuell übertragen werden müssen, zuerst auf den anonymisierten Meldebogen im Labor, anschließend im LKA, wo die Daten aus dem bis dahin deanonymisierten Meldebogen in die DNA-Analyse-Datei eingegeben werden[971]. Im Extremfall kann die fehlerhafte Dateneingabe dazu führen, dass ein Straftäter vom Tatverdacht entlastet wird - und damit straffrei ausgeht - wenn keine weiteren Hinweise für seine Tatschuld vorliegen[972].

3.2.3.5.2 Missbrauchsgefahr, Fehlschlussfolgerungen, Gefahr von Beweismanipulation

Es gibt Befürchtungen, dass der Einsatz der DNA-Technik bei der Verbrechensbekämpfung sich irgendwann verselbstständigt und eventuell auch für andere Zwecke (z.B. Persönlichkeitsfeststellung) eingesetzt wird[973].

---

968 Ebenda.

969 Siehe *Frequently Asked Questions About DNA-Profiling*, Fn. 960, S.2.

970 Vgl. Schneider, *Polizeiliche Nutzung genetischer Daten*, Fn. 905, S. 227. Schneider weist darauf hin, dass vereinheitlichte Laborstandards und Arbeitsweisen zu einer deutlichen Qualitätsverbesserung von Spurengutachten führen und auch eine bessere Überprüfung der Ergebnisse im Gerichtsverfahren ermöglichen können.

971 Ebenda, S. 224-225. Laut Schneider könne ein einziger manueller Schreib- oder Übertragungsfehler je 1.000 Zahleneingaben und bei zwei manuellen Übertragungsschritten dazu führen, dass in einer DNA-Datei von bspw. 100.000 Datensätzen, genau 2.000 fehlerhaft sind – d.h. eine Fehlerrate von 2%. Weiter führt er aus (S. 225): „Da die Datenbank-Recherche im derzeitigen Verfahren nicht ‚fehlertolerant' ist, also z.B. mögliche Treffer auch bei Abweichung eines einzigen Merkmals anzeigt, ist die Gefahr eines falschen Ausschlusses durchaus als realistisch anzusehen".

972 Ebenda, S. 224-225. Schneider führt aus, dass ein Fehler bei der Dateneingabe eher zum Ausschluss eines tatsächlichen Spurenlegers als Beschuldigten führe, als dass ein Unschuldiger als Straftäter verdächtigt wird. Da im Trefferfall und im Rahmen der weitergehenden Ermittlungen ohnehin eine zweite DNA-Untersuchung veranlasst wird, besteht praktisch keine Möglichkeit, dass ein Unschuldiger vorm Strafgericht für eine von ihm nicht begangene Straftat zur Rechenschaft gezogen wird.

973 Kritisch zum kriminalistischen Einsatz der DNA-Technik siehe Nogala, Detlef: *DNA-Analyse und DNA-Datenbanken. Der „genetische Fingerabdruck" – eine erstaunliche Karriere*, in: Bürgerrechte & Polizei/CILIP 61 (3/1998), S. 16 ff.

Beim kriminalistischen Einsatz der DNA-Technik besteht auch die Gefahr, dass Unschuldige strafrechtlich verfolgt werden – hierfür bestehen mehrere Ansatzpunkte[974]. Es ist bspw. denkbar, dass ein Kriminalbeamter ein an einem Tatort gesichertes Spurenmaterial als hinreichenden Beweis für die Schuld eines Beschuldigten wertet und seine Ermittlung auf diese Person konzentriert, obwohl der Beschuldigte die Tat nicht begangen hat, das Pech jedoch hatte, zum falschen Zeitpunkt und unter widrigen Umständen am Tatort präsent zu sein. Gerade weil eine DNA-Übereinstimmung aufgrund ihres Sachbeweiswertes für die Ermittlung ausschlaggebend sein könnte, würde es der Beschuldigte außerordentlich schwer haben, das Strafgericht von seiner Unschuld zu überzeugen.

Die DNA-Technik birgt ferner die Gefahr der kriminellen Beweismanipulation durch die Ermittler selbst, mit der Absicht, dem DNA-Inhaber eine Straftat anzulasten. Spurenkontaminationen infolge umweltbedingter Einflüsse und Nachlässigkeiten im Labor sind nicht auszuschließen[975]. Zwar sind derartige Vorkommnisse in Deutschland bisher nicht bekannt, dies schließt aber keinesfalls aus, dass sie sich in der Vergangenheit nicht ereignet haben oder künftig noch ereignen können[976]. In Anbetracht dessen soll das Urteil des BGH vom September 1992, wonach die DNA-Analyse zur Täterüberführung als ausschließliches Beweismittel nicht verwendet werden dürfen, mit einer gewissen Erleichterung zur Kenntnis genommen werden[977].

3.2.3.5.3 Die Schreckensvision des ‚gläsernen Menschen'

Kritiker weisen auf die Gefahr hin, dass aus DNA-Analysen Informationen gewonnen werden, die das Erstellen eines nahezu vollständigen Persönlichkeitsbilds des DNA-Inhabers ermöglichen können. In kriminalistischer Hinsicht wäre dies durchaus sinnvoll, da damit nützliche Erkenntnisse über eine Fahndungsperson entstünden, etwa in der Art: „gefahndet wird nach Verdächtigem X mit den aus DNA-Spurenmaterial ermittelten physischen Merkmalen A,B,C,D und E"[978]. Die

---

974 Dazu siehe Rehme, Stephen: *Eine haarige Methode*, http://www.salonrouge.de (Mai 2001).

975 Aus der Praxis ist bekannt, dass die PCR-Methode eine gewisse Störanfälligkeit aufweist. Eine Ergebnisverfälschung könnte u.U. beim Vorhandensein minimaler Verunreinigungen auftreten.

976 Wie aus gelegentlichen Nachrichtenmeldungen zu entnehmen ist, sind in den USA mehrere Fälle von Beweismanipulationen im Umgang mit DNA-Spurenmaterial in kriminaltechnischen Laboren bekannt geworden.

977 Fraglich ist allerdings, ob die Vorbehalte des BGH heute noch gerechtfertigt sind. Bei dem zugrunde liegenden Fall handelte es sich um einen Mann, der verurteilt wurde, weil er nach der DNA-Analyse mit 99,986% der Täter sei. Trotz dieser hohen Wahrscheinlichkeit kamen, rein statistisch gesehen, 35 Männer aus seinem Wohnort (Hannover) in Frage. Mittlerweile liegt die Übereinstimmungswahrscheinlichkeit bei ca. 1:420 Million, die die Aussagekraft eines DNA-Gutachtens erheblich aufwertet.

978 Ein mögliches Szenario: Aus einer am Tatort gesicherten, winzigen DNA-Spur werden Erkenntnisse über den Spurenverursacher gewonnen, d.h. zu seinen physischen Merkmalen

StPO verbietet ausdrücklich der Rückgriff auf den kodierten Bereich bei kriminalistischen DNA-Untersuchungen; manche befürchten allerdings, dass dies künftig gelockert bzw. gänzlich entfallen könnte und zwar dann, wenn sich der Einsatz der DNA-Technik in der Kriminalistik und im öffentlichen Bewusstsein fest etabliert ist und sich gut bewährt hat und die Ausdehnung von DNA-Analysen auf die kodierten Bereiche des menschlischen Erbgutes beachtliche Fahndungserfolge verspräche. Vorausschauend wurde in Polizeikreisen bereits festgestellt: „Sicher muss der ‚gläserne Mensch' vermieden werden, muss die Erhebung von Daten aus dem persönlichen Kernbereich ausgeschlossen bleiben. Wenn die Wissenschaft aber irgendwann den entsprechenden Stand erreicht hat, wird es dem Bürger und dem Kriminalpraktiker nur schwer zu vermitteln sein, warum ich den Tatzeugen, nicht aber die aufgefundenen Täterspuren nach dem Aussehen des Täters fragen darf"[979].

Zweifelsohne würde die Verbrechensbekämpfung dadurch einen großen Anschub bekommen. Sollte das Verbot irgendwann aber tatsächlich aufgehoben werden - was zumindest in absehbarer Zukunft ausgeschlossen zu sein scheint - dann würde die kriminalistische Nutzung der DNA-Technik das Eingreifen in die menschlische Privatsphäre in einem bisher nie gekannten Ausmaß gestatten. Interessanterweise hat die Bundesregierung bereits den Grundstein für eine Erweiterung der aus DNA-Analysen zu gewinnenden kriminalistischen Erkenntnisse gelegt, denn in ihrem Gesetzesentwurf zur Änderung der Vorschriften über die Straftaten gegen die sexuelle Selbstbestimmung und zur Änderung anderer Straftaten vom 28. Januar 2003[980] hat sie eine Ergänzung der § 81e StPO u.a. dahin gehend vorgeschlagen, dass im Rahmen einer Spurenuntersuchung auch die Geschlechtsbestimmung für gesetzlich zulässig erklärt werden soll[981]. Ferner soll sich zum Zwecke künftiger Strafverfahren die DNA-Analyse bei Straftaten gegen die sexuelle Selbstbestimmung nicht nur auf Taten von „erheblicher Bedeutung" beschränken, sondern sie soll grundsätzlich bei jeder Straftat in dieser Kategorie zulässig sein[982]. Es bleibt somit abzuwarten, ob sich künftig ein Intentionswandel des Gesetzgebers

---

(Haut-, Augen- und Haarfarbe) und zu seinen Charaktereigenschaften (z.B. Temperament). Eventuell ließe sich kriminaltechnisch ein „DNA-Phantombild" daraus erstellen, das dann mit digitalen Lichtbildersammlungen von Straftätern zur Täterermittlung automatisch abgeglichen werden kann.

979 Bauch/Brückner, *Moderne Ermittlungshilfe oder vertane Chance? Ein Problemaufriss zur DNA-Analyse-Datei(Gendatenbank) aus brandenburgischer Sicht*, Fn. 925.

980 Siehe Bundestagsdrucksache 15/350.

981 Ebenda. In der Entwurfsbegründung heißt es, dass die Zulässigkeit der Geschlechtsbestimmung bezweifelt wird und dass eine wörtliche Auslegung des § 81e Abs. 1 Satz 1. des StPO dagegen spräche. Gleichzeitig wird erwähnt, dass ein Feststellungsverbot in Bezug auf äußerliche Merkmale (wie das Geschlecht) nicht die Intention des Gesetzgebers war, sondern (und mit Verweis auf die Bundestagsdrucksache 13/67 (S.7)): „die Ausforschung schutzbedürftiger genetischer Anlagen des Betroffenen und die Feststellung genetisch bedingter schutzbedürftige Persönlichkeitsmerkmale einem ausdrücklichen Verbot zu unterstellen".

982 Siehe Bundestagsdrucksache 15/350.

tatsächlich ergibt. Aus der Rechtssprechung des BVerfG geht allerdings geht klar hervor, dass die Gewinnung von „Persönlichkeitsprofilen“ aus molekular-genetischen Untersuchungen mit dem Grundgesetz nicht konform wäre[983].

3.2.3.5.4 DNA-Proben auf ‚freiwilliger' Basis

Die Handhabung von DNA-Proben, die auf „freiwilliger“ Basis erhoben wurden, trifft ebenfalls auf Kritik. Das BKA und einige Bundesländer[984] gehen davon aus, dass freiwillig erhobene DNA-Identifizierungsmuster gespeichert und zur künftigen Strafverfolgung verwendet werden, ohne das eine richterliche Anordnung hierfür erforderlich sei. Diese Praxis wurde in einer gemeinsamen Entschließung der Datenschutzbeauftragten von Bund und Ländern[985] beanstandet, mit Verweis auf den Wortlaut der StPO, wonach zum Zwecke der künftigen Identitätsfeststellung mittels eines DNA-Identifizierungsmusters im einem Strafverfahren der Richtervorbehalt gilt.

Die Datenschützer wiesen bei „freiwilligen“ DNA-Proben auf folgendes hin: „Die von Strafgefangenen erteilte Einwilligung zur Entnahme, Analyse und Speicherung kann keine Grundlage für einen derartigen Eingriff sein. Eine wirksame Einwilligung setzt voraus, dass sie frei von psychischem Zwang freiwillig erfolgt. Da Strafgefangene annehmen können, dass die Verweigerung der Einwilligung Auswirkungen z. B. auf die Gewährung von Vollzugslockerungen hat, kann hier von Freiwilligkeit keine Rede sein. Ausschlaggebend für die Beurteilung der Freiwilligkeit einer Einwilligung ist die subjektive Einschätzung des Betroffenen. Auch wenn im Einzelfall die Weigerung von Strafgefangenen, sich einer DNA-Analyse zu unterziehen, die Entscheidung über Vollzugslockerungen nicht beeinflusst, ist dennoch davon auszugehen, dass die Befürchtung, die Verweigerung habe negative Folgen, die freie Willensentscheidung beeinträchtigt“[986]. Anhand einiger konkreter Fälle in Bayern, hat der bayerische Datenschutzbeauftragte auf Defizite bei „freiwilligen“ DNA-Erfassungen hingewiesen[987].

Verfassungsrechtliche Überlegungen und kriminalistische Pragmatik stehen einander somit gegenüber. Jedem steht das Recht zu, sich nicht selbst einer Straftat zu

---

983 Siehe Fn. 962.

984 In allen Bundesländern dürfen DNA-Proben auf freiwilliger Basis entnommen werden, mit Ausnahme von Rheinland-Pfalz und Mecklenburg-Vorpommern, wo die Probenentnahme einer richterlichen Anordnung bedarf. Eine Freiwilligkeitsregelung bei der Entnahme **und** Untersuchung von DNA-Proben gibt es in Bayern, Baden-Württemberg, Berlin, Hamburg, Hessen und Sachsen. Vgl. Bauch, Wolfgang: *DNA-Gesetzgebung: Problemaufriss und Lösungsansätze aus kriminalpraktischer Sicht*, http://www.bdk-brandenburg.de (24.01.2003).

985 Siehe die Entschließung der Datenschutzbeauftragten des Bundes und der Länder vom 07. und 08.10.1999: *DNA-Analysen zur künftigen Strafverfolgung auf der Grundlage von Einwilligungen.*

986 Ebenda.

987 Siehe Bayerischer Landtag, Drucksache 14/11233, S. 51-53.

belasten. Aus diesem Blickwinkel hat die richterliche DNA-Untersuchungs-anordnung eine Schutzfunktion für den Betroffenen, in dem sie eine unabhängige gerichtliche Kontrolle für staatliche Eingriffsmaßnahmen in das Recht auf informationelle Selbstbestimmung gewährleistet. Andererseits würde eine Erweiterung des Richtervorbehaltes bzw. die Kreierung einer Ermächtigungsgrundlage hinsichtlich der freiwilligen DNA-Entnahme und Untersuchung und Speicherung von DNA-Identifizierungsmustern in der DNA-Analyse-Datei mit einem zusätzlichem Zeit- und Kostenaufwand einhergehen, der eventuell zur Folge hätte, dass weniger Daten gepeichert werden und sich infolgedessen ein negativer Verbrechensbekämpfungseffekt einstellt. Bundesländer, die freiwillig erhobene DNA-Daten in der DNA-Analyse-Datei speichern, weisen – zumindest, was die Anzahl der Personendatensätze angeht – einen vergleichsweise höheren Anteil aus als die Bundesländer, die diese Daten ausschließlich aufgrund einer richterlichen Anordnung speichern[988]. Die Effektivität der DNA-Analyse-Datei wird aber nicht nur von der Anzahl ihrer Personendatensätze, sondern auch – und dabei eher mehr - von der Anzahl ihrer Spurendatensätze[989] bestimmt. Letztere dürfen nach der geltenden Rechtslage bundesweit nur mit einer richterlichen Anordnung gespeichert werden.

3.2.3.5.5 Der Richtervorbehalt

Als bei DNA-Untersuchungen besonders umstritten hat sich der Richtervorbehalt nach § 81 der StPO erwiesen.

Kritik am Richtervorbehalt stammt in erster Linie aus den Reihen der Kriminalpolizei, die sich für seine Abschaffung energisch einsetzen. Praktische Überlegungen stehen dabei im Mittelpunkt: „Der BDK [Bund Deutscher Kriminalbeamten] wiederholt seine bereits in der Diskussion um die Einrichtung der Gendatenbank vorgebrachte Kritik an der Praktikabilität des Richtervorbehaltes. Insbesondere ist die Gefahrenprognose (besteht Grund zu der Annahme, dass gegen den Beschuldigten künftig erneut Strafverfahren zu führen sind?) für den Richter nicht zu leisten. Er wird sich ohnehin weitgehend auf das Votum der Ermittlungsbehörden verlassen müssen. Darüber hinaus entsteht aus kriminalpraktischer Sicht der Eindruck, dass Richter eher dazu tendieren, Negativprognosen zu verneinen .... Praktisch resultiert aus dem Richtervorbehalt ein erheblicher Mehraufwand für Polizei und Justiz und eine bedeutende zeitliche Verzögerung. Unsere Befürch-

---

988 So hat Bayern mit seinem Freiwilligkeitsansatz Ende 2002 48.433 Personendatensätze in der DNA-Analyse-Datei gespeichert, das größere Nordrhein-Westfalen hingegen mit seiner erforderlichen richterlichen Anordnung 21.893 Personendatensätze. Bayern hat sich zudem im Ländervergleich bei der DNA-Erfassung intensiv mit inhaftierten Verurteilten befasst. Vgl. Bauch, *Argumentation: Interpretation der DNA-Analyse-Datei (DAD)*, Fn. 952.

989 Dies zeigt sich wiederum deutlich am Beispiel Bayern und Nordrhein-Westfalen. Bei einer bundesweiten Gesamttrefferanzahl von 6.599 bis Ende 2002, belief sich die Trefferanzahl für Bayern auf 905 (2002: 415) und für Nordrhein-Westfalen auf 893 (2002: 618). Ebenda.

tungen, dass aufgrund dieser hohen Hürde nur ein Bruchteil der einzulegenden DNA-Profile in die Datei gelangen, haben sich bestätigt. Die Effektivität der Gendatenbank wird erheblich gefährdet"[990]. Nach Ansicht des BDK hätte die Abschaffung des Richtervorbehaltes keine adverse Auswirkungen in grundrechtlicher Hinsicht für die Betroffenen, da der verfassungsrechtlich gewährte Anspruch auf Rechtshilfe dadurch unangetastet bleibt und infolge dessen keine Rechtsnachteile zu erwarten wären, ferner wären Polizeibeamte aufgrund ihrer Erfahrung und ihres kriminalistischen und kriminologischen Einschätzungsvermögens eher imstande, eine Gefährlichkeitsprognose über einen Betroffenen zu treffen als ein Richter[991].

Auch auf Gerichtsebene ist der Richtervorbehalt umstritten. Bei diesem Interpretationsstreit geht es darum, ob die Spurenuntersuchungen dem Richtervorbehalt nach § 81e Abs. 2 StPO unterliegen. Nach Auffassung einer Minderheit von Gerichten, sieht die StPO keine richterliche Anordnung bei Spuren vor, infolge dessen werden Spurenuntersuchungsanträge der Staatsanwaltschaft abgelehnt. Ein Beschluss des Landgerichtes Köln vom 18. Mai 2001 zeigt den Grund für die ablehnende Haltung mancher Gerichte gegenüber dem Richtervorbehalt bei Spurenuntersuchungen: "Entgegen dem Wortlaut des § 81 f Abs. 1 Satz 1 StPO, wonach Untersuchungen nach § 81 e StPO, also auch die Untersuchung von Spurenmaterial nach § 81 e Abs. 2 StPO, ‚nur durch den Richter' angeordnet werden dürfen, ist die Vorschrift einschränkend dahin auszulegen, dass die Untersuchung von Spurenmaterial, das einer konkreten Person nicht zuzuordnen ist, einer richterlichen Anordnung nicht bedarf (so überzeugend LG Hamburg, NJW 2001, 530). Die kriminaltechnische Auswertung anonymer Spuren ist keine gegen einen bestimmten Betroffenen gerichtete Maßnahme und greift nicht in geschützte Rechte eines bestimmten Rechtsgutinhabers ein. Dieser ist nicht einmal individualisierbar, da der Kreis derer, unter denen er zu suchen ist, nicht feststeht. In die Rechte des Spurenverursachers bzw. des als Spurenleger Verdächtigen wird erst dann eingegriffen, wenn zu Abgleichszwecken Material von ihm erlangt und untersucht werden soll. Dann aber steht er in jedem Fall unter dem Schutz des Richtervorbehalts des § 81 f StPO"[992].

Da jedoch die Errichtungsanordnung der DNA-Analyse-Datei die Datenspeicherung lediglich im Rahmen einer freiwilligen Erfassung (wie dies in einigen

---

990 Bauch/Brückner, *Moderne Ermittlungshilfe oder vertane Chance? Ein Problemaufriss zur DNA-Analyse-Datei (Gendatenbank) aus brandenburgischer Sicht*, Fn. 925, Die Autoren führen - und dabei mit Bezug zu Brandenburg - einige weitere Erfassungsmängel auf: das schleppende Tempo bei der retrograden Erfassung der DNA-Identifizierungsmuster der einschlägigen Personen in der DNA-Analyse-Datei, die vergleichsweise lange Dauer (bis zu einem Jahr) zur Erwirkung eines erstrebten richterlichen Beschlusses sowie materielle und personelle Engpässe.

991 Vgl. *Reform der DNA-Gesetzgebung – DNA als Standardmaßnahme der erkennungsdienstlichen Behandlung*, http://www.bdk-brandenburg.de (19.12.2002).

992 107 Qs 144/01.

Bundesländern praktiziert wird) oder aufgrund einer richterlicher Anordnung vorsieht, dürfen Spuren-DNA-Identizierungsmuster aus den betroffenen Landgerichtsbezirken folglich nicht in der Datei gespeichert werden. Diese Rechtssprechungspraxis vermindert die Verbrechensbekämpfungswirkung der Datei, zumal diese in erster Linie von der Spurendatensatzerfassung bestimmt wird und – wie bereits erwähnt - Spurendatensätze eine wichtigere Stellung im Vergleich zu den Personendatensätzen einnehmen.

Zur Richtervorbehaltsproblematik im Zusammenhang mit der molukular-genetischen Untersuchung von Spurenmaterial gab es zwei Lösungsansätze. Der Bundesrat forderte die Übertragung der Anordnungskompetenz für Spurenuntersuchungen auf die Staatsanwaltschaft und ihre Hilfsbeamten und legte diesbezüglich im Dezember 2000 einen Gesetzesentwurf zur Regelung der Zuständigkeit für die Anordnung einer DNA-Untersuchung bei Spuren vor[993]. Nach Auffassung des Bundesrates wäre dadurch ein unnötiger Vollzugsaufwand auf Grund des Erfordernisses richterlicher Anordnungen vermieden. Da die Identität eines Spurenverursachers ohnehin unbekannt sei, scheidet ein Einschnitt in das Recht auf informationelle Selbstbestimmung aus[994]. Damit nahm der Bundesrat offenbar die gegenteilige Position zur Bundesregierung ein, die zur Klarstellung der Rechtslage in Bezug auf die Spurenuntersuchung mit ihrem eigenen Gesetzesentwurf zur Änderung der Strafprozessordnung zur Klarstellung der Zuständigkeit für die Anordnung einer DNA-Untersuchung bei Spuren[995] bemüht war, § 81f 1 StPO dahingehend zu ändern, dass auch die molekular-genetische Untersuchung von Spuren deutlich an eine richterliche Anordnung gebunden werden müsse. Offenbar schloss sich damit die Bundesregierung denjenigen an, die der Ansicht sind, der Richtervorbehalt müsse als justizielle Kontrollmaßnahme beibehalten werden, auch wenn dies mit einem Effektivitätsverlust bei der Verbrechensbekämpfung in Kauf zu nehmen wäre. Letztlich konnte sie ihr umstrittenes Vorhaben im Bundestag durchsetzen, so dass der Richtervorbehalt nunmehr auch die Voraussetzung für Spurenuntersuchungen ist[996].

3.2.3.5.6 Die ‚genetische Massenfahndung'

Bedenken im Zusammenhang mit dem kriminalistischen Einsatz der DNA-Technik treten auch bei „genetischen Massenfahndungen" auf. Dabei werden bei der Fahndung nach unbekannten Tätern, ein großer Personenkreis mit täterähnlichen Merkmalen zur Abgabe von Blut- oder Speichelproben aufgefordert, damit ihre DNA-Identifizierungsmustern mit dem DNA-Spurenmaterial des Täters abgeglichen werden können. Genetische Massenfahndungen sind weltweit bereits

---

993 Siehe Bundestagsdrucksache 14/5264.

994 Vgl. *DNA-Untersuchung bei Spurenmaterial auch auf Anordnung der Staatsanwaltschaft oder ihrer Hilfsbeamten.* Presseerklärung des Bundesrates vom 27.09.2001.

995 Siehe Bundestagsdrucksache 14/7562.

996 Diese aus polizeilicher Sicht suboptimale Lösung wurde stark kritisiert, u.a. vom BDK.

mehrmals bei Sexualstraftaten unter Gewaltanwendung zum Einsatz gekommen. Ein praxisnahes Beispiel hierfür wäre ein Entführungs- und Vergewaltigungsfall mit Todesfolge, bei dem der Kriminalpolizei Hinweise vorliegen, dass eine in der Region ansässige junger Mann mit hoher Wahrscheinlichkeit als Täter zwar in Frage käme, der Verdächtigenkreis aber zu groß ist und eine genetischen Massenfahndung daher die am ehesten erfolgsversprechende Lösung wäre diese Person schnell zu fassen. Seit der Durchführung der ersten genetischen Massenfahndung 1986/1987 in der 5.000 Einwohner zählenden englischen Ortschaft Enderby nach dem Mord an einer Schülerin[997], hat sich diese neue Fahndungsmethode mit großem Erfolgspotential trotz ihres hohen Aufwands nach und nach auch über die Grenzen Großbritanniens hinaus etablieren können, darunter in Deutschland, wo sie seit 1992 anlassbezogen bereits mehrmals eingesetzt wurde[998]. Von der genetischen Massenfahndung versprechen sich Ermittler ein vergleichsweise effektives Mittel zur zügigen Aufklärung bestimmter Gewalttaten (v.a. Mord, Vergewaltigung) liefert, die wie bei keinen anderen Kriminalitätserscheinungen die Gemüter der Öffentlichkeit erregen.

Dabei wird die genetische Massenfahndung, die als eine Maßnahme mit hoher Eingriffsintensität in die Privatsphäre des Einzelnen zu werten ist, von vielem argwöhnisch betrachtet. Die Konformität von genetischen Massenfahndungen mit dem Grundgesetz wurde bereits in Frage gestellt: „'Freiwilligkeit' sei insbesondere angesichts des sozialen Drucks auf diesen Kreis der Unverdächtigen faktisch nicht gegeben und damit fragwürdig. In der Tat gerät, wer nicht zum Speicheltest kommt, in den engsten Kreis der ‚qualifiziert' Verdächtigen und sieht sich gezwungen, seine Unschuld nachzuweisen. Mit solchen Massenabgleichstests wird der Verfassungsgrundsatz der Unschuldsvermutung praktisch in sein Gegenteil verkehrt und ‚jedermann' zum potentiellen Straftäter und Sicherheitsrisiko gestempelt. Darüber hinaus werden wichtige Verfahrensregelungen außer Kraft gesetzt, die das Gesetz bisher ausdrücklich vorsieht"[999].

---

[997] Vgl. Nogala, *DNA-Analyse und DNA-Datenbanken. Der „genetische Fingerabdruck" – eine erstaunliche Karriere*, Fn. 973, S. 11 ff.

[998] Im März 1992 fand die erste „Massenuntersuchung" in Deutschland statt. Damals wurden alle 120 männlichen Teilnehmer eines Feuerwehrballs in einem kleinen Ort bei Hannover zur Aufklärung eines Mordes aufgefordert, jeweils eine Blutprobe abzugeben. Das wohl berühmtes Beispiel der genetischen Massenfahndung in Deutschland ist die im Sommer 1998 durchgeführte Aktion zur Ermittlung des Mörders von zwei Mädchen in den niedersächsischen Landkreisen Cloppenburg und Emsland, bei der alle ca. 18.000 männlichen Einwohner im Alter zwischen 18 und 30 Jahren aufgefordert wurden, freiwillig eine Speichelprobe abzugeben. Die damit gewonnene DNA-Identifizierungsmuster sollten mit dem am Tatort gefundenen Spurenmuster verglichen werden. Ebenda.

[999] *Genetische „Schleierfahndung" und Gen-Datei-Erfassung – niedersächsische Praxis und die bürgerrechtlichen Kosten.* Wortlaut der Kleinen Anfrage der Abgeordnete Frau Stokar von Neuforn (GRÜNE), eingegangen am 25. Mai 1999, Niedersächsischer Landtag (14. Wahlperiode), Drucksache 14/903, S. 1.

Diese Kritik ist nachvollziehbar und weist nebenbei auf die nicht auszuschließende Gefahr hin, dass sich zu einem künftigen Zeitpunkt - und rückblickend auf die bis dahin erzielten Fahndungserfolge - die genetische Massenfahndung als kriminalpolizeiliches Fahndungsinstrument in Deutschland derart fest etabliert hat, dass ihr Einsatz zur Selbstverständlichkeit und von der Politik und Öffentlichkeit auch kaum mehr in Frage gestellt wird, insbesonders bei medienwirksamen Gewaltstraftaten. Bereits heute gehen die Forderungen mancher Politiker diesbezüglich recht weit. Nach einem Kindesmordfall in der brandenburgischen Stadt Eberswalde forderten führende CDU/CSU-Vertreter Anfang 2001, alle Männer in Deutschland zur Zwangshinterlegung ihrer DNA-Identifizierungsmustern zu verpflichten[1000]. Diese absurde Forderung stieß hierzulande bei Politikern, Rechtsexperten, Datenschützern und in der breiten Öffentlichkeit rasch und mehrheitlich auf Ablehnung[1001]. Sie lässt sich nicht realisieren, zumal die Zwangserhebung von DNA-Daten von rd. die Hälfte der Bevölkerung Deutschlands bereits in verfassungsmäßiger Hinsicht offensichtlich sowohl gegen das Verhältnismäßigkeitsprinzip als auch das Übermaßverbot verstöße und zudem generalverdachtsunterstellend ist – ganz zu schweigen von dem hierfür erforderlichen immensen materiellen, logistischen und finanziellen Aufwand, der zu Durchführung der Maßnahme erforderlich wäre, sollte sie tatsächlich durchgeführt werden. Die Auffassung der Datenschutzbeauftragten dazu: „Die Erhebung personenbezogener Daten ist auch im Rahmen der Strafverfolgung an rechtsstaatliche Grundsätze gebunden. Eine Datenerhebung auf Vorrat, die die Hälfte der Bevölkerung als potentielle Straftäter behandelt, ist verfassungsrechtlich unzulässig. Darüber hinaus erscheint der erwartete Abschreckungseffekt äußerst fragwürdig"[1002].

Dennoch ist eine Zwangserfassung von Daten breiter Personenkreise künftig nicht grundsätzlich auszuschließen. Aus einem Urteil des BVerfG von 1996 geht hervor, dass in einem Mordfall prinzipiell jeder, der nicht auf anderem Wege seine Unschuld nachweisen kann, zur DNA-Probe verpflichtet werden kann und dies selbst dann, wenn das Verdachtsraster der Polizei ziemlich unspezifisch wäre[1003]. Die

---

1000 Wie aus Meldungen in der Presse und aus den elektronischen Medien zeitweilig zu entnehmen war. Siehe hierzu Koop, Volker: *Alle Männer unter Generalverdacht?*, in: Das Parlament, Nr. 13-14 (23.03.-30.03.2001), http://www.das-parlament.de.

1001 Auch dies war auch der Presse und elektronischen Medien zeitweilig zu entnehmen.

1002 Die gemeinsame Entschließung der Datenschutzbeauftragten des Bundes und der Länder vom 12.03.2001: *Anlasslose DNA-Analyse aller Männer verfassungswidrig.*

1003 Vgl. Nogala, *DNA-Analyse und DNA-Datenbanken. Der genetische Fingerabdruck – eine erstaunliche Karriere*, Fn. 973, S. 12. Beim zugrundeliegenden Fall ging es um die Beschwerde eines Porsche-Fahrers mit Münchener-Kennzeichen, der wie einige hundert anderer Porsche-Fahrer mit Münchener Kennzeichen, die kein zufriedenstellendes Alibi für den fraglichen Zeitpunkt vorweisen konnten, nach einem Mord zur Blutprobe aufgefordert wurde. Es bestanden Zeugenhinweise, wonach der mutmaßliche Mörder ein entsprechendes Fahrzeug mit entsprechenem Kennzeichen fuhr. Der Beschwerdeführer wurde per gerichtlicher Anordnung zur Blutentnahme gezwungen. Das Bundesverfassungsgericht lehnte seine Klage ab, mit der Begründung, die Schwere der Tat rechtfertige den polizeilichen Eingriff und

Möglichkeit, dass mit Blick auf eine wirksamere Verbrechensbekämpfung - und dabei gestützt auf einen breiten öffentlichen Konsens - der Gesetzgeber künftig eine normative Grundlage schafft, die das Sammeln von DNA-Identifizierungsmustern in der DNA-Analyse-Datei über Beschuldigte und Verurteilte hinaus auf weitere Bevölkerungssegmente - im Extremfall gar auf die gesamte Bevölkerung der Bundesrepublik ausdehnt - ist nicht gänzlich auszuschließen. Im Hinblick auf die Kriterien der Effektivität und Effizienz wäre dies freilich sinnvoll, denn dadurch ließen sich zahlreiche bis dato ungeklärte Fälle rasch aufklären. Ob sich das Kriminalitätsumfeld in Deutschland künftig so entwickeln wird, dass ein derart drastischer exekutiver Eingriff in das Recht auf informationelle Selbstbestimmung gerechtfertigt wäre, erscheint aus heutiger Sicht sehr fraglich. Mit dem Wegfall der gesetzlichen Gefahrenprognose- und Erheblichkeitsvoraussetzung, der Erfassung des DNA-Identifizierungsmusters als einer „erkennungsdienstlichen Standardmaßnahme“[1004] und der Vernetzung der nationalen DNA-Dateien ist künftig eher zu rechnen[1005].

3.2.4 Das Violent Crime Linkage Analysis System (ViCLAS)

3.2.4.1 Grundlegendes zum ViCLAS

Eine neben AFIS und der DNA-Analyse-Datei beim BKA verwaltete und für kriminalpolizeiliche Ermittlungen in Deutschland weitere bedeutsame Datei ist das Anfang der 1990er Jahre von der Royal Canadian Mounted Police entwickelte *Violent Crime Linkage Analysis System* (ViCLAS)[1006].

Der Leitorientierungspunkt von ViCLAS ist das „Serienelement“ bei schweren Verbrechen: „[ViCLAS] dient vorwiegend dazu, Straftaten von Wiederholungstätern im Bereich der schweren Gewaltkriminalität effektiv zu erkennen und schnell zusammen zu führen. Dabei wird der kriminalistische Einzelfall bezüglich Übereinstimmungen zu anderen Fällen eingehend überprüft, um damit zur Täteridentifizierung oder zur Feststellung von Tatzusammenhängen beizutragen“[1007]. ViCLAS

---

verstoße damit nicht gegen den Verhältnismäßigkeitsprinzip. Siehe auch Neue Zeitschrift für Strafrecht, Heft 12, 1996, S. 606-607.

1004 Der BDK hat diese Forderung bereits mehrmals öffentlich erhoben. Nach der Auffassung des BDK, stellt die Erfassung des DNA-Profils keinen größeren Eingriff in das Recht auf informationelle Selbstbestimmung dar als die Abnahme eines Fingeradrucks oder eines Lichtbildes. Vgl. *Reform der DNA-Gesetzgebung - DNA als Standardmaßnahme der erkennungsdienstlichen Behandlung*, Fn. 991.

1005 Mittlerweile wird in Großbritannien bei der erkennungsdienstlichen Behandlung jedem „Offender“ neben Fingerabdrücken und Lichtbild auch eine DNA-Probe entnommen, verdatet und gespeichert.

1006 Deutsche Übersetzung: *Analyse-System zur Verknüpfung von Gewaltdelikten* bzw. *das kriminalpolizeiliche Informations- und Analysessystem zur Bekämpfung schwerer Gewaltkriminalität.*

1007 Bundeskriminalamt (Hrsg.): *Operative Fallanalyse (OFA): Fallanalytische Verfahren und die ViCLAS-Datenbank bei der deutschen Polizei*, Wiesbaden, 1999, S. 7.

ermöglicht somit das Erkennen von Zusammenhängen bei bestimmten Straftaten, die in verschiedenen räumlichen und zeitlichen Kontexten begangen wurden. Durch den anschließenden Wissensaustausch zwischen Ermittlern, kommen möglicherweise Hinweise über den zu ermittelnden Täter zutage, wodurch letztlich auch die Wahrscheinlichkeit seiner Ergreifung gesteigert wird[1008].

Der Einsatz von ViCLAS in Deutschland ist vorgesehen bei Tötungsdelikten mit Ausnahme der geklärten persönlich motivierten Täter mit familiärer Vorbeziehung ohne besondere Tatumstände, bei Straftaten gegen die sexuelle Selbstbestimmung unter Anwendung oder Androhung von Gewalt mit Ausnahme von Taten mit familiärer oder partnerschaftlicher Vorbeziehung ohne besondere Tatumstände, bei Vermisstenfällen, wenn die Gesamtumstände auf ein Verbrechen hindeuten und bei verdächtigem Ansprechen von Kindern und Jugendlichen, wenn ein sexuelles Motiv vermutet werden kann und wenn nach Sachlage konkrete Anhaltspunkte für eine geplante schwerwiegende Tat vorliegen[1009].

ViCLAS stellt im Grunde eine Weiterentwicklung des vom FBI der USA entwickelten *Violent Criminal Apprehension Program* (VICAP) sowie der Systeme einiger US-Bundesstaaten dar[1010], die in den Vereinigten Staaten bei der Bekämpfung des Seriengewaltverbrechens zum Einsatz kamen. Neben Kanada und Deutschland setzen einige Staaten ViCLAS mittlerweile ein[1011], weitere, v.a. europäische Staaten sind aufgrund seiner mehrsprachigen Verwendbarkeit und seiner kriminalistischen und kriminologischen Strukturinhalte an seiner Einführung interessiert[1012].

1008 Zu ViCLAS siehe auch Rauner, Bernd: *ViCLAS-Datenbanksystem*, in: Landeskriminalamt Baden-Württemberg (Hrsg.): INPOL.IKNPOL. Ihr Begleiter durch die von der Polizei des Landes Baden-Württemberg genutzten DV-Verfahren, Stuttgart, 1998, S. 138. Nach Rauners allgemeinerer Formulierung: „Sie eröffnet somit die Möglichkeit, bereits frühzeitig Spuren und Hinweise aus verschiedenen Vefahren zusammenzuführen, die erst in ihrer Summe weitergehende Ermittlungsansätze bieten". Der Autor nutzt den Begriff „Verhaltens-Fingerabdruck", anhand dessen eine individuelle Personifizierung des Serienmörders oder schwerer Sexualverbrecher ermöglicht wird und die Grundlage für die ViCLAS-Recherche ist.

1009 Siehe die vom LKA Rheinland-Pfalz herausgegebene Informationsbroschüre *Violent Crime Linkage Analysis System ViCLAS*, (Ort und Zeit der Veröffentlichung nicht angegeben).

1010 Darunter das Iowa State Sex Crimes Analysis System, das Minnesota State Sex Crimes Analysis System (MINN/SCAP), das Washington State Homicide Investigation Tracking System (HITS), das New York State Homicide Investigation & Lead Tracking (HALT), das New Jersey Homicide Evaluation & Assessment Tracking (HEAT) sowie das Pennsylvania State ATAC Program. Vgl. *Violent Crime Linkage Analysis System (ViCLAS)*, Webseite der Royal Canadian Mounted Police, http://www.rcmp-grc.ca/viclas-e.htm (30.09.1999). Die Webseite vermittelt einen Überblick über den Entstehungsprozess und die Funktionsweise von ViCLAS.

1011 Darunter Australien, Belgien, Großbritannien, Niederlande, Österreich, Schweden und die Tschechische Republik sowie einige US-Bundesstaaten. Dänemark, Frankreich und die Schweiz haben die Einführung von ViCLAS beschlossen.

1012 Vgl. *Operative Fallanalyse (OFA): Fallanalytische Verfahren und die ViCLAS-Datenbank bei der deutschen Polizei*, Fn. 1007, S. 7.

Ein beachtsamer Vorteil von ViCLAS liegt darin, dass damit auch grenzüberschreitende Fallzusammenhänge erkannt werden können, vorausgesetzt, es handelt sich um ViCLAS-Anwenderstaaten[1013]. Auf kanadischer Seite besteht Interesse an der kostenlosen Weitergabe des ViCLAS-Software[1014]. In Deutschland kam ViCLAS erstmals Ende 1996 zum Einsatz, als der Freistaat Bayern das Software für einen Testbetrieb im Rahmen des Projektes ‚AG TT' beim Polizeipräsidium in München erhielt[1015]. Nach einem intensiven Vorbereitungs- und Abstimmungsprozess wurde der AG Kripo eine Konzeption zur Einführung von ViCLAS in Deutschland vorgelegt[1016]. Von der AG Kripo wurde am 22.01.1999 beschlossen, ViCLAS ab 01.01.2000 in Betrieb zu nehmen[1017]. Am 07.06.2000 wurde durch den BKA-Präsidenten die ViCLAS-Errichtungsanordnung ausgefertigt und ViCLAS anschließend als eine Verbund-Datei beim BKA (als ViCLAS-Zentralstelle in Deutschland) in Betrieb genommen[1018]. Gemäß einer vertraglichen Vereinbarung ist das BKA alleiniger Ansprechpartner der Kanadier für die Nutzung und Weitergabe der ViCLAS-Software in Deutschland[1019]. Bei Bedarf nimmt das BKA auf Ersuchen Anfragen im Ausland vor und recherchiert im deutschen ViCLAS-Gesamtbestand[1020].

3.2.4.2 Die Arbeitsweise von ViCLAS

In Deutschland ist der unmittelbarer Zugriff auf ViCLAS[1021] den LKÄ sowie dem BKA vorbehalten. Die LKÄ dienen in ihrer Funktion als ViCLAS-Landeszentral-

---

1013 So ist es z.B. durchaus denkbar, dass ein Zusammenhang zwischen einem in der Stadt M in Deutschland begangenernTötungsdelikt mit einem zwei Jahre zuvor in der niederländischen Stadt A begangenen Tötungsdelikt in Verbindung gebracht werden kann. Da ViCLAS sowohl in Deutschland und als auch in den Niederlanden zum Einsatz kommt, könnte dieser Zusammenhang relativ leicht festgestellt werden.

1014 Vorausgesetzt, dass der Empfängerstaat sich verplichtet, keine Änderungen am Softwareprogramm und am Erhebungsbogen vorzunehmen.

1015 Siehe *Violent Crime Linkage Analysis System ViCLAS*, Fn. 1009.

1016 Ebenda. Anfang 1998 hatte die AG Kripo eine Bund-Länder-Projektgruppe zum Thema *Fallanalytische Verfahren und das ViCLAS-Datenbanksystem* eingesetzt mit dem Ziel, die Frage klären zu lassen, welche neuen Verfahren der Fallanalyse bei der deutschen Polizei Verwendung finden sollen. Vgl. *Operative Fallanalyse (OFA): Fallanalytische Verfahren und die ViCLAS-Datenbank bei der deutschen Polizei*, Fn. 1007, S. 2.

1017 Ebenda, S. 8. Bayern und Baden-Württemberg führten ViCLAS bereits 1998 ein.

1018 Vgl. Dewald, Michael: *Die Datenbank ViCLAS. Stand und Perspektiven*, in: Kriminalistik, Nr. 4, 2002, S. 248. Eine eigene gesetzliche Grundlage für ViCLAS besteht nicht, sie wäre aber nicht zwingend erforderlich, da es sich hierbei lediglich um Informationen zu Tatumständen, Tätern und deren Opfern handelt, statt breit angelegter, gezielter Eingriffe in das Recht auf informationelle Selbstbestimmung.

1019 Siehe *Violent Crime Linkage Analysis System ViCLAS*, Fn. 1009.

1020 Ebenda.

1021 In der angelsächsischen und deutschen Literatur zum ViCLAS findet der Begriff „Datenbank" offenbar stets Verwendung. In dieser Untersuchung wird ViCLAS hingegen als eine stellen als Datensammelbecken für ViCLAS. In ViCLAS werden alle Landesbestände zusammengeführt und stehen dann bundesweit – und ggf. dem Ausland - zur Verfügung.

Die in ViCLAS enthaltenen Erkenntnisse ergeben sich aus dem ViCLAS-Erhebungsbogen, der sich aus 168 Fragen[1022] zusammensetzt und in 11 Abschnitte unterteilt ist. Erhoben werden Fallinformationen über Täter (soweit bekannt), Opfer, Täter-Opfer-Beziehung, Tatörtlichkeiten, Verletzungen und Todesursache, die Vorgehensweise des Täters bei der Tatbegehung (v.a. sein verbales und psychisches Verhalten), Art der verwendeten Waffen und Gegenstände sowie benutzte Fahrzeuge[1023]. ViCLAS-relevante Straftaten sind in Deutschland beim zuständigen Referat bzw. bei der zuständigen Einheit für *Operative Fallanalyse*[1024] im LKA meldepflichtig. Der ViCLAS-Erhebungsbogen[1025] stützt sich dabei v.a. auf „multiple-choice" Fragen und soll vom fallbearbeitenden Ermittler innerhalb einer vorgegebenen Frist[1026] möglichst genau und vollständig ausgefüllt und anschließend an die ViCLAS-Landeszentralstelle übersandt werden. Dort wird der Erhebungsbogen zunächst im Hinblick auf seine Vollständigkeit überprüft und einer eingehenden Qualitätskontrolle unterzogen, bei der es neben der Überprüfung der im Handbuch zum ViCLAS-Erhebungsbogen festgelegten Standards auch und insbesondere um eine Konsistenzüberprüfung der gemachten Angaben geht[1027]. Die Fallerkenntnisse des Erhebungsbogens werden anschließend verdatet und wiederum einer Qualitätskontrolle zur Erkennung v.a. von Eingabefehler unterzogen[1028]. Ein ViCLAS-Fallanalytiker untersucht daraufhin die neuen Falldaten im Hinblick

---

„Datei" betrachtet, da sie, nach Ansicht des Verfassers, eher der im Einführungsteil zu dieser Untersuchung angegebenen Definition entspricht.

1022 Diese Zahl wurde dem Verfasser von einem ViCLAS-Experten mitgeteilt. Hierzu muss angemerkt werden, dass in der vom Verfasser verwendeten Literatur auch die Zahl von 262 Fragen angegeben wurde. Diese Diskrepanz lässt sich vermutlich damit erklären, dass der ViCLAS-Fragebogen zur Vereinfachung um ca. 100 Fragen gekürzt wurde.

1023 Siehe *Violent Crime Linkage Analysis System ViCLAS*, Fn. 1009.

1024 Mit dem Verweis auf „Operativ" wird zum Ausdruck gebracht, dass der einzelne Fall Gegenstand einer kriminologischen-kriminalistischen Betrachtung ist und nicht Phänomene und Entwicklungen, die im Rahmen einer strategischen Analyse gewöhnlich im Mittelpunkt des Interesses stehen. Dazu und für Information über verschiedene im Rahmen der Operativen Fallanalyse eingesetzten Methoden siehe *Operative Fallanalyse (OFA): Fallanalytische Verfahren und die ViCLAS-Datenbank bei der deutschen Polizei*, Fn. 1007, S. 3 ff.

1025 Der ViCLAS–Erhebungsbogen darf dabei nur im einschlägigen Ermittlungskreis verwendet werden, da laut Aussage der Royal Canadian Mounted Police „we do not want to educate the criminal element as to the types of behaviour that we find particularly important. Disclosure of certain portions of the booklet would be injurious to this sensitive and extremely important investigative technique". *Violent Crime Linkage Analysis System (ViCLAS)*, Fn. 1010, S. 7.

1026 Die Frist für die Erstmeldung von ViCLAS-relevanten Delikten beim zuständigen Referat oder bei der zuständigen Einheit *Operative Fallanalyse* beträgt bundesweit drei Wochen.

1027 Vgl. Dewald, *Die Datenbank ViCLAS. Stand und Perspektiven*, Fn. 1018, S. 249.

1028 Ebenda.

auf typische Merkmale und führt eine Recherche zur Erkennung von vergleichbaren Fällen in der ViCLAS-Datei durch[1029]. Bei der Erkennung eines Tat-Tat-Zusammenhangs wird ein zweiter ViCLAS-Fallanalytiker herangezogen, der diesen potenziellen Tatzusammenhang dann auch untersuchen und eventuell bestätigen muss[1030]. Sollte sich der Tatzusammenhang bestätigen, erfolgt eine diesbezügliche Meldung an die betreffende fallermittelnde Dienststellen mit der Aufforderung, sich miteinander in Verbindung zu setzen. Wenn die Recherche hingegen keinen Tatzusammenhang erkennen lässt, erhält der Ermittler dennoch die Rückmeldung, dass sein Fall in der ViCLAS-Datei eingegeben und permanent mit hinzukommenden Fällen abgeglichen wird[1031].

ViCLAS weist im Vergleich zu den AFIS und DNA-Dateien des BKA einen wesentlich höheren Grad an Komplexität auf, da eventuelle „Treffer" sich hierbei nicht auf einen simplen automatisierten Datenabgleich reduzieren lassen. Sie ergeben sich aus einer gründlichen Ermittlungsarbeit am Tatort sowie durch das analytisches Können und Fingerspitzengefühl der hierfür speziell ausgebildeten ViCLAS-Fallanalytiker[1032]. Das Erkennen von Fallzusammenhängen allein gewährleistet weder die rasche Täteridentifizierung und -ergreifung, sondern stellt einen wertvollen Anhaltspunkt bei oft komplexen sowie zeit- und ressourcenaufwendigen Ermittlungen dar.

3.2.4.3 Bestandsstatistik und Erfolgsbilanz von ViCLAS

Der Datenbestand von ViCLAS belief sich im Februar 2002 auf insgesamt 5.698 Fälle, wovon über die Hälfte auf die zwei Bundesländer Bayern und Baden-Württemberg entfiel. Erwartungsgemäß beziehen sich die meisten Fälle auf Tötungsdelikte und Straftaten gegen die sexuelle Selbstbestimmung.

1029 Ebenda.

1030 Ebenda.

1031 Ebenda.

1032 Zur Ausbildung der ViCLAS-Fallanalytiker siehe ebenda, S. 250.

Tabelle 15: Fall-Datenbestand in der ViCLAS-Datei (nach Bundesland)

Bundesland	Anzahl der Fälle	Bundesland	Anzahl der Fälle
Baden-Württemberg	1.188	Niedersachsen	241
Bayern	1.839	Nordrhein-Westfalen	854
Berlin	317	Rheinland-Pfalz	82
Brandenburg	133	Saarland	34
Bremen	50	Sachsen	163
Hamburg	134	Sachsen-Anhalt	147
Hessen	249	Schleswig-Holstein	124
Mecklenburg-Vorpommern	42	Thüringen	101
Summe der in ViCLAS enthaltenen Fälle = 5.689 Stand: Februar 2002			

Quelle: Dewald, Michael: *Die Datenbank ViCLAS. Stand und Perspektiven*, in: Kriminalistik, Nr. 4, 2002, S. 248.

Nach einer aktuelleren Statistik des BKA enthält ViCLAS rd. 7.000 Fälle[1033]. Dabei ist der deutsche Bestand recht bescheiden im Vergleich etwa zum ViCLAS-Ursprungsland Kanada, wo bereits im Mai 1997 etwa 20.000 Fälle in der ViCLAS-Datei gespeichert und bis dato über 3.200 Zusammenhänge erkannt waren[1034]. Dennoch hat die in Deutschland erst seit knapp drei Jahren zum Einsatz kommende ViCLAS bereits Erfolge verzeichnen können: „Überraschenderweise kam es trotz kleinem Datenbestand bereits zu mehreren potenziellen Fallverknüpfungen, die durch anschließende Ermittlungen bestätigt werden konnten. Dieser Erfolg kam deshalb unerwartet, da im Allgemeinen davon ausgegangen wird, dass eine solche Datenbank erst über drei bis fünf Jahre mit ausreichend vielen Daten bestückt werden muss, bevor realistischerweise mit größeren Erfolgen gerechnet werden kann"[1035].

Laut einer Pressemitteilung des BKA beträgt „der Anteil der geklärten Fälle in der Datenbank [...] gut zwei Drittel. Mittlerweile sind Informationen von über 400 Serientätern in ‚ViCLAS' erfasst, davon beziehen sich 175 Einträge auf Verdachts-

---

1033 Pressemitteilung des Bundeskriminalamtes von 02.08.2002.

1034 Siehe *Violent Crime Linkage Analysis System (ViCLAS)*, Fn. 1010, S. 5. 80% davon wurden als „confirmed linkages" und 3% als „potential linkages" erkannt, dies aber war den Ermittlern bereits bekannt. Von den übrig gebliebenen 17% der Fälle konnten 7% als „confirmed linkages" und 10% als „potential linkages" erkannt werden.

1035 Dewald, *Die Datenbank ViCLAS. Stand und Perspektiven*, Fn. 1018, S. 253. Dewald weist darauf hin (S. 254, Fn. 16), dass nach Meinung der Experten eine „kritische Masse" von ca. 6.000 Delikten in die ViCLAS-Datei eingegeben werden muss, bevor die ersten Fallverknüpfungen realistischerweise zu erwarten sind.

fälle zu potentiellen Serientätern“[1036]. Konkrete Angaben zu den „Erfolgen“ von ViCLAS in Deutschland gehen aus der Literatur nur vereinzelt hervor[1037]. Es ist allerdings nicht klar, ob solche „Erfolge“ als das Erkennen von Tatzusammenhängen oder als Gewinnung konkreter Anhaltspunkte zur Täterergreifung zu verstehen sind. Einigkeit besteht darin, dass mit wachsendem Bestandsumfang von ViCLAS die Wahrscheinlichkeit der Zusammenführung von Einzeltaten zu einer Serie höher werden wird, wobei hier ein exponential steigender anstatt linearer Beziehungszusammenhang zu erwarten ist[1038].

3.2.4.4 Die Stärken von ViCLAS

3.2.4.4.1 Erweiterte Recherchemöglichkeit

ViCLAS zeichnet sich im Vergleich zu den von Ermittlern bis dato eingesetzten Fall-Dateien durch einen höheren Grad an Benutzerfreundlichkeit aus. Zum Einen wiesen die Fall-Dateien strukturelle Defizite auf, d.h. die Recherche der Fallmerkmale wurde durch zu wenige vorhandene Felder beeinträchtigt[1039]. Infolge dessen mussten Freitextfelder verstärkt zum Einsatz kommen, obwohl diese sich für eine Vergleichsanalyse als weniger geeignet herausstellten[1040]. Die Erfolge i.S. von erkannten Tat-Tat- oder Tat-Täter-Zusammenhänge waren bescheiden, so dass im Zeitverlauf die Anzahl der an die Zentralstelle gemeldete Fälle zurückging, was sich wiederum negativ auf die Erfolgswahrscheinlichkeit auswirkte[1041]. ViCLAS hingegen gestattet eine überaus bessere Fallerfassungs- und -rechermöglichkeit, was primär darauf zurück zu führen ist, dass es weitgehend auf Freitextfelder verzichtet und statt dessen eine standardisierte, umfassende Fallerkenntniserfassung im

---

1036 Pressemitteilung des Bundeskriminalamtes von 02.08.2002.

1037 Vgl. *Innenminister Behrens: LKA-Spezialisten fahnden mit modernsten Analyseverfahren*, Fn. 959. Die Mitteilung enthält Angaben zu einem konkreten Fall, bei dem sich ViCLAS und die Operative Fallanalyse als nützlich erwiesen. Dabei ging es um eine Vergewaltigungsmeldung, die Anfang September 2000 aus einer westfälischen Kleinstadt beim LKA einging. Nach der Analyse des ViCLAS-Erhebungsbogens und des Deliktes konnte ein möglicher Zusammenhang mit zwei weiteren Vergewaltigungsfällen in einer westfälischen Großstadt festgestellt werden. Die zuständige Behörde in der Kleinstadt wurde informiert, damit eine koordinierte Ermittlung mit der zuständigen Behörde in der Großstadt ermöglicht werden konnte. Nach einigen Wochen begang der Täter in der Großstadt ein weiteres Sexualdelikt und konnte anschließend ermittelt werden. Weitere kriminalpolizeiliche Ermittlungen bestätigten den Zusammenhang aller vier Taten.

1038 Vgl. Dewald, *Die Datenbank ViCLAS. Stand und Perspektiven*, Fn. 1018, S. 253. Dewald verdeutlicht seine These anhand einer Graphik und macht die Erkennung von Fallverknüpfungen in einem zufriedenstellenden Ausmass davon abhängig, dass mindestens 80% Prozent der ViCLAS-relevanten Delikte auch in ViCLAS ihren Eingang finden.

1039 Ebenda. S. 248.

1040 Ebenda.

1041 Ebenda, S. 249.

multiple-choice-Fragenformat beinhaltet[1042]. Im Vergleich zu den Fall-Dateien beruht ViCLAS auf einer kriminalistischen Begründungslehre, welche die Erfassung einer Straftat in ihrem Kernbestand nach einem einheitlichen Raster für künftige Recherchezwecke ermöglicht[1043]. ViCLAS ist zudem so konzipiert, dass eine Interaktion zwischen fallbearbeitenden Ermittlern und den Experten der Dienststellen für Operative Fallanalyse, z.B. durch die Bestellung von ViCLAS-Koordinatoren in den Flächenstaaten und das Informieren der Sachbearbeiter für Tötungs- und Sexualdelikte über neue fallanalytische Instrumente, geradezu gefördert wird[1044].

3.2.4.4.2 Standardisierter Erhebungsbogen

Der ViCLAS-Erhebungsbogen dient als einer umfassenden Checkliste, die den fallbearbeitenden Ermittlern vor Ort auf sämtliche erforderliche Daten hinweist. Dadurch hat der Ermittler die Gewissheit, keine wesentlichen fallspezifischen Daten übersehen zu haben[1045].

Aufgrund der Standardisierung des Erhebungsbogens und des weitgehenden Rückgriffes auf multiple-choice-Fragen bietet ViCLAS die Möglichkeit eines rascheren Erkenntnisaustausches sowohl zwischen Ermittlern innerhalb eines Landes als auch zwischen Ermittlern in verschiedenen ViCLAS-einsetzenden Staaten. Angesichts der steigenden Anzahl von ViCLAS-einsetzenden Staaten und der Tatsache, dass ViCLAS-relevante Delikte oftmals grenzüberschreitende Bezüge aufweisen, leistet ViCLAS somit einen wichtigen Verbrechensbekämpfungsbeitrag auch im transnationalen Rahmen.

3.2.4.4.3 Abstraktionsfähigkeit und Flexibilität

Eine wesentliche Stärke von ViCLAS ist ihre Abstraktionsfähigkeit und Flexibilität: „Die eigentliche Leistung der Schöpfer von ViCLAS lag darin, ein System zu entwickeln, das mögliche Fallstrukturen weitestgehend abdeckt, also flexibel genug ist, um dem Einzelfall gerecht zu werden, auf der anderen Seite aber so aufgebaut ist, dass (trotz aller Flexibilität) die Wiedererkennbarkeit des Einzelfalles gewährleistet ist, eine sinnvoll aufgebaute Recherche also tatsächlich die Fälle liefert, nach denen man gesucht hat. Erreicht wurde dies durch die Entwicklung eines ausgeklügelten Systems aus Multiple-Choice-Feldern“[1046].

ViCLAS ist auch deswegen besonders nützlich, weil sie sich weniger am Modus Operandi als Identifizierungsmerkmal eines Seriengewalttäters orientiert, sondern sich eher nach dem zugrundeliegenden Täterverhalten richtet. Unterschiedliche

---

[1042] Ebenda, S. 248.
[1043] Ebenda, S. 250.
[1044] Ebenda, S. 249.
[1045] Ebenda, S. 254 (siehe seine Fußnote 3).
[1046] Ebenda, S. 252.

Modi Operandi weisen bei ViCLAS nicht unbedingt auf eine verschiedene Täterschaft hin - dass es sich hier um ein und denselben Täter handeln kann, ist feststellbar bei ViCLAS. ViCLAS zeigt damit einen hohen Grad an Praxisnähe auf, denn im Rahmen der Oevermannschen Forschung konnte überzeugend empirisch nachgewiesen werden, dass die *Perseveranzhypothese* in Deutschland mit Skepsis zu betrachten sei und zwar deshalb, weil der Modus Operandi eines Täters im Zeitverlauf Änderungen unterliegen kann[1047].

ViCLAS zeichnet sich ferner durch ihre strukturelle Flexibilität aus. Sie unterliegt einem dynamischen Entwicklungsprozess, bei dem neue kriminalistisch-kriminologische Erkenntnisse und Erfahrungswerte periodisch verarbeit werden und wodurch ihre Effektivität gesteigert wird[1048].

3.2.4.5 Die Grenzen von ViCLAS

3.2.4.5.1 Zurückhaltung der Ermittler

Von Ermittlern wird ViCLAS teilweise mit Skepsis betrachtet. Das Ausfüllen des ViCLAS–Erhebungsbogens bspw. ist für den ermittelnden Beamten mit einem Zeitaufwand verbunden, den er eventuell nur dann gerne leistet, wenn er davon überzeugt ist, dass dieser Aufwand sich für ihn lohne[1049]. Ein weiterer - und

---

[1047] Zur Perseveranzthematik siehe Bundeskriminalamt (Hrsg.): *Perseveranz und kriminalpolizeilicher Meldedienst*, Sonderband der BKA-Forschungsreihe, Wiesbaden, 1984; Matussek, Hans: *Sind Modus Operandi und Perseveranz im INPOL-System überholt?*, in: Der Kriminalist, Nr. 9, 1975, S. 480-485; Oevermann, Ulrich/Schuster, Leo/Simm, Andreas: *Das Problem der Perseveranz im Delikttyp und Modus Operandi*, BKA-Forschungsreihe, Bd. 17, Wiesbaden, 1985; Schuster, Leo/Eyrich, Hans-Jürgen: *Zweifel an der generellen Gültigkeit der Perseveranzhypothese*, in: Kriminalistik, Nr. 10, 1984, S. 487 ff.; Weschke, Egon: *Modus Operandi und Perseveranz*, Fachhochschule für Verwaltung und Rechtspflege, Bd. 4, Berlin, 1983;

[1048] Vgl. Dewald, *Die Datenbank ViCLAS. Stand und Perspektiven*, Fn. 1018, S. 252. Der Autor nennt als Beispiel eine Fortentwicklung aus Großbritannien, bei der verbale Äußerungen eines Täters im Hinblick auf die zugrundeliegende Haltung und/oder Motivation erfolgreich kodiert und mit Multiple-Choice-Fragefeldern erfasst werden konnte. Es hat sich in der Praxis herausgestellt, dass verbale Äußerungen zwar starken Schwankungen unterliegen können, die sich hinter solcher Äußerungen offenbarte Grundhaltung und/oder Motivation aber relativ konstant zu sein scheint, so dass unter Verwendung der Kodierung eine vergleichsweise wesentlich höhere Wahrscheinlichkeit dafür besteht, Taten als potenziell zusammenhängend zu erkennen.

[1049] Siehe *Violent Crime Linkage Analysis System (ViCLAS)*, Fn. 1010, S. 6. Siehe auch Dewald, *Die Datenbank ViCLAS. Stand und Perspektiven*, Fn. 1018, S. 253. Dewald verweist darauf, dass ViCLAS „mit einem relativ hohen Aufwand" betrieben wird und in seiner Fußnote 29 offenbart er, dass für die Eingabe eines Falls in den ViCLAS-Erhebungsbogen ein mit ViCLAS vertrauter Sachbearbeiter durchschnittlich etwa zwei Stunden für ein sexuelles Delikt und für ein Tötungsdelikt weit mehr Zeit benötigt. Für die Qualitätsüberprüfung des ViCLAS-Erhebungsbogens, die Eingabe in ViCLAS und die anschließende dortige Suche nach vermutlich sogar noch wichtiger - Grund für die Zurückhaltung der Ermittler gegenüber ViCLAS ist, dass diese ihre Fallerkenntnisse Außenstehenden gegenüber nicht preisgeben wollen[1050].

3.2.4.5.2 Eingeschränkte Aussagekraft

Die Aussagekraft von ViCLAS im Hinblick auf die Serienmäßigkeit von Straftaten ist im Grunde genommen auf Gewaltdelikte mit v.a. sexuellem Hintergrund begrenzt. ViCLAS gilt zwar als „ein effizientes Instrument, sexuelle Gewaltstraftaten miteinander zu verknüpfen, also Serienvergewaltiger und/oder Serienmörder zu identifizieren und damit einen Beitrag zur Ergreifung dieser Täter zu leisten"[1051], erweist sich für sonstige Gewaltdelikte jedoch als unpassend: „ViCLAS ist also keine Datei, die etwa dazu geeignet wäre, Verbindungen zwischen reinen Körperverletzungsdelikten herzustellen. ViCLAS ist folglich keine adäquate Datei für die Zusammenführung von Tötungsdelikten aus Bereicherungsabsicht, für Tötungsdelikte aus dem Bereich der Organisierten Kriminalität, für Schlägereien, Messerstechereien oder sonstige Körperverletzungsdelikte"[1052]. ViCLAS ist ferner ungeeignet, Sexualdelikte miteinander zu verknüpfen, bei denen der Aspekt der körperlichen Gewalt fehlt[1053]. Damit ist ViCLAS „folglich keine effiziente Datei für das Erkennen von Tatzusammenhängen bei obzönen Telefonanrufen, im Fall von Exhibitionismus oder bei Stalking. Auch typische Fälle pädosexuellen Verhaltens lassen sich mithilfe von ViCLAS nur unzureichend zusammenführen"[1054]. Das soll nicht heißen, dass ViCLAS nicht auf andere Bereiche der Gewaltkriminalität angewandt werden könnte, nur ist sie dafür derzeit nicht konzipiert[1055]. Im Hinblick auf die Frage, ob und inwieweit eine bereichsbezogene Erweiterung von ViCLAS möglich ist, besteht noch Forschungsbedarf[1056].

3.2.4.5.3 Hohe quantitative und qualitative Voraussetzungen

Die Leistungsfähigkeit von ViCLAS wird maßgeblich sowohl von der Quantität als auch der Qualität der in ihr gespeicherten Falldaten bestimmt. In quantitativer Hinsicht wird unterstellt, dass mit steigender Anzahl der in ViCLAS eingegebenen

---

vergleichbaren Fällen benötigt ein eingearbeiteter ViCLAS-Fallanalytiker durchschnittlich ca. sechs Stunden.

[1050] Siehe *Violent Crime Linkage Analysis System (ViCLAS)*, Fn. 1010, S. 6-7.

[1051] Dewald, *Die Datenbank ViCLAS. Stand und Perspektiven*, Fn. 1018, S. 252.

[1052] Ebenda, S. 251. Der Autor erwähnt als Ausnahme, bei der eine Serienverknüpfung über ViCLAS noch möglich ist, Gewaltdelikte, bei denen „besondere Tatumstände" auftreten, z.B. das Staging (d.h. dem Inszenieren eines Tatortes, um ein anderes Delikt oder einen anderen Verlauf zu simulieren) oder eine besonders brutale oder erniedrigende Tatbegehungsweise.

[1053] Ebenda, S. 251.

[1054] Ebenda.

[1055] Ebenda, S. 252.

[1056] Ebenda.

Falldaten die Wahrscheinlichkeit eines Treffers exponential steigt, wobei „nur wenn die Anzahl gemeldeter Fälle über 80 Prozent liegt, begründete Hoffnung [besteht], Tatverknüpfungen in zufriedenstellender Anzahl vornehmen zu können. Umgekehrt ausgedrückt: Liegt die Anzahl der in ViCLAS eingestellten Fälle unter 80 Prozent, stehen Aufwand und Ertrag in keinem ausgewogenen Verhältnis mehr“[1057]. Ferner hängt der Erfolg von ViCLAS vom Mitwirken aller Bundesländer ab, denn: “Angesichts steigender Mobilität in der Bevölkerung – und damit auch der Straftäter – sinkt die Wahrscheinlichkeit einer erfolgreichen Fallverknüpfung bereits dann beträchtlich, wenn ein einziges Bundesland sich nur halbherzig an ViCLAS beteiligt“[1058].

In qualitativer Hinsicht ist festzuhalten, dass es keine ernsthaften Mängel in Deutschland gibt, da zur Gewährleistung eines hohen Qualitätsniveaus zahlreiche Maßnahmen ergriffen wurden, darunter eine gründliche Spezialausbildung der ViCLAS-Fallanalytiker in den Dienststellen der Operativen Fallanalyse, die Bestellung von ebenfalls speziell geschulten Koordinatoren, die als Ansprechpartner den Ermittlern vor Ort zur Verfügung stehen, die Festlegung von Bund-Länder-Kommunikationswegen bei Änderungsvorschlägen, die Bereitstellung umfassender schriftlicher Ausfüllhilfen und jährliche Treffen der Dienststellen der Operativen Fallanalyse[1059]. Dennoch kommt es „bei fast jedem Fall zwangsläufig zu Fehlern, die allesamt zu korrigieren sind. Entscheidend ist es, solche Fehler zu entdecken, die eine Recherche zum Scheitern bringen würden und die nicht nur auf Konzentrationsmängel bei der Eingabe zurück zu führen sind“[1060]. Als Maßnahme zur Qualitätsverbesserung wurde mittlerweile beschlossen, dass jedes Bundesland einen ViCLAS-Qualitätsbeauftragten ernennen soll, zudem soll künftig der Erkenntnisaustausch mit anderen ViCLAS-einsetzenden Staaten gefördert werden[1061].

[1057] Ebenda, S. 253.

[1058] Ebenda.

[1059] Ebenda, S. 254. Der Autor erwähnt in seiner Fußnote 10, dass nach einer ersten Vergleichsbetrachtung der ViCLAS-Ausbildungswege in den Anwenderstaaten, Deutschland was die Qualität anbelangt, einen vorderen Platz einnimmt.

[1060] Ebenda, S. 255 (siehe seine Fußnote 30).

[1061] Ebenda, S. 254.

3.3 Die Kriminaltechnik als Einsatzfeld der Informations- und Kommunikationstechnik des Bundeskriminalamtes

3.3.1 Zum Einsatz der Kriminaltechnik im Bundeskriminalamt

Die Kriminaltechnik gewinnt in Deutschland seit Jahren kontinuierlich an Bedeutung. Sie ist der klassische Einsatzbereich der kriminalpolizeilichen Technik schlechthin[1062]. Ihr Bezugsobjekt ist der Tatort bzw. Tatgegenstände[1063]. Mit Hilfe kriminaltechnischer Untersuchungen und Auswertungen kommen „Sachbeweise" ans Licht, die kaum widerlegbar sind und somit einen höheren Rang im Beweisspektrum haben. Wie die IuK-Technik zeichnet sich die Kriminaltechnik ebenfalls durch ein rasantes Entwicklungstempo aus[1064]. Da die Kriminaltechnik erst nach der Begehung von Straftaten zum Einsatz kommt, ist sie in erster Linie repressiv orientiert, wirkt aber präventiv insofern, dass Täter, die mit ihrer Hilfe überführt werden können, zumindest für die Dauer ihrer Haftzeit nicht imstande sein werden, weitere Straftaten zu begehen.

Nach § 2 (6) Nr. 1 des BKAG i.d.F. von 1997 hat das BKA „die erforderlichen Einrichtungen für alle Bereiche kriminaltechnischer Untersuchungen und für kriminaltechnische Forschung zu unterhalten und die Zusammenarbeit der Polizei auf diesen Gebieten zu koordinieren". Nach §2 (7) erstellt das BKA erkennungsdienstliche und kriminaltechnische Gutachten für Strafverfahren auf Anforderung von Polizeidienststellen, Staatsanwaltschaften und Gerichten[1065]. Ferner ist auf den § 163 StPO zu verweisen, der als Generalauftrag für die Polizei aufgefasst wird und

---

1062 Bereits seit dem 19. Jahrhundert wurden kriminaltechnische Apparate und Verfahren entwickelt und eingesetzt. Für einen interessanten Überblick über die Entwicklung der Kriminaltechnik siehe Paul, Philip: *Murder Under the Microscope. The Story of Scotland Yard's Forensic Science Laboratory*, Futura Publications: London, 1990.

1063 Einen guten Einblick in die kriminaltechnische Arbeit bieten Zirk, Wolfgang/Vordermaier, Gottfried: *Kriminaltechnik und Spurenkunde. Lehrbuch für Ausbildung und Praxis*, Richard Boorberg Verlag: Stuttgart u.a., 1998. Siehe auch Kube, Edwin/Störzer, Hans Udo/Timm, Klaus Jürgen (Hrsg.): *Kriminalistik. Handbuch für Praxis und Wissenschaft Band 2*, Richard Boorberg Verlag: Stuttgart u.a., 1994. Dieses umfassende Werk enthält einige durchweg technische, aber noch für Laien gut verständliche Beiträge zu den diversen Einsatzfeldern der Kriminaltechnik.

1064 Einen kritischen Einblick in die Kriminaltechnik bietet Kube, Edwin: *Kriminaltechnik zwischen aktuellen Problemen und Zukunftsorientierung*, in: Bundeskriminalamt (Hrsg.): Aktuelle Methoden der Kriminaltechnik und Kriminalistik, BKA-Forschungsreihe Bd. 32, Wiesbaden, 1995, S. 77-100. Kube weist zurecht auf die Notwendigkeit einer engeren internationalen Zusammenarbeit sowie mehr Informationsaustausch im Bereich der Kriminaltechnik hin. Siehe hierzu auch Zachert, Hans-Ludwig: *Kriminaltechnik und internationale Zusammenarbeit*, in: Bundeskriminalamt (Hrsg.): Aktuelle Methoden der Kriminaltechnik und Kriminalistik, BKA-Forschungsreihe Bd. 32, Wiesbaden, 1995, S. 100-114.

1065 Bereits zu seiner Gründungszeit verfügte das BKA über ein kriminaltechnisches Labor. Eine Pflicht zur Annahme eines gestellten Antrags besteht seitens des BKA nicht.

sich implizit auch auf die Sicherung und Auswertung von Spuren am Tatort oder am Tatgegenstand bezieht[1066].

Das kriminaltechnische Institut des BKA ist in personeller und materieller Hinsicht gut ausgestattet, führt Schulungsmaßnahmen für Polizeiangehörige im In- und Ausland durch und wirkt auch im Rahmen von Ermittlungen im Ausland mit. Jährlich weist das Institut ein beachtliches Gutachtenaufkommen auf[1067]. Laut BKA-Präsident Klaus Kersten gehört die „Kriminaltechnik des Bundeskriminalamtes [...] national wie international bei der Gutachtenerstellung und auf dem Gebiet der Forschung und Methodenentwicklung zu den führenden Einrichtungen"[1068]. Die Kommission Kriminaltechnik, die in Deutschland aus den Leitern der kriminaltechnischen Einrichtungen der Bundesländer unter Vorsitz des Leiters des kriminaltechnisches Instituts des BKA besteht, nimmt seit Jahren einen gegenseitigen Informationsaustausch über laufende sowie geplante Entwicklungsvorhaben vor[1069]. Das Institut ist mit ausländischen kriminaltechnischen Einrichtungen im European Network of Forensic Science Institutes (ENFSI) organisiert[1070], es entsendet Spezialisten zu internationalen kriminaltechnischen Fachtagungen und wirkt an arbeitsteiligen Entwicklungsprojekten mit anderen kriminaltechnischen Einrichtungen im In- und Ausland mit. Aufgrund der zunehmenden Standardisierungstendenz weltweit im Hinblick auf die kriminaltechnische Aus- und Fortbildung, Apparatur, Verfahren sowie den Einsatz der IuK-Technik im kriminaltechnischen Rahmen fördern derartige überstaatliche Abstimmungsmaßnahmen eine Effektivierung der kriminaltechnischen Arbeit.

Das kriminaltechnische Institut des BKA gliedert sich in fünf Fachgruppen ((1) Physik, Chemie (2), Schusswaffen, Werkstoff-, Elektrotechnik (3), Biologie, Toxikologie (4), Urkunden und (5) Schrift, Sprache und Stimme, welche seine vielfältigen Arbeitsschwerpunkte widerspiegeln und die wiederum insgesamt in

---

[1066] Laut § 163 StPO: „Die Behörden und Beamten des Polizeidienstes haben (...) alle keinen Aufschub gestattenden Anordnungen zu treffen, um die Verdunkelung der Sache zu verhüten". Für die Praxis bedeutet dies, dass von der Polizei die Sicherung und Auswertung von Spuren erwartet wird, damit die Tat möglichst zweifelsfrei rekonstruiert werden kann. Maßnahmen zur Beweissicherung sind in der Polizeidienstvorschrift 100 enthalten .

[1067] Vgl. Bundeskriminalamt (Hrsg.): *Kriminaltechnik. Das Kriminaltechnisches Institut des Bundeskriminalamtes: Darstellung ausgewählter Untersuchungsverfahren anhand von Kriminalfällen*, Wiesbaden, 1996, S. 7. Laut BKA beläuft sich die Anzahl der im Jahr erstellten Gutachten in den Bereichen Physik, Chemie, Biologie, Toxikologie und Urkunden auf ca. 1.300, im Handschriftenbereich auf mehr als 4.800 und im Schusswaffenbereich auf ca. 9.200.

[1068] Kersten, *Die Rolle des Bundeskriminalamtes bei der nationalen und internationalen Verbrechensbekämpfung*, Fn. 117. S. 55.

[1069] Vgl. *Kriminaltechnik. Das Kriminaltechnisches Institut des Bundeskriminalamtes: Darstellung ausgewählter Untersuchungsverfahren anhand von Kriminalfällen*, Fn. 1067, S. 7.

[1070] Vgl. Kersten, *Die Rolle des Bundeskriminalamtes bei der nationalen und internationalen Verbrechensbekämpfung*, Fn. 117, S. 56. Zudem kommen laut Kersten bilaterale Arbeitsbeziehungen zu Großbritannien und den Niederlanden hinzu und demnächst zu Kanada und den USA.

zwanzig Fachbereiche unterteilt sind. Kennzeichend für das Institut im Vergleich zu den anderen Abteilungen des BKA ist seine hohe Anzahl von Wissenschaftlern[1071]. Zum breiten Aufgabenspektrum des Instituts gehören u.a. die Untersuchung/Auswertung von Bränden sowie ballistischen, toxikologischen, mikrobiologischen und serologischen Spuren, Chemikalien, Materialien und Textilien, Sprengstoffen und Sprengstoffvorrichtungen, Urkunden, Hand- und Maschinenschriften, sowie Stimmen, Tonbändern und Fotos[1072].

Das kriminaltechnische Institut des BKA verfügt über einige zentrale Sammlungen beachtlichen Ausmaßes, darunter:

- die Tatmittelvergleichssammlungen (Tathandschriften- und –maschinenschriftensammlung, Tatmunitionssammlung, Schusswaffensammlung). Tatmittelsammlungen ermöglichen die Zusammenführung von Straftaten aufgrund der Tatmittel. So läßt sich bspw. die Frage, ob ein Erpresserschreiber irgendwann in der Vergangenheit ein handgeschriebenes Schreiben aufgesetzt hat, aufgrund eines Handschriftenvergleiches seines Schriftstückes mit dem Bestand der Tathandschriftensammlung beantworten.

- Sonstige Vergleichssammlungen, die bei kriminaltechnischen Vergleichsanalysen Verwendung finden und ständig erweitert werden müssen. Vergleichssammlungen sind zur Durchführung von Vergleichsuntersuchungen erforderlich. So läßt sich bspw. die Frage, ob ein Reisepass gefälscht ist, erst dann beantworten, wenn ein Muster des entsprechenden Passes für eine Vergleichsuntersuchung zur Verfügung steht. Ein gut ausgestattetes kriminaltechnisches Institut muss über ein möglichst breites Spektrum an Vergleichssammlungen verfügen – z.B. zu Betäubungsmitteln, Giftstoffen, Gewürzen, Kleb- und Kunststoffen, Batterien, Uhren, Zünd- und Sprengschnüren, Textilien, Mineralien, Zigaretten, Holz, Tierhaaren, Samen bis hin zu Druck- und Stempelschriften, Handschriften, Schreibmaschinen, Schlösser und Schlüsseln, Ausweisen, Waffen und Munition.

[1071] Vgl. *Kriminaltechnik. Das Kriminaltechnisches Institut des Bundeskriminalamtes: Darstellung ausgewählter Untersuchungsverfahren anhand von Kriminalfällen*, Fn. 1067, S. 7. Zur Zeit der Veröffentlichung dieses Heftes gab es im kriminaltechnischen Institut des BKA rd. 250 Bedienstete, darunter 65 Wissenschaftler.

[1072] Dies lässt sich dem Organigramm des BKA entnehmen.
Es gibt offenbar keine Literatur – zumindest keine öffentlich-zugänglichen Werke - die einen umfassenden und detaillierten Einblick in die Arbeitsweise des kriminaltechnischen Institutes des BKA vermitteln. Als Alternative bietet sich folgendes, durchaus informatives Buch über das kriminaltechnische Labor des FBI in den USA an: Fisher, David: *Hard Evidence*, Dell Publishing: New York, 1995.

3.3.2 Ausgewählte Berührungsfelder der Kriminaltechnik mit der Informations- und Kommunikationstechnik

Die Kriminaltechnik fußt in erster Linie auf einer naturwissenschaftlichen Methodengrundlage und bedient sich somit in erster Linie der Anwendung physikalischer, chemischer und biologischer Verfahren. Bei näherer Betrachtung lassen sich dabei zahlreiche Berührungsfelder mit der IuK-Technik erkennen. Denn die zumeist hochkomplexe, teure und fachmännisch zu bedienende kriminaltechnische Apparatur[1073] einerseits, und informations- und kommunikationstechnische Geräte andererseits, bedingen sich oft gegenseitig in ihrem Einsatz, so dass sie zu einer funktionalen Wirkeinheit konvergieren. Ohne den rechnergestützten Einsatz und ohne die Verwendung entsprechender Softwareprogramme und Dateien wären manche kriminaltechnischen Aufgaben in zeitlicher und/oder personeller Hinsicht zu aufwendig - wenn sie überhaupt noch möglich wären. Die Literatur gibt stellenweise Hinweise auf derartige Berührungsfelder zwischen der Kriminaltechnik und die IuK-Technik im BKA[1074]. Nachfolgend werden einige von ihnen skizziert:

3.3.2.1 Die Brandanalyse

Es kommt vor, dass das BKA bei der Ursachenermittlung von Bränden, die zu Toten, Verletzten und schweren Sachschäden geführt haben, tätig wird. Zur Brandursachenfeststellung hat das BKA das Programm *KOBRA* entwickelt[1075]. KOBRA ermöglicht Rückschlüsse auf den Verlauf und die Ursachen von Bränden unter besonderer Berücksichtigung einer möglichen vorsätzlichen Brandstiftung und soll zugleich einen Beitrag zur Ergänzung und ggf. Verifizierung der durch den Brandermittler erstellten Brandbeurteilung leisten[1076]. KOBRA berechnet bei einer vorgegebenen Brandquelle die Temperaturen im Brandraum sowie in angrenzenden Räumlichkeiten in Abhängigkeit von Raum und Zeit, wodurch die Simulierung verschiedener Brandentstehungsmöglichkeiten hinsichtlich der Stärke und Größe oder des Ortes der Brandquelle und des daraus entstehenden Brandverlaufs ermöglicht wird[1077]. Anschließend werden die daraus gewonnenen Erkenntnisse mit

---

[1073] Dazu zählen z.B. mittlerweile in der Kriminaltechnik längst etablierte Standardapparaturen wie Rasterelektronenmikroskop, Massenspektrometer und Gaschromotograph.

[1074] Vgl. Becker, Stefan/Fischer, Reiner/Göbel, Rainer/Kolla, Peter/Neumann, Helmut/Simmross, Ulrich/van Bebber, Peter: *Fortschritte der analytischen Methoden in der Kriminaltechnik*, in: Bundeskriminalamt (Hrsg.): Festschrift für Horst Herold zum 75. Geburtstag. Das Bundeskriminalamt am Ausgang des 20. Jahrhunderts, Wiesbaden, 1998, S. 345-368.

[1075] Vgl. Kersten, *Die Rolle des Bundeskriminalamtes bei der nationalen und internationalen Verbrechensbekämpfung*, Fn. 117, S. 56.

[1076] Vgl. Cibis, Jeannine/Jäger, Frank: *Forschung in der Kriminaltechnik*, in: Die Kriminalpolizei, Nr. 2, 2001, S. 59. Die Autoren weisen darauf hin, dass das Programm KOBRA seit 1988 und „aufgrund immer leistungsfähigerer Computer" durch den Fachbereich KT 15 des BKA erarbeitet und stets erweitert wird.

[1077] Vgl. Kersten, *Die Rolle des Bundeskriminalamtes bei der nationalen und internationalen Verbrechensbekämpfung*, Fn. 117, S. 56. Siehe auch Cibis/Jäger, ebenda, S. 59. Die Autoren führen aus, den am Brandort gemachten Feststellungen abgeglichen[1078]. Bei Explosionsstoffuntersuchungen ist im BKA die Erprobung von Software geplant, welche die Druckschäden an Gebäuden, Fahrzeugen, allgemeinen Gegenständen und auch Menschen simuliert[1079].

3.3.2.2 Die Textanalyse

Zur Analyse von Schreiben hinsichtlich ihrer linguistischen Besonderheiten und damit der Einengung des möglichen Verfasserkreises setzt das BKA die rechnergestützte Textsammlung *Kriminaltechnisches Informationssystem Texte* (KISTE) ein. Mithilfe von KISTE lassen sich sämtliche Wörter eines Erpresserschreibens auf ihre Grundform zurückführen und Fehler sowie sonstige Auffälligkeiten mit einem speziellen Notationssystem markieren[1080]. Dadurch wird ein Vergleich der sichergestellten Schrift mit der Tatschriftensammlung des BKA ermöglicht und daraus ggf. die Erkenntnis gewonnen, dass in der Vergangenheit bereits ein oder mehrere Erpressungsschreiben eingegangen sind, die wahrscheinlich demselben Urheber zuzuordnen sind[1081]. Für den Ermittler könnte sich dann eventuell der Hinweis ergeben, dass ein Zusammenhang mit einem oder mehreren bislang ungeklärten Fall oder Fällen besteht und, sollte dies zutreffen, können die jeweiligen polizeilichen Ermittlungen zusammen geführt und Fallerkenntnisse ausgetauscht werden[1082].

3.3.2.3 Die Handschriftenanalyse

Das *Forensische Informationssystem Handschriften* (FISH) wurde bereits Anfang der 1970er Jahre im kriminaltechnischen Institut des BKA ins Leben gerufen und ist das Ergebnis einer mehrjährigen Entwicklungsarbeit. Das computergestützte Recherchesystem FISH arbeitet - wie AFIS - auf der Grundlage eines Bildverarbeitungs- und Mustererkennungsverfahrens. Eine sichergestellte Tatschrift wird im Hinblick auf gewisse Merkmale untersucht, ausgewertet und mit einem bereits gespeicherten Tatschriftenbestand zur Feststellung von Schriftenzusammenhänge abgeglichen. FISH gilt als führend auf seinem Gebiet und kommt auch im Ausland,

---

dass „die fortführende Verfeinerung des Programms seit 1996/97 dazu [führte], dass KOBRA nun auch Faktoren wie Luftdurchzug, ein späteres Öffnen oder Schließen von Fenstern und Türen, Sauerstoffintensität und –konzentration am Brandort und die Differenzierung zwischen Zündung weiterer Objekte mittels direkten Flammenkontakt oder als Folge der Oberflächentemperatur und Wärmestrahlung (also ohne direkten Flammenkontakt) berücksichtigt".

1078 Vgl. Kersten, *Die Rolle des Bundeskriminalamtes bei der nationalen und internationalen Verbrechensbekämpfung*, Fn. 117, S. 56.

1079 Vgl. Cibis/Jäger, *Forschung in der Kriminaltechnik*, Fn. 1076, S. 59.

1080 Vgl. *Kriminaltechnik. Das Kriminaltechnisches Institut des Bundeskriminalamtes: Darstellung ausgewählter Untersuchungsverfahren anhand von Kriminalfällen*, Fn. 1067, S. 10.

1081 Ebenda.

1082 Ebenda.

darunter in den USA und den Niederlanden, zum Einsatz[1083]. FISH zeichnet sich durch einen hohen Objektivitätsgrad aus, da Schriftmerkmale nicht mehr geschätzt werden müssen, sondern im mathematischen Sinne messbar sind[1084]. Der Erfassungsaufwand ist allerdings enorm und die Kosten für einen einzigen Arbeitsplatz sowie Software liegen in zweistelliger Millionenhöhe[1085].

FISH gestattet es, aus einem enormen Dokumentenbestand die mit dem in Frage kommenden Textstück ähnlichsten Dokumente in Sekundenschnelle zu finden und diese dem Sachbearbeiter am Bildschirm für einen visuellen Vergleich anzubieten[1086]. Die Arbeitsweise von FISH lässt sich anhand des folgenden einfachen Beispiels aufzeigen[1087]: Eine Tatschrift (z.B. ein eingegangenes Erpresserschreiben) wird zunächst in das Recherchesystem eingescannt, anschließend werden im automatisierten Mustererkennungsverfahren Merkmale extrahiert und interaktiv zahlreiche Vermessungen vorgenommen sowie bestimmte beschreibende Merkmale der Handschrift erfasst. Ausgewählte Schriftelemente und Textausschnitte werden zusätzlich gekennzeichnet. Schließlich werden alle im System enthaltenen Schriften entsprechend ihrer Ähnlichkeit zu der in Frage kommenden Schrift in eine Rangfolge gebracht und dann vom Sachbearbeiter visuell verglichen.

FISH hat sich als Investition gelohnt, seine Genauigkeit wird als „verblüffend" hoch bezeichnet[1088]. Ferner hat FISH Erkenntnisse geliefert, die eine Einsicht in die Individualismen der Schrift gewähren. Darauf aufbauend ist man um die Erweiterung von FISH bemüht, damit mit seiner Hilfe Ermittlern zusätzliche Anhaltspunkte geliefert werden können und zwar sowohl im Hinblick auf die zuverlässige Altersbestimmung und Bestimmung anderer sozio-ökonomischen Variablen eines Schreibers, als auch um die Zuordnung einer fraglichen Handschrift zu einem geographischen Raum[1089]. Darüber hinaus wird die Entwicklung eines Verfahrens zur

---

[1083] Vgl. Heyne, *Mustererkennung und künstliche Intelligenz*, Fn. 252, S. 248.

[1084] Vgl. Hecker, Manfred Rudolf: *Handschriften*, in: Kube, Edwin/Störzer, Hans Udo/Timm, Klaus Jürgen: *Kriminalistik. Handbuch für Praxis und Wissenschaft: Band 1*, Richard Boorberg Verlag: Stuttgart u.a., 1992, S. 812-813.

[1085] Vgl. Steinke, *Kriminaltechnik*, Fn. 659, S. 851. Der Beitrag von Steinke ist mittlerweile etwas veraltet und es stellt sich die Frage, ob die Höhe der Kosten heute noch aktuell ist. Im Hinblick auf die Arbeitserleichterung durch FISH weist Steinke darauf hin, dass die Tathandschriftensammlung des BKA den Umfang von über 100.000 Dokumenten erreicht hat und ohne den Einsatz technischer Hilfsmittel und mangels eines selektiven Klassifizier- und Wiederfindungssystems kaum mehr zu handhaben war.

[1086] Ebenda, S. 851.

[1087] Vgl. *Kriminaltechnik. Das Kriminaltechnisches Institut des Bundeskriminalamtes: Darstellung ausgewählter Untersuchungsverfahren anhand von Kriminalfällen*, Fn. 1067, S. 10-11.

[1088] Vgl. Steinke, *Kriminaltechnik*, Fn. 659, S. 851.

[1089] Vgl. Cibis/Jäger, *Forschung in der Kriminaltechnik*, Fn. 1076, S. 62.

Untersuchung von verstellten Handschriften mit FISH und eine Verfahrensoptimierung angestrebt[1090].

3.3.2.4 Die Maschinenschriftenanalyse

Analog zur Untersuchung und Auswertung von Handschriften setzt das BKA ein entsprechendes Mustererkennungssystem für Maschinenschriften ein – AKIM (*Automatische Kodierung und Identifizierung von Maschinenschriften*). Mittels AKIM können Maschinenschriften klassifiziert und die jeweils verwendete Schriftvariante automatisch bestimmt sowie darüber hinaus individualcharakteristische Merkmale von Schreibmaschinenschriften zum Zwecke der individuellen Zuordnung gemessen und bewertet werden[1091]. Eine Systemerweiterung soll AKIM in die Lage versetzen, auch die individualcharakteristischen Merkmale der Schriften von Nadeldruckern feststellen zu können[1092]. AKIM verwaltet die gespeicherten Schriftmuster sowie gesicherte Tatschriften in einer recherchierbaren Datei[1093].

3.3.2.5 Die Stimmenanalyse

Bei manchen Straftaten, u.a. in Fällen von Menschenentführung, Erpressung sowie bei verbalen Drohungen, kann es vorkommen, dass die Stimme einer oder mehrerer Person(en) eine maßgebliche Rolle bei der Tataufklärung spielt. Die Herausforderung an die Kriminal- sowie an die IuK-Technik besteht darin, aus dem Spurenmaterial Stimme das Profil eines unbekannten Täters für die Ermittler zu erstellen. Darüber hinaus sind sie gefordert, anhand eines Stimmenvergleichs festzustellen, ob eine unbekannte Stimme einem bereits bekannten Verdächtigen zugeordnet werden kann.

Für diese Zwecke setzt das BKA das von ihm entwickelte und international als „führend" anerkannte phonetisch-instrumentelle Kombinationsverfahren ein[1094]. Das BKA-Verfahren basiert auf der „Objektivierung [...] einzelner sprecherspezifischer (d.h. individualtypischer) Merkmale aus den drei Bereichen des lautsprachlichen Verhaltens, nämlich Stimme (Merkmale der Stimmtonerzeugung im Kehlkopf), Sprache (Muttersprache, Dialekt, Soziolekt, berufsspezifische Sprachen, Textsorten) und Sprechweise (Sprechgeschwindigkeit, Pausenverhalten,

---

[1090] Ebenda. Bei letzterem geht es darum, dass eine Untersuchung und Auswertung mit FISH (und gleiches gilt für AKIM, s. unten) nur dann möglich ist, wenn die Schriftträgern keine störenden Bildhintergründe aufweisen. Man ist jetzt darum bemüht, solche Störfaktoren zu beseitigen. Die Autoren geben auch an, dass mit FISH Unterschriften nicht bearbeitet werden können.

[1091] Ebenda, S. 62.

[1092] Ebenda.

[1093] Ebenda.

[1094] Einige ausländische Staaten haben das BKA-Verfahren mittlerweile übernommen, und das BKA hat bereits einige Fälle im Auftrag von ausländischen Behörden bearbeitet.

Häsitationen, Rhythmus etc.)"[1095]. Bei Qualitätsmängeln des zu untersuchenden Stimmenmaterials, z.B. infolge von Störgeräuschen muss vor Beginn der Stimmenanalyse, und mittels rechnergestützter Verfahren, eine Sprachverbesserung vorgenommen werden[1096]. Die Stimmenanalyse steht in einem engen Wirkzusammenhang mit der linguistischen Textanalyse und ist zumeist eine vorgelagerte Stufe des eventuellen Täterstimmenvergleichs[1097].

Das BKA-Verfahren zeichnet sich offenbar durch einen hohen Komplexitätsgrad aus. Es wertet sowohl subjektive (Urteil des Sachverständigen) als auch objektive Aspekte (akustische Signalanalyseverfahren) in der Untersuchung aus und wurde bereits bei weit über 3.000 erstellten Gutachten im BKA angewandt[1098]. Im Vergleich zu anderen Sprechererkennungsverfahren[1099] gilt das BKA-Verfahren einerseits nachgewiesenermaßen als zuverlässiger, kann aber andererseits – und damit anders als bei einem Fingerabdruck oder DNA-Identifizierungsprofil – letztlich auch keine definitive Antwort auf die Frage liefern, ob eine unbekannte Stimme, wie bspw. eine auf Tonband aufgenommene Erpresserstimme, tatsächlich identisch ist mit der Stimme eines von der Polizei gestellten Tatverdächtigen[1100].

1095 Künzel, Hermann J.: *Forensische Sprechererkennung*, in: Bundeskriminalamt (Hrsg.): *Aktuelle Methoden der Kriminaltechnik und Kriminalistik*, BKA-Forschungsreihe 32, Wiesbaden, 1995, S. 213. Ausführlich zur forensischen Sprechererkennung im BKA siehe auch Künzel, Hermann J.: *Zur Entwicklung der forensischen Sprecher-Erkennung in Deutschland*, in: Bundeskriminalamt (Hrsg.): Festschrift für Horst Herold zum 75. Geburtstag. Das Bundeskriminalamt am Ende des 20. Jahrhunderts, Wiesbaden, 1998, S. 369 ff.

1096 Vgl. Künzel, Hermann J.: *Zur Entwicklung der forensischen Sprecher-Erkennung in Deutschland*, ebenda, S. 369.

1097 Ebenda, S. 370.

1098 Ebenda, S. 381. Laut Künzel (S. 389) bearbeitete das BKA im Jahr 1997 187 Gutachtenanträge: Erpressung (90), Mord/Entführung (42), Terrorismus (10), Raub (8), Betäubungsmittel (6), Brand/Explosionen (5), sexuelle Nötigung/ Belästigung (5), Vergewaltigung/-Kindesmissbrauch (4), Zielfahndung (3), Wirtschaftsdelikte (2), Flugzeugunfälle (2) und Andere (10). Hessen stellte die meisten Fälle (79), gefolgt vom BKA (31) und der Justiz (15). Das Ausland stellte 3 Fälle. Die Bundesländer Bayern, Brandenburg und Nordrhein-Westfalen verfügen über ihre eigene Sprechererkennungseinheit.

1099 Beispielsweise die rein auditive Sprechererkennung durch Laien oder Sachverständige, die früher und auch heute noch bei Gerichtsverfahren im breiten Umfang zum Einsatz kamen und kommen, deren Zuverlässigkeit aber in Frage zu stellen ist. In den USA wurde ein instrumentelles Verfahren entwickelt, das gewisse objektive Züge aufweist und mittels einer sonographischen Analyse einen abbildbaren „akustischen Fingerabdruck" liefern konnte, sich nach einiger Zeit aber ebenfalls als ungeeignet für ein zuverlässiges vergleichendes Sprechererkennungsgutachten erwies. Siehe Ebenda, S. 376 ff.

1100 Ebenda, S. 386-388. Laut Künzel ist das stimmliche und sprachliche Verhalten eines Menschen auch als ebenso differenziert und singular wie ein Fingerabdruck anzusehen, allerdings soll das stimmliche und sprachliche Verhalten nicht als Konstante betrachtet werden, weil es sich lang- und auch kurzfristig aufgrund von alterungs- und situationsbedingten Gründen ändern kann. Hindernd für die Feststellung individualtypischer Sprach- und Stimmmerkmale können auch „forensische Randbedingungen" – z.B. der Gebrauch des Telefons – sein. Im Rahmen des Stimmenvergleichgutachtens geht die subjektive Einschätzung des

3.3.2.6 Die Ballistikanalyse

Bei Straftaten mit Schusswaffeneinsatz kommt es häufig vor, dass Kugeln, die aus derselben Schusswaffe abgefeuert wurden, an unterschiedlichen Orten und zu verschiedenen Zeitpunkten sicher gestellt werden. Für Ermittler ist diese Feststellung deshalb interessant, weil sie auf einen möglichen Zusammenhang zwischen zwei oder mehreren zunächst scheinbar unverwandten Straftaten hinweist, wodurch sich dann nützliche Anhaltspunkte und eine höhere Tataufklärungswahrscheinlichkeit ergeben.

Ein ballistischer Vergleich beruht auf dem Mustererkennungsverfahren. Aus der Praxis gibt es die Erkenntnis, dass jedes aus einer Schusswaffe abgefeuerte Geschoss/Projektil oder auch jede Hülse Verfeuerungsspuren aufweist. Jede Schusswaffe hinterlässt dabei ihre spezifischen Verfeuerungsspuren - den „ballistischen Fingerabdruck“. Daraus folgt, dass an verschiedenen Tatorten gesicherte Geschosse/Projektile und Hülsen mit gleichem Verfeuerungsspurenmuster logischerweise aus der gleichen Schusswaffe abgegeben worden sein müssen. Anhand einer ballistischen Vergleichsanalyse kann ein Zusammenhang zwischen Straftaten mit Schusswaffeneinsatz festgestellt werden, zwischen denen im Extremfall viele Jahre bzw. Kontinente liegen[1101].

Der manuelle ballistische Vergleich durch den Sachverständigen gehört längst zu den etablierten Aufgaben der Kriminaltechnik. Bei einem großen Fall- und damit Vergleichsarbeitsaufkommen – was beim BKA aufgrund seiner Zentralstellenfunktion der Fall ist[1102] – ist dies eine besonders zeitaufwendige und arbeitsintensive Tätigkeit[1103]. Mithilfe der IuK-Technik lässt sich diese Aufgabe automatisieren und

---

Sachverständigen bezüglich Feststellung der Übereinstimmung oder Nicht-Übereinstimmung der untersuchten Merkmale ein.

1101 Dies dürfte bspw. bei Gewalttaten, die auf das Konto von Organisierten Kriminellen und international agierenden Terroristen gehen, nicht ungewöhnlich sein.

1102 Vgl. Nennstiel, Rupert: *Schußwaffenerkennung–Gestern, Heute, Morgen*, in: Bundeskriminalamt (Hrsg.): Festschrift für Horst Herold zum 75. Geburtstag. Das Bundeskriminalamt am Ausgang des 20. Jahrhunderts, Wiesbaden, 1998, S. 430-431. Laut Nennstiel gleicht das BKA zur Feststellung von landesübergreifenden Tatzusammenhängen mit Schusswaffeneinsatz die ihm von den Bundesländern übersandte Tatmunition mit seiner zentralen Tatmunitionssammlung (Bestand: 3.100 Geschosse, 5.400 Hülsen) ab. Monatlich sind etwa 100 Untersuchungen dieser Art durchzuführen. Ferner werden alle in Deutschland sichergestellten Schusswaffen einem Vergleichsbeschuss in den LKÄ unterzogen und die gewonnene Munition zum Abgleich mit den noch offenen Fällen dem BKA übersandt. Im Monat gibt es etwa 1.000 Fälle dieser Art.

1103 Ebenda, S. 431. Nennstiel schildert knapp die Arbeitsweise eines Schussspurensachbearbeiters. Siehe auch Lichtenberg, Wolfgang: *Schußspurenuntersuchungen*, in: Kube, Edwin/Störzer, Hans Udo/Timm, Klaus Jürgen (Hrsg.): Kriminalistik. Handbuch für Praxis und Wissenschaft. Band 2, Richard Boorberg Verlag: Stuttgart u.a., 1994, S.51-69.

somit effektiver und effizienter gestalten[1104]. Anfang der 1990er Jahren entstanden in den USA und Kanada Softwareprogramme[1105] zur rechnergestützen automatischen Erkennung und Durchführung eines Abgleichs von „ballistischen Fingerabdrücken“. Diese Programme werden mittlerweile in einigen Staaten eingesetzt. Auch das BKA zeigt sich an der Einführung von Schusswaffenerkennungssoftware interessiert und hat mittlerweile ein diesbezügliches Projekt initiiert[1106].

1104 Bereits 1979 hatte Horst Herold in seinem in der Zeitschrift *Kriminalistik* erschienenen Aufsatz „Erwartungen von Polizei und Justiz an die Kriminaltechnik“ darauf hingewiesen, dass nur der Einsatz computergestützter Verfahren Abhilfe bei der Handhabung der unaufhörlich anwachsenden Geschossspurensammlung (und Handschriftensammlung) schaffen könnte. Zuvor wurde im Rahmen des von Herold geförderten Projektes ‚Automatischer Geschossspurenvergleich' (1975-1979) der Versuch unternommen, mit der damaligen Technik dies in die Praxis umsetzten. Allerdings war der Prozess mühsam und ein einziger Vergleich erforderte 20 Minuten Rechenzeit. Der Projekt wurde angesichts anderer Prioritäten im Jahr 1979 aufgegeben. Siehe Nennstiel, *Schußwaffenerkennung – Gestern, Heute, Morgen*, Fn. 1102, S. 433. Laut Nennstiel: „In der Rückschau muss festgestellt werden, dass die Zeit am Ende der 70er Jahre für eine Verwirklichung der Vision der automatischen Verfeuerungsspurenvergleichs noch nicht reif war. Weder stand die geeignete Rechenarchitektur zur Verfügung, noch waren moderne Algorithmen und Mustererkennungsverfahren wie neuronale Netze, Wavelet-Verfahren und Fuzzy Logic, um einige Stichworte zu nennen, zu diesem Zeitpunkt schon verfügbar“ und ferner: „Es bleibt aber festzuhalten, dass das Bundeskriminalamt als eine der ersten Polizeibehörden in der Welt bereits am Ende der 70er Jahre die praktische Bedeutung der Optimierung der Schußwaffenerkennung durch rechnergestützte Verfahren erkannt hatte“.

1105 Wie das kanadische Softwareprogramm IBIS (Integrated Ballistics Identification System) und das unter der fachlichen und finanziellen Trägerschaft des FBI entwickelten DRUGFIRE. Im Prinzip läuft der Einsatz der Programme wie folgt ab: Zuerst werden Verfeuerungsspuren auf Projektilen bzw. Hülsen mittels Mikroskop und digitaler Kamera und unter standardisierten Bedingungen im Computer eingescannt und aus den Bildern werden „signatures“ gewonnen, die dann mit dem offenen Spurenbestand automatisch abgeglichen werden. Der Computer zeigt die besten Entsprechungen auf dem Bildschirm in Form einer Hitliste auf. Allerdings ist es hier – ebenso wie bei AFIS – dem Sachverständiger persönlich überlassen, die anschliessende Vergleichsarbeit selbst am Mikroskop vorzunehmen. Ebenda, S. 434 ff.

1106 Ebenda, S. 436–438. Laut Nennstiel hat das BKA positive Erfahrungen im Rahmen seiner Testversuche mit automatisierten Verfeuerungsspurenprogramme gemacht (Trefferquote = 90%+), obwohl Defizite zu verzeichnen sind, und gibt bekannt, dass (S. 438) „nach gegenwärtigen Planungsstand dem Bundeskriminalamt diese moderne Technik mit Beginn des neuen Jahrtausends zur Verfügung stehen [wird] und in der Routinearbeit eingesetzt werden [kann]“. Siehe auch Cibis/Jäger, *Forschung in der Kriminaltechnik*, Fn. 1076, S. 60. Die Autoren stellen im Hinblick auf die Einführung eines automatisierten Verfeuerungsspurensystems beim BKA kritisch fest, dass „Grundlage jedoch [ist] die zwingend notwendige Optimierung der Spurenerfassungssysteme (Mikroskope, Videokameras), da diese derzeit für eine solche Aufgabe qualitativ nicht ausreichen, somit die folgende Rechnerverarbeitung mangelhaft ausfällt“.

3.3.2.7 Die Stoffanalyse

Häufig werden bei Straftataten Spurenmaterialien gesichert, deren physikalisch-chemische Zusammensetzung eventuell nützliche Ermittlungshinweise liefern können. Zur Materialienanalyse und –auswertung setzt das BKA bereits bestehende Softwareprogramme ein, weitere befinden sich noch in der Erprobungs-, Entwicklungs- bzw. Weiterentwicklungsphase. Zur Untersuchung von schmauchverdächtigen Spuren wurden bspw. automatische Schmauchsuch- und Identifikationsprogramme entwickelt und z.T. eingesetzt, wobei das BKA durch das Erstellen neuer Computerprogramme eine Verfahrensoptimierung erstrebt[1107]. Im Rahmen der fallbezogenen Befundbewertung wird im BKA an der Erstellung einer Katalogdatei zur Erfassung von Faserarten sowie zur Abschätzung von Faserhäufigkeiten und Farbtonhäufigkeiten in Bekleidungstextilien gearbeitet[1108]. Die IuK-Technik kommt bei der Sammlung von Erkenntnissen über Produktionsabläufe, Synthese- und Vertriebswege, chemische und physikalische Merkmale synthetischer Drogen und ihre Darreichungsformen zum Einsatz[1109]. Für den Nachweis bzw. die Analyse der Rauschgiftmitteln Heroin und Kokain werden ebenfalls rechnergestützte Systeme eingesetzt[1110].

1107 Vgl. Cibis/Jäger, *Forschung in der Kriminaltechnik*, Fn. 1076, S. 60.
1108 Ebenda, S. 61.
1109 Ebenda.
1110 Ebenda. Cibis/Jäger weisen auf das „Heroin Analyse Programm (HAP)" hin.

3.4 Der grenzüberschreitende Informationsaustausch des Bundeskriminalamtes

3.4.1 Die Einbindung des Bundeskriminalamtes in den grenzüberschreitenden Informationsaustausch

Dass eine wirksame Verbrechensbekämpfung auch eine kriminalpolizeiliche Zusammenarbeit im grenzüberschreitenden Rahmen erfordert, war bereits im 19. Jahrhundert bekannt. Das Problem des „reisenden Verbrechertums" wurde erheblich vom gesellschaftlichen Wandel, v.a. aufgrund der Industrialisierung, der Einführung neuer Verkehrsmitteln sowie der Reisefreiheit über Gebiets- und Staatsgrenzen hinweg verschärft[1111]. Diesem Problem standen die Kriminalpolizeien jener Zeit gegenüber, denen es meist an rechtlichen Befugnissen zur gegenseitigen materiellen und informatorischen Unterstützung bei Ermittlungen in jurisdiktionsübergreifenden Fällen sowie an den hierfür erforderlichen institutionellen und technischen Grundvoraussetzungen fehlte.

Der Bemühung um die Etablierung einer systematischen und multilateralen kriminalpolizeilichen Zusammenarbeit wurde mit der Gründung der International Criminal Police Commission in Wien im September 1923 erstmals Rechnung getragen[1112]. Vor dem Hintergrund einer anwachsenden grenzüberschreitenden Kriminalität nach dem zweiten Weltkrieg – insbesondere mit Blick auf die Organisierte Kriminalität und den Terrorismus – zeichnete sich bei einigen westeuropäische Staaten, eine größere Bereitschaft zur Intensivierung ihrer kriminalpolizeilichen Zusammenarbeit und zur Schaffung der erforderlichen Rahmenvoraussetzungen ab, um dieser Zusammenarbeit Substanz und Dauerhaftigkeit zu verleihen. Folglich entstanden ab den 1970er Jahren einige multilaterale Polizeigremien[1113], von denen die TREVI[1114], welche sich allmählich zu einem Eckpfeiler der westeuropäischen kriminalpolizeilichen Zusammenarbeit entwickeln konnte,

---

1111 Darauf wurde bereits an einer früheren Stelle in dieser Untersuchung hingewiesen.

1112 Vgl. Bresler, Fenton: *INTERPOL*, Mandarin Paperbacks: London, 1993, S. 18 ff. Näheres zu INTERPOL siehe unten.

1113 Für eine umfassende Bestandsaufnahme und Darstellung der multilateralen kriminalpolizeilichen und nachrichtendienstlichen Akteuere in Bezug auf Westeuropa siehe Lange, *Innere Sicherheit im Politischen System der Bundesrepublik Deutschland*, Fn. 183. Interessant ist auch der Beitrag von Schapper, Claus Henning: *Fortentwicklung der polizeilichen Zusammenarbeit in der europäischen Union*, in: Schreckenberger, Waldemar (Hrsg.): Staatliche Kommunikation und Sicherheit. Vorträge von Staatssekretären und Präsidenten von Sicherheitsbehörden des Bundes nebst einer Abhandlung über die Nachrichtendienste im Zeitalter der Globalisierung, Speyerer Arbeitshefte 113, Speyer, 2000, S. 3-23.

1114 Zur Errinerung: TREVI = **T**errorism, **R**adicalism, **E**xtremism, **V**iolence, **I**nternational.

das dafür bekannteste Beispiel sein dürfte [1115]. Diese Zusammenarbeitsbereitschaft hat sich vor dem Hintergrund des rasch voranschreitenden europäischen Integrationsprozesses, der Globalisierung und qualitativen Änderungen im Kriminalitätsumfeld seither beachtlich weiterentwickelt.

Aufgrund seiner Vermittlungsfunktion zwischen den Kriminalpolizeien Deutschlands und des Auslandes (§ 3(1) BKAG) ist das BKA fest in ein komplexes grenzüberschreitendes Informationsaustauschnetz eingebunden[1116]. Der Austausch findet dabei sowohl anlassbezogen als auch auf einer institutionellen Grundlage statt. Laut BKA-Präsident Klaus Kersten wirkt sein Amt (1997) „im Rahmen der internationalen kriminalpolizeilichen Zusammenarbeit regelmäßig oder anlassbezogen in nicht weniger als 80 internationalen Gremien, Kommissionen, Arbeitstagungen und Konferenzen mit“[1117].

Bei näherer Betrachtung des grenzüberschreitenden Informationsaustausches zwischen dem BKA und dem Ausland zeigt sich eine bilaterale sowie eine multilaterale Interaktionsebene:[1118]

3.4.2 Der Informationsaustausch im bilateralen Rahmen

Der Informationsaustausch im bilateralen Rahmen erfolgt bereits seit längerer Zeit zwischen dem BKA und einigen ausländischen Staaten. Es ist zu differenzieren zwischen:

1115 Zu TREVI siehe Wittkämper et. al., *Europa und die Innere Sicherheit*, Fn. 43, S. 131 ff; Lange, *Innere Sicherheit im Politischen System der Bundesrepublik Deutschland*, Fn. 183, S. 148-157; Schreiber, Manfred: *Internationale polizeiliche Zusammenarbeit innerhalb der EG-Länder am Beispiel von TREVI*, in: Kube, Edwin/Störzer, Hans Udo/Timm, Klaus Jürgen: Kriminalistik. Handbuch für Praxis und Wissenschaft: Band 2, Richard Boorberg Verlag: Stuttgart u.a., 1994, S. 317-324.

1116 Die LKÄ und Länderpolizeien sind unter bestimmten Voraussetzungen berechtigt, mit Polizeibehörden im Ausland unmittelbar in Kontakt zu treten. Nach § 3 (3) des BKAG i.d.F. vom 07.07.1997: „Absatz 2 Satz 1 [Der zur Verhütung oder Verfolgung von Straftaten erforderliche Dienstvekehr der Polizeien des Bundes und der Länder mit den Polizei- und Justizbehörden sowie sonstigen insoweit zuständigen öffentlichen Stellen anderer Staaten obliegt dem Bundeskriminalamt] gilt nicht für den Dienstverkehr der Polizeien der Länder mit den zuständigen Behörden der Nachbarstaaten und der Mitgliedsstaaten der Europäischen Union, soweit dieser sich auf Kriminalität von regionaler Bedeutung im Grenzgebiet bezieht oder soweit Gefahr im Verzug ist. Die Länder unterrichten das Bundeskriminalamt unverzüglich über den Dienstverkehr nach Satz 1. Bei abgrenzbaren Fallgestaltungen im Rahmen regionaler Schwerpunktmaßnahmen können die Polizeien der Länder im Einvernehmen mit dem Bundeskriminalamt den erforderlichen Dienstverkehr mit den zuständigen Behörden anderer Staaten führen“.

1117 Kersten, *Die Rolle des Bundeskriminalamtes bei der nationalen und internationalen Verbrechensbekämpfung*, Fn. 117, S. 61.

1118 So auch die Unterscheidung vom BKA-Präsident Kersten. Ebenda, S. 57.

(a) dem Informationsaustausch auf elektronischem Wege zwischen dem BKA und dem Ausland. Dabei bestehen unter bestimmten Voraussetzungen einseitige oder wechselseitige Zugriffe auf Dateien, und.
(b) dem Informationsaustausch auf nicht-elektronischem Wege.

Zu (a): Vereinbarungen zum Informationsaustausch bestehen zwischen dem BKA und ausländischen Polizeibehörden. Bereits 1982 wurden zum Zwecke des Fahndungsbestandsabgleiches ein Band mit dem INPOL-Kraftfahrzeugbestand den USA vierteljährlich zur Verfügung gestellt[1119]. Als Folge von Vereinbarungen im TREVI-Rahmen befürwortete die IMK im November 1978 den gegenseitigen, unmittelbaren Zugriff europäischer INTERPOL-Mitgliedsstaaten auf die BKA-Sachfahndungsbereiche Kraftfahrzeuge, Blankodokumente, Waffen und Banknoten[1120]. Damit entstanden Direktverbindungen zu Belgien, Frankreich, Italien, Österreich, der Schweiz und Spanien[1121]. Einseitiger Zugriff auf diese BKA-Sachfahndungsbereiche über Telex-Abfrage wurde Finnland, Großbritannien, Luxemburg, Niederlande, Polen, Schweden, Tschechien und Ungarn eingeräumt; Anschlüsse für Dänemark und die Türkei waren geplant[1122].

Zu (b): Hierzu muss insbesondere auf das an früher Stelle in dieser Untersuchung kurz erläutete System der Verbindungsbeamten des BKA hingewiesen werden. Bereits vor Dienstantritt des ersten offiziellen „Rauschgiftverbindungsbeamten“ (Bangkok, April 1983), entsandte das BKA seine Vertreter ins Ausland, wobei die daraus gewonnenen Erfahrungen zunächst experimenteller, sporadischer Art waren[1123]. Das Programm wurde im Zeitverlauf erweitert, mit Stand vom 01.07.1998 gab es bei deutschen Auslandsvertretungen 48 VerbindungsbeamtInnen an 35 Standorten in 32 Ländern (Westeuropa (18), Osteuropa (11), Nord- und Südamerika (11), Asien (einschließlich Zentralasien) (7) und Nordafrika (1))[1124]. 1999 kamen die Standorte Griechenland, Peru, Südafrika und die Vereinigten Arabischen Emiraten hinzu[1125]. Es besteht Interesse an der künftigen Erweiterung

---

[1119] Vgl. Boge, *Thesen zur Funktion und Bedeutung der Datenverarbeitung bei der Polizei*, Fn. 238, S. 30. Laut Boge erging vierteljährlich auch eine Liste von gestohlenen Fahrzeugen an Interpol AMMAN.

[1120] Ebenda, S. 30-31.

[1121] Vgl. Wiesel, *Informationssystem der deutschen Polizei – Sachstand und Planung*, Fn. 442, S. 762-763. Etwas ältere Angaben hierzu finden sich in Boge, *Thesen zur Funktion und Bedeutung der Datenverarbeitung bei der Polizei*, Fn. 238, S. 30-31 und Küster, Dieter: *Informationstechnologie – Entwicklung und Auswirkung auf die Polizei*, in: Zachert, Hans-Ludwig/Störzer, Hans Udo/ Koch, Karl-Friedrich (Hrsg.): 40 Jahre Bundeskriminalamt, Richard Boorberg Verlag: Stuttgart u.a., 1991, S. 122.

[1122] Vgl. Wiesel, *Informationssystem der deutschen Polizei – Sachstand und Planung*, Fn. 442, S. 762-763.

[1123] Vgl. Duffner, *Verbindungsbeamte des BKA im Ausland – eine Erfolgsstory*, Fn. 115, S. 259 ff. Es handelte sich um die Entsendungsorte Istanbul (1972), Rom (1978) und Madrid (1980).

[1124] Ebenda, S. 261.

[1125] Ebenda, S. 267.

des Programms[1126]. Einige Staaten haben ihrerseits Verbindungsbeamte nach Deutschland entsandt; mit Stand vom 01.03.1998 waren 51 polizeiliche Verbindungsbeamte aus 22 Staaten beim BKA oder bei ihrer jeweiligen Auslandsvertretung stationiert[1127].

Als Vertretern des BKA vor Ort kommt den Verbindungsbeamten eine Unterstützungsfunktion zu bei Ermittlungen, die Deutschland und das jeweilige Gastland betreffen. Sie haben dabei sowohl einen kriminalrepressiven als auch einen kriminalpräventiven Auftrag, zu ihrem Aufgabenspektrum gehören u.a. die Gewinnung, Auswertung und Übermittlung von Informationen[1128]. Bei ihrer Arbeitsausübung haben die Verbindungsbeamten erforderlichenfalls Zugriff auf die Dateien des BKA. Das Verbindungsbeamtensystem hat sich gut bewährt, so dass seine Ausweitung vom BKA erstrebt wird. Künftig ist für Deutschland mit einer Konsolidierung der Zusammenarbeit im bilateralen Rahmen zu rechnen – auch unter Einbeziehung des BGS und ZKA – mit der Folge, dass „durch Entsendung von grenzpolizeilichen Beamten und Zollverbindungsbeamten ... ein Synergiepotential zu erwarten [ist], das die bilaterale Zusammenarbeit deutscher Strafverfolgungsbehörden mit ihren ausländischen Partnern optimieren dürfte“[1129].

Mit dem politischen Umbruch in Osteuropa seit Beginn der 1990er Jahre erfuhr die Kriminalität dort einen rasanten Zuwachs. Grund zur Sorge aus deutscher Perspektive bereitet dabei v.a. die von dieser Region ausgehende Organisierte Kriminalität. Angesichts der Bemühung der osteuropäischen Staaten um die politische, wirtschaftliche und soziale Öffnung in Richtung Westen, zeigt sich die EU an einer gegenseitigen Zusammenarbeit in Fragen der Inneren Sicherheit interessiert und hat bereits konkrete Programmmaßnahmen durchgeführt. Auch – und als eine Präventionsmaßnahme gegen die im zunehmenden Maße auf Deutschland übergreifende osteuropäische Kriminalität - ist die Bundesrepublik mit erheblichem materiellen und finanziellen Einsatz im bilateralen Rahmen um die Modernisierung der osteuropäischen Polizeikräfte bemüht. Das BKA wirkt an diesem Prozess mit Expertisen und seinen Erfahrungen mit und befindet sich im Informationsaustausch mit seinen östlichen Partnern, obschon derzeit keine unmittelbare gegenseitige und automatisierte Zugriffsmöglichkeit auf Dateien bestehen.

[1126] Was aber u.a. auch von den zur Verfügung stehenden finanziellen und personellen Ressourcen des BKA abhängt. Der Wert des Verbindungsbeamtensystems wurde von anderen EU-Mitgliedsstaaten mittlerweile erkannt. Im Jahr 1997 betrug die Anzahl der Verbindungsbeamten aus EU-Mitgliedsstaaten weltweit 287, wobei im Zeitraum 1996-1997 diese um 50 Verbindungsbeamte stieg.

[1127] Vgl. Duffner, *Verbindungsbeamte des BKA im Ausland – eine Erfolgsstory*, Fn. 115, S. 261.

[1128] Zu den von Bewerbern für Verbindungsbeamte zu erfüllenden persönlichen und fachlichen Voraussetzungen sowie ihren Aufgaben „grundsätzlicher“ und „besonderer“ Art siehe ebenda, S. 262-266.

[1129] Ebenda, S. 267.

3.4.3 Der Informationsaustausch im multilateralen Rahmen

Auch im multilateralen Rahmen findet zwischen dem BKA und dem Ausland ein regelmäßiger, vom Volumen her immenser Informationsaustausch statt. Die IuK-Technik ist dabei von grosser Bedeutung. Schwerpunktmäßig geschieht dieser Austausch über INTERPOL, EUROPOL und das Schengener-Informationssystem – auf die nachfolgend jeweild eingegangen wird.

3.4.3.1 Die International Criminal Police Organisation (INTERPOL)

3.4.3.1.1 Grundlegendes zur INTERPOL

Der Ursprung der International Criminal Police Organisation[1130] (INTERPOL) reicht zurück ins Jahr 1923 mit der Gründung ihres Vorläufers, der International Criminal Police Commission. Die Commission wurde als die International Criminal Police Organisation[1131] im Jahre 1946 neugegründet, die Bezeichnung INTERPOL wurde auf der 25. Generalversammlung der Mitgliedsstaaten in Wien im Jahr 1956 eingeführt[1132]. Mit 178 Mitgliedsstaaten, Sitz in Lyon (Frankreich)[1133], einem Jahresetat von rd. 30 Million Euro und einem Personalbestand, der sich aus Vertretern mehrerer Mitgliedsstaaten zusammensetzt, verkörpert INTERPOL die weltweit grösste multilaterale kriminalpolizeiliche Organisation[1134].

Die Regelungsgrundlage von INTERPOL sind ihre Statuten, die keine Konvention im völkerrechtlichen Sinne verkörpern und auch keinen Gesetzesrang haben, da sie von den Mitgliedstaaten nicht ratifiziert wurden[1135]. Die grenzüberschreitende polizeiliche Zusammenarbeit unter Mitwirkung von INTERPOL ist jedoch in einigen

---

1130 Auf Deutsch: Die *Internationale Kriminalpolizeiliche Organisation.*

1131 Ein guter Einblick in die Entstehungsgeschichte und Entwicklung von INTERPOL bis Anfang der 1990er Jahre bietet Bresler, *INTERPOL*, Fn. 1112,. Zu INTERPOL siehe auch Anderson, Malcolm: *Policing the World: Interpol and the Politics of International Police Co-operation*, Clarendon: Oxford, 1989; Fooner, Michael: *Interpol: Issues in World Crime and International Criminal Justice*, Plenum Press: New York, 1989.

1132 Anlässlich dieser Sitzung wurden die Statuten von INTERPOL novelliert und ihre Ziele näher beschrieben. Vgl. *Internationale kriminalpolizeiliche Zusammenarbeit gestern und heute*, in: Die Neue Polizei, Nr. 4, 1994, S. 192-193.

1133 Bis zum Umzug von INTERPOL nach Lyon im Jahr 1989, war diese seit ihrer Neugründung 1946 zuerst in und anschließend nahe bei Paris untergebracht.

1134 Die Information stammt von der Webseite der INTERPOL, http://www.interpol.int. Siehe die beiden dort erhältlichen Dokumente im PDF-Format: *INTERPOL – An Overview* und *INTERPOL At Work 2001*. Seit 1982 gilt INTERPOL als zwischenstaatlichen Regierungsorganisation. Dieser Status wurde ihr von den Vereinten Nationen zuerkannt, vor diesem Jahr war sie eine Nichtregierungsorganisation.

1135 Vgl. Nothen-Schmidt, Rainer: *Internationale Polizeiliche Zusammenarbeit*, in: Kube, Edwin/ Störzer, Hans Udo/Timm, Klaus Jürgen (Hrsg.): Kriminalistik. Handbuch für Praxis und Wissenschaft. Band. 2, Richard Boorberg Verlag: Stuttgart u.a., 1994, S. 290.

Abkommen festgelegt, wie bspw. dem europäischen Auslieferungs- und Rechtshilfeübereinkommen[1136]. Daraus ergibt sich folgende Besonderheit: „Man kann Interpol von daher als ein untypisches Völkerrechtssubjekt und die Interpol-Statuten als einen untypischen völkerrechtlichen Vertrag betrachten, der auf Gewohnheitsrecht beruht: da sind zum Einen die langjährige Praxis von Interpol und die verschiedene Satzungsänderungen, zum anderen ist da die Tatsache, daß ein Beitritt nur noch durch formelle Erklärung der Regierung des Beitrittsstaates erfolgen kann. Der Völkerrechtsjurist wird diesbezüglich allerdings an dem übereinstimmenden Willen aller Mitgliedsstaaten, den Statuten den Charakter eines Völkerrechtsvertrags zukommen zu lassen, zweifeln"[1137].

INTERPOL basiert auf dem Universalitätsgedanken, worunter eine zwischenstaatliche Zusammenarbeit ohne Rücksicht auf politische, geographische, sprachliche und kulturelle Faktoren zu verstehen ist[1138]. Ihre Ziele sind „eine möglichst umfassende gegenseitige Unterstützung aller Kriminalpolizeibehörden im Rahmen der in den einzelnen Ländern geltenden Gesetze und im Geiste der Erklärung der Menschenrechte sicherzustellen und weiterzuentwickeln ... alle Einrichtungen, die zur Verhütung und Bekämpfung der gemeinen Straftaten wirksam beitragen können, zu schaffen und auszubauen (Art. 2 der INTERPOL-Statuten)"[1139]. Dabei ist der Begriff „Kriminalpolizeibehörden" in einem weiten Sinne auszulegen[1140]. Ansprechpartner INTERPOLS sind i.d.R. die Nationalpolizeibehörden der Mitgliedsstaaten, gemäß § 3 (1) des BKAG i.d.F. von 1997 ist das BKA das deutsche Zentralbüro für INTERPOL. Die nationalen Zzentralbüros agieren als Vermittlungsinstanzen für Behörden im Inland und prüfen die eingehenden Ersuchen u.a. auf ihre Vereinbarkeit mit nationalem Recht und internationalen Abkommen[1141].

INTERPOL wird im Auftrag ihrer Mitgliedsstaaten tätig und erfüllt dabei in erster Linie eine Vermittlungs- und Unterstützungsfunktion in Bezug auf die Fahndung, Ingewahrsamsnahme und Auslieferung gesuchter Kriminelle, auf den Erkennt-

---

1136 Ebenda, S. 289.

1137 Hoppe, Christian: *Internationale Kooperationsmaßnahmen (Interpol, Europol, Schengen und andere Gremien)*, in: Bundeskriminalamt (Hrsg.): Festschrift für Horst Herold zum 75. Geburtstag. Das Bundeskriminalamt am Ausgang des 20. Jahrhunderts, Wiesbaden, 1998, S. 210-211.

1138 Vgl. Nothen-Schmidt, *Internationale Polizeiliche Zusammenarbeit*, Fn. 1135, S. 290.

1139 Ebenda, S. 289.

1140 Ebenda. Laut Nothen-Schmidt: „Darunter werden alle Behörden mit Strafverfolgungs- und Vorbeugungsfunktionen verstanden, die auf nationaler Ebene mit der Kriminalpolizei zusammenarbeiten. Hierzu gehören die Justiz, der Zoll, die Schutz- und Grenzpolizei. Auch Militärbehörden mit polizeilichen Aufgaben, wie die Gendarmerie in Frankreich und Belgien, die Carabinieri in Italien oder die Guardia Civil in Spanien sind nicht von der Zusammenarbeit ausgeschlossen, ebensowenig wie Verwaltungsbehörden in Angelegenheiten, die im weitesten Sinne der Verbrechensbekämpfung zuzuordnen sind, wie die Erteilung von Börsenlizenzen oder Einwanderungssachen".

1141 Ebenda, S. 293-294.

nisaustausch bei laufenden Ermittlungen und beim Rechtshilfeverkehr[1142]. INTERPOL verfügt weder über Exekutiv- noch Weisungsbefugnisse[1143]. Ihre Tätigkeitsschwerpunkte unterteilen sich in drei Kategorien: (1) Terrorismus und Verbrechen gegen Personen und Eigentum, (2) Finanz- und Wirtschafts- sowie Hi-Tech-Kriminalität und (3) Kriminelle Organisationen und Betäubungsmittel[1144]. Nicht in ihren Kompetenzrahmen fallen nach § 3 der INTERPOL-Statuten politische, militärische, rassische und religiöse Angelegenheiten. Das „politische Betätigungsverbot" wurde im Jahr 1984 etwas gelockert, so dass nunmehr bspw. auch bestimmte Handlungen, wie Straftaten gegen Leben, Freiheit und Eigentum, die der „politischen Kriminalität" zuzurechnen sind, in die INTERPOL-Zusammenarbeit einbezogen werden. Davor muss allerdings eine Abwägung stattfinden (kriminelle Intensität der Tat und Schwere der Rechtsgutverletzung einerseits, politischen Motivation andererseits), um feststellen zu können, ob eine Intervention seitens INTERPOL angemessen erscheint oder nicht[1145]. Außer ihrem Generalsekretariat[1146] als ihre Verwaltungs- und kriminalpolizeiliche Nachrichtenzentrale

---

[1142] Die Vermittlungsfunktion der INTERPOL zeigt sich bspw. anhand der an ihre Mitgliedsstaaten verteilten „Notices". Davon existieren: *Black Notices* (zur Identifizierung unbekannter Tote), *Blue Notices* (zur Einholung von Informationen über Personen, die Straftaten begangen haben bzw. zur Ermittlung des Aufenthaltortes von Personen (z.B. Straftäter, Zeugen) zwecks Auslieferung), *Gray Notices* (Informationen über Organisierte Kriminelle und deren Aktivitäten), *Green Notices* (zur Übermittlung von Informationen über international tätige Kriminelle), *Orange Notices* (Informationen zur Kriminalität von internationaler Relevanz, aber ohne Bezug zu spezifischen Gruppen/Personen), *Purple Notices* (Informationen über ungewöhnlichen Modus Operandi von Kriminellen), *Red Notices* (Fahndung zwecks Ingewahrsamsnahme und Auslieferung international gesuchter Rechtsbrecher), *White Notices* (Informationen über entwendete oder sichergestellte Gegenstände, darunter Kunstgegenstände) und *Yellow Notices* (zur Vermisstenfahndung). Informationen über die Geldwäsche werden über FOPACS Bulletins verteilt. Vgl. Imhoff, John J./Cutler, Stephen P.: *Extending Law Enforcement's Reach Around the World*, in: FBI Law Enforcement Bulletin, December 1998, S. 13.

[1143] Vgl. Nothen-Schmidt, *Internationale Polizeiliche Zusammenarbeit*, Fn. 1135, S. 288. Dies schließt aber weder die Inanspruchnahme der INTERPOL-Einrichtungen noch die Mitwirkung von INTERPOL-Personell im Rahmen von Ermittlungen auf Ersuchen der Mitgliedsstaaten aus.

[1144] Vgl. *INTERPOL–An Overview*, Fn. 1134, S. 7.

[1145] Vgl. Nothen-Schmidt, *Internationale Polizeiliche Zusammenarbeit*, Fn. 1135, S. 289-290.

[1146] Zum Aufgabenbereich des Generalsekretariats gehört auch die Erstellung von Analysen, Berichten, Broschüren, Hilfsmitteln und Veröffentlichungen, die Durchführung von Ausbildungsveranstaltungen und ihre Organisierung vor Ort in den Mitgliedsstaaten sowie die jährliche Durchführung von zahlreichen Arbeits- und Fachtagungen und Symposien zu diversen kriminologischen bzw. kriminalistischen Themen. Ebenda, S. 296-297.
Weitere wichtige Organe der INTERPOL sind die *Generalversammlung* und das *Exekutivkommitee*. Die Generalversammlung tagt einmal im Jahr. Sie besteht aus den Vertretern der INTERPOL-Mitgliedsstaaten. Sie legt die Grundsätze fest, die zur Verwirklichung der Ziele der INTERPOL geeignet sind, verabschiedet das vom Generalsekretariat vorgelegte Arbeitsprogramm, fasst Beschlüsse und gibt Empfehlungen an die Mitgliedsstaaten, legt die Finanzierung fest, verabschiedet Vereinbarungen mit anderen internationalen Organisationen und bestellt Personen für die vorgesehene Ämter. Das von der Generalversammlung ge-

und ihr Fach- und Informationszentrum, verfügt INTERPOL über Regionalbüros. Diese sind dem Generalsekretariat unterstellt und befassen sich schwerpunktmäßig mit den regionalspezifischen Kriminalitätserscheinungen und Zusammenarbeitsbedürfnissen, denen in einem breiteren, globalen Rahmen in nicht genügendem Maße Rechnung getragen werden kann[1147]. Infolge des vom Generalsekretariat in den 1980er Jahren initiierten Modernisierungsprogramm für die Informations- und Kommunikationsinfrastruktur, verfügt INTERPOL mittlerweile über eine zeitgemäße Nachrichtenübermittlungsinfrastruktur sowie über diverse, im Generalsekretariat untergebrachte Dateien beachtlichen Ausmaßes, auf die von den Mitgliedsstaaten aus unmittelbar und verschlüsselt zugegriffen werden kann. Mit der Stilllegung der INTERPOL-Funkstation Ende Dezember 1993 kommt nunmehr das auf dem X.400 Kommunikationsstandard basierende Fernmeldenetz zum Einsatz, das alle Mitgliedsstaaten untereinander und die Mitgliedsstaaten mit dem INTERPOL-Generalsekratariat verbindet[1148]. Das X.400 Standard ermöglicht einen sicheren Austausch von Texten, Abbildungen (u.a. Fingerabdrücke, gefälschte Banknoten), Tabellen usw. binnen Minuten; das Austauschaufkommen betrug 2001 knapp 3 Million[1149]. Eine Verbesserung der INTERPOL-Kommunikationsinfrastruktur mit dem Ziel, diese auf die Grundlage der moderneren internetfähigen Protokolle zu stellen, ist derzeit im Gange[1150].

Im Generalsekretariat sind über die Hälfte der Beschäftigten im Bereich der „Intelligence und Analysis" tätig. Das Kernstück der Datenhaltung bei INTERPOL ist die Datenbank INTERPOL Criminal Information System (ICIS), die sich aus einigen Dateien zusammensetzt. Das INTERPOL-Datenspektrum umfasst u.a. die Namen/Aliasnamen von Personen, die in Verbindung zu Straftaten von internatio-

---

wählte Exekutivkomitee ist der Vertreter der Mitgliedsstaaten. Es entwirft das Arbeitsprogramm und den Etat zur Vorlage an die Generalversammlung, bereitet die Tagesordnung für die Generalversammlung vor und überwacht die Geschäftsführung des Generalsekretärs sowie die Durchführung der Beschlüsse der Generalversammlung durch das Generalsekretariat. Ebenda, S. 291-292.

1147 Ebenda, S. 295.

1148 Bis zur Einführung des X.400 kamen die Kommunikationsmedien Morse Code, Telex und HF Radio zum Einsatz. Das Fernmeldenetz ist über Regional Stations in 7 geographischen Regionen unterteilt: Das Generalsekretariat in Lyon selbst (Europa, Mittelmeer, Nordamerika und der Mittlere Osten), Nairobi (Ostafrika), Abidjan (Westafrika), Buenos Aires (Südamerika), Tokyo (Asien), Puerto Rico (die Karibik, Mittelamerika) und Canberra (Pazifische Region). Die Regional Stations verwalten den Nachrichtenaustausch zwischen den zugehörigen Staaten und übermitteln im Bedarfsfall über das Generalsekretariat, das hierbei als Central Station fungiert, an andere Regional Stations Nachrichten zum Zwecke ihrer Weiterleitung. Siehe http://www.interpol.int.

1149 Vgl. *INTERPOL at Work 2001*, Fn. 1134, S. 6 ff. Nur bei Fällen überregionaler oder internationaler Bedeutung wird eine Meldung an das Generalsekretariat erwartet, ansonsten wickeln die Zentralbüros der Mitgliedsstaaten den Nachrichtenverkehr grundsätzlich unmittelbar untereinander über das INTERPOL-Netzwerk ab.

1150 Vgl. *INTERPOL–An Overview*, Fn. 1134, S. 8.

naler Bedeutung stehen, von wichtigen Waffenhändlern und von Pädophilen und ihren Opfern, Einzelheiten in Bezug auf Straftaten nach Erscheinungsform, Ort des Begehens sowie Modus Operandi, Angaben zu sichergestellten Betäubungsmitteln und gefälschte Banknoten und zu sichergestellten bzw. gestohlenen Kunstgegenständen, Fahrzeugen, Feuerwaffen sowie Reiseausweispapieren, die INTERPOL-Fingerabdrucksammlung und die Lichtbildsammlung von Kriminellen und Vermissten. Daten werden von den Mitgliedsstaaten über das Fernmeldenetz an INTERPOL übermittelt oder – was im Falle ärmerer, schlecht ausgerüsteter Mitgliedsstaaten noch zutrifft – dem Generalsekretariat auf dem Postweg übersandt. Die nationalen Zentralbüros der Mitgliedsstaaten und andere Zugriffsberechtigte sind ermächtigt, über das INTERPOL-Fernmeldenetz auf die ICIS unmittelbar zuzugreifen und Suchrecherchen vorzunehmen. Das Zugriffsausmaß ist dabei nicht für alle einheitlich, sondern wird von gewissen Faktoren - z.B. der politischen Weltanschauung der Mitgliedsstaaten und ihrer Beziehungen zueinander, einem besonderen Vertraulichkeitsbedarf der Informationen - relativiert. Dies wird mittels automatisierten Kontrollmechanismen von INTERPOL Rechnung getragen[1151]. Die ICIS leistet einen erheblichen Beitrag zur Verbrechensbekämpfung im multilateralen Rahmen[1152].

Auch dem Datenschutz wird von INTERPOL Rechnung getragen. Es besteht kein Zwang zum Austausch von Informationen und Daten über INTERPOL, dieser erfolgt auf voluntärer Basis und gemäß den geltenden datenschutzrechtlichen Bestimmungen der jeweilig ersuchenden und ersuchten Mitgliedsstaaten. Jeder Mitgliedsstaat kann selbst entscheiden wann, an wen und in welchem Ausmaß er Informationen und Daten preisgibt. Für personenbezogene Daten im ICIS gibt es auch Löschungsfristen, bei deren Erreichen Daten auszusondern und ggf. zu löschen sind[1153].

1151 Interview mit Peter Nevitt, Director des Information Services der INTERPOL, abgedruckt in der 15. Juni 2000 Ausgabe der CIO Magazine, http://www.cio.com. Manche Staaten tauschen sensible Informationen mit Partnerstaaten ungern aus infolge mangelnden Vertrauens und der Furcht, dass Informationen an die falschen Stellen bzw. Personen gelangen könnten.

1152 Ebenda. Nevitt verweist auf die Erfolge in Bezug auf gestohlene Fahrzeuge. Laut seiner Angabe konnten infolge der Errichtung der Fahrzeugdatei jedes Jahr Hunderte von gestohlenen Fahrzeugen ausfindig gemacht werden. Zur Leistungsbilanz siehe *INTERPOL At Work 2001*, Fn. 1134, S. 6-7.

1153 Vgl. *INTERPOL At Work 2001*, Fn. 1134, S. 7. Laut dem Jahresbericht werden personenbezogene Datenbestände in der „Nominal Database" nach 5 Jahren ggf. gelöscht.

3.4.3.1.2 Das Verhältnis zwischen INTERPOL und Bundeskriminalamt

Bereits seit seiner Errichtung beteiligte sich das BKA intensiv an der Verbrechensbekämpfung im grenzüberschreitenden Rahmen im Auftrag der Polizeibehörden Deutschlands und als das deutsche Zentralbüro für INTERPOL. An dieser Vermittlungsfunktion des BKA hat sich bis heute wenig geändert[1154]. Im wesentlichen unterstützt das BKA die Länderdienststellen mit der Abwicklung ihres internationalen Dienst- und Rechtshilfeverkehrs[1155].

Der starke Einbindungsgrad Deutschlands im grenzüberschreitenden Verbrechensbekämpfungsrahmen lässt sich anhand des jährlichen Nachrichtenaustauschaufkommens erkennen, gemessen an der Anzahl der beim BKA ein- und ausgehenden Mitteilungen von und an ausländischen Polizeibehörden über INTERPOL. Das Austauschvolumen ist im Zeitverlauf erheblich angewachsen. Im Jahr 1951 betrug im Rahmen des internationalen Polizeifunkverkehrs die Anzahl der beim BKA eingehenden Funksprüchen 1.305, die Anzahl der ausgehenden belief sich auf 599 und die Anzahl der Transit-Funksprüchen lag bei 25[1156]. Insgesamt fielen dabei 190.667 Wörter an[1157].

Bis Ende 1970 erhöhte sich das Funkspruchaufkommen auf insgesamt 43.183 (eingehend: 17.485; ausgehend: 25.485; transitär: 213) mit einem Gesamtwortaufkommen von 4.965.631[1158]. Dieser Aufwärtstrend im grenzüberschreitenden Nachrichtenaustauschsvolumen setzte sich in den folgenden Jahren fort, auch nach Einführung des Fernschreibfunks im BKA Anfang 1971:

- *Tastfunk* (1971 = 45.327; 1975 = 19.001; 1980 = 13.615; 1982 = 2.932)
- *Fernschreibfunk*: (1971 = 839; 1975 = 44.336; 1980 = 83.401; 1982 = 97.962; 1983 = 104.316; 1985 = 104.206; 1986 = 101.213)[1159].

Nach einer aktuelleren Angabe von Rainer Nothen-Schmidt: „Rund 200.000 Auslandsnachrichten gehen im Bundeskriminalamt ein und aus. Damit ist die deutsche Polizei innerhalb der IKPO-Interpol der bedeutendste Korrespondent. Allein auf

---

[1154] Mit dem Unterschied, dass im Vergleich zu früheren Jahren, die Polizeien der Bundesländer unter bestimmten Voraussetzungen den unmittelbaren Kontakt mit Ansprechpartners im Ausland aufnehmen dürfen.

[1155] Vgl. Kersten, *Die Rolle des Bundeskriminalamtes bei der nationalen und internationalen Verbrechensbekämpfung*, Fn. 117, S. 58.

[1156] Vgl. Dickopf/Holle, *Das Bundeskriminalamt*, Fn. 84, S. 80.

[1157] Ebenda.

[1158] Ebenda.

[1159] Vgl. Albrecht, *Im Dienst der Inneren Sicherheit. Die Geschichte des Bundeskriminalamtes*, Fn. 103, S. 103. Der Tastenfunkverkehr wurde Ende September 1982 eingestellt. Albrecht geht auf diverse Aspekte des Verhältnisses zwischen INTERPOL und BKA ausführlich ein.

die europäischen Mitgliedsländer entfallen rund 900.000 der weltweit über 1 Million ausgetauschten Nachrichten. 32 Übersetzer arbeiten im Bundeskriminalamt, um den in den Sprachen Englisch, Französisch, Spanisch und teilweise Italienisch anfallenden Auslandsverkehr zu übersetzen. Der jährliche Umfang an Übersetzungsarbeiten beträgt 50.000 Seiten, obwohl in Europa 10 Länder die deutsche Sprache akzeptieren"[1160].

Somit steht das BKA mit einem Anteil von etwa ein Fünftel des weltweiten INTERPOL-Nachrichtenaufkommens an erster Stelle.

3.4.3.1.3 Die Grenzen von INTERPOL bei der Verbrechensbekämpfung aus deutscher Sicht

Die Interaktion zwischen BKA und INTERPOL ist durch eine beachtliche Intensität gekennzeichnet. Die Verbrechensbekämpfung über INTERPOL wurde und wird weiterhin aber auch von einigen grundlegenden Defiziten überschattet, von denen sich auch das BKA betroffen sieht. Hierfür gab es viele Ursachen[1161]. Zum Einen lagen diese auf der Seite der INTERPOL selbst, v.a. in ihrer bis zur Durchführung ihres technischen Modernisierungsprogrammes obsoleten informations- und kommunikationstechnischen Infrastruktur, ihres zunächst begrenzten Kompetenzrahmens, der eine Mitwirkung von INTERPOL bei der Bekämpfung der politischen Kriminalität ausschloss, bis das Verbot 1984 gelockert wurde[1162] und einer exzessiven internen Bürokratie, die ein Kennzeichen der fast vierzig Jahre anhaltenden französischen Amtsleitung war.

Zum Anderen – und dies war noch gravierender – gab und gibt es noch immer Hürden auf Seiten der INTERPOL-Mitgliedstaaten. Zum Teil wird die Zusammenarbeit von den erheblichen finanziellen und materiellen Engpässen, denen einige ärmere Mitgliedsstaaten ausgesetzt sind, beeinträchtigt. Da INTERPOL mittlerweile nahezu alle Staaten der Weltgemeinschaft beigetreten sind, verwundert es nicht, dass ihre unterschiedliche nationalen Ideologien, Politiken und Prioritäten sowie unterschiedliche polizeiliche Arbeitsweisen und Arbeitskulturen, Kompetenzen, Befugnissen, Fahndungs- und Ermittlungsressourcen zwangsläufig zur Geltung kommen müssen und sich auf die Zusammenarbeit behindernd auswirken können und dies auch tun. Auch - und dabei mit Blick v.a. auf die nicht-EU-Mitgliedsstaaten von INTERPOL – haben sich oft die justiziellen Formalitäten, die mit

---

1160 Nothen-Schmidt, *Internationale polizeiliche Zusammenarbeit*, Fn. 1135, S. 293.

1161 Siehe hierzu Anderson, Malcolm: *Interpol and the Developing System of International Police Cooperation*, in: McDonald, William F. (Ed.): Crime and Law Enforcement in the Global Village, Anderson Publishing Company and the Academy of Criminal Justice Sciences of Northern Kentucky University, 1997, S. 93 ff.

1162 Was eigentlich unter „Terrorismus" zu verstehen sei war damals in der Ära des Kalten Krieges ebenso wie heute bei den in politisch-ideologischer Hinsicht z.T. stark voneinander abweichenden Mitgliedsstaaten heftig umstritten.

der Durchführung grenzüberschreitender Exekutivmaßnahmen wie die Fahndung zur Festnahme und Auslieferung, Vernehmungen usw. zwangsläufig einhergehen, als besonders umständlich, zeitintensiv und behindernd erwiesen: „Der Vorbehalt des nationalen Rechts (Art. 2 lit a. IKPO-Statuten) führt aufgrund der Vielzahl differierender nationaler Normen in den Staaten der Mitgliedspolizeibehörden auch zu unterschiedlichen Erfolgen bei der Durchsetzung von Ausschreibungen und Auskunftsersuchen in den einzelnen Staaten. Hier spielen die nationalen Rechtshilfegesetze und Datenschutzregelungen eine große Rolle"[1163].

Infolge der Entstehung neuer multilateraler Sicherheitsgremien im EU-Rahmen, wie dem SIS und EUROPOL, hat aus deutscher Sicht die Relevanz von INTERPOL nachgelassen. Umstritten ist allerdings, ob INTERPOL einerseits und EUROPOL/SIS andererseits in einem kompetitiven oder komplementären Verhältnis zueinander stehen[1164]. Bei näherem Hinsehen ist zu erkennen, dass beides zutrifft. So verlagerte sich mittlerweile ein grosser Teil des internationalen Fahndungsersuchenaufkommens Deutschlands von INTERPOL auf das SIS[1165]. Folglich halbierte sich in der zweiten Hälfte der 1990er Jahre die Festnahmequote über INTERPOL, d.h. die Festnahmen im Ausland aufgrund deutscher Ersuchen und Festnahmen in Deutschland aufgrund ausländischer Ersuchen[1166]. Die Errichtung des EUROPOL hat dazu geführt, dass ein Teil des Informationsaustausches zwischen den EU-Staaten, der früher teilweise über INTERPOL gelenkt wurde, mittlerweile über EUROPOL läuft.

Mit der Errichtung von EUROPOL und dem SIS sowie anderen, vom BKA ergriffenen Maßnahmen mit grenzüberschreitendem Bezug - wie z.B. die Ausweitung des BKA–Verbindungsbeamtennetzes - ist INTERPOL aber keineswegs überflüssig geworden. Für das BKA besitzt INTERPOL weiterhin Bedeutung v.a. für polizeiliche Maßnahmen, die sich über die Grenzen der Europäischen Union hinweg erstrecken. Für die Interaktion mit Staaten in Asien, Afrika und Amerika sowie Osteuropa läuft der Großteil der polizeilichen Zusammenarbeit weiterhin noch über den INTERPOL-Weg. Manches spricht dafür, dass die Relevanz von INTERPOL als Ansprechpartner des BKA in den 1990er sogar gewachsen ist diesbezüglich: „Seit Anfang der 90er Jahre ist bei den von Deutschland an das Ausland gerichteten Fahndungsersuchen um Festnahme oder zur Aufenthalts-

---

1163 Zott, Heinrich: *Grundlagen internationaler Zusammenarbeit in der Kriminalitätskontrolle im Rahmen der Europäischen Union*, in: Schriftenreihe der Polizei-Führungs-Akademie, Sächsisches Druck- und Verlagshaus AG: Dresden, Nr. 4, 2002, S. 109.

1164 Gelegentlich stößt man auf Meldungen und Kommentare, v.a. in den Druckmedien, worin diese Aspekte aufgegriffen werden.

1165 Vgl. Wolters, Jörg: *Aktuelle Entwicklungen auf dem Gebiet der internationalen polizeilichen Rechtshilfe und der internationalen Personenfahndung*, in: Bundeskriminalamt (Hrsg.): Festschrift für Horst Herold zum 75. Geburtstag. Das Bundeskriminalamt am Ausgang des 20. Jahrhunderts, Wiesbaden, 1998, S. 233.

1166 Im Vergleich zur ersten Hälfte der 1990er Jahre. Ebenda.

ermittlung zu strafrechtlichen Zwecken eine Steigerung von 96% zu verzeichnen. Die Ersuchen des Auslands um Festnahme beziehungsweise Aufenthaltsermittlung sind in demselben Zeitraum um 64% gestiegen. Dies ist besonders bemerkenswert, da mit Einführung des Schengener-Informationssystems der größte Teil der westeuropäischen Interpol-Fahndungsersuchen auf das SIS verlagert worden ist. Diese ‚Wanderung' wird in erster Linie kompensiert durch einen starken Anstieg von Fahndungsersuchen aus den und in die osteuropäischen Staaten, mit denen nach und nach der Auslieferungsverkehr eröffnet wurde"[1167].

Damit wird deutlich, dass zwischen INTERPOL und den neuen europäischen multilateralen Arbeitsgremien kein grundlegendes Konfliktverhältnis besteht. Es geht somit nicht darum, für die Inanspruchnahme der Dienste des Einen oder des Anderen im Sinne „entweder–oder" zu entscheiden. Die Auswahl muss stets kontextbezogen erfolgen.

3.4.3.2 Das Europäische Polizeiamt (EUROPOL)

3.4.3.2.1 Entstehungshintergrund und Ziele von EUROPOL

Die kriminalpolizeiliche Zusammenarbeit zwischen den westeuropäischen Staaten in einem multilateralen institutionellen Rahmen konnte bereits in den 1970er und 1980er Jahren mit der Errichtung von TREVI und anderen Arbeitsgremien auf eine einigermaßen solide Basis gestellt werden. Angesichts der wachsenden realen sowie potentiellen Herausforderungen der grenzüberschreitenden Kriminalität - und dabei insbesonders mit Blick auf die Organisierte Kriminalität - lag eine Intensivierung dieser Zusammenarbeit nahe.

Auf der EU-Ratssitzung in Luxemburg am 28./29. Juni 1991 erhob Bundeskanzler Helmut Kohl mit französischer Unterstützung die Forderung nach Errichtung eines Europäischen Polizeiamtes. Der Vertrag von Maastricht (1992), in dem der Bereich Justiz und Inneres als die dritte Säule der EU auf der Grundlage der intergouvermentalen Zusammenarbeit formell eingeführt wurde, sah die Errichtung eines Europäischen Polizeiamtes (EUROPOL) vor. EUROPOL wurde 1994 in seiner vorläufigen Form als „European Drug Unit" in Den Haag errichtet. Schwerpunktmäßig befasste es sich zunächst mit der Bekämpfung der Rauschgiftkriminalität. Das EUROPOL-Übereinkommen wurde von den 15 EU-Staaten im Juni 1995 unterzeichnet und trat zum 01. Oktober 1998 in Kraft. Nach Klärung einiger ausstehender Rechtsfragen nahm EUROPOL am 01. Juli 1999 seine Arbeit auf[1168].

[1167] Ebenda.

[1168] Im deutschsprachigen Raum gibt es mittlerweile eine Fülle an Literatur über EUROPOL. Siehe bspw. Aschmann, Gerrit: *Europol aus Sicht der deutschen Länder*, Lang-Verlag: Frankfurt am Main, 2000; Mayer, Stefanie: *Datenschutz und Europol*, Dissertation zur Erlangung des Doktorgrades an der Universität Regensburg, 2001; Oberleitner, Rainer: *Schengen und Europol:*

Unter Leitung des ehemaligen BKA-Abteilungspräsidenten Dr. Jürgen Storbeck stehend und mit Sitz in Den Haag (Niederlande), hat EUROPOL derzeit (2002) ca. 386 MitarbeiterInnen und verfügt über einen Jahresetat von 55,5 Millionen Euro[1169]. Rechtsgrundlage des EUROPOL ist das *Übereinkommen auf Grund von Artikel K.3 des Vertrags über die Europäische Union über die Errichtung eines Europäischen Polizeiamtes* (EUROPOL-Übereinkommen). Art. 2 und 3. regeln die Ziele und Zuständigkeiten bzw. Aufgaben des EUROPOL. Sein Tätigkeitsschwerpunkt ist in erster Linie die Bekämpfung des Terrorismus und der Organisierten Kriminalität in ihren diversen Erscheinungsformen, vorausgesetzt, dass zumindest zwei Mitgliedsstaaten betroffen sind und ein gemeinsames Vorgehen erforderlich erscheint.

EUROPOL soll einen Beitrag zur Schaffung eines Raumes der Sicherheit und der Freiheit in der EU leisten. Zu Aufgabenspektrum von EUROPOL gehören u.a. die Erleichterung des Informationsaustausches seiner Mitgliedsstaaten, die Sammlung und Auswertung von Information, die Erstellung von Berichten, die Gewinnung von strategischen Erkenntnissen sowie die Unterhaltung von Dateien. Auch bietet EUROPOL den EU-Staaten taktische Unterstützung bei grenzüberschreitenden Ermittlungsverfahren im Unionsraum, die zwischen den beteiligten Stellen oft einen hohen Abstimmungsbedarf erfordern[1170]. EUROPOL verfügt über keine Exekutiv- oder Weisungsbefugnisse, seine Beamten dürfen jedoch an kriminalpolizeilichen Ermittlungen in den EU-Staaten als Beobachter mitwirken.

3.4.3.2.2 Die Handhabung von Information bei EUROPOL

Der wichtigste Beitrag des EUROPOL zur Bekämpfung der grenzüberschreitenden Kriminalität im Unionsraum in seinem Kompetenzrahmen ist der Informationsaustausch. EUROPOL unterhält hierfür ein System von Verbindungsbeamten sowie einige Dateien, die in erster Linie dem Zweck der Informationsauswertung dienen.

Die Verbindungsbeamten: Bei EUROPOL sind Verbindungsbeamte (**E**UROPOL **L**iaison **O**fficers (ELOs)) aus allen EU-Staaten tätig. Die entsendenden Behörden sind in erster Linie Grenz- und Kriminalpolizei, Gendarmerie und Zoll. Zum Aufgabenspektrum der ELOs gehört der Austausch von anlassbezogenen Informationen. Laut Jürgen Storbeck haben die ELOs „Zugriff auf rund 40 nationale Polizei- oder Zollinformationssysteme und zusätzlich auf eine Reihe von admini-

---

Kriminalitätsbekämpfung in einem Europa der inneren Sicherheit, Manzsche Verlags- und Universitätsbuchhandlung: Wien, 1998; Petri, Thomas Bernhard: *Europol: Grenzüberschreitende polizeiliche Tätigkeit in Europa*, Nomos-Verlagsgesellschaft: Baden-Baden, 1. Aufl., 2001; Schwach, Joachim: *EUROPOL – notwendig aber rechtswidrig?*, Dissertation zur Erlangung des Doktorgrades an der Universität Würzburg, 2000; Sule, Satish: *Europol und europäischer Datenschutz*, Nomos-Verlagsgesellschaft: Baden-Baden, 1. Aufl., 1999.

[1169] Siehe die EUROPOL Webseite, http://www.europol.eu.int.

[1170] Dies ist bereits mehrmals geschehen wie aus gelegentlichen Presseberichten und aus der EUROPOL Webseite zu entnehmen ist.

strativen Dateien und elektronische Register"[1171]. Dazu gehören Informationssysteme des BKA, wie bspw. INPOL. Bei den Daten handelt es sich sowohl um personenbezogene als auch um nicht personenbezogene Daten; der Austauch muss im Einklang mit den datenschutzrechtlichen Bestimmungen des datenersuchenden wie datenersuchten Staates stehen. Der Vorteil dieser Vorgehensweise besteht darin, dass Informationen grenzüberschreitend sehr schnell ausgetauscht werden können: „Während eine Anfrage oder Datenweiterleitung bei Interpol bis zu sechs Wochen dauern könne, seien [über EUROPOL] ‚in wichtigen Fällen innerhalb von 10 Minuten' Informationen abzurufen oder abzugeben"[1172]. Da die ELOs zumeist zwei Sprachen des EU-Raums beherrschen, entfallen Sprachhindernisse bei der Entgegennahme und Übermittlung von Informationen, ferner sind „die ELOs Sachverständige auf dem Gebiet der internationalen Zusammenarbeit bei der Bekämpfung der Drogenkriminalität und [verfügen] über gründliche Kenntnisse der jeweiligen Rechtsvorschriften, Methoden und Praxis"[1173]. Das ELO-System hat sich als durchweg effektiv erwiesen und die hierdurch gewonnenen Erkenntnisse konnten in vielen Fällen zu erfolgreichen grenzüberschreitenden Ermittlungen und Abstimmungsmassnahmen wesentlich beitragen.

Ein weiterer Schwerpunktbereich von EUROPOL ist seine „Analyse und Intelligence-Arbeit". Damit sollen Einblicke in die Aktivitäten, Strukturen, Mitglieder und Erlöse international agierender Organisierter Kriminalität sichtbar gemacht und so aufbereitet werden, dass nationale Ermittlungen in die Wege geleitet und beschleunigt und erfolgreich zum Abschluss gebracht werden können[1174]. EUROPOL sammelt und wertet Informationen unter Einsatz moderner Mittel und Technik aus[1175]. Seit geraumer Zeit erstellt die Behörde Analyseberichte mit strategischem bzw. operativem Bezug für seine Mitgliedsstaaten auf der Grundlage von Informationen, die von ihnen, von EUROPOL selbst oder von sonstigen Quellen stammen[1176].

Das EUROPOL-Übereinkommens ermächtigt EUROPOL, automatisierte Informationssammlungen zu unterhalten (Art. 6). Konkrete Regelungen enthalten die Art. 7 (Errichtung des Informationssystems), 8 (Inhalt des Informationssystems) sowie 9 (Zugriffsberechtigung auf das Informationssystem). Das *Informationssystem*

[1171] Storbeck, Jürgen: *Die Rolle von EUROPOL bei der Bekämpfung der Organisierten Kriminalität*, in: Schmidt, Dieter A. (Hrsg.): Dokumentation der 16. Internationalen Fachtagung der Hanns-Seidel-Stiftung in Sofia zum Thema „Demokratie in Anfechtung und Bewährung – Die Bekämpfung von Organisierter Kriminalität und Drogenhandel", 1998, S. 39.

[1172] Krempl, Stefan: *Computer–Daten–Macht*, in: TELEPOLIS, http://www.heise.de (10.03.1999).

[1173] Aden, Hartmut: *EUROPOL und „operative Ermittlungsmethoden"*, in: Bürgerrechte und Polizei/CILIP 58, 3/1997, S.66.

[1174] Vgl. Storbeck, *Die Rolle von EUROPOL bei der Bekämpfung der Organisierten Kriminalität*, Fn. 1171, S. 43.

[1175] Ebenda.

[1176] The European Police Office – Fact Sheet, Nr. 3, January 2000, S. 3.

umfasst dabei „harte“ Daten, d.h. Daten zu Personen, die für EUROPOL-relevante Straftaten bereits verurteilt wurden oder verdächtig sind, solche begangen zu haben bzw. zu Personen, von denen zu vermuten ist, dass sie künftig solche Straftaten begehen werden (Art. 8 (1)). Es trägt damit sowohl kriminalrepressive als auch kriminalpräventive Gesichtspunkte Rechnung.

Von Bedeutung sind auch die *Arbeitsdateien* des EUROPOL. Sie sind in Art. 10 geregelt. In diesen Dateien können personenbezogene wie nicht-personenbezogene Daten gespeichert werden. Die Arbeitsdateien werden nach Art. 10 (2) zum Zwecke der Analyse – gemeint ist die Zusammenstellung, Verarbeitung oder Nutzung von Daten zur Unterstützung von kriminalpolizeilichen Ermittlungen - eingesetzt. Die Besonderheit der Arbeitsdateien liegt darin, dass in ihnen nicht nur „harte Daten“ wie in das Informationssytem, sondern auch „weiche Daten“ gespeichert werden können, d.h. Daten zu Personen, die nicht als Straftäter bzw. Verdächtige oder künftige Straftäter in Betracht kommen, sondern deswegen von Interesse sind, weil sie nach Art. 10 (1) bspw. als Kontakt-/Begleitpersonen, Zeugen oder künftige Opfer in Betracht kommen. EUROPOL verfügt bereits über zahlreiche Arbeitsdateien, die in unterschiedlichen der Organisierten Kriminalität zuzuordnenden Kriminalitätsbereichen zum Einsatz kommen[1177]. Der Zugriff auf die Arbeitsdateien wird vergleichsweise streng gehandhabt, nach Art. 10 (2) 1. sind nur die Analytiker von EUROPOL befugt, Daten in die jeweilige Datei einzugeben und aus dieser Daten abzurufen.

Art. 11 des EUROPOL-Übereinkommens regelt das *Indexsystem*. Sein Zweck besteht darin, dem Nutzer mitzuteilen, ob die gesuchten Informationen im Informationssystem bzw. in den Arbeitsdateien enthalten sind. Das System dient somit lediglich der Auskunft; Auswertungsvorgänge sind nicht möglich.

3.4.3.2.3 Das Verhältnis zwischen EUROPOL und Bundeskriminalamt

Rückblickend auf die letzten Jahren ist auffallend, dass EUROPOL einen positiven Beitrag zur Verbechensbekämpfung im kriminalgeographischen Raum West- und Mittel-Europa geleistet hat und neben INTERPOL/SIS zu einer der wichtigsten multilateralen Akteuere im Verbund der Inneren Sicherheit der Bundesrepublik Deutschland avanciert ist. Angesichts der bevorstehenden EU-Osterweiterung und der wachsenden Erkenntnis, dass Verbrechensbekämpfung in einem grenzüberschreitenden Rahmen konsequenter - und dabei insbesondere mit Blick auf die Prävention - angegangen werden muss, liegt die Vermutung nahe, dass EUROPOL künftig an Bedeutung gewinnen wird.

Zwischen EUROPOL und dem BKA konnte sich im Zeitverlauf ein Verhältnis entwickeln, dass durchaus befriedigende Züge aufweist. Abgesehen davon, dass

[1177] Dies ergibt sich aus dem EUROPOL Annual Reports, http://www.europol.eu.int.

EUROPOL unter der Leitung eines ehemaligen BKA-Beamten steht und Deutschland derzeit mit 19 Personen beim EUROPOL vertreten ist, von denen einige vom BKA entsandt wurden, haben EUROPOL und BKA an vielen Fällen gemeinsam mitgewirkt und tauschen Daten in großem Ausmaß aus. Bereits 1996 wirkten, so BKA-Präsident Klaus Kersten, das BKA und EUROPOL an über 500 Fälle konkret zusammen[1178]. Dem EUROPOL-Jahresbericht 2002[1179] zufolge wurden 2002 über 7.000 „Transactions" mit Deutschland getätigt (eine Zunahme von 40% gegenüber 2001) und es wurden 451 „Cases" initiiert (eine entsprechende Zunahme von 29%), von denen mehr als die Hälfte multilateralen Bezug hatten. Schwerpunktmäßig bezog sich der Informationsaustausch auf Rauschgift, illegale Einwanderung und die Fälschung von Banknoten. Deutschland ist bis auf eine Ausnahme an allen Arbeitsdateien des EUROPOL beteiligt und gehört zu den „top contributors", wobei der deutsche Beitrag hinsichtlich der Bekämpfung des Rauschgifthandels und der Kinderpornographie als „besonders erfolgreich" zu bewerten sei. Auch die EUROPOL-Jahresberichte vergangener Jahre liefern den statistischen Beweis für einen regen, zwischen EUROPOL und Deutschland stattfindenden Informationsaustausch[1180].

EUROPOL gegenüber bestehen allerdings auch einige Vorbehalte[1181]. Beispielsweise ist die anvisierte Immunitätsverleihung an seine Bediensteten Gegenstand der Kritik. Die Forderung, EUROPOL zu einem „europäischen FBI" weiter zu entwickeln, stößt auf Ablehnung, ebenso wie die Forderung, es mit Exekutivbefugnissen auszustatten. Als Zentralbehörde wird EUROPOL von einigen nationalen Polizeibehörden mit einer gewissen Skepsis betrachtet, der nur mühsam abzubauen ist.

1178 Vgl. Kersten, *Die Rolle des Bundeskriminalamtes bei der nationalen und internationalen Verbrechensbekämpfung*, Fn. 117, S. 59.

1179 Siehe der EUROPOL Jahresbericht für das Jahr 2002, http://www.europol.eu.int.

1180 Siehe hierzu die anderen EUROPOL Jahresberichte, ebenda.

1181 Die folgenden Feststellungen sind aus diversen Nachrichtenquellen (Fachzeitschriften, Zeitungen und Internet) zusammengefasst. Siehe bspw. folgende Kurzbeiträge: Böse, Martin: *Die Immunität von Europol – ein unterschätztes Verfolgungshindernis?*, in: Neue Juristische Wochenschrift, 1999, S. 2416-2417; Bull, Hans-Peter: *Das Europäische Polizeiamt – undemokratisch und rechtswidrig? Zur Kontroverse um Auftrag und Ausgestaltung von Europol*, in: Deutsche Richterzeitung, 1998, S. 32-42; Daub, Ingo: *Datenschutzrechtliche Probleme im Zusammenhang mit Europol*, in: Schriftenreihe der Polizeiführungsakademie, Nr. 1, 1995, S. 117-126; Fisahn, Andreas: *Europol – Probleme der Kontrolle*, in: Kritische Justiz, 1998, S. 358-371; Nachbaur, Andreas: *Europol-Beamte und Immunität – ein Sündenfall des Rechtsstaates*, in: Kritische Justiz, 1998, S. 231-245; Ostendorf, Heribert: *Europol – ohne Rechtskontrolle?*, in: Neue Juristische Wochenschrift, 1997, S. 3418-3420; Prantl, Heribert: *Europol – außer Kontrolle*, in: Deutsche Richterzeitung, 1997, S. 234-236; Prantl, Heribert: *DRB zu Europol: „Es darf keinen rechtsfreien Raum geben"*, in: Deutsche Richterzeitung, 1997, S. 359; Sturm, Joachim: *SCHENGEN-EUROPOL-INTERPOL. Konkurrenz oder Partnerschaft?, Wie ist ein Miteinander zu fördern und ein Gegen einander zu verhindern?*, in: Kriminalistik, 1997, S. 99-104.

Kritisiert wird der Umgang mit Daten bei EUROPOL. Vorbehalte bestehen insbesondere hinsichtlich den Arbeitsdateien, v.a. deshalb, weil diese „weiche Daten" enthalten und sich somit Personenen ins Visier nehmen, die weder Straftäter noch Verdächtige sind. Durch Datenänderungen besteht die Möglichkeit zur Umgehung von Datenlöschungsfristen. Da EUROPOL Kooperationsabkommen mit einigen Nicht-EU-Mitgliedsstaaten unterzeichnet hat, darunter Entwicklungs- und Transformationsländer, wird befürchtet, dass sensible Daten eventuell an Staaten gelangen könnten, deren Datenschutzstandards unter dem der EU liegen. In Bezug auf den Datenaustausch über die ELOs wird festgestellt, dass diese die datenschutzrechtlichen Bestimmungen ihrer jeweiligen Länder stets einzuhalten haben; damit sind der Datenübermittlung an andere ELOs relativ enge Grenzen gesetzt.

Die Zusammenarbeit zwischen EUROPOL und seinen Ansprechpartner, auch dem BKA, wird aber auch von Defiziten überschattet. Seitens des BKA sind gegenüber EUROPOL Vorbehalte entstanden. So konnte bspw. im Rahmen einer vor wenigen Jahren durchgeführten empirischen Forschung[1182] festgehalten werden, dass sich der Aufgabenbereich von EUROPOL mit anderen, im Unionsraum bereits etablierten und bewährten Institutionen (z.B. dem Netzwerk der Rauschgiftverbindungsbeamten, bilaterale Arbeitsgremien zur Bekämpfung bestimmter Kriminalitätsformen) überschneidet, die genau das an Arbeit leisten, wofür EUROPOL geschaffen wurde[1183]. Folglich ist der durch EUROPOL entstandene „Mehrwert" beschränkt und lässt sich nur mit folgender Voraussetzung gewinnen: „to truly add value, EUROPOL must have the powers and resources to complement national initiatives by adding a supranational layer of investigative and operational competence"[1184]. Gerade diese bereits seit geraumer Zeit erhobene Forderung stößt aber auf heftigen Widerstand der Mitgliedsstaaten.

Aufgrund der Aufgabenüberschneidung zwischen EUROPOL und anderen mit der Verbrechensbekämpfung betrauten institutionellen Akteuren, können Abstimmungsdefizite mit damit einhergehenden Wissenslücken in Erscheinung treten, die sich zwangsläufig in einen Effektivitätsverlust umschlagen[1185]. Kritik wurde in Bezug auf die von EUROPOL erstellten strategischen Analysen geäußert: „German officers can feel that EUROPOL, in its current state, is of little use to them, particularly in relation to the quality of the ‚sitreps' and analysis packages. One source within the BKA who liaises with EUROPOL made the astonishing claim that (at the time) the flow of analysis packages has mostly been from the BKA to the EDU, rather than the other way around as intended"[1186]. Kritisiert wurde zudem die mangelnde Abstimmung zwischen EUROPOL und anderen Behörden bei der

---

1182 Vgl. Santiago, Michael: *EUROPOL and Police Cooperation in Europe*, Criminology Studies, Vol. 11, The Edwin Mellen Press: New York u.a., 2000, S. 92 ff.

1183 Ebenda, S. 92.

1184 Ebenda.

1185 Ebenda, S. 92-93.

1186 Ebenda, S. 93.

Erstellung strategischer Analysen[1187]. Solche Kritik dürfte heute jedoch fraglich sein, zumal die Anzahl der Analytiker in EUROPOL mittlerweile angestiegen ist und Dateien, die zu der in Frage kommenden Zeit nicht bestanden, mittlerweile erricht wurden und eine gewisse Reife erlangt haben.

Die Notwendigkeit des Informationsaustauschverkehrs über EUROPOL teilweise in Frage gestellt. Zur Begründung wird der Umständlichkeitsfaktor herangezogen, der sich aus dem Hin- und Herschieben von Anfragen und deren Antworten ergibt, und an dem das BKA, EUROPOL, die zuständigen ELOs und deren nationalen Polizeibehörden gemeinsam teilhaben[1188]. Grundsätzlich – und im grenzüberschreitenden Rahmen trifft dies freilich erst recht zu – bevorzugt man eine möglichst wenig umständliche Vorgehensweise zur Erkenntnisgewinnung und zur Sachverhaltsaufklärung[1189].

3.4.3.3 Das Schengener-Informationssystem (SIS)

3.4.3.3.1 Der Schengener-Prozess

Ein wichtiger Fortschritt bei der westeuropäischen Zusammenarbeit im Bereich der Inneren Sicherheit, die zunächst außerhalb des EU–Rahmens verlief, waren die Bemühungen Deutschlands, Frankreichs und der Benelux-Staaten um den Abbau der polizeilichen Kontrollen für den Personenverkehr an ihren gemeinsamen Grenzen. Eine diesbezügliche Vereinbarung - d*as Schengener Übereinkommen* - wurde am 14. Juni 1985 in Schengen (Luxemburg) unterzeichnet. Da die Grundvoraussetzungen für die Umsetzung des Übereinkommens zunächst ausblieben, fand der Abbau der Grenzkontrollen vorerst nicht statt. Am 19. Juni 1990 wurde das *Schengener Durchführungsübereinkommen* (SDÜ)[1190] unterzeichnet, das am 01. September 1993 in Kraft trat und zum 26. März 1995 mit der Eröffnung des Wirkbetriebs des Schengener-Informationssystems (SIS) auch in Kraft gesetzt wurde[1191].

Nachfolgend traten Italien (1990), Portugal und Spanien (1991) sowie Griechenland (1992) dem SDÜ bei, später kamen Österreich (1995) und die Mitgliedsstaaten der Nordischen Passunion (Dänemark, Schweden, Finland, Norwegen, Island (1996))

1187 Ebenda.

1188 Ebenda, S. 93-94.

1189 Ebenda, S. 93.

1190 SDÜ= Das Übereinkommen zur Durchführung des Übereinkommens von Schengen vom 14. Juni 1985 zwischen den Regierungen der Staaten der Benelux-Wirtschaftsunion, der Bundesrepublik Deutschland und der Französischen Republik betreffend den schrittweise Abbau der Grenzkontrollen an den gemeinsamen Grenzen.

1191 Vgl. Tuffner, Martin: *Das Schengener Informationssystem (SIS) – ein „Quantensprung" der polizeilichen Fahndung in Europa*, in: Bundeskriminalamt (Hrsg.): Festschrift für Horst Herold zum 75. Geburtstag. Das Bundeskriminalamt am Ausgang des 20. Jahrhunderts, Wiesbaden, 1998, S. 240.

hinzu[1192]. Großbritannien und Irland lehnten den Abbau ihrer Grenzkontrollen zunächst ab; mit ihrer Teilnahme am SIS ist jedoch spätestens ab 2004 zu rechnen[1193]. Mit der Unterzeichnung und Ratifizierung des Vertrages von Amsterdam wurde das SDÜ in den EU-Rahmen überführt[1194].

3.4.3.3.2 Das SIS: Konzept, Struktur und Arbeitsweise

Der Abbau der polizeilichen Grenzkontrollen hätte als unerwünschte Folgewirkung der grenzüberschreitenden Kriminalität im Schengenerraum einen Auftrieb verleihen können, da Kriminellen nunmehr die Möglichkeit geboten war, sich bei polizeilichen Strafverfolgungsmaßnahmen leichter über die unkontrollierten Grenzen von einem Schengenstaat in einen anderen abzusetzen. Es waren geeignete Maßnahmen somit erforderlich, um den durch den Abbau der Grenzkontrollen antizipierten Sicherheitsverlust auszugleichen bzw. auf ein hinnehmbares Niveau zu beschränken. Hierfür wurden in das SDÜ einige Klauseln über Ausgleichsmaßnahmen[1195] aufgenommen, darunter die Errichtung des *Schengener-Informationssystems* (SIS).

Das SIS enthält Personen- und Sachfahndungsdaten aus allen Schengenstaaten und stellt diese den abfrageberechtigten Stellen im gesamten Schengenerraum zur Verfügung. Nach Bewältigung der komplexen technischen Vorbereitungsarbeiten und anfänglicher Installierungshürden wurde das SIS am 26. März 1995 in Betrieb genommen. Zunächst waren Deutschland, Frankreich, die Benelux-Staaten sowie Portugal und Spanien am Wirkbetrieb des SIS beteiligt, im Zeitraum Oktober bis Dezember 1997 wurden Griechenland, Italien und Österreich an das System angeschlossen[1196]. Seit Anfang Januar 2001 sind die Staaten der Nordischen Fahn-

---

1192 Als EU-Nichtmitgliedsstaaten wurden Norwegen und Island lediglich „Assoziationsstatus" zuerkannt. Die Personenkontrollen an den Binnengrenzen zu den nordischen Staaten wurden im März 2001 aufgehoben.

1193 Vgl. Zott, *Grundlagen internationaler Zusammenarbeit in der Kriminalitätskontrolle im Rahmen der Europäischen Union*, Fn. 1163, S. 113.

1194 Auch zum Thema Schengen gibt es mittlerweile eine Fülle an Literatur. Siehe bspw. Boer, Monica den (Ed.): *The Implementation of Schengen: First the Widening, Now the Deepening*, European Institute of Public Administration: Maastricht, 1997; Boer, Monica den (Ed.): *Schengen Still Going Strong: Evaluation and Update*, European Institute of Public Administration, 2000; Hailbronner, Kai (Hrsg.): *Zusammenarbeit der Polizei- und Justizverwaltungen in Europa: Die Situation nach Maastricht – Schengen und SIS*, Kriminalistik-Verlag: Heidelberg, 1996; Hreblay, Vendelin: *Les Accords de Schengen: Origine, Fonctionnement, Avenir*, Bruxelles, 1998; Schauer, Martin: *Schengen – Maastricht – Amsterdam: Auf dem Weg zu einer flexiblen Union*, Wien, 2000.

1195 Darunter sind u.a. die Ermächtigung der Vertragsstaaten zur anlassbezogenen befristeten Wiedereinführung der Grenzkontrollen, die Intensivierung der grenzüberschreitenden polizeilichen Zusammenarbeit in benachbarten Grenzregionen und die grenzüberschreitende Observation und Nacheile, und die Vereinheitlichung der Kontrollen an den Außengrenzen.

1196 Vgl. Tuffner, *Das Schengener Informationssystem (SIS) – ein „Quantensprung" der polizeilichen Fahndung in Europa*, Fn. 1191, S. 240.

dungsunion am Wirkbetrieb des „SIS 1 plus" beteiligt, das deshalb geschaffen werden musste, weil die technische Obergrenze des SIS bereits vor deren Einbeziehung erreicht worden war[1197].

Das SIS ist Regelungsgegenstand der SDÜ Art. 92 bis 119. Es stellt „ein computergestütztes Erfassungs- und Abfragesystem zur Personen- und Sachfahndung für die Schengenstaaten dar"[1198]. Das SIS besteht aus einem SIS-Zentralrechner (**C**entral **S**chengen **I**nformation **S**ystem (**C.SIS**)) in Straßburg (Frankreich), der die Daten enthält und in einem sternförmigen Netzwerkverbund mit den Zugangsknoten (**N**ational **S**chengen **I**nformation **S**ystem (**N.SIS**)) der an das SIS angeschlossenen Schengenstaaten steht[1199]. Der C.SIS erfüllt in erster Linie eine Schnittstellen- und Verwaltungsfunktion, in dem er die Fahndungsdaten von allen Schengenstaaten dauerhaft entgegen nimmt und diese anschließend allen N.SIS übermittelt, sodass die N.SIS stets über den aktuellen Fahndungsdatenbestand für den gesamten Schengenraum verfügen. Der C.SIS sorgt u.a. dafür, dass die Daten auf ihr Format hin geprüft werden und dass eine automatische Vergabe und Prüfung von Ausschreibungsfristen sowie die automatische Löschung der Fahndungsdaten nach Fristablauf in allen N.SIS stattfindet.

Jeder Schengenstaat verfügt über einen N.SIS Zugangsknoten zum C.SIS. Für Deutschland befindet sich dieser beim BKA. Auch die N.SIS erfüllen ihrerseits eine Schnittstellen- und Verwaltungsfunktion analog zum N.SIS: einerseits erhalten sie Fahndungsdaten von den Polizeibehörden ihres Landes, sie sorgen dafür, dass diese gemäß dem Schengener-Standard formatiert werden und leiten diese dann an das C.SIS weiter, andererseits empfangen sie Fahndungsdaten von den anderen N.SIS über den C.SIS und stellen diese landesintern bereit. Die Fahndungsdaten liegen im alpha-numerischen Format vor. Das deutsche N.SIS wird monatlich über fünf Millionen mal abgefragt[1200].

Verbunden mit den nationalen Zugangsknoten sind die Terminals der landesintern abfrageberechtigten Stellen, die rund um die Uhr zur Verfügung stehen. In Deutschland befinden sich Terminals u.a. an den deutschen Außengrenzposten, an Flug- und Seehäfen, im ZKA und im BKA sowie in den LKÄ und Polizeista-

---

[1197] Ebenda, S. 241. Tuffner liefert (S. 241-243) einen kurzen, aber interessanten Einblick in die technischen und rechtlichen Hürden, mit denen sich das SIS auseinandersetzen musste.

[1198] In Anlehnung an die Definition in einer vom Referat SIRENE des BKA herausgegebenen Broschüre *Die internationale Fahndung zur Festnahme mit dem Ziel der Auslieferung im Schengener Informationssystem (Art. 95 SDÜ)*, Stand: 26. Oktober 1997, S. 7.

[1199] Zur Arbeitsweise des SIS siehe Tuffner, *Das Schengener Informationssystem (SIS) – ein „Quantensprung" der polizeilichen Fahndung in Europa*, Fn. 1191, S. 243 ff; Hemesath, Wolfgang: *Das Schengener Informationssystem – SIS*, in: Kriminalistik, Nr. 3, 1995, S. 169 – 171.

[1200] Ebenda, S. 247.

tionen[1201]. Schätzungen zufolge gibt es in Deutschland über 14.000 an das SIS angeschlossene Terminals[1202]. Die Anzahl der Terminals im gesamten Schengenraum vor Einbeziehung der nordischen Staaten wurde 1998 auf ca. 48.000 geschätzt[1203]. Von der Anzahl seiner Nutzer, seiner Abfrageintensität und von seinem Datenvolumen her, ist das SIS somit binnen kurzer Zeit zur weltweit größten multilateralen kriminalpolizeilichen Datenbank avanciert.

Fahndungsgegenstände und –zielpersonen, deren Daten im SIS zu speichern sind, sind in den Art. 95-100 SDÜ geregelt:

- *Personen*: Zwecks Auslieferung[1204], Einreiseverweigerung in die Schengenstaaten bzw. Abschiebung in die Herkunftsländer[1205], Ingewahrsamnahme vermisster, hilfloser Personen und Minderjähriger[1206], polizeiliche Beobachtung bzw. gezielte Personen- und Fahrzeugkontrolle[1207].

- *Sach- und Wertgegenstände*: Zwecks Sicherstellung bestimmter, numerisch individualisierbarer gestohlener, unterschlagener oder abhanden gekommener Sachen (Art. 100 SDÜ): Kraftfahrzeuge[1208], Anhänger und Wohnwagen[1209], Schusswaffen, Blankodokumente (insbesondere nicht ausgefüllte Ausweispapiere), ausgefüllte Ausweispapiere (Reisepässe, Führerscheine usw.) und Banknoten (Registriergeld).

Die Speicherung von Daten im SIS und Erzielung von Fahndungstreffern sind naturgemäß wichtige Aspekte des SIS. Im Vorfeld der Datenspeicherung sowie nach dem erzielten Treffer fallen jedoch eine Reihe weiter Aufgaben an. Diese Aufgaben fallen in jedem Schengenstaat der *SIRENE*[1210] zu, die auf der Grundlage des Art. 108 SDÜ zu errichten sind. Alle SIRENE-Büros sind über ein vom SIS unabhängiges Kommunikationsnetz, welches auf dem X.400 Kommunikationsprotokoll basiert, und über das Daten ausgetauscht werden können, miteinander verbunden. Das deutsche SIRENE, das ebenfalls wie das N.SIS beim BKA unter-

---

1201 Erwähnt werden soll auch, dass Visumsanträge bei deutschen Botschaften und Konsulaten vom Bundesverwaltungsamt mit dem Datenbestand des SIS und AZR verglichen werden, woraus ersehen werden kann, ob gegen den Antragssteller bereits eine Abschiebungs- bzw. Ausweisungsverfügung in einem Schengener-Mitgliedsstaat eingetragen ist.

1202 Vgl. Tuffner, *Das Schengener Informationssystem (SIS) – ein „Quantensprung" der polizeilichen Fahndung in Europa*, Fn. 1191, S. 247. Eine aktuellere Zahl lag nicht vor.

1203 Vgl. Karanja, Stephen Kabera: *The Schengen Co-operation: Consequences for the Rights of EU Citizens*. Der Aufsatz kann von der Webseite http://www.personvern.uio.no/pvpn/artikler/index.html heruntergeladen werden.

1204 Art. 95 SDÜ. Diese Fahndungsarbeit wurde früher über INTERPOL abgewickelt.

1205 Art. 96 SDÜ.

1206 Art. 97 SDÜ.

1207 Art. 99 SDÜ.

1208 Über 50 Kubikmeter.

1209 Über 750 Kilogramm.

1210 SIRENE = **S**upplementary **I**nformtion **Re**quest at the **N**ational **E**ntry.

gebracht ist, verfügt über mehr als 50, überwiegend mehrsprachige Bedienstete und ist Ansprechpartner und Kontaktdiensstelle für die SIRENE-Büros der anderen Schengenstaaten sowie für sämtliche inländische Dienststellen, zu denen alle deutschen Polizei- und Zolldienststellen, alle Justizbehörden (Staatsanwaltschaften und Strafgerichte) sowie alle derzeit etwa 650 Ausländerbehörden in Deutschland zählen[1211]. Zum Aufgabenspektrum des SIRENE gehören u.a. Aufsicht über Inhalt und Funktion des N.SIS (mit Ausnahme des technischen Betriebs), die Mitteilung inländischer Fahndungstreffer an die Partnerstaaten und umgekehrt die Unterrichtung der inländischen Stellen über Fahndungstreffer sowie die damit einhergehenden Abstimmungsarbeiten, die Erstellung, Prüfung und Übermittlung der für die Auslieferungsfahndung erforderlichen Begleitpapiere gemäß Art. 95 SDÜ, die Anforderung und Übermittlung von Informationen zu Abschiebungs- und Ausweisungsverfügungen bei Fahndungstreffern nach Art. 96 SDÜ im Schengen-Binnenbereich, die Identifizierung von im SIS ausgeschriebenen Personen im In- und Ausland bei Zweifel an der Identitt eines Festgenommenen oder eines Visumantragstellers, und die Durchführung von Konsultationsverfahren[1212].

[1211] Vgl. Tuffner, *Das Schengener Informationssystem (SIS) – ein „Quantensprung" der polizeilichen Fahndung in Europa*, Fn. 1191, S. 248.

[1212] Ebenda, S. 249. Eine ausführliche Darstellung des deutschen SIRENE ist in der vom Referat SIRENE des BKA herausgegebene Broschüre *Die internationale Fahndung zur Festnahme mit dem Ziel der Auslieferung im Schengener Informationssystem (Art. 95 SDÜ)*, Stand: 26. Oktober 1997, enthalten.

3.4.3.3.3 Bestandsstatistik und Erfolgsbilanz des SIS

Das SIS hat im Laufe seines knapp achtjährigen Daseins ein Personen- und Sachfahndungsvolumen beachtsamen Ausmaßes erreicht, wie die nachfolgende Tabelle verdeutlicht:

Tabelle 16: Die Bestandsstatistik des SIS: Personen- und Sachfahndung (1998-2002)

	01.01.1998	01.01.1999	01.01.2000	01.01.2001	01.01.2002
Personen- und Sachfahndungsgesamtbestand	5.593.065	8.687.950	9.697.525	9.856.732	10.541.120
deutscher Anteil	2.607.897	2.839.074	3.098.548	2.687.727	2.715.193
Personenfahndungsgesamtbestand	757.463	795.044	855.765	788.427	832.312
deutscher Anteil	294.629	350.016	385.066	313.225	295.228
Art. 95: SDÜ: Fahndung zwecks Auslieferung	6.576	8.602	10.418	11.362	12.656
deutscher Anteil	1.824	2.355	3.337	3.688	3.949
Art. SDÜ 96: Fahndung zwecks Einreiseverweigerung	603.841	703.688	764.747	701.414	732.764
deutscher Anteil	290.052	344.598	378.539	305.742	286.098
Art. SDÜ 100: Sachfahndungsgesamtbestand	4.473.992	7.464.182	8.372.823	8.647.554	9.306.952
deutscher Anteil	2.014.513	2.127.905	2.310.570	2.016.828	2.078.909

Quelle: Bundesministerium des Innern (Hrsg.): *Schengen Erfahrungsbericht 2001* (S. 27); *Schengen Erfahrungsbericht 2000,* S. 43-44.

Anhand der SIS-Bestandsstatistik sind einige Trends erkennbar. Am auffälligsten ist, dass der Personen- und Sachfahndungsgesamtbestand in fünf Jahren nahezu verdoppelt hat, wobei der Sachfahndungsbestand etwa 90% des Gesamtfahndungsbestandes 2002 ausmacht. Deutschland stellt ca. ein Viertel des Gesamtfahndungsaufkommens und rangiert an erster Stelle unter den SIS-Teilnehmerstaaten. Allerdings fiel der deutsche Bestand nach Erreichen seines Höchststandes Anfang 2000 auffallend zurück und steht damit im entgegengesetzten Trend zum steigenden Verlauf des Fahndungsgesamtaufkommens.

Bei den Personengesamtfahndungen zeigt der deutsche Bestand im betrachteten Zeitraum einen mäßigen Schwankungsgrad, einzig die Fahndung zwecks Auslieferung zeigt eine kontinuierlich steigende Tendenz. Der deutsche Bestand konnte sich in dieser Fahndungskategorie seit 1998 mehr als verdoppeln, etwa im gleichen Schritt mit der Entwicklung des Gesamtfahndungsbestandes.

In der Fahndungskategorie Einreiseverweigerung ist erkennbar, dass der Gesamtbestand zunächst deutlich anwuchs und seit Anfang 1999 stets über die 700.000-Grenze gestiegen ist, der deutsche Bestand hingegen seit dem Jahr 2000 beträchtlich abnahm und knapp unter das Niveau von Anfang 1998 gefallen ist.

Der Sachfahndungsgesamtbestand hat sich im betrachteten Zeitraum mehr als verdoppeln können. Besonders auffallend ist hierbei der allein im Zeitraum 1998-99 zu verzeichnende, nahezu 66%ige Bestandszuwachs. Der deutsche Bestand hingegen blieb über diese vierjährige Periode nahezu konstant, sodass der relative Anteil der Bundesrepublik um beinahe die Hälfte geschrumpft ist.

Die Statistik gibt allerdings keine Antwort auf die Frage, welche Faktoren Einfluss auf die Entwicklung der deutschen Bestandswerte in den Fahndungskategorien des SIS nehmen[1213]. Ferner fällt auf, dass es sich beim SIS im wesentlichen um ein Fahndungsmedium für gestohlene bzw. abhanden gekommene Sach- und Wertgegenstände handelt; der Anteil der zur Fahndung ausgeschriebenen Personen ist vergleichsweise gering.

Das SIS zeichnet sich nicht nur durch seine Größe, sondern offenbar auch durch seine Effektivität aus. Die Erfolgsbilanz für das SIS ergibt folgende Aufteilung:

[1213] Man könnte z.B. fragen, ob Deutschland an der Nutzung des SIS ein vergleichsweise grösseres Interesse zeigt und folglich mehr Daten zur Verfügung stellt.

Tabelle 17: Die Erfolgsbilanz des SIS (1997-2001)

	1997	1998	1999	2000	2001
SDÜ: Art. 95-100					
in Deutschland aufgrund ausländischer Ausschreibung	2.612	4.643	3.912	4.177	4.514
im Ausland aufgrund deutscher Ausschreibung	6.625	8.507	7.226	7.141	8.343
Gesamt	9.327	13.150	11.138	11.318	12.857
SDÜ: Art. 95: Fahndung Auslieferung					
in Deutschland aufgrund ausländischer Ausschreibung	99	128	125	111	139
im Ausland aufgrund deutscher Ausschreibung	266	345	398	434	430
Gesamt	365	473	523	545	569
SDÜ: Art 96: Fahndung Einreiseverweigerung					
in Deutschland aufgrund ausländischer Ausschreibung	725	2.193	1.650	1.646	1.879
im Ausland aufgrund deutscher Ausschreibung	3.999	5.273	4.275	3.823	4.911
Gesamt	4.724	7.466	5.925	5.469	6.790
SDÜ: Art. 100: Fahndung Sachfahndung					
in Deutschland aufgrund ausländischer Ausschreibung	984	1.065	1.310	1.483	1.627
im Ausland aufgrund deutscher Ausschreibung	2.163	2.447	2.154	2.484	2.602
Gesamt	3.147	3.512	3.464	3.967	4.229

Quelle: Bundesministerium des Innern (Hrsg.): *Schengen Erfahrungsbericht 2001*, S. 28; *Schengen Erfahrungsbericht 2000*, S. 45-46.

Anmerkung: Die Erfahrungsberichte gestatten keinen statistischen Einblick in Bezug auf die Fahndung nach Personen nach den Art. 97, 98 und 99 des SDÜ.

Die Erfolgsbilanz des SIS zeigt, dass beachtliche Fahndungserfolge insgesamt wie auch in den einzelnen Fahndungskategorien erzielt werden konnten. Im Zeitraum 1997-2001 konnte das SIS fast 60.000 Treffer verzeichnen, von denen über 18.000 Treffer (ca. 30%) auf den Sachfahndungs- und die restlichen 42.000 (ca. 70%) auf den Personenfahndungsbereich entfielen. Offenbar macht sich damit die Effektivität des SIS insbesonders bei der Personenfahndung bemerkbar, obwohl diese

Fahndungskategorie einen kleinen Anteil am Gesamtfahndungsaufkommen aufweist. Allerdings ist der Anteil der Personen, nach denen im fraglichen Zeitraum zwecks Festnahme und Auslieferung gefahndet wird, relativ gering. Gerade bei diesen aber handelt es sich aber um Personen, die schwere Gesetzesverstöße begangen haben und von denen grundsätzlich eine erheblich Gefahr für die Innere Sicherheit ausgeht[1214].

In naher Zukunft ist mit einer Konsolidierung des SIS zu rechnen. Mit der Einführung des derzeit in der Entwicklung befindlichen *Schengen-Informationssystem II* soll das Leistungsspektrum des SIS beträchtlich erweitert werden. Die Möglichkeit zur Übermittlung von nicht-alpha-numerischen Daten (z.B. Lichtbilder, Fingerabdrücke) zwischen den SIRENE-Büros wird geprüft und die Anbindung der EU-Beitrittskandidaten an das SIS ist vorgesehen.

3.4.3.3.4 Bedenken im Zusammenhang mit dem Einsatz des SIS

Das SIS hat sich binnen kurzer Zeit zu einem wichtigen Fahndungsinstrument im Unionsraum entwickelt. Auch zur Wahrung der inneren Sicherheit in Deutschland leistet das SIS einen erheblichen Beitrag und aufgrund seiner Vermittlungsfunktion spielt das BKA dabei eine zentrale Rolle. Mit dem Einsatz des SIS sind aber auch einige Bedenken verbunden, auf die in der Literatur stellenweise verwiesen wird.

Zu den wichtigsten Hürden, die den Schengener-Prozess von seinen Anfängen bis in die Gegenwart geprägt und die in das SDÜ Eingang gefunden haben, zählen u.a. die Verschiedenheit der Rahmenbedingungen der Schengenstaaten und ihr Festhalten am Souveränitätsvorbehalt. Nach Jörg Wolters: „Das Vorhandensein unterschiedlicher Rechtssysteme und Rechtsauffassungen sowie unterschiedlicher Organisationsstrukturen, aber auch abweichender Denkweisen (Mentalität) und Interessenlagen in den einzelnen Vertragsstaaten schlug voll auf die Verhandlungen durch. Daraus vor allem erklärte sich das grundsätzliche Streben der Vertragsparteien, nationale Regelungen und Vorgehensweisen unangetastet zu lassen, vor allem aber möglichst alles zu vermeiden, das neue nationale Gesetzgebungsverfahren erforderlich gemacht hätte. Zudem war bei den Partnern überwiegend keinerlei Bereitschaft zu sehen, spürbare Zugeständnisse in Souveränitätsfragen zu machen. Recht bald war zu erkennen, dass Bemühungen um Rechtsharmonisierung oder sonstige Vereinheitlichung enge Grenzen gesetzt waren“[1215]. Das SDÜ enthält

---

[1214] Nach Art. 59 SDÜ gelten die Voraussetzungen des Europäischen Auslieferungsübereinkommens von 1957. Nach Art. 2 dieses Übereinkommens muss im Falle der Auslieferung zur Strafverfolgung die Strafandrohung für die Handlung des Gesuchten mindestens ein Jahr Freiheitsstrafe betragen. Nach Art. 61 beträgt diese für Frankreich zwei Jahre. Im Falle der Auslieferung zur Strafvollstreckung muss das Maß der Verurteilung mindestens vier Monate betragen.

[1215] Wolters, Jörg: *„Ausgleichsmaßnahmen“ nach dem Schengener Durchführungsübereinkommen*, in: Kriminalistik, Nr. 3, 1995, S. 172.

Neuerungen – etwa die grenzüberschreitende Observation (Art. 40) und Nacheile (Art. 41) sowie Ergänzungen zum Europäischen Rechtshilfeübereinkommen in Strafsachen und zum Europäischen Auslieferungsübereinkommen (Art. 48 ff.) - die Zusammenarbeit ist aber an zahlreichen Auflagen und umständlichen Handlungsvoraussetzungen gebunden.

Das Europäische Parlament vertrat in seiner Resolution beim Inkrafttreten der Schengener Übereinkommen die Auffassung, dass Schengen ohne jegliche demokratische Kontrolle zustande kam. Es wird auch die Auffassung vertreten, dass „the Schengen Convention was modelled on an unstable security paradigm that ignored the basic tenets of a democratic society: transperancy, accountability, human rights and rule of law“[1216].

Hürden ergaben sich im Zusammenhang mit der Fahndung nach Personen zwecks Festnahme und Auslieferung. Diese treten dabei weniger auf der Ebene der polizeilichen Rechtshilfe[1217], die in der Praxis generell zufriedenstellend verläuft[1218], dafür aber verstärkt auf der justiziellen Ebene. Nach Art. 95 Abs. 2 Satz 1 haben die Justizbehörden eines Schengenstaates selbst zu prüfen, ob ihre Ausschreibungen zur Festnahme und Auslieferung von Personen im Einklang mit dem Recht der anderen Schengenstaaten stehen. In Deutschland muss diese Aufgabe also von der im konkreten Fall zur Fahndungsausschreibung zuständigen Staatsanwaltschaft

---

1216 Karanja, *The Schengen Co-operation: Consequences for the Rights of EU Citizens*, Fn. 1203, S. 1.

1217 Zur Definition der polizeilichen Rechtshilfe siehe Zott, *Grundlagen internationaler Zusammenarbeit in der Kriminalitätskontrolle im Rahmen der Europäischen Union*, Fn. 1163, S. 107. Danach sind unter polizeilicher Rechtshilfe „diejenigen Maßnahmen subsumiert, die die Justiz zur eigenständigen Abwicklung auf die Polizei delegiert hat – Durchführung von Fahndungsmaßnahmen auf justizielle Anordnung hin, Identitätsabklärungen, Auskunftserteilung im Rahmen des inerstaatlichen Rechts aus Registern, Dateien, sonstigen Sammlungen, kriminalpolizeilichen Unterlagen, Maßnahmen zur Vorbereitung eines ausgehenden Ersuchens (z.B. um Feststellung der Aussagebereitschaft eines Zeugen) und Erstellung kriminaltechnischer Gutachten. Alle Maßnahmen, die über diesen Katalog hinausgehen, sind der Justiz vorbehalten, d.h. für solche ist die Stellung eines justiziellen Rechtshilfeersuchens erforderlich“.
Die polizeiliche Rechtshilfe ist in Art. 39 SDÜ geregelt. Nach Art. 39 (1): „Die Vertragsparteien verpflichten sich, daß ihre Polizeidienste sich untereinander nach Maßgabe des nationalen Rechts und ihrer jeweiligen Zuständigkeit im Interesse der vorbeugenden Verbrechensbekämpfung und der Aufklärung von strafbaren Handlungen Hilfe leisten, sofern ein Ersuchen oder dessen Erledigung nach nationalem Recht nicht den Justizbehörden vorbehalten ist und die Erledigung des Ersuchens die Ergreifung von Zwangsmaßnahmen durch die ersuchte Vertragspartei nicht erfordert. Ist die ersuchte Polizeibehörde für die Erledigung nicht zuständig, leitet sie das Ersuchen an die zuständige Behörde weiter“.

1218 Kritisch hierzu siehe Brammertz, Serge: *Rechtsprobleme der grenzüberschreitenden polizeilichen Zusammenarbeit zwischen den Schengener Staaten*, in: Schriftenreihe der Polizei-Führungs-Akademie, Nr. 1, 1997, S. 109–122. Der Autor ist der Ansicht, dass (S. 119): „das SDÜ bei weitem keine optimalen Voraussetzungen für die polizeiliche Zusammenarbeit [schafft], doch es ist ein wichtiger Schritt, dem weitere folgen müssen“.

geleistet werden[1219]. Schwierigkeiten ergeben sich aus dem Faktum, dass Abweichungen in den einschlägigen Rechts- bzw. Strafrechtsbestimmungen der Schengenstaaten bestehen, bspw. bei den Verjährungsfristen, wie auch bei den Strafmassen für verschiedene Delikte[1220]. Ein Staatsanwalt muss daher Kenntnis von den Vorschriften der anderen Schengen-Staaten haben und diese berücksichtigen, bevor er eine Fahndungsausschreibung in das SIS veranlasst, da diese ansonsten wirkungslos bleibt. Dies hat zu „erheblichen Akzeptanzproblemen bei den Staatsanwälten geführt“[1221]. Es wurde festgestellt, dass „Staatsanwälte häufig eine Schengen-Fahndung ab[lehnen], weil sie über das Strafrecht und die Verjährungsvorschriften der einzelnen Schengen-Länder keine ausreichende Kenntnis haben“[1222]. Dadurch erleidet das SIS zwangsläufig ein Effektivitätsverlust[1223].

Aufgrund seines großen und heterogenen Teilnehmerkreises sowie seines enormen Datenumfangs, der im gesamten Schengenraum den abfragberechtigten Stellen und Personen per Knopfdruck zur Verfügung steht, dürfte es selbstverständlich sein, dass für das SIS besonders stringente Datensicherheitsstandards gelten müssen um das Risiko der Datenzweckentfremdung möglichst gering zu halten. Im Zusammenhang mit dem SIS sind derartige Zweckentfremdungsfälle bekannt geworden, die seinem Image Schaden zugefügt haben. So wurden in Belgien gedruckte personenbezogene Daten aus dem SIS auf einem Bahnhof gefunden[1224]. Wiederum in Belgien wurden zwei Beamten verhaftet, die in Verdacht standen, personenbezogene Daten aus Tausenden von Akten des SIS an organisierte Kriminelle verkauft zu haben[1225]. Da die Zugangsvoraussetzungen zum SIS nicht von einer Zentralinstanz, sondern von den Schengenstaaten selber geregelt sind, kommen zwangsläufig unterschiedliche Datensicherheitsstandards zur Geltung.

Defizite in Bezug auf den Datenschutz und die Datensicherheit wurde von einer gemeinsamen Kontrollinstanz, die als unabhängiges Organ zur Überwachung des Betriebs des SIS einschließlich der Datenschutzaspekte nach dem SDÜ geschaffen

---

1219 Das SIRENE leistet dabei Hilfe, in dem es z.B. alle ausgehenden und eingehenden Ausschreibungsersuchen (Begleitpapiere) auf ihre Vollständigkeit und Schlüssigkeit hin überprüft und nach SDÜ Art. 95 (2) im Rahmen seiner Konsultationsfunktion Anfragen zur Rechtslage an die zuständigen Stellen in den Schengener-Vertragsstaaten richtet.

1220 Diese Information wurde dem Verfasser im Rahmen seiner Gespräche mit erfahrenen Kriminalbeamten mitgeteilt.

1221 Vgl. Tuffner, *Das Schengener Informationssystem (SIS) – ein „Quantensprung“ der polizeilichen Fahndung in Europa*, Fn. 1191, S. 250.

1222 Ebenda, S. 252.

1223 Ebenda. Um die Kenntnislücke der Staatsanwaltschaften abzubauen, wurde eine Aufklärungsmaßnahme (Verteilung einer Informationsschrift zur Auslieferungsfahndung) eingeleitet.

1224 Vgl. *Data Security Scandal: Sensitive SIS-Files Found at Railway Station*, in: Fortress Europe Circular Letter, Nr. 52, December 1997.

1225 Ebenda.

wurde, festgestellt und angeprangert[1226]. In Bezug auf den Datenschutz wurde vermerkt, dass die Ausschreibung von Personen zwecks Einreiseverweigerung nach Art. 96 SDÜ auslegungsbedürftig sei und ggf. dazu führen kann, dass Personen der Einlass in den gesamten Schengenraum nicht nur aufgrund von Verstößen gegen Gesetze, sondern auch aus anderen Gründen (z.B. wegen ihrer politischen Haltung) verwehrt wird[1227]. Ferner seien bei der Erfassung in dieser Kategorie insbesondere Personen betroffen, die nicht aus Schengenstaaten stammen. Mit Bezug auf Art. 99 SDÜ[1228] wurde der Verdacht geäußert, dass diese Klausel zur Beobachtung und Überwachung politischer Oppositioneller sowie von Dissidenten verwendet werden kann[1229].

Es wäre allerdings einseitig, lediglich auf die datenschutzrechtlichen Defizite im Schengener-Rahmen einzugehen, ohne zugleich auf die dadurch entstandenen positiven Entwicklungen zu verweisen. Beispielsweise hat ein Betroffener nach Art. 109 SDÜ unter bestimmten Voraussetzungen das Recht auf Einsicht in die im SIS über ihn/sie gespeicherten Daten sowie die Berichtigung inkorrekter bzw. Löschung illegaler Daten. Darüber hinaus können sich Betroffene zwecks Überprüfung ihrer Daten an ihre jeweilige Kontrollinstanz (Art. 114 SDÜ) wenden. Das SDÜ verlangt ferner (Art. 126), dass alle zu Schengen gehörenden Staaten Datenschutzgesetze einführen, deren Standard dem des *Übereinkommens des Europarates über den Schutz des Menschen bei der automatischen Verarbeitung personenbezogener Daten* vom 28. Januar 1981 entspricht[1230]. Dies hatte zur Folge, dass einige Schengen

---

1226 Dies ergibt sich aus den Jahresberichten der Gemeinsamen Kontrollinstanz. Für einen Überblick über die zugrundeliegenden Problematik siehe Coelho, Carlos: *Arbeitsdokument über das Überschreiten der Außengrenzen und die Entwicklung der Schengen-Zusammenarbeit (Schengener Informationssystem und Schutz personenbezogener Daten)*, Ausschuss für die Freiheiten und Rechte der Bürger, Justiz und innere Angelegenheiten des europäischen Parlaments, 23. Januar 2001.

1227 Vgl. Karanja, *The Schengen Co-operation: Consequences for the Rights of EU Citizens*, Fn. 1203. Frankreich hat bspw. den Namen einer aus Neuseeland stammenden Aktivistin der Umweltschutzorganisation Greenpeace ins SIS eingestellt, wodurch dieser Person die Einreise im Schengenraum verwehrt wurde.

1228 Nach Art. 99 (1) dürfen Daten in Bezug auf Personen oder Fahrzeuge nach Maßgabe des nationalen Rechts zur „verdeckten Registrierung“ oder zur „gezielten Kontrolle“ aufgenommen werden. Die Grundvoraussetzungen hierfür nach Art. 99 (2) und (3) sind die Vorlage konkreter Anhaltspunkte, dass der Betroffene in erheblichem Umfang außergewöhnlich schwere Straftaten plant oder begeht bzw. die Gesamtbeurteilung des Betroffenen, insbesondere aufgrund der bisher von ihm begangenen Straftaten, erwarten lässt, dass er auch künftig außergewöhnlich schwere Straftaten begehen wird bzw. dass vom Betroffenen eine erhebliche Gefahr für die innere und äußere Sicherheit des in Frage kommenden Staates ausgeht.

1229 Vgl. Karanja, *The Schengen Co-operation: Consequences for the Rights of EU Citizens*, Fn. 1203. Der Autor ist der Ansicht, dass Art. 99 SDÜ zur Beobachtung von Gewerkschaftlern, Menschenrechtsaktivisten und Umweltschützer verwendet wird.

1230 Siehe auch Art. 129 SDÜ. Dort heißt es ergänzend: „In Bezug auf die Übermittlung personenbezogener Daten nach Titel III Kapitel 1 [polizeiliche Zusammenarbeit] verpflichten sich die Vertragsparteien, unbeschadet der Artikel 126 und 127, einen Daten-

Staaten (Belgien, Griechenland, Italien, Österreich, Portugal und Spanien) entsprechend handeln mussten.

Die oben dargelegten Vorbehalte in Bezug auf das SIS verdeutlichen die mit dem Einsatz der IuK-Technik einhergehende Gefahr in grundrechtlicher Hinsicht. Dieser Gefahr ist im multilateralen Rahmen mit unterschiedlichen Regelungen und Rechtshilfemitteln noch schwieriger zu begegnen, als dies bereits im nationalen Rahmen der Fall ist. Andererseits ist nicht zu leugnen, dass das SIS vor dem Hintergrund der in Europa seit geraumer Zeit stattfinden Öffnungs- und Annäherungsprozesse einen bedeutsamen Beitrag zur Verbrechensbekämpfung leistet. Auch darf nicht außer Acht gelassen werden, dass der deutsche Staat eigene, ergänzende Ausgleichsmaßnahmen – und gemeint ist hier in erster Linie die Einführung anlaßunabhängiger Personenkontrollen durch den BGS in Grenzgebieten – in die Wege geleitet hat, um die perzipierten Sicherheitsverluste aufgrund des schengen bedingten Grenzkontrollenabbaus entgegenzuwirken. Die anlaßunabhängige Personenkontrolle hat sich als eine durchweg wirksame begleitende Maßnahme zum SIS erwiesen, sodass die Vermutung nahe liegt, der Schengener Prozess weiche nicht die innere Sicherheit der Bundesrepublik Deutschland auf, sondern wirke eher stabilisierend auf diese ein.

---

schutzstandard zu verwirklichen, wobei die Grundsätze der Empfehlung R (87) 15 des Ministerausschusses des Europarates über die Nutzung personenbezogener Daten im Polizeibereich vom 17. September 1987 beachtet werden.

Fazit der Untersuchung

Am Ende der vorliegenden, beinahe dreijährigen Untersuchung über den Einsatz der IuK-Technik im BKA, werden die wesentlichen Forschungsbefunde wie folgt kurz zusammengefasst:

Seit etwa drei Jahrzehnten wird die Aufgabenbewältigung des BKA maßgeblich vom Einsatz der IuK-Technik beeinflusst. Der Einzug dieser Technik ins Amt wurde vorangetrieben vom persönlichen Engagement des damaligen BKA-Präsidenten Horst Herold mit Blick auf das sich verschärfende Kriminalitätsumfeld in Deutschland (darunter unter Beachtung der vom Linksterrorismus ausgehenden „existentiellen Bedrohung" für den Staat), und kam seit etwa Anfang der 1970er Jahren mit wachsender Intensität zum Einsatz. Das rasante Entwicklungstempo der IuK-Technik im Zeitverlauf hat das BKA stark mitgeprägt.

Aufgrund seiner gesetzlichen Aufgabe als Informationszentrale der deutschen Kriminalpolizei und als Vermittler zwischen den Polizeien Deutschlands und dem Ausland, ist es freilich nicht überraschend, dass das BKA über ein breites Spektrum an Dateien mit Daten aus bundesweiten und ausländischen Quellen verfügt, die das Amt einer Vielzahl von Anwendern in Deutschland und im Ausland im Bedarfsfall zur Verfügung stellt. Das BKA ist somit in ein hochkomplexes Informationsumfeld eingebunden, das durch ein kooperatives, koordinatives sowie kommunikatives Zusammenwirken einer Vielzahl von kriminalpolizeilichen sowie außer-kriminalpolizeilichen Behörden und Institutionen im In- und Ausland, ausgestattet mit unterschiedlichen Befugnissen, Interessenlagen und Prioritäten und eingebettet in verschiedene Verwaltungskulturen gekennzeichnet ist. Für das BKA liegt die Herausforderung darin, vor dem Hintergrund eines dynamischen Kriminalitätsumfeldes, unter Einsatz seiner IuK-Technik einen größtmöglichen Beitrag zur Wahrung der Inneren Sicherheit Deutschlands zu leisten.

Zweifelsohne leistet die IuK-Technik zur Verbrechensbekämpfung in strategischer und insbesonders in taktischer Hinsicht einen wesentlichen Beitrag. Nur die IuK-Technik ist imstande, zum Einen, polizeiliche Erkenntnisse in Form von umfangreichen Datenmengen in einem standardisierten Format über Gebiets- und Staatsgrenzen hinweg in Sekundenschnelle zu übermitteln und, zum Anderen, kolossale Datenmassen aus verstreuten Bestandsquellen zusammenzuführen, auszuwerten und daraus Ansatzpunkte für Entscheidungen und Handlungsmaßnahmen zur Strafverfolgung bzw. zur Gefahrenabwehr oder Gefahrenvorbeugung zu gewinnen. Ohne den Einsatz der IuK-Technik wäre dies nicht oder nur mit unverhältnismäßig hohem Aufwand zu bewerkstelligen.

Es ist stets vor Auge zu halten, dass die IuK-Technik lediglich ein Hilfsmittel ist und nichts mehr. Sie ist kein Zauberwerk, das auf Knopfdruck Straftaten aufklärt oder Kriminalitätsgefahren im Vorfeld ihres Geschehens punktuell in aller Deutlichkeit beleuchtet. Die IuK-Technik „löst" keine kriminalistischen Fälle - diese Aufgabe ist dem ermittelnden Sachbearbeiter in seiner Funktion als Hilfsbeamter der Staatsanwaltschaft überlassen. Auch ist die beste technische Ausstattung kein Ersatz für mangelnden kriminologischen bzw. kriminalistischen Sachverstand. Die IuK-Technik des BKA ist kein Selbstzweck, sondern ein unentbehrliches Mittel zur Ermöglichung einer effektiven und effizienten Verbrechensbekämpfung.

Die IuK-Technik kann – unabhängig von der Intensität ihres Einsatzes - die Kriminalität somit nicht aus der Welt schaffen. Sie kann aber zur repressiven und präventiven Bekämpfung der Kriminalität einen wertvollen Beitrag leisten, was sie täglich unzählige Male auch zweifelsohne tut. Zunehmend ist die IuK-Technik herausgefordert, sich mehr an qualitativen Gesichtspunkten auszurichten. Auch für die Kriminalpolizei sind Informationen mittlerweile längst keine Mangelware mehr; als problematisch erweist sich aber oft das Herleiten handlungsgerechter Erkenntnisse aus den vorhandenen Datenmassen für eine wirksame Verbrechensbekämpfung in repressiver und präventiver Hinsicht.

Der Einsatz der IuK-Technik des BKA muss im Rahmen eines umfassenderen Spektrums an Instrumenten gesehen werden, in dem u.a. auch das Recht (das sich seit den 1980er Jahren fortwirkend zu einem Gefahrenvorbeugungs- bzw. Kriminalpräventionsrecht entwickelt hat), die Politik und die Zusammenarbeit auf der zwischenstaatlichen Ebene ihre jeweilige Wirkung entfalten. Das Zusammenwirken dieser diversen Instrumente bestimmt den Grad des Erfolges bei der Verbrechensbekämpfung.

Das staatliche Aufgabenfeld innere Sicherheit wird in Deutschland maßgeblich vom Föderalismus geprägt. Dies hat historische Gründe und ist dennoch zeitgemäß, auch wenn das heutige, von einem hohen Grad an Dynamik, Komplexität sowie Risikobehaftetheit geprägte Kriminalitätsumfeld eher für die relative Verstärkung von Zentralstellen der Kriminalpolizei spräche. Die IuK-Technik trägt dabei erheblich zum Ausgleich der Defizite bei, die bei der Verbrechensbekämpfung in einem föderalen Rahmen, und aufgrund der informationellen Gewaltenteilung, zwangsläufig entstehen.

Das als „technische Meisterleistung" angesehene INPOL konnte sowohl die in praktischer Hinsicht gestellten Erfordernisse einer zentralen Datenverwaltung als auch die möglichst weitgehende Gewährleistung der Länderhoheit in der kriminalpolizeilichen Datenverarbeitung gewährleisten. Auch mit der INPOL-Nachfolgerversion – in welcher Form dies demnächst auch geschehen mag – soll diesem Erfordernis Rechnung getragen werden.

Das BKA leistet seit Jahren einen beachtlichen innovativen Eigenbeitrag zur kriminalpolizeilichen IuK-Technik. Seine Entwicklungen haben internationale Anerkennung gefunden und das BKA zählt seit langem zu den in informations- und kommunikationstechnischer Hinsicht am besten ausgestatteten nationalen Kriminalpolizeibehörden der Welt. Die informations- und kommunikationstechnische Ausstattung des BKA verzeichnete insbesondere seit den 1990er Jahren einen quantitativen wie auch qualitativen Sprung mit der Einführung einiger hochleistungsfähigen Dateien, darunter AFIS, der DNA-Analyse-Datei und ViCLAS. Seit den 1990er Jahren konnte mit der Entstehung multilateraler Strukturen, wie EUROPOL und SIS, und infolge der Ausweitung des BKA-Verbindungsbeamtennetzes, eine deutlich stärkere Einbindung des BKA in den grenzüberschreitenden Informationsaustausch geschehen. Ohne den grenzüberschreitenden Informationsaustausch wären schwere Verbrechen wie Organisierte Kriminalität und internationaler Terrorismus in ihren Strukturen kaum zu erkennen und erst recht nicht wirksam zu bekämpfen sein. Die IuK-Technik sieht sich dabei zunehmend gefordert, Straftaten präventiv zu bekämpfen.

Der Einsatz der IuK-Technik vollzieht sich nicht in einem Rechtsvakuum und bietet sich auch nicht zum Nulltarif an. Im Verhältnis zwischen IuK-Technik und Recht erkennt man ein Spannungsverhältnis, über das mit Besonnenheit und Sachlichkeit nachzudenken ist. Sieht man dabei von den monetären Kosten des Einsatzes der IuK-Technik ab – und diese fallen zweifelsohne in einem beachtlichen Maße an – müssen u.a. auch ihre „grundrechtlichen Kosten" mit berücksichtigt werden. Diese Kosten müssen gegen den sich ergebenden bzw. erhofften Nutzen, gemessen am repressiven und präventiven Verbrechensbekämpfungserfolg, sorgsam abgewogen werden. Nicht alles, was die IuK-Technik tatsächlich imstande ist zu leisten, soll und darf in einer auf einem liberalen Werteverständnis basierenden freiheitlich-demokratischen Gesellschaft umgesetzt werden. Inwieweit die IuK-Technik zum Einsatz kommen darf, wird dabei von verschiedenen Umfeldvariablen bestimmt - u.a. der objektiven Kriminalitätslage, der subjektiven Gefahrenwahrnehmung und von Schadensabschätzungen. Ihr Einsatz muss stets im Einklang mit dem Grundgesetz der Bundesrepublik Deutschland und den von ihm gesetzten verfassungsmäßigen Schranken stehen.

Die Diskussion über den kriminalpolizeilichen Einsatz der IuK-Technik wird in Deutschland seit Jahren von der wachsenden technischen Leistungsfähigkeit (und den damit einhergehenden besseren Möglichkeiten zur Verbrechensbekämpfung) sowie vom Leitthema Datenschutz geprägt. Dieser lehnt sich an das Recht auf informationelle Selbstbestimmung an, das seinerseits aus der Rechtsprechung des Bundesverfassungsgerichtes hervorgegangen und aus dem Grundgesetz abzuleiten ist. Auch das BKA muss das Recht auf informationelle Selbstbestimmung beim Einsatz seiner IuK-Technik beachten. Dieses Recht ist allerdings nicht unantastbar, sondern ist im Kontext der jeweils herrschenden Kriminalitätslage und des Interesses der Allgemeinheit zu interpretieren und zu relativieren.

Der Datenschutz ist nicht unumstritten, die Auffassungen hierzu schwanken zwischen vehementer Befürwortung bis hin zur qualifizierten Ablehnung. Auf polizeilicher Seite wird der Datenschutz oft ironisch als „Täterschutz" gesehen, für Datenschützer hingegen (und dabei mit Blick auf die infolge des technischen Fortschrittes zunehmende Durchdringung der menschlichen Privatsphäre), wird er als „Grundrechtsschutz" betrachtet. Beide Argumentationen sind, aus ihrer jeweiligen Logik betrachtet, schlüssig. Damit ergibt sich eine offensichtliche Kollision zwischen zwei Rechtsgütern ersten Ranges, zum einen dem Schutz des Bürgers vor Kriminalität (Sicherheitsaspekt), der unter Einsatz der IuK-Technik einen Eingriff in die informationelle Selbstbestimmung voraussetzt und, zum anderen, dem Recht des Bürgers, in einer freien Gesellschaft, von polizeilichen Beobachtungs- und Überwachungsmassnahmen möglichst verschont zu bleiben (Freiheitsaspekt). Diese Kollisionsthese bestätigt sich immer wieder in der Verbrechensbekämpfungspraxis. Hierzu muss allerdings abweichend hiervon festgestellt werden, dass die IuK-technikgestützte Verbrechensbekämpfung und der Datenschutz nicht grundsätzlich konfliktäre, sondern eher komplementäre Erscheinungen sind. Bereits Wilhelm von Humboldt stellte im frühen 19. Jahrhundert zurecht fest, dass „Sicherheit die Voraussetzung für Freiheit" sei. Mangelnde Sicherheit schränkt das Persönlichkeitsentfaltungspotential des Menschen ein; Sicherheit ist somit im Grunde eine vorgelagerte Stufe der Freiheit. Gleichwohl kann eine, vom Sicherheits- und Vorbeugungswahn überformte Überwachungs- und Kontrollgesellschaft kaum als freiheitlich gelten – zumindest nicht im aufgeklärten abendländischen Sinne.

Vor allem für das BKA als Informationszentralstelle der deutschen Polizei ist der Datenschutzaspekt von immenser Tragweite. Auch die IuK-Technik des BKA ist an die von der gesamten öffentlichen Verwaltung in Deutschland zu beachtenden verfassungsrechtlichen Gebote der Normenklarheit, Zweckbindung, Verhältnismäßigkeit sowie des Übermaßverbots gebunden. Das im Jahr 1997 in Kraft getretene BKA-Gesetz trägt hierzu in genügendem Maße bei, wenngleich nicht zu übersehen ist, dass im Umgang mit Daten im BKA bis dato den datenschutzrechtlichen Gesichtspunkten weitgehend Rechnung getragen wurde, ohne dass es hierfür eine formell-gesetzlichen Grundlage gab.

Mit ihren diversen, teilweise recht komplexen Erscheinungsformen stellt die Kriminalität am Anfang des dritten Jahrtausends eine universale Herausforderung mit hohen Risiken dar. Gewiss lässt sich die Kriminalität mit keinem Mittel gänzlich und auf Dauer aus der Welt schaffen. Auch die IuK-Technik kann und wird künftig dies nicht ändern können, selbst dann, wenn ihr Einsatz ohne jegliche Rücksicht auf verfassungsmäßige, gesetzliche, ethische und kostenmäßige Schranken erfolgen würde. Die IuK-Technik ist herausgefordert, sich stärker auf die Kriminalprävention zu konzentrieren – und dies auch nicht zuletzt deshalb, um die von der Kriminalität ausgehenden Schadensrisiken in einer globalisierten, vernetzten Welt auf das geringst mögliche Niveau zu reduzieren. Spätestens seit dem

11. September 2001 dürfte klar sein, welche verheerende, bisher kaum für vorstellbar gehaltene Schadensausmaße von der Kriminalität - in diesem Fall dem internationalen Terrorismus - für Staat, Gesellschaft, Wirtschaft und Umwelt ausgehen können. Die Kriminalprävention muss somit zum Schwerpunkt des Einsatzes der IuK-Technik avancieren. Eine wirksame Präventionsstrategie, bezogen auf das Erkennen von Gefahrenlagen und Gefahrenquellen, setzt dabei u.a. einen intensiven, zügigen und sachgerechten Wissens- und Datenaustausch über institutionelle und territoriale Grenzen hinweg voraus. Nicht umsonst findet in Deutschland derzeit eine Diskussion über eine neue Sicherheitsarchitektur statt, deren erster Schritt in der Form des zum 01.01.2002 in Kraft getretenen Terrorismusbekämpfungsgesetzes vollzogen wurde. Aufgrund seiner Informationssteuerungsfunktion im nationalen und im grenzüberschreitenden Rahmen, wird das BKA unter Einsatz seiner IuK-Technik sich künftig noch intensiver engagieren müssen, auch weil Deutschland selbst von der grenzüberschreitenden Kriminalität in erheblichem Maße betroffen ist.

Eine abschließende Prognose hinsichtlich des künftigen Einsatzes der IuK-Technik im BKA fällt dem Verfasser nicht leicht. Diese Frage wird künftig an Relevanz gewinnen, da die IuK-Technik sich den wachsenden Herausforderungen eines dynamischen Kriminalitätsumfeldes stellen und anpassen muss. Der Verfasser ist der Ansicht - mit Blick auf den Entwicklungsverlauf der IuK-Technik in den letzten 20 bis 30 und dabei insbesondere der letzten 10 bis 12 besonders ereignisreichen Jahren - dass mit Sicherheit mit einer fortwirkenden Leistungssteigerung in der Hard- und Softwareausstattung im BKA zu rechnen ist. Dieser Wandlungsprozess dürfte sich aber eher auf inkrementaler Basis vollziehen. Mit einem „Quantensprung" der IuK-Technik – eine Grundvoraussetung für eine wirksamere Verbrechensbekämpfung – ist in absehbarer Zukunft weniger zu rechnen. Denn die IuK-Technik hat die Fähigkeit zum abstrakten und assoziativen Denken nicht erlangen können, und es ist fragwürdig, ob sie diese je erlangen kann. Die bisher ernüchternde Erfahrung des BKA bei seinem Versuch „künstlich-intelligenten" Systeme zu entwickeln, verdeutlicht die Schranken der Technik nur allzu gut. Vorläufiger Höhepunkt der technischen Entwicklung sind offenbar „state-of-the-art" Bildmustererkennungssysteme. Der Datenschutz und andere „Kontrollmechanismen" - darunter ein wachsendes, kritisches öffentliches Bewusstsein - wird diesen technischen Entwicklungsprozess begleiten. Die seit Jahren zu beobachtende Abschwächungstendenz in Bezug auf das Recht auf informationelle Selbstbestimmung werden sie allerdings nicht verhindern können. Denn die Grenze zwischen den Rechtsgütern Freiheit und Sicherheit muss sich den Gegebenheiten des realen Umfeldes anpassen. Es bedarf hierbei eines ständigen und kritischen Abwägung unter Mitberücksichtigung der öffentlichen Meinung - ein insbesondere für einen freiheitlich-demokratischen Rechtsstaat wie der Bundesrepublik Deutschland notwendiges Erfordernis.

ANHANG

Anhang A	Leitfaden für die Expertengespräche in den Landeskriminalämtern Nordrhein-Westfalens und des Saarlandes
Anhang B	Das Gesetz über das Bundeskriminalamt und die Zusammenarbeit des Bundes und der Länder in kriminalpolizeilichen Angelegenheiten (Bundeskriminalamtgesetz – BKAG) vom 07. Juli 1997

LEITFADEN FÜR DIE EXPERTENGESPRÄCHE IM RAHMEN DIESER UNTERSUCHUNG

Im Rahmen der Untersuchung wurden zwei Expertengespräche von jeweils zweistündiger Dauer mit den für den Einsatz der kriminalpolizeilichen Informations- und Kommunikationstechnik zuständigen Experten im Landeskriminalamt des Saarlands in Saarbrücken am Montag, den 01. Juli 2002 und im Landeskriminalamt von Nord-Rhein Westfalen in Düsseldorf am Montag, den 27. Januar 2003 durchgeführt.

Gesprachsgrundlage war ein vom Verfasser vorbereiteter Leitfaden, der als Orientierungshilfe für seine Gesprächspartner diente und alle wesentlichen Aspekte zur Thematik umfasste. Auf konkrete Fragestellungen wurde verzichtet da nach Ansicht des Verfassers, dies den Gesprächsrahmen unnötig stark einschränkt hätte. Gerade weil die Literatur zur kriminalpolizeilichen Informations- und Kommunikationstechnik und deren Anwendungsgebieten - wie bspw. INPOL - viele Fragen für Außenstehende unbeantwortet lässt, zog der Verfasser statt dessen einen Ansatz vor, der zunächst einen allgemeinen Einblick in die Thematik gestatten sollte und im Anschluss die Möglichkeit bieten sollte, konkrete Fragen an den Gesprächspartner zu stellen, wo diese zur Verbesserung seines Einblicks für erforderlich gehalten wurden.

Der Leitfaden sah wie folgt aus:

(A) Landeskriminalamt des Saarlandes, Saarbrücken, 01. Juli 2002

<u>Gesprächsschwerpunkt</u>: *INPOL* (Bund)

- das dem INPOL-System zugrundeliegende Konzept
- die Größenordnung von INPOL (u.a. Anzahl der angeschlossenen Datensichtgeräte)
- strukturelle Besonderheitheiten von INPOL
- Darlegung der Kommunikationsnetze der Polizei
- der Aufbau der Datengruppen im INPOL und ihre Beziehungen zueinander
- Darstellung einzelner Dateien (z.B. Personenfahndung)
- Bestandstatistik und Erfolgsbilanz der INPOL-Dateien
- Verbesserungsbedarf in den Dateien
- Recherchemöglichkeit in den Fall-, PIOS- und SPUDOK-Dateien

(B) Landeskriminalamt des Landes Nord-Rhein Westfalen, Düsseldorf, 27. Januar 2003

<u>Gesprächsschwerpunkt</u>: *AFIS, die DNA-Analyse-Datei, ViCLAS*
Zu AFIS:

- Konzept, Struktur, Technik und Arbeitsweise
- Bestandsstatistik und Erfolgsbilanz
- Verbesserungsbedarf

Zu der DNA-Analyse-Datei:

- Konzept, Struktur, Technik und Arbeitsweise
- Bestandsstatistik und Erfolgsbilanz
- Verbesserungsbedarf
- grundrechtliche Implikationen

Zu ViCLAS:

- Konzept, Struktur, Technik und Arbeitsweise
- Fragetypen im Erhebungsbogen
- Erfolgsbilanz und Verbesserungsbedarf

Gesetz über das Bundeskriminalamt und die Zusammenarbeit des Bundes und der Länder in kriminalpolizeilichen Angelegenheiten (Bundeskriminalamtgesetz - BKAG)

In der Fassung vom 07. Juli 1997 (BGBl. I S. 1650)

Bundesgesetzblatt Jahrgang 1997 Teil I Nr. 46, ausgegeben zu Bonn am 10. Juli 1997

Der Bundestag hat das folgende Gesetz beschlossen:

Inhalt

Artikel I

Gesetz über das Bundeskriminalamt und die Zusammenarbeit des Bundes und der Länder in kriminalpolizeilichen Angelegenheiten (Bundeskriminalamtgesetz - BKAG)

Inhaltsübersicht

Abschnitt I

§ 5 Schutz von Mitgliedern der Verfassungsorgane

§ 6 Zeugenschutz

Abschnitt 2

Befugnisse des Bundeskriminalamtes

Unterabschnitt 1 Zentralstelle

§ 7 Führung kriminalpolizeilicher personenbezogener Sammlungen der Zentralstelle

§ 8 Dateien der Zentralstelle

§ 9 Sonstige Dateien der Zentralstelle

§ 10 Dateiübermittlung im innerstaatlichen Bereich

§ 11 Polizeiliches Informationssystem

§ 12 Datenschutzrechtliche Verantwortung im polizeilichen Informationssystem

§ 13 Unterrichtung der Zentralstelle

Unterabschnitt 2 Internationale Zusammenarbeit

§ 14 Befugnisse bei der Zusammenarbeit im internationalen Bereich

§ 15 Ausschreibungsbefugnisse bei der Zusammenarbeit im internationalen Bereich

Unterabschnitt 3 Strafverfolgung und Datenspeicherung für Zwecke künftiger Starfverfolgung

§ 16 Einsatz technischer Mittel zur Eigensicherung

§ 17 Unterstützung der Polizeibehörden der Länder bei der Strafverfolgung

§ 18 Koordinierung bei der Strafverfolgung

§ 19 Amtshandlungen, Unterstützungspflichten der Länder

§ 20 Datenspeicherung für Zwecke künftiger Strafverfahren

Unterabschnitt 4 Schutz vor Mitgliedern der Verfassungsorgane

§ 21 Allgemeine Befugnisse

§ 22 Erhebung personenbezogener Daten

§ 23 Besondere Mittel der Datenerhebung

§ 24 Datenübermittlung an das Bundeskriminalamt

§ 25 Verarbeitung und Nutzung personenbezogener Daten

Unterabschnitt 5 Zeugenschutz

Abschnitt 3

Gemeinsame Bestimmungen

Abschnitt 1

Zentrale Einrichtungen zur Zusammenarbeit in kriminalpolizeilichen Angelegenheiten, Aufgaben des Bundeskriminalamtes

§ 1 Zentrale Einrichtungen zur Zusammenarbeit in kriminalpolizeilichen Angelegenheiten

(1) Der Bund unterhält ein Bundeskriminalamt zur Zusammenarbeit des Bundes und der Länder in kriminalpolizeilichen Angelegenheiten.

(2) Die Länder unterhalten für ihr Gebiet zentrale Dienststellen der Kriminalpolizei (Landeskriminalämter) zur Sicherung der Zusammenarbeit des Bundes und der Länder. Mehrere Länder können ein gemeinsames Landeskriminalamt unterhalten.

(3) Die Verfolgung sowie die Verhütung von Straftaten und die Aufgaben der sonstigen Gefahrenabwehr bleiben Sache der Länder, soweit gesetzlich nichts anderes bestimmt ist.

§ 2 **Zentralstelle**

(1) Das Bundeskriminalamt unterstützt als Zentralstelle für das polizeiliche Auskunfts- und Nachrichtenwesen und für die Kriminalpolizei die Polizeien des Bundes und der Länder bei der Verhütung und Verfolgung von Straftaten mit länderübergreifender, internationaler oder erheblicher Bedeutung.

(2) Das Bundeskriminalamt hat zur Wahrnehmung dieser Aufgabe

1. alle hierfür erforderlichen Informationen zu sammeln und auszuwerten,
2. die Strafverfolgungsbehörden des Bundes und der Länder unverzüglich über die sie betreffenden Informationen und die in Erfahrung gebrachten Zusammenhänge von Straftaten zu unterrichten.

(3) Das Bundeskriminalamt unterhält als Zentralstelle ein polizeiliches Informationssystem nach Maßgabe dieses Gesetzes.

(4) Das Bundeskriminalamt unterhält als Zentralstelle zur Unterstützung der Polizeien des Bundes und der Länder bei der Verhütung und Verfolgung von Straftaten und der Gefahrenabwehr zentrale Einrichtungen und Sammlungen, insbesondere

1. zentrale erkennungsdienstliche Einrichtungen und Sammlungen sowie
2. zentrale Einrichtungen für die Fahndung nach Personen und Sachen.

(5) Das Bundeskriminalamt kann die Länder auf Ersuchen bei deren Datenverarbeitung unterstützen. Die Verarbeitung und Nutzung der Daten erfolgt nach den Weisungen der Länder und gemäß deren Vorschriften über die Datenverarbeitung im Auftrag.

(6) Das Bundeskriminalamt hat als Zentralstelle ferner zur Unterstützung der Polizeien des Bundes und der Länder bei der Verhütung und Verfolgung von Straftaten

1. die erforderlichen Einrichtungen für alle Bereiche kriminaltechnischer Untersuchungen und für kriminaltechnische Forschung zu unterhalten und die Zusammenarbeit der Polizei auf diesen Gebieten zu koordinieren,
2. kriminalpolizeiliche Analysen und Statistiken einschließlich der Kriminalstatistik zu erstellen und hierfür die Entwicklung der Kriminalität zu beobachten,
3. polizeiliche Methoden und Arbeitsweisen der Kriminalitätsbekämpfung zu erforschen und zu entwickeln,
4. Aus- und Fortbildungsveranstaltungen auf kriminalpolizeilichen Spezialgebieten durchzuführen.

(7) Das Bundeskriminalamt erstattet erkennungsdienstliche und kriminaltechnische Gutachten für Strafverfahren auf Anforderungen von Polizeidienststellen, Staatsanwaltschaften und Gerichten.

§ 3 **Internationale Zusammenarbeit**

(1) Das Bundeskriminalamt ist Nationales Zentralbüro der Bundesrepublik Deutschland für die Internationale Kriminalpolizeiliche Organisation.
(2) Der zur Verhütung oder Verfolgung von Straftaten erforderliche Dienstverkehr der Polizeien des Bundes und der Länder mit den Polizei- und Justizbehörden sowie sonstigen insoweit zuständigen öffentlichen Stellen anderer Staaten obliegt dem Bundeskriminalamt. Besondere bundesgesetzliche Vorschriften, insbesondere die Vorschriften über die internationale Rechtshilfe in Strafsachen sowie abweichende Regelungen durch Vereinbarungen des Bundesministeriums des Innern mit den zuständigen obersten Landesbehörden oder durch Vereinbarungen der zuständigen obersten Landesbehörden mit den zuständigen ausländischen Stellen im Rahmen der vom Bund abgeschlossenen Abkommen und die internationale Zusammenarbeit der Zollbehörden bleiben unberührt.
(3) Absatz 2 Satz 1 gilt nicht für den Dienstverkehr der Polizeien der Länder mit den zuständigen Behörden der Nachbarstaaten und der Mitgliedstaaten der Europäischen Union, soweit dieser sich auf Kriminalität von regionaler Bedeutung im Grenzgebiet bezieht oder soweit Gefahr im Verzug ist. Die Länder unterrichten das Bundeskriminalamt unverzüglich über den Dienstverkehr nach Satz 1. Bei abgrenzbaren Fallgestaltungen im Rahmen regionaler Schwerpunktmaßnahmen können die Polizeien der Länder im Einvernehmen mit dem Bundeskriminalamt den erforderlichen Dienstverkehr mit den zuständigen Behörden anderer Staaten führen.

§ 4 **Strafverfolgung**

(1) Das Bundeskriminalamt nimmt die polizeilichen Aufgaben auf dem Gebiet der Strafverfolgung wahr

1. in Fällen des international organisierten ungesetzlichen Handels mit Waffen, Munition, Sprengstoffen oder Betäubungsmitteln und der international organisierten Herstellung oder Verbreitung von Falschgeld, die eine Sachaufklärung im Ausland erfordern, sowie damit im Zusammenhang begangener Straftaten einschließlich der international organisierten Geldwäsche,
2. in Fällen von Straftaten, die sich gegen das Leben (§§ 211, 212 des Strafgesetzbuches) oder die Freiheit (§§ 234, 234a, 239, 239b des Strafgesetzbuches) des Bundespräsidenten, von Mitgliedern der Bundesregierung, des Bundestages und des Bundesverfassungsgerichts oder der Gäste der Verfassungsorgane des Bundes aus anderen Staaten oder der Leiter und Mitglieder der bei der

Bundesrepublik Deutschland beglaubigten diplomatischen Vertretungen richten, wenn anzunehmen ist, daß der Täter aus politischen Motiven gehandelt hat und die Tat bundes- oder außenpolitische Belange berührt,
3. in den Fällen international organisierter Straftaten

a) nach § 129a des Strafgesetzbuches,
b) nach den §§ 105 und 106 des Strafgesetzbuches zum Nachteil des Bundespräsidenten, eines Verfassungsorgans des Bundes oder des Mitgliedes eines Verfassungsorgans des Bundes und damit im Zusammenhang stehender Straftaten,

4. in den Fällen der in § 1 29a Abs 1 Nr.1 und 2 des Strafgesetzbuches genannten Straftaten und damit im Zusammenhang stehender Straftaten, soweit es sich um eine Auslandstat handelt und ein Gerichtsstand noch nicht feststeht.
Die Staatsanwaltschaft kann im Benehmen mit dem Bundeskriminalamt die Ermittlungen einer anderen sonst zuständigen Polizeibehörde übertragen. Die Wahrnehmung der Aufgaben nach Satz 1 Nr.2 und 3 Buchstabe b bedarf der Zustimmung des Bundesministeriums des Innern; bei Gefahr im Verzuge kann das Bundeskriminalamt vor Erteilung der Zustimmung tätig werden.

(2) Das Bundeskriminalamt nimmt darüber hinaus die polizeilichen Aufgaben auf dem Gebiet der Strafverfolgung wahr, wenn

1. eine zuständige Landesbehörde darum ersucht oder
2. der Bundesminister des Innern es nach Unterrichtung der obersten Landesbehörde aus schwerwiegenden Gründen anordnet oder
3. der Generalbundesanwalt darum ersucht oder einen Auftrag erteilt.

Satz 1 Nr.1 und 3 gilt entsprechend für die Fahndung nach Verurteilten zum Zwecke der Vollstreckung.

(3) Die für die Strafrechtspflege und die Polizei zuständigen obersten Landesbehörden sind unverzüglich zu benachrichtigen, wenn das Bundeskriminalamt polizeiliche Aufgaben auf dem Gebiet der Strafverfolgung wahrnimmt; außerdem sind unverzüglich zu benachrichtigen die zuständigen Landeskriminalämter, der Generalbundesanwalt in den Fällen, in denen er für die Führung der Ermittlungen zuständig ist, und in den übrigen Fällen die Generalstaatsanwälte, in deren Bezirken ein Gerichtsstand begründet ist. Die Verpflichtung anderer Polizei-behörden zur Durchführung der notwendigen unaufschiebbaren Maßnahmen sowie die Befugnisse der Staatsanwaltschaft nach § 161 der Strafprozeßordnung bleiben unberührt.
(4) In den Fällen der Absätze 1 und 2 kann das Bundeskriminalamt den zuständigen

Landeskriminalämtern (§ 1 Abs. 2) Weisungen für die Zusammenarbeit geben. Die oberste Landesbehörde ist unverzüglich zu benachrichtigen.

§ 5 **Schutz von Mitgliedern der Verfassungsorgane**

(1) Unbeschadet der Rechte des Präsidenten des Deutschen Bundestages und der Zuständigkeit des Bundesgrenzschutzes und der Polizeien der Länder obliegt dem Bundeskriminalamt

1. der erforderliche Personenschutz fur die Mitglieder der Verfassungsorgane des Bundes sowie in besonders festzulegenden Fällen der Gäste dieser Verfassungsorgane aus anderen Staaten;
2. der innere Schutz der Dienst- und der Wohnsitze sowie der jeweiligen Aufenthaltsräume des Bundespräsidenten, der Mitglieder der Bundesregierung und in besonders festzulegenden Fällen ihrer Gäste aus anderen Staaten.

(2) Sollen Beamte des Bundeskriminalamtes und der Polizei eines Landes in den Fällen des Absatzes 1 zugleich eingesetzt werden, so entscheidet darüber das Bundesministerium des Innern im Einvernehmen mit der obersten Landesbehörde.

§ 6 **Zeugenschutz**

(1) In den Fällen des § 4 Abs. 1 Satz 1 Nr.1 bis 3 und Abs. 2 Satz 1 obliegt dem Bundeskriminalamt der Schutz von Personen, deren Aussage zur Erforschung der Wahrheit von Bedeutung ist oder war. Gleiches gilt für deren Angehörige und sonstige ihnen nahestehende Personen. Das Bundeskriminalamt unterrichtet die zuständigen Landeskriminalämter unverzüglich von der Übernahme des Zeugenschutzes.

(2) In Einzelfällen können Zeugenschutzmaßnahmen im Einvernehmen zwischen dem Bundeskriminalamt und einem Landeskriminalamt durch Polizeibeamte dieses Landes durchgeführt werden. Die Verpflichtung anderer Polizeibehörden, die zur Abwehr von Gefahren erforderlichen unaufschiebbaren Maßnahmen zu treffen, bleibt unberührt.

Abschnitt 2 Befugnisse des Bundeskriminalamtes

Unterabschnitt 1 Zentralstelle

§ 7 **Führung kriminalpolizeilicher personenbezogener Sammlungen der Zentralstelle**

(1) Das Bundeskriminalamt kann personenbezogene Daten speichern, verändern und nutzen, soweit dies zur Erfüllung seiner jeweiligen Aufgabe als Zentralstelle erforderlich ist.

(2) Das Bundeskriminalamt kann, soweit dies zur Erfüllung seiner Aufgabe als Zentralstelle nach § 2 Abs. 2 Nr. 1 erforderlich ist, Daten zur Ergänzung vorhandener Sachverhalte oder sonst zu Zwecken der Auswertung durch Ersuchen um Auskünfte oder Anfragen bei den Polizeien des Bundes und der Länder erheben. Bei anderen öffentlichen und nicht-öffentlichen Stellen, den in § 14 Abs. 1 genannten Behörden und Stellen anderer Staaten sowie bei internationalen Organisationen, die mit der Aufgabe der Verhütung oder Verfolgung von Straftaten befaßt sind, kann das Bundeskriminalamt unter den Voraussetzungen des Satzes 1 Daten erheben, wenn die Polizeien des Bundes und der Länder über die erforderlichen Daten nicht verfügen. In anhängigen Strafverfahren steht dem Bundeskriminalamt diese Befugnis nur im Einvernehmen mit der zuständigen Strafverfolgungsbehörde zu.

(3) Das Bundeskriminalamt kann in den Fällen, in denen in einer Datei bereits Daten zu einer Person gespeichert sind, hierzu auch solche personengebundenen Hinweise speichern, die zum Schutz dieser Person oder zur Eigensicherung von Beamten erforderlich sind.

(4) Werden Bewertungen in Dateien gespeichert, muß feststellbar sein, bei welcher Stelle die Unterlagen geführt werden, die der Bewertung zugrunde liegen.

(5) Das Bundeskriminalamt kann die bei der Zentralstelle gespeicherten Daten, soweit erforderlich, auch zur Erfüllung seiner Aufgaben nach den §§ 4 bis 6 nutzen.

(6) Das Bundesministerium des Innern bestimmt mit Zustimmung des Bundesrates durch Rechtsverordnung das Nähere über die Art der Daten, die nach den §§ 8 und 9 gespeichert werden dürfen.

§ 8 **Dateien der Zentralstelle**

(1) Das Bundeskriminalamt kann zur Erfüllung seiner Aufgaben nach § 2 Abs. 1 bis 3

1. die Personendaten von Beschuldigten und, soweit erforderlich, andere zur Identifizierung geeignete Merkmale
2. die kriminalaktenführende Polizeidienststelle und die Kriminalaktennummer,
3. die Tatzeiten und Tatorte und
4. die Tatvorwürfe durch Angabe der gesetzlichen Vorschriften und die nähere Bezeichnung der Straftaten in Dateien speichern, verändern und nutzen.

(2) Weitere personenbezogene Daten von Beschuldigten und personenbezogene Daten von Personen, die einer Straftat verdächtig sind, kann das Bundeskriminalamt nur speichern, verändern und nutzen, soweit dies erforderlich ist, weil wegen der Art oder Ausführung der Tat,

der Persönlichkeit des Betroffenen oder sonstiger Erkenntnisse Grund zu der Annahme besteht, daß Strafverfahren gegen den Beschuldigten oder Tatverdächtigen zu führen sind.

(3) Wird der Beschuldigte rechtskräftig freigesprochen, die Eröffnung des Hauptverfahrens gegen ihn unanfechtbar abgelehnt oder das Verfahren nicht nur vorläufig eingestellt, so ist die Speicherung, Veränderung und Nutzung unzulässig, wenn sich aus den Gründen der Entscheidung ergibt, daß der Betroffene die Tat nicht oder nicht rechtswidrig begangen hat.

(4) Personenbezogene Daten solcher Personen, die bei einer künftigen Strafverfolgung als Zeugen in Betracht kommen oder bei denen Anhaltspunkte bestehen, daß sie Opfer einer künftigen Straftat werden könnten, sowie von Kontakt- und Begleitpersonen der in Absatz 2 bezeichneten Personen, Hinweisgebern und sonstigen Auskunftspersonen können nur gespeichert, verändert und genutzt werden, soweit dies zur Verhütung oder zur Vorsorge für die künftige Verfolgung einer Straftat mit erheblicher Bedeutung erforderlich ist. Die Speicherung nach Satz 1 ist zu beschränken auf die in Absatz 1 Nr. 1 und 2 bezeichneten Daten sowie auf die Angabe, in welcher Eigenschaft der Person und in bezug auf welchen Sachverhalt die Speicherung der Daten erfolgt. Personenbezogene Daten über Zeugen, mögliche Opfer, Hinweisgeber und sonstige Auskunftspersonen nach Satz 1 dürfen nur mit Einwilligung des Betroffenen gespeichert werden. Die Einwilligung ist nicht erforderlich, wenn das Bekanntwerden der Speicherungsabsicht den mit der Speicherung verfolgten Zweck gefährden würde.

(5) Personenbezogene Daten sonstiger Personen kann das Bundeskriminalamt in Dateien speichern, verändern und nutzen, soweit dies erforderlich ist, weil bestimmte Tatsachen die Annahme rechtfertigen, daß die Betroffenen Straftaten von erheblicher Bedeutung begehen werden.

(6) Das Bundeskriminalamt kann zur Erfüllung seiner Aufgaben nach § 2 Abs. 4 personenbezogene Daten, die bei der Durchführung erkennungsdienstlicher Maßnahmen erhoben worden sind, in Dateien speichern, verändern und nutzen, wenn eine andere Rechtsvorschrift dies erlaubt oder dies erforderlich ist,

1. weil bei Beschuldigten und Personen, die einer Straftat verdächtig sind, wegen der Art oder Ausführung der Tat, der Persönlichkeit des Betroffenen oder sonstiger Erkenntnisse Grund zu der Annahme besteht, daß gegen ihn Strafverfahren zu führen sind, oder
2. zur Abwehr erheblicher Gefahren. Absatz 3 gilt entsprechend.

§ 9 **Sonstige Dateien der Zentralstelle**

(1) Das Bundeskriminalamt kann personenbezogene Daten in Dateien speichern, verändern und nutzen, soweit dies erforderlich ist zur Fahndung und polizeilichen Beobachtung, wenn das Bundeskriminalamt oder die die Ausschreibung veranlassende Stelle nach dem für sie geltenden Recht befugt ist, die mit der Ausschreibung für Zwecke der Strafverfolgung, des Strafvollzugs, der Strafvollstreckung oder der Abwehr erheblicher Gefahren vorgesehene Maßnahme vorzunehmen oder durch eine Polizeibehörde vornehmen zu lassen. Satz 1 gilt entsprechend für Ausschreibungen zur Durchführung aufenthaltsbeendender oder einreiseverhindernder Maßnahmen. Die veranlassende Stelle trägt die Verantwortung für die Zulässigkeit der Maßnahme. Sie hat in ihrem Ersuchen die bezweckte Maßnahme sowie Umfang und Dauer der Ausschreibung zu bezeichnen. Nach Beendigung einer Ausschreibung nach Satz 1 oder 2 sind die zu diesem Zweck gespeicherten Daten unverzüglich zu löschen.

(2) Das Bundeskriminalamt kann personenbezogene Daten in Dateien speichern, verändern und nutzen, soweit dies erforderlich ist zum Zwecke des Nachweises von Personen, die wegen des Verdachts oder des Nachweises einer rechtswidrigen Tat einer richterlich angeordneten Freiheitsentziehung unterliegen. Die Löschung der Daten erfolgt nach zwei Jahren.

(3) Das Bundeskriminalamt kann personenbezogene Daten von Vermißten, unbekannten hilflosen Personen und Toten zu Zwecken der Identifizierung speichern, verändern und nutzen.

§ 10 **Datenübermittlung im innerstaatlichen Bereich**

(1) Das Bundeskriminalamt kann an andere Polizeien des Bundes und an Polizeien der Länder personenbezogene Daten übermitteln, soweit dies zur Erfüllung seiner Aufgaben oder der des Empfängers erforderlich ist.

(2) Das Bundeskriminalamt kann an andere als die in Absatz 1 genannten Behörden und sonstige öffentliche Stellen personenbezogene Daten übermitteln, soweit dies in anderen Rechtsvorschriften vorgesehen oder erforderlich ist

1. zur Erfüllung seiner Aufgaben nach diesem Gesetz,
2. für Zwecke der Strafverfolgung, der Strafvollstreckung, des Strafvollzugs und der Gnadenverfahren,
3. für Zwecke der Gefahrenabwehr oder
4. zur Abwehr einer schwerwiegenden Beeinträchtigung der Rechte einzelner und Zwecke des Strafverfahrens nicht entgegenstehen.

(3) Unter den Voraussetzungen des Absatzes 2 kann das Bundeskriminalamt personenbezogene Daten auch an nicht-öffentliche Stellen übermitteln. Das Bundeskriminalamt hat einen Nachweis zu führen, aus dem Anlaß, Inhalt, Empfänger und Tag der Übermittlung sowie die Aktenfundstelle ersichtlich sind; die Nachweise sind gesondert aufzubewahren, gegen unberechtigten Zugriff zu sichern und am Ende des Kalenderjahres, das dem Jahr ihrer Erstellung folgt, zu vernichten. Die Vernichtung unterbleibt, solange der Nachweis für Zwecke eines bereits eingeleiteten Datenschutzkontrollverfahrens oder zur Verhinderung oder Verfolgung einer schwerwiegenden Straftat gegen Leib, Leben oder Freiheit einer Person benötigt wird oder Grund zu der Annahme besteht, daß im Falle einer Vernichtung schutzwürdige Interessen des Betroffenen beeinträchtigt würden.

(4) Besteht Grund zu der Annahme, daß durch die Übermittlung von Daten nach Absatz 3 der der Erhebung dieser Daten zugrundeliegende Zweck gefährdet würde, holt das Bundeskriminalamt vor der Übermittlung die Zustimmung der Stelle ein, von der die Daten dem Bundeskriminalamt übermittelt wurden. Unter den Voraussetzungen des Satzes 1 kann die übermittelnde Stelle bestimmte, von ihr übermittelte Daten so kennzeichnen oder mit einem Hinweis versehen, daß vor einer Übermittlung nach Absatz 3 ihre Zustimmung einzuholen ist.

(5) Daten, die den §§ 41 und 61 des Bundeszentralregistergesetzes unterfallen würden, können nach den Absätzen 2 und 3 nur den in den §§ 41 und 61 des Bundeszentralregistergesetzes genannten Stellen zu den dort genannten Zwecken übermittelt werden. Die Verwertungsverbote nach den §§ 51, 52 und 63 des Bundeszentralregistergesetzes sind zu beachten.

(6) Der Empfänger darf die übermittelten personenbezogenen Daten nur zu dem Zweck verwenden, für den sie ihm übermittelt worden sind. Eine Verwendung für andere Zwecke ist zulässig, soweit die Daten auch dafür hätten übermittelt werden dürfen und, im Falle des Absatzes 3, das Bundeskriminalamt zustimmt. Bei Übermittlungen an nicht-öffentliche Stellen hat das Bundeskriminalamt den Empfänger darauf hinzuweisen.

(7) Die Einrichtung eines automatisierten Verfahrens für die Übermittlung personenbezogener Daten durch Abruf ist nach Maßgabe des § 10 Abs. 2 und 3 des Bundesdatenschutzgesetzes nur zur Erfüllung vollzugspolizeilicher Aufgaben mit Zustimmung des Bundesministeriums des Innern und der Innenministerien und Senatsinnenverwaltungen der Länder zulässig, soweit diese Form der Datenübermittlung unter Berücksichtigung der schutzwürdigen Interessen der Betroffenen wegen der Vielzahl der Übermittlungen oder wegen ihrer besonderen Eilbedürftigkeit angemessen ist.

(8) Die Verantwortung für die Zulässigkeit der Übermittlung trägt das Bundeskriminalamt. Erfolgt die Übermittlung in den Fällen der Absätze 1 und 2 Nr. 2 auf Ersuchen des Empfängers, trägt dieser die Verantwortung. In diesen Fällen prüft das Bundeskriminalamt nur, ob das Übermittlungsersuchen im Rahmen der Aufgaben des Empfängers liegt, es sei denn, daß besonderer Anlaß zur Prüfung der Zulässigkeit der Übermittlung besteht. Bei Abrufen im automatisierten Verfahren findet, soweit die Anwendung für drei Monate oder weniger eingerichtet wird, § 10 Abs. 4 des Bundesdatenschutzgesetzes Anwendung. Erfolgt die Einrichtung des Verfahrens für eine Laufzeit von mehr als drei Monaten, so gilt § 11 Abs. 6 entsprechend.

(9) Sind mit personenbezogenen Daten, die nach den Absätzen 1 und 2 übermittelt werden dürfen, weitere personenbezogene Daten des Betroffenen oder eines Dritten in Akten so verbunden, daß eine Trennung nicht oder nur mit unvertretbarem Aufwand möglich ist, so ist die Übermittlung auch dieser Daten zulässig, soweit nicht berechtigte Interessen des Betroffenen oder eines Dritten an der Geheimhaltung offensichtlich überwiegen; eine Verwendung dieser Daten ist unzulässig.

§ 11 **Polizeiliches Informationssystem**

(1) Das Bundeskriminalamt ist im Rahmen seiner Aufgabe nach § 2 Abs. 3 Zentralstelle für den elektronischen Datenverbund zwischen Bund und Ländern. Das Bundesministerium des Innern bestimmt im Einvernehmen mit den Innenministerien und Senatsinnenverwaltungen der Länder die in das polizeiliche Informationssystem einzubeziehenden Dateien. § 36 bleibt unberührt.

(2) Zur Teilnahme am polizeilichen Informationssystem mit dem Recht, Daten zur Erfüllung der Verpflichtung nach § 13 im automatisierten Verfahren einzugeben und, soweit dies zur jeweiligen Aufgabenerfüllung erforderlich ist, abzurufen, sind außer dem Bundeskriminalamt und den Landeskriminalämtern sonstige Polizeibehörden der Länder, der Bundesgrenzschutz sowie die mit der Wahrnehmung grenzpolizeilicher Aufgaben betrauten Behörden der Zollverwaltung und das Zollkriminalamt berechtigt. In den nach § 34 zu erlassenden Errichtungsanordnungen ist für jede automatisierte Datei des polizeilichen Informationssystems festzulegen, welche Behörden berechtigt sind, Daten einzugeben und abzurufen. Für die Eingabe gelten die §§ 7 bis 9 entsprechend.

(3) Nur die Behörde, die Daten zu einer Person eingegeben hat, ist befugt, diese zu ändern, zu berichtigen oder zu löschen. Hat ein Teilnehmer des polizeilichen Informationssystems Anhaltspunkte dafür, daß Daten unrichtig sind, teilt er dies umgehend der eingebenden Behörde mit, die verpflichtet ist, diese Mitteilung unverzüglich zu prüfen und erforderlichenfalls die Daten

unverzüglich zu ändern, zu berichtigen oder zu löschen. Sind Daten zu einer Person gespeichert, kann jeder Teilnehmer des polizeilichen Informationssystems weitere Daten ergänzend eingeben.

(4) Das Auswärtige Amt ist zum Abruf der Fahndungsausschreibungen zur Festnahme und Aufenthaltsermittlung berechtigt, soweit dies für die Auslandsvertretungen in ihrer Eigenschaft als Paßbehörden erforderlich ist.

(5) Die Einrichtung eines automatisierten Abrufverfahrens ist für andere Behörden nach Maßgabe des § 10 Abs. 2 und 3 des Bundesdatenschutzgesetzes zur Erfüllung vollzugspolizeilicher Aufgaben mit Zustimmung des Bundesministeriums des Innern und der Innenministerien und Senatsinnenverwaltungen der Länder zulässig, soweit diese Form der Datenübermittlung unter Berücksichtigung der schutzwürdigen Interessen der Betroffenen wegen der Vielzahl der Übermittlungen oder wegen ihrer besonderen Eilbedürftigkeit angemessen ist.

(6) Werden beim Bundeskriminalamt Daten abgerufen, hat es bei durchschnittlich jedem zehnten Abruf für Zwecke der Datenschutzkontrolle den Zeitpunkt, die Angaben, die die Feststellung der aufgerufenen Datensätze ermöglichen, sowie die für den Abruf verantwortliche Dienststelle zu protokollieren. Die protokollierten Daten dürfen nur für Zwecke der Datenschutzkontrolle, der Datensicherung oder zur Sicherstellung eines ordnungsgemäßen Betriebs der Datenverarbeitungsanlage verwendet werden, es sei denn, es liegen Anhaltspunkte dafür vor, daß ohne ihre Verwendung die Verhinderung oder Verfolgung einer schwerwiegenden Straftat gegen Leib, Leben oder Freiheit einer Person aussichtslos oder wesentlich erschwert wäre. Die Protokolldaten sind nach zwölf Monaten zu löschen. Das Bundeskriminalamt trifft die technischen und organisatorischen Maßnahmen nach § 9 des Bundesdatenschutzgesetzes.

§ 12 **Datenschutzrechtliche Verantwortung im polizeilichen Informationssystem**

(1) Das Bundeskriminalamt hat als Zentralstelle für den elektronischen Datenverbund die Einhaltung der Regelungen zur Zusammenarbeit und zur Führung des polizeilichen Informationssystems zu überwachen.

(2) Im Rahmen des polizeilichen Informationssystems obliegt die datenschutzrechtliche Verantwortung für die bei der Zentralstelle gespeicherten Daten, namentlich für die Rechtmäßigkeit der Erhebung, die Zulässigkeit der Eingabe sowie die Richtigkeit oder Aktualität der Daten, den Stellen, die die Daten unmittelbar eingeben. Die verantwortliche Stelle muß feststellbar sein. Die Verantwortung für die Zulässigkeit des Abrufs im automatisierten Verfahren trägt der Empfänger.

(3) Die Datenschutzkontrolle obliegt nach § 24 Abs. 1 des Bundesdatenschutzgesetzes dem Bundesbeauftragten für den Datenschutz. Die von den Ländern in das polizeiliche Informationssystem eingegebenen Datensätze können auch von den jeweiligen Landesbeauftragten für den Datenschutz im Zusammenhang mit der Wahrnehmung ihrer Prüfungsaufgaben in den Ländern kontrolliert werden, soweit die Länder nach Absatz 2 verantwortlich sind. Der Bundesbeauftragte für den Datenschutz arbeitet insoweit mit den Landesbeauftragten für den Datenschutz zusammen.

(4) Für Schadensersatzansprüche des Betroffenen nach § 7 des Bundesdatenschutzgesetzes haftet das Bundeskriminalamt. Ist das Bundeskriminalamt zum Ersatz des Schadens verpflichtet und ist der Schaden der datenschutzrechtlichen Verantwortung einer anderen Stelle zuzurechnen, ist diese dem Bundeskriminalamt zum Ausgleich verpflichtet.

(5) Dem Betroffenen ist nach § 19 des Bundesdatenschutzgesetzes Auskunft zu erteilen. Diese erteilt das Bundeskriminalamt im Einvernehmen mit der Stelle, die die datenschutzrechtliche Verantwortung nach Absatz 2 trägt. Erteilt ein Landeskriminalamt Auskunft aus seinem Landessystem, kann es hiermit einen Hinweis auf einen vom Land im polizeilichen Informationssystem eingegebenen Datensatz verbinden.

§ 13 **Unterrichtung der Zentralstelle**

(1) Die Landeskriminalämter übermitteln dem Bundeskriminalamt nach Maßgabe der Rechtsverordnung zu § 7 Abs. 6 die zur Erfüllung seiner Aufgaben als Zentralstelle erforderlichen Informationen. Die Verpflichtung der Landeskriminalämter nach Satz 1 kann im Benehmen mit dem Bundeskriminalamt auch von anderen Polizeibehörden des Landes erfüllt werden. Die Justiz- und Verwaltungsbehörden der Länder teilen dem jeweils zuständigen Landeskriminalamt unverzüglich den Beginn, die Unterbrechung und die Beendigung von Freiheitsentziehungen mit, die wegen des Verdachts oder des Nachweises einer rechtswidrigen Tat von einem Richter angeordnet worden sind.

(2) Das Bundeskriminalamt legt im Benehmen mit den Landeskriminalämtern Einzelheiten der Informationsübermittlung fest.

(3) Absatz 1 Satz 1 gilt entsprechend für die Polizeien des Bundes, soweit die Informationen Vorgänge betreffen, die sie in eigener Zuständigkeit bearbeiten. Satz 1 gilt im Bereich des Zolls nur für den Grenzzolldienst, soweit dieser auf Grund einer Rechtsverordnung nach § 68 des Bundesgrenzschutzgesetzes grenzpolizeiliche Aufgaben wahrnimmt. Die

Informationsübermittlung der übrigen Zollbehörden an das Bundeskriminalamt richtet sich nach den Vorschriften der Abgabenordnung und des Finanzverwaltungsgesetzes.

(4) Für die im Rahmen seiner Aufgaben nach den §§ 3 bis 6 gewonnenen Informationen gelten für das Bundeskriminalamt die Unterrichtungspflichten nach Absatz 1 Satz 1 entsprechend.

(5) Behörden und sonstige öffentliche Stellen können von Amts wegen an das Bundeskriminalamt personenbezogene Daten übermitteln, wenn tatsächliche Anhaltspunkte bestehen, daß die Übermittlung für die Erfüllung der Aufgaben des Bundeskriminalamtes als Zentralstelle erforderlich ist. Erfolgt die Übermittlung auf Ersuchen des Bundeskriminalamtes, trägt dieses die Verantwortung.

(6) Die Verantwortlichkeit für die Zulässigkeit der Übermittlung trägt die übermittelnde Stelle.

Unterabschnitt 2 Internationale Zusammenarbeit

§ 14 **Befugnisse bei der Zusammenarbeit im internationalen Bereich**

(1) Das Bundeskriminalamt kann an Polizei- und Justizbehörden sowie an sonstige für die Verhütung oder Verfolgung von Straftaten zuständige öffentliche Stellen anderer Staaten sowie zwischen- und überstaatliche Stellen, die mit Aufgaben der Verhütung oder Verfolgung von Straftaten befaßt sind, personenbezogene Daten übermitteln, soweit dies erforderlich ist

1. zur Erfüllung einer ihm obliegenden Aufgabe,
2. zur Verfolgung von Straftaten und zur Strafvollstreckung nach Maßgabe der Vorschriften über die internationale Rechtshilfe in strafrechtlichen Angelegenheiten oder
3. zur Abwehr einer im Einzelfall bestehenden erheblichen Gefahr für die öffentliche Sicherheit.

Gleiches gilt, wenn Anhaltspunkte dafür vorliegen, daß Straftaten von erheblicher Bedeutung begangen werden sollen.

(2) Mit Zustimmung des Bundesministeriums des Innern kann das Bundeskriminalamt gespeicherte nicht personenbezogene Daten, die der Suche nach Sachen dienen (Sachfahndung), für zentrale Polizeibehörden anderer Staaten nach Maßgabe zwischenstaatlicher Vereinbarungen zum Abruf im automatisierten Verfahren zur Sicherstellung von gestohlenen, unterschlagenen oder sonst abhanden gekommenen Sachen bereithalten.

(3) Für Daten, die zu Zwecken der Fahndung nach Personen oder der polizeilichen Beobachtung gespeichert sind, ist die Einrichtung eines automatisierten Abrufverfahrens nach Absatz 2 mit

Zustimmung des Bundesministeriums des Innern im Benehmen mit den Innenministerien und Senatsinnenverwaltungen der Länder zulässig, soweit

1. tatsächliche Anhaltspunkte dafür vorliegen, daß die Abrufe zur Verhinderung und Verfolgung von Straftaten von erheblicher Bedeutung sowie zur Abwehr von Gefahren für die öffentliche Sicherheit erforderlich sind,
2. diese Form der Datenübermittlung unter Berücksichtigung der schutzwürdigen Interessen der Betroffenen wegen der Vielzahl der Übermittlungen oder wegen ihrer besonderen Eilbedürftigkeit angemessen ist und
3. der Empfängerstaat das Übereinkommen des Europarates über den Schutz des Menschen bei der automatisierten Verarbeitung personenbezogener Daten vom 28. Januar 1981 ratifiziert hat oder ein gleichwertiger Schutz gewährleistet ist und eine Kontrollinstanz besteht, die die Gewährleistung des Datenschutzes unabhängig überwacht. Wird das Abrufverfahren für einen längeren Zeitraum als drei Monate eingerichtet, bedarf die Vereinbarung der Mitwirkung der gesetzgebenden Körperschaften nach Artikel 59 Abs. 2 des Grundgesetzes. Der Empfänger ist darauf hinzuweisen, daß er die Daten für Ausschreibungen in eigenen Fahndungsdateien nur nach Vorliegen eines Rechtshilfeersuchens nutzen darf.

(4) Die regelmäßige, im Rahmen einer systematischen Zusammenarbeit erfolgende Übermittlung personenbezogener Daten an internationale Datenbestände ist zulässig nach Maßgabe völkerrechtlicher Verträge, die der Mitwirkung der gesetzgebenden Körperschaften nach Artikel 59 Abs. 2 des Grundgesetzes bedürfen.

(5) Das Bundeskriminalamt kann als Nationales Zentralbüro der Bundesrepublik Deutschland für die Internationale Kriminalpolizeiliche Organisation personenbezogene Daten an das Generalsekretariat der Organisation unter den Voraussetzungen des Absatzes 1 übermitteln, soweit dies zur weiteren Übermittlung der Daten an andere Nationale Zentralbüros oder an die in Absatz 1 genannten Stellen geboten oder zu Zwecken der Informationssammlung und Auswertung durch das Generalsekretariat erforderlich ist.

(6) Das Bundeskriminalamt kann personenbezogene Daten an Dienststellen der Stationierungsstreitkräfte im Rahmen des Artikels 3 des Zusatzabkommens zu dem Abkommen zwischen den Parteien des Nordatlantikvertrages über die Rechtsstellung ihrer Truppen hinsichtlich der in der Bundesrepublik Deutschland stationierten ausländischen Streitkräfte vom 3. August 1959 (BGBl. 1961 II S. 1183) übermitteln, wenn dies zur rechtmäßigen Erfüllung der in deren Zuständigkeit liegenden Aufgaben erforderlich ist.

(7) Die Verantwortung für die Zulässigkeit der Übermittlung trägt das Bundeskriminalamt. § 10 Abs. 4 Satz 2 gilt entsprechend. Das Bundeskriminalamt hat die Übermittlung und ihren Anlaß aufzuzeichnen. Der Empfänger personenbezogener Daten ist darauf hinzuweisen, daß sie nur zu dem Zweck genutzt werden dürfen, zu dem sie übermittelt worden sind. Ferner ist ihm der beim Bundeskriminalamt vorgesehene Löschungszeitpunkt mitzuteilen. Die Übermittlung personenbezogener Daten unterbleibt, so-weit Grund zu der Annahme besteht, daß durch sie gegen den Zweck eines deutschen Gesetzes verstoßen würde. Die Übermittlung unterbleibt außerdem, wenn durch sie schutzwürdige Interessen des Betroffenen beeinträchtigt würden, insbesondere, wenn im Empfängerland ein angemess

§ 15 **Ausschreibungsbefugnisse bei der Zusammenarbeit im internationalen Bereich**

(1) Das Bundeskriminalamt kann auf ein der Verfolgung von Straftaten oder der Strafvollstreckung dienendes Ersuchen einer zuständigen Behörde eines ausländischen Staates

1. eine Person, hinsichtlich derer die Anordnung von Auslieferungshaft zulässig erscheint, zur Festnahme oder Aufenthaltsermittlung ausschreiben,
2. andere Personen zur Aufenthaltsermittlung ausschreiben,
3. eine Person sowie amtliche Kennzeichen von Kraftfahrzeugen zur polizeilichen Beobachtung ausschreiben und
4. Verfahren zur Feststellung der Identität von Personen durchführen.

(2) Maßnahmen nach Absatz 1 Nr. 2, 3 und 4 sind nur zulässig, wenn sie bei dem zugrundeliegenden Sachverhalt auch nach deutschem Recht zulässig wären.

(3) Das Bundeskriminalamt holt in Fällen des Absatzes 1, denen besondere Bedeutung in politischer, tatsächlicher oder rechtlicher Beziehung zukommt, zuvor die Bewilligung des Bundesministeriums der Justiz ein.

(4) Das Bundeskriminalamt kann auf Ersuchen der in § 14 Abs. 1 genannten Behörden

1. vermißte Minderjährige, die der Obhut des Sorgeberechtigten entzogen worden sind oder sich dieser entzogen haben, und Personen, bei denen eine Ingewahrsamnahme zum Schutz gegen eine Gefahr für ihren Leib oder ihr Leben erforderlich ist, insbesondere weil die Person sich erkennbar in einem die freie Willensbestimmung ausschließenden Zustand oder sonst in hilfloser Lage befindet, zur Ingewahrsamnahme ausschreiben,
2. Vermißte, soweit sie nicht in Gewahrsam genommen werden sollen, zur Aufenthaltsermittlung ausschreiben,
3. eine Person zur polizeilichen Beobachtung ausschreiben, wenn Tatsachen die Annahme

rechtfertigen, daß die Person Straftaten von erheblicher Bedeutung begehen wird und dies zur Verhütung solcher Straftaten erforderlich ist.

(5) Ausschreibungen nach Absatz 1 Nr. 2 und 3 und Absatz 4 Nr. 3 bedürfen der Anordnung durch den Richter, soweit sie auf Grund des Ersuchens eines Staates erfolgen, der nicht Mitgliedstaat der Europäischen Union ist. Zuständig ist das Amtsgericht, in dessen Bezirk das Bundeskriminalamt seinen Sitz hat. Für das Verfahren in den Fällen von Satz 1 gelten die Vorschriften des Gesetzes über die Angelegenheiten der freiwilligen Gerichtsbarkeit entsprechend. Soweit Maßnahmen nach Absatz 1 Nr. 3 und Absatz 4 keiner richterlichen Anordnung bedürfen, werden sie durch den Leiter der jeweils zuständigen Abteilung des Bundeskriminalamtes angeordnet. Die Anordnung ist aktenkundig zu machen.

(6) Anordnungen nach Absatz 1 Nr. 3 und Absatz 4 sind auf höchstens ein Jahr zu befristen. Spätestens nach Ablauf von sechs Monaten ist zu prüfen, ob die Voraussetzungen für die Anordnung noch bestehen. Das Ergebnis dieser Prüfung ist aktenkundig zu machen. Die Verlängerung der Laufzeit über insgesamt ein Jahr hinaus bedarf der erneuten Anordnung.

(7) Besondere Regelungen auf Grund völkerrechtlicher Verträge bleiben unberührt.

(8) Das Bundeskriminalamt kann bei Warnmeldungen von Sicherheitsbehörden anderer Staaten eine Person zur Ingewahrsamnahme ausschreiben, wenn und solange die Ingewahrsamnahme unerläßlich ist, um eine unmittelbar bevorstehende Gefahr für Leib, Leben, Freiheit oder wesentliche Vermögenswerte abzuwehren, und die Zuständigkeit eines Landes nicht festgestellt werden kann. Absatz 5 Satz 3 bis 5 und Absatz 6 gelten entsprechend. Die Innenministerien und Senatsinnenverwaltungen der Länder sind unverzüglich zu unterrichten.

Unterabschnitt 3 Strafverfolgung und Datenspeicherung für Zwecke künftiger Strafverfahren

§ 16 **Einsatz technischer Mittel zur Eigensicherung**

(1) Werden Bedienstete im Rahmen der Befugnisse des Bundeskriminalamtes aus Gründen der Strafverfolgung tätig, dürfen, soweit dies zur Abwehr von Gefahren für deren Leib, Leben oder Freiheit unerläßlich ist, ohne Wissen der Betroffenen im Beisein oder in unmittelbarem zeitlichen Zusammenhang mit dem Einsatz des Bediensteten das innerhalb oder außerhalb einer Wohnung nicht öffentlich gesprochene Wort mit technischen Mitteln abgehört und aufgezeichnet und Lichtbilder und Bildaufzeichnungen hergestellt werden.

(2) Maßnahmen nach Absatz 1 werden durch den Präsidenten des Bundeskriminalamtes oder seinen Vertreter angeordnet.

(3) Personenbezogene Informationen, die durch den Einsatz technischer Mittel zur Eigensicherung von nicht offen ermittelnden Bediensteten erlangt werden, dürfen außer für den in Absatz 1 genannten Zweck nur zur Abwehr einer sonstigen, im Einzelfall bestehenden Gefahr für Leib, Leben oder Freiheit einer Person oder erhebliche Sach- oder Vermögenswerte oder im Rahmen eines Strafverfahrens zu Beweiszwecken nur zur Aufklärung einer in § 100a der Strafprozeßordnung bezeichneten Straftat verwendet werden. Wurden die personenbezogenen Informationen in oder aus einer Wohnung erlangt, so dürfen sie im Strafverfahren zu Beweiszwecken nur verwendet werden, soweit sie zur Verfolgung einer Straftat nach den §§ 211, 212, 239a, 239b oder § 316c des Strafgesetzbuches oder einer der in § 100a Satz 1 Nr. 4 der Strafprozeßordnung bezeichneten Straftaten erforderlich sind und ein Vorsitzender Richter einer Strafkammer des Landgerichts, in dessen Bezirk das Bundeskriminalamt seinen Sitz hat, zuvor die Rechtmäßigkeit der Maßnahme festgestellt hat.

(4) Nach Abschluß der Maßnahmen sind die nach Absatz 1 hergestellten Aufzeichnungen unverzüglich zu löschen, es sei denn, sie werden für die in Absatz 3 genannten Zwecke noch benötigt.

(5) Von den getroffenen Maßnahmen nach Absatz 1 sind die Beteiligten zu benachrichtigen, sobald dies ohne Gefährdung des Untersuchungszwecks, der öffentlichen Sicherheit, von Leib oder Leben einer Person sowie der Möglichkeit der weiteren Verwendung eines eingesetzten nicht offen ermittelnden Bediensteten geschehen kann.

§ 17 **Unterstützung der Polizeibehörden der Länder bei der Strafverfolgung**

(1) Zur Unterstützung von Strafverfolgungsmaßnahmen kann das Bundeskriminalamt Bedienstete zu den Polizeibehörden in den Ländern entsenden, wenn die zuständige Landesbehörde darum ersucht oder wenn dies den Ermittlungen dienlich sein kann. Die Zuständigkeit der Polizeibehörden in den Ländern bleibt unberührt.

(2) Die oberste Landesbehörde ist unverzüglich zu benachrichtigen.

§ 18 **Koordinierung bei der Strafverfolgung**

(1) Berührt eine Straftat den Bereich mehrerer Länder oder besteht ein Zusammenhang mit einer anderen Straftat in einem anderen Land und ist angezeigt, daß die polizeilichen Aufgaben auf dem Gebiet der Strafverfolgung einheitlich wahrgenommen werden, so unterrichtet das

Bundeskriminalamt die obersten Landesbehörden und die Generalstaatsanwälte, in deren Bezirken ein Gerichtsstand begründet ist. Das Bundeskriminalamt weist im Einvernehmen mit einem Generalstaatsanwalt und einer obersten Landesbehörde eines Landes diesem Land die polizeilichen Aufgaben auf dem Gebiet der Strafverfolgung mit der Maßgabe zu, diese Aufgaben insgesamt wahrzunehmen.

(2) Zuständig für die Durchführung der einem Land nach Absatz 1 übertragenen Aufgaben ist das Landeskriminalamt. Die oberste Landesbehörde kann an Stelle des Landeskriminalamtes eine andere Polizeibehörde im Land für zuständig erklären.

§ 19 **Amtshandlungen, Unterstützungspflichten der Länder**

(1) Vollzugsbeamte des Bundes und der Länder können in den Fällen des § 4 Abs. 1 und 2 und des § 18 Abs. 1 im Geltungsbereich dieses Gesetzes Amtshandlungen vornehmen. Sie sind insoweit Hilfsbeamte der zuständigen Staatsanwaltschaft, wenn sie mindestens vier Jahre dem Polizeivollzugsdienst angehören. Sie unterrichten die örtlichen Polizeidienststellen rechtzeitig über Ermittlungen in deren Zuständigkeitsbereich, sofern nicht schwerwiegende Gründe entgegenstehen. Zu den Ermittlungshandlungen sollen, soweit es zweckmäßig ist, Beamte der örtlich zuständigen Polizeidienststellen hinzugezogen werden.

(2) Die polizeilichen Dienststellen des Bundes und der Länder geben dem Bundeskriminalamt in Fällen, in denen es im Rahmen seiner Zuständigkeit ermittelt, sowie den von ihm gemäß § 17 Abs. 1 entsandten Beamten Auskunft und gewähren Akteneinsicht. Das gleiche gilt für die nach § 18 Abs. 1 tätig werdenden Polizeibeamten der Länder.

(3) Die örtlich zuständigen Polizeidienststellen gewähren Beamten des Bundeskriminalamtes oder, im Falle einer Zuweisung nach § 18 Abs. 1, eines anderen Landes, die Ermittlungen durchführen, personelle und sachliche Unterstützung.

(4) Polizeivollzugsbeamte des Bundeskriminalamtes können im Zuständigkeitsbereich eines Landes tätig werden, wenn das jeweilige Landesrecht es vorsieht.

§ 20 **Datenspeicherung für Zwecke künftiger Strafverfahren**

Unter den Voraussetzungen des § 8 kann das Bundeskriminalamt personenbezogene Daten, die es bei der Wahrnehmung seiner Aufgaben auf dem Gebiet der Strafverfolgung erlangt hat, für Zwecke künftiger Strafverfahren in Dateien speichern, verändern und nutzen.

Unterabschnitt 4 Schutz von Mitgliedern der Verfassungsorgane

§ 21 **Allgemeine Befugnisse**

(1) Zur Erfüllung seiner Aufgaben nach § 5 kann das Bundeskriminalamt die notwendigen Maßnahmen treffen, um eine im Einzelfall bestehende Gefahr für die öffentliche Sicherheit abzuwehren, soweit nicht dieses Gesetz die Befugnisse des Bundeskriminalamtes besonders regelt. Die zur Erfüllung der Aufgaben nach § 5 geregelten Befugnisse gelten nur im räumlichen Umfeld einer zu schützenden Person sowie in bezug auf Personen, wenn Anhaltspunkte dafür vorliegen, daß von ihnen Gefährdungen für die zu schützende Person ausgehen können. Die §§ 15 bis 20 des Bundesgrenzschutzgesetzes gelten entsprechend.

(2) Wenn Tatsachen die Annahme rechtfertigen, daß Straftaten begangen werden sollen, durch die die zu schützenden Personen oder Räumlichkeiten unmittelbar gefährdet sind, kann das Bundeskriminalamt

1. die Identität einer Person feststellen, wenn die Person sich in den zu schützenden Räumlichkeiten oder in unmittelbarer Nähe hiervon oder in unmittelbarer Nähe der zu schützenden Person aufhält und die Feststellung der Identität auf Grund der Gefährdungslage oder auf die Person bezogener Anhaltspunkte erforderlich ist; § 23 Abs. 3 Satz 1, 2, 4 und 5 des Bundesgrenzschutzgesetzes gilt entsprechend,
2. verlangen, daß Berechtigungsscheine, Bescheinigungen, Nachweise oder sonstige Urkunden zur Prüfung ausgehändigt werden, soweit es zur Erfüllung seiner Aufgabe erforderlich ist und der Betroffene auf Grund einer Rechtsvorschrift verpflichtet ist, diese Urkunden mitzuführen,
3. eine Person oder eine Sache durchsuchen, wenn sie sich in den zu schützenden Räumlichkeiten oder in unmittelbarer Nähe hiervon oder in unmittelbarer Nähe der zu schützenden Person aufhält oder befindet und die Durchsuchung auf Grund der Gefährdungslage oder auf die Person oder Sache bezogener Anhaltspunkte erforderlich ist; § 43 Abs. 3 bis 5 und § 44 Abs. 3 des Bundesgrenzschutzgesetzes gelten entsprechend.

(3) Das Bundeskriminalamt kann erkennungsdienstliche Maßnahmen nach § 24 Abs. 3 des Bundesgrenzschutzgesetzes vornehmen, wenn eine nach Absatz 2 Nr. 1 zulässige Identitätsfeststellung auf andere Weise nicht oder nur unter erheblichen Schwierigkeiten möglich ist. Ist die Identität festgestellt, sind die im Zusammenhang mit der Feststellung angefallenen Unterlagen zu vernichten. Dies gilt nicht, wenn ihre weitere Aufbewahrung zur Verhütung von Straftaten gegen die zu schützenden Personen oder Räumlichkeiten erforderlich ist, weil der Betroffene verdächtig ist, eine solche Straftat begangen zu haben und wegen der Art oder Ausführung der Tat die Gefahr einer Wiederholung besteht oder wenn die weitere

Aufbewahrung nach anderen Rechtsvorschriften zulässig ist. Sind die Unterlagen an andere Stellen übermittelt worden, sind diese über die erfolgte Vernichtung zu unterrichten.

(4) Das Bundeskriminalamt kann zur Abwehr einer Gefahr für die zu schützenden Personen oder Räumlichkeiten eine Person vorübergehend von einem Ort verweisen oder ihr vorübergehend das Betreten eines Ortes verbieten.

(5) Das Bundeskriminalamt kann zur Abwehr einer gegenwärtigen Gefahr für die zu schützenden Personen oder Räumlichkeiten eine Sache sicherstellen. Die §§ 48 bis 50 des Bundesgrenzschutzgesetzes gelten entsprechend.

(6) Das Bundeskriminalamt kann eine Wohnung ohne Einwilligung des Inhabers betreten und durchsuchen, wenn dies zur Abwehr einer gegenwärtigen Gefahr für Leib, Leben oder Freiheit einer zu schützenden Person unerläßlich ist. Die Wohnung umfaßt die Wohn- und Nebenräume, Arbeits-, Betriebs- und Geschäftsräume sowie anderes befriedetes Besitztum. § 46 des Bundesgrenzschutzgesetzes gilt entsprechend.

(7) Das Bundeskriminalamt kann eine Person in Gewahrsam nehmen, wenn dies unerläßlich ist, um die unmittelbar bevorstehende Begehung einer Straftat gegen die zu schützenden Personen oder Räumlichkeiten zu verhindern. § 40 Abs. 1 und 2, die §§ 41 und 42 Abs. 1 Satz 1 und Abs. 2 des Bundesgrenzschutzgesetzes gelten entsprechend.

§ 22 **Erhebung personenbezogener Daten**

Das Bundeskriminalamt kann personenbezogene Daten erheben, soweit dies zur Erfüllung seiner Aufgaben nach § 5 erforderlich ist. § 21 Abs. 3 und 4 des Bundesgrenzschutzgesetzes gilt entsprechend.

§ 23 **Besondere Mittel der Datenerhebung**

(1) Das Bundeskriminalamt kann personenbezogene Daten mit den besonderen Mitteln nach Absatz 2 erheben über

1. Personen, bei denen Tatsachen die Annahme rechtfertigen, daß von ihnen eine Straftat gegen Leib, Leben oder Freiheit einer zu schützenden Person oder eine gemeingefährliche Straftat gegen eine der in § 5 genannten Räumlichkeiten verübt werden soll, oder
2. sonstige Personen, wenn Tatsachen die Annahme rechtfertigen, daß sie, insbesondere als Kontakt- oder Begleitpersonen, mit einer der in Nummer 1 genannten Personen in einer Weise in Verbindung stehen oder treten werden, die erwarten läßt, daß die Maßnahme zur Verhütung von Straftaten im Sinne der Nummer 1 beitragen wird, und die Abwehr der Gefahr oder die

Verhütung der Straftat auf andere Weise aussichtslos ist oder wesentlich erschwert würde. Die Erhebung kann auch durchgeführt werden, wenn Dritte unvermeidbar betroffen werden.

(2) Besondere Mittel der Datenerhebung sind

1. die planmäßig angelegte Beobachtung einer Person, die durchgehend länger als vierundzwanzig Stunden dauern oder an mehr als zwei Tagen stattfinden soll (längerfristige Observation),
2. der Einsatz technischer Mittel außerhalb der Wohnung in einer für den Betroffenen nicht erkennbaren Weise

a) zur Anfertigung von Bildaufnahmen oder -aufzeichnungen,
b) zum Abhören oder Aufzeichnen des nicht öffentlich gesprochenen Wortes und

3. der Einsatz von Personen, die nicht dem Bundeskriminalamt angehören und deren Zusammenarbeit mit dem Bundeskriminalamt Dritten nicht bekannt ist.

(3) Der Einsatz von besonderen Mitteln nach Absatz 2 darf, außer bei Gefahr im Verzug, nur durch den Leiter der für den Personenschutz zuständigen Abteilung des Bundeskriminalamtes oder dessen Vertreter angeordnet werden. Die Anordnung ist unter Angabe der maßgeblichen Gründe aktenkundig zu machen und auf höchstens einen Monat zu befristen. Die Verlängerung der Maßnahme bedarf einer neuen Anordnung. Die Entscheidung über die Verlängerung der Maßnahme darf in den Fällen des Absatzes 2 Nr. 1 und 2 Buchstabe b nur durch den Richter getroffen werden. Zuständig ist das Amtsgericht, in dessen Bezirk das Bundeskriminalamt seinen Sitz hat. Für das Verfahren gelten die Vorschriften des Gesetzes über die Angelegenheiten der freiwilligen Gerichtsbarkeit entsprechend.

(4) Unterlagen, die durch Maßnahmen der in Absatz 2 genannten Art erlangt worden sind, sind unverzüglich zu vernichten, soweit sie für den der Anordnung zugrundeliegenden Zweck oder nach Maßgabe der Strafprozeßordnung zur Verfolgung einer Straftat nicht oder nicht mehr erforderlich sind.

(5) Nach Abschluß der in Absatz 2 Nr. 1 und 2 Buchstabe b bezeichneten Maßnahmen ist die Person, gegen die die Maßnahme angeordnet worden ist, zu unterrichten, sobald dies ohne Gefährdung des Zwecks der Maßnahme oder der öffentlichen Sicherheit geschehen kann. Die Unterrichtung durch das Bundeskriminalamt unterbleibt, wenn wegen des auslösenden Sachverhalts ein

strafrechtliches Ermittlungsverfahren gegen den Betroffenen geführt wird und durch die Unterrichtung der Untersuchungszweck gefährdet würde; die Entscheidung trifft die Staatsanwaltschaft.

§ 24 **Datenübermittlung an das Bundeskriminalamt**

Behörden und sonstige öffentliche Stellen können von sich aus an das Bundeskriminalamt personenbezogene Daten übermitteln, wenn tatsächliche Anhaltspunkte bestehen, daß die Übermittlung für die Erfüllung der Aufgaben des Bundeskriminalamtes nach § 5 erforderlich ist. Eine Übermittlungspflicht besteht, wenn die Daten zur Abwehr einer Gefahr für Leib, Leben oder Freiheit erforderlich sind. Die Verantwortung für die Zulässigkeit der Übermittlung trägt die übermittelnde Stelle. Erfolgt die Übermittlung auf Ersuchen des Bundeskriminalamtes, trägt dieses die Verantwortung.

§ 25 **Verarbeitung und Nutzung personenbezogener Daten**

(1) Das Bundeskriminalamt kann personenbezogene Daten verarbeiten und nutzen, soweit dies zur Erfüllung seiner Aufgaben zum Schutz von Mitgliedern von Verfassungsorganen erforderlich ist. Die Übermittlung der im Rahmen der Aufgabenerfüllung nach § 5 gewonnenen Daten ist unter den Voraussetzungen der §§ 10 und 14 zulässig.

(2) Die zur Erfüllung der Aufgaben nach § 5 erhobenen Daten sind in Dateien zu löschen und in Akten zu sperren, wenn sie für den der Erhebung zugrundeliegenden Zweck nicht mehr erforderlich sind. Dies gilt nicht, wenn sie zur Verfolgung von Straftaten oder nach Maßgabe des § 8 zur Verhütung oder zur Vorsorge für die Verfolgung künftiger Straftaten mit erheblicher Bedeutung benötigt werden.

Unterabschnitt 5 Zeugenschutz

§ 26 **Befugnisse**

(1) Zur Erfüllung seiner Aufgabe nach § 6 kann das Bundeskriminalamt, soweit nicht dieses Gesetz die Befugnisse besonders regelt, die notwendigen Maßnahmen treffen, um eine im Einzelfall bestehende Gefahr für Leib, Leben, Gesundheit, Freiheit der Willensentschließung und -betätigung oder wesentliche Vermögenswerte der in § 6 genannten Personen abzuwehren. Die Maßnahmen können auch nach rechtskräftigem Abschluß des Strafverfahrens, in dem die Aussage erfolgt ist, fortgeführt werden; für den Fall, daß noch die Strafvollstreckung betrieben wird, sind die Maßnahmen im Einvernehmen mit der Strafvollstreckungsbehörde und im Falle fortdauernder Inhaftierung auch im Einvernehmen mit der Justizvollzugsbehörde durchzuführen.

§ 21 Abs. 2 bis 7, die §§ 22 bis 25 dieses Gesetzes sowie die §§ 15 bis 20 des Bundesgrenzschutzgesetzes gelten entsprechend.

(2) Von Maßnahmen des Bundeskriminalamtes, die nach Absatz 1 getroffen werden, sind die zuständigen Landeskriminalämter und die für die Strafverfolgung zuständige Staatsanwaltschaft unverzüglich zu unterrichten. Nach Erhebung der öffentlichen Klage ist das Gericht unverzüglich zu unterrichten, ob das Bundeskriminalamt Maßnahmen nach Absatz 1 durchführt. Sollen die Maßnahmen eingestellt werden, ist die Staatsanwaltschaft zu unterrichten.

Abschnitt 3 Gemeinsame Bestimmungen

§ 27 **Übermittlungsverbote**

Die Übermittlung nach den Vorschriften dieses Gesetzes unterbleibt, wenn

1. für die übermittelnde Stelle erkennbar ist, daß unter Berücksichtigung der Art der Daten und ihrer Erhebung die schutzwürdigen Interessen des Betroffenen das Allgemeininteresse an der Übermittlung überwiegen, oder
2. besondere bundesgesetzliche Verwendungsregelungen entgegenstehen; die Verpflichtung zur Wahrung gesetzlicher Geheimhaltungspflichten oder von Berufs- oder besonderen Amtsgeheimnissen, die nicht auf gesetzlichen Vorschriften beruhen, bleibt unberührt.

Satz 1 Nr. 1 gilt nicht für Übermittlungen an die Staatsanwaltschaften.

§ 28 **Abgleich personenbezogener Daten mit Dateien**

(1) Das Bundeskriminalamt kann personenbezogene Daten mit dem Inhalt von Dateien, die es zur Erfüllung der ihm obliegenden Aufgaben führt oder für die es zur Erfüllung dieser Aufgaben Berechtigung zum Abruf hat, abgleichen, wenn Grund zu der Annahme besteht, daß dies zur Erfüllung einer ihm obliegenden Aufgabe erforderlich ist. Es kann im Rahmen seiner Aufgabenerfüllung erlangte personenbezogene Daten mit dem Fahndungsbestand abgleichen.

(2) Rechtsvorschriften über den Datenabgleich in anderen Fällen bleiben unberührt.

§ 29 **Verarbeitung und Nutzung für die wissenschaftliche Forschung**

(1) Das Bundeskriminalamt kann im Rahmen seiner Aufgaben bei ihm vorhandene personenbezogene Daten, wenn dies für bestimmte wissenschaftliche Forschungsarbeiten erforderlich ist, verarbeiten und nutzen, soweit eine Verwendung anonymisierter Daten zu diesem Zweck nicht möglich ist und das öffentliche Interesse an der Forschungsarbeit das schutzwürdige Interesse des Betroffenen erheblich überwiegt.

(2) Das Bundeskriminalamt kann personenbezogene Daten an Hochschulen, andere Einrichtungen, die wissenschaftliche Forschung betreiben, und öffentliche Stellen übermitteln, soweit

1. dies für die Durchführung bestimmter wissenschaftlicher Forschungsarbeiten erforderlich ist,
2. eine Nutzung anonymisierter Daten zu diesem Zweck nicht möglich ist und
3. das öffentliche Interesse an der Forschungsarbeit das schutzwürdige Interesse des Betroffenen an dem Ausschluß der Übermittlung erheblich überwiegt.

(3) Die Übermittlung der Daten erfolgt durch Erteilung von Auskünften, wenn hierdurch der Zweck der Forschungsarbeit erreicht werden kann und die Erteilung keinen unverhältnismäßigen Aufwand erfordert. Andernfalls kann auch Akteneinsicht gewährt werden. Die Akten können zur Einsichtnahme übersandt werden.

(4) Personenbezogene Daten werden nur an solche Personen übermittelt, die Amtsträger oder für den öffentlichen Dienst besonders Verpflichtete sind oder die zur Geheimhaltung verpflichtet worden sind. § 1 Abs. 2, 3 und 4 Nr. 2 des Verpflichtungsgesetzes findet auf die Verpflichtung zur Geheimhaltung entsprechende Anwendung.

(5) Die personenbezogenen Daten dürfen nur für die Forschungsarbeit verwendet werden, für die sie übermittelt worden sind. Die Verwendung für andere Forschungsarbeiten oder die Weitergabe richtet sich nach den Absätzen 2 bis 4 und bedarf der Zustimmung der Stelle, die die Daten übermittelt hat.

(6) Die Daten sind gegen unbefugte Kenntnisnahme durch Dritte zu schützen. Die wissenschaftliche Forschung betreibende Stelle hat dafür zu sorgen, daß die Verwendung der personenbezogenen Daten räumlich und organisatorisch getrennt von der Erfüllung solcher Verwaltungsaufgaben oder Geschäftszwecke erfolgt, für die diese Daten gleichfalls von Bedeutung sein können.

(7) Sobald der Forschungszweck es erlaubt, sind die personenbezogenen Daten zu anonymisieren. Solange dies noch nicht möglich ist, sind die Merkmale gesondert aufzubewahren, mit denen Einzelangaben über persönliche oder sachliche Verhältnisse einer bestimmten oder bestimmbaren Person zugeordnet werden können. Sie dürfen mit den Einzelangaben nur zusammengeführt werden, soweit der Forschungszweck dies erfordert.

(8) Wer nach den Absätzen 2 bis 4 personenbezogene Daten erhalten hat, darf diese nur veröffentlichen, wenn dies für die Darstellung von Forschungsergebnissen über Ereignisse der Zeitgeschichte unerläßlich ist und das Bundeskriminalamt zugestimmt hat.

(9) Ist der Empfänger eine nicht-öffentliche Stelle, gilt § 38 des Bundesdatenschutzgesetzes mit der Maßgabe, daß die Aufsichtsbehörde die Ausführung der Vorschriften über den Datenschutz auch dann überwacht, wenn keine hinreichenden Anhaltspunkte für eine Verletzung dieser Vorschriften vorliegen oder wenn der Empfänger die personenbezogenen Daten nicht in Dateien verarbeitet.

§ 30 **Weitere Verwendung von Daten**

(1) Das Bundeskriminalamt kann bei ihm vorhandene personenbezogene Daten zur polizeilichen Aus- und Fortbildung oder zu statistischen Zwecken nutzen, soweit eine Nutzung anonymisierter Daten zu diesem Zweck nicht möglich ist. Gleiches gilt für die Übermittlung an die Landeskriminalämter zu kriminalstatistischen Zwecken. Die Daten sind zum frühestmöglichen Zeitpunkt zu anonymisieren.

(2) Das Bundeskriminalamt kann, wenn dies zur Vorgangsverwaltung oder zur befristeten Dokumentation polizeilichen Handelns erforderlich ist, personenbezogene Daten speichern und ausschließlich zu diesem Zweck nutzen.

§ 31 **Benachrichtigung über die Speicherung personenbezogener Daten von Kindern**

Werden personenbezogene Daten von Kindern, die ohne Kenntnis der Sorgeberechtigten erhoben worden sind, gespeichert, sind die Sorgeberechtigten zu unterrichten, sobald die Aufgabenerfüllung hierdurch nicht mehr gefährdet wird. Von der Unterrichtung kann abgesehen werden, solange zu besorgen ist, daß die Unterrichtung zu erheblichen Nachteilen für das Kind führt. Im Rahmen des polizeilichen Informationssystems obliegt diese Verpflichtung der dateneingebenden Stelle.

§ 32 **Berichtigung, Löschung und Sperrung personenbezogener Daten in Dateien**

(1) Das Bundeskriminalamt hat die in Dateien gespeicherten personenbezogenen Daten zu berichtigen, wenn sie unrichtig sind.

(2) Das Bundeskriminalamt hat die in Dateien gespeicherten personenbezogenen Daten zu löschen, wenn ihre Speicherung unzulässig ist oder ihre Kenntnis für die Aufgabenerfüllung nicht mehr erforderlich ist. An die Stelle einer Löschung tritt eine Sperrung, wenn

1. Grund zu der Annahme besteht, daß durch die Löschung schutzwürdige Interessen einer betroffenen Person beeinträchtigt würden,
2. die Daten für laufende Forschungsarbeiten benötigt werden oder

3. eine Löschung wegen der besonderen Art der Speicherung nicht oder nur mit unverhältnismäßigem Aufwand möglich ist.

Gesperrte Daten dürfen nur für den Zweck übermittelt und genutzt werden, für den die Löschung unterblieben ist; sie dürfen auch übermittelt und genutzt werden, soweit dies zur Behebung einer bestehenden Beweisnot unerläßlich ist oder der Betroffene einwilligt.

(3) Das Bundeskriminalamt prüft bei der Einzelfallbearbeitung und nach festgesetzten Fristen, ob gespeicherte personenbezogene Daten zu berichtigen oder zu löschen sind. Die nach § 34 Abs. 1 Satz 1 Nr. 8 festzulegenden Aussonderungsprüffristen dürfen bei Erwachsenen zehn Jahre, bei Jugendlichen fünf Jahre und bei Kindern zwei Jahre nicht überschreiten, wobei nach Zweck der Speicherung sowie Art und Schwere des Sachverhalts zu unterscheiden ist.

(4) In den Fällen von § 8 Abs. 4 dürfen die Aussonderungsprüffristen bei Erwachsenen fünf Jahre und bei Jugendlichen drei Jahre nicht überschreiten. Personenbezogene Daten der in § 8 Abs. 4 Satz 1 bezeichneten Personen können ohne Zustimmung des Betroffenen nur für die Dauer eines Jahres gespeichert werden. Die Speicherung für jeweils ein weiteres Jahr ist zulässig, soweit die Voraussetzungen des § 8 Abs. 4 Satz 1 weiterhin vorliegen. Die maßgeblichen Gründe für die Aufrechterhaltung der Speicherung nach Satz 3 sind aktenkundig zu machen. Die Speicherung nach Satz 2 darf jedoch insgesamt drei Jahre und bei der Verhütung und Verfolgung von Straftaten nach § 129a des Strafgesetzbuches fünf Jahre nicht überschreiten.

(5) Die Fristen beginnen mit dem Tag, an dem das letzte Ereignis eingetreten ist, das zur Speicherung der Daten geführt hat, jedoch nicht vor Entlassung des Betroffenen aus einer Justizvollzugsanstalt oder Beendigung einer mit Freiheitsentziehung verbundenen Maßregel der Besserung und Sicherung. Die Speicherung kann über die in Absatz 3 Satz 2 genannten Fristen hinaus auch allein für Zwecke der Vorgangsverwaltung aufrechterhalten werden; in diesem Falle können die Daten nur noch für diesen Zweck oder zur Behebung einer bestehenden Beweisnot verwendet werden.

(6) Stellt das Bundeskriminalamt fest, daß unrichtige, zu löschende oder zu sperrende Daten übermittelt worden sind, ist dem Empfänger die Berichtigung, Löschung oder Sperrung mitzuteilen, wenn dies zur Wahrung schutzwürdiger Interessen des Betroffenen erforderlich ist.

(7) Bei der Übermittlung von personenbezogenen Daten an das Bundeskriminalamt als Zentralstelle außerhalb des polizeilichen Informationssystems teilt die anliefernde Stelle die nach ihrem Recht geltenden Löschungsverpflichtungen mit. Das Bundeskriminalamt hat diese einzuhalten. Die Löschung unterbleibt, wenn Anhaltspunkte dafür bestehen, daß die Daten für

die Aufgabenerfüllung des Bundeskriminalamtes als Zentralstelle, namentlich bei Vorliegen weitergehender Erkenntnisse, erforderlich sind, es sei denn, auch das Bundeskriminalamt wäre zur Löschung verpflichtet.

(8) Im Falle der Übermittlung nach Absatz 7 Satz 1 legt das Bundeskriminalamt bei Speicherung der personenbezogenen Daten in Dateien außerhalb des polizeilichen Informationssystems im Benehmen mit der übermittelnden Stelle die Aussonderungsprüffrist nach Absatz 3 oder Absatz 4 fest. Die anliefernde Stelle hat das Bundeskriminalamt zu unterrichten, wenn sie feststellt, daß zu löschende oder zu sperrende Daten übermittelt worden sind. Entsprechendes gilt, wenn die anliefernde Stelle feststellt, daß unrichtige Daten übermittelt wurden und die Berichtigung zur Wahrung schutzwürdiger Interessen des Betroffenen oder zur Erfüllung der Aufgaben der anliefernden Stelle oder des Bundeskriminalamtes erforderlich ist.

(9) Bei in Dateien des polizeilichen Informationssystems gespeicherten personenbezogenen Daten obliegen die in den Absätzen 1 bis 6 genannten Verpflichtungen der Stelle, die die datenschutzrechtliche Verantwortung nach § 12 Abs. 2 trägt. Absatz 7 Satz 3 gilt für das zur Löschung verpflichtete Land entsprechend. In diesem Falle überläßt das Land dem Bundeskriminalamt die entsprechenden schriftlichen Unterlagen.

§ 33 **Berichtigung, Sperrung und Vernichtung personenbezogener Daten in Akten**

(1) Stellt das Bundeskriminalamt die Unrichtigkeit personenbezogener Daten in Akten fest, ist dies in der Akte zu vermerken oder auf sonstige Weise festzuhalten. Bestreitet der Betroffene die Richtigkeit gespeicherter Daten und läßt sich weder die Richtigkeit noch die Unrichtigkeit feststellen, sind die Daten entsprechend zu kennzeichnen.

(2) Das Bundeskriminalamt hat personenbezogene Daten in Akten zu sperren, wenn

1. die Speicherung der Daten unzulässig ist oder
2. aus Anlaß einer Einzelfallbearbeitung festgestellt wird, daß die Kenntnis der Daten zur Erfüllung der dem Bundeskriminalamt obliegenden Aufgaben nicht mehr erforderlich ist oder eine Löschungsverpflichtung nach § 32 Abs. 3 bis 5 besteht. Die Akte ist zu vernichten, wenn sie insgesamt zur Erfüllung der Aufgaben des Bundeskriminalamtes nicht mehr erforderlich ist.

(3) Die Vernichtung unterbleibt, wenn

1. Grund zu der Annahme besteht, daß andernfalls schutzwürdige Interessen der betroffenen Person beeinträchtigt würden, oder
2. die Daten für laufende Forschungsarbeiten benötigt werden.

In diesen Fällen sind die Daten zu sperren und die Unterlagen mit einem entsprechenden Sperrvermerk zu versehen.

(4) Gesperrte Daten dürfen nur für den Zweck verwendet werden, für den sie gesperrt worden sind oder soweit dies zur Behebung einer bestehenden Beweisnot oder zur Abwehr einer erheblichen Gefahr unerläßlich ist.

(5) Anstelle der Vernichtung nach Absatz 2 Satz 2 sind die Akten an das zuständige Archiv abzugeben, sofern diesen Unterlagen bleibender Wert im Sinne des § 3 des Bundesarchivgesetzes zukommt.

(6) § 32 Abs. 6 bis 8 gilt entsprechend.

§ 34 **Errichtungsanordnung**

(1) Das Bundeskriminalamt hat für jede bei ihm zur Erfüllung seiner Aufgaben geführte automatisierte Datei mit personenbezogenen Daten in einer Errichtungsanordnung, die der Zustimmung des Bundesministeriums des Innern bedarf, festzulegen:

1. Bezeichnung der Datei,
2. Rechtsgrundlage und Zweck der Datei,
3. Personenkreis, über den Daten gespeichert werden,
4. Art der zu speichernden personenbezogenen Daten,
5. Arten der personenbezogenen Daten, die der Erschließung der Datei dienen,
6. Anlieferung oder Eingabe der zu speichernden Daten,
7. Voraussetzungen, unter denen in der Datei gespeicherte personenbezogene Daten an welche Empfänger und in welchem Verfahren übermittelt werden,
8. Prüffristen und Speicherungsdauer,
9. Protokollierung.

Der Bundesbeauftragte für den Datenschutz ist vor Erlaß einer Errichtungsanordnung anzuhören.

(2) Bei Dateien des polizeilichen Informationssystems bedarf die Errichtungsanordnung auch der Zustimmung der zuständigen Innenministerien und Senatsinnenverwaltungen der Länder.

(3) Ist im Hinblick auf die Dringlichkeit der Aufgabenerfüllung eine Mitwirkung der in den Absätzen 1 und 2 genannten Stellen nicht möglich, so kann das Bundeskriminalamt, in den Fällen des Absatzes 2 im Einvernehmen mit den betroffenen Teilnehmern des polizeilichen Informationssystems, eine Sofortanordnung treffen. Das Bundeskriminalamt unterrichtet

gleichzeitig unter Vorlage der Sofortanordnung das Bundesministerium des Innern. Das Verfahren nach den Absätzen 1 und 2 ist unverzüglich nachzuholen.

(4) In angemessenen Abständen ist die Notwendigkeit der Weiterführung oder Änderung der Dateien zu überprüfen.

§ 35 **Ergänzende Regelungen**

Erleidet jemand bei der Erfüllung der Aufgaben des Bundeskriminalamtes nach den §§ 4 bis 6 einen Schaden, so gelten die §§ 51 bis 56 des Bundesgrenzschutzgesetzes entsprechend.

§ 36 **Erlaß von Verwaltungsvorschriften**

Die Bundesregierung kann mit Zustimmung des Bundesrates die zur Durchführung dieses Gesetzes erforderlichen allgemeinen Verwaltungsvorschriften erlassen.

§ 37 **Geltung des Bundesdatenschutzgesetzes**

Bei der Erfüllung der Aufgaben nach den §§ 2, 3, 5 und 6 durch das Bundeskriminalamt finden die §§ 10, 13, 14 Abs. 1, 2 und 4, § 15 Abs. 1, 2 Satz 2 und 3, Abs. 3 bis 6, die §§ 16, 17, 18 Abs. 2 Satz 2 und Abs. 3 sowie § 20 des Bundesdatenschutzgesetzes keine Anwendung.

§ 38 **Einschränkung von Grundrechten**

Die Grundrechte der körperlichen Unversehrtheit (Artikel 2 Abs. 2 Satz 1 des Grundgesetzes), der Freiheit der Person (Artikel 2 Abs.2 Satz 2 des Grundgesetzes), der Freizügigkeit (Artikel 11 Abs. 1 des Grundgesetzes) und der Unverletzlichkeit der Wohnung (Artikel 13 des Grundgesetzes) werden nach Maßgabe dieses Gesetzes eingeschränkt.

Artikel 2 Änderung des Gesetzes über die internationale Rechtshilfe in Strafsachen

In § 74 des Gesetzes über die internationale Rechtshilfe in Strafsachen in der Fassung der Bekanntmachung vom 27. Juni 1994 (BGBl. I S. 1537), das durch § 7 des Gesetzes vom 10. April 1995 (BGBl. I S. 485) geändert worden ist, wird nach Absatz 2 folgender Absatz angefügt:

(3) Die Befugnisse des Bundeskriminalamtes zur Datenübermittlung, Ausschreibung und Identitätsfeststellung auf ausländisches Ersuchen richten sich nach § 14 Abs. 1 Satz 1 Nr. 2 und § 15 Abs. 1 bis 3 des Bundeskriminalamtgesetzes.«

Artikel 3 Änderung des Bundesgrenzschutzgesetzes

Das Bundesgrenzschutzgesetz vom 19. Oktober 1994 (BGBl. I S. 2978, 2979) wird wie folgt geändert:

1. § 9 Abs. 1 Satz 1 Nr. 3 wird wie folgt gefaßt:
2. In § 62 Abs. 4 Satz 2 wird die Angabe »§ 19« durch die Angabe »§ 19b« ersetzt.
3. das Bundeskriminalamt bei der Wahrnehmung seiner Schutzaufgaben nach § 5 des Bundeskriminalamtgesetzes.

Artikel 4 Änderung des Sorgerechts übereinkommens-Ausführungsgesetzes

In § 3 Abs. 1 des Sorgerechtsübereinkommens-Ausführungsgesetzes vom 5. April 1990 (BGBl. I S. 701) wird nach Satz 1 folgender Satz eingefügt:

»Unter den Voraussetzungen des Satzes 1 kann die zentrale Behörde auch die Ausschreibung zur Aufenthaltsermittlung durch das Bundeskriminalamt veranlassen.«

Artikel 5 Änderung des Bundesbeamtengesetzes

§ 36 Abs. 1 Nr. 7 des Bundesbeamtengesetzes in der Fassung der Bekanntmachung vom 27. Februar 1985 (BGBl. I S. 479), das zuletzt durch Artikel 2 des Gesetzes vom 24. Februar 1997 (BGBl. I S. 322) geändert worden ist, wird wie folgt gefaßt:

»7. den Präsidenten des Bundeskriminalamtes,«.

Artikel 6 Änderung des Bundesbesoldungsgesetzes

Die Anlage I (Bundesbesoldungsordnungen A und B) des Bundesbesoldungsgesetzes in der Fassung der Bekanntmachung vom 16. Mai 1997 (BGBl. I S. 1065) wird wie folgt geändert:

In der Besoldungsgruppe B 4 wird bei der Amtsbezeichnung »Erster Direktor beim Bundeskriminalamt« der Funktionszusatz »- als Leiter der beiden Hauptabteilungen -« durch den Funktionszusatz »- als Leiter einer Hauptabteilung -« ersetzt.

Artikel 7 Inkrafttreten, Außerkrafttreten

Dieses Gesetz tritt am 1. August 1997 in Kraft. Gleichzeitig tritt das Gesetz über die Errichtung eines Bundeskriminalpolizeiamtes (Bundeskriminalamtes) in der Fassung der Bekanntmachung vom 29. Juni 1973 (BGBl. I S. 704), zuletzt geändert durch Artikel 2 des Gesetzes vom 19. Oktober 1994 (BGBl. I S. 2978), außer Kraft.

Die verfassungsmäßigen Rechte des Bundesrates sind gewahrt.

Das vorstehende Gesetz wird hiermit ausgefertigt und wird im Bundesgesetzblatt verkündet.

Berlin, den 7. Juli 1997

Der Bundespräsident Roman Herzog

Der Bundeskanzler Dr. Helmut Kohl

Der Bundesminister des Innern Kanther

Der Bundesminister der Justiz Schmidt-Jortzig

QUELLENVERZEICHNIS

QUELLENVERZEICHNIS

2000. Spurenverursacher ermittelt. Daktyloskopen auf Erfolgskurs, in: Bayerns Polizei, Nr. 2, 1997.

Ackermann, Rolf/Clages, Horst/Roll, Holger: *Handbuch der Kriminalistik für Praxis und Ausbildung*, Boorberg Verlag: Stuttgart u.a., 2000.

Aden, Hartmut: *Das Bundeskriminalamt. Intelligence-Zentrale oder Schaltstelle des bundesdeutschen Polizeisystems?*, in: Bürgerrechte & Polizei/CILIP 62, 1/1999, S. 6 - 17.

Aden, Hartmut: *EUROPOL und „operative Ermittlungsmethoden"*, in: Bürgerrechte und Polizei/CILIP 58, 3/1997, S. 65 - 69.

Ahlf, Ernst-Heinrich: *Das Bundeskriminalamt als Zentralstelle*, Dissertation zur Erlangung des Doktorgrades an der Deutschen Hochschule für Verwaltungswissenschaften Speyer, 1985.

Alberts, Hans W./Merten, Karlheinz: *Gesetz über die Datenverarbeitung der Polizei: Kommentar*, Mauke: Hamburg, 2. überarbeitete und ergänzte Aufl., 1998.

Albrecht, Horst: *Im Dienst der Inneren Sicherheit. Die Geschichte des Bundeskriminalamtes*, Bundeskriminalamt, Wiesbaden, 1988.

Altmann, Reinhard: *Historische Entwicklung der Daktyloskopie*, in: Deutsches Polizeiblatt für die Aus- und Fortbildung, März 1997, S. 4-9.

Anderson, David A.: *The Aggregate Burden of Crime*, Centre College, Kentucky, 27. January 1999.

Anderson, Malcolm: *Interpol and the Developing System of International Police Cooperation*, in: McDonald, William F. (Ed.): Crime and Law Enforcement in the Global Village, Anderson Publishing Company and the Academy of Criminal Justice Sciences of Northern Kentucky University, 1997, S. 89-102.

Anderson, Malcolm: *Policing the World: Interpol and the Politics of International Police Cooperation*, Clarendon: Oxford, 1989.

Aschmann, Gerrit: *Europol aus Sicht der deutschen Länder*, Lang Verlag: Frankfurt am Main, 2000.

Aulehner, Josef: *Polizeiliche Gefahren- und Informationsvorsorge. Grundlagen, Rechts- und Vollzugsstrukturen, dargestellt auch im Hinblick auf die deutsche Beteiligung an einem Europäischen Polizeiamt (EUROPOL)*, Duncker und Humblot: Berlin, 1998.

Bach, Wolfgang: *Die Gruppe KI 2–Technologien*, in: Bundeskriminalamt (Hrsg.): Festschrift für Horst Herold zum 75. Geburtstag. Das Bundeskriminalamt am Ausgang des 20. Jahrhunderts, Bundeskriminalamt, Wiesbaden, 1998, S. 595-616.

Bäumler, Helmut: *Informationsverarbeitung im Polizei- und Strafverfahrensrecht*, in: Lisken, Hans/Denninger, Erhard: Handbuch des Polizeirechts, C.H. Beck Verlag: München, 2001, S. 735 – 911.

Bauch, Wolfgang/Brückner, Lars: *Moderne Ermittlungshilfe oder vertane Chance? Ein Problemaufriss zur DNA-Analyse-Datei aus brandenburgischer Sicht*, http://www.bdk-brandenburg.de (10.02.2003).

Bauch, Wolfgang: *Argumentation: Interpretation der DNA-Analyse-Datei (DAD)*, http://www.bdk-brandenburg.de (13.02.2003).

Bauch, Wolfgang: *DNA-Gesetzgebung: Problemaufriss und Lösungsansätze aus kriminalpraktischer Sicht*, http://www.bdk-brandenburg.de (24.01.2003).

Becker, Stefan/Fischer, Reiner/Göbel, Rainer/Kolla, Peter/Neumann, Helmut/ Simross, Ulrich/Bebber, Peter van: *Fortschritte der analytischen Methoden in der Kriminaltechnik*, in: Bundeskriminalamt (Hrsg.): Festschrift für Horst Herold zum 75. Geburtstag. Das Bundeskriminalamt am Ausgang des 20. Jahrhunderts, Wiesbaden, 1998, S. 345-368.

Boer, Monica den (Ed.): *The Implementation of Schengen: First the Widening, Now the Deepening*, European Institute of Public Administration: Maastricht, 1997.

Boer, Monica den (Ed.): *Schengen Still Going Strong: Evaluation and Update*, European Institute of Public Administration: Maastricht, 2000.

Böse, Martin: *Die Immunität von Europol – ein unterschätztes Verfolgungshindernis?*, in: Neue Juristische Wochenschrift, 1999, S. 2416-2417.

Boge, Heinrich, Aussage im Rahmen des Podiumsgespräches anlässlich der BKA-Arbeitstagung Polizeiliche Datenverarbeitung vom 2. bis 5. November 1982, in: Bundeskriminalamt (Hrsg.): Polizeiliche Datenverarbeitung, BKA-Vortragsreihe Bd. 28, Wiesbaden, 1983, S. 238-240.

Boge, Heinrich: *Thesen zur Funktion und Bedeutung der Datenverarbeitung bei der Polizei*, in: Bundeskriminalamt (Hrsg.): Polizeiliche Datenverarbeitung, BKA-Vortragsreihe Bd. 28, Wiesbaden, 1983, S. 19-35.

Boge, Heinrich: *Wohin führt die technische Entwicklung?*, in: Bundeskriminalamt (Hrsg.): Technik im Dienste der Straftatenbekämpfung, BKA-Vortragsreihe Bd. 35, Wiesbaden, 1990, S. 241-242.

Brammertz, Serge: *Rechtsprobleme der grenzüberschreitenden polizeilichen Zusammenarbeit zwischen den Schengener Staaten*, in: Schriftenreihe der Polizeiführungsakademie, Nr. 1, 1997, S. 109-122.

Brandt, Helmut: *Technik als „Kulturschock" im polizeilichen Alltag?*, in: Bundeskriminalamt (Hrsg.): Technik im Dienste der Straftatenbekämpfung, BKA-Vortragsreihe Bd. 35, Wiesbaden, 1990, S. 119-133.

Brendel, Roland: *Die polizeilichen Informationssysteme - ein Überblick im Extrakt*, in: Die Polizei, Heft 4, 1990, S. 86-89.

Brenner, Michael: *Bundesnachrichtendienst im Rechtsstaat: Zwischen geheimdienstlicher Effizienz und rechtsstaatlicher Kontrolle*, Nomos Verlagsgesellschaft: Baden-Baden, 1. Aufl., 1990.

Bresler, Fenton: INTERPOL, Mandarin Paperbacks: London, 1993.

Brockhaus–Die Enzyklopädie, 20. überarbeitete und aktualisierte Aufl., Bd. 10 & 21, F.A. Brockhaus: Leipzig u.a., 1998, S. 528-529, 599.

Bull, Hans-Peter: *Das Europäische Polizeiamt – undemokratisch und rechtsstaatswidrig? Zur Kontroverse um Auftrag und Ausgestaltung von Europol*, in: Deutsche Richterzeitung, 1998, S. 32-42.

Bundesamt für Verfassungsschutz (Hrsg.): *Bundesamt für Verfassungsschutz: 50 Jahre im Dienst der inneren Sicherheit*, Heymann Verlag: Köln u.a., 2000.

Bundesamt für Verfassungsschutz (Hrsg.): *Bundesamt für Verfassungsschutz. Aufgaben, Befugnisse, Grenzen*, März 1998.

Bundeskriminalamt (Hrsg.): *Das Bundeskriminalamt. Fakten und Zahlen*, Wiesbaden, 2001.

Bundeskriminalamt (Hrsg.): *INPOL-Neu. Das Informationssystem der Zukunft für die deutsche Polizei*, in: INPOL-Nachrichten, Nr. 1/96.

Bundeskriminalamt (Hrsg.): *Kriminalprävention in Deutschland. Länder-Bund-Projektsammlung: Ausgewählte Dokumente aus dem „Infopool Prävention"*, Wiesbaden, 1999.

Bundeskriminalamt (Hrsg.): *Kriminalprävention in Deutschland. Länder-Bund-Projektsammlung: Ausgewählte Dokumente aus dem „Infopool Prävention"*, Hermann Luchterhand-Verlag: Neuwied u.a., 2000.

Bundeskriminalamt (Hrsg.): *Kriminaltechnik. Das Kriminaltechnische Institut des Bundeskriminalamtes: Darstellung ausgewählter Untersuchungsverfahren anhand von Kriminalfällen*, Wiesbaden, 1996.

Bundeskriminalamt (Hrsg.): *Operative Fallanalyse (OFA): Fallanalytische Verfahren und die ViCLAS-Datenbank bei der deutschen Polizei*, Wiesbaden, 1999.

Bundeskriminalamt (Hrsg.): *Perseveranz und kriminalpolizeilicher Meldedienst*, Wiesbaden, 1984.

Bundeskriminalamt (Hrsg.): *Projekt INPOL-Neu: Information zu Historie, Sachstand und Planung*, Wiesbaden, 01.11.1997.

Bundeskriminalamt 1951–1991. Festakt zum vierzigjährigen Bestehen am 25. November 1991, Kriminalistik – Wissenschaft & Praxis, Bd. 30, Kriminalistik-Verlag: Heidelberg, 1992.

Bundesministerium des Innern (Hrsg.): *1. Dateienbericht des Bundesinnenministeriums über die Dateien und Karteien des Bundeskriminalamtes*, Bonn, 1979.

Burghard, W./Herold, H./Hamacher, H./ et. al: *Kriminalistik-Lexikon*, 3. Aufl., Heidelberg, 1996.

Busch, Heiner: *SPUDOK ‚Rostock'. Kommentar zur Errichtungsanordnung*, in: Bürgerrechte & Polizei/CILIP 44, 1/1993, S. 16-17.

Bux, Kuno: Podiumsgespräch anlässlich der Arbeitstagung des Bundeskriminalamtes Wiesbaden vom 2. bis 5. November 1982, in: Bundeskriminalamt (Hrsg.): Polizeiliche Datenverarbeitung, BKA-Vortragsreihe Bd. 28, Wiesbaden, 1983, S. 254-259.

Bygrave, Lee: *Ensuring Right Information on the Right Person(s): Legal Controls on the Quality of Personal Information*, Manuscript Series on Information Technology and Administrative Systems, University of Oslo, Bd. 4, Nr. 4/1996.

Cibis, Jeannine/Jäger, Frank: *Forschung in der Kriminaltechnik*, in: Die Kriminalpolizei, Heft 2, 2001, S. 58-63.

Coelho, Carlos: *Arbeitsdokument über das Überschreiten der Außengrenzen und die Entwicklung der Schengen-Zusammenarbeit (Schengener Informationssystem und Schutz personen-*

bezogener Daten), Ausschuss für die Freiheiten und Rechte der Bürger, Justiz und innere Angelegenheiten des europäischen Parlaments, 23. Januar 2001.

Data Security Scandal: Sensitive SIS-Files Found at Railway Station, in: Fortress Europe Circular Letter, Nr. 52, December 1997.

Daub, Ingo: *Datenschutzrechtliche Probleme im Zusammenhang mit Europol*, in: Schriftenreihe der Polizeiführungsakademie, Nr. 1, 1995, S. 117-126.

Denninger, Erhard: *Verfassungsrechtliche Grenzen polizeilicher Datenverarbeitung insbesondere durch das Bundeskriminalamt*, in: Computer und Recht, Nr. 1, 1998, S. 51-60.

Der Schüler-Duden, *Informatik*, 3. neubearbeitete Aufl., Duden Verlag: Leipzig u.a., 1997, S. 102, 104

Dewald, Michael: *Die Datenbank ViCLAS. Stand und Perspektiven*, in: Kriminalistik, Nr. 4, 2002, S. 248-255.

Dickopf, Paul/Holle, Rolf: *Das Bundeskriminalamt*, Boldt Verlag: Bonn, 1971.

Dietl, Wilhelm: *Die BKA-Story*, Droehmer Verlag: München, 2000.

Dietl, Wilhelm: *Reaktionsstrategien und institutioneller Handlungsbedarf in Deutschland.* Referat im Rahmen des Seminars Importierte Gefährdungen der Inneren Sicherheit, Bundesakademie für Sicherheitspolitik, Leipzig, 5. und 6. November, 2002.

DNA-Analyse-Datei: Stand: 30.06.2001, http://www.bdk-brandenburg.de

Dorenburg, Klaus: *Zentrale Autolacksammlung-ZAS*, in: Landeskriminalamt Baden-Württemberg (Hrsg.): INPOL. IKNPOL. Datenverarbeitung. Bürokommunikation. Ihr Begleiter durch die von der Polizei des Landes Baden-Württemberg genutzten DV-Verfahren, 1998, S. 94-95.

Dörmann, U.: *Crime Analysis*, in: Kube, Edwin/Störzer, Uwe (Ed.): Police Research in the Federal Republic of Germany, Springer Verlag: Berlin u.a., 1991, S. 49-58.

Dörmann/Remmers, in: Bundeskriminalamt (Hrsg.), *Sicherheitsgefühl, Polizeiakzeptanz und Kriminalitätsbewertung*, Wiesbaden, 1999.

Dufner, Karl-Heinz: *Verbindungsbeamte des BKA im Ausland – Eine Erfolgsstory*, in: Bundeskriminalamt (Hrsg.): Festschrift für Horst Herold zum 75. Geburtstag. Das Bundeskriminalamt am Ausgang des 20. Jahrhunderts, Wiesbaden, 1998, S. 259-267.

Erfolgsbilanz der DNA-Analyse-Datei, http://www.bdk-brandenburg.de (11.03.2003).

Fachhochschule für Polizei Sachsen (Hrsg.): *Lehrmaterial Polizeiliche Informationssysteme. PASS, INPOL, NSIS, NATURAL, ZEVIS, AZR*, 1998.

Festakt zum 40jährigen Bestehen des BKA. Leere Jugendherberge wuchs zur Schaltstelle, in: *Rheinische Post*, Nr. 275 vom 26. November 1991.

Fisahn, Andreas: *Europol – Probleme der Kontrolle*, in: Kritische Justiz, 1998, S. 358-371.

Fisher, David: *Hard Evidence*, Dell Publishing: New York, 1995.

Fooner, Michael: *Interpol: Issues in World Crime and International Criminal Justice*, Plenum Press: New York, 1989.

Franz, Alfred: *Kriminalitätsbedingte Ökonomische Gesamtlast (KÖGL)*, Endbericht einer Studie im Auftrag des Kuratoriums Sicheres Österreich, 1993.

Frequently Asked Questions About DNA-Profiling, http://www.interpol.int/Public/Forensic/dna/dnafaq.asp (12.07.2002).

Gelbhaar, Reinhard: *Der militärischer Abschirmdienst der BRD: Funktion, Struktur und Operationsweise*, Militärverlag der Deutschen Demokratischen Republik: Berlin, 1. Aufl., 1986.

Genetische ‚Schleierfahndung' und Gen-Datei-Erfassung - niedersächsische Praxis und die bürgerrechtlichen Kosten. Wortlaut der Kleinen Anfrage der Abgeordnete Frau Stokar von Neuforn (GRÜNE), eingegangen am 25. Mai 1999, Niedersächsischer Landtag (14. Wahlperiode), Drucksache 14/903.

Gerhards, Ralf: *Reengineering der polizeilichen Anwendungen POLIS, PKS und POLADIS mit objekt-orientierten Methoden unter Einsatz eines CASE-Tools* (Anhang B Ist-Analyse: Ist-Analyse zu den Anwendungen POLIS, POLADIS und PKS), unveröffentlichte Diplomarbeit, Fachbereich Informatik der Fachhochschule Wiesbaden, 1996.

Gössner, Rolf: *Einmal verdächtig, immer verdächtig. Göttinger SPUDOK-Skandal, BürgerInnen unter Dauerverdacht*, in: Bürgerrechte & Polizei/CILIP 64, 3/1999, S. 78-81.

Gössner, Rolf (Hrsg.): *Das Anti-Terror System: Politische Justiz im präventiven Sicherheitsstaat*, VSA Verlag: Hamburg, 1991.

Gössner, Rolf (Hrsg.): *Mythos Sicherheit – Der hilflose Schrei nach dem starken Staat*, Nomos-Verlagsgesellschaft: Baden-Baden, 1. Aufl., 1995.

Gray, Charles M. (Ed.): *The Costs of Crime*, Sage Publications: California u.a., 1979.

Gusy, Christoph: *Das verfassungsrechtliche Gebot der Trennung von Polizei und Nachrichtendiensten*, in: Zeitschrift für Rechtspolitik, Nr. 2, 1987, S. 45-52.

Gusy, Christoph: *Polizeirecht*, J.C.B. Mohr (Paul Siebeck): Tübingen, 3. neubearbeitete Aufl., 1996.

Haas, Albert: *Automatisiertes Fingerabdruckindentifizierungssystem AFIS*, in: Landeskriminalmt Baden-Württemberg (Hrsg.): INPOL. IKNPOL. Ihr Begleiter durch die von der Polizei des Landes Baden-Württemberg genutzten DV-Verfahren, Stuttgart, 1998, S. 39-41.

Haas, Albert: *ED - Erkennungsdienst*, in: Landeskriminalamt Baden-Württemberg (Hrsg.): INPOL. IKNPOL. Datenverarbeitung. Bürokommunikation. Ihr Begleiter durch die von der Polizei des Landes Baden-Württemberg genutzten DV-Verfahren, 1998, S. 37-38.

Haas, Albert: *HAFT-Haftdatei*, in: Landeskriminalamt Baden-Württemberg (Hrsg.): INPOL. IKNPOL. Datenverarbeitung. Bürokommunikation. Ihr Begleiter durch die von der Polizei des Landes Baden-Württemberg genutzten DV-Verfahren, 1998, S. 54.

Haas, Albert: *KAN - Kriminalaktennachweis*, in: Landeskriminalamt Baden-Württemberg (Hrsg.): INPOL. IKNPOL. Datenverarbeitung. Bürokommunikation. Ihr Begleiter durch die von der Polizei des Landes Baden-Württemberg genutzten DV-Verfahren, 1998, S. 52-53.

Haas, Albert: *PFD-Personenfahndung*, in: Landeskriminalamt Baden-Württemberg (Hrsg.): INPOL. IKNPOL. Datenverarbeitung. Bürokommunikation. Ihr Begleiter durch die von der Polizei des Landes Baden-Württemberg genutzten DV-Verfahren, 1998, S. 11-12.

Haas, Albert: *Polizeiliche Kriminalstatistik - PKS*, in: Landeskriminalamt Baden-Württemberg (Hrsg.): INPOL. IKNPOL. Datenverarbeitung. Bürokommunikation. Ihr Begleiter durch die von der Polizei des Landes Baden-Württemberg genutzten DV-Verfahren, 1998, S. 77-78.

Hailbronner, Kai (Hrsg.): *Zusammenarbeit der Polizei- und Justizverwaltungen in Europa. Die Situation nach Maastricht – Schengen und SIS*, Kriminalistik-Verlag: Heidelberg, 1996.

Hanning, August: *Aufgaben des Bundesnachrichtensdienstes*, in: Schreckenberger, Waldemar (Hrsg.): *Staatliche Kommunikation und Sicherheit,* Speyerer Arbeitshefte, Nr. 113, Deutsche Hochschule für Verwaltungswissenschaften Speyer, 2000, S. 95-102.

Hansen, H.R.: *Wirtschaftsinformatik I*, Lucius und Lucius Verlag, 7. Aufl., Stuttgart, 1996.

Hecker, Manfred Rudolf: *Handschriften*, in: Kube, Edwin/Störzer, Hans Udo/ Timm, Klaus Jürgen: Kriminalistik. Handbuch für Praxis und Wissenschaft: Bd. 1, Richard Boorberg Verlag: Stuttgart u.a., 1992, S. 795-816.

Heesen, Dietrich (Hrsg.): *Der Bundesgrenzzschutz im Spannungsfeld gesellschaftlicher Entwicklungen*, Fachhochschule des Bundes für Öffentliche Verwaltung (Abteilung Grenzschutz: Fachbereich Öffentliche Sicherheit), Lübeck, Brühl/Rheinland, 1998.

Hemesath, Wolfgang: *Das Schengener Informationssystem - SIS*, in: Kriminalistik, Nr. 3, 1995, S. 169 - 171.

Hermsen, Thomas: *Die Einbindung des Bundesgrenzschutzes in die Bekämpfung der Geldwäsche*, in: Kessow, Peter–Michael (Hrsg.): Der Bundesgrenzschutz – Besondere Aufgaben und Verwendungen, Arbeiten zu Studium und Praxis im Bundesgrenzschutz, Fachhochschule des Bundes für Öffentliche Verwaltung, Lübeck, 1998, S. 85-101.

Herold, Horst: Künftige *Einsatzformen der EDV und ihre Auswirkungen im Bereich der Polizei*, in: Kriminalistik, Jg. 28, Nr. 9, September 1974, S. 385-392.

Heyne, Wolfgang: *Mustererkennung und künstliche Intelligenz*, in: Bundeskriminalamt (Hrsg.): Aktuelle Methoden der Kriminaltechnik und Kriminalistik, BKA-Forschungsreihe Bd. 32, Wiesbaden, 1995, S. 245-255.

Hicks, D.C.: *Thinking About Organized Crime Prevention*, in: Journal of Contemporary Criminal Justice, Vol. 14, Nr. 4, 1998, S. 325-350.

Holle, Rolf: *Kriminalpolizeiliche Nachrichtensammlung und –auswertung*, BKA-Schriftenreihe Bd. 29, Wiesbaden, 1966.

Hoppe, Christian: *Internationale Kooperationsmaßnahmen (Interpol, Europol, Schengen und andere Gremien)*, in: Bundeskriminalamt (Hrsg.): Festschrift für Horst Herold zum 75. Geburtstag. Das Bundeskriminalamt am Ausgang des 20. Jahrhunderts, Wiesbaden, 1998, S. 209-224.

Hopwood, Keith (Ed.): *Organised Crime in Antiquity*, London, 1999.

Hrebley, Vendelin: *Les Accords de Schengen: Origine, Fonctionnement, Avenir*, Bruylant: Bruxelles, 1998.

Image-Inspektion, in: FOCUS, Nr. 18, 2002, S. 61 ff.

Imhoff, John J./Cutler, Stephen P.: *Extending Law Enforcement's Reach Around the World*, in: FBI Law Enforcement Bulletin, December 1998.

Internationale kriminalpolizeiliche Zusammenarbeit gestern und heute, in: Die Neue Polizei, Nr. 4, 1994, S. 192-193.

Interview mit Peter Nevitt, Director des Information Services der INTERPOL, http://www.cio.com (15. 06.2000)

Jacob, Dirk: *Speicherung und Übermittlung von Daten tatverdächtiger Jugendlicher und Kinder bei der Polizei in Berlin.* Teil II: Die DNA-Analyse im Strafverfahren, in: Sozialpädagogisches Institut Berlin (Hrsg.): Informationsblatt Nr. 19 (Sonderausgabe), Dezember 2001.

Jaufmann, Hartmuth/Ulrich, Wolfgang: *Die Sicherungsgruppe – „Schutzpolizei des BKA"*, in: Bundeskriminalamt (Hrsg.): Festschrift für Horst Herold zum 75. Geburtstag. Das Bundeskriminalamt am Ausgang des 20. Jahrhunderts, Bundeskriminalamt, Wiesbaden, 1998, S. 555-569.

Jehle, Jörg-Martin (Hrsg.): *Kriminalprävention und Strafjustiz*, Kriminologie und Praxis, Schriftenreihe der Kriminologischen Zentralstelle e.V., Bd. 17, Wiesbaden, 1996.

Jost, Manfred: *SPUDOK-BKA: Spurendokumentationssystem beim BKA*, in: Landeskriminalamt Baden-Württemberg (Hrsg.): INPOL. IKNPOL. Ihr Begleiter durch die von der Polizei des Landes Baden-Württemberg genutzten DV-Verfahren, Dezember 1998, S. 67.

Kaisen, Marco: *Verbrechensbekämpfung in BGS: Informationsgewinnung und Recherche eines Ermittlungsbeamten im verdeckten Einsatz*, in: Kessow, Peter-Michael (Hrsg.): Der Bundesgrenzschutz – Besondere Aufgaben und Verwendungen, Arbeiten zum Studium und Praxis im Bundesgrenzschutz, Fachhochschule des Bundes für Öffentliche Verwaltung (Fachbereich Öffentliche Sicherheit, Abteilung Bundesgrenzschutz), Lübeck, 1998, S. 103-121.

Kaiser, Günther: *Kriminologie: Ein Lehrbuch*, C.F. Müller Verlag, 3. Aufl., Heidelberg, 1996.

Kaleth, Hans: *Die elektronische Datenverarbeitung – Ein Beitrag zur Automatisierung der kriminalpolizeilichen Kartenarbeit*, BKA-Schriftenreihe Bd. 19, Wiesbaden, 1961.

Kant, Martina/Busch, Heiner: *Biometrische Identifizierungssysteme*, in: Bürgerrechte & Polizei/CILIP 72, 2/2002, S. 72 – 81.

Karanja, Stephen Kabera: *The Schengen Co-operation: Consequences for the Rights of EU Citizens*, http://www.personvern.uio.no/pvpn/artikler/index.html.

Kauß, Udo: *Der suspendierte Datenschutz bei Polizei und Geheimdiensten*, Campus Verlag: Frankfurt, New York, 1989.

Kelbch, Rüdiger: *Fahrzeug-Identifizierungs-Nummern-Auswertungssystem-FINAS*, in: Landeskriminalamt Baden-Württemberg (Hrsg.): INPOL. IKNPOL. Datenverarbeitung. Bürokommunikation. Ihr Begleiter durch die von der Polizei des Landes Baden-Württemberg genutzten DV-Verfahren, 1998, S. 88-89.

Kelbch, Rüdiger: *Leuchtendatei für Unfallfluchtnachforschungen-LUNA*, in: Landeskriminalamt Baden-Württemberg (Hrsg.): INPOL. IKNPOL. Datenverarbeitung. Bürokommunikation. Ihr Begleiter durch die von der Polizei des Landes Baden-Württemberg genutzten DV-Verfahren, 1998, S. 92-93.

Kersten, Klaus Ulrich: *Das Labyrinth der elektronischen Karteien. Wie Bund und Länder INPOL weiterentwickeln wollen/Teil 1*, in: Kriminalistik, Nr. 6, 1987, S. 325-330.

Kersten, Klaus Ulrich: *Das Labyrinth der elektronischen Karteien: Wie Bund und Länder INPOL weiterentwickeln wollen*/2 Teil, in: Kriminalistik, Nr. 6, 1987, S. 357-360.

Kersten, Ulrich: *Das Bundeskriminalamt vor der Jahrtausendwende – Standort und Perspektiven*, in: Bundeskriminalamt (Hrsg.): Festschrift für Horst Herold zum 75. Geburtstag. Das Bundeskriminalamt am Ausgang des 20. Jahrhunderts, Bundeskriminalamt, Wiesbaden, 1998, S. 21–33.

Kersten, Klaus Ulrich: *Datenschutz und Datensicherheit in der polizeilichen Praxis*, in: Bäumler, Helmut (Hrsg.): Polizei und Datenschutz. Neupositionierung im Zeitalter der Informationsgesellschaft, Hermann Luchterhand-Verlag: Neuwied u.a., 1999, S. 267-280.

Kersten, Ulrich: *Die Rolle des Bundeskriminalamtes bei der nationalen und internationalen Verbrechensbekämpfung*, in: Schreckenberger, Waldemar (Hrsg.): Staatliche Kommunikation und Sicherheit, Speyerer Arbeitshefte, Nr. 113, Deutsche Hochschule für Verwaltungswissenschaften Speyer, 2000, S. 47-64.

Kessow, Peter-Michel (Hrsg.): *Der Bundesgrenzschutz: besondere Aufgaben und Verwendungen*, Fachhochschule des Bundes für Öffentliche Verwaltung (Abteilung Grenzschutz: Fachbereich Öffentliche Sicherheit), Lübeck, Brühl/Rheinland, 1998.

Kim, Seong Tae: *Datenschutz im deutschen und koreanischen Polizeirecht*, in: Universität Würzburg (Juristische Fakultät) (Hrsg.): Würzburger Rechtswissenschaftliche Studien, Bd. 29, Ergon Verlag, 2001.

Kißling, Ekkehard: *Serologie*, in: Kube, Edwin/Störzer, Hans Udo/Timm, Klaus Jürgen: Kriminalistik. Handbuch für Wissenschaft und Praxis: Bd. 2, Richard Boorberg Verlag: Stuttgart u.a., 1994, S. 25-48.

Knemeyer, Franz-Ludwig: *Polizei und Ordnungsrecht*, C.H. Beck Verlag: München, 8. erweiterte Aufl., 2000.

Knemeyer, Franz-Ludwig: *Vorsorge für die Gefahrenabwehr sowie die Straftatenverfolgung – Eine dritte polizeiliche Aufgabenkategorie*, in: Kawazoe/Kabayashi, Recht und Gerechtigkeit, internationale Gedächtnisschrift für Georg Tagami, Tokio, 1993, S. 131–157.

Koch, Martin: *Datenerhebung und –verarbeitung in den Polizeigesetzen der Länder*, in: Spiros Simitis (Hrsg.): *Policegesetze BRD*, Frankfurter Studien zum Datenschutz, Bd. 13, Nomos-Verlagsgesellschaft: Baden-Baden, 1999.

Koop, Volker: *Alle Männer unter Generalverdacht?*, in: Das Parlament, Nr. 13-14, http://www.das-parlament.de (23.03.-30.03.2001).

Krämer, Horst: *Personenschutz im Bundeskriminalamt*, in: Zachert, Hans-Ludwig/ Störzer, Hans Udo/Koch, Karl-Friedrich (Hrsg.): 40 Jahre Bundeskriminalamt, Richard Boorberg Verlag: Stuttgart u.a., 1991, S. 210-219.

Krempl, Stefan: *Computer - Daten - Macht*, in: TELEPOLIS, http://www.heise.de (10.03.1999).

Kube, Edwin/Störzer, Hans Udo/Timm, Klaus Jürgen (Hrsg.): *Kriminalistik. Handbuch für Praxis und Wissenschaft: Bd. 1* (1992) & *Bd. 2* (1994), Richard Boorberg Verlag: Stuttgart u.a..

Kube, Edwin: *Kriminalprävention*, in: Kniesel, Michel/Kube, Edwin/Murck, Manfred (Hrsg.): Handbuch für Führungskräfte der Polizei. Wissenschaft und Praxis, Schmidt–Römhild Verlag: Lübeck, 1996, S. 603-635.

Kube, Edwin: *Kriminaltechnik zwischen aktuellen Problemen und Zukunftsorientierung*, in: Bundeskriminalamt (Hrsg.): Aktuelle Methoden der Kriminaltechnik und Kriminalistik, BKA-Forschungsreihe Bd. 32, Wiesbaden, 1995, S. 77-100.

Kube, Edwin: Schlusswort zur BKA-Arbeitstagung Technik im Dienste der Straftatenbekämpfung vom 7.-10. November 1989, in: Bundeskriminalamt (Hrsg.):

Technik im Dienste der Straftatenbekämpfung, BKA-Vortragsreihe Bd. 35, Wiesbaden, 1990, S. 283-286.

Kubica, Johann: *Was wird aus INPOL?*, in: Kriminalistik, Nr. 7-8, 1981, S. 317-319.

Külper, Katja: *Das polizeiliche Informationssystem INPOL unter datenschutzrechtlichen Aspekten. Zugleich ein Beitrag zum Bundeskriminalamtgesetz vom 07.Juli 1997*, Dissertation zur Erlangung des Doktorgrades an der Universität Konstanz, 2000.

Kunze, Renate: *Kooperativer Föderalismus in der Bundesrepublik. Zur Staatspraxis der Koordinierung von Bund und Ländern*, in: Hennis, Wilhelm/Jantke, Carl/Kluth, Heinz/ Kob, Janpeter/Schwarz, Hans-Peter (Hrsg.), Sozialwissenschaftliche Studien, Heft 12, Gustav Fischer Verlag: Stuttgart, 1968.

Künzel, Hermann J.: *Forensische Sprechererkennung*, in: Bundeskriminamt (Hrsg.): Aktuelle Methoden der Kriminaltechnik und Kriminalistik, BKA-Forschungsreihe Bd. 32, Wiesbaden, 1995, S. 213.

Künzel, Hermann J.: *Zur Entwicklung der forensischen Sprecher-Erkennung in Deutschland*, in: Bundeskriminalamt (Hrsg.): Festschrift für Horst Herold zum 75. Geburtstag. Das Bundeskriminalamt am Ende des 20. Jahrhunderts, Wiesbaden, 1998, S. 369-395.

Kürzinger, Josef: *Kriminologie. Eine Einführung in die Lehre vom Verbrechen*, Richard Boorbeck Verlag: Stuttgart u.a., 1982.

Küster, Dieter: *Das INPOL-System – Zielsetzungen und Ausbaustand 1982*, in: Bundeskriminalamt (Hrsg.): Polizeiliche Datenverarbeitung, BKA-Vortragsreihe Bd. 28, Wiesbaden, 1983, S. 57-72.

Küster, Dieter: *Informationstechnologie – Entwicklung und Auswirkung auf die Polizei*, in: Zachert, Hans-Ludwig/Störzer, Hans Udo/Koch, Karl-Friedrich (Hrsg.): 40 Jahre Bundeskriminalamt, Richard Boorberg Verlag: Stuttgart u.a., 1991, S. 107-123.

Landeskriminalamt Rheinland-Pfalz (Hrsg.): *Violent Crime Linkage Analysis System ViCLAS*, Mainz.

Lange, Hans-Jürgen: *Innere Sicherheit im Politischen System der Bundesrepublik Deutschland*, in Derselbe (Hrsg.): Studien zur Inneren Sicherheit Bd. 2, Leske + Budrich: Opladen, 1999.

LeBeuf, Marcel-Eugene: *Policing and Use of Information Technology: An Assessment*, Research Centre, Canadian Police College, Ottawa, 2000.

Leppa, Seppo: *Anticipating Instead of Preventing: Using the Potential of Crime Risk Assessment in Order to Minimize the Risk of Organized and Other Types of Crimes*, United Nations European Institute for Crime Prevention and Control, Helsinki, 1999.

Lersch, Roland: *Die Entwicklung des BKA-Gesetzes zu einem modernen Polizeigesetz*, in: Bundeskriminalamt (Hrsg.): Festschrift für Horst Herold zum 75. Geburtstag. Das Bundeskriminalamt am Ausgang des 20. Jahrhunderts, Bundeskriminalamt, Wiesbaden, 1998, S. 35–64.

Lichtenberg, Wolfgang: *Schußspurenuntersuchungen*, in: Kube, Edwin/Störzer, Hans Udo/Timm, Klaus Jürgen (Hrsg.): Kriminalistik. Handbuch für Praxis und Wissenschaft: Bd. 2, Richard Boorbeck Verlag: Stuttgart u.a., 1994, S.51-69.

Loesing, Heiko: *Das automatisierte Fingerabdruck-Identifizierungssystem (AFIS) – ein Rück- und Ausblick*, in: Bundeskriminalamt (Hrsg.): Festschrift für Horst Herold zum 75. Geburtstag. Das Bundeskriminalamt am Ausgang des 20. Jahrhunderts, Wiesbaden, 1998, S. 441-450.

Löwe, Michael/Wilhelm, Rudolf: *Risiken polizeilicher Datenverarbeitung*, in: Kitzing, Rudolf/Linder-Kostka, Ursula/Obermaier, Fritz (Hrsg.): Schöne Neue Computerwelt. Zur gesellschaftlichen Verantwortung der Informatiker, Verlag für Ausbildung und Studien: Berlin, 1988, S. 216-252.

Loy, Thomas: Gentests für Männer: *Die Angst vor dem gläsernen Menschen*, in: Der Tagesspiegel Online, http://www.tagesspiegel.de (Berlin, 18.03.2001).

Lupsha, P.A.: *Transnational Organized Crime Versus the Nation-State*, in: Transnational Organized Crime, in: Transnational Organized Crime, Vol. 2, Nr. 1, 1996, S. 21-48.

Mai, Uwe: *Recherche ausländischer Kennzeichen-RAKK*, in: Landeskriminalamt Baden-Württemberg (Hrsg.): INPOL. IKNPOL. Datenverarbeitung. Bürokommunikation. Ihr Begleiter durch die von der Polizei des Landes Baden-Württemberg genutzten DV-Verfahren, 1998, S. 90-91.

Matussek, Hans: *Sind Modus Operandi und Perseveranz im INPOL-System überholt?*, in: Der Kriminalist, Nr. 9, 1975, S. 480-485.

Mayer, Stefanie: *Datenschutz und Europol*, Dissertation zur Erlangung des Doktorgrades an der Universität Regensburg, 2001.

Merten, Karlheinz/Merten, Heike: *Vorbeugende Verbrechensbekämpfung*, in: Zeitschrift für Rechtspolitik, Heft 6, 1991, S. 213-220.

Mittelman, James/Johnston, Robert: *The Globalization of Organized Crime, the Courtesan State, and the Corruption of Civil Society*, in: Global Governance, Nr. 5, 1999, S. 103-126.

Mordhorst, Eckard: *Datenverarbeitung in der Polizei*, Projektbericht der Hochschule für Öffentliche Verwaltung, Bremen, März 1992.

Münch, Wilfried: *Geschichtliches und gegenwärtiger Stand der daktyloskopischen Spurenbearbeitung am Beispiel Bayerns*, in: Kriminalistik, Nr. 5, 1994, S. 259-269.

Nachbaur, Andreas: *Europol-Beamte und Immunität – ein Sündenfall des Rechtsstaates*, in: Kritische Justiz, 1998, S. 231-245.

Nagel, Michael/Weißkopf, Peter/Karst, Dirk/Seidel, Thomas: *Neue Wege in der Bekämpfung Organisierter und Allgemeiner Kriminalität – Strategische Aspekte der Abteilung OA*, in: Bundeskriminalamt (Hrsg.): Festschrift für Horst Herold zum 75. Geburtstag. Das Bundeskriminalamt am Ausgang des 20. Jahrhunderts, Bundeskriminalamt, Wiesbaden, 1998, S. 119–134.

National DNA Database Expands to Fight Crime, http://www.number-10.gov.uk (16.01.2003).

Nennstiel, Rupert: *Schußwaffenerkennung-Gestern, Heute, Morgen*, in: Bundeskriminalamt (Hrsg.): Festschrift für Horst Herold zum 75. Geburtstag. Das Bundeskriminalamt am Ausgang des 20. Jahrhunderts, Wiesbaden, 1998, S. 427-439.

Neu, Herbert, Aussage im Rahmen des Podiumsgespräches anläßlich der BKA-Arbeitstagung Polizeiliche Datenverarbeitung vom 2. bis 5. November 1982, in: Bundeskriminalamt (Hrsg.): Polizeiliche Datenverarbeitung, BKA-Vortragsreihe Bd. 28, Wiesbaden, 1983, S. 244-247.

Neubrandt, Manfred: *DNA-Analyse-Datei*, in: Landeskriminalmt Baden-Württemberg (Hrsg.): INPOL. IKNPOL. Ihr Begleiter durch die von der Polizei des Landes Baden-Württemberg genutzten DV-Verfahren, Stuttgart, 1998, S. 42-43.

Neues Computer-System bereitet Polizei Probleme. Hessen kann geplanten Starttermin wohl nicht einhalten, in: Mannheimer Morgen, 05.01.2001.

Nogala, Detlef/Sack, Fritz: *Folgerungen für die polizeiliche Arbeit aus der Technikausstattung*, in: Bundeskriminalamt (Hrsg.): Aktuelle Methoden der Kriminaltechnik und Kriminalistik, BKA-Forschungsreihe Bd. 32, Wiesbaden, 1995, S. 115-167.

Nogala, Detlef: *DNA-Analyse und DNA-Datenbanken. Der „genetische Fingerabdruck" - eine erstaunliche Karriere*, in: Bürgerrechte & Polizei/CILIP 61, 3/1998, S. 6 - 18.

Nothen-Schmidt, Rainer: *Internationale Polizeiliche Zusammenarbeit*, in: Kube, Edwin/Störzer, Hans Udo/Timm, Klaus Jürgen (Hrsg.): Kriminalistik. Handbuch für Praxis und Wissenschaft: Bd. 2, Richard Boorberg Verlag: Stuttgart u.a., 1994, S. 287 – 301.

Oberleitner, Rainer: *Schengen und Europol: Kriminalitätsbekämpfung in einem Europa der inneren Sicherheit*, Manzsche Verlags- und Universitätsbuchhandlung: Wien, 1998.

Oevermann, Ulrich/Schuster, Leo/Simm, Andreas: *Das Problem der Perseveranz im Delikttyp und Modus Operandi*, BKA-Forschungsreihe Bd. 17, Wiesbaden, 1985.

Oppermann, Klaus, *Grundsätze der modernen Daktyloskopie*, in: Deutsches Polizeiblatt für die Aus- und Fortbildung, März 1997, S. 9-13.

Ostendorf, Heribert: *Europol – ohne Rechtskontrolle?*, in: Neue Juristische Wochenschrift, 1997, S. 3418-3420.

Paul, Philip: *Murder Under the Microscope. The Story of Scotland Yard's Forensic Science Laboratory*, Futura Publications: London, 1990.

Paul, Werner: *Das EDV-Verfahren der Spurendokumentation (SPUDOK)*, in: Kriminalistik, Nr. 4, 1979, S. 150-157.

Petri, Thomas Bernhard: *Europol: Grenzüberschreitende polizeiliche Tätigkeit in Europa*, Nomos-Verlagsgesellschaft: Baden-Baden, 1. Aufl., 2001.

Pitschas, Rainer/Grütjen, Klaus: *„Großer Lauschangriff" und Verfassung – Zur Verhältnismäßigkeit des verdeckten Einsatzes technischer Mittel zum Abhören von Wohnungen*, Tagungsband der Fachhochschule der Polizei Villingen-Schwenningen, 1998, S. 29-52.

Pitschas, Rainer: *Europäisches Polizeirecht als Informationsrecht – Voraussetzungen und informationelle Strukturen einer supranationalen Sicherheitsvorsorge*, in: Derselbe (Hrsg.): *„Neue"' Polizeirecht*, Speyerer Arbeitshefte, Nr. 121, Deutsche Hochschule für Verwaltungswissenschaften Speyer, 1999, S. 95 – 104.

Pitschas, Rainer: *Fortentwicklung des Polizeirechts und Legitimität des Staates*, in: Derselbe (Hrsg.): *„Neues" Polizeirecht*, Speyerer Arbeitshefte, Deutsche Hochschule für Verwaltungswissenschaften Speyer, Nr. 121, 1999, S. 43-64.

Pitschas, Rainer: *Innere Sicherheit als interkulturelles Problem*, in: Derselbe (Hrsg.): *„Neues" Polizeirecht*, Speyerer Arbeitshefte, Nr. 121, Deutsche Hochschule für Verwaltungswissenschaften Speyer, 1999, S. 169–183.

Pitschas, Rainer: *Innere Sicherheit und Internationale Verbrechensbekämpfung als Verantwortung des demokratischen Verfassungsstaates*, in: Derselbe (Hrsg.): *„Neues" Polizeirecht*, Speyerer Arbeitshefte, Nr. 121, Deutsche Hochschule für Verwaltungswissenschaften Speyer, 1999, S. 105-130.

Pitschas, Rainer (Hrsg.): *Kriminalprävention und „Neues Polizeirecht": Zum Strukturwandel des Verwaltungsrechts in der Risikogesellschaft*, Berlin: Duncker und Humblot, 2002.

Pitschas, Rainer: *Revisionsbedarfe der polizeilichen Zusammenarbeit in Europa: Innere Sicherheit als gemeinschaftsrechtliches und interkulturelles Problem*, in: Derselbe (Hrsg.): *„Neues"' Polizeirecht*, Speyerer Arbeitshefte, Nr. 121, Deutsche Hochschule für Verwaltungswissenschaften Speyer, 1999, S. 185 – 215.

Pitschas, Rainer/Stolzlechner, Harald (Hrsg.): *Auf dem Weg in einen „neuen Rechtsstaat". Zur künftigen Architektur der inneren Sicherheit in Deutschland und Österreich*, Duncker & Humblot: Berlin, 2004.

Prantl, Heribert: *DRB zu Europol: „Es Darf keinen rechtsfreien Raum geben"*, in: Deutsche Richterzeitung, 1997, S. 359.

Prantl, Heribert: *Europol – außer Kontrolle*, in: Deutsche Richterzeitung, 1997, S. 234-236.

Prinz, Heinrich: *Anwendung des SPUDOK-Systems in umfangreichen Ermittlungskomplexen*, in: Der Kriminalist, Nr. 5, 1985, S. 221-228.

Rauner, Bernd: *ViCLAS-Datenbanksystem*, in: Landeskriminalamt Baden-Württemberg (Hrsg.): INPOL.IKNPOL. Ihr Begleiter durch die von der Polizei des Landes Baden-Württemberg genutzten DV-Verfahren, Stuttgart, 1998, S. 138-140.

Reform der DNA-Gesetzgebung - DNA als Standardmaßnahme der erkennungsdienstlichen Behandlung, http://www.bdk-brandenburg.de (19.12.2002).

Rehme, Stephen: *Eine haarige Methode*, http://www.salonrouge.de (Mai 2001)

Reisacher, Bernd: *Ausländerzentralregister - AZR*, in: Landeskriminalamt Baden-Württemberg (Hrsg.): INPOL. IKNPOL. Datenverarbeitung. Bürokommunikation. Ihr Begleiter durch die von der Polizei des Landes Baden-Württemberg genutzten DV-Verfahren, 1998, S. 48-49.

Reisacher, Bernd: *Gefahrstoff-Schnellauskunft-GSA*, in: Landeskriminalamt Baden-Württemberg (Hrsg.): INPOL. IKNPOL. Datenverarbeitung. Bürokommunikation. Ihr Begleiter durch die von der Polizei des Landes Baden-Württemberg genutzten DV-Verfahren, 1998, S. 120.

Reisacher, Bernd: *Zentrales Verkehrsinformationssystem - ZEVIS*, in: Landeskriminalamt Baden-Württemberg (Hrsg.): INPOL. IKNPOL. Datenverarbeitung. Bürokommunikation. Ihr Begleiter durch die von der Polizei des Landes Baden-Württemberg genutzten DV-Verfahren, 1998, S. 85-86.

Riegel, Reinhard: *Nochmals: Das Bundeskriminalamtgesetz*, in: Neue Juristische Wochenschrift, Heft 51, 1997, S. 3408-3411.

Rieger, Thomas: *Der Bundesnachrichtendienst im demokratischen Rechtsstaat*, Ellwangen/ Jagst: Wimmer, 1986.

Ritter, Markus: *Polizeipraktische Notwendigkeit und rechtliche Zulässigkeit des Aufbaus einer Bundespolizei im föderativen Deutschland*, Uni Press Hochschulschriften, Bd. 110, LIT-Verlag: Münster u.a., 1999.

Robinson, Jeffrey: *Merger: The Conglomeration of International Organized Crime*, Overlook Press: New York, 2000.

Rossnagel, Alexander: *Technik und die Gefahr für das Individuum*, in: Bundeskriminalamt (Hrsg.): Technik im Dienste der Straftatenbekämpfung, BKA-Vortragsreihe Bd. 35, Wiesbaden, 1990, S. 135-151.

Rublack, Susanne: *INPOL-Neu aus datenschutzrechlicher Sicht*, in: Datenschutz und Datensicherheit, Nr. 23, 1999 (8), S. 437-441.

Rublack, Susanne: *INPOL-Neu aus datenschutzrechtlicher Sicht*, Sommerakademie 1999 - Polizei und Datenschutz, http://www.rewi.hu-berlin.de/Datenschutz (09.07. 2001).

Sack, Fritz/Nogala, Detlef/Lindenberg, Michel: *Social Control Technologies. Aspekte und Konsequenzen des Technikeinsatzes bei Instanzen strafrechtlicher Sozialkontrolle im nationalen und internationalen Kontext*, Forschungsprojekt im Rahmen des Aufbau- und Kontaktstudium an der Universität Hamburg, Version 0.95, Mai 1997.

Santiago, Michael: *EUROPOL and Police Cooperation in Europe*, Criminology Studies, Vol. 11, The Edwin Mellen Press: New York u.a., 2000, S. 39-80.

Sartorius I – Verfassungs- und Verwaltungsgesetze der Bundesrepublik Deutschland, C.H. Beck: München, Oktober 1999.

Sartorius II: *Internationale Verträge – Europarecht*, Verlag C.H. Beck: München, 2002.

Schapper, Claus Henning: *Fortentwicklung der polizeilichen Zusammenarbeit in der europäischen Union*, in: Schreckenberger, Waldemar (Hrsg.): Staatliche Kommunikation und Sicherheit. Vorträge von Staatssekretären und Präsidenten von Sicherheitsbehörden des Bundes nebst einer Abhandlung über die Nachrichtendienste im Zeitalter der Globalisierung, Speyerer Arbeitshefte 113, Speyer, 2000, S. 3-23.

Schäuble, Wolfgang, Eröffnungsansprache anlässlich der BKA-Arbeitstagung Technik im Dienste der Straftatenbekämpfung vom 7.-10. November 1989, in: Bundeskriminalamt (Hrsg.): Technik im Dienste der Straftatenbekämpfung, BKA-Vortragsreihe Bd. 35, Wiesbaden, 1990, S. 11-20.

Schauer, Martin: *Schengen – Maastricht – Amsterdam: Auf dem Weg zu einer flexiblen Union*, Wien, 2000.

Schenk, Dieter: *Der Chef. Horst Herold und das BKA*, Spiegel-Buchverlag: Hamburg, 1998.

Schmid, A.P.: *Link Between Transnational Organized Crime and Terrorist Crimes*, in: Transnational Organized Crime, Vol. 2, Nr. 4, 1996, S. 40-82.

Schmidt-Eenboom, Erich: *Der BND – die unheimliche Macht im Staate. Schnüffler ohne Nase*, Econ Verlag: Düsseldorf u.a., 1993.

Schmieder, Bernhard: *Alphanumerische Sachfahndung*, in: Landeskriminalamt Baden-Württemberg (Hrsg.): INPOL. IKNPOL. Datenverarbeitung. Bürokommunikation. Ihr Begleiter durch die von der Polizei des Landes Baden-Württemberg genutzten DV-Verfahren, 1998, S. 14.

Schmitter, Hermann: *Der "genetische Fingerabdruck" - Entwicklung der forensischen Serologie*, in: Bundeskriminalamt (Hrsg.): Festschrift für Horst Herold zum 75. Geburtstag. Das Bundeskriminalamt am Ausgang des 20. Jahrhunderts, Bundeskriminalamt, Wiesbaden, 1998, S. 397-426.

Schneider, Hans-Jochen (Hrsg.): *Lexikon Informatik und Datenverarbeitung*, R. Oldenbourg Verlag: München u.a., 4. Aufl., 1998.

Schneider, Peter M.: *Polizeiliche Nutzung genetischer Daten*, in: Bäumler, Helmut (Hrsg.): Polizei und Datenschutz - Neupositionierung im Zeichen der Informationsgesellschaft, Hermann Luchterhand-Verlag: Neuwied u.a., 1999, S. 215-228.

Schreiber, Manfred: *Internationale polizeiliche Zusammenarbeit innerhalb der EG-Länder am Beispiel von TREVI*, in: Kube, Edwin/Störzer, Hans Udo/Timm, Klaus Jürgen (Hrsg.): Kriminalistik. Handbuch für Praxis und Wissenschaft: Bd. 2, Richard Boorberg Verlag: Stuttgart u.a., 1994, S. 317 – 324.

Schreiber, Wolfgang: *Das Bundeskriminamtgesetz vom 7.7.1997 – ein „überfälliges" Gesetz*, in: Neue Juristische Wochenschrift, Nr. 33, 50. Jg., 1997, S. 2137-2145.

Schreiber, Wolfgang: *Polizeiliche Zusammenarbeit zwischen Bund und Ländern – Ausdruck kooperativen Föderalismus*, in: Kniesel, Michael/Kube, Edwin/Murck, Manfred (Hrsg.): Handbuch für Führungskräfte der Polizei. Wissenschaft und Praxis, Schmidt-Römhild: Lübeck, 1996, S. 137-168.

Schulz, Volker (Bearb.): *Tendenzen der Informationsverarbeitung und ihre zukünftige Nutzung in der Polizei*, Forschungs- und Entwicklungsstelle für Polizeitechnik (FEStPT), Polizei-Führungsakademie Hiltrup-Münster, 1993.

Schulzki-Haddouti, Christiane: *Polizei-Informationssystem INPOL-Neu droht zum Fiasko zu werden*, http://www.heise.de (06.04.2001).

Schütz, Winfried: *Polizeiliche Praxis beim Bundesgrenzschutz*, Richard Boorberg Verlag: Stuttgart u.a., 2001.

Schuster, Leo/Eyrich, Hans-Jürgen: *Zweifel an der generellen Gültigkeit der Perseveranzhypothese*, in: Kriminalistik, Nr. 10, 1984, S. 487 ff.

Schwach, Joachim: *EUROPOL – notwendig, aber rechtswidrig?*, Dissertation zur Erlangung des Doktorgrades an der Universität Würzburg, 2000.

Schweppe, Reinhard: *FBI und BKA. Federal Bureau of Investigation und Bundeskriminalamt. Ein Vergleich von Organisationen und Kompetenzen*, Ferdinand Enke Verlag: Stuttgart, 1974

Schwind, Hans-Dieter: *Kriminologie. Eine praxisorientierte Einführung mit Beispielen*, 11. neubearbeitete und erweiterte Aufl., Kriminalistik Verlag: Heidelberg, 2001.

Sehr, Peter: *INPOL-Neu: System mit Merkmalen eines extremen Wandels*, in: Kriminalistik, Nr. 8, 1999, S. 532-536.

Shelley, Louise I.: *Transnational Organized Crime: An Imminent Threat to the Nation-State?*, in: Journal of International Affairs, Vol. 48, Nr. 2, 1995, S. 463-489.

Sieber, Ulrich/Bögel, Marion: *Logistik der Organisierten Kriminalität*, BKA-Forschungsreihe Bd. 28, Wiesbaden, 1993.

Siebrecht, Michael: *Rasterfahndung. Eine EDV-gestützte Massenfahndungsmethode im Spannungsfeld zwischen einer effektiven Strafverfolgung und dem Recht auf informationelle Selbstbestimmung*, Duncker und Humblot: Berlin, 1997.

Sokol, Bettina: *Rasterfahndung vor 20 Jahren und heute*, in: Bäumler, Helmut (Hrsg.): Polizei und Datenschutz – Neupositionierung im Zeichen der Informationsgesellschaft, Hermann Luchterhand-Verlag: Neuwied u.a., 1999, S. 188-198.

Soulliere, Nicole: *Police and Technology: Historical Review and Current Status*, Canadian Police College, Ottawa, 1999.

Sozialwerk der Polizei GmbH (Hrsg.): *INPOL*, SBW Informations- und Vertriebsgesellschaft: Worms, 1987.

Spranger, Carl-Dieter, Eröffnungsansprache anlässlich der BKA-Tagung Polizeiliche Datenverarbeitung vom 2. bis 5. November 1982, in: Bundeskriminalamt (Hrsg.): Polizeiliche Datenverarbeitung, BKA-Vortragsreihe Bd. 28, Wiesbaden, 1983.

SPUDOK-Systeme der Polizei (Red.), in: Bürgerrechte & Polizei/CILIP 26, Januar 1987, S. 51-58.

Start des neuen BKA-Fahndungscomputers steht in den Sternen, http://www.heise.de (28.05.2001).

Steinke, Wolfgang: *Kriminaltechnik*, in: Kniesel, Michael/Kube, Edwin/Murck, Manfred (Hrsg.): Handbuch für Führungskräfte der Polizei. Wissenschaft und Praxis, Römhild-Schmidt Verlag: Lübeck, 1996, S. 827-858.

Storbeck, Jürgen: *Die Rolle von EUROPOL bei der Bekämpfung der Organisierten Kriminalität*, in: Schmidt, Dieter A. (Hrsg.): Dokumentation der 16. Internationalen Fachtagung der Hanns-Seidel-Stiftung in Sofia zum Thema Demokratie in Anfechtung und Bewährung - Die Bekämpfung von Organisierter Kriminalität und Drogenhandel, 1998, S. 36-52.

Störzer, Hans Udo: *Datenschutz bei der polizeilichen Kriminalitätsbekämpfung*, in: Kniesel, Michael/Kube, Edwin/Murck, Manfred (Hrsg.): Handbuch für Führungskräfte der Polizei – Wissenschaft und Praxis, Schmidt-Römhild: Lübeck, 1996, S. 777-826.

Stuff, Hans-Georg: *Die Veränderung der Arbeitswelt des polizeilichen Sachbearbeiters*, in: Bundeskriminalamt (Hrsg.): Polizeiliche Datenverarbeitung, BKA-Vortragsreihe Bd. 28, Wiesbaden, 1983, S. 221-226.

Stümper, Alfred: *Wohin führt die technische Entwicklung? – Erwartungen des Polizeipraktikers*, in: Bundeskriminalamt (Hrsg.): Technik im Dienste der Straftatenbekämpfung, BKA-Vortragsreihe Bd. 35, Wiesbaden, 1990, S. 259-264.

Sturm, Joachim: *SCHENGEN-EUROPOL-INTERPOL. Konkurrenz oder Partnerschaft? Wie ist ein Miteinander zu fördern und ein Gegen einander zu verhindern?*, in: Kriminalistik, 1997, S. 99-104.

Sule, Satish: *Europol und europäischer Datenschutz*, Nomos-Verlagsgesellschaft: Baden-Baden, 1. Aufl., 1999.

Tampe, Evelyn: *COD-Computergestütztes Dokumentationssystem*, in: Landeskriminalamt Baden-Württemberg (Hrsg.): INPOL. IKNPOL. Datenverarbeitung. Bürokommunikation. Ihr Begleiter durch die von der Polizei des Landes Baden-Württemberg genutzten DV-Verfahren, 1998, S. 119.

Tampe, Evelyn: *Falldatei Kunst*, in: Landeskriminalamt Baden-Württemberg (Hrsg.): INPOL. IKNPOL. Datenverarbeitung. Bürokommunikation. Ihr Begleiter durch die von der Polizei des Landes Baden-Württemberg genutzten DV-Verfahren, 1998, S. 69.

Tampe, Evelyn: *Falldatei Rauschgift-FDR*, Landeskriminalamt Baden-Württemberg (Hrsg.): INPOL. IKNPOL. Datenverarbeitung. Bürokommunikation. Ihr Begleiter durch die von der Polizei des Landes Baden-Württemberg genutzten DV-Verfahren, 1998, S. 55-56.

Tampe, Evelyn: *Falldatei Scheck - FBK-Scheck*, in: Landeskriminalamt Baden-Württemberg (Hrsg.): INPOL. IKNPOL. Datenverarbeitung. Bürokommunikation. Ihr Begleiter durch die von der Polizei des Landes Baden-Württemberg genutzten DV-Verfahren, 1998, S. 60.

Tampe, Evelyn: *Falldatei Schleuser und Geschleuster - FDS*, in: Landeskriminalamt Baden-Württemberg (Hrsg.): INPOL. IKNPOL. Datenverarbeitung. Bürokommunikation. Ihr Begleiter durch die von der Polizei des Landes Baden-Württemberg genutzten DV-Verfahren, 1998, S. 59.

Tanenbaum, Andrew. S.: *Computer Networks*, 3. Edition, Prentice Hall International Inc.: New Jersey, 1996.

The European Police Office-Fact Sheet, Nr. 3, January 2000, S. 3, (http://www.europol.eu.int).

Timm, Klaus J.: *Polizeiliche Information und Kommunikation,* in: Kube, Edwin/Störzer, Hans Udo/Timm, Klaus Jürgen: Kriminalistik. Handbuch für Praxis und Wissenschaft: Bd. 1, Richard Boorberg Verlag: Stuttgart u.a, 1992, S. 311-364.

Tolksdorf, Herbert: *Polizei und Datenschutz*, in: Bundeskriminalamt (Hrsg.): Polizeiliche Datenverarbeitung, BKA-Vortragsreihe Bd. 28, Wiesbaden, 1983, S. 175-190.

Tomek, Warren: *Information Sharing: A Strategic Necessity*, in: The Police Chief, February 2001, S. 16.

Tuffner, Martin: *Das Schengener Informationssystem – ein „Quantensprung" der polizeilichen Fahndung in Europa*, in: Bundeskriminalamt (Hrsg.): Festschrift für Horst Herold zum 75. Geburtstag. Das Bundeskriminalamt am Ausgang des 20. Jahrhunderts, Wiesbaden, 1998, S. 239-257.

Tupman, Bill: *Police Databases: Proportionate, Ethical and Legally Viable Responses to Domestic and International Crime Problems?*, Paper Presented to the Centre for Law and Society Seminar Series, University of Edinburgh, 26. November 1998.

Uebe, Werner/Böker, Friedrich/Lück, Siegfried/Schulze, Ernst-W.: *Taschenbuch der Polizeitechnik*, Richard Boorberg Verlag: Stuttgart u.a., 1982.

Ulfkotte, Udo: *Verschlusssache BND*, Koehler & Amelang: München u.a., 1997.

UNIX bremst Polizeivernetzung, http://www.computerchannel.de (04.01.2001).

Unterwallney, August: *Technik in der Polizei – Bestandsaufnahme und Ausstattungsbedarf*, in: Bundeskriminalamt (Hrsg.): Technik im Dienste der Straftatenbekämpfung, BKA-Vortragsreihe Bd. 35, Wiesbaden, 1990, S. 81-118.

Violent Crime Linkage Analysis System (ViCLAS), http://www.rcmp-grc.gc.ca/viclas-e.htm (30.09.1999).

Voigt, Rüdiger (Hrsg.): *Der kooperative Staat. Krisenbewältigung durch Verhandlung?*, Nomos- Verlagsgesellschaft: Baden-Baden, 1995.

Walden, Markus: *Zweckbindung und –änderung präventiv und repressiv erhobener Daten im Bereich der Polizei*, Duncker und Humblot: Berlin, 1996.

Walser-Meier, Reinhard C./Hirscher, Gerhard/Lange, Klaus/Palumbo, Enrico (Hrsg.): *Organisierte Kriminalität. Bestandsaufnahme, transnationale Dimension, Wege der Bekämpfung*, Berichte und Studien der Hanns-Seidel-Stiftung e.V., Bd. 79, München, 1999.

Walter, Dieter: *Notwendigkeit der Zusammenarbeit zwischen polizeilichem Staatsschutz und Verfassungsschutz aus der Sicht des Bundeskriminalamtes*, in: Zachert, Hans-Ludwig /Störzer, Hans Udo/Koch, Karl-Friedrich (Hrsg.): *40 Jahre Bundeskriminalamt*, Richard Boorbeck Verlag: Stuttgart u.a., 1991, S. 220-232.

Weichert, Thilo: *APIS ins Gerede bringen*, in: Geheim, Nr. 1, 1988, S. 6-8.

Weichert, Thilo: *APIS. Die Arbeitsdatei PIOS Innere Sicherheit*, in: Computer und Recht, Nr. 3, 1990, S. 213-218 & Nr. 4, 1990, S. 281-285.

Weschke, Egon: *Modus Operandi und Perseveranz*, Fachhochschule für Verwaltung und Rechtspflege, Bd. 4, Berlin, 1983.

Wiesel, Georg: *Befriedigend, aber manches fehlt noch*, in: Kriminalistik, Nr. 12, 1986, S. 587-591.

Wiesel, Georg: *INPOL - Ein System kommt in die Jahre*, in: Kriminalistik, Nr. 6, 1992, S. 391-394.

Wiesel, Georg: *Grobkonzept INPOL-Neu - Technisches Konzept, Netzrealisierung.* Vortrag anlässlich der Arbeitstagung der Polizeiführungsakademie Neue Informations- und Kommunikationstechnik für die Polizei, (Ort- und Zeit der Veröffentlichung nicht angegeben).

Wiesel, Georg: *Informationssystem der deutschen Polizei – Sachstand und Planung*, in: Kniesel, Michael/Kube, Edwin/Murck, Manfred (Hrsg.): Handbuch für Führungskräfte der Polizei. Wissenschaft und Praxis, Schmidt-Römhild Verlag: Lübeck, 1996, S. 739-775.

Wiesel, Georg/Gerster, Helmut: *Das Informationssystem der Polizei INPOL. Konzept und Sachstand*, in: Bundeskriminalamt (Hrsg.), BKA-Schriftenreihe Bd. 46, Wiesbaden, 1978.

Winkler, Stefan: *Polizeiliche Online-Informationssysteme*, http://www.nadir.org/nadir/initiativ/linksrhein/dokus/innen/inpol/inpol.htm (12.07.2003).

Wirth, Antonia: *Inpol-Neu. Folgen für den Datenschutz*, in: Bürgerrechte & Polizei/CILIP 62, 1/1999, S. 31 - 34.

Witthuhn, Klaus: *Klassifizierung und Recherche von Handflächenabdrucken*, in: Kriminalistik, Nr. 6, 1995, S. 425-432.

Wittkämper, Gerhard W./Krevert, Peter/Kohl, Andreas: *Europa und die innere Sicherheit*, BKA-Forschungsreihe Bd. 35, Wiesbaden, 1996.

Wolters, Jörg: *Aktuelle Entwicklungen auf dem Gebiet der internationalen polizeilichen Rechtshilfe und der internationalen Personenfahndung*, in: Bundeskriminalamt (Hrsg.): Festschrift für Horst Herold zum 75. Geburtstag. Das Bundeskriminalamt am Ausgang des 20. Jahrhunderts, Wiesbaden, 1998, S. 225-237.

Wolters, Jörg: *Ausgleichsmaßnahmen nach dem Schengener Durchführungsübereinkommen*, in: Kriminalistik, Nr. 3, 1995, S. 172-177.

Zachert, Hans-Ludwig/Störzer, Hans Udo/Koch, Karl-Friedrich (Hrsg.): *40 Jahre Bundeskriminalamt*, Richard Boorberg Verlag: Stuttgart u.a., 1991.

Zachert, Hans-Ludwig/Zeiger, Jürgen: *Entwicklung der polizeilichen Informationstechnik. Technisch-wissenschaftliche Informationsverarbeitung und Automatisierte Fingerabdruck-Identifizierung als Beispiele*, in: Kube, Edwin/Störzer, Hans Udo/Timm, Klaus Jürgen (Hrsg.): Kriminalistik. Handbuch für Praxis und Wissenschaft: Bd. 2, Richard Boorberg Verlag: Stuttgart u.a., 1994, S. 709-731.

Zachert, Hans-Ludwig: *Kriminaltechnik und internationale Zusammenarbeit*, in: Bundeskriminalamt (Hrsg.): Aktuelle Methoden der Kriminaltechnik und Kriminalistik, BKA-Forschungsreihe Bd. 32, Wiesbaden, 1995, S. 100-114.

Zachert, Hans-Ludwig: *Technik und Polizei: Möglichkeiten und Folgen*, in: Bundeskriminalamt (Hrsg.): *Technik im Dienste der Straftatenbekämpfung*, BKA-Vortragsreihe Bd. 35, Wiesbaden, 1990, S. 37-50.

Zimmermann, Hans-Martin: *Kriminalstrategie*, in: Kniesel, Michael/Kube, Edwin/ Murck, Manfred (Hrsg.): *Handbuch für Führungskräfte der Polizei. Wissenschaft und Praxis*, Schmidt-Römhild Verlag: Lübeck, 1996, S. 637-663.

Zirk, Wolfgang/Vordermaier, Gottfried: *Kriminaltechnik und Spurenkunde.* Lehrbuch für Ausbildung und Praxis, Richard Boorberg Verlag: Stuttgart u.a., 1998.

Zott, Heinrich: *Grundlagen internationaler Zusammenarbeit in der Kriminalitätskontrolle im Rahmen der Europäischen Union*, in: Schriftenreihe der Polizei-Führungs-Akademie, Sächsisches Druck- und Verlagshaus AG: Dresden, Nr. 4, 2002, S. 103-116.

Drucksachen, Berichte, Entschliessungen, Pressemtteilungen

- diverse parlamentarische Drucksachen (Deutscher Bundestag, Bayerischer Landtag)

- die Polizeiliche Kriminalstatistik für den Zeitraum 1998-2002.

- die Tätigkeitsberichte des Bundesbeauftragten für den Datenschutz für den Zeitraum 1996-2002.

- die Jahresberichte des Bundesgrenzschutz für den Zeitraum 1995-2001.

- die Schengener-Erfahrungsberichte für die Jahrgänge 1998-2001.

- diverse gemeinsame Entschließungen der Datenschutzbeauftragten des Bundes und der Länder.

- diverse Pressemitteilung des Bundeskriminalamtes zu den AFIS, DNA-Analyse- und ViCLAS-Dateien

- diverse Pressemitteilungen des Bundesverfassungsgerichtes zur Verwendung von DNA-Analysen im Rahmen von Strafverfahren.

Informationsquellen im Internet

Polizei, Nachrichtendienste, Ministerien, sonstige Behörden

Bundesamt für den Verfasssungsschutz (BVerfS)	http://www.verfassungsschutz.de
Bundesgrenzschutz (BGS)	http://www.bundesgrenzschutz.de
Bundeskriminalamt (BKA)	http://www.bundeskriminalamt.de http://www.bka.de
Bundesministerium des Innern (BMI)	http://www.bmi.bund.de
Bundesnachrichtendienst (BND)	http://www.bundesnachrichtdienst.de
Bundesverfassungsgericht	http://www.bverfg.de
Deutscher Bundesrat	http://www.bundesrat.de
Deutscher Bundestag	http://www.bundestag.de
Europäische Polizeiamt (EUROPOL)	http://europol.eu.int
Europäische Union (EU)	http://www.europa.eu.int
Internationale kriminalpolizeiliche Organisation (INTERPOL)	http://www.interpol.int
LKA Bayern	http://www.polizei.bayern.de/blka
LKA Berlin	http://www.berlin.de/polizei/index.html
LKA Hessen	http://www.polizei.hessen.de/hlka
LKA Mecklenburg-Vorpommern	http://www.polizei.mvnet.de/lka
LKA Niedersachsen	http://www.polizei.niedersachsen.de/dst/lka
LKA Nordrhein-Westfalen	http://www.lka.nrw.de
LKA Rheinland-Pfalz	http://www.polizei.rlp.de

LKA Sachsen	http://www.lka.sachsen.de
LKA Sachsen-Anhalt	http://www.polizei.sachsen-anhalt.de/index_lka.htm
LKA Thüringen	http://www.polizei.thueringen.de/lka/index.html
Royal Canadian Mounted Police (RCMP)	http://www.rcmp-grc.ca
US Federal Bureau of Investigation (FBI)	http://www.fbi.gov
Zollkriminalamt (ZKA)	http://www.zollkriminalamt.de

Akademische Links, Nichtregierungsorganisationen

The Innocence Project	http://www.innocenceproject.org
Deutsches Forum für Kriminalprävention	http://www.kriminalpraevention.de
Europäisches Zentrum für Kriminalprävention	http://www.ezkev.de
Statewatch	http://www.statewatch.org
Bund Deutscher Kriminalbeamten	http://www.bdk.de

On-Line Zeitungen, Zeitschriften und sonstige Informationsquellen

ARD	http://www.ard.de
Bürgerrechte & Polizei (CILIP)	http://www.cilip.de
Cable News Network	http://www.cnn.com
Computer Channel	http://www.computerchannel.de
Das Parlament	http://www.das-parlament.de
Der Spiegel	http://www.spiegel.de
Der Stern	http://www.stern.de
Die Kriminalpolizei	http://www.diekriminalpolizei.de
Heise On-Line	http://www.heise.de
Lexetius	http://lexetius.com

Kolibri 360 GmbH
Ferdinand-Jühlke-Straße 7
99095 Erfurt, Deutschland
produktsicherheit@kolibri360.de

Druck:
CPI Druckdienstleistungen GmbH
im Auftrag der
Kolibri 360 GmbH
Ferdinand-Jühlke-Str. 7
99095 Erfurt